El Corán Esclarecedor™
Serie

THE CLEAR QURAN®
Series
IN SPANISH

Una traducción temática

Traducción
Lic. M. Isa García

Introducción a los capítulos y subtítulos temáticos
Dr. Mustafa Khattab

THE CLEAR QURAN® EDITION / EL CORAN ESCLARECEDOR EDICIÓN

Translation from Arabic Language / Traducción del árabe:
Lic. Isa García

Surah introductions, thematic titles, and Surahs by themes translated from The Clear Quran® / Introducción a las Suras y subtítulos temáticos tomados de The Clear Quran®:
Dr Mustafa Khattab

Translation Review / Revisión de la Traducción:
Lic. Anas Amer Quevedo

Bibliography Review and Style / Revisión Bibliográfica y Estilo:
Said Abdunur Pedraza

Orthography Review / Revisión Ortográfica
Lic. Magnolia Bustos Trujillo

Inside layout / Diseño y Diagramación:
Allyson (Aliye) Gari H.

Paperback : ISBN: 978-0-9997215-2-0
Hardcover : ISBN: 978-0-9997215-3-7

Libro de Signos Fundación
444 E.Roosvelt Rd, Suite 173, Lombard, IL 60148, USA
Tel: +1-877-722-7185
e-mail: ElCoranEsclarecedor@librodesignos.org - www.librodesignos.org

La serie THE CLEAR QURAN® es una marca registrada de AL-FURQAAN FOUNDATION

PRINTED IN TÜRKİYE / Impreso en Turquía

Si hablas español y quieres una copia del Corán en Español o pedir información y literatura sobre El Corán, El Islam, o Los Musulmanes o quieres respuestas a tus preguntas, contáctanos al correo electrónico
ElCoranEsclarecedor@librodesignos.org
+1-877-722-7185 - www.librodesignos.org

CONTENIDO

Símbolos

El Corán trata tres temas principales:

Doctrina: (Por ejemplo actos de adoración, relaciones sociales, relaciones familiares y transacciones comerciales) Estos temas se enfocan en la relacion del musulmán con Dios, con su prójimo y con el resto de la creación.

Historias: (Por ejemplo la historia del profeta Moisés, Noé, Salih). Las historias tienen dos objetivos: Dar fortaleza al corazón del Profeta ante el rechazo que recibía de su pueblo y como moraleja para los paganos (ver 11:120-123). Algunas historias, como las de José y Job, hacen énfasis en lecciones morales.

El oculto: (Por ejemplo la creencia en Dios y sus atributos, los ángeles, la resurrección, el día del Juicio, etc.) Esto confirma la fe a través del corazón, no de los ojos.

Algunos capítulos del Corán contienen más de un tema, y puede que algún versículo trate sobre un tema no mencionado aquí, pero en general, todos los versículos del Corán tratan alguno de estos tres temas.

Prólogo

Algunos se preguntarán: ¿para qué publicar una nueva traducción del Corán al español cuando existen varias conocidas y difundidas? Tratar este tema sería muy extenso, pero resulta relevante aclarar que en este caso, el trabajo intenso de cuatro años del sheij Isa García ha fructificado en una traducción que lleva el sello particular, gracias a su lenguaje y a su enfoque, de mostrar la actualidad, permanencia y universalidad del Corán, siendo además la primera traducción dirigida al público latinoamericano. Por ello, este esfuerzo por traducir el Corán para lograr un texto que refleje de manera fiel el espíritu y el mensaje originales, complementando las traducciones existentes y ampliándolas, es bienvenido.

El mundo enfrenta problemas gravísimos que, con la inestabilidad del sistema económico global actual, se hacen cada vez más complejos y profundos. La desigualdad, el hambre, los conflictos internos, la destrucción de los ecosistemas, el desmoronamiento de la familia y de los valores tradicionales, etc., hacen cada vez más urgente la búsqueda de opciones, y el Islam tiene muchos conceptos que aportar.

El Islam no se limita a una creencia en Dios Todopoderoso y a unas normas religiosas y morales. Es una forma de vida que nos muestra cómo construirnos como individuos, como familias, como negocios, como naciones y como criaturas que hacen parte de la naturaleza. Cómo convivir en paz en medio de la diversidad de etnias, creencias y tradiciones. Cómo impartir justicia y asegurar una vida digna para todos los miembros de la sociedad, con seguridad y equidad. Cómo desarrollar una civilización que no destruya el medio ambiente ni sea deshumanizante, sino que al contrario, promueva el crecimiento sano de las personas y las comunidades tanto en lo físico como en lo espiritual, en armonía con la creación y el Creador. Todo esto con base en principios, normas, leyes y valores, que no son utópicos, sino que han sido aplicados con éxito y han sido históricamente reales.

Aquello que hizo posible que la gran civilización islámica surgiera de la nada y se consolidara en menos de un siglo, sigue vivo y vigente, y su fuente primaria es el Corán. Esta traducción es una gran oportunidad de conocer esa fuente y sus propuestas para mejorar nuestras vidas.

Quiera Dios que esta traducción sea de beneficio para muchas personas, que lleve luz y buenas noticias al corazón de todo aquel que la lea, y que nos recuerde que le pertenecemos a Él, de Él venimos y a Él hemos de retornar. Y que Dios bendiga al traductor y recompense ampliamente su esfuerzo. Amén.

Said Abdunur Pedraza
Alejandría, Egipto.
Febrero, 2013 / Rabí ul Áwal, 1434.

Introducción del traductor

En el nombre de Dios, el Misericordioso con toda la creación, el especialmente Misericordioso con aquellos que albergan la fe en sus corazones respondiendo al llamado de los profetas.

Todas las alabanzas pertenecen a Dios, Señor de los universos. Agradezco a Dios por haberme guiado al Islam y haberme mostrado la amplitud del conocimiento que encierran Su Libro Sagrado y la tradición de Su Profeta; de no haber sido por la gracia de Dios, nada hubiera logrado.

Atestiguo que nada ni nadie merece ser adorado salvo Dios, Uno y Único, y atestiguo que Mujámmad es el último de los profetas enviados a la humanidad.

Cuando acepté el Islam y lo asumí como forma de vida, estaba sediento de saber, quería conocer lo mejor posible la fuente primera del conocimiento, la revelación divina: el Sagrado Corán. Sabía desde el principio que el Corán fue revelado en árabe y que este texto es original: ha sido preservado y mantenido intacto a lo largo de más de 14 siglos. Pero al no saber árabe, tuve que remitirme a diferentes traducciones que se han hecho al español. Y lo que encontré llegó en ocasiones a decepcionarme, pues el texto aparecía muchas veces confuso o incongruente.

Comprendí que esto se debía, principalmente, a dos factores. El primero, que muchas traducciones han sido elaboradas por personas que no tenían el suficiente conocimiento del Islam, su mensaje y su historia, y que por ello confundían conceptos o incluso, en algunos casos de forma premeditada, trastocaban los sentidos para desacreditar al Islam y su libro sagrado.

El segundo, que en su mayoría las traducciones son demasiado literalistas, imitan el estilo árabe en la traducción, no solamente en la expresión del significado sino en el orden mismo de las palabras, de modo que no se apegan a la gramática del español y por ello resultan confusas. A esto debe agregársele que algunas de las traducciones al español utilizan un lenguaje antiguo y lejano al que solemos utilizar en el continente americano, y que a la vez carecen en su mayoría de notas aclarativas sobre el contexto histórico o las implicaciones legales.

Más tarde, cuando tuve la oportunidad de estudiar el idioma árabe y acceder a los significados del Sagrado Corán en su idioma original, comprendí que en la traducción me había perdido de mucho. Si bien es cierto que ninguna traducción podrá jamás acercarse a la belleza narrativa, poética y retórica del Corán, ni reproducir a la vez su sonoridad y las múltiples formas en que puede ser recitado, también es cierto que las traducciones, unas más que otras, fallan en transmitirle al lector la verdadera esencia del mensaje coránico.

Esto despertó en mí el interés de hacer una traducción del Sagrado Corán que se preocupara menos por parecer árabe o por intentar imitar la calidad literaria del texto original, y estuviera pensada más en transmitir de forma correcta y directa todos aquellos significados, profundos y espirituales, pero también de un gran orden social, que había comprendido al leerlo y estudiarlo en su idioma original.

Gracias a Dios pude por fin embarcarme en una traducción del Sagrado Corán pensada para la población hispanoparlante del mundo, pero principalmente para el público latinoamericano. Junto con un equipo de colaboradores expertos, he procurado poner al alcance de musulmanes y de no musulmanes, el mensaje del Islam de la forma más cercana posible a la revelación original en idioma árabe, pero utilizando a la vez un lenguaje sencillo y explicaciones claras de los términos, de manera que el contenido del texto resulte fácil de comprender.

Agradezco a Dios por haberme permitido realizar este trabajo, y Le pido que esta traducción sea de Su agrado, que sea de utilidad y gusto de los lectores, y que sirva para hacer conocer Su religión tal cual es, en una época en la que el Islam y los musulmanes somos muy incomprendidos y mal expuestos, y que acepte este trabajo hecho con total humildad.

Que la paz sea con todos ustedes.

Lic. M. Isa García
Barranquilla, Colombia.
Febrero, 2013 / Rabí Al Áwal, 1434.

Agradecimientos

Quiero expresar mis más sinceros agradecimientos a todas las personas que colaboraron para que esta obra saliera a la luz:

Al Príncipe Ahmad At-Thani, quien muy generosamente patrocinó esta traducción.

Al Lic. Anas Amer Quevedo, egresado de la Universidad Islámica de Medina, quien revisó la traducción de cada versículo y me hizo aportes valiosísimos para la comprensión correcta de los significados.

A Said Abdunur Pedraza, escritor y traductor, quien revisó esta traducción enriqueciéndola con sus conocimientos en literatura y lingüística.

A la Lic. Magnolia Bustos Trujillo, quien realizó una revisión ortográfica y de estilo al texto antes de su publicación.

A mi padre Enrique Francisco García, quien leyó esta traducción y me hizo aportes importantes para que fuera correctamente comprendida por un no musulmán.

Y muy especialmente a mi esposa, Umm Karim Liliana Anaya, quien con mucha paciencia cedió su tiempo, especialmente las noches, y se ocupó de muchas de mis obligaciones respecto a nuestros hijos para que yo pudiera dedicarme a este trabajo.

Que Dios los premie y recompense generosamente.

Prefacio

Toda traducción tiene sus dificultades, y cuanto más elaborado es el texto a traducir, más complicaciones surgen durante el proceso, al punto que muchos expertos consideran imposible la traducción de textos literarios de gran calidad. De modo que realizar la traducción de la obra culmen del idioma árabe de todos los tiempos, es de por sí un reto enorme. A esto debe agregarse que no se trata simplemente de un texto literario, sino de un Libro Sagrado, la palabra de Dios revelada al Profeta Mujámmad, que la paz y las bendiciones de Dios sean con él. La diversidad y profundidad de los temas tratados por el Corán, hacen de su traducción un proyecto de gran envergadura. A modo introductorio, se describe a continuación cómo llevamos a cabo este proyecto, y se explican brevemente algunos temas que el lector debe conocer para tener un mejor entendimiento del mensaje coránico, como un resumen de la historia del Corán mismo y del Islam.

Antecedentes

Si bien el Islam no es hoy día una de las religiones con mayor número de fieles en América Latina, se está expandiendo rápidamente por todo el continente. Ya existen mezquitas en todas las capitales y ciudades importantes de Hispanoamérica, Brasil y varios países del Caribe. También está creciendo mucho entre la población latina de Estados Unidos.

Teniendo en cuenta la mala imagen que los medios de comunicación proyectan del Islam y de los musulmanes, contar con una traducción del Corán al idioma español que transmita de forma directa y sencilla el verdadero mensaje del Islam, cada vez se hace más importante y urgente por dos razones:

Primera, porque los musulmanes que no conocen el idioma árabe necesitan leer los significados del Corán en su idioma para comprender y practicar mejor su religión, y así ser buen ejemplo de lo que es realmente un musulmán.

Segunda, porque los no musulmanes que desean conocer el Islam necesitan tener una fuente confiable de información, que les permita formarse una opinión basada en lo que enseña realmente el Corán, y no en estereotipos y concepciones erróneas que han permanecido durante siglos en muchas obras de orientalistas y en algunas de las traducciones del Corán.

De ahí que el objetivo de esta traducción es presentar a los hispanoparlantes el verdadero mensaje del Corán, tal como ha sido conocido, entendido y practicado por los eruditos del Islam y por los musulmanes devotos durante más de 1.400 años, para ello se basa en un lenguaje claro, sencillo, directo y actual, pensando en el público latinoamericano.

Metodología

De acuerdo al objetivo anterior, evité hacer una traducción demasiado literalista, apegada al estilo de traducción palabra por palabra, ya que existen muchas traducciones de ese tipo que suelen resultar confusas. Por el contrario, busqué realizar una traducción lo más exacta posible de los significados del texto coránico original, pero en un español correcto, comprensible, moderno y sin adornos innecesarios. Por lo tanto, he prescindido de formalismos del idioma árabe como letras conjuntivas o frases de énfasis, procurando exponer el significado original con todo su alcance en implicaciones teológicas y legales, utilizando correctamente la gramática española, evitando la cacofonía, la exageración de conjunciones gramaticales, así como la utilización de símbolos de escritura y énfasis —como símbolos de interrogación y admiración, y comillas para las citas y diálogos—, elementos que el texto original árabe no contiene.

En aras de hacer llegar cada concepto de forma veraz y a la vez sencilla, no me he detenido en detalles que considero innecesarios para este tipo de trabajos, ya que quien quiera ahondar en la precisión de los términos y sus repercusiones lingüísticas en el Sagrado Corán, necesariamente debe hacerlo sobre el original y no sobre esta u otra traducción. El lector no debe olvidar que el Corán es el texto revelado por Dios en árabe, una buena traducción es solo un acercamiento a ese mensaje sagrado.

Tomemos como ejemplo la frase "sitatu aiam" cuando se refiere a las etapas de la creación del universo. He preferido expresarla como *"seis eras"* y no *"seis días"* —aunque lingüísticamente el término "aiam" es más cercano a "días" que a "eras"—, porque en este contexto se refiere a que existieron etapas en la creación del universo, las cuales fueron *"diseñadas"* por Dios, y es evidente que durante la creación del universo, el planeta Tierra y el Sol no existían, por lo que no puede referirse a días como el tiempo que tarda en rotar la Tierra sobre sí misma con respecto al Sol.

El enfoque de esta traducción hacia el público latinoamericano se nota especialmente en el uso de *"ustedes"* en lugar de "*vosotros*". Por ejemplo, en lugar de "*deberéis responder por vuestras obras"*, utilicé *"deberán respon-*

der por sus obras". Esto se debe a que en América Latina no es usual el "vosotros", y al lector latinoamericano este pronombre le da la idea de español antiguo, fuera de uso, mientras que esta traducción intenta mostrar un texto que habla sobre la actualidad de la revelación, pues el Corán tiene relación con la vida diaria y moderna de todas las personas.

Para evitar confusiones por la malinterpretación del plural mayestático *"Nos"* o *"Nosotros"* cuando Dios habla sobre Sí mismo, en donde se asume que esta forma de expresarse se refiere a una pluralidad de la divinidad o la Trinidad, he traducido el plural mayestático original árabe a la primera persona del singular en español.

En cuanto al nombre de Dios, "*Al-lah"*, he agregado en el primer versículo (aleya) de esta traducción una nota sobre las características de Su nombre. Sin embargo, a lo largo de la traducción, utilicé la palabra *"Dios"* para traducir la palabra "*Al-lah*" debido a que este trabajo está dirigido al lector medio latinoamericano, que entiende por *"Dios"* al ser supremo, Creador de los cielos y de la Tierra, a pesar de que la utilización de este vocablo es criticada por quienes se refieren al origen lingüístico del mismo. Con esto también se ha querido enfatizar que los cristianos y judíos de habla árabe se refieren a Dios por el nombre *"Al-lah",* subrayando que no se trata de una deidad distinta sino del mismo Dios de Abraham. Solamente en algunos versículos en los cuales Dios se llama a Sí mismo con el *"nombre"* ha sido mencionado como tal, por ejemplo en 64:13.

En cuanto a las palabras "aiat" y "sura", fueron traducidas como versículo y capítulo respectivamente, para que la lectura resulte más fluida y comprensible, excepto cuando la palabra "aiat" se refiere a un signo o milagro de Dios.

Para que el lector conozca mejor el proceso de esta traducción, a continuación explico las tres fases que la integraron:

1. Traducción

Estudié el significado de cada versículo a la luz de los libros de exégesis clásicos y modernos: *Tafsir At Tabari, Tafsir Al Qurtubi, Tafsir Ash Shawqani, Tafsir Ibn Kazir, Tafsir Al Bagawi, Tafsir Muhammad ibn Muhammad Al Mukhtar Ash Shanqiti, Tafsir As Sa'di* y *Aisar At Tafasir*.

La selección de términos, particularmente en temas de doctrina o jurisprudencia, tuvo como objetivo lograr que no fueran a ser mal comprendidos o sacados de contexto, y cuando se consideró necesario, se incluyeron pies de página para explicar temas particularmente importantes, o para dar claridad a versículos que de manera tradicional han sido sacados de contexto por detractores del Islam en otras obras y traducciones.

Tuve también en cuenta los versículos que son expuestos en los libros que tratan de los milagros científicos del Corán. En este caso, utilicé palabras modernas que describen esos fenómenos que prodigiosamente fueron mencionados hace más de 1.400 años.

2. Revisión técnica

El Lic. Anas Amer Quevedo revisó la traducción de cada versículo a la luz de las obras exegéticas: *Tafsir Ibn Kazir, Tafsir Al Qurtubi, Tafsir At Tabari, Tafsir Al Bagawi, Tafsir Yalalein, Tafsir As Sa'di* y *Tafsir Al Muiassar*, haciendo comentarios y sugerencias para mejorar o cambiar el texto de aquellos versículos donde podía haber mala interpretación, o donde había una opinión diferente que debía ser considerada con más detenimiento.

En algunos casos, el revisor incluyó la traducción al inglés de Muhammad Taqi Al-Din y Muhammad Muhsin Khan como referencia, y consultó a expertos en ley y jurisprudencia islámica.

3. Revisión bibliográfica, lingüística y de estilo

Said Abdunur Pedraza hizo una comparación exhaustiva de cada versículo con otras traducciones del Corán al español, principalmente las siguientes: Dr. Bahiye Mulla Huech, Kamel Mustafa Hallak, Abdel Ghani Melara Navío, Ahmed Aboud y Rafael Castellanos, *International Islamic Publishing House*, Julio Cortés. En ocasiones, incluyó como referencia la traducción que hizo Abdurrasak Pérez de la traducción al inglés de Muhammad Asad, y la traducción al español de Al Muntajab. En algunos casos también acudió a otras traducciones al español y a algunas traducciones al inglés, en especial la de Saheeh International y la de Yusuf Ali.

Esta comparación ayudó a identificar cuándo un versículo permitía diferentes formas de traducción, todas con el mismo significado y precisión, para elegir la forma más elegante y concisa posible. Así, el revisor propuso tener en cuenta palabras y frases precisas que se habían logrado en otros trabajos de traducción, o crear otras que se acercaran lo mejor posible a transmitir el verdadero significado.

Finalmente, la Lic. Magnolia Bustos Trujillo realizó una profunda revisión ortográfica y de estilo de todo el texto para asegurar un margen de error mínimo.

El Corán y su historia

En la novela futurista Farenheit 451, un grupo de disidentes se oculta en los bosques para preservar libros. Su misión: mantener en sus memorias la mayor cantidad de textos posible, pues el gobierno los está quemando todos y pronto ya no quedará ninguno. Si eso ocurriera en nuestra realidad actual, solo un libro en todo el mundo tendría su supervivencia e integridad aseguradas, pues ha sido transmitido oralmente en una cadena ininterrumpida de memorizadores durante más de 14 siglos, y en la actualidad, decenas de miles de personas lo saben y lo recitan de memoria a diario por todo el planeta. Ese libro es el Corán.

Históricamente la poesía árabe ha sido famosa por su belleza, los árabes siempre han tenido fama de grandes oradores. Sin embargo, muchos poetas árabes y mucha gente del común, acostumbrados a escuchar a diario en plazas y calles lo mejor de la poesía y la oratoria del mundo, lloraban conmocionados por la belleza y la fuerza incomparables del Corán cuando era recitado. Aún en nuestros días, musulmanes y no musulmanes en todo el mundo, incluso aquellos que no conocen el idioma árabe, se estremecen al escuchar la recitación del Corán. Un libro que no vale por la calidad de la tinta o del papel en que esté impreso ni por la antigüedad de su edición, sino por la fortaleza y actualidad de su mensaje.

La fuerza del mensaje coránico se ve reflejada en múltiples cosas: en la forma en que logró que las tribus árabes dejaran de combatir entre sí y se unieran en el primer Estado en la historia de Arabia, y cómo convirtió a ese Estado en la civilización más avanzada e importante del mundo en menos de un siglo; en la forma en que animó el desarrollo de las ciencias y la tecnología, en una época en que toda Europa vivía sumida en el oscurantismo; en el impacto profundo que tuvo en la vida de personalidades como Goethe, Malcolm X, Cat Stevens, y el padre de la patria andaluza, Blas Infante. En la forma en que un puñado de comerciantes honestos convirtió a Indonesia en el país con mayor cantidad de musulmanes hoy día, mostrando con su ejemplo las bondades de vivir de acuerdo a las enseñanzas del Corán.

Durante la Edad Media, cuando los ejércitos en todo el mundo tenían por norma saquear las ciudades que tomaban y asesinar a su población sin distinguir entre hombres, mujeres, niños y ancianos, ocurrieron tres acontecimientos históricos que son contundentes para mostrarnos el poder del Corán. El Profeta Mujámmad, Saladino y el sultán Mehmed II, conquistaron respectivamente La Meca (630 e. c.), Jerusalén (1187 e. c.) y Constantinopla (1453

e. c.), y cuando entraron a reclamar la victoria no saquearon las ciudades, y fueron incluso más allá, respetando la vida y propiedades de sus habitantes de diferentes credos. Todo esto siglos antes de que la convención de Viena escribiera el Derecho Internacional Humanitario.

También encontramos en el Corán información científica sorprendentemente exacta, que ha venido siendo corroborada por la ciencia moderna y que ha inspirado a científicos importantes a incluir versículos coránicos en sus conferencias. Entre ellos se cuentan el Dr. Persaud, ganador del premio J.C.B. Grant, otorgado por la Asociación Canadiense de Anatomistas; el Dr. Marshall Johnson, expresidente de la Asociación Teratológica de Estados Unidos; el Dr. Keith Moore, expresidente de la Asociación Americana de Anatomistas Clínicos; el Dr. Tejatat Tejasen, exdecano de la facultad de Medicina de la Universidad Chiang Mai en Tailandia; el Profesor Yashudi Kusan, exdirector del Observatorio Astronómico de Tokio en Japón; y el famoso cirujano francés Dr. Maurice Bucaille, autor del libro La Biblia, el Corán y la Ciencia, donde concluye que solo Dios pudo revelar el Corán.

El Corán incluye una amplia gama y diversidad de temas: historias de los profetas y de los pueblos de la antigüedad, lecciones morales, normas para llevar una vida sana, tranquila y honesta; leyes para construir una sociedad equitativa que asegure a todos sus miembros dignidad, seguridad y justicia; profecías, de las cuales algunas ya se han cumplido; datos científicos desconocidos por el ser humano hasta el siglo XX; una teología clara y sencilla, pero a la vez profunda y completa; descripciones de la vida en el más allá, palabras de consuelo para los creyentes, respuestas directas a las preguntas básicas que siempre han intrigado a la humanidad. Todo ello con una belleza poética y narrativa inigualable, tanto que en sus propias páginas el Corán reta a los seres humanos a crear un texto que pueda igualarlo.

Incluso el Quijote, considerado la mejor obra literaria jamás escrita, y las obras de Shakespeare, han sufrido plagio. Estos y muchos otros ejemplos comprueban que por muy grande que pueda ser un escritor, siempre es posible imitar su estilo, su obra, y confundir incluso a lectores expertos. Pero aunque muchas veces se ha intentado plagiar, imitar o incluso modificar el Corán, ha sido imposible.

La revelación de este libro sinigual comenzó con un evento perturbador. Mientras se encontraba solo en una cueva donde solía alejarse del mundo para rezar y reflexionar, el profeta Mujámmad, que la paz y las bendiciones de Dios sean con él, sintió el abrazo asfixiante de un ser brillante que lo tomó por sorpresa. Sin posibilidad de escape y sintiéndose cerca de la muerte, escuchó a este ser darle una orden: "¡Lee, en el nombre de tu Señor!"

Ese fue el primer versículo coránico en ser revelado, que corresponde al capítulo 96, versículo 1. En un principio, temiendo ser tomado por loco, no habló de lo ocurrido más que con su esposa Jadiya, que lo escuchó con paciencia mientras él temblaba de miedo entre sus brazos. Ella fue la primera en reconocer que se trataba de un mensaje de Dios, y fue la primera persona que creyó en la profecía de Mujámmad, incluso antes que el propio Mensajero.

El ser que había atemorizado al Profeta no era otro que el ángel Gabriel, el mismo que le había anunciado a María que sería la madre virgen de un profeta creado por Dios en su vientre: Jesús. La historia de Jesús y su madre también sería revelada como parte del Corán, en el capítulo 19, titulado "María".

El ángel volvió a presentarse ante Mujámmad muchas veces para transmitirle el mensaje divino. El Corán fue revelado de manera paulatina durante los siguientes 23 años, tiempo en que los seguidores del Profeta llegaron a ser más de cien mil. Gradualmente, la comunidad de musulmanes no solo creció en número, sino que fue tomando forma de nación y de Estado, hasta convertirse en la civilización más influyente de la Tierra.

Menos de un siglo después de la muerte del Profeta, el mensaje coránico había llegado a todo Oriente Medio, el norte de África, Asia central hasta China e India, y la Península Ibérica. Hoy día, el Corán es el Libro Sagrado de más de 1.500 millones de musulmanes, que lo recitan durante sus cinco oraciones diarias en todo el mundo.

Si bien el Corán fue revelado en árabe y la nación islámica se formó originalmente en Arabia, actualmente los musulmanes árabes son menos del 20% de todos los musulmanes del mundo. Datos recientes han revelado que existen más musulmanes en Alemania que en el Líbano, y más en Rusia que en Jordania y Libia juntas, superando los 6 millones en Francia. Desde la década de 1970, el Islam se ha mantenido como la religión de mayor crecimiento en el mundo, y el Vaticano ha reconocido que desde 2006 el Islam tradicional (sunismo) se ha convertido en la denominación religiosa con mayor número de fieles en el planeta, dejando al Catolicismo Romano en segundo lugar. En América Latina y el Caribe el Islam crece a diario, especialmente entre la población femenina, y es también la religión de más rápido crecimiento entre la comunidad latina de Estados Unidos.

Por todo el globo, en cada comunidad islámica hay musulmanes que han aprendido de memoria fragmentos del Corán en árabe, y en muchas de ellas hay al menos un musulmán que lo ha memorizado por completo, convirtiéndolo en el libro más leído y memorizado en la historia. También han aparecido a lo largo de la historia, traducciones de su mensaje a más de 100 lenguas.

Recopilación y preservación del Corán

A medida que el Profeta Mujámmad, que la paz y las bendiciones de Dios sean con él, iba recibiendo la revelación divina, sus escribas la iban poniendo por escrito en diferentes materiales: cuero, cortezas de árboles, huesos… Al mismo tiempo, el Profeta recitaba a sus seguidores cada nueva parte revelada, recitaba diferentes fragmentos del Corán todos los días durante las oraciones, y todos los años durante el mes de Ramadán recitaba en público lo que le había sido revelado hasta ese momento. Muchos de quienes lo escuchaban, escribían partes del Corán, y muchos otros lo memorizaban.

Cuando él murió, todo el Corán estaba escrito en múltiples fragmentos, y también había docenas de musulmanes que lo sabían de memoria. Uno de ellos era Zaid ibn Zabit, quien fue escriba del Profeta. Por órdenes de Abu Bakr, primer califa de la nación islámica, Zaid encabezó un comité que se encargó de reunir todos los fragmentos existentes del Corán, corroborarlos con los memorizadores más prominentes, y compilar todo el texto en forma de libro. Este primer manuscrito fue terminado y aprobado por los compañeros del Profeta unos dos años después de su muerte.

Aproximadamente diez años después de esta compilación, el tercer califa, Uzmán, convocó al mismo Zaid a formar parte de otro grupo de compañeros del Profeta y memorizadores del Corán, quienes tomaron este manuscrito e hicieron varias copias del mismo, que fueron distribuidas por todo el vasto territorio islámico. Algunas de esas copias se conservan aún en el museo de Tashkent en Uzbekistán, en el museo de Topkapi en Turquía, y dos en Egipto, en la mezquita Al Husein y en la Biblioteca Nacional. Otra fue conservada en Siria hasta 1892 cuando un incendio la destruyó, pero para entonces ya se habían hecho copias de la misma.

Diferentes personas y organizaciones han comparado, a lo largo del tiempo, estas copias con manuscritos antiguos de diferentes épocas y ediciones recientes del Corán, comprobando una y otra vez que el texto coránico que hoy se recita a diario en las mezquitas de todo el mundo, es exactamente el mismo que el Profeta, que la paz y las bendiciones de Dios sean con él, enseñó a sus compañeros, que Dios esté complacido con ellos.

El Corán no solo ha sido preservado intacto en su forma escrita, sino que siempre han existido memorizadores que lo han transmitido de forma oral, enseñando no solo su contenido sino las formas correctas de recitarlo. Además, también se ha registrado y preservado la vida del Profeta Mujámmad, quien siempre vivió en estricto cumplimiento del texto coránico. Cuando comparamos las copias escritas del Corán con sus recitaciones trasmitidas de generación en generación, y con las tradiciones del Profeta, que la paz y las bendiciones de Dios sean con él, encontramos una coherencia y unidad que nos comprueban, sin lugar a dudas, que el Corán no ha sufrido alteración alguna.

El Islam y sus pilares

"Lee". Con esa orden directa, se inició una nueva etapa en la vida de toda la humanidad. En una cueva oscura, en el interior de una montaña en medio del desierto, la voz del ángel Gabriel retumbó repitiendo las palabras de Dios: "Lee, en el nombre de tu Señor". Nadie podría haber sospechado que en ese instante cambiaba el curso de la historia del hombre.

Pero ese no fue el inicio del Islam. El Islam comenzó con la creación del universo. Como concepto, Islam significa someterse a la voluntad de Dios. Es lo que han enseñado todos los profetas, de Noé a Abraham, de Moisés a Jesús. El mensaje del Islam ha sido el mismo desde el inicio del tiempo, y permanecerá inalterado hasta su final: solo existe un Dios, Uno y Único, el Único Creador, Dueño y Señor de todo cuanto existe, y solo a Él debemos alabar y pedir ayuda, pues toda fuerza proviene de Él y nada ocurre en el universo sino por Su voluntad.

Con la revelación del Corán se recuperó el mensaje y el espíritu originales de las revelaciones anteriores (la Torá, los Salmos y el Evangelio), y la religión eterna de Dios recibió el nombre de Islam. Desde entonces, Dios nos anuncia que Mujámmad es Su último enviado, Sello de la Profecía, y que el Corán es Su última revelación, que Él mismo mantendrá preservada hasta el Día del Juicio.

El Islam no es, en sentido estricto, una religión; más bien es una forma de vida. Como toda religión, establece la moral y la creencia, y regula en buena parte el comportamiento y modales de las personas que la siguen. Pero a diferencia de las demás religiones, el Islam establece también un sistema político y de gobierno, un sistema financiero y económico, un sistema social, una filosofía de vida, unas políticas de preservación medioambiental, todo enmarcado en principios universales de respeto a la vida, la dignidad y la propiedad de las personas, de cooperación, solidaridad y justicia entre los hombres y entre las naciones, de trato amable hacia todas las personas (incluyendo los enemigos) y los animales, y de obediencia estricta a las leyes de Dios.

La primera palabra de la revelación del Corán enmarca el espíritu islámico de amor por el conocimiento. El Islam enseña que la fe no puede ser ciega, sino que tiene que nacer y fortalecerse con el conocimiento. No hay mayor enemigo de los pueblos, ni mayor amigo de los tiranos y los opresores, que la ignorancia. Y nadie está en mayor peligro de caer en fanatismos y extremismos que quien cree algo a ojos cerrados, incluso en contra de su propia lógica.

"Lee". Conoce tu religión y practícala, conoce tus derechos y exígelos, conoce tus obligaciones y cúmplelas; aprende qué es lo bueno, hazlo y promuévelo; aprende qué es lo malo, condénalo y aléjate de ello. Tal es la importancia de esta orden, que cuando el Profeta Mujámmad se vio obligado a combatir para defender a su comunidad y tuvo que afrontar el asunto de los prisioneros de guerra, en un acto sin precedentes en la historia, ordenó a sus hombres que liberaran a todo aquel que enseñara a leer y escribir a cinco musulmanes.

El conocimiento, además, nos une. Los musulmanes tenemos un objetivo en común: servir a Dios. Nos alejamos de las mismas cosas: de aquello que Dios ha prohibido. Buscamos realizar a diario las mismas cosas: aquello que agrada a Dios. Bebemos de la misma fuente del conocimiento: el Corán y las tradiciones auténticas del Profeta Mujámmad, que la paz y las bendiciones de Dios sean con él. Cuando un musulmán se orienta hacia La Meca y comienza a recitar en árabe el primer capítulo del Corán mientras realiza su oración, puede estar seguro de que en ese mismo instante, en diferentes lugares del mundo, otros musulmanes están orientados hacia el mismo lugar, pronunciando exactamente las mismas palabras, mientras rezan de la misma forma que él.

Al crearnos, Dios nos dio alma así como cuerpo. Por ello, el Islam descansa sobre seis pilares de la fe, que deben estar presentes en el alma y el corazón del musulmán, y sobre cinco pilares prácticos de adoración a Dios y servicio al prójimo, que el musulmán debe cumplir con su cuerpo y su mente. Sin los primeros, la adoración se convierte en una serie de rituales vacíos, carentes de sentido, meros ejercicios físicos. Y sin los segundos, la fe se convierte en palabras huecas, pues no se manifiesta externamente y, por tanto, es incapaz de transformar la vida y la sociedad del creyente.

Los seis pilares de la fe son:

1. Creer en Dios, glorificado y alabado sea, Creador de todo cuanto existe, indivisible, Quien no tiene copartícipes ni asociados, es Dueño y Señor de la creación y no comparte Su Señorío; no ha engendrado ni ha sido engendrado, no necesita de nada ni de nadie y todos necesitamos de Él; no hay nada ni nadie que Se le asemeje, todo proviene de Él, y por lo tanto solo Él merece ser adorado.

2. Creer en los ángeles, criaturas de luz creadas por Dios para servirlo, que la paz sea con todos ellos. No tienen libre albedrío, por lo que les es imposible rebelarse contra Él.

3. Creer en los libros revelados. Dios ha revelado a los seres humanos Su mensaje y Sus leyes muchas veces en la historia. Entre los libros que Dios ha revelado están la Torá, los Salmos, el Evangelio, y muchos otros que no conocemos. Sin embargo, todos estos libros han sido modificados, alterados y tergiversados con el paso del tiempo, por lo que solo el último de ellos, el Corán, es la palabra de Dios, pues es el único que se conserva inalterado.

4. Creer en los profetas. En todos los tiempos, Dios ha enviado profetas y mensajeros a todos los pueblos, y todos ellos proclamaron el mismo mensaje de unicidad del Creador. Desconocemos a la mayoría de ellos, pero sabemos que el último de los profetas, Mujámmad, siguió el mismo camino trazado por todos, incluyendo a Moisés y a Jesús, que la paz sea con ellos, por lo que seguir a Mujámmad es seguir a sus antecesores.

5. Creer en el Día del Juicio. Esta vida es pasajera, estamos aquí para adorar y servir a Dios, y todos moriremos. Pero Dios nos ha dado libre albedrío, el cual implica responsabilidad, y ello significa que un día seremos resucitados y tendremos que rendir cuentas ante Dios de todas nuestras obras. Ese día cada quien recibirá lo que merece, nadie será tratado con injusticia, y unos entrarán al Infierno, mientras otros entrarán al Paraíso.

6. Creer que todo proviene de Dios, lo agradable y lo desagradable. Nada ocurre sino con el permiso de Él, y ni un átomo del universo se mueve sino por Su voluntad. Él nos ha concedido el libre albedrío, pero en su infinito conocimiento lo sabe todo antes de que suceda, pues Él no está limitado por el tiempo ni por el espacio, que fueron creados por Él. Él es Quien determina nuestro destino, y por ello, nadie puede beneficiarnos ni perjudicarnos más allá de lo que Él decreta para cada uno de nosotros.

Los cinco pilares prácticos de adoración son:

1. *La declaración de fe:* Una persona ingresa al Islam al decir de forma libre y consciente lo siguiente: “Atestiguo que no existe divinidad salvo Dios, y atestiguo que Mujámmad es Su siervo y mensajero”. Esta profesión de fe es repetida por los musulmanes a diario en sus oraciones y otras actividades. Decir esto implica abandonar cualquier acto de culto a santos, ídolos, ancestros, líderes o criaturas, y adorar solo a Dios Todopoderoso. Implica también que aceptamos a Mujámmad como Mensajero de Dios,

como nuestro guía, y al aceptarlo a él se aceptan a todos los profetas y mensajeros anteriores.

2. *La oración:* Es obligación realizar cinco oraciones diarias (al alba, a mediodía, a media tarde, al ocaso y en la noche). La oración debe realizarse siguiendo unos pasos rituales específicos y tras una purificación ritual. El creyente puede, además, realizar oraciones voluntarias durante el día o la noche. La oración puede realizarse en solitario o en comunidad, en la mezquita o en cualquier lugar limpio que no sea utilizado como lugar de adoración a deidades falsas.

3. *El zakat:* El pudiente está obligado a entregar un 2,5 % de su ahorro anual para obras de caridad. El zakat garantiza la redistribución de la riqueza, una preocupación reciente en el mundo occidental, pero que está contemplada desde hace más de 1.400 años en el Islam. Adicional al zakat, el Islam anima a los creyentes a brindar caridad a diario. La caridad no se entiende solo como un asunto monetario. Siempre que el musulmán ayuda a otra persona o busca su bienestar, incluso con una sonrisa, está haciendo caridad. El trabajo en pos del bienestar colectivo, como retirar obstáculos de un camino o poner anuncios de peligro para evitar accidentes, también se considera una forma de caridad.

4. *El ayuno:* Es obligación ayunar durante todo el mes de Ramadán cada año (el noveno mes del calendario lunar islámico). El ayuno se realiza cada día desde el alba hasta el ocaso, pudiéndose comer y beber durante la noche. El ayuno purifica el cuerpo, fortalece la voluntad y ayuda al creyente a concientizarse, por experiencia propia, sobre lo que sienten a diario los más necesitados. Ayunar y romper el ayuno en comunidad, compartiendo el hambre durante el día y la comida durante la noche, estrecha y fortalece los lazos sociales y familiares. También se pueden realizar ayunos voluntarios en otras épocas del año.

5. *La peregrinación a La Meca:* Todo musulmán, hombre o mujer, que esté en capacidad física, mental y económica de realizar la peregrinación, debe hacerla al menos una vez en su vida. Esta es la mayor peregrinación religiosa del mundo, más de tres millones de personas se reúnen en la Mezquita Sagrada de La Meca cada año y hacen la oración al unísono como parte de los rituales de la peregrinación.

"Lee". No existen intermediarios entre el creyente y su Creador, por eso no hay clero en el Islam. El conocimiento está a disposición de quien lo busca, y es obligación de todo musulmán, buscarlo durante toda su vida. Pero no debe olvidarse lo esencial: "¡Lee, en el nombre de tu Señor!" No busques el conocimiento para tu gloria personal. Sé humilde y busca el conocimiento para agradar a Dios y trabajar por Su causa. Esa es la esencia de seguir el Islam, de ser musulmán.

El Profeta Mujámmad, que la paz y las bendiciones de Dios sean con él

"Lee". La orden que cambió el curso de la historia fue dada por Dios, a través del ángel Gabriel, a un analfabeto. "No sé leer", respondió aterrado Mujámmad, inocente del destino para el que había sido preparado toda su vida. "¡Lee, en el nombre de tu Señor, Quien ha creado todas las cosas!", le replicó el ángel.

A sus 40 años de edad, el Profeta Mujámmad era muy conocido en su ciudad, La Meca. Todos sabían que era un comerciante exitoso y honrado, dirigente de caravanas, esposo de una rica empresaria mayor que él, y le tenían un profundo respeto. Lo apodaban "El Confiable" y era famoso por su honestidad y su habilidad para la mediación de conflictos. Su palabra valía más que cualquier contrato. Pero había una virtud que no poseía: a su edad, resultaba evidente para todos que Mujámmad no era un gran orador ni un poeta. Y sin embargo, un día, por un milagro que en un comienzo muy pocos aceptaron, Mujámmad superó a todos los grandes oradores y poetas, e hizo temblar la estructura social de La Meca desde sus cimientos, con una recitación tan excelsa, hermosa y magnífica, como revolucionaria y radical.

Los hombres no son más valiosos que las mujeres ni lo contrario. Los árabes no son mejores que los no árabes ni lo contrario. Los blancos no están por encima de los negros ni lo contrario. Los ricos tienen la obligación de ayudar a los pobres, las mujeres son libres de tener posesiones y comerciar, y todos tienen derecho a la educación y a una vida digna. No existe más que un único Dios verdadero, que no tiene forma humana, que no puede ser representado en forma alguna, y que es tan Compasivo como Justo, tan Poderoso como Benévolo, tan Severo como Amoroso. Y nadie, ni reyes ni profetas, ni artistas ni indigentes, ni sabios ni empresarios, absolutamente nadie está por encima de la Ley de Dios ni tiene derecho a cambiarla en lo más mínimo. Semejantes ideas convirtieron a Mujámmad y a sus compañeros en perseguidos.

Mujámmad nació en La Meca, Arabia, en el año 570 e. c., y quedó huérfano desde edad temprana. Pasó necesidades. Trabajó desde pequeño, fue pastor y se forjó una buena vida. A sus 40 años se encontraba en su mejor momento. Pero en cuanto comenzó a transmitir la revelación divina, la vida se le fue haciendo cada vez más difícil. Fue víctima de burlas, discriminación, insultos y distintos tipos de ataques, cada vez peores y más frecuentes. Él y sus compañeros fueron sometidos a hambruna, ostracismo y persecución. Luego comenzaron las torturas y los asesinatos de sus compañeros. La situación era tan grave, que el Profeta envió a un grupo de ellos a refugiarse en Etiopía, donde fueron protegidos por un rey cristiano.

Trece años después que comenzara la revelación del Corán, el profeta Mujámmad, que la paz y las bendiciones de Dios sean con él, lo había perdido todo: su reputación arruinada, sus negocios destruidos, su esposa había muerto, su riqueza y propiedades confiscadas, algunos de sus compañeros habían sido asesinados y otros se habían exiliado, y su tío y único protector tribal acababa de morir. Ahora pendía sobre él una amenaza de muerte y solo le quedaba emigrar junto con sus seguidores, cuyo número apenas había excedido el centenar en trece años de prédica incansable y difícil. Si hubiera sido un profeta falso, a este punto de la historia ya se habría dado por vencido. ¿Qué objeto tenía insistir en una religión que en lugar de darle fama, poder y dinero, le había arrebatado todo lo que había logrado en su vida? Años atrás, los dirigentes de La Meca, el clan de los Quraichitas, le habían ofrecido nombrarlo su rey y convertirlo en el hombre más rico y poderoso de Arabia.

Pero Mujámmad, que la paz y las bendiciones de Dios sean con él, no procuraba satisfacer sus gustos, sus deseos ni sus necesidades. No tenía afán de gloria o riqueza. Solo estaba cumpliendo con la misión que Dios mismo le había encargado, y estaba dispuesto a pasar por todas las penurias que Dios le pusiera en el camino. Así que a sus 53 años, el Profeta decidió emigrar con su gente. Setenta musulmanes viajaron hacia el oasis de Yazrib. Una vez que estuvieron allí a salvo, el Profeta se dirigió a su encuentro en compañía de su mejor amigo, Abu Bakr As Sidiq, quien lo sucedería tras su muerte como primer califa de los musulmanes. Fue un viaje duro a través del desierto, con sus enemigos persiguiéndolo de cerca. Este suceso, conocido como Hégira, marcó el inicio del calendario islámico.

Los pobladores de Yazrib cambiaron el nombre de la ciudad por el de Madinat Unnabí (la ciudad del Profeta) y allí el Profeta fundó el primer Estado Estado en la historia de Arabia. Se convirtió en gobernante, y aun así llevó una vida austera, al punto de dormir en una estera de cuero rellena de hojas de palma. Bajo su mando, Madina se convirtió en una ciudad próspera en muy poco tiempo, y sus enemigos sintieron celos de su éxito y temor de que regresara a cobrar venganza.

Los Quraichitas se armaron y salieron a destruir a la nación musulmana. Con el permiso divino y siguiendo las normas estrictas relacionadas con la guerra que fueron reveladas en el Corán, los musulmanes organizaron para defenderse un pequeño ejército, que de manera milagrosa venció en la primera batalla a una fuerza que lo triplicaba y que estaba mucho mejor preparada y armada. Más tarde, tras cinco años de batallas, unas ganadas y otras perdidas, el Islam había crecido a tal punto que Mujámmad, que la paz y las bendiciones de Dios sean con él, se presentó a las puertas de La Meca con un ejército de más de 10.000 hombres. Entró a la ciudad sin derramar una sola gota de sangre. Vio a la cara a aquellos que lo habían insultado, perseguido y atormentado durante años, los mismos que habían intentado asesinarlo, que habían ultrajado a sus compañeros, y que habían enviado ejércitos en su contra. No tomó represalias contra ellos. Respetó sus vidas y sus propiedades, e incluso aceptó como hermanos a todos aquellos que decidieron abrazar el Islam.

Solo tres años después, enfermó y murió. Comerciante, líder religioso, estadista, maestro, juez, estratega militar, soldado, administrador, diplomático, amigo, esposo, padre, consejero, reformador, profeta, hombre. La vida de Mujámmad está detallada como la de ningún otro personaje de la historia. Una vida que es un modelo a seguir.

El astrofísico estadounidense Michael Hart publicó en 1978 su listado de las cien personas más influyentes de la historia. En el número uno ubicó al Profeta Mujámmad, que la paz y las bendiciones de Dios sean con él, por su tremendo éxito tanto en el campo secular como en el campo religioso. Este reconocimiento es uno de muchos que se vienen dando en el mundo occidental, que a pesar de la mala prensa que se le da continuamente al Islam, está valorando cada vez más sus enseñanzas y el ejemplo de vida del Profeta Mujámmad, que la paz y las bendiciones de Dios sean con él.

Solo resta decir: "*¡Lee, en el nombre de tu Señor, Quien ha creado todas las cosas!*" (Corán 96:1)

Sobre el traductor

Isa García nació en Argentina en 1971 e.c., estudió Lengua Árabe y se licenció en Teología Islámica de la Universidad de Umm Al-Qura de la ciudad de La Meca en Arabia Saudí, especializado en la misma en los "Orígenes de las tradiciones Proféticas". Cursó estudios en mediación y resolución de conflictos en Estados Unidos. Se especializó en pedagogía Islámica en la Universidad de Toronto, Canadá. Ha sido director del departamento de español en las editoriales International Islamic Publishing House y Darussalam, y de varias páginas web islámicas. Permanentemente dicta conferencias en diferentes países de América Latina y Europa, y en Estados Unidos. Ha trabajado como traductor del árabe y del inglés al español durante los últimos 20 años, y es también autor de obras sobre teología islámica y distintos temas sociales que afectan a la comunidad islámica.

1. El Inicio[1]

(Al-Fâtiḥah)

Este capítulo del Corán que fue revelado en La Meca, se recita un total de diecisiete veces al día durante las cinco oraciones diarias, sirve como piedra angular del Corán. Resume la relación entre el Creador y Su creación, la autoridad indiscutible de Dios en este mundo y en el Más Allá, y la dependencia continua que la humanidad tiene de Él para obtener guía y ayuda. El tema subyacente es reconocer que Él es el único merecedor de adoración, una sencilla verdad. Todos los principios fundamentales encapsulados en este capítulo están explicados en el resto del Corán.

Basados en la enseñanza de 16:98, es recomendado decir:
“Me refugio en Allah del maldito Shaitán”
antes de comenzar a leer el Corán.

Oración pidiendo guía

1. En el nombre de Dios[2], el Compasivo con toda la
creación, el Misericordioso con los creyentes[3].
2. Todas las alabanzas son para Dios,
Señor[4] de todo cuanto existe,
3. el Compasivo, el Misericordioso.
4. Soberano absoluto del Día del Juicio Final,
5. solo a Ti te adoramos y solo de Ti imploramos ayuda.
6. ¡Guíanos por el camino recto!
7. El camino de los que has colmado con Tus favores,
no el de los que cayeron en Tu ira,
ni el de los que se extraviaron.

---

1. *Al-Fátihah* الفاتحة : La Apertura, el Inicio [del Corán]. Los títulos de los capítulos no son parte constitutiva de la revelación coránica. A menudo una palabra en particular perteneciente al capítulo o que define el tópico principal de éste, se volvía común entre los compañeros del Profeta y los sabios posteriores como forma de referirse a dicho capítulo, y de allí derivaba el nombre. Aunque algunos nombres como Al-Fátihah fueron usados por el Profeta, que la paz y las bendiciones de Dios sean con él, para referirse a un capítulo en particular, no fueron designados por él como título.

2 *Al-lah* الله : Es un nombre propio exclusivo de Dios, el Único y Todopoderoso, Creador y Sustentador de los cielos y la Tierra y de todo lo que hay en ellos, el Eterno y Absoluto, el merecedor de toda forma de adoración. La forma de pronunciarlo es la siguiente: "Al-laj", con la "jota andaluza" suave y aspirada, o la hache inglesa, enfatizando en la pronunciación de la "L". Es sabido que cada idioma tiene uno o varios términos para referirse a Dios y, en ocasiones, para otras deidades. Éste no es el caso de "Al-lah". "Al-lah" (del árabe al-ilah: el Dios) es el único nombre de Dios, no tiene género ni plural; por tanto, es un término que señala la unidad de lo designado. Cuando los contemporáneos del Profeta le preguntaron acerca de Dios, él recibió como revelación del capítulo 112, que resume la esencia del monoteísmo y unicidad de Dios: no ha engendrado, no ha sido engendrado, nada ni nadie es semejante a Él. El Islam rechaza cualquier intento de caracterizar a Dios, y menos aun tomando rasgos humanos que hagan prevalecer a una raza sobre las demás.

3 *Ar-Rahman* الرحمن y *Ar-Rahim* الرحيم son dos palabras derivadas del árabe rahma رحم, que significa misericordia. En la lengua árabe ambos tienen el significado superlativo de "Misericordiosísimo". Mediante la cita de ambos nombres se intenta dar un significado más completo. Ar-Rahman, traducido como el Compasivo, implica un significado más amplio, que es misericordioso hacia toda la creación. La justicia es parte de esta compasión. Ar-Rahim, traducido como Misericordioso, incluye el concepto de especificidad, es decir, una forma especial de misericordia concedida solamente a los creyentes. El perdón es parte de esta misericordia.

4 Cuando se refiere a Dios, el término árabe *Rabb* - رَبّ , traducido como "Señor", incluye los significados de poseedor, amo, gobernante, controlador, sustentador, proveedor, guardián y cuidador.

2. La Vaca

(Al-Baqarah)

Este capítulo del Corán que fue revelado en Medina, toma su nombre de la historia de la vaca en los versículos 67 a 73, detalla los conceptos principales del capítulo previo, con énfasis en las cualidades de los creyentes, los incrédulos y los hipócritas; el poder de Dios para crear y resucitar, la enemistad de Satanás hacia Adán (عليه السلام) y sus descendientes, así como el pacto de Dios con Moisés (عليه السلام) y los Hijos de Israel. Se dictan varias normas acerca de las relaciones matrimoniales, la herencia, el combate, el ayuno, la peregrinación, las donaciones, las deudas y los intereses. A diferencia del capítulo siguiente, que se enfoca en la percepción cristiana de Jesús, este capítulo dedica una parte considerable a las actitudes y las prácticas judías.

En el nombre de Dios,
el Compasivo, el Misericordioso

Características de los creyentes

1. Álif. Lam. Mim[1]. **2.** Este es el Libro del cual no hay duda, es guía para los que son conscientes de Dios y le temen devocionalmente, **3.** los que creen en lo oculto, practican la oración, dan caridad de lo que les he proveído, **4.** y creen en lo que te ha sido revelado [¡Oh, Mujámmad!] y en lo que fue revelado [originalmente a los profetas anteriores], y tienen certeza de la existencia de la otra vida. **5.** Esos son los que están en la guía de su Señor y serán los bienaventurados.

Características de los incrédulos

6. A los que niegan la verdad les da lo mismo que les adviertas o no, no creerán. **7.** Dios ha sellado sus corazones y sus oídos, sobre sus ojos hay un velo y recibirán un castigo terrible [en el Infierno].

Características de los hipócritas

8. Entre las personas hay [hipócritas] que dicen: "Creemos en Dios y en el Día de la Resurrección", pero no son creyentes. **9.** Pretenden engañar a Dios y también a los creyentes pero, sin advertirlo, solo se engañan a sí mismos. **10.** Sus corazones tienen una enfermedad y [por su actitud] Dios agrava aún más su enfermedad. Sufrirán un castigo doloroso por haber mentido. **11.** Cuando se les dice: ¡No siembren la corrupción en la Tierra! Responden: "¡Pero si nosotros somos los que hacemos el bien!" **12.** ¿Acaso no son ellos los corruptores? [Sí,] pero no se dan cuenta. **13.** Cuando se les dice: "¡Crean como ha creído la gente!" Responden: "¿Es que vamos a creer como lo hacen los tontos?" ¿Acaso no son ellos los tontos? [Sí,] pero no lo saben. **14.** Cuando se encuentran con los creyentes les dicen: "¡Somos creyentes!" Pero cuando

---

1. Estas son algunas de las catorce letras que aparecen en diversas combinaciones al comienzo de veintinueve capítulos del Corán. Si bien hay muchas interpretaciones en cuanto a su significado, el mismo no fue revelado por Dios y Él sabe más sobre su verdadero significado.

están a solas con los malvados de entre ellos[2], les aseguran: "¡Estamos con ustedes, solo nos burlábamos de ellos!" **15.** [Pero] Dios hará que sus burlas caigan sobre ellos mismos y dejará que permanezcan extraviados, en su ceguera. **16.** Ellos vendieron la guía, cambiándola por el desvío, y tal negocio no les resultó provechoso, no siendo de los bien guiados.

Ejemplo de hipócritas

17. Su ejemplo es como el de quien enciende un fuego, y cuando este les alumbra a su alrededor, [debido a su desvío] Dios les quita la luz dejándolos en tinieblas, por lo que no pueden ver. **18.** Son sordos, mudos y ciegos, y no volverán [al buen camino].

Otro ejemplo

19. O [son] como los que al ser azotados por una lluvia torrencial cargada de oscuridad, truenos y relámpagos, se tapan los oídos con sus dedos al caer los rayos por temor a la muerte. Dios asedia a los que niegan la verdad. **20.** Los relámpagos casi ciegan sus ojos. Cuando los iluminan caminan a su luz, pero cuando la oscuridad vuelve sobre ellos se detienen. Si Dios hubiera querido les habría dejado sordos y ciegos. Dios tiene poder sobre todas las cosas.

Orden de adorar únicamente a Dios

21. ¡Oh, seres humanos! Adoren a su Señor que los creó a ustedes y a quienes los precedieron, para que así alcancen el temor devocional de Dios. **22.** Él hizo para ustedes de la Tierra un lugar habitable y del cielo un techo, e hizo descender la lluvia del cielo con la que hace brotar frutos para su sustento. En consecuencia, no dediquen actos de adoración a otros además de Dios, ahora que saben [que Él es el único Creador].

El desafío del Corán

23. Si dudan de lo que le he revelado a Mi siervo traigan un capítulo [del Corán] similar, y recurran para ello a quienes toman por socorredores en lugar de Dios, si es verdad lo que afirman. **24.** Si no lo hacen, y por cierto que no podrán hacerlo, teman al fuego, cuyo combustible serán seres humanos y piedras[3], [un fuego] que ha sido preparado para los que niegan la verdad.

La recompensa de los creyentes

25. Y albricia a los creyentes que obran correctamente que tendrán como recompensa jardines por donde corren los ríos. Cuando allí reciban frutos dirán: "Esto es similar a lo que recibimos anteriormente"[4], pero solo lo será en apariencia. Allí tendrán esposas puras, donde morarán por toda la eternidad.

La sabiduría detrás de las parábolas

26. Dios no se avergüenza de poner como ejemplo a un mosquito o algo aún más pequeño. Los creyentes saben que es la verdad proveniente

---

2. Los líderes de la hipocresía y la incredulidad.
3. Las piedras con que son construidos los ídolos que son adorados junto o en lugar de Dios.
4 En la vida mundanal.

de su Señor, en cambio los que niegan la verdad dicen: "¿Qué pretende Dios con este ejemplo?" Así es como Él extravía a muchos y guía a muchos [con este ejemplo], pero no extravía sino a los perversos, **27.** los que no cumplen con el pacto establecido con Dios a pesar de haberse comprometido, rompen [los lazos familiares] que Dios ordenó respetar y siembran corrupción en la Tierra. Ésos son los perdedores.

La creación de Dios

28. ¿Cómo osan no creer en Dios siendo que no existían y Él les dio la vida, luego los hará morir y finalmente los resucitará y a Él serán retornados [para que los juzgue el Día del Juicio Final]? **29.** Él es Quien creó para ustedes todo cuanto hay en la Tierra, luego se volvió hacia el cielo[5] e hizo de éste siete cielos[6]; Él conoce todas las cosas.

Honrando a Adán

30. Y [menciona, ¡Oh, Mujámmad!] cuando tu Señor les dijo a los ángeles: "He de establecer en la Tierra a quien la herede", dijeron: "¿Pondrás en ella a quien la corrompa [devastándola] y derrame sangre, siendo que nosotros Te glorificamos y santificamos?" Dijo: "Yo sé lo que ustedes ignoran". **31.** [Dios] enseñó a Adán los nombres de todas las cosas, luego se las mostró a los ángeles y dijo: "Díganme sus nombres, si es que dicen la verdad". **32.** Dijeron: "¡Glorificado seas! No tenemos más conocimiento que el que Tú nos has concedido, Tú todo lo conoces, todo lo sabes". **33.** Dijo: "¡Oh Adán! Infórmales sobre sus nombres". Y cuando les hubo informado sobre sus nombres, Dios dijo: "¿Acaso no les dije que conozco lo oculto de los cielos y de la Tierra, y sé lo que manifiestan y lo que ocultan?" **34.** Pero cuando dije a los ángeles: "¡Prostérnense ante Adán!"[7] Todos se prosternaron excepto Iblís[8], que se negó y fue soberbio, y se convirtió en uno de los incrédulos.

Tentación y caída

35. Dije: "¡Oh, Adán! Habita con tu esposa el Paraíso, y coman de su abundancia cuanto deseen, pero no se acerquen a este árbol, porque si lo hacen se convertirán ambos en transgresores". **36.** Pero el demonio los hizo caer [en la desobediencia] apartándolos de la situación [agradable] en la que se encontraban. Y les dije:

---

5 Dios en el Corán afirma tener ciertos atributos, como oído, vista, manos, rostro, misericordia, ira, establecerse en el Trono, etc. Pero Él se disocia de las limitaciones de los atributos humanos o la imaginación humana. La correcta creencia islámica implica tener fe en la existencia de estos atributos tal como Dios los ha descrito, sin aplicarles ningún significado alegórico ni intentar explicar cómo una cierta cualidad puede ser, ni compararlos con los seres creados ni negar dicha cualidad. Sus atributos son acordes a Su divinidad, ya que Él mismo dice "No hay nada ni nadie semejante a Dios". (42:11)

6 Ver Corán 23:86 y su comentario.

7 La prosternación era para mostrar obediencia a la orden de Dios, y no para adorar a Adán.

8 Nombre del demonio, que era originalmente un *yinn* (o genio) y no un ángel como algunos creen erróneamente. Tal como se menciona en 18:50.

"¡Desciendan! Serán enemigos unos de otros; y en la Tierra encontrarán una morada y deleite temporal". **37.** Pero le fueron inspiradas a Adán unas palabras de su Señor [para que pudiera expresar su arrepentimiento] y Dios aceptó su arrepentimiento, porque Él es el Indulgente, el Misericordioso. **38.** Dije: "¡Desciendan todos de él![9] Cuando les llegue de Mí una guía, quienes la sigan no habrán de sentir temor ni tristeza. **39.** Pero quienes no crean y desmientan Mis signos serán los habitantes del Fuego, donde morarán eternamente.

Consejo a los israelitas

40. ¡Oh, Pueblo de Israel![10] Recuerden los beneficios con los que los agracié, y cumplan con su compromiso que Yo cumpliré con el Mío, pero tengan temor devocional solo de Mí. **41.** Crean en lo que he revelado[11] en confirmación de lo que ya habían recibido[12] y no sean los primeros en negarlo. No vendan Mis preceptos por un precio vil, y tengan temor devocional solo de Mí. **42.** No mezclen la verdad con falsedades ni oculten la verdad a sabiendas. **43.** Cumplan con la oración, paguen el zakat[13] y prosternense con los que se prosternan [adorando a Dios].

Más consejos

44. ¿Acaso le ordenan a la gente que haga el bien y se olvidan de hacerlo ustedes mismos, siendo que leen el Libro [la Torá]? ¿Acaso no razonan [bien]? **45.** Busquen socorro en la paciencia y la oración. El cumplimiento de la oración es difícil, ex-

---

9 Del Paraíso, y habiten junto a su descendencia en la Tierra.

10 Se refiere a los descendientes del Profeta Jacob, que fueron llamados judíos, y que se negaron a seguir al Profeta Jesús, la paz sea con él, y luego negaron también al Profeta Mujámmad, que la paz y bendiciones de Dios sean con él.

11 El Evangelio y el Corán.

12 La Torá.

13 Contribución social anual destinada a mejorar la condición de ciertos sectores de la sociedad, como los pobres, los necesitados, los endeudados, los viajeros insolventes, etc. (ver Corán 9:60); deben darla aquellos cuyos bienes ahorrados alcanzan un monto determinado pasado un año. Es la forma islámica de redistribución de la riqueza. El objetivo del zakat no consiste solamente en reunir bienes materiales y donárselos a los pobres y necesitados. El objetivo principal es que el ser humano logre superar su ambición por los bienes materiales, para que estén al servicio del ser humano y no el ser humano al servicio de ellos. El zakat fue prescrito para purificar a quien lo da y a quien lo recibe. Aunque el zakat parezca una disminución en los bienes de quien lo da, en realidad es un crecimiento por las bendiciones que recaen sobre los bienes restantes y el incremento en la fe de quien cumple con esta obligación. El zakat también implica un crecimiento en el carácter y en los modales de la persona, pues es esfuerzo y entrega. El zakat consiste en dar en caridad algo muy querido para la persona, como lo son sus bienes, con la esperanza de obtener algo más querido aún: la complacencia de Dios. El sistema económico en el Islam se basa en reconocer que Dios es el único y original dueño de todos los bienes materiales, y que tiene la potestad exclusiva de dictar las formas de adquisición de estos bienes, y los deberes y derechos que conlleva esta adquisición, su cuantificación, su especificación, sus fuentes y sus destinatarios. El zakat es un poderoso puente que une a ricos y pobres, purifica el ego, enriquece el corazón y logra el establecimiento de la justicia social, la fraternidad y la seguridad.

14 Para ser juzgados por sus creencias y acciones.

cepto para los que se someten humildemente [a Dios]; **46**. tienen certeza del encuentro con su Señor y saben que retornarán a Él[14].

Los favores de Dios sobre los israelitas

1) El favor del honor

47. ¡Oh, Pueblo de Israel! Recuerden los beneficios con que los agracié y cómo los distinguí sobre los demás pueblos [de su época]. **48.** Y teman el día en que ninguna persona pueda beneficiarse de otra ni se acepte intercesión o compensación alguna[15], y nadie sea auxiliado.

2) El favor de terminar con la persecución

49. Y [recuerden] cuando salvé a sus antepasados de las huestes del Faraón, que los sometían a crueles castigos; degollaban a sus hijos varones [recién nacidos] y dejaban con vida a sus hijas mujeres[16] [para sojuzgarlas]. Esto era una prueba difícil de su Señor.

3) El favor de abrir el mar

50. Y [recuerden] cuando dividí el mar y los salvé, ahogando a los seguidores del Faraón delante de sus propios ojos.

4) El favor de perdonar la adoración del becerro de oro

51. Y [recuerden que] cité a Moisés durante cuarenta noches, y cuando se ausentó ustedes tomaron el becerro[17], obrando injustamente[18]. **52.** Luego, a pesar de eso, los perdoné para que fueran agradecidos.

5) El favor de revelar la Torá

53. Y le concedí a Moisés el Libro y el criterio para que siguieran la guía.

6) El favor del camino hacia el perdón

54. Y [recuerden] cuando Moisés dijo a su pueblo: "¡Oh, pueblo mío! Han sido injustos con ustedes mismos al adorar al becerro. Arrepiéntanse ante su Señor y dense muerte unos a otros[19]. Eso será lo mejor ante su Creador". Luego Él aceptó su arrepentimiento, porque Él es el Indulgente, el Misericordioso.

7) El favor de la demanda de ver a Dios

55. Y [recuerden] cuando dijeron: "¡Oh, Moisés! No creeremos en ti hasta que veamos a Dios claramente". Entonces los azotó un rayo mientras miraban. **56.** Luego de la muerte los resucité para que fueran agradecidos.

8) El favor de comida y sombra

57. Y extendí nubes sobre ustedes [para que les dieran sombra], y les envié el maná y las codornices [y les dije:] "Coman de las cosas buenas que les he provisto"; pero no Me causaron perjuicio alguno [con sus transgresiones], sino que fueron injustos consigo mismos.

---

15 Alusión a la doctrina cristiana de la redención "por la sangre de Cristo" y a la concepción judía de que "el pueblo elegido".

16 Ver en la Biblia Éxodo 1:15-22.

17 De oro, adorándolo.

18 Porque todos los actos de adoración y devoción se deben solo a Dios, Quien es el Creador de los cielos y de la Tierra, el Sustentador, Quien escucha las súplicas y responde a ellas, y por lo tanto es el único que merece ser adorado.

19 Ver en La Biblia Éxodo 32:26-2

9) El favor del permiso de entrar a Jerusalén

58. Y [recuerden] cuando les dije: "Entren en esta ciudad [Jerusalén] y coman de ella cuanto deseen en abundancia, pero entren por la puerta prosternándose, suplicando: ¡Perdónanos! Que perdonaré sus pecados, y les concederé aún más a los que hacen el bien". **59.** Pero los injustos cambiaron por otras las palabras que se les había ordenado decir, y [por eso] hice descender sobre los injustos un castigo del cielo por haber obrado con maldad.

10) El favor de agua para todos

60. Y [recuerden] cuando Moisés rogó a su Señor agua para que bebiera su pueblo, le dije: "¡Golpea la roca con tu bastón!" Entonces brotaron de ella doce manantiales, y supo cada tribu en cual debía beber [y les dije:] "Coman y beban del sustento de Dios, y no abusen en la Tierra corrompiéndola".

El castigo por desafiar

61. Y [recuerden] cuando dijeron: "¡Oh, Moisés! No podremos seguir tolerando una sola clase de comida, pide a tu Señor para que nos beneficie con lo que brota de la tierra: verduras, pepinos, ajos, lentejas y cebollas". [Moisés les] Dijo: "¿Es que quieren cambiar lo superior por algo inferior? Vuelvan entonces a [la esclavitud que sufrían en] Egipto, que allí tendrán lo que piden". Pero los azotó la humillación y la miseria, e incurrieron en la ira de Dios por no haber creído en los preceptos de Dios, haber matado injustamente a los profetas, rebelarse y transgredir la ley.

La recompensa de los creyentes

62. Quienes creyeron[20], los judíos, los cristianos y los sabeos[21] que hayan tenido fe en Dios, en el Día del Juicio Final y hayan obrado correctamente, obtendrán su recompensa junto a su Señor, y no habrán de sentir temor ni tristeza[22].

El pacto de Dios con los israelitas

63. Y [recuerden] cuando celebré un pacto con ustedes y elevé el monte por encima suyo [y les dije:] "Aférrense con fuerza a lo que les he dado [la Torá] y recuerden lo que hay en ella, que así alcanzarán el temor devocional de Dios. **64.** Pero luego volvieron sobre sus pasos, y si no fuera por la gracia y misericordia de Dios sobre ustedes, se contarían entre los perdedores.

---

20 Los que fueron creyentes en los Mensajes que trajeron los profetas anteriores a Moisés.

21 Los Sabeos son monoteístas que vivieron antes de los primeros judíos y cristianos, o los monoteístas que no seguían una religión en particular.

22 Hasta antes de la llegada del último Profeta, ya que luego de la venida de Mujámmad, que la paz y las bendiciones de Dios sean con él, Dios no aceptará otra religión que el Islam, como se menciona en el Corán (3:85).

23 El sábado, según la ley descendida al pueblo judío, debía ser reservado a la devoción y el culto. Eran prohibidas todas las transacciones económicas, el trabajo físico, cocinar, cazar, etc. La transgresión a la que se hace referencia es sobre un engaño que intentaron hacer, al tender las redes para pescar el viernes, y recogerlas el domingo, pero Dios los condenó por jugar con la ley.

El castigo para los que rompen el Sabbat

65. Ellos saben lo que ocurrió a los que transgredieron el sábado[23]; [les dije]: "Sean monos despreciables"[24]. **66.** Hice de ello un escarmiento para sus contemporáneos y descendientes, y motivo de reflexión para los que temen devocionalmente a Dios.

La historia de la vaca

67. Y [recuerden] cuando Moisés dijo a su pueblo: "Dios les ordena ofrendar una vaca". Dijeron: "¿Acaso te burlas de nosotros?" Dijo [Moisés]: "¡Que Dios me proteja de contarme entre los ignorantes!" **68.** Dijeron: "Pide a tu Señor que nos indique cómo es". Dijo [Moisés]: "Dios dice que la vaca no debe ser vieja ni joven, sino de edad intermedia; cumplan con lo que se les ordena". **69.** Dijeron: "Pide a tu Señor que nos indique de qué color es". Dijo [Moisés]: "Él dice que es una vaca de color amarillo, intenso, que alegre a quienes la miren". **70.** Dijeron: "Pide a tu Señor para que nos indique cómo es, porque todas las vacas nos parecen iguales; y si Dios quiere seremos de los que siguen la guía". **71.** Dijo [Moisés]: "Él dice que debe ser una vaca que no haya sido utilizada para arar la tierra ni regar los cultivos, sana y sin manchas". Dijeron: "Por fin has dicho la verdad". Y la degollaron, aunque estuvieron a punto de no hacerlo. **72.** Y [recuerden] cuando mataron a un hombre y disputaron[25], Dios reveló lo que [algunos] ocultaban. **73.** Entonces dije: "Golpéenlo[26] con una parte de ella"[27]. De la misma manera Dios resucita a los muertos y les muestra Sus milagros para que razonen. **74.** Luego [a pesar de estos milagros] se endurecieron sus corazones como piedras, o más duros aún, porque de algunas piedras brotan ríos, otras se parten y pasa agua a través de ellas, y otras se derrumban por temor a Dios; pero [sepan que] Dios no está desatento de lo que hacen.

Los israelitas desobedientes

75. ¿Acaso pretenden [¡oh, creyentes!] que les crean, siendo que algunos de ellos oían la Palabra de Dios [la Torá] y la alteraban intencionalmente después de haberla comprendido? **76.** Y cuando se encuentran con los creyentes dicen: "¡Somos creyentes!" Pero cuando están entre ellos se dicen unos a otros: "¿Acaso van a contarles lo que Dios nos ha revelado para que puedan argumentar con ello contra nosotros ante nuestro Señor?" ¿Es que no razonan? **77.** ¿Es que no saben que Dios conoce lo que ocultan y lo que hacen público? **78.** Entre ellos hay iletrados sin conocimiento que no conocen el Libro, que siguen solo sus propios deseos y no hacen sino conjeturar. **79.** ¡Ay de aquellos que escriben el Libro con

---

24 Este castigo fue únicamente para los que cometieron esa violación de la ley, no para todos los judíos.

25 Acerca del criminal, haciendo acusaciones cruzadas.

26 Al cuerpo de la víctima asesinada.

27 De la vaca ofrendada, y así Dios le dio vida al cuerpo, que delató a quien lo había asesinado, y luego volvió a morir.

sus manos y luego dicen: "Esto proviene de Dios", para venderlo a vil precio! ¡Ay de ellos por lo que han escrito sus manos! ¡Ay de ellos por lo que obtuvieron![28]

Disputa y refutación

80. Dicen [estos hijos de Israel]: "El fuego no nos quemará sino días contados"[29]. Diles: "¿Acaso tienen una promesa de Dios?" Sepan que Dios no falta a Sus promesas. ¿O acaso están diciendo de Dios algo que no saben? **81.** No cabe duda de que quienes hayan cometido faltas, y estén cercados por sus pecados, serán los moradores del Fuego, en el que permanecerán eternamente. **82.** Pero en cambio, quienes hayan creído y obrado rectamente serán los moradores del Paraíso, donde vivirán eternamente.

Incapacidad de los israelitas de cumplir los pactos

83. Y [recuerden] cuando celebré el pacto con el Pueblo de Israel: "Adoren solo a Dios, hagan el bien a sus padres y parientes, a los huérfanos y los pobres, hablen a la gente de buenas maneras, cumplan la oración y paguen el *zakat*"; pero luego le dieron la espalda [a este pacto] incumpliéndolo, salvo unos pocos. **84.** Y [recuerden] cuando celebré un pacto con ustedes: "No derramarán su sangre[30] ni se expulsarán de sus hogares", lo aceptaron y fueron testigos de ello. **85.** Pero fueron ustedes mismos quienes mataron y expulsaron a algunos de los suyos de sus hogares, haciendo causa común contra ellos con pecado y violación de la ley. Y si alguno de ellos caía cautivo, pagaban el rescate por él, pero el haberlos expulsado era ya ilícito. ¿Acaso creen en una parte del Libro y descreen de otra? ¿Cuál es la consecuencia de quienes obran así sino la humillación en la vida mundanal y el castigo más severo el Día de la Resurrección? [Sepan que] Dios no está desatento de cuanto hacen. **86.** Esos son quienes compraron la vida mundanal a cambio de la otra[31]. A ellos no se les aliviará el castigo ni tendrán socorredores.

Negar a los profetas de Dios

87. Y revelé a Moisés el Libro, y después de él envié Mensajeros; y concedí a Jesús, el hijo de María, milagros evidentes y lo fortalecí con el Espíritu Santo [el ángel Gabriel]. ¿No es cierto acaso que cada vez que se les presentaba un Mensajero que no satisfacía sus deseos, se comportaban con soberbia, desmintiendo a unos y matando a otros?[32] **88.**

28 Ver Jeremías 8:8: "¿Cómo se atreven a decir: 'Somos sabios; la ley del Señor nos apoya', si la pluma engañosa de los escribas la ha falsificado?" (NVI)

29 La mayoría de los rabinos piensan que las almas no son torturadas en el Infierno eternamente; dicen que lo más que la persona puede estar allí son once meses, como una rara excepción. Esta es la razón por la cual los judíos, aun cuando están de duelo por la muerte de un ser querido, no recitarán las plegarias de duelo (kadish) por más de once meses.

30 Matándose unos a otros sin causa justa.

31 La recompensa del más allá.

32 Ver Mateo 23:37, "¡Jerusalén, Jerusalén, que matas a los profetas, y apedreas a los que son enviados a ti!"

Decían: "Nuestros corazones están cerrados [porque ya saben lo necesario]". Pero en realidad, Dios los maldijo por negar la verdad. ¡Poco es lo que creen!

Rechazar el Corán

89. Y cuando les llegó un Libro de Dios [el Corán] que confirmaba lo que ya tenían [en la Torá], a pesar de que antes oraban [para que llegara el Profeta que los guiase a] la victoria contra los incrédulos, cuando se les presentó [el Mensajero] lo reconocieron, pero [como no era judío] no creyeron en él. ¡Que la maldición de Dios caiga sobre los que niegan la verdad! **90.** ¡Qué mal negocio han hecho al no creer en lo que Dios reveló, por envidia de que Dios favoreciera a quien quiso de entre Sus siervos [y no a uno de ellos]! Por ello, incurrieron una y otra vez en Su ira. Los que niegan la verdad tendrán un castigo degradante.

Excusa para rechazar el Corán

91. Y cuando se les dice: "Crean en lo que Dios ha revelado", responden: "Creemos en lo que Dios nos reveló a nosotros", y descreen de lo que vino después, a pesar de ser la Verdad que corrobora [el libro] que tienen. Diles: "¿Por qué, entonces, asesinaron a los Profetas de Dios, si eran creyentes?"

Moisés también fue desafiado

92. Se les presentó Moisés con milagros evidentes, pero adoraron al becerro [de oro] obrando injustamente. **93.** Y [recuerden] cuando celebré con ustedes el pacto y levanté el monte encima suyo [y dije]: "Aférrense con fuerza a lo que les he dado y obedezcan". Dijeron: "Oímos, pero desobedecemos". Y como castigo por haber negado la verdad, sus corazones quedaron embebidos de amor por el becerro [de oro]. Diles [¡Oh, Mujámmad!]: "Qué pésimo es lo que su fe les ordena hacer, ¡si en verdad fueran creyentes!"

Aferrarse a la vida

94. Diles [¡Oh, Mujámmad!]: "Si creen que la morada del más allá junto a Dios es exclusiva para ustedes, entonces deseen la muerte si son veraces". **95.** Pero jamás la desearán por lo que han cometido, y Dios bien sabe quiénes son los injustos. **96.** Encontrarás que [los judíos] son los más aferrados a la vida mundanal, más aún que los idólatras. Algunos de ellos quisieran vivir mil años, pero eso no les libraría del castigo, porque Dios sabe cuanto hacen.

Rechazar la verdad

97. Dile [¡Oh, Mujámmad!] a quien sea enemigo del ángel Gabriel, que él es quien descendió la revelación a tu corazón con la anuencia de Dios, confirmando los mensajes anteriores, como guía y buena nueva para los creyentes. **98.** Quien sea enemigo de Dios, de Sus ángeles, de Sus Mensajeros, del ángel Gabriel y del ángel Miguel, que sepa que Dios es enemigo de los que rechazan el Mensaje. **99.** Y te he revelado [¡Oh, Mujámmad!] signos evidentes, que solo los perversos los niegan. **100.** ¿No es cierto que cada vez que realizan un pacto, un grupo de ellos lo rompe?

La mayoría de ellos no cree. **101.** Cuando se les presentó el Mensajero de Dios corroborando lo que ya se les había revelado [la Torá], algunos se rebelaron contra el Libro de Dios como si no supieran [lo que contenía].

El apego a la magia

102. Pero sí seguían lo que recitaban los demonios durante el reinado de Salomón. Sepan que Salomón no cayó en la incredulidad[33], sino que fueron los demonios quienes enseñaron a la gente la hechicería y la magia que transmitieron los ángeles Harút y Marút en Babilonia. Ellos no le enseñaban a nadie sin antes advertirle: "Nosotros somos una tentación, no caigan en la incredulidad". A pesar de la advertencia, aprendieron de ellos cómo separar al hombre de su esposa, aunque no podían perjudicar a nadie sin el permiso de Dios. Lo que aprendían los perjudicaba y no los beneficiaba. Pero los hijos de Israel sabían que quien practicara la hechicería no tendría éxito en la otra vida. ¡Qué mal vendieron sus almas! Si supieran. **103.** Si hubieran creído y temido devocionalmente a Dios, la recompensa de Dios hubiera sido [muy] superior, ¡si supieran!

Consejo para los creyentes

104. ¡Oh, creyentes! No digan [al Mensajero de Dios]: "*Rá'ina*", sino [que digan]: "*Undhurna*"[34], y obedezcan [-lo]. Los que rechacen el mensaje recibirán un castigo doloroso. **105.** Los incrédulos de entre la Gente del Libro y los idólatras no desean que su Señor los agracie con alguna bondad, pero Dios distingue con Su misericordia a quien Él quiere; porque Dios es el poseedor del favor inmenso.

Obedecer al Mensajero

106. No abrogo ninguna regla [ni versículo] ni la hago olvidar sin traer otra mejor o similar. ¿Acaso no sabes que Dios tiene poder sobre todas las cosas? **107.** ¿No sabes que a Dios pertenece el reino de los cielos y de la Tierra, y que no tienes fuera de Dios protector ni socorredor? **108.** ¿Acaso van a exigirle [un milagro] a su Mensajero como [el pueblo de Israel] le exigió a Moisés? Quien cambie la fe por la incredulidad se habrá desviado del camino recto.

Apegarse al camino recto

109. Muchos de entre la Gente del Libro quisieran que renegaran de su fe y volvieran a ser incrédulos, por la envidia que les tienen, [incluso] después de habérseles evidenciado a ellos la verdad. Pero perdonen y disculpen hasta que Dios decida sobre ellos. Dios tiene poder sobre todas las cosas. **110.** Realicen la oración y paguen el zakat, y [sepan que] todo el bien que hagan será para su propio bene-

33 Salomón no practicó la magia ni la hechicería, así como también es inocente de las acusaciones que le hacen algunos autores de la Biblia y la literatura judía extrabíblica.

34 La palabra *rá'ina* راعِنا en árabe significa literalmente "considéranos", es decir, danos tiempo para oírte y escúchanos. Algunos judíos de Medina utilizaban la misma palabra pero como un insulto. Por lo tanto, a los creyentes se les ordenó evitar esta expresión y en su lugar utilizar la palabra *undhurna* انظرنا, es decir, "espéranos [para poder comprender]".

ficio, y su recompensa la encontrarán junto a Dios. Dios sabe cuanto hacen.

Falsas afirmaciones

111. Y dicen: "Solo entrará al Paraíso quien sea judío o cristiano". Esos son sus deseos infundados. Diles: "Traigan pruebas, si es que dicen la verdad". **112.** Pero no es así, porque quienes sometan su voluntad a Dios[35] y hagan el bien obtendrán su recompensa junto a su Señor, y no habrán de sentir temor ni tristeza. **113.** Dicen los judíos: "Los cristianos no tienen bases [para sus creencias]" y los cristianos dicen: "Los judíos no tienen bases [para sus creencias]", siendo que ambos recitan el [mismo] Libro. Así mismo dijeron los ignorantes [idólatras]. Dios juzgará entre ellos el Día de la Resurrección sobre lo que discrepaban.

Condena a los ataques contra lugares de culto

114. ¿Acaso existe alguien más injusto que quien prohíbe que en las casas de Dios se alabe Su nombre, e intentan destruirlas? Esos deberían entrar en ellas con temor, [porque finalmente] serán humillados en este mundo y en la otra vida recibirán un castigo terrible. **115.** A Dios pertenecen el oriente y el occidente, y adondequiera que dirijan el rostro [durante la oración], allí se encuentra el rostro de Dios[36]. Dios es Vasto, todo lo conoce.

Dios no necesita hijos

116. Dicen: "Dios ha tenido un hijo". ¡Glorificado sea![37] A Él pertenece cuanto hay en los cielos y en la Tierra, todo se somete a Él. **117.** Originador de los cielos y la Tierra, cuando decreta un asunto dice: "¡Sé!", y es.

La guía verdadera

118. Pero dicen los que no saben: "¿Por qué no nos habla Dios, o al menos nos envía una señal?" Lo mismo dijeron quienes les precedieron, sus corazones se asemejan. Hice evidentes los signos para quienes creen con certeza. **119.** Te he enviado [¡Oh, Mujámmad!] con la verdad, como albriciador y advertidor, pero no serás preguntado sobre los que se condenen al fuego infernal. **120.** Ni los judíos ni los cristianos estarán [completamente] satisfechos contigo hasta que sigas su religión. Di: "La guía de Dios es la guía verdadera". Si siguieras sus deseos luego de haberte llegado el conocimiento [sobre la verdad], no tendrías quién te protegiera ni quién te auxiliara de Dios. **121.** Aquellos a quienes he confiado el Libro, si fueran consecuentes con la versión original del mismo[38], habrían creído [en el Corán]. Pero quienes lo nieguen, ellos serán los perdedores.

Recordatorio de los favores sobre los israelitas

122. ¡Oh, Pueblo de Israel! Recuerden los beneficios con que los favo-

35 Se entreguen a Él completamente.
36 Ver Corán 28:88 y su comentario.
37 *Subhanahu* سُبْحَانَهُ significa: "Glorificado sea, Él es inocente de cuanto Le es atribuido falsamente".
38 Poniendo en práctica sus preceptos y enseñanzas.

recí, y que los distinguí sobre los demás pueblos [de su época]. **123.** Teman el día que ningún alma pueda beneficiar otra alma[39], no se acepte compensación ni intercesión alguna, y no sean auxiliados.

Abraham en La Meca

124. Y [reflexiona, ¡Oh, Mujámmad!, sobre] cuando Abraham fue puesto a prueba por su Señor con unas órdenes, y las cumplió. Dijo [Dios]: "Haré de ti un guía para la gente". Preguntó [Abraham]: "¿Y de mis descendientes?" Dijo [Dios]: "Mi pacto [la profecía] no incluye a los injustos". **125.** Y [recuerden] cuando hice de La Casa [la Ka'bah] un lugar de reunión y refugio para la gente. "[¡Oh, creyentes!] Tomen el sitial de Abraham[40] como lugar de oración". Y cuando indiqué a Abraham e Ismael: "Purifiquen Mi Casa para quienes vengan a hacer el rito de la circunvalación y el retiro espiritual, y los que se inclinen y prosternen durante su oración".

Las oraciones de Abraham

126. Y [recuerden] cuando Abraham dijo: "¡Señor mío! Haz de esta ciudad [La Meca] un lugar seguro, y beneficia con frutos a los pobladores que creen en Dios y en el Día del Juicio Final". Dijo [Dios]: "[Pero] al que rechace la verdad lo dejaré disfrutar por un tiempo, y después lo conduciré al castigo del Fuego. ¡Qué pésimo destino!"

Levantando los cimientos de la Casa Sagrada

127. Y [recuerden] cuando Abraham e Ismael levantaron los cimientos de La Casa, dijeron: "¡Oh, Señor! Acepta nuestra obra. Tú eres el que todo lo oye, todo lo sabe". **128.** "¡Señor nuestro! Haz que nosotros nos entreguemos a Tu voluntad, y que nuestra descendencia también lo haga [como una nación de musulmanes]. Enséñanos nuestros ritos para la peregrinación y acepta nuestro arrepentimiento; Tú eres el Indulgente, el Misericordioso". **129.** "¡Señor nuestro! Haz surgir de entre nuestra descendencia un Mensajero que les recite Tus palabras y les enseñe el Libro y la sabiduría, y los purifique. Tú eres el Poderoso, el Sabio".

Un solo Dios

130. ¿Y quién sino el de espíritu necio, puede rechazar la religión [monoteísta] de Abraham? Él fue un elegido en este mundo, y en el otro se contará entre los justos. **131.** Y [recuerden] cuando le dijo su Señor: "Entrégame tu voluntad[41]", respondió: "Le entrego mi voluntad al Señor del Universo". **132.** Y esto fue lo que Abraham y Jacob legaron a sus hijos: "¡Oh, hijos míos! Dios les ha elegido esta religión, y no mueran sin haber entregado su voluntad [a Dios]"[42]. **133.** ¿Acaso saben qué le preguntó Jacob a

---

39 Ver Corán 2:48 y su comentario.

40 El sitial de Abraham es el lugar donde Abraham se apoyaba durante la construcción de la Ka'bah, y allí quedaron grabadas las marcas de sus pies.

41 Literalmente: "Hazte musulmán".

42 Literalmente: "No mueran sino musulmanes", ya que todos los profetas fueron en ese sentido musulmanes, es decir, entregados a la voluntad de Dios.

sus hijos cuando le llegó la muerte?: "¿Qué adorarán después de mí [muerte]?" Dijeron: "Adoraremos lo que adoraban tú y tus ancestros, Abraham, Ismael e Isaac: la Única divinidad, y a Él entregamos nuestra voluntad". **134.** Aquella nación ya desapareció y recibió lo que merecía, y ustedes recibirán lo que merezcan, y no se les preguntará por lo que ellos hicieron[43].

Los profetas del Islam

135. Dijeron [la Gente del Libro]: "Sean judíos o cristianos, que así estarán en la guía correcta". Diles: "¡No! Seguimos la religión de Abraham, que era monoteísta puro y no era de los idólatras". **136.** Digan: "Creemos en Dios, en lo que nos fue revelado a nosotros, en lo que fue revelado a Abraham, a Ismael, a Isaac, a Jacob y a las tribus[44], y en lo que Dios reveló a Moisés, a Jesús y a los demás Profetas. No discriminamos entre ellos, y entregamos a Dios nuestra voluntad [siendo musulmanes]". **137.** Si creen en lo mismo que ustedes creen habrán seguido la guía correcta; pero si lo rechazan, estarán en el error. Dios te protegerá de ellos. Él todo lo oye, todo lo sabe.

Muchos mensajeros, un solo mensaje

138. [Digan: "Seguimos] la religión de Dios[45]. ¿Y qué mejor religión que la de Dios? Y nosotros solo Lo adoramos a Él". **139.** Di: "¿Por qué discuten con nosotros acerca de Dios, siendo que Él es el Señor de ambos? Nosotros responderemos por nuestras acciones y ustedes por las suyas. Nosotros Le somos sinceros [adorándolo solo a Él]". **140.** ¿Acaso van a decir que Abraham, Ismael, Isaac, Jacob y las doce tribus eran judíos o cristianos? Di: "¿Acaso ustedes saben más que Dios?" ¿Existe alguien más injusto que quien oculta un testimonio[46] que ha recibido de Dios? Dios no está desatento de lo que hacen. **141.** Aquella nación ya desapareció y recibió lo que merecía, y ustedes recibirán lo que merezcan, y no se les preguntará por lo que ellos hicieron.

Una nueva dirección para la oración

142. Dirán algunas personas tontas: "¿Qué los hizo cambiar la orientación [en la que oraban]?" Diles: "A Dios pertenecen el oriente y el occidente, y Él guía a quien quiere hacia el sendero recto". **143.** Hice de ustedes una comunidad moderada y justa, a fin de que fueran testigos ante la humanidad[47], y fuera el Mensajero testigo de ustedes. Con el cambio del lugar hacia donde te orientabas

---

43 Esto establece el principio islámico de la responsabilidad individual. Nadie responde ni carga con los pecados cometidos por otra persona.

44 Las doce tribus de Israel, que eran descendientes de los hijos de Jacob.

45 La religión primigenia que Dios colocó como innata en los seres humanos.

46 Que mencionaban las antiguas escrituras reveladas, donde figuraba la naturaleza de la religión de Dios y la venida del Profeta Mujámmad, que la paz y las bendiciones de Dios sean con él.

47 De la llegada de los profetas anteriores y que transmitieron correctamente el mensaje del monoteísmo a sus pueblos.

[para orar], distinguí a los que toman partido por el Mensajero de aquellos que le dan la espalda. [Este cambio] fue algo difícil, salvo para aquellos a quienes Dios guió. Él no dejará de recompensarlos por su fe. Dios es compasivo y misericordioso con la gente.

La orden de orientarse hacia La Meca durante la oración

144. Veo que vuelves tu rostro hacia el cielo. Te orientaré en una dirección que te complazca; oriéntate hacia la Mezquita Sagrada [de La Meca]. Y donde quiera que estén, oriéntense hacia ella. La Gente del Libro sabe que es la verdad proveniente de su Señor. Dios no está desatento de lo que hacen. **145.** Pero aunque te presentes ante la Gente del Libro con todas las evidencias, no seguirán tu orientación [al orar] ni tú seguirás la de ellos, ni seguirán los unos la orientación de los otros; y si siguieras sus deseos luego de lo que se te ha revelado del conocimiento, te contarías entre los injustos.

La verdad sobre el Profeta

146. Aquellos a quienes concedí el Libro [judíos y cristianos] lo reconocen[48] como reconocen a sus propios hijos. Algunos de ellos ocultan la verdad a sabiendas. **147.** La verdad proviene de tu Señor, no seas de los indecisos [aun ante las evidencias irrefutables]. **148.** Todas [las religiones] tienen una dirección a la cual dirigirse [en sus oraciones]. ¡Apresúrense a realizar obras de bien! Dondequiera que estén, Dios los reunirá a todos [el Día del Juicio Final]. Dios es sobre toda cosa Poderoso.

La orden de orientarse hacia la Mezquita Sagrada

149. Y hacia donde quiera que salgas [en tus viajes] oriéntate hacia la Mezquita Sagrada, pues ésta es la verdad que proviene de tu Señor, y [sepan que] Dios no está desatento de lo que hacen. **150.** Y hacia donde quiera que salgas oriéntate hacia la Mezquita Sagrada, y dondequiera que estén oriéntense hacia ella, para que la gente no tenga argumentos en su contra, excepto los injustos [idólatras de La Meca][49], pero no les teman a ellos, y témanme solo a Mí. Completaré sobre ustedes Mis gracias para que sean de los bien guiados.

El favor de Dios hacia los creyentes

151. De la misma manera envié un Mensajero de entre ustedes para que les transmitiera Mis preceptos y los purificara y enseñara el Libro y la sabiduría[50], y les enseñara lo que ignoraban. **152.** Recuérdenme que Yo los recordaré; agradézcanme[51] y no sean ingratos.

---

48 Al Profeta Mujámmad, que la paz y las bendiciones de Dios sean con él, es decir, saben de la veracidad de su Mensaje y que verdaderamente es un Profeta de Dios.

49 Que argumentaban que, como los musulmanes se dirigían para orar en dirección a ellos, en realidad se estaban inclinando ante sus dioses e ídolos.

50 La sabiduría enseñada por el Profeta Mujámmad, que la paz y las bendiciones de Dios sean con él, se conoce con el nombre de *Sunnah*.

51 Los beneficios que les he concedido, especialmente la guía.

La paciencia en los tiempos difíciles

153. ¡Oh, creyentes! Busquen ayuda en la paciencia y la oración; que Dios está con los pacientes. **154.** Y no digan que quienes cayeron por la causa de Dios "están muertos", sino que están vivos, pero ustedes no lo perciben. **155.** Los pondré a prueba con algo de temor[52], hambre, pérdida de bienes materiales, vidas y frutos[53], pero albricia a los pacientes[54]. **156.** Aquellos que cuando les alcanza una desgracia dicen: "De Dios provenimos, y a Él retornaremos [para que nos juzgue por nuestras acciones]". **157.** A ellos su Señor bendecirá con el perdón y la misericordia, y son los [correctamente] guiados.

Los ritos de la peregrinación

158. [El recorrido entre los montes de] As-Safa y Al-Marwah es un rito establecido por Dios. Quien realice la peregrinación mayor o la peregrinación menor a La Casa [Sagrada de La Meca] sepa que no incurre en falta por realizar el recorrido ritual entre ambas. Y quien voluntariamente haga el bien, sepa que Dios se lo recompensará, pues Él premia las buenas intenciones.

Advertencia a los incrédulo

159. Quienes ocultan a la gente las evidencias y la guía que he revelado luego de haberlas evidenciado en el Libro, serán malditos por Dios y toda la creación, **160.** excepto quienes se arrepientan, reparen y aclaren [lo que habían ocultado]. A ellos les aceptaré su arrepentimiento, porque Yo soy el Indulgente, el Misericordioso. **161.** Aquellos que no crean y mueran negando la verdad, recibirán la maldición de Dios, los ángeles y toda la humanidad. **162.** Así estarán por toda la eternidad. No les será aliviado el castigo ni se les concederá prórroga alguna.

Los grandes signos de Dios

163. Su Dios es un Dios Único, no hay divinidad [con derecho a ser adorada] salvo Él, el Compasivo, el Misericordioso. **164.** En la creación de los cielos y de la Tierra, la sucesión de la noche y el día, el barco que surca el mar para provecho de la gente, el agua que Dios hace descender del cielo con la que da vida a la tierra árida, en la que diseminó toda clase de criaturas, y en la dirección de los vientos y el control de las nubes que están entre el cielo y la tierra, en todo ello hay signos[55] para quienes razonan.

Asociar a otros con Dios

165. Existen personas que toman en lugar de Dios a otros que consideran iguales [a Dios][56], y los aman como solo debe amarse a Dios; pero los creyentes aman más a Dios [de lo que éstos aman a sus divinidades]. Ya sabrán los injustos cuando vean

52 A peligros inminentes.

53 Del esfuerzo personal.

54 Que recibirán una hermosa recompensa.

55 De que Él es el Creador y que solo Él merece ser adorado.

56 Es decir, dirigen a ellos lo que se debe dirigir a Dios, como las súplicas, los ruegos, el anhelo de salvación, la esperanza, el temor devocional, etc.

el suplicio que les espera, que a Dios pertenece el poder absoluto y que Dios es severo en el castigo.

Los perdedores se repudian entre sí

166. [Ellos deben considerar que el Día del Juicio] se desentenderán los líderes[57] de sus seguidores, y todos verán el castigo y desaparecerá toda alianza entre ellos. **167.** Entonces los seguidores dirán: "Si tuviéramos otra oportunidad [de regresar a la vida mundanal] nos desentenderíamos de ellos, como ellos se han desentendido de nosotros". Así les hará ver Dios sus obras para que sientan remordimiento. Pero nunca saldrán del Fuego.

Advertencia contra Satanáss

168. ¡Oh, seres humanos! Coman de lo bueno y lo lícito que hay en la Tierra, pero no sigan los pasos del demonio. Él es su enemigo declarado. **169.** Él los induce a cometer pecados y actos deshonestos, y a que digan de Dios lo que no saben [con certeza si es cierto].

Seguir a ciegas

170. Y cuando se les dice: "Sigan lo que Dios reveló", argumentan: "No, seguimos la tradición de nuestros padres". ¿Acaso imitan a sus padres a pesar de que ellos no seguían una lógica ni una revelación?

El ejemplo de los incrédulos

171. El ejemplo de los que niegan la verdad es como el del animal que al escuchar el llamado del pastor, no percibe sino un ruido. Se hacen los sordos, mudos y ciegos, porque se niegan a usar la razón.

Alimentos prohibidos

172. ¡Oh, creyentes! Coman de las cosas buenas que les he proveído, y agradezcan a Dios, si es que [verdaderamente] solo a Él adoran. **173.** Sepan que [Dios] les ha prohibido [consumir] solamente la carne del animal muerto por causa natural, la sangre, la carne de cerdo y la del animal que haya sido sacrificado invocando un nombre distinto al de Dios. Pero quien se ve forzado por la necesidad, no por deseo y sin excederse, no comete pecado al hacerlo. Dios es Absolvedor, Indulgente.

Ocultar la verdad

174. Quienes ocultan lo que Dios reveló del Libro y cambian Sus preceptos para obtener una ganancia vil, sepan que el fuego abrasará sus entrañas. Dios no les hablará ni les purificará [de sus pecados] el Día de la Resurrección, donde tendrán un doloroso castigo. **175.** Ellos cambiaron la guía por el desvío y el perdón por el castigo. ¡Qué perseverantes son en buscar el [castigo del] Fuego! **176**. Eso [es lo que merecen] porque Dios reveló el Libro con la Verdad, pero quienes enfrentan al Libro con sus opiniones se encuentran en un profundo error.

La rectitud verdadera

177. La verdadera virtud[58] no consis-

---

57 De la incredulidad.

58 En árabe *bir* بِر : Virtud que inspira, por el amor a Dios, tierna devoción a los actos de culto y, por el amor al prójimo, actos de amor y compasión.

te en orientarse hacia el oriente o el occidente [durante la oración], sino que es piadoso quien cree en Dios, el Día del Juicio, los ángeles, el Libro, los Profetas; hace caridad, a pesar del apego [que tiene por los bienes materiales], a los parientes, los huérfanos, los pobres, los viajeros insolventes, los mendigos, y colabora para liberar esclavos y cautivos. [Tiene piedad quien] hace la oración prescrita, paga el zakat, cumple con los compromisos contraídos, es paciente en la estrechez, la adversidad y ante la persecución. Ésos son los veraces en su fe y los verdaderos piadosos.

La ley retributiva

178. ¡Oh, creyentes! Se ha establecido la retribución legal en caso de homicidio [doloso][59]: sea libre o esclavo, [sea hombre] o mujer[60]. Pero si le es perdonada [al culpable] la pena por su hermano [en la fe][61], que pague la indemnización correspondiente en el plazo establecido de buena manera. Esto es una facilidad y una misericordia de su Señor. Pero quien después de eso [aceptando la indemnización] transgrediere [tratando de vengarse del homicida] tendrá un castigo doloroso[62]. **179.** En [la aplicación de] la retribución legal está [la preservación de] la vida, ¡Oh, dotados de intelecto!, para que alcancen la piedad.

Testamento y legado

180. Se ha establecido que cuando sientan la muerte acercarse y dejen bienes materiales, hagan un testamento a favor de sus padres y parientes en forma justa. Esto es una obligación para los piadosos[63]. **181.** Si los testigos al escuchar [el testamento] lo cambian después de haber oído la voluntad [del testador], ellos son los que habrán cometido un pecado. Dios todo lo oye, todo lo sabe. **182.** Pero quien tema que el testador haya cometido un error o una injusticia, y haga una mediación entre las

---

59 El homicidio doloso es cuando una persona procede con la intención de quitar la vida a otra, empleando para ello un elemento que le sirva para matarlo. A diferencia de los homicidios preterintencional o culposo, donde no existe intención de asesinar, sino negligencia o accidente.

60 Es decir, hombres, mujeres, libres y esclavos, todos reciben su castigo, y nadie puede pagar una pena por un crimen cometido por otra persona.

61 Es decir, los familiares de la víctima o el apoderado legal pueden condonar por decisión propia la pena de muerte al culpable, accediendo a recibir una indemnización económica, o pueden perdonarlo completamente.

62 En este mundo, por hacerse merecedor de la aplicación del castigo; o en el más allá, donde le espera el Infierno. Ver Corán 4:93.

63 La implicancia legal de este versículo fue abrogada, por la revelación en 4:11-12, que estipula porciones obligatorias en la herencia para los padres y parientes cercanos. Se permite dejar testamento, en especial para cubrir a los que no heredan por ley. Pero la validez del testamento está supeditada a las asignaciones exactas estipuladas en 4:11-12, y otros versículos del Corán que limitan la libertad del testador (para garantizar justicia) sin eliminarla. Si el testamento no se ajusta a la ley, se recurre a la conciliación entre los herederos (véase 2:182).

partes[64], no incurrirá en falta. Dios es Absolvedor, Misericordioso.

Las normas del ayuno

183. ¡Oh, creyentes! Se les prescribe el ayuno al igual que les fue prescrito a quienes los precedieron, para que alcancen la piedad. **184.** Son días contados [el mes de Ramadán]. Quien esté enfermo o de viaje y no ayune, deberá reponer posteriormente los días no ayunados. Quienes puedan [pero con mucha dificultad por la vejez] y no lo hagan, deberán alimentar a un pobre [por cada día no ayunado]. Pero quien voluntariamente alimente a más de un pobre, será más beneficioso para él. Y ayunar es mejor para ustedes, ¡si supieran!

La excelencia de Ramadán

185. En el mes de Ramadán fue revelado el Corán como guía para la humanidad y evidencia de la guía y el criterio. Quien presencie la llegada de [la Luna nueva de] el mes deberá ayunar, pero quien esté enfermo o de viaje [y no ayune] deberá reponer posteriormente los días no ayunados y así completar el mes. Dios desea facilitarles las cosas y no dificultárselas; alaben y agradezcan a Dios por haberlos guiado.

Dios siempre está cerca

186. Y si Mis siervos te preguntan por Mí [¡Oh, Mujámmad!, diles] que estoy cerca de ellos. Respondo la súplica de quien Me invoca. [Entonces] que me obedezcan y crean en Mí, que así se encaminarán.

La intimidad durante las noches de Ramadán

187. Durante las noches del mes de ayuno les es lícito mantener relaciones [maritales] con sus mujeres. Ellas son su vestimenta, y ustedes la vestimenta de ellas[65]. Dios sabe que se engañaban a sí mismos[66], por eso los perdonó y les hizo esta concesión. Ahora pueden mantener relaciones con ellas y aprovechar lo que Dios les ha prescrito. Coman y beban hasta que se distinga el hilo blanco [la luz del alba] del hilo negro [la oscuridad de la noche], y luego completen el ayuno hasta la noche, y no mantengan relaciones con ellas si están haciendo el retiro espiritual en las mezquitas. Éstos son los límites de Dios, no los transgredan. Así aclara Dios Sus signos a la gente para que alcancen la piedad.

Advertencia contra la injusticia

188. No usurpen injustamente los bienes materiales unos a otros, ni

---

64 Llegando a un arreglo justo para todas las partes.

65 Esta bella imagen describe la relación entre el hombre y la mujer: la vestimenta es lo más cercano al cuerpo. Es lo que cubre, protege y da abrigo. Esta imagen nos habla sobre la interdependencia del uno con el otro.

66 Antes de la revelación de este versículo, durante el mes del ayuno estaban prohibidas las relaciones sexuales, lo que resultaba arduo para algunos matrimonios, especialmente los jóvenes. Se daban, en consecuencia, algunas transgresiones secretas en la intimidad del hogar, que eran seguidas de remordimiento. Pero este versículo declara que las relaciones durante la noche son completamente lícitas durante Ramadán.

sobornen con ellos a los jueces para conseguir ilegalmente la propiedad ajena a sabiendas.

La rectitud verdadera

189. Te preguntan [¡Oh, Mujámmad!] acerca de las fases de la luna. Diles: "Son una señal para que la gente pueda fijar sus fechas y para la peregrinación". No es ninguna virtud entrar en las casas por la puerta trasera, sino que la virtud está en la piedad. [En consecuencia] entren a las casas por la puerta de adelante, y observen las leyes de Dios que así van a prosperar.

La ética del combate contra el enemigo

190. Y combatan por la causa de Dios a quienes los agredan, pero no se excedan, porque Dios no ama a los agresores. **191.** Den muerte [a aquellos que los ataquen] donde quiera que los encuentren, y expúlsenlos de donde los han expulsado a ustedes, porque la opresión [y la restricción de la libertad a la que son sometidos por los agresores] es más grave que combatirlos. No combatan contra ellos en la Mezquita Sagrada, a menos que ellos los ataquen allí; pero si lo hacen combátanlos, ésta es la retribución que recibirán los que rechacen la verdad. **192.** Pero si ellos cesan de combatirlos, sepan que Dios es Absolvedor, Misericordioso.

Oponerse a la opresión

193. Combátanlos hasta que cese la opresión y puedan adorar tranquilamente a Dios [sin temer persecución]; pero si ellos cesan de combatir, que no haya más hostilidades, excepto contra los agresores. **194.** Solo se puede combatir en un mes sagrado[67] si son atacados durante el mismo, y para las violaciones [que hayan cometido] apliquen el principio de retribución igualitaria; así que si son agredidos, agredan tal como los agredieron [sin excederse]. Sigan las enseñanzas de Dios, y sepan que Dios está con los piadosos. **195.** Contribuyan a la causa de Dios [de buen grado] y no se causen perjuicio a ustedes mismos [siendo avaros], sino que hagan el bien, porque Dios ama a los que hacen el bien.

Algunos rituales de la peregrinación

196. Completen la peregrinación mayor y menor en honor a Dios. Pero en caso de que algo les impida completarla, sacrifiquen el animal que puedan como ofrenda. No se rasuren la cabeza hasta que la ofrenda llegue al lugar de sacrificio. Si alguien está enfermo o sufre una dolencia en su cabeza [y se rasura] deberá expiar ayunando[68] o dando limosna[69] o sacrificando[70]. Si hay seguridad [en el camino], entonces quien haga la peregrinación menor [durante los meses[71] de la peregrinación mayor]

---

67 Los meses lunares sagrados son cuatro: *Dhul-Qa'dah, Dhul-Jíyyah., Mujárram y Rayab.*

68 Tres días.

69 Para alimentar a seis pobres.

70 Un cordero

71 Que son *Shawal, Dhul-Qa'dah* y diez días del mes de *Dhul-Jíyyah.*

y luego la peregrinación mayor, que sacrifique la ofrenda según sus posibilidades, y si no encuentra qué sacrificar o no dispone de medios, deberá ayunar tres días durante la peregrinación y siete a su regreso [a su lugar de origen]: en total diez días. Esto es para quienes no viven en las proximidades de la Mezquita Sagrada. Cumplan con los ritos y sepan que Dios es severo en el castigo.

Más rituales de la peregrinación

197. La peregrinación se realiza en unos meses específicos, y quien se consagrara para hacerla, deberá abstenerse [durante ella] de las relaciones maritales, los pecados y las discusiones. Todo lo que hagan de bien, Dios lo sabe. Tomen provisiones para el viaje, pero [sepan que] la mejor provisión es la piedad. ¡Oh, dotados de buen discernimiento! Cumplan correctamente Conmigo. **198.** No cometen ninguna falta si buscan el sustento de su Señor [comerciando]. Cuando salgan en multitudes de [el valle de] 'Arafat, y se encuentren en Al-Mash'ar Al-Harám[72], recuerden a Dios. Recuérdenlo en agradecimiento por haberlos guiado siendo que se encontraban extraviados. **199.** Luego avancen en multitudes por donde lo hace la gente e imploren el perdón de Dios. Dios es Absolvedor, Misericordioso.

Orar por lo mejor en ambos mundos

200. Y cuando hayan terminado con los ritos que deben realizar, celebren el nombre de Dios tal como celebran la memoria de sus padres, y más aún. [Pues] hay gente que dice: "¡Señor nuestro! Danos bienestar en esta vida"[73]; pero no obtendrán nada en la otra vida. **201.** Pero entre ellos hay quienes dicen: "¡Señor nuestro! Danos bienestar en esta vida y en la otra, y presérvanos del tormento del Fuego". **202.** Éstos obtendrán su recompensa por lo que hicieron, y Dios es rápido en ajustar cuentas.

Más rituales de la peregrinación

203. Recuerden a Dios los días determinados[74]. Quien lo haga solo dos días no habrá incurrido en falta alguna, como tampoco quien permanezca más [hasta el tercero], siempre que tengan temor de Dios. Cumplan con lo que Dios les ha ordenado y sepan que serán congregados ante Él.

Los que difunden la maldad

204. Hay un tipo de gente que, cuando te habla sobre temas mundanos, te causa admiración por su elocuencia, y pone como testigo a Dios de la fe que encierra su corazón, cuando en realidad es un enemigo acérrimo y hábil discutidor. **205.** Pero cuando se alejan [de ti] van por la Tierra corrompiéndola, destruyendo [todos los frutos del trabajo humano, como] las siembras y los ganados, pero [sepan] que Dios no ama la corrupción. **206.** Y cuando se le dice: "Tengan temor de Dios", su soberbia lo impulsa a hacer el mal. Su retribución será el Infierno. ¡Qué

---

72 El lugar sagrado que se encuentra en el valle de Muzhdalifah.

73 Preocupándose solamente por asuntos mundanos.

74 Los tres días posteriores al día del Eid Al-Akbar, llamados *Aiám At-Tashriq*.

pésimo destino! **207.** Aunque entre la gente hay quienes dan su vida anhelando complacer a Dios, y Dios es compasivo con Sus siervos.

Advertencia contra el Demonio

208. ¡Oh, creyentes! Entréguense por completo [a Dios practicando el Islam] y no sigan los pasos del demonio, porque él es su enemigo declarado. **209.** Pero si caen en el error después de que se les han presentado las pruebas claras, sepan que Dios es Poderoso, Sabio.

¿Esperando el juicio?

210. ¿Acaso esperan que [el Día del Juicio] Dios y los ángeles se les presenten a la sombra de las nubes? Para entonces, su situación estaría ya decidida [y serían condenados]. Todos los asuntos retornan a Dios [para que Él juzgue]. **211.** Pregunta [¡Oh, Mujámmad!] a los hijos de Israel cuántas señales evidentes les envié. Quien cambia la gracia de Dios [por incredulidad] después de haberle sido concedida, [sepa que] Dios es severo en el castigo.

La vida es una prueba

212. A los que niegan la verdad los seduce la vida mundanal, y [por eso] se burlan de [la pobreza de] los creyentes; pero los que temen a Dios [en este mundo] estarán sobre ellos el Día de la Resurrección, y Dios provee a quien Él quiere, sin límite.

Por qué fueron enviados los profetas

213. La humanidad era una sola comunidad [y porque comenzaron a desviarse del monoteísmo y discrepar sobre la verdad], Dios envió a los Profetas con albricias y advertencias, y les reveló los Libros Sagrados con la Verdad para que juzgaran entre la gente acerca de lo que discrepaban. Pero [los que habían recibido los Libros Sagrados] no discreparon sino después de que les llegaron las pruebas evidentes, por envidia y rivalidad entre ellos. Dios guió con Su voluntad a los creyentes a la verdad respecto a lo que discrepaban quienes los precedieron. Dios guía por el sendero recto a quien Le place.

La fe reforzada por la aflicción

214. ¿Acaso creen que van a entrar al Paraíso sin sufrir las mismas pruebas que quienes los precedieron? Padecieron pobreza e infortunios, y una conmoción tal que hasta el Mensajero y los creyentes que estaban con él imploraron: "¿Cuándo llegará el auxilio de Dios?" Pero el auxilio de Dios estaba cercano.

La caridad comienza en casa

215. Te preguntan [¡Oh, Mujámmad!] a quién dar caridad. Diles: "Den a sus padres, parientes, huérfanos, pobres y viajeros insolventes". Todos los actos de bien que hagan, Dios lo sabe.

Defensa propia

216. Se les ha prescrito combatir aunque les desagrade. Es posible que les disguste algo y sea un bien para ustedes, y es posible que amen algo y

---

75 *Mujárram, Rayab, Dhul-Qa'dah y Dhul-Jiyyah.*

sea un mal para ustedes. Dios conoce [todo], pero ustedes no.

Durante los meses sagrados

217. Te preguntan si es lícito combatir en los meses sagrados[75]. Diles: "Combatir en los meses sagrados es un sacrilegio, pero ante Dios es más grave aún apartar a la gente del sendero de Dios, negar Su verdad y expulsar a la gente de la Mezquita Sagrada". [Sepan] que la opresión[76] es peor que matar [en un mes sagrado]. Y [sepan que los incrédulos] no dejarán de combatirlos, si pueden, hasta apartarlos de su religión. Y quien reniegue de su religión y muera en la incredulidad, sus obras habrán sido en vano, en esta vida y en el más allá. Ellos son los moradores del Fuego, donde permanecerán eternamente.

La recompensa del devoto

218. Aquellos que creyeron, emigraron y se esforzaron por la causa de Dios son quienes pueden esperar con certeza la misericordia de Dios, y Dios es Absolvedor, Misericordioso.

Preguntas al Profeta

219. Te preguntan acerca de los embriagantes y las apuestas. Diles: "Son de gran perjuicio, a pesar de que también hay en ellos algún beneficio para la gente, pero su perjuicio es mayor que su beneficio"[77]. Y te preguntan qué dar en caridad. Diles: "Lo que puedan permitirse"[78]. Así aclara Dios los preceptos para que reflexionen **220.** sobre esta vida y el más allá. Y te preguntan acerca de cómo deben obrar quienes tienen huérfanos bajo su responsabilidad. Diles: "Invertir sus bienes materiales para procurar incrementárselos es lo mejor, pero si [consideran más fructífero] unir su riqueza con la de ellos [para gestionarla conjuntamente], trátenlos como a sus hermanos. Dios sabe quién es corrupto y quién hace el bien. Y si Dios hubiera querido les habría hecho las cosas más difíciles; Dios es Poderoso, Sabio. **221.** No se casen con [mujeres] idólatras a menos que ellas crean [en el monoteísmo], ya que una sierva [de Dios][79] creyente es mejor que una idólatra, aunque esta les atraiga más; y no casen a los idólatras con las mujeres a su cargo hasta que ellos crean [en el monoteísmo], un siervo [de Dios] creyente es mejor que un idólatra, aunque este les parezca mejor partido. Ellos [los idólatras] invitan al Infierno [a través de la idolatría], mientras que Dios les promete el Paraíso, con Su consentimiento y el perdón, pero aclara Sus preceptos a la gente para que recapacite.

---

76 La opresión aquí significa impedir a la gente practicar libremente su religión.

77 La implicancia legal de este versículo fue abrogada. Para encontrar la prohibición tajante de los embriagantes y las apuestas, ver 5:90-91.

78 Es decir, las caridades deben ser dadas luego de cumplir con las necesidades de quienes se tiene la responsabilidad de mantener.

79 El término árabe *amah* أَمة puede significar esclava o sierva de Dios. Cualquiera sea el caso, el versículo establece que la fe en el monoteísmo es el más alto valor que se debe considerar para contraer matrimonio.

Las relaciones sexuales durante la menstruación

222. Y te preguntan acerca de la menstruación. Di: "Es una impureza"; absténganse de mantener relaciones maritales con sus mujeres durante el menstruo, y no mantengan relaciones con ellas hasta que se purifiquen, pero cuando se hayan purificado mantengan relaciones como Dios les ha permitido [por la vía natural]. Dios ama a los que se arrepienten y a los que se purifican. **223.** Sus mujeres son para ustedes como un campo de labranza, por tanto, siembren en su campo cuando [y como] quieran[80]. Hagan obras de bien para que se beneficien, y tengan temor de Dios ya que se encontrarán con Él; y albricia a los creyentes [que obtendrán una hermosa recompensa].

Las normas respecto a los juramentos

224. No hagan de un juramento por Dios, prestado con anterioridad, un pretexto para no hacer el bien, no cumplir con la fe ni dejar de ayudar a la gente a reconciliarse. Dios todo lo oye, todo lo sabe. **225.** Dios no tomará en cuenta los juramentos que hacen sin pensar[81], pero sí tomará en cuenta aquellos que hagan de corazón[82], Dios es Absolvedor, Indulgente.

Jura no tocar a su esposa

226. Quienes juren no mantener relaciones sexuales con sus esposas[83] tendrán un plazo [máximo] de cuatro meses; pero si se retractan [de su juramento], [sepan que] Dios es Absolvedor, Misericordioso. **227.** Y si se deciden por el divorcio, Dios todo lo oye, todo lo sabe[84].

El período de espera después del divorcio

228. Las divorciadas[85] deberán esperar tres menstruos [para poder volverse a casar], y no les es lícito ocultar lo que Dios creó en sus vientres, si es que creen en Dios y el Día del Juicio. Sus maridos tienen más derecho a volver con ellas durante ese plazo, si desean reconciliarse. Ellas tienen tanto el derecho al buen trato como la obligación de tratar bien a sus maridos. Y los hombres tienen un grado superior [de responsabilidad] al de ellas; Dios es Poderoso, Sabio.

La forma correcta de divorciarse

229. El divorcio puede revocarse

80 La legislación islámica prohíbe solamente, respecto a la sexualidad en el matrimonio, el sexo contra natura y las relaciones durante la menstruación y el puerperio.

81 Es decir, en forma automática, sin pensar en las palabras y sus implicancias.

82 Es decir, conscientes, con plena intencionalidad.

83 Durante una disputa conyugal.

84 Si pasan los cuatro meses de la promesa y no hay un cambio de actitud, el juez puede requerirle el divorcio.

85 Aquellas mujeres a las que sus maridos hayan expresado la voluntad de divorcio, pero el proceso del mismo no haya terminado aún.

86 *Bil ma'ruf* بِالمعرُوف significa acorde a lo reconocido como buen trato en cada sociedad y cultura. Es decir, que este comportamiento puede cambiar y no es definitivo, sino que cada cultura tiene sus propios estándares de lo que es el buen trato, el respeto y la dignidad del individuo, así como su propio concepto de lo que es el maltrato.

dos veces. Luego de lo cual no cabe sino convivir dignamente[86] o separarse definitivamente con decoro. No es permitido [a los hombres] tomar nada de lo que hayan dado [como dote]. Pero si no existe una voluntad de convivencia y temen que no se cumpla con lo que Dios ha ordenado [sobre el buen trato], no incurrirá en falta ninguno de los dos [esposos] en que la mujer llegue a un acuerdo económico con su marido para la disolución del matrimonio. Éstas son las leyes de Dios, no las quebranten. Quienes las quebrantan son los opresores.

El esposo que vuelve a casarse con su exesposa

230. Si el marido se divorcia de ella [por tercera vez], no podrá tomarla como esposa de nuevo hasta que ella se case con otro hombre y este último la divorcie también. Entonces, no incurrirán en falta si vuelven a casarse, si creen que podrán cumplir con lo que Dios ha establecido [sobre el buen trato]. Éstas son las leyes de Dios, las cuales aclara a gente que razona.

La etiqueta del divorcio

231. Pero si expresan la voluntad de divorcio a sus mujeres y están cerca de cumplir el plazo de espera, reconcíliense en buenos términos o sepárense con decoro. No las retengan para molestarlas y obligarlas [a que cedan parte de su derecho], pues quien obre de esa manera se condena a sí mismo. No tomen las leyes de Dios a la ligera, y recuerden la gracia que Dios les concedió [el Islam], y el Libro y la sabiduría que reveló [el Corán] para exhortarlos. Tengan temor de Dios y sepan que Dios todo lo conoce.

Casarse de nuevo con la exesposa

232. Si expresan la voluntad de divorcio[87] a sus mujeres y éstas cumplen con el plazo de espera, no pueden impedirles que se casen[88], si lo han convenido mutuamente [sobre bases] correctas. Así exhorta [Dios] a quienes realmente creen en Dios y en el Día del Juicio. Esto es mejor y más sano. Dios sabe [todo] y ustedes no.

La lactancia de los hijos después del divorcio

233. Las madres [divorciadas] podrán amamantar a sus hijos dos años si desean completar la lactancia. El padre tiene la obligación de sustentar y vestir a la madre [de su hijo] de acuerdo a sus recursos, a nadie se le impone más allá de sus posibilidades. Que ni la madre ni el padre utilicen a su hijo para perjudicarse mutuamente. Los familiares directos heredan esta obligación[89]. Pero no incurren en falta si ambos [el padre y la madre], de común acuerdo, y tras consultarlo entre ellos, deciden destetar [al niño]. Si toman una nodriza para completar la lactancia no hay mal en ello, a condición de que le paguen lo correcto. Tengan temor de Dios, y sepan que

---

87 Por primera y segunda vez.

88 Con su exesposo o con otro hombre.

89 En caso de que el padre muera.

90 Para volver a casarse.

Dios ve todo cuanto hacen.

El período de espera de la viuda

234. Las viudas deberán esperar cuatro meses y diez días[90]. Luego de ese plazo no serán reprochadas por lo que dispongan hacer consigo mismas [siempre que sea] de manera correcta, y Dios sabe lo que hacen.

Proponerle matrimonio a una viuda o una divorciada

235. No incurren en falta si les insinúan a esas mujeres la intención de casarse con ellas o si callan sus intenciones; Dios sabe lo que piensan de ellas. No concierten con ellas acuerdos secretos de matrimonio, sino que háblenles con respeto. Pero no contraigan matrimonio hasta que se cumpla el plazo de espera. Sepan que Dios conoce lo que hay en sus corazones, así que tengan cuidado. Y sepan que Dios es Absolvedor, Indulgente.

El divorcio antes de la consumación

236. No incurren en falta si se divorcian de sus esposas antes de consumar el matrimonio o haber convenido la dote. Pero denles un regalo acorde a sus posibilidades, el rico según pueda y el pobre según pueda. Esto es un deber para los que obran correctamente. **237.** Pero si se divorcian antes de consumar el matrimonio y ya han convenido la dote, deben darles la mitad de lo acordado, a menos que la mujer renuncie a su parte, o que el hombre renuncie a darle la mitad y se lo dé completo, y esto es lo más próximo a la piedad. Y no olviden lo bueno que hubo entre ustedes; Dios ve todo lo que hacen.

Oraciones obligatorias

238. Cumplan con la oración prescrita, especialmente la oración de la tarde, y preséntense ante Dios con total devoción. **239.** Si tienen temor [en una situación de peligro], pueden orar de pie o montados, pero cuando cese el temor recuerden a Dios [en oración], que les enseñó lo que no sabían.

El período de espera de la viuda

240. Los casados, al morir, dejan a su viuda un legado que consiste en un año de manutención y que no sean obligadas a abandonar el domicilio conyugal; pero si lo abandonaran antes, no serán reprochados de lo que ellas dispongan hacer consigo mismas [rehaciendo sus vidas siempre que sea] de manera correcta[91] Dios es Poderoso, Sabio.

El cuidado de las mujeres divorciadas

241. Quienes divorcien a su esposa deben mantenerla de manera honorable. Esto es un deber para los piadosos. **242.** Así es como Dios evidencia Sus preceptos para que usen la razón.

Los sacrificios en la causa de Dios

243. ¿Acaso no reparan en los que dejaron de a miles sus hogares por temor a la muerte?[92] Pero Dios les dijo:

---

91 La implicancia legal de este versículo fue abrogada, y reglamentada definitivamente por 4:12 y 2:234

92 Esta gente, al ser azotada por una peste como castigo de Dios, quisieron burlar el castigo abandonando el lugar, pero no pudieron escapar al castigo de Dios.

"¡Mueran igual!" Y luego los resucitó. Dios favorece a la gente, pero la mayoría no Le agradece. **244.** Combatan [en defensa propia] por la causa de Dios, y sepan que Dios todo lo oye, todo lo sabe. **245.** ¿Quién hará a Dios un préstamo generoso?[93] Dios se lo devolverá multiplicado. Dios restringe y prodiga [el sustento], y a Él volverán [para ser recompensados por sus acciones].

El Profeta Samuel

246. ¿Acaso no reparas en los nobles de los hijos de Israel después de la muerte de Moisés? Cuando le dijeron a su Profeta: "Desígnanos un rey para que combatamos junto a él por la causa de Dios". Dijo: "¿Acaso prometen que si se les prescribe el combate no huirán?" Dijeron: "¿Cómo no vamos a combatir por la causa de Dios si fuimos expulsados de nuestros hogares y apartados de nuestros hijos?" Pero cuando se les ordenó el combate le dieron la espalda, excepto unos pocos, y Dios conoce bien a los opresores.

El Rey Saúl

247. Su Profeta les dijo: "Dios les ha enviado a Saúl para que sea su rey". Exclamaron: "¿Por qué será él nuestro rey, si nosotros tenemos más derecho que él y ni siquiera es rico?" Dijo: "Dios lo ha elegido para ustedes y lo ha dotado de gran capacidad intelectual y física". Dios concede el reino a quien Él quiere, porque Dios es Vasto, todo lo sabe. **248.** Su Profeta les dijo también: "La prueba de su reino será que los ángeles traerán el arca[94], en la que encontrarán sosiego proveniente de su Señor y una reliquia que dejó la familia de Moisés y de Aarón. En esto hay una señal, si es que son creyentes".

La victoria de Saúl

249. Pero cuando Saúl partió con sus soldados, les dijo: "Dios los pondrá a prueba con un río; quien beba de él hasta saciarse no será de los míos, pero quien no beba más que un sorbo en el cuenco de su mano o se abstenga, será de los míos". Pero se saciaron de él, salvo unos pocos. Y cuando él y los que creían cruzaron el río, algunos dijeron: "Hoy no podremos contra Goliat y sus soldados". En cambio, quienes tenían certeza de que comparecerían ante Dios exclamaron: "¡Cuántas veces, con el permiso de Dios, un grupo pequeño ha derrotado a grandes ejércitos!" Porque Dios está con los pacientes.

David mata a Goliat

250. Al enfrentarse a Goliat y sus soldados suplicaban: "¡Señor nuestro! Danos paciencia, mantennos firmes y concédenos la victoria sobre los que niegan la verdad". **251.** Los derrotaron con el permiso de Dios y David mató a Goliat. Dios le concedió [a David] el reino y la sabiduría, y le enseñó cuanto Él quiso. Si Dios no hubiera permitido que la gente se

93 Invirtiendo en obras de bien para los necesitados y por la causa de Dios.

94 El arca de la alianza donde, según la tradición judía, se encontraba guardada la Torá.

defendiera, la Tierra estaría llena de corrupción, pero Dios concede Sus gracias a todos los seres. **252.** Éstos son los signos de Dios que te revelo con la Verdad. Ten certeza que tú [¡Oh, Mujámmad!] eres uno de los Mensajeros.

Algunos mensajeros son elevados en rango

253. Entre los Mensajeros, distinguí a cada uno con un favor. Entre ellos hay a quienes Dios habló directamente, y otros a quienes elevó en grados. Y concedí a Jesús, hijo de María, las pruebas evidentes y lo fortalecí con el Espíritu Santo [el ángel Gabriel]. Pero si Dios hubiera querido, las naciones que los siguieron no hubieran combatido entre ellas tras habérseles presentado los Profetas y las evidencias; pero discreparon, y hubo entre ellos quienes creyeron en la verdad y quienes la rechazaron. Si Dios hubiera querido no se habrían combatido los unos a los otros, pero Dios obra según Su designio.

Gastar en la causa de Dios

254. ¡Oh, creyentes! Den en caridad parte de los beneficios que les he otorgado antes de que llegue el día en el cual no se aceptará rescate, amistad ni intercesión. Los [verdaderos] injustos son los que rechazan la verdad.

Un Único Dios Verdadero

255. ¡Dios! No existe nada ni nadie con derecho a ser adorado excepto Él, el Viviente [Eterno], el Sustentador [y Gobernador de toda la creación][95]. No Lo afectan somnolencia ni sueño. Suyo es cuanto hay en los cielos y la Tierra. ¿Quién podrá interceder ante Él si no es con Su permiso? Conoce el pasado y el futuro [lo manifiesto y lo oculto] y nadie abarca de Su conocimiento salvo lo que Él quiere. El escabel de Su Trono[96] abarca los cielos y la Tierra, y la custodia [y mantenimiento] de ambos no Lo agobia. Y Él es el Sublime, el Grandioso.

El libre albedrío al aceptar el Islam

256. Una vez esclarecida la diferencia entre la guía correcta y el desvío, no se puede forzar a nadie a creer[97]. Quien rechace las falsas divinidades y crea en Dios, se habrá aferrado al asidero más firme [el Islam], que es irrompible. Dios todo lo oye, todo lo sabe. **257.** Dios es el protector de los creyentes, los saca de las tinieblas hacia la luz. En cambio, los que rechazan la verdad tienen como protector a las falsas divinidades, que los sacan de la luz hacia las tinieblas. Ellos serán los moradores del Fuego, en el que permanecerán eternamente.

---

95 Este sublime nombre de Dios, Al-Qaium, indica que se basta a Sí mismo y sustenta a la creación; es decir, que Él no necesita de nadie, y todo necesita de Él.

96 *Kursi* كُرْسِي , es el escabel del Trono, que no debe ser confundido con el '*Arsh* عَرْش , el Trono, que es inmensamente mayor.

97 No es aceptable la coacción en las creencias religiosas: El Corán prohíbe la conversión forzada, así como cualquier obstáculo a la libertad religiosa.

98 Referencia a Nemrod, un tiránico rey de la Mesopotamia.

Abraham y el rey arrogante

258. ¿Acaso no has reparado en quien[98] discutió con Abraham acerca de su Señor valiéndose del reinado que Dios le había concedido? Dijo Abraham: "Mi Señor es Quien da la vida y da la muerte". Le replicó: "Yo también doy la vida y la muerte". Dijo Abraham: "Dios hace que el Sol salga por el oriente, haz tú que salga por el occidente". Entonces, el que había rechazado la verdad quedó confundido[99], porque Dios no guía a los injustos.

La historia de Ezra

259. [No has reparado] en aquel ['Uzeir] que pasó por una ciudad en ruinas [Jerusalén], y exclamó: "¿Cómo va Dios a darle vida ahora que está en ruinas?" Y entonces, Dios lo hizo morir por cien años y después lo resucitó. Le preguntó [Dios]: "¿Cuánto tiempo has permanecido así?" Respondió: "Un día o menos aún". Dijo [Dios]: "No, has permanecido así cien años, observa tu comida y tu bebida, no se han podrido, pero mira tu asno [del que por el contrario solo quedan sus huesos]. Haremos de ti un signo para la gente. Mira los huesos [de tu asno], cómo los reuní y luego los cubrí de carne [resucitándolo]". Y cuando lo vio con claridad dijo: "Ahora sé que Dios es sobre toda cosa Poderoso".

Abraham pregunta sobre la Resurrección

260. Y [menciona a la gente] cuando Abraham dijo: "¡Señor mío! Muéstrame cómo das vida a los muertos". Dijo [Dios]: "¿Es que acaso no crees?" Respondió: "Claro que sí, pero esto es para fortalecer la fe que hay en mi corazón". Dijo [Dios]: "Toma cuatro pájaros distintos y córtalos en pedazos, luego pon un pedazo de cada uno sobre la cima de una montaña y llámalos, vendrán a ti deprisa [con vida nuevamente]; y sabe que Dios es Poderoso, Sabio".

Las recompensas multiplicadas por la caridad

261. El ejemplo de quienes contribuyen con su dinero por la causa de Dios es como el de un grano que produce siete espigas, cada espiga contiene cien granos. Así Dios multiplica [la recompensa] de quien Él quiere. Dios es el Más Generoso, todo lo sabe.

La caridad sincera

262. Quienes contribuyan por la causa de Dios, y luego no malogren sus obras con alardes o agravios, obtendrán su recompensa en la otra vida, donde no habrán de sentir temor ni tristeza. **263.** Una palabra amable y perdonar es mejor que una caridad seguida de un agravio. Dios es Opulento, Indulgente.

---

99 A los Profetas se les concedieron mentes brillantes, gran inteligencia, expresión elocuente, fuerte intuición y otros talentos que eran esenciales para portar y transmitir el Mensaje, para ser líderes de aquellos que aceptaran el monoteísmo y sus enseñanzas. Ellos solían explicar la religión de Dios a aquellos que se les oponían, y demostraban que sus enemigos estaban equivocados. Así, Abraham derrotó con sus argumentos al tirano que se oponía a la prédica de su Mensaje.

Parábola de la caridad desperdiciada

264. ¡Oh, creyentes! No malogren sus caridades haciendo alarde de ellas u ofendiendo, como aquel que contribuye para que la gente lo vea, pero [en realidad] no cree en Dios ni en el Día del Juicio Final. Su ejemplo es como el de una roca cubierta de tierra, a la cual le cae un aguacero que la deja al descubierto[100]. Esas personas no obtendrán recompensa alguna por sus [buenas] obras, porque Dios no guía a la gente que se niega a reconocer la verdad.

Parábola de la caridad aceptada

265. El ejemplo de quienes contribuyen con sus bienes materiales anhelando complacer a Dios y por la certeza de ser recompensados, es como el de una huerta que se encuentra sobre una colina [alta y fértil], a la que le cae una lluvia copiosa y duplica sus frutos. Y si no, una llovizna le basta [para dar frutos]. Sepan que Dios ve lo que hacen.

La recompensa desperdiciadas

266. ¿A quién complacería tener un huerto de palmeras datileras y vides por donde corren ríos, donde hay toda clase de frutos, y al alcanzar la vejez y con hijos de corta edad, ver [su huerto] sorprendido por un huracán con fuego que lo incendie reduciéndolo a cenizas?[101] Así es como Dios les aclara Sus signos para que reflexionen.

Caridad de calidad

267. ¡Oh, creyentes! Den en caridad de las cosas buenas que hayan adquirido y [también] de lo que les he hecho brotar de la tierra, pero no elijan lo deteriorado para dar caridad, así como tampoco lo tomarían para ustedes mismos, salvo que fuera con los ojos cerrados. Sepan que Dios es Opulento, Loable.

El Demonio desalienta la caridad

268. El demonio los atemoriza con la pobreza y les ordena hacer lo que es inmoral[102], mientras que Dios les promete Su perdón y Su generosidad. Dios es el Más Generoso, todo lo sabe.

La sabiduría es un privilegio

269. Dios concede la sabiduría a quien quiere, y sepan que a quien le haya sido concedido este don ha recibido una gracia inmensa. Solo reflexionan los dotados de intelecto.

---

100 Este ejemplo nos habla de la dureza interior del corazón de algunas personas, que permanece oculto a la vista de las personas. Esta clase de personas, los hipócritas, bajo una delgada capa de piedad exterior, esconden un corazón duro, que no será recompensado ni tendrá beneficio de sus pocas obras, ya que jamás las ha realizado con sinceridad.

101 Es evidente que a nadie le agradaría esta situación. Semejante será el destino de quien no se haya aprovisionado con buenas obras. Así será el destino de los que no paguen el zakat.

102 La avaricia es inmoral, ya que previene a la persona de gastar por la causa de Dios y ser solidario con su prójimo. En un sentido general, el término también implica cualquier acto inmoral.

103 La promesa hecha a Dios es religiosamente vinculante. Si es legítima en sí misma y se ha prometido solo a Dios, debe ser cumplida. Su incumplimiento es un pecado.

Hacer caridades de forma pública y secreta

270. Los pagos de tus obligaciones o las promesas[103] que hagas, Dios los conoce; pero quienes incumplan no tendrán quién los auxilie [el Día del Juicio]. **271.** Hacer caridad públicamente es una obra de bien, pero si lo hacen en privado y se la llevan a los pobres será mejor aún. A causa de esto Dios perdonará algunos de sus pecados. Dios sabe todo lo que hacen. **272.** No es tu responsabilidad [¡Oh, Mujámmad!] que la gente decida seguir la guía [una vez que se la has enseñado], porque Dios guía a quien quiere. Toda caridad que den es en su propio beneficio, pero no den caridad a menos que sea anhelando el rostro de Dios. Lo que hagan de bien les será recompensado sin mengua alguna.

Cuidar a los necesitados

273. [Den caridad a] los pobres que padecen necesidad [por dedicarse] a la causa de Dios y no pueden viajar por la tierra [para trabajar y ganar su sustento]. Quien ignora [la realidad de] su situación los cree ricos, ya que por dignidad no mendigan. Pero los reconocerás por su conducta, no piden inoportunamente. Lo que sea que des en caridad, Dios lo sabe. **274.** Quienes hagan caridad con sus bienes materiales, de noche o de día, en privado o en público, su Señor los recompensará, y no habrán de sentir temor ni tristeza.

La prohibición de los intereses

275. Los que lucran con la usura[104] saldrán [de sus tumbas el Día del Juicio Final] como locos poseídos por el demonio. Esto es porque dicen que el comercio es igual que la usura, pero [no, porque] Dios permitió el comercio y prohibió la usura. A quien le haya llegado de su Señor [el conocimiento de] la prohibición [de la usura] y se haya abstenido arrepintiéndose, podrá conservar lo que obtuvo en el pasado, y su asunto será juzgado por Dios. Mas si reincide, se contará entre los moradores del Fuego, en el que sufrirá eternamente. **276.** Dios quita a las ganancias de la usura toda bendición, pero bendice los actos de caridad con un incremento multiplicado. Dios no ama a los que niegan la verdad y transgreden [la prohibición de la usura].

104 El dinero puede ser calificado con la justicia, la virtud y la opresión. El dinero justo es el que se obtiene con trabajo; el virtuoso, el que se gasta en una caridad; y el opresor, el que se gana con la usura. La usura es el interés que se aplica al préstamo de dinero o el precio por la extensión del tiempo estipulado para la devolución de un préstamo. Para la legislación islámica, la usura es un pecado capital y está prohibida en todas las religiones celestiales debido al gran perjuicio que ocasiona. La usura provoca la enemistad entre las personas y lleva al enriquecimiento a expensas de la apropiación del dinero o los bienes del pobre. La usura cierra las puertas de la caridad y de la benevolencia, y apaga el sentimiento de compasión y solidaridad en el ser humano. Los intereses que los bancos cobran en la actualidad por los créditos que otorgan pertenecen a la usura prohibida por el Islam, al igual que los intereses que pagan por los depósitos.

Los creyentes verdaderos

277. Los creyentes que obran correctamente, cumplen la oración prescrita y pagan el zakat, serán recompensados por su Señor, y no habrán de sentir temor ni tristeza.

Advertencia contra los intereses

278. ¡Oh, creyentes! Tengan temor de Dios y renuncien a los intereses que les adeuden por usura, si es que son realmente creyentes. **279.** Pero si no abandonan el lucro a través de la usura, sepan que Dios y Su Mensajero les declaran la guerra. Quien abandona la usura tiene derecho al capital original, de esta forma no oprimirán ni serán oprimidos.

La gentileza al cobrar deudas

280. Si [quien les debe un préstamo] atraviesa una situación difícil, concédanle un nuevo plazo de pago hasta que esté en condición de saldar la deuda. Aunque si supieran la recompensa que tiene, harían algo mejor aún para ustedes: que es condonarle la deuda.

Recordatorio del Día del Juicio

281. Teman el día en que serán retornados a Dios, y en que cada persona reciba lo que merezca sin ser oprimido.

Escribir y ser testigo de un contrato de deuda

282. ¡Oh, creyentes! Si contraen una deuda por un plazo estipulado, pónganlo por escrito ante un escribano. Ningún escribano [creyente] debe negarse a levantar esa acta conforme a lo que Dios le ha enseñado[105]: el escribano debe registrar y el deudor debe dictar fielmente lo que adeuda, con temor de Dios. En caso de que el deudor sea declarado incompetente o sea incapaz de expresar su deuda, que lo haga en su lugar su apoderado con fidelidad. Dos hombres confiables deben ser testigos, pero si no cuentan con dos hombres, recurran a un hombre y dos mujeres, de manera que si una de ellas se olvida la otra lo recuerde. Nadie debe negarse a ser testigo ni rehusarse si son citados a atestiguar. No sean reacios a documentar las deudas, sean pequeñas o grandes, así como su vencimiento. Esto es, para Dios, lo más justo, la mejor evidencia [si existiera una disputa] y da menos lugar a dudas. A menos que se trate de una operación al contado; entonces, no hay inconveniente en que no lo pongan por escrito. Pero [es recomendable] que lo hagan ante testigos en [operaciones de] compraventa. No se debe presionar ni coartar al escribano ni al testigo, porque hacerlo es un delito. Tengan temor de Dios, que Él los agracia con el conocimiento, porque Dios es conocedor de todas las cosas.

Tomar algo en garantía

283. Si estuvieran de viaje y no encontraran un escribano, pueden to-

105 Esta frase también puede tener otro significado: Ningún musulmán que tenga la gracia de Dios de saber escribir, debería negarse a levantar esa acta en reconocimiento a que Dios le ha enseñado a escribir.

mar algo en garantía[106]. Pero si existe una confianza mutua, no hacen mal en no poner por escrito la deuda ni tomar una garantía, y tengan temor de Dios. Que nadie se niegue a prestar testimonio cuando sea convocado, porque quien lo oculta tiene un corazón malvado. Y Dios sabe cuanto hacen.

El poder de Dios

284. A Dios pertenece cuanto hay en los cielos y la Tierra. Lo que manifiesten en público y lo que oculten en privado, Dios les pedirá cuentas por ello; Dios perdona a quien Él quiere y castiga a quien Él quiere. Dios es sobre toda cosa Poderoso.

Los artículos de la fe

285. El Mensajero y sus seguidores creen en lo que le fue revelado por su Señor [al Mensajero]. Todos creen en Dios, en Sus ángeles, en Sus Libros y en Sus Mensajeros [diciendo:] "No hacemos diferencia entre ninguno de Sus Mensajeros". Y dicen: "Oímos y obedecemos. Perdónanos Señor nuestro, que ante Ti retornaremos [para ser juzgados]".

Orar pidiendo misericordia

286. Dios no exige a nadie por encima de sus posibilidades, a su favor tendrá el bien que haga, y en su contra tendrá el mal que haga. "¡Señor nuestro! No nos castigues si olvidamos o cometemos un error. ¡Señor nuestro! No nos impongas una carga como la que impusiste a quienes nos precedieron. ¡Señor nuestro! No nos impongas algo superior a lo que podamos soportar. Perdónanos, absuélvenos y ten misericordia de nosotros. Tú eres nuestro Protector, concédenos el triunfo sobre los que niegan la verdad".

---

106 La garantía o prenda es lo que el deudor entrega al acreedor como señal de que la deuda será saldada y de la cual podrá cobrarse su dinero, ya sea tomando posesión del bien prendado o del valor del mismo resultante de su venta, en caso de que el deudor no pueda saldar su deuda.

3. La Familia de ‘Imrán

(Âli-’Imrân)

Este capítulo del Corán fue revelado en Medina, y toma su nombre de la Familia de 'Imrán mencionada en el versículo 33. Al igual que el capítulo anterior, esta reitera el hecho de que Dios es la fuente de la revelación divina, y afirma la creencia en Dios como el único Señor y el Islam como Su única religión aceptada. Se menciona la historia del nacimiento de María, Juan el Bautista y Jesús, junto con un reto a la percepción cristiana de Jesús (عليه السلام). El capítulo también habla de las primeras batallas contra los paganos mecanos, haciendo énfasis en las lecciones a aprender de la derrota de los musulmanes en la Batalla de Uhud, que tuvo lugar en 3 d. H. / 625 e. c. Se destaca la virtud de recordar a Dios al final de este capítulo y al comienzo del siguiente.

En el nombre de Dios,
el Compasivo, el Misericordioso

Las escrituras como fuente de guía

1. *Álif. Lam. Mim.* **2.** Dios, no hay otra divinidad que Él, el Viviente, se basta a Sí mismo y se ocupa de toda la creación. **3.** Él te reveló [¡Oh, Mujámmad!] el Libro con la Verdad, para confirmar los mensajes anteriores, y ya había revelado la Torá y el Evangelio **4.** como guía para la gente, y reveló el criterio por el cual se discierne lo verdadero de lo falso[1]. Quienes no crean en la palabra de Dios tendrán un castigo severo. Dios es Poderoso y Señor de la retribución Justa.

Dios Todopoderoso

5. No hay nada en la Tierra ni en el cielo que pueda esconderse de Dios. **6.** Él es Quien, acorde a Su voluntad, les da forma en el útero. No hay otra divinidad salvo Él, el Poderoso, el Sabio.

Versículos precisos y ambiguos

7. Él es Quien te ha revelado el Libro [¡Oh, Mujámmad!]. En él hay versículos categóricos de significado evidente, que son la base del Libro, y otros que aceptan interpretaciones. Los que tienen el corazón extraviado siguen solo los interpretables con el fin de sembrar la discordia y hacer una interpretación interesada. Pero Dios conoce su verdadero significado. Los que tienen un conocimiento afirmado, dicen: “Creemos en todos los versículos por igual, todos proceden de nuestro Señor. Aunque solo los dotados de intelecto tienen esto presente[2].

---

1 El Sagrado Corán.

2 En lengua árabe el término *mujkam* مُحْكَم significa perfeccionado y claro. En este sentido todo el Corán es mujkam, ya que a través de sus versículos, puede distinguirse lo verídico de lo falso. El término *mutashabih* مُتَشَابِه significa que tiene más de un sentido, uno que concuerda con el mujkam y otro que no. La metodología correcta según este versículo implica interpretar los versículos de esta categoría con base en los versículos *mujkam*. Quien hace lo contrario, comete un gran error que lo llevará al desvío. Los “arraigados en el conocimiento” son los que siguen el camino de la Verdad,

8. ¡Señor nuestro! No permitas que nuestros corazones se desvíen después de habernos guiado. Concédenos Tu misericordia, Tú eres el Dadivoso. **9.** ¡Señor nuestro! [Atestiguamos que] Tú reunirás a los seres humanos para un Día ineludible. Dios no falta jamás a Su promesa".

El castigo de los incrédulos

10. A los que rechacen la verdad, de nada les servirán sus bienes materiales ni sus hijos ante Dios. Serán combustible del Fuego. **11.** Les sucederá lo mismo que a la gente del Faraón y quienes les precedieron. Ellos desmintieron Mis signos. Pero Dios los castigó por sus pecados. Dios es severo en el castigo. **12.** Di a los que rechazan la verdad: "Serán vencidos y congregados en el Infierno". ¡Qué pésima morada!

La ayuda de Dios en la Batalla de Báder

13. Ya fue una clara evidencia los dos grupos que se enfrentaron [en la batalla de Báder]: uno combatía por la causa de Dios y el otro la rechazaba. Este último, al ver el grupo de creyentes, le pareció [milagrosamente] que era dos veces más numeroso de lo real. Dios fortalece con Su auxilio a quien Él quiere. En ello hay una enseñanza para quienes observan con atención.

Los placeres temporales

14. Se encuentra en el corazón de las personas la inclinación por los placeres: las mujeres, los hijos, la acumulación de riquezas en oro y plata, los caballos de raza, los ganados y los campos de cultivo[3]. Ese es el breve goce de esta vida, pero lo más hermoso se encuentra junto a Dios.

La delicia eterna

15. Di: ¿Quieren que les informe sobre algo mejor que los placeres mundanos? Aquellos que tengan temor de Dios encontrarán junto a su Señor jardines por donde corren los ríos, con esposas inmaculadas, donde obtendrán la complacencia de Dios por toda la eternidad. Dios conoce a Sus siervos, **16.** quienes dicen: "¡Señor nuestro! Creemos en Ti. Perdónanos nuestros pecados y líbranos del castigo del Fuego". **17.** [Los creyentes] son los pacientes, los que cumplen su palabra, los piadosos, los caritativos y los que hasta el alba imploran el perdón.

Un solo Dios

18. Dios atestigua, y con Él los ángeles y los dotados de conocimiento, que no existe más divinidad que Él, y que Él vela por la justicia [y mantiene el equilibrio]. No hay otra divinidad salvo Él, el Poderoso, el Sabio.

---

interpretando los versículos mutashabih basados en los versículos *mujkam*. En cambio, quienes buscan interpretaciones rebuscadas basándose solamente en su comprensión y pasión, se desvían y desvían a otros. Dijo el Profeta Mujámmad, que la paz y las bendiciones de Dios sean con él, después de recitar este versículo: "Cuando vean a los que buscan recurrir a los versículos mutashabih, tengan cuidado de ellos". Registrado por *Al-Bujari*

3 Ese es el conjunto de lo que ama el ser humano: una mujer en el caso del hombre, y un hombre en el caso de la mujer; hijos que llenen de alegría el hogar, riquezas con las que obtener lujos, los mejores medios de transporte y empresas que le generen riqueza y bienestar.

Un camino

19. Para Dios la verdadera religión es el Islam[4]. Los que habían recibido el libro anteriormente discreparon por soberbia a pesar de haberles llegado la revelación. Quienes rechacen los signos de Dios, sepan que Dios es rápido en ajustar cuentas. **20.** Si te discuten [¡Oh, Mujámmad! acerca de tu mensaje], diles: "Me entrego sinceramente a Dios y así hacen quienes me siguen". Y pregúntales a quienes recibieron el Libro y a los analfabetos [árabes paganos]: "¿Han aceptado el Islam [sometiéndose a Dios]?" Si lo aceptan habrán seguido la guía, pero si lo rechazan, tú solo tienes la obligación de transmitirles el mensaje. Dios conoce a Sus siervos.

El castigo de los que rechazan el mensaje

21. Anuncia un castigo severo a quienes rechazan los preceptos de Dios, asesinan a los Profetas y matan a las personas que luchan por la justicia. **22.** Sus obras serán vanas en esta vida y en la otra, y no tendrán quién los auxilie.

Rechazar el juicio de Dios

23. ¿No te sorprende que quienes recibieron parte del Libro [judíos y cristianos] rechazan juzgar sus asuntos según el Libro de Dios? **24.** Eso es porque dicen: "El fuego no nos tocará más que por días contados"[5]. Las falsas creencias que ellos mismos inventaron terminaron apartándolos de su religión. **25.** ¿Qué será de ellos cuando los reunamos el Día inevitable, en el que cada individuo reciba lo que merece de acuerdo a sus acciones? No serán tratados injustamente.

El poder infinito de Dios

26. Di: "¡Oh, Dios [te imploro porque Tú eres] el Soberano Absoluto! Tú concedes el poder a quien quieres y se lo quitas a quien quieres, fortaleces a quien quieres y humillas a quien quieres. Todo el bien descansa en Tus manos. Tú tienes poder sobre todas las cosas. **27.** Tú haces que la noche entre en el día y el día en la noche. Tú haces surgir lo vivo de lo muerto y lo muerto de lo vivo. Tú sustentas sin medida a quien quieres".

Tomar a los incrédulos como aliados

28. Que los creyentes no tomen como aliados a los que niegan la verdad en lugar de a los creyentes. Quien así lo haga no tendrá nada que ver con Dios, a menos que lo haga para preservar la vida. Dios los exhorta a que Le teman a Él. Ante Dios comparecerán.

El conocimiento infinito de Dios

29. Di: "Tanto si ocultan cuanto hay en sus corazones como si lo manifiestan, Dios lo sabe". Él conoce todo lo que hay en los cielos y en la Tierra. Dios tiene poder sobre todas las cosas.

---

4 *Islam* إِسْلَام en el idioma del Corán, no es el nombre de una religión en particular, sino que es el nombre de la religión común de monoteísmo, devoción y comportamiento social correcto que predicaron todos los Profetas.

5 La posición judía mayoritaria actual es que el Infierno es un lugar de purificación para el malvado, en el que la mayoría de los castigados permanece hasta un año, aunque algunos estarán eternamente". *Mishnah Eduyot 2:9, Shabbat 33ª.*

La responsabilidad por lo bueno y por lo malo

30. El día que cada ser vea el registro de todo bien y de todo mal que haya producido, deseará que se interponga una gran distancia entre sí y ese momento. Dios los exhorta a que Le teman a Él. Dios es Compasivo con Sus siervos.

Obedecer a Dios y a Su Mensajero

31. Di: "Si verdaderamente aman a Dios, ¡síganme!, que Dios los amará y perdonará sus pecados". Dios es Absolvedor, Misericordioso. **32.** Di: "¡Obedezcan a Dios y al Mensajero!" Pero si se niegan, sabe que Dios no ama a los que rechazan la verdad.

Gente bendecida

33. Dios escogió a Adán, a Noé, a la familia de Abraham y a la de 'Imrán de entre todos los seres. **34.** Familias descendientes unas de otras. Dios todo lo oye, todo lo sabe.

El nacimiento de María

35. Cuando la esposa de 'Imrán dijo: "¡Señor mío! He realizado el voto de entregar a Tu exclusivo servicio lo que hay en mi vientre. ¡Acéptalo de mí! Tú todo lo oyes, todo lo sabes". **36.** Y cuando dio a luz dijo: "¡Señor mío! He tenido una hija", y Dios bien sabía lo que había concebido. "No puede servirte una mujer [en el templo] como lo habría hecho un varón. La he llamado María, y Te imploro que la protejas a ella y a su descendencia del maldito demonio". **37.** El Señor la aceptó complacido, e hizo que se educara correctamente y la confió a Zacarías. Cada vez que Zacarías ingresaba al templo la encontraba provista de alimentos, y le preguntaba: "¡María! ¿De dónde obtuviste eso?" Ella respondía: "Proviene de Dios, porque Dios sustenta sin medida a quien quiere"[6].

El nacimiento de Juan el Bautista

38. En el templo, Zacarías invocó a su Señor diciendo: "¡Señor mío! Concédeme una descendencia piadosa, Tú escuchas los ruegos". **39.** Entonces los ángeles lo llamaron cuando oraba en el templo diciendo: "Dios te anuncia el nacimiento de Juan, quien corroborará la Palabra de Dios, será noble, casto y un Profeta virtuoso". **40.** Exclamó: "¡Señor mío! ¿Cómo podré tener un hijo si soy anciano y mi mujer estéril?" Le respondió [el ángel]: "¡Así será! Porque Dios hace lo que quiere". **41.** Dijo [Zacarías]: "¡Señor mío! Dame una señal [de que me has concedido un hijo]". Dijo Dios: "La señal será que durante tres días, no podrás hablar con la gente salvo por señas. Adora mucho a tu Señor y glorifícalo al anochecer y al alba".

María elegida por sobre todas las mujeres

42. Y [recuerda] cuando los ángeles dijeron: "¡María! Dios te ha elegido por tus virtudes y te ha purificado. Te ha elegido entre todas las mujeres

---

6 Dios otorga dones extraordinarios a algunos de Sus siervos para honrarlos debido a su rectitud y firmeza en la fe. Se relata que María recibía frutos de invierno en verano, y frutos de verano en invierno, y por eso el asombro de Zacarías.

del mundo. **43.** ¡María! Conságrate a tu Señor, prostérnate e inclínate con los orantes". **44.** [¡Oh, Mujámmad!] Éstas son historias que te he revelado porque no eran conocidas [por tu gente]. Tú no estabas presente cuando sorteaban con sus plumas [de escritura] quién de ellos sería el tutor de María, ni tampoco cuando se lo disputaban.

El nacimiento de Jesús, hijo de María

45. Entonces los ángeles dijeron: "¡María! Dios te albricia con Su Palabra [¡Sea!], será conocido como el Mesías Jesús, hijo de María. Será noble en esta vida y en la otra, y se contará entre los próximos a Dios. **46.** Hablará [milagrosamente] a la gente desde la cuna, y predicará siendo adulto. Será de los virtuosos". **47.** Dijo [María]: "¡Señor mío! ¿Cómo he de tener un hijo si no me ha tocado hombre?" Le respondió: "¡Así será! Dios crea lo que quiere. Cuando decide algo, solo dice: ¡Sea!, y es.

La misión y los milagros de Jesús

48. Él le enseñará la escritura, le concederá la sabiduría, le enseñará la Torá y el Evangelio. **49.** Y será Profeta para los hijos de Israel, a quienes dirá: "Les he traído un milagro de su Señor. Modelaré para ustedes un pájaro de barro. Luego soplaré en él y, con el permiso de Dios, tendrá vida. Con la anuencia de Dios, curaré al que nació ciego y al leproso, y resucitaré a los muertos. Les revelaré lo que comen y guardan dentro de sus casas. Esos milagros son suficientes para que crean en mí, si es que son creyentes. **50.** He venido para confirmar [las enseñanzas originales de] la Torá y para permitirles algunas de las cosas que les estaban prohibidas. He venido con un milagro de su Señor. Tengan temor de Dios y obedezcan. **51.** Dios es mi Señor y el de ustedes. ¡Adórenlo! Ese es el sendero recto".

Los discípulos

52. Pero cuando Jesús advirtió que su pueblo rechazaba la verdad, dijo: "¿Quiénes me ayudarán en mi misión de transmitir el Mensaje de Dios?" Dijeron los discípulos: "Nosotros te ayudaremos. Creemos en Dios. Atestigua [¡Oh, Jesús!] que solo a Él adoramos. **53.** ¡Señor nuestro! Creemos en lo que has revelado y seguimos a Tu Profeta. Cuéntanos entre los que dan testimonio de fe".

La conspiración contra Jesús

54. Cuando [los conspiradores] maquinaron planes contra Jesús, Dios desbarató sus planes, porque Dios es el sumo planificador. **55.** Cuando Dios dijo: "¡Oh, Jesús! Te haré morir [algún día como a todos, pero ahora] te ascenderé a Mí. Te libraré de los que rechazan la verdad y haré prevalecer a los que te han seguido por sobre los incrédulos hasta el Día de la Resurrección. Luego, todos volverán a Mí para que juzgue entre ustedes sobre lo que discrepaban.

La recompensa justa

56. A los que se obstinan en negar la verdad los castigaré severamente en este mundo y el otro, y no tendrán quién los auxilie". **57.** Mientras que a los creyentes que obren rectamente,

Dios les dará su recompensa con generosidad. Dios no ama a los injustos. **58.** Esta historia te la he revelado como parte de los milagros y de la sabia amonestación del Corán.

Jesús y Adán

59. El ejemplo [de la creación] de Jesús ante Dios es como el de Adán, a quien creó del barro y luego le dijo: "¡Sea!", y fue. **60.** Ésta es la verdad que proviene de tu Señor [sobre la historia de Jesús]. No seas de los indecisos.

Disputas acerca de Jesús

61. Si te disputan acerca de esta verdad [la historia de Jesús] después de haberte llegado el conocimiento, diles: "¡Vengan! Convoquemos a nuestros hijos y a los suyos, a nuestras mujeres y a las suyas, y presentémonos todos. Luego invoquemos que la maldición de Dios caiga sobre los que mienten". **62.** Ésta es la verdadera historia. No hay otra divinidad más que Dios. Dios es el Poderoso, el Sabio. **63.** Pero si la niegan, Dios sabe quiénes son los que siembran la desviación.

La devoción únicamente a Dios

64. Di: "¡Oh, Gente del Libro![7] Convengamos en una creencia común: No adoraremos sino a Dios, no Le asociaremos nada y no tomaremos a nadie como divinidad fuera de Dios". Pero si no aceptan digan: "Sean testigos de que nosotros solo adoramos a Dios".

La verdad sobre Abraham

65. ¡Oh, Gente del Libro! ¿Por qué se disputan a Abraham, siendo que la Torá y el Evangelio fueron revelados después de él? ¿Es que no razonan? **66.** Ustedes discuten sobre los asuntos de los que tienen conocimiento, aun teniendo la revelación. Pero ahora discuten sobre lo que no conocen siquiera. Dios sabe y ustedes no. **67.** Abraham no fue judío ni cristiano, sino que fue un monoteísta creyente en Dios, y no fue jamás de los idólatras. **68.** Los más cercanos a Abraham son los que siguen sus enseñanzas, así como el Profeta y los creyentes [musulmanes]. Dios es el Protector de los creyentes.

Distorsionar la verdad

69. Un grupo de la Gente del Libro desea extraviarlos, pero sin darse cuenta, solo se extravían a sí mismos. **70.** ¡Oh, Gente del Libro! ¿Por qué no creen en la palabra de Dios, siendo que creyeron en ella anteriormente? **71.** ¡Oh, Gente del Libro! ¿Por qué, a sabiendas, mezclan la verdad con lo falso y ocultan la verdad?

El engaño expuesto

72. Miembros de un grupo de la Gente del Libro se dicen entre sí: "Al comenzar el día finjan creer en lo que se le ha revelado a los creyentes [el Islam], pero desacredítenlo al anochecer; tal vez así les sembremos dudas y renuncien a su fe". **73.** Y

---

7 *Ahlul-kitab* أَهْلُ الْكِتَابْ: El Corán usa este término para referirse a los judíos, los cristianos y los seguidores de toda religión originalmente revelada por Dios. El objetivo de llamarlos así es recordar el concepto de la creencia común en un solo Dios trascendente, el respeto a todos los Profetas y la obligación de obedecer las reglas establecidas por Dios.

[dicen:] "no confíen sino en quienes siguen su religión". Diles [¡Oh, Mujámmad!]: "La verdadera guía es la de Dios". [Y dicen:] "No enseñen lo que han recibido para que nadie sea bendecido como ustedes, ni para que puedan argumentar en contra suya ante su Señor". Diles [¡Oh, Mujámmad!]: "La gracia está en manos de Dios, y se la concede a quien Él quiere". Dios es Inconmensurable, todo lo sabe. **74.** Favorece con Su misericordia a quien Él quiere. Dios es poseedor del favor inmenso.

Devolver lo confiado

75. Entre la Gente del Libro hay quienes, si les confías un gran tesoro te lo devuelven, y quienes si les confías una moneda te la devuelven solo después de pedírsela con insistencia. Eso es porque dicen: "No seremos recriminados por no cumplir con quienes no han recibido ninguna revelación". Ellos inventan mentiras acerca de Dios a sabiendas. **76.** Por el contrario, quien cumpla su promesa y tenga temor de Dios, sepa que Dios ama a los piadosos.

Romper el pacto de Dios

77. Quienes vendieron por vil precio el compromiso que tomaron con Dios y faltaron a sus juramentos, no tendrán recompensa en la otra vida. Dios no les dirigirá la palabra ni los mirará ni los purificará el Día de la Resurrección, y tendrán un castigo doloroso.

Distorsionar la Escritura

78. Entre ellos hay quienes tergiversan el Libro cuando lo recitan para que ustedes crean que es parte de él, cuando en realidad no pertenece al Libro[8]. Y dicen que proviene de Dios, cuando en realidad no proviene de Dios. Inventan mentiras acerca de Dios a sabiendas.

Los profetas jamás reclaman divinidad

79. No es concebible que una persona a quien Dios concede el Libro, la sabiduría y la profecía, diga a la gente: "Ríndanme culto a mí, no a Dios"; [una persona así] dirá: "Sean gente de Dios ilustrada en su religión, que [practica y] enseña el Libro tal como lo ha aprendido". **80.** Tampoco les ordenaría que tomen como dioses a los ángeles y a los Profetas. ¿Acaso iba a ordenarles que fueran incrédulos siendo ustedes creyentes monoteístas?

El pacto de Dios con los profetas

81. Dios celebró un pacto con la Gente del Libro a través de los Profetas, diciéndoles: "Les concedo el Libro y la sabiduría, pero cuando se les presente un Mensajero que confirme lo que se les ha revelado, crean en él y préstenle auxilio. ¿Asumen tal compromiso?" Respondieron: "Sí, nos comprometemos". Dijo Dios: "Entonces sean testigos, que Yo también atestiguaré con ustedes". **82.** Quienes después se desentiendan [y no cumplan con el pacto]serán los descarriados.

---

8 Manipulan frases en la colección de libros canonizados por los hombres llamada La Biblia, agregando significados que no son los originales, reinterpretando de manera conveniente para que coincida con sus gustos y deseos.

La sumisión absoluta

83. ¿Acaso desean una religión diferente a la de Dios, siendo que quienes están en los cielos y en la Tierra se someten a Él por libre voluntad o por la fuerza? Y ante Él [todos] comparecerán.

Los profetas del Islam

84. Di: "Creemos en Dios y en lo que nos ha revelado, en lo que fue revelado a Abraham, a Ismael, a Isaac, a Jacob y a las doce Tribus, y en lo que de su Señor recibieron Moisés, Jesús y los Profetas. No hacemos distinción entre ninguno de ellos y somos creyentes monoteístas".

Un único camino

85. Quien profese una religión diferente al Islam no le será aceptada, y en la otra vida se contará entre los perdedores[9].

Desviarse del camino recto

86. ¿Cómo habría Dios de guiar a quienes abandonan la fe luego de ser creyentes, siendo que fueron testigos de la veracidad del Mensajero y vieron las evidencias? Dios no guía a los injustos. **87.** Ellos tendrán como retribución la maldición de Dios, de los ángeles y de toda la humanidad. **88.** En ese estado se mantendrán eternamente. Tendrán un castigo sin tregua ni alivio. **89.** Salvo quienes se arrepientan y enmienden, porque Dios es Absolvedor, Misericordioso.

Morir en estado de incredulidad

90. A quienes reniegan de la fe luego de haber creído y se obstinan en su incredulidad, no se les aceptará el arrepentimiento. Ésos son los desviados. **91.** A los que rechazaron la verdad y los tomó la muerte siendo aún incrédulos, aunque ofrecieran como rescate todo el oro que hubiera en la Tierra, no les será aceptado. Ellos recibirán un castigo doloroso y no tendrán quién pueda socorrerlos.

Dar lo justo

92. [Los creyentes] no alcanzarán la piedad auténtica hasta que den [en caridad] lo que más aman. Todo lo que den en caridad Dios lo sabe.

Las restricciones en la alimentación de Jacob

93. Antes que fuera revelada la Torá, todos los alimentos eran lícitos para el pueblo de Israel, salvo lo que Israel[10] se había vedado a sí mismo. Diles: "Traigan la Torá y léanla, si es verdad lo que dicen". **94.** Serán unos injustos quienes después de todas estas evidencias inventen mentiras y se las atribuyan a Dios. **95.** Di: "Dios dice la verdad. Sigan la religión de Abraham, que fue monoteísta y no se contó entre los que dedicaban actos de adoración a otros además de Dios".

La peregrinación a la Casa Sagrada en La Meca

96. El primer templo erigido para los seres humanos es el de Bakkah

---

9 Este versículo se aplica a aquellas personas que escucharon el mensaje del Islam, y a pesar de haberlo comprendido correctamente, lo rechazaron, tal como lo evidencian los dos versículos siguientes. No es aplicable a aquella persona que jamás llegó a recibir el mensaje del Islam.

10 Alusión al profeta Jacob.

[la Ka'bah], en él hay bendición y guía para la humanidad. **97.** Allí hay signos evidentes, como el sitial de Abraham. Quien ingrese en él estará a salvo. Es obligatorio para las personas peregrinar a este templo si se encuentran en condiciones [físicas y económicas] de hacerlo. Pero quien niegue lo que Dios ha prescrito, sepa que Dios no necesita de Sus criaturas.

Rechazar la verdad

98. Di: "¡Oh, Gente del Libro! ¿Por qué no creen en los signos de Dios? Dios es testigo de lo que hacen". **99.** Di: "¡Oh, Gente del Libro! ¿Por qué intentan conscientemente dificultar el camino al Islam a los que quieren abrazarlo, desfigurando su imagen real, haciéndolo pasar por tortuoso?" Dios no está desatento a lo que hacen.

Advertencia sobre las malas influencias

100. ¡Oh, creyentes! Si se someten a algunos de la Gente del Libro, ellos lograrán sacarlos a ustedes de la fe a la incredulidad. **101.** ¿Cómo podrían ustedes abandonar la fe cuando se les recitan los preceptos de Dios, y Su Mensajero se encuentra entre ustedes? Quien se aferre a Dios será guiado al camino recto.

Advertencia sobre la desunión

102. ¡Oh, creyentes! Tengan temor de Dios como es debido, y no mueran sino como creyentes monoteístas. **103.** Aférrense todos a la religión de Dios y no se dividan en sectas. Recuerden la gracia de Dios cuando los hermanó uniendo sus corazones siendo que eran rivales unos de otros, y cuando se encontraban al borde de un abismo de fuego, los salvó de caer en él. Así les explica Dios Sus signos para que sigan la verdadera guía. **104**. Que siempre haya entre ustedes un grupo que invite al bien, ordenando lo bueno y prohibiendo lo malo. Ésos serán los bienaventurados. **105.** No sean como aquellos que después de haber recibido las pruebas claras, discreparon y se dividieron en sectas[11]. Ésos tendrán un castigo severo.

Rostros radiantes y rostros ensombrecidos

106. El Día del Juicio unos rostros estarán radiantes y otros ensombrecidos. A aquellos cuyos rostros estén ensombrecidos se les dirá: "¿Han rechazado la verdad luego de haber creído? Sufran el castigo como consecuencia de su incredulidad". **107.** En cuanto a aquellos cuyos rostros estén radiantes, estarán en la misericordia de Dios eternamente. **108.** Éstos son los signos de Dios que te revelo con la verdad, para que adviertas que Dios no oprime a ninguna de Sus criaturas. **109.** A Dios pertenece todo cuanto hay en los cielos y

---

11 El Profeta Mujámmad, que la paz y las bendiciones de Dios sean con él, aclaró este concepto diciendo: "Se dividieron los judíos en setenta y una sectas, se dividieron los cristianos en setenta y dos sectas, y se dividirá esta comunidad en setenta y tres sectas, todas ellas merecen el fuego excepto una"; le fue preguntado: "¿Quiénes son, Mensajero de Dios?" dijo: "Los que siguen el mismo camino que yo y luego mis compañeros". *Registrado por At-Tirmidhi, Abu Dawud e Ibn Mayah*, el *Sheij Al-Albani* lo clasificó como auténtico. Es decir: aquellos que sigan la enseñanza y metodología del Profeta y sus compañeros.

en la Tierra. Y a Dios retornan todos los asuntos.

La excelencia de la nación musulmana

110. [¡Musulmanes!] Son la mejor nación que haya surgido de la humanidad porque ordenan el bien, prohíben el mal y creen en Dios. Si la Gente del Libro creyera, sería mejor para ellos; algunos de ellos son creyentes, pero la mayoría son desviados.

El destino de los agresores

111. Ellos solo podrán perjudicarlos levemente, y cada vez que los combatan huirán atemorizados, y no serán socorridos. **112.** Dondequiera que se encuentren deberán soportar la humillación, excepto amparados según lo establecido por Dios o por un pacto con los hombres. Cayeron en la condena de Dios y la miseria se ha abatido sobre ellos por no haber creído en los signos de Dios y por haber matado injustamente a los Profetas, por haber desobedecido y violado la ley.

La Gente del Libro honrada

113. Pero no todos los de la Gente del Libro son iguales. Entre ellos hay quienes se mantienen fieles [a las enseñanzas originales, y al conocer el Islam lo siguen], pasan la noche recitando los versículos de Dios y prosternándose. **114.** Creen en Dios y en el Día del Juicio Final, ordenan el bien, prohíben el mal y se apresuran a realizar buenas obras. Ésos se contarán entre los virtuosos. **115.** El bien que hayan hecho antes de adoptar el Islam no será desmerecido. Dios conoce bien a los piadosos.

Advertencia contra los hipócritas

116. En cambio, a los que rechacen la verdad, ni sus riquezas ni sus hijos les servirán de nada ante Dios. Serán condenados al Infierno, donde morarán eternamente. **117.** [De nada les servirán] las caridades que ellos hacen en esta vida mundanal [porque la incredulidad las destruye] como un viento frío que azota una cosecha de gente que ha sido injusta, y la destruye. Pero Dios no ha sido injusto con ellos, sino que ellos lo han sido consigo mismos.

Asociarse con hipócritas

118. ¡Oh, creyentes! No tomen por confidentes a quienes no sean como ustedes, porque los que rechazan la verdad se esforzarán para corromperlos, porque desean verlos en la ruina. Ya han manifestado su odio con palabras, pero lo que ocultan sus corazones es peor aún. Les he mostrado las evidencias de su enemistad, para que reflexionen. **119.** Ustedes los aman a ellos, porque creen en todas las revelaciones, pero ellos no los aman a ustedes. Cuando se encuentran con ustedes dicen: "¡Somos creyentes!" Pero cuando están a solas se muerden los dedos por la rabia que sienten contra ustedes. Di: "Muéranse de rabia". Dios sabe bien lo que encierran los corazones. **120.** Cuando ustedes prosperan, ellos se afligen; pero cuando les sobreviene un mal, se alegran. Si ustedes son pacientes y tienen temor de Dios, sus intrigas no les harán ningún daño. Dios sabe bien lo que ellos hacen.

La Batalla de Újud

121. Y recuerda [¡Oh, Mujámmad!] cuando al alba saliste de tu hogar para asignar a los creyentes sus posiciones en el campo de batalla. Dios todo lo oye, todo lo sabe. **122.** Dos de tus tropas estuvieron a punto de perder el coraje, pero Dios era su Protector y es a Dios que los creyentes deben encomendarse.

La Batalla de Báder

123. Dios los socorrió en Báder[12] cuando estaban en inferioridad de condiciones. Tengan temor de Dios, en señal de agradecimiento. **124.** Cuando decías a los creyentes: "¿No les basta que su Señor los haya socorrido descendiendo tres mil ángeles?" **125.** [Dijeron:] "¡Sí!" Y si son pacientes y tienen temor de Dios, cuando intenten atacarlos sorpresivamente, su Señor los fortalecerá con cinco mil ángeles con distintivos. **126.** Dios lo hizo para albriciarlos y tranquilizar sus corazones. La victoria proviene de Dios, el Poderoso, el Sabio. **127.** [Y lo hizo también] para destruir y humillar a algunos de los que rechazaban la verdad, y que se retiraran derrotados.

Dios es El Juez

128. No es asunto tuyo [¡Oh, Mujámmad!] si Dios acepta su arrepentimiento o los castiga, pues ellos han cometido muchas injusticias. **129.** A Dios pertenece cuanto hay en los cielos y en la Tierra. Él perdona a quien quiere y castiga a quien quiere. Dios es Absolvedor, Misericordioso.

Advertencia contra los intereses

130. ¡Oh, creyentes! No se beneficien de la usura duplicando y multiplicando los intereses, y tengan temor de Dios, pues solo así tendrán éxito. **131.** Y tengan temor de un fuego que ha sido reservado para los que niegan la verdad. **132.** Obedezcan a Dios y al Mensajero, que así alcanzarán la misericordia.

La recompensa de los rectos

133. Y apresúrense a buscar el perdón de su Señor y un Paraíso tan vasto como los cielos y la Tierra, que ha sido reservado para los que tienen consciencia de Dios [y cumplen la ley], **134.** [que son] aquellos que hacen caridad, tanto en momentos de holgura como de estrechez, controlan su enojo y perdonan a las personas, y Dios ama a los que hacen el bien. **135.** Aquellos que al cometer una obscenidad o injusticia invocan a Dios pidiendo perdón por sus pecados, porque saben que solo Dios perdona los pecados, y no reinciden a sabiendas. **136.** Su recompensa será el perdón de su Señor y jardines por donde corren ríos, en los que estarán eternamente. ¡Qué hermosa es la recompensa de quienes obran correctamente!

---

12 *La batalla de Báder* غزوة بدر, tuvo lugar el 13 de marzo de 624 (el 17 de Ramadán del segundo año después de la Hégira en el calendario musulmán) en la región de Hiyaz en la actual Arabia Saudita. Fue una batalla clave en los primeros tiempos del Islam y un punto de inflexión en el enfrentamiento entre los creyentes y sus perseguidores. Gracias a la ayuda de Dios, los musulmanes alcanzaron la victoria ante un ejército tres veces superior en número y mucho mejor armado.

La batalla entre el bien y el mal

137. En la antigüedad Dios ha escarmentado [a otros pueblos]; viajen por el mundo y observen cómo terminaron aquellos que desmintieron la verdad. **138.** Esto debería ser una lección clara para la humanidad, y es guía y motivo de reflexión para los que tienen temor de Dios.

Confortando a los creyentes

139. No se desanimen ni entristezcan, porque los que obtendrán el éxito finalmente serán los creyentes.
140. Si sufren heridas, sepan que ellos también han sufrido heridas. Se alterna el triunfo y la derrota entre las personas para que Dios ponga a prueba a los creyentes y honre a algunos de ellos con la muerte dando testimonio [de su fe]. Dios no ama a los opresores. **141.** Esto es para que Dios purifique a los creyentes de sus pecados y destruya a los que desmienten la verdad.

Los creyentes puestos a prueba

142. ¿Acaso creen que van a entrar al Paraíso sin que Dios evidencie quiénes están dispuestos a combatir por Su causa y ser pacientes? **143.** Anhelaban la muerte antes de salir a su encuentro, y la vieron con sus propios ojos.

Los creyentes desanimados

144. Mujámmad es un Mensajero a quien precedieron otros. ¿Si muriera o le dieran muerte, volverían al paganismo? Quien regrese al paganismo no perjudica a Dios. Dios retribuirá generosamente a los agradecidos. **145.** Ningún ser puede morir excepto por el designio de Dios, que se encuentra escrito con anterioridad. A quien desee el provecho de esta vida mundanal, le concederé parte de ello; pero quien quiera la recompensa de la otra vida, se la otorgaré. Así recompensaré a los agradecidos.

La recompensa del firme

146. ¡Cuántos Profetas han tenido que combatir junto a multitudes de seguidores devotos! No perdieron la fe por los reveses en la causa de Dios, no flaquearon ni se sometieron al enemigo. Dios ama a los perseverantes. **147.** No pronunciaban otras palabras más que: "¡Señor nuestro! Perdona nuestros pecados y nuestros excesos. Afirma nuestros pasos y concédenos el triunfo sobre los que rechazan la verdad". **148.** Dios les premió en esta vida y les favorecerá con una recompensa mayor en la otra, porque Dios ama a los que hacen el bien.

Ceder ante los incrédulos

149. ¡Oh, creyentes! Si obedecen a los que rechazan la verdad, los harán renegar de su fe, y serán finalmente de los perdedores. **150.** Solo Dios es su Protector, y Él es quien mejor da auxilio. **151.** Infundiremos miedo en el corazón de los que rechazan la verdad por haber dedicado actos de adoración a otros además de Dios, sin fundamento lógico ni evidencia revelada. Su morada será el Fuego. ¡Qué pésima será la morada de los opresores!

La victoria negada en Újud

152. Dios cumplió Su promesa cuando, con Su anuencia, vencían [en la batalla de Uhud]. Pero flaquearon y cuestionaron las órdenes, cayendo en la desobediencia. Entre ustedes hubo quienes anhelaron los bienes materiales de esta vida, pero otros anhelaron la recompensa de la otra vida. Entonces Dios los probó con la derrota, pero los perdonó, porque Dios concede Su favor a los creyentes.

El ejército retrocede

153. Y [recuerden] cuando huían sin reparar en nadie y el Mensajero los convocaba a sus espaldas, pero no lo obedecieron. Entonces, Dios los afligió con una tribulación[13] para que no se lamentaran por lo que habían perdido [del botín] ni padecido [la derrota]. Dios está bien informado de lo que hacen. **154.** Luego de pasada la tribulación, Dios hizo descender sobre ustedes una seguridad y los envolvió en un sueño. Mientras tanto, otro grupo estaba preocupado tan solo por su suerte y pensaban equivocadamente acerca de Dios, a la manera de los paganos, diciendo: "¿Acaso obtuvimos lo que se nos prometió?" Diles: "Todo asunto depende de Dios". Ellos ocultan en sus corazones [la incredulidad] que no te manifiestan. Dicen: "Si nos hubieran consultado, no habría muertos aquí". Respóndeles: "Aunque hubieran permanecido en sus hogares, la muerte habría sorprendido en sus lechos a aquellos para los que estaba decretada". Dios quiso probarlos para evidenciar sus verdaderos sentimientos y purificar sus corazones. Dios bien sabe lo que encierran los pechos.

Los desertores

155. Los que huyeron el día que se enfrentaron los dos ejércitos, fue porque el demonio los sedujo a causa de sus pecados. Pero Dios los perdonó, porque Dios es Perdonador, Indulgente.

Todo está destinado

156. ¡Oh, creyentes! No sean como los que niegan la verdad y dicen de sus hermanos cuando éstos salen de viaje o en una expedición militar [y mueren]: "Si se hubieran quedado no habrían muerto ni caído en batalla", porque Dios hará que eso sea una angustia en sus corazones. Dios es Quien da la vida y la muerte. Dios ve todo lo que hacen. **157.** Pero si los matan o mueren por la causa de Dios, sepan que el perdón de Dios y Su misericordia son mejores que lo que puedan atesorar. **158.** Tanto si mueren como si caen por la causa de Dios, serán congregados ante Dios.

La bondad del Profeta hacia los creyentes

159. [¡Oh, Mujámmad!] Por misericordia de Dios eres compasivo con ellos. Si hubieras sido rudo y de corazón duro se habrían alejado de ti; perdónalos, pide perdón por ellos, y consulta con ellos los asuntos [de

---

13 El rumor de que el Profeta Mujámmad, que la paz y las bendiciones de Dios sean con él, había muerto durante el combate.

interés público][14]. Pero cuando hayas tomado una decisión encomiéndate a Dios, porque Dios ama a los que se encomiendan a Él[15].

La victoria proviene de Dios

160. Si Dios los auxilia nadie podrá vencerlos. Pero si los abandona, ¿quién podrá auxiliarlos contra Su voluntad? Que a Dios se encomienden los creyentes.

Botines de guerra

161. No es concebible que un Profeta pueda cometer fraude. Quien cometa fraude cargará con ello el Día de la Resurrección. Todos serán retribuidos según sus obras y no serán tratados injustamente.

Los que hacen el bien y los que hacen el mal

162. ¿Acaso es igual quien busca la complacencia de Dios a quien incurre en Su ira? Su destino será el Infierno y qué pésimo fin. **163.** Son diferentes ante Dios. Dios ve todo cuanto obran.

El Profeta como bendición

164. Dios ha dado Su favor a los creyentes al enviarles un Mensajero de entre ellos mismos que les recita Sus versículos, los purifica y les enseña el Corán y la sabiduría [de la Sunnah]. Porque antes se encontraban en un claro extravío.

Lecciones de la Batalla de Újud

165. Ahora que les sobrevino una desgracia, y a pesar de haber causado a sus enemigos el doble [en la batalla de Báder], se preguntan a sí mismos: "¿Por qué fuimos vencidos?" Diles: "Por su comportamiento". Dios es sobre toda cosa Poderoso. **166.** Recuerden

---

14 Pedir la guía de Dios y el consejo a la gente sobre un asunto lícito es recomendable. No se arrepiente quien pide la guía a Dios o un consejo a la gente. Sobre pedir guía y consejo a Dios, el Profeta enseñó una oración para pedir el bien llamada *Al-Istijarah*. *Yabir* dijo: "El Profeta, que la paz y las bendiciones de Dios sean con él, solía enseñarnos a consultar a Dios en todos los asuntos y situaciones, tanto como nos enseñaba un capítulo del Corán, y decía: 'Si a alguno de ustedes lo aqueja algún asunto, que realice una oración voluntaria, fuera de las oraciones obligatorias, y luego diga: ¡Oh, Dios! Te consulto por Tu sabiduría, recurro a Ti por Tu poder y Te pido de Tu generosidad infinita; Tú eres, en efecto, capaz y yo no lo soy; Tú sabes y yo no sé. Tú eres el Conocedor de lo Oculto. ¡Oh, Dios! Si Tú sabes que este asunto… es bueno para mí en mi religión y mi vida presente y futura, destínamelo, facilítamelo y bendícelo para mí; pero si sabes que este asunto es un mal para mí en mi religión y mi vida presente y futura, aléjalo de mí y aléjame de él. Destíname el bien donde se encuentre, y luego haz que yo esté complacido de él". Registrado por *Al-Bujari*.

15 La confianza en Dios es hacer el corazón dependiente de Él para conseguir lo que anhela y evitar lo que detesta. La confianza en Dios no prohíbe utilizar los medios materiales que Dios nos ha proporcionado para conseguir ese objetivo. No depositar la confianza en Dios implica una enfermedad en el monoteísmo; mientras que no utilizar los medios materiales disponibles implica falta de visión y contacto con la realidad. El momento indicado para este acto es antes de realizar una obra, y su fruto es la certeza. Existen tres tipos de confianza: 1) la obligatoria, que es la confianza en Dios, anhelando solo de Él la ayuda. 2) La permitida, que es confiar en que alguien hará algo por ti dentro de sus capacidades. 3) La prohibida, que es de dos tipos, (a) el politeísmo mayor, que es confiar totalmente en las causas y efectos, creyendo que las cosas suceden de manera independiente a la voluntad de Dios para traer beneficios o provocar daños; (b) el politeísmo menor, que es confiar en que una persona puede proveer el sustento, aunque no cree que lo hace de manera independiente a la voluntad de Dios, sino a través de un acto sobrenatural.

lo que les aconteció el día que se enfrentaron los dos ejércitos por voluntad de Dios, para distinguir quiénes eran los verdaderos creyentes **167.** y quiénes los hipócritas, a quienes se les dijo: "Combatan por la causa de Dios o al menos defiéndanse". Respondieron [mintiendo]: "Si hubiéramos sabido que habría combate, los hubiéramos seguido". Ese día estuvieron más cerca de la incredulidad que de la fe, porque manifestaban con sus bocas lo que no había en sus corazones. Pero Dios bien sabe lo que ellos ocultaban. **168.** Quienes se ausentaron dijeron a sus hermanos: "Si nos hubieran escuchado, no habrían muerto". Diles: "Si es verdad lo que dicen, háganse inmunes a la muerte".

Los mártires son honrados

169. Pero no crean que quienes han caído defendiendo la causa de Dios están realmente muertos. Por el contrario, están vivos y colmados de gracias junto a su Señor. **170.** Se regocijan por las gracias que Dios les ha concedido y están felices por la recompensa que recibirán quienes todavía no se les han unido, y no han de sentir temor ni tristeza. **171.** Se congratulan unos a otros por la gracia y el favor de Dios, porque Dios recompensa a los creyentes.

La recompensa del firme

172. Quienes acudieron al llamado de Dios y Su Mensajero a pesar de sus heridas [y dificultades], con obediencia y temor a Dios, obtendrán una recompensa magnífica. **173.** A ellos les fue dicho: "Los enemigos se han agrupado contra ustedes, no podrán con ellos". Pero esto solo les aumentó la fe y dijeron: "Dios es suficiente[16] para nosotros, porque Él es el mejor protector", **174.** y retornaron ilesos por la gracia y el favor de Dios. Ellos buscaron la complacencia de Dios, y Dios es el poseedor de un favor inmenso. **175.** Así [es la estrategia del] demonio, que intenta atemorizar a quienes lo siguen. Pero no le teman a él, sino que témanme a Mí, si son verdaderamente creyentes[17].

---

16 Dijo el sabio *Ibn Al-Qaiim*: "Dios es suficiente para quien se encomienda a Él, y Le basta a quien vuelve hacia Él. Él es Quien concede seguridad y paz al temeroso, y protege a quien se lo pide; a todo aquel que solicite Su socorro, Su ayuda, abandonándose a Él, Dios habrá de protegerlo, cuidarlo y darle una salida".

17 El temor reverencial es un acto de adoración y, por consiguiente, debe ser dedicado y entregado solamente a Dios. El temor puede dividirse en dos clases: 1. El temor reverencial que se experimenta por otro que no sea Dios, ya sea un ídolo o un Tagut, temiendo que éste cause algún perjuicio. Esto es lo que muestran los que adoran tumbas u otros ídolos, les temen y atemorizan a los monoteístas que los invitan a la adoración sincera de Dios único. Una expresión de esto es cuando una persona abandona aquello que le es obligatorio por temor a alguien, lo que muestra la imperfección de su monoteísmo (Tawhid). Dice un hadiz: "Dios ha de decirle al siervo en el Día de la Resurrección: '¿Qué te impidió, al ver un acto reprobable, intentar corregirlo?' Contestará: '¡Oh Señor! Temí la reprobación de la gente'. Dirá: 'Yo tenía más derecho a ser temido' ". Registrado por Ahmad. 2. El temor natural o normal que se experimenta ante el enemigo o un animal salvaje; esta clase de temor no es reprochable. Dijo Dios: "Presuroso, Moisés se alejó de la ciudad con temor y cautela". (Corán 28:21)

El engaño de los incrédulos

176. Que no te cause tristeza ver a quienes se precipitan a negar la verdad, porque no perjudican a Dios. Es voluntad de Dios que en la otra vida no obtengan bendición alguna, y sí tengan un castigo terrible. **177.** Quienes abandonen la fe y nieguen la verdad, no perjudicarán en nada a Dios, sino que tendrán un castigo doloroso. **178.** Que no piensen los que niegan la verdad que la tolerancia de permitirles seguir con vida significa un bien para ellos. Por el contrario, es para que aumenten sus pecados y luego sufran un castigo humillante.

Prueba de sinceridad

179. No es propio de la sabiduría de Dios dejar a los creyentes en la situación en que se encuentran sin distinguir al perverso [hipócrita] del virtuoso [creyente]. Ni es propio de la sabiduría de Dios revelarles el conocimiento oculto [de quiénes son los hipócritas]. Dios elige entre Sus Mensajeros a quien Le place [para revelárselo], así que crean en Dios y Sus Mensajeros, porque si creen y obran rectamente obtendrán una magnífica recompensa.

La recompensa del tacaño

180. Los que mezquinan lo que Dios les ha concedido, que no crean que es un bien para ellos ser avaros. Por el contrario, es un mal. El Día del Juicio Final llevarán colgando de su cuello aquello a lo que con tanta avaricia se aferraron. A Dios pertenece la herencia de cuanto hay en los cielos y la Tierra. Dios está bien informado de lo que hacen.

La blasfemia expuesta

181. Dios ha oído las palabras de quienes dijeron: "Dios es pobre, mientras que nosotros somos ricos". Registraremos lo que dijeron y también que hayan matado injustamente a los Profetas. Y les diré: "Sufran el castigo del fuego del Infierno". **182.** Es lo que merecen en retribución por sus obras, porque Dios no es injusto con Sus siervos.

Rechazar a los mensajeros de Dios

183. Ellos mismos son los que dijeron: "Dios pactó con nosotros que no creyéramos en ningún Mensajero hasta que nos trajera una ofrenda que el fuego consumiera". Diles: "Antes de mí, otros Mensajeros se les presentaron con las pruebas claras y todas sus exigencias; ¿por qué los mataron entonces, si es cierto lo que dicen?" **184.** Si te desmienten, también fueron desmentidos anteriormente otros Mensajeros, a pesar de haber traído pruebas claras, Escrituras y Libros Luminosos.

La muerte es inevitable

185. Todo ser probará el sabor de la muerte, y cada uno recibirá su recompensa íntegra el Día de la Resurrección. Quien sea salvado del Fuego e ingresado al Paraíso habrá realmente triunfado, porque la vida mundanal es solo un placer ilusorio.

La paciencia puesta a prueba

186. Van a ser probados en sus bienes materiales y en sus personas. Oirán ofensas de aquellos que han recibido el Libro antes que ustedes y de los idólatras. Pero tengan paciencia, temor de Dios, y sepan que esto requiere entereza.

Romper el pacto con Dios

187. [Sabe que] Dios celebró este pacto con la Gente del Libro: "Deberán explicar el Libro claramente a la gente y jamás ocultarlo". Pero traicionaron el pacto y lo vendieron por vil precio. ¡Qué mal actuaron! **188.** No creas que quienes se vanaglorian de lo que hacen y aman ser elogiados por lo que ni siquiera han hecho, se salvarán del castigo.

Los signos de Dios

189. A Dios pertenece el reino de los cielos y de la Tierra. Dios es sobre toda cosa Poderoso. **190.** En la creación de los cielos y de la Tierra, y en la sucesión de la noche y el día, hay signos para los dotados de intelecto,

La oración de los rectos

191. que invocan a Dios de pie, sentados o recostados, que meditan[18] en la creación de los cielos y la Tierra, y dicen: "¡Señor nuestro! No has creado todo esto sin un sentido. ¡Glorificado seas! Preservanos del castigo del Fuego. **192.** ¡Señor nuestro! A quien condenes al Fuego lo habrás deshonrado, porque los opresores no tendrán quién los auxilie. **193.** ¡Señor nuestro! Hemos oído a quien convocaba a la fe, diciendo: 'Crean en su Señor', y creímos. ¡Señor nuestro! Perdona nuestros pecados, borra nuestras malas acciones y, al morir, reúnenos con los piadosos. **194.** ¡Señor nuestro! Concédenos lo que has prometido a través de Tus Mensajeros y no nos humilles el Día de la Resurrección. Tú no faltas a Tu promesa".

Las oraciones respondidas

195. Su Señor les respondió sus súplicas diciendo: "No dejaré de recompensar ninguna de sus obras, sean hombres o mujeres, descienden el uno del otro. A los que emigraron, fueron expulsados de sus hogares, padecieron dificultades por Mi causa, lucharon y cayeron, les perdonaré sus faltas y los introduciré en jardines por donde corren ríos". Ésta es la recompensa que Dios les concederá. Dios posee la más hermosa recompensa.

El disfrute breve de los incrédulos

196. No te dejes engañar por la opulencia y los viajes de negocios de los que niegan la verdad, **197.** porque es solo un disfrute temporal. Pero finalmente su destino será el Infierno. ¡Qué pésima morada!

La delicia eterna de los creyentess

198. En cambio, quienes hayan tenido temor de su Señor vivirán eternamente en jardines por donde corren ríos, es la acogida que Dios les ha preparado. Lo que Dios tiene reservado para los virtuosos es superior al éxito de los incrédulos en esta vida.

---

18 Éstas son las personas que se benefician de las señales del universo, porque no se detienen en el límite de los parámetros físicos que pueden ver; sino que ven más allá, ven el poder que creó el universo y lo hace funcionar. Ellos usan sus ojos, oídos e intelecto y siguen la guía de los versículos del Corán, los cuales ayudan a que los ojos, los oídos y el intelecto adquieran el estado más sublime que un ser humano puede alcanzar: la certeza en la fe.

Los creyentes entre la Gente del Libro

199. Entre la Gente del Libro hay quienes creen en Dios y en lo que ha sido revelado a ustedes y a ellos. Son humildes ante Dios, y no venden la palabra de Dios a vil precio. Ellos serán recompensados por su Señor. Dios es rápido en ajustar cuentas.

Consejo para el éxito

200. ¡Oh, creyentes! Tengan paciencia, perseverancia, defiéndanse y tengan temor de Dios, que así tendrán éxito.

4. La Mujer

(An-Nisâ')

Este capítulo se enfoca en los derechos de la mujer (de ahí el nombre del capítulo), la ley de herencia, el cuidado de los huérfanos, cuáles mujeres son lícitas y cuáles no para casarse con ellas, y la defensa de la justicia (véase el notable ejemplo de justicia en favor de un judío en los versículos 105-112). A medida que avanza el capítulo, el enfoque cambia a la etiqueta que debe observarse al luchar por la causa de Dios y la relación entre los musulmanes y la Gente del Libro, terminando en una refutación a las afirmaciones sobre la crucifixión y la divinidad de Jesús (عليه السلام). Al igual que el capítulo anterior y el siguiente, este capítulo trata el tema de la hipocresía, un tema común en muchos otros capítulos revelados en Medina.

En el nombre de Dios,
el Compasivo, el Misericordioso

*El compromiso con Dios
y los lazos de parentesco*

1. ¡Oh, seres humanos! Tengan temor de su Señor, Quien los ha creado de un solo ser, del que creó a su cónyuge e hizo descender de ambos muchos hombres y mujeres. Tengan temor de Dios, en Cuyo nombre se reclaman sus derechos, y respeten los lazos familiares. Dios los observa.

Regresarles su riqueza a los huérfanos

2. Reintegren los bienes materiales a los huérfanos [cuando alcancen la pubertad]. No les cambien lo bueno de ellos por lo malo de ustedes, ni se apropien de los bienes materiales de ellos agregándolos a los de ustedes, porque es un gran pecado.

Regalo de boda

3. No se casen con las huérfanas que han criado si temen no ser equitativos [con sus dotes], mejor cásense con otras mujeres que les gusten: dos, tres o cuatro. Pero si temen no ser justos, cásense con una sola o con una esclava, porque es lo mejor para evitar cometer alguna injusticia. **4.** Den a las mujeres la dote con buena predisposición. Pero si ellas renuncian a parte de ella en favor de ustedes, dispongan de ésta como les plazca.

Administrar la riqueza de forma responsable

5. No confíen a los [huérfanos menores de edad que sean] derrochadores los bienes materiales cuya administración Dios les ha confiado. Denles alimentación y vestimenta, y háblenles con cariño.

La riqueza de los huérfanos

6. Pongan a prueba la madurez de los huérfanos cuando alcancen la pubertad, y si los consideran maduros y capaces, entréguenles sus bienes. No los derrochen antes de que alcancen la mayoría de edad. El [administrador] que sea rico, que se abstenga [de cobrar honorarios por su administración]; y el pobre que cobre lo mínimo. Cuando les entreguen su patrimonio, háganlo ante testigos. Es suficiente con que Dios les pedirá cuentas.

Ley de herencia 1) Hombres y mujeres

7. A los varones les corresponde un porcentaje de la herencia que dejen los padres y parientes más cercanos, y a las mujeres otro porcentaje de lo que los padres y parientes más cercanos dejen. Fuere poco o mucho, les corresponde [por derecho] un porcentaje determinado de la herencia.

Actos de bondad

8. Si algunos [otros] parientes, huérfanos o pobres, asisten al reparto de la herencia, denles algo y trátenlos con amabilidad.

Cuidar de los huérfanos

9. Que [los apoderados de los huérfanos] se preocupen [por ellos] igual que si dejasen tras de sí a sus propios hijos menores huérfanos y temiesen por ellos. Que tengan temor de Dios y digan la verdad. **10.** Quienes se apropien injustamente de los bienes de los huérfanos, estarán llenando sus entrañas con fuego y arderán en el Infierno.

Ley de herencia 2) Descendientes y padres

11. Dios prescribe respecto a [la herencia de] sus hijos: Al varón le corresponde lo mismo que a dos mujeres. Si las hermanas son más de dos, les corresponderán dos tercios de la herencia. Si es hija única, le corresponde la mitad. A cada uno de los padres [del difunto] le corresponderá un sexto, si deja hijos; pero si no tiene hijos y le heredan solo sus padres, un tercio es para la madre. Si tiene hermanos, un sexto es lo que corresponde para la madre. Esto luego de cumplir con sus legados y pagar sus deudas. Ustedes ignoran quiénes tienen más derecho al beneficio de la herencia, si sus padres o sus hijos, de ahí este precepto de Dios. Dios es Sabio, todo lo sabe.

Ley de herencia 3) Cónyuges,
4) Hermanos maternos

12. A los hombres les corresponde la mitad de lo que dejaran sus esposas si no tuvieran hijos. Si tuvieran hijos les corresponde un cuarto, luego de cumplir con sus legados y pagar sus deudas. Si no tuvieran hijos, a las mujeres les corresponde un cuarto de lo que dejaran. Si tuvieran hijos, entonces un octavo de lo que dejaran, luego de cumplir con sus legados y pagar las deudas. Si [el difunto] no tiene padres ni hijos, pero sí un hermano o una hermana, entonces les corresponde a cada uno de ellos un sexto. Si son más, participarán del tercio de la herencia, luego de cumplir con los legados y pagar las deudas, siempre que los legados no causen perjuicio a los herederos. Esto es un precepto de Dios. Dios es Sabio, Generoso.

Cumplimiento de la Ley de herencia

13. Estas son las leyes de Dios. A quien obedezca a Dios y a Su Mensajero, Él lo introducirá en jardines donde corren ríos, donde vivirá por toda la eternidad. Éste es el éxito supremo. **14.** Pero a quien desobedezca a Dios y a Su Mensajero y no cumpla con Sus leyes, Él lo introducirá en el Infierno donde morará por toda la eternidad y sufrirá un castigo humillante.

Relaciones ilícitas

15. Si una mujer es acusada de fornicación, deben declarar en su contra cuatro testigos [presenciales del acto]. Si los testigos confirman el hecho, condénenla a reclusión perpetua en su casa o hasta que Dios le conceda otra salida[1]. **16.** El castigo se aplica a los dos que lo cometen [hombre y mujer]. Pero cuando se arrepientan y enmienden, déjenlos en paz. Dios es Indulgente, Misericordioso.

El arrepentimiento aceptado y el rechazado

17. Dios solo perdona a quienes cometen el mal por ignorancia y se arrepienten antes de morir. A éstos Dios los absuelve porque es Sabio y todo lo sabe. **18.** Mas no serán perdonados quienes sigan obrando mal [por rebeldía contra Dios] hasta que los sorprenda la muerte y recién entonces digan: "Ahora me arrepiento". Ni tampoco quienes mueran negando la verdad; a éstos les tenemos reservado un castigo doloroso.

Abusar financieramente de una mujer

19. ¡Oh, creyentes! Quedan abolidas las costumbres [paganas preislámicas] de heredar a las mujeres como un objeto y de obligarlas a casarse y retenerlas por la fuerza para recuperar parte de lo que les habían dado[2], a menos que ellas cometan un acto de inmoralidad[3]. En lugar de eso, traten amablemente a las mujeres en la convivencia. Y si algo de ellas les llegara a disgustar [sean tolerantes], puede ser que les desagrade algo en lo que Dios ha puesto un bien para ustedes. **20.** Y si te decides a divorciarte de tu esposa, a la que has dado una fortuna como dote, para casarte con otra [mujer], no le pidas que te devuelva nada de su dote. ¿Acaso pensabas hacerlo calumniándola, cometiendo un claro delito? **21.** ¿Acaso pretendes que se te devuelva [la dote] después de haberse entregado uno al otro [en la intimidad] a través de un solemne contrato matrimonial?

Las mujeres lícitas e ilícitas para casarse

22. Salvo hechos consumados, les está prohibido casarse con las exesposas de sus padres, porque es algo obsceno, aborrecible e inmoral. **23.** Se prohíbe contraer matrimonio con sus madres, hijas, hermanas, tías, sobrinas, madres de leche, hermanas de leche, suegras, y también con hijastras que estén bajo su tutela nacidas de esposas con las que han consumado el matrimonio; pero si no han consumado el matrimonio, no incurren en falta al casarse con estas últimas. Salvo en casos consumados,

1 Esta primera pena fue luego remplazada por 24:2.

2 Como dote o para heredarla cuando muera.

3 Si a una mujer se le comprueba la infidelidad el esposo tiene derecho a reclamar la devolución de lo que hubiese regalado como dote.

también se prohíbe casarse con la esposa de sus hijos biológicos así como con dos hermanas a la vez. Dios es Perdonador, Misericordioso. **24.** Se prohíbe contraer matrimonio con una mujer casada. Es permitido con una esclava. Esta es la ley de Dios. Fuera de las prohibiciones, es lícito que busquen casarse pagando la dote correspondiente, pero con intención de matrimonio y no de fornicar. Es una obligación dar a la mujer la dote convenida una vez consumado el matrimonio. Pero no incurren en falta si después de haber cumplido con esta obligación legal, deciden algo distinto de mutuo acuerdo. Dios es Sabio, todo lo sabe.

Casarse con una esclava

25. Quien no disponga de los medios necesarios para casarse con una creyente libre, podrá hacerlo con una esclava creyente[4]. Dios conoce bien la fe de ustedes, y todos proceden de un mismo ser. Cásense con ellas con el permiso de sus tutores, y denles la dote legítima y de buen grado. Tómenlas como mujeres honestas, no como fornicadoras o amantes. Si estas mujeres se casan y cometen una deshonestidad, se les aplicará la mitad del castigo que a las mujeres libres. Esto es para los que teman caer en la fornicación, pero tener paciencia es mejor. Dios es Absolvedor, Misericordioso.

La gracia de Dios

26. Dios quiere aclararles la ley, mostrarles el camino correcto de quienes los precedieron, y perdonarlos. Dios todo lo sabe, es Sabio. **27.** Dios quiere perdonarlos, mientras que quienes siguen sus pasiones solo quieren extraviarlos lejos del camino recto. **28.** Dios facilita las cosas, ya que el ser humano fue creado con una naturaleza débil.

La prohibición del abuso

29. ¡Oh, creyentes! No estafen ni usurpen injustamente, sino que comercien de mutuo acuerdo. No se maten a ustedes mismos. Dios es Misericordioso con ustedes. **30.** Quien quebrante estas leyes agresiva e injustamente, terminará en el Fuego. Eso es fácil para Dios.

Evitar los pecados mayores

31. Si se apartan de los pecados más graves, perdonaré sus faltas menores y los introduciré con honra en el Paraíso.

Ley de herencia 5) Complacencia

32. No codicien lo que Dios ha concedido a unos más que a otros. Los hombres obtendrán una recompensa conforme a sus méritos, y las mujeres obtendrán una recompensa conforme a sus méritos. Rueguen a Dios para que les conceda de Sus favores. Dios conoce todas las cosas. **33.** Cada uno de ustedes tiene derecho a heredar de lo que dejen sus padres y sus parientes más cercanos. Aquellos con quie-

---

4 Esta fue otra de las herramientas del Islam para dar dignidad a la mujer, que dejaba de ser esclava para ser esposa y así alcanzar la libertad.

nes hayan celebrado un pacto, también tienen derecho a heredar[5]. Dios es testigo de todas las cosas.

El esposo como proveedor y protector

34. Los hombres son responsables del cuidado de las mujeres debido a las diferencias [físicas] que Dios ha puesto entre ambos, y por su obligación de mantenerlas con sus bienes. Las mujeres piadosas e íntegras obedecen a Dios y en ausencia de su marido se mantienen fieles, tal como Dios manda. A aquellas de quienes teman maltrato y animadversión, exhórtenlas, tomen distancia no compartiendo el lecho, y por último pongan un límite físico[6]; si les obedecen [en lo que Dios ordena], no les reclamen ni recriminen más. Dios es Sublime, Grande.

Reconciliar a las parejas

35. Si temen la ruptura del matrimonio, apelen a un mediador de la familia de él y otro de la familia de ella. Si tienen el deseo íntimo de reconciliarse, Dios los ayudará a llegar a un acuerdo. Dios todo lo sabe y está bien informado[7].

El amable, el tacaño y el deshonesto

36. Adoren solamente a Dios y no dediquen actos de adoración a otros. Hagan el bien a sus padres, a sus familiares, a los huérfanos, a los pobres, a los vecinos parientes y no parientes, al compañero, al viajero insolvente y a quienes están a su servicio. Dios no ama a quien se comporta como un arrogante jactancioso. **37.** Que los avaros, los que incitan a otros a la avaricia, y los que ocultan el favor que Dios les ha concedido, sepan que Dios ha preparado para los ingratos un castigo humillante. **38.** También para los que hacen caridad solo para ser vistos por la gente, y no creen [de corazón] en Dios ni en el Día del Juicio Final. ¡Quien tome al demonio

---

5 Referencia a los esposos, que no se heredan por consanguinidad, sino por el pacto de matrimonio que los une.

6 Iniciando una separación de hecho por un tiempo, para que ambos tengan posibilidad de reflexionar. Según Ibn ‘Abbas, compañero del Profeta y famoso exégeta del Corán, la palabra árabe *dáraba* (ضرب), traducida aquí como “límite físico”, significa mostrar enojo y hacer saber la gravedad de la situación elevando el *siwak* (سواك, palillo de madera utilizado como cepillo de dientes) para subrayar que las circunstancias pueden desembocar en un divorcio (Tafsir At-Tabari). Considero que no es correcto traducir esta palabra como “golpear” como acción de dar con violencia, ya que el Corán debe ser interpretado a la luz de las enseñanzas del Profeta, que la paz y las bendiciones de Dios sean con él, quien dijo: “Es derecho de la esposa … que no la insultes ni la golpees en el rostro”; en otra ocasión dijo: “Que no la insultes en su cara ni la golpees”. (Abu Dawud 245). Su esposa Aisha narró: “El mensajero de Dios jamás golpeó a alguien, ni mujer ni sirviente”. (Muslim).

7 Estos dos versículos enseñan la metodología de solución de conflictos dentro del matrimonio. Primero la exhortación, que es la comunicación, el diálogo comprensivo, la exposición de los argumentos y la clarificación de los asuntos. Si esta instancia falla, el segundo paso es dormir separados y no mantener relaciones sexuales; si eso falla, entonces el tercer paso es una separación temporal, como expresión de que el divorcio es una opción ante este problema. En caso de que nada de esto funcione, y la pareja no pueda solucionar los problemas por sí mismos, el Islam recomienda una ayuda externa, de los familiares, si son competentes, o de mediadores para intentar solucionar el problema. Si los esposos son sinceros y quieren solucionar el conflicto y reconciliarse, aceptan de buena fe esta ayuda externa.

por compañero, qué pésimo es su consejero!

La justicia divina

39. ¿Qué les habría costado creer en Dios y en el Día del Juicio y dar caridades de aquello que Dios les concedió? Dios los conoce perfectamente. **40.** Dios no es injusto con nadie ni en el peso de la más ínfima partícula. Por el contrario, retribuye generosamente toda obra de bien, y concede de Su parte una recompensa magnánima.

Los testigos en el Día del Juicio

41. ¿Qué pasará cuando traiga a un testigo de cada comunidad y te traiga a ti [¡Oh, Mujámmad!] como testigo contra los que niegan la verdad [y las gracias de Dios]? **42.** Ese día, los que negaron la verdad y se opusieron al Mensajero, querrán que la tierra se los trague. No podrán ocultar ni una de sus palabras ante Dios.

La purificación antes de las oraciones

43. ¡Oh, creyentes! No hagan la oración si están bajo el efecto de embriagantes [o drogas] hasta que sepan lo que están diciendo. Tampoco [hagan la oración] si están impuros hasta que se hayan bañado, excepto quien solo necesite pasar por la mezquita. Pero si se encuentran enfermos o de viaje, o si han hecho sus necesidades o han tenido relaciones sexuales con su mujer y no encuentran agua [para la ablución], busquen tierra limpia y pásensela por el rostro y las manos. Dios es Remisorio, Absolvedor.

Advertencia contra la desviación

44. ¿No te asombra el caso de quienes recibieron algo de la revelación, pero la cambiaron por el extravío? Ellos anhelan que ustedes también se desvíen del camino recto. **45.** Dios conoce bien a los enemigos de ustedes. Dios es suficiente como Protector y Socorredor.

La humildad con el Profeta

46. Algunos judíos tergiversan el sentido de las palabras sacándolas de contexto, como cuando dicen: "Te oímos [y al mismo tiempo les dicen a otros], pero no te seguiremos en nada de lo que digas". [O como cuando dicen:] "Óyenos tú, que no aceptamos oírte". Te llaman con doble sentido en sus palabras ofendiendo la religión [de Dios]. Si hubieran dicho: "Te oímos y te seguiremos. Escúchanos y sé paciente con nosotros", sería mejor para ellos y más correcto. Pero Dios los alejó de Su misericordia por negarse a aceptar la verdad, poco es lo que creen.

La consecuencia de rechazar la verdad s

47. ¡Oh, Gente del Libro! Crean en lo que he revelado ahora, que confirma lo que ya tenían [de la verdad], antes de que borre los rasgos de su identidad y terminen en su propia perdición, o los maldiga como maldije a los que profanaron el sábado. Lo que Dios dispone es ineludible.

El único pecado imperdonable

48. Dios no perdona la idolatría[8], pero fuera de ello perdona a quien Le place. Quien asocie algo a Dios comete un pecado gravísimo.

8 A quien muera sin arrepentirse.

Mojigatería

49. ¿No has visto a los que se jactan de puritanos? En realidad es Dios Quien concede la pureza [librando del egocentrismo] a quien Le place. Nadie será tratado injustamente [en cuanto a la recompensa que sus obras merezcan]. **50.** Observa cómo inventan mentiras y las atribuyen a Dios. Eso es en sí mismo un pecado evidente.

Falsa tranquilidad

51. ¿Acaso no te sorprende que quienes han recibido algo de la revelación, sigan la hechicería y a los demonios, y digan sobre los idólatras: "Ellos están mejor guiados que los creyentes"? **52.** Ellos fueron apartados de la misericordia de Dios, y a quien Dios aparta de Su misericordia no habrá quién lo socorra.

La envidia conlleva a la incredulidad

53. ¿Acaso comparten [con Dios] la soberanía? [No la tienen, pero] si la tuvieran, no darían lo más mínimo a la gente [debido a su avaricia]. **54.** ¿Es que envidian a las personas porque Dios les ha concedido de Su favor? Porque concedí a la familia de Abraham el Libro y la sabiduría, y les he concedido un dominio inmenso. **55.** Entre ellos hay quienes creyeron y quienes los combatieron. [A estos últimos] el Infierno les bastará como castigo.

El castigo de los incrédulos

56. A quienes nieguen la revelación los arrojaré al Fuego. Cada vez que se les queme la piel, se la cambiaré por otra nueva para que continúen sufriendo el castigo. Dios es Poderoso, Sabio.

La recompensa de los creyentes

57. [En cambio] los creyentes que obren correctamente estarán en jardines por donde corren ríos, en los que morarán eternamente, donde tendrán esposas purificadas bajo buena sombra.

Mantener la justicia

58. Dios les ordena que restituyan a sus dueños originales lo que se les haya confiado, y que cuando juzguen entre las personas lo hagan con equidad. ¡Qué excelente es aquello a lo que Dios los convoca! Dios todo lo oye, todo lo ve.

El Juicio Divino

59. ¡Oh, creyentes! Obedezcan a Dios, obedezcan al Mensajero y a aquellos de ustedes que tengan autoridad y conocimiento. Si realmente creen en Dios y en el Día del Juicio, cuando tengan discrepancias remítanlas al juicio de Dios y del Mensajero, porque en ello hay bien y es el camino correcto[9].

---

9 Dijo el exégeta *Ibn Kazir*: "Dijo Muyahid al igual que muchos de los Salaf: 'Es decir, al Corán y la *Sunnah* de Su Mensajero, lo que es un mandato de Dios ante cualquier asunto por el que disputen las personas, ya sea en los fundamentos de la religión o en sus ciencias auxiliares, se debe remitir la disputa al Corán y la Sunnah'". El Profeta, que la paz y las bendiciones de Dios sean con él, dijo: "Les he dejado dos referencias, nunca se desviarán si se aferran a ellas: el Libro de Dios y la tradición de Su Profeta".

Los hipócritas que rechazan el Juicio Divino

60. ¿No te causan asombro quienes dicen creer en lo que se te ha revelado y en lo que había sido revelado anteriormente, y sin embargo recurren a la justicia de quienes gobiernan con principios injustos y paganos[10], a pesar de que se les ha ordenado no creer en eso? El demonio solo quiere que se pierdan lejos [de la fe monoteísta]. **61.** Cuando se les dice: "Acepten lo que Dios ha revelado y las enseñanzas del Mensajero", ves a los hipócritas apartarse de ti con aversión. **62.** ¿Qué será de ellos cuando los aflija una desgracia por lo que hicieron y vengan a ti jurando por Dios: "Solo intentábamos hacer el bien y ayudar"? **63.** Dios sabe lo que encierran sus corazones. Apártate de ellos, exhórtalos y amonéstalos sobre la gravedad de lo que hicieron.

Obedecer al Mensajero

64. Envié a los Mensajeros para que sean obedecidos con el permiso de Dios. Si [los hipócritas] después de haber cometido esas injusticias hubieran recurrido a ti, se hubieran arrepentido ante Dios, y el Mensajero hubiera pedido perdón por ellos, habrían comprobado que Dios es Indulgente, Misericordioso.

La obediencia incondicional

65. Pero no, [juro] por tu Señor que no creerán [realmente] a menos que te acepten como juez de sus disputas, y no se resistan a aceptar tu decisión y se sometan completamente. **66.** Si les hubiera prescrito que sacrificaran sus vidas o que abandonaran sus hogares, no lo habrían hecho, salvo unos pocos. Pero si hubieran cumplido con lo que se les ordenó, habría sido mejor para ellos y les habría fortalecido la fe, **67.** les habría concedido una magnífica recompensa, **68.** y los habría guiado por el sendero recto.

La recompensa por la obediencia

69. Los que obedezcan a Dios y al Mensajero estarán con los bienaventurados: los Profetas, los veraces, los que murieron dando testimonio [de su fe] y los justos. ¡Qué excelentes compañeros! **70.** Esa es la generosidad de Dios. Y Dios es el único que todo lo sabe.

Consejo para el ejército

71. ¡Oh, creyentes! Tomen precaución. Salgan en grupos o todos juntos [en defensa del Islam y la verdad]. **72.** Habrá entre ustedes[11] quien se rezague, y si sufren un revés dirá: "Dios me ha concedido la gracia de no estar con ellos". **73.** Pero si por la gracia de Dios alcanzan la victo-

---

Registrado por *Ahmad*. Este versículo establece que la obediencia a Dios y a Su Mensajero es absoluta, pero que la obediencia a las personas de autoridad y conocimiento es relativa, y es debida siempre que no contradiga los principios establecidos en el Corán y la Sunnah.

10 *Tagut* تَغُوط , dijo el *Imam Malik*: "Tagut es todo aquello que es adorado fuera de Dios". Dijo *Ibn Kazir:* "Este versículo critica y reprocha a quienes se apartan del Corán y la Sunnah, y recurren al arbitraje y juicio de sistemas falsos, y ese es el significado de *Tagut* aquí". Dijo *Ibn Al-Qaiim*: "Esto prueba que quien es invitado al juicio del Corán y la Sunnah y se rehúsa, es un hipócrita".

11 Los hipócritas.

ria, dirá como si no hubiera amistad entre ustedes: "¡Ojalá hubiera estado con ellos!, así habría obtenido un éxito grandioso".

Luchar contra la opresión

74. Que luchen por la causa de Dios quienes son capaces de sacrificar la vida mundanal por la otra. Pues a quien luche por la causa de Dios, sea que caiga abatido o que obtenga la victoria, le daré una magnífica recompensa. **75.** ¿Qué les impide combatir por la causa de Dios, siendo que hay hombres, mujeres y niños oprimidos que imploran: "¡Señor nuestro! Sácanos de esta ciudad de opresores. Concédenos, por Tu gracia, quién nos proteja y socorra"?

Combatir a los aliados de Satanás

76. Los creyentes combaten por la causa de Dios. Los incrédulos, en cambio, combaten por la de los ídolos y la injusticia. ¡Combatan a los secuaces del demonio, y [sepan que] las artimañas del demonio son débiles!

Los que se acobardan

77. ¿Acaso no te sorprende la actitud de aquellos a quienes se les dijo: "No tienen permiso para combatir ahora, sino que cumplan la oración y hagan caridades?" Pero cuando se les llamó a combatir, algunos de ellos temieron a la gente como se debe temer a Dios o aún más, y dijeron: "¡Señor nuestro! ¿Por qué nos llamas a combatir? Si lo dejaras para más tarde…". Diles: "El goce de la vida mundanal es pasajero; en cambio, la otra vida es superior para los piadosos, en la que no serán tratados injustamente en lo más mínimo.

El destino divino

78. La muerte los alcanzará donde quiera que se encuentren, aunque se refugien en fortalezas inexpugnables. Si les acontece algo bueno dicen: "Esto proviene de Dios". Pero si los alcanza un perjuicio dicen: "Esto es a causa de ti [¡Oh, Mujámmad!]". Diles: "Todo proviene de Dios". ¿Qué le sucede a esta gente que no comprenden lo que se les dice? **79.** Todo bien que te alcance proviene de Dios, mientras que todo mal que te aflija es consecuencia de tus propias obras. Te he enviado [¡Oh, Mujámmad!] como Mensajero a todas las personas. Dios es suficiente testigo.

Obedecer al Mensajero

80. Quien obedezca al Mensajero obedece a Dios. Pero no te he enviado como custodio de quien te rechace. **81.** [Los hipócritas] te juran obediencia, pero cuando salen de tu presencia, un grupo de ellos pasa la noche tramando contradecirte. Dios registra lo que traman. Aléjate de ellos y encomiéndate a Dios, porque Dios te es suficiente como protector.

Reflexionar sobre el Corán

82. ¿Acaso no reflexionan en el Corán y sus significados? Si no procediera de Dios encontrarían en él numerosas contradicciones.

Sobre divulgar rumores

83. Cuando escuchan un rumor que pudiera traer paz o sembrar el temor, lo divulgan inmediatamente. Pero lo que debían hacer era remitirlo al Mensajero y a quienes tienen autoridad y conocimiento, que son quienes pueden investigar la información y comprender su magnitud, y sabrían qué hacer. Si no fuera por el favor y la misericordia de Dios para con ustedes, habrían seguido la voluntad del demonio, salvo algunos pocos.

Muestra de fuerza

84. Lucha por la causa de Dios, tú solo eres responsable por ti mismo. Exhorta a los creyentes a combatir; puede que Dios detenga el hostigamiento de los que niegan la verdad, pues Dios tiene mayor poderío y fuerza de disuasión.

La intercesión buena y mala

85. Quien interceda por una causa justa obtendrá parte de la recompensa [de Dios], y quien interceda por una causa injusta obtendrá parte del pecado [que implica]. Dios tiene poder sobre todas las cosas.

Responder a los saludos

86. Si los saludan respondan con un saludo igual o mejor. Dios tiene en cuenta todas las cosas.

La reunión en el Día del Juicio

87. Dios, nadie merece ser adorado sino Él. [Dios] los reunirá el Día del Juicio sobre el cual no hay duda que sucederá. ¿Y qué es más veraz que la palabra de Dios?

Postura sobre los hipócritas

88. [Creyentes,] ¿Por qué se dividen respecto a los hipócritas? Dios les ha designado el desvío a causa de su desobediencia. ¿Acaso intentan guiar a quien Dios extravió? Quien ha sido desviado por Dios no tiene salvación. **89.** [Los hipócritas] quieren que ustedes rechacen la verdad, tal como ellos hicieron. No se alíen con ellos hasta que hayan emigrado por la causa de Dios [demostrando su fe]. Pero si se vuelven [abiertamente] hostiles, aprésenlos y ajustícienlos donde quiera que los encuentren. No los tomen jamás por aliados ni confidentes, **90.** salvo a quienes busquen asilo en un pueblo con el que tengan un pacto [de no agresión], o con aquellos que están apesadumbrados por tener que combatirlos o combatir a su propia gente. [A ellos no los combatan porque] si Dios hubiera querido, les habría otorgado valor de combatir contra ustedes. Si ellos los dejan tranquilos, no los combaten y proponen la paz, sepan que Dios no los autoriza a agredirlos. **91.** Pero encontrarán a otro grupo que desea estar a salvo de ustedes [aparentando ser creyentes] y a salvo de su gente [manifestando la incredulidad que hay en sus corazones]. Cada vez que su pueblo los incita a combatir contra ustedes, se precipitan a agredirlos. A estos, si no dan la palabra de que no combatirán contra ustedes, proponen la paz y contienen la agresión, aprésenlos y ajustícienlos [en el curso del combate] donde quiera que los encuentren. A ellos se les permite combatirlos.

Matar sin intención a un creyente

92. No es propio de un creyente matar a otro creyente, salvo que sea por accidente. Quien mate a un creyente accidentalmente deberá liberar a un esclavo creyente y pagar una indemnización a la familia de la víctima, a menos que ésta la condone. Si [quien muere accidentalmente] era creyente y pertenecía a un pueblo enemigo, [el que causó la muerte accidental] deberá liberar un esclavo creyente. Pero si pertenecía a un pueblo con el que se tiene un pacto [de no agresión], deberá pagarle la indemnización a la familia de la víctima y liberar a un esclavo creyente. Y quien no esté en condiciones [económicas] de hacerlo [o no encuentre,] deberá ayunar dos meses consecutivos para alcanzar el perdón de Dios. Dios todo lo sabe, es Sabio.

Asesinar con premeditación

93. Quien asesine a un creyente con premeditación será condenado a permanecer eternamente en el Infierno, además caerá en la ira de Dios, y recibirá Su maldición y un castigo terrible.

Asegurarse en la guerra

94. ¡Oh, creyentes! Cuando salgan a combatir por la causa de Dios, asegúrense de no combatir contra los creyentes, y no digan a quien los saluda con la paz [expresando su Islam]: "¡Tú no eres creyente!", para así combatirlo y conseguir algo de los bienes perecederos de la vida mundanal, pues junto a Dios hay grandes botines. Ustedes eran así [en la época pagana], pero Dios los agració [con el Islam]. Usen su discernimiento, porque Dios está bien informado de lo que hacen.

Esforzarse en la causa de Dios

95. Los creyentes que permanecieron pasivos [ante la llamada a luchar por la justicia y la seguridad] no pueden ser equiparados con quienes combatieron por la causa de Dios con sus bienes y sus vidas, excepto los que tengan excusa válida. Dios considera superiores a quienes combaten [por la justicia] con sus bienes y sus vidas, por sobre quienes permanecen pasivos [ante la injusticia]. Pero a todos Dios les ha prometido un buen fin [el Paraíso], aunque Dios ha preferido conceder una recompensa más grandiosa a quienes lucharon que a quienes no lo hicieron. **96.** Son grados que Él concede, junto con Su perdón y misericordia. Dios es Indulgente y Misericordioso.

Ceder a la opresión

97. Aquellos que mueran siendo injustos consigo mismos [cometiendo pecados influenciados por la sociedad pagana], los ángeles al tomar sus almas les preguntaran: "¿Qué les pasó?[12]" Responderán: "Nos sentíamos débiles y oprimidos [por los incrédulos]". Les dirán: "¿Acaso la tierra de Dios no era suficientemente vasta como para que emigraran [a otra sociedad]?" Su morada será el

---

12 ¿Por qué no apoyaron claramente la causa de la verdad?

Infierno, ¡Qué mal fin!; **98.** excepto los hombres, mujeres y niños débiles que no eran capaces [de emigrar] ni les fue mostrado el camino recto. **99.** A ellos Dios los perdonará, porque Dios es Remisorio, Indulgente.

Migrar por la causa de Dios

100. Quien emigre por la causa de Dios encontrará en la Tierra muchos lugares para refugiarse y también sustento. A quien emigre de su hogar por la causa de Dios y la de Su Mensajero, pero lo sorprenda la muerte [antes de llegar a su destino], sepa que Dios le garantiza Su recompensa. Dios es Absolvedor, Misericordioso.

Acortar las oraciones

101. Cuando estén de viaje o si temen que los agredan los que niegan la verdad, que son sus enemigos declarados, no incurren en falta si abrevian la oración.

Orar en estado de temor

102. Cuando estés con ellos [¡Oh, Mujámmad! en el campo de batalla] y establezcas la oración, que un grupo permanezca de pie contigo tomando las armas. Cuando hagan la prosternación, que ellos se pongan detrás; luego el grupo que aún no haya orado se adelante y ore contigo, tomando precauciones y portando sus armas. Los [enemigos] que niegan la verdad desean que descuiden sus armas para atacarlos sorpresivamente. No cometen falta alguna si la lluvia los molesta o están enfermos y dejan las armas [mientras rezan], pero tomen precauciones. Dios ha reservado un castigo denigrante para los que niegan la verdad. **103.** Cuando hayan terminado la oración recuerden a Dios de pie, sentados o recostados. Y cuando estén fuera de peligro hagan la oración [normalmente]. La oración ha sido prescrita a los creyentes para ser realizada en horarios específicos.

Firmeza contra el enemigo

104. No se desanimen en la lucha contra ese pueblo [de opresores], porque así como ustedes tienen dificultades, ellos también las tienen. Pero ustedes anhelan [una recompensa] de Dios que ellos no pueden esperar. Dios todo lo sabe, es Sabio.

Justicia en favor de un judío

105. Te he revelado el Libro que contiene la verdad para que juzgues entre la gente con lo que Dios te ha enseñado. No seas abogado de los hipócritas. **106.** Pide perdón a Dios, porque Dios es Perdonador, Misericordioso. **107.** Pero no intentes justificar la conducta de quienes son desleales consigo mismos. Dios no ama a quien traiciona y comete injusticias. **108.** [Los hipócritas] pueden engañar a la gente, pero no pueden engañar a Dios, porque Él está con ellos cuando pasan la noche tramando lo que no Le complace. Dios bien sabe cuanto hacen. **109.** [Creyentes,] pueden defenderlos en esta vida; pero, ¿quién los defenderá de Dios el Día de la Resurrección? Y, ¿quién abogará por ellos?

Después del pecado

110. Quien obre mal o sea injusto consigo mismo, pero pida perdón a Dios, encontrará que Dios es Perdonador, Misericordioso. **111.** Quien cometa una falta, en realidad lo hace en su propio perjuicio. Dios todo lo sabe, es Sabio. **112.** Quien cometa una falta o un delito y acuse de ello a un inocente, cargará con su calumnia y con un pecado manifiesto.

La gracia de Dios para con el Profeta

113. Si no fuera por el favor [de la infalibilidad] y la misericordia de Dios contigo [¡Oh, Mujámmad!], un grupo [de los hipócritas] te habría extraviado; pero solo se extravían a sí mismos y en nada pueden perjudicarte. Dios te ha revelado el Libro [el Corán] y la sabiduría [la Sunnah] y te ha enseñado lo que no sabías. ¡El favor de Dios sobre ti es inmenso!

Conversaciones secretas

114. En la mayoría de las conversaciones secretas no hay ningún bien, excepto las que sean para coordinar una ayuda social, hacer una buena acción o reconciliar entre las personas. A quien lo haga anhelando complacer a Dios, lo agraciaré con una grandiosa recompensa.

Oponerse al Mensajero

115. Quien se aparte de las enseñanzas del Mensajero después de habérsele evidenciado la guía, y siga otro camino distinto al de los creyentes, lo abandonaré y lo ingresaré al Infierno. ¡Y qué mal destino!

El pecado imperdonable

116. Dios no perdona la idolatría, pero perdona, fuera de ello, a quien Le place. Quien atribuya actos de adoración a otros además de Dios se habrá desviado profundamente [del camino de los Profetas].

Los aliados de Satanás

117. [Los paganos] invocan en vez de Dios a deidades femeninas. En realidad solo invocan a un demonio rebelde. **118.** Dios maldijo al demonio, pero éste replicó: "Seduciré a la mayoría de Tus siervos, **119.** los desviaré, les daré falsas expectativas, les ordenaré cortar las orejas del ganado [marcándolas como ofrenda para los ídolos] y que alteren la naturaleza de la creación de Dios". Quien tome al demonio como aliado en lugar de Dios estará evidentemente perdido. **120.** Les hará falsas promesas y les dará esperanzas; el demonio no hace sino engañar. **121.** Su morada será el Infierno, del que no encontrarán escapatoria.

La recompensa de los creyentes

122. [En cambio] a los creyentes que obren rectamente los ingresaré en jardines donde corren ríos, en los que vivirán por toda la eternidad. La promesa de Dios es auténtica. ¿Qué palabra es más verídica que la palabra de Dios?

Obras, no deseos

123. No se trata de lo que ustedes deseen[13] o lo que desee la Gente del

13 Dios aclara que la salvación no se alcanza por pertenecer a un grupo determinado, sino por la creencia y las buenas obras.

Libro[14]. Quien haya obrado mal será retribuido por ello, y no encontrará fuera de Dios protector ni socorredor. **124.** Al creyente que haga obras de bien, sea hombre o mujer, lo ingresaré al Paraíso y no será privado de su recompensa en lo más mínimo.

El camino de Abraham

125. ¿Quién practica una religión mejor que aquel que entrega su voluntad a Dios, hace el bien y sigue la creencia monoteísta de Abraham? Dios tomó a Abraham como uno de Sus siervos más amados. **126.** A Dios pertenece cuanto hay en los cielos y en la Tierra. El conocimiento de Dios todo lo abarca.

Cuidar de las huérfanas

127. Te preguntan acerca de las mujeres. Diles: "Dios les responde y explica lo que se encuentra mencionado en el Libro [el Corán] sobre las huérfanas a las que no han dado lo que les corresponde [como dote], siendo que les gustaría casarse con ellas, [así como les informa] acerca de los menores indefensos y [la obligación de] ser equitativos con los huérfanos. Sepan que toda obra de bien que hagan Dios la conoce.

Reconciliar a las parejas

128. Si una mujer teme de su marido maltrato o rechazo, no incurrirán en falta si ambos llegan a un acuerdo, pues un acuerdo [justo] es lo mejor. El alma es propensa a la avaricia, pero si hacen el bien y tienen temor de Dios, sepan que Dios sabe bien cuanto hacen.

Justicia entre las esposas

129. No podrán ser [completamente] equitativos con sus esposas por mucho que lo intenten. Pero no por eso vulneren los derechos [de una de ellas] dejándola como abandonada. Si se rectifican y tienen temor de Dios, Dios es Perdonador, Misericordioso. **130.** Pero si se divorcian, Dios proveerá a cada uno de Su abundancia. Dios es Vasto, Sabio.

El poder y la gracia de Dios

131. A Dios pertenece cuanto hay en los cielos y en la Tierra. He ordenado a quienes recibieron el Libro anteriormente, y también a ustedes, tener temor de Dios, pero si se rehúsan, a Dios pertenece cuanto hay en los cielos y en la Tierra. Dios es Opulento, Loable. **132.** A Dios pertenece cuanto hay en los cielos y en la Tierra. Dios es Quien vela por ellos. **133.** ¡Oh, gente! Si Él hubiera querido los habría exterminado y remplazado por otros. Dios tiene el poder para hacerlo. **134.** Quien anhele la recompensa de esta vida mundanal, sepa que Dios dispone de la recompensa de esta vida y de la otra. Dios todo lo oye, todo lo ve.

---

14 Alusión tanto a la idea de los judíos de ser "el pueblo elegido de Dios" y de que, por ello, tienen asegurada Su misericordia en la otra vida, como al dogma cristiano de la "redención", que promete la salvación a todos los que creen en Jesús como "hijo de Dios" y que este fue crucificado en la cruz para expiar los pecados de la humanidad.

Defender la justicia

135. ¡Oh, creyentes! Sean responsablemente equitativos cuando den testimonio por Dios, aunque sea en contra de ustedes mismos, de sus padres o parientes cercanos, no importa si [el acusado es] rico o pobre: Dios está por encima de ellos. Que los sentimientos no los hagan ser injustos. Si dan falso testimonio o rechazan prestar testimonio [ocultando la verdad], sepan que Dios está bien informado de cuanto hacen.

La creencia verdadera

136. ¡Oh, creyentes! Crean en Dios, en Su Mensajero, en el Libro que fue revelado a Su Mensajero y en los Libros que fueron revelados en el pasado. Quien no crea en Dios, en Sus ángeles, en Sus Libros, en Sus Mensajeros y en el Día del Juicio, habrá caído en un desvío profundo.

Advertencia contra los hipócritas

137. A quienes crean y luego renieguen, después vuelvan a creer y luego renieguen nuevamente, aferrándose tercamente en su rechazo de la verdad [hasta su muerte], Dios no ha de perdonarlos ni guiarlos [por la senda al Paraíso]. **138.** Anuncia a los hipócritas que recibirán un castigo doloroso. **139.** Los que toman a los incrédulos como aliados en vez de tomar a los creyentes, ¿pretenden acaso así alcanzar poder y gloria? Sepan que el poder y la gloria pertenecen solamente a Dios.

Evitar a los que se burlan

140. [Musulmanes:] Se les informa en el Libro revelado que cuando escuchen que se blasfema o que se burlan de la revelación de Dios, no se queden en esa reunión con quienes lo hagan, a menos que cambien de tema, porque de lo contrario serán iguales a ellos. Dios se encargará de congregar a los hipócritas y los que niegan la verdad en el Infierno.

Postura hipócrita

141. [Los hipócritas] siempre especulan. Si ustedes obtienen una victoria con la ayuda de Dios, les dicen: "¿Acaso no estábamos de su lado?" Pero si los que niegan la verdad logran un triunfo parcial, les dicen a ellos: "¿Acaso no los ayudamos a vencer y los defendimos de los creyentes?" Dios los juzgará el Día de la Resurrección. Dios no ha de conceder a los que rechazan el mensaje la supremacía absoluta sobre los creyentes.

Características de los hipócritas

142. Los hipócritas pretenden engañar a Dios, pero Él hace que ellos se engañen a sí mismos. Cuando se levantan para hacer la oración lo hacen con desgano, solo para ser vistos por la gente, sin apenas acordarse de Dios. **143.** [Los hipócritas] vacilan entre los creyentes y los incrédulos, no se inclinan por unos ni por otros. A quien Dios desvíe no encontrará camino.

Aliados inaceptables

144. ¡Oh, creyentes! No tomen a los que niegan la verdad como aliados en vez de a los creyentes. ¿Acaso pretenden darle a Dios una prueba en contra de ustedes mismos?

La recompensa de los hipócritas

145. Los hipócritas estarán en el abismo más profundo del Fuego y no encontrarán quién los socorra. **146.** Excepto aquellos [hipócritas] que se arrepientan, rectifiquen, se aferren a Dios y practiquen la fe sinceramente. Ellos estarán junto a los creyentes, y Dios tiene preparada para los creyentes una recompensa grandiosa. **147.** ¿Para qué iba Dios a castigarlos [por sus ofensas pasadas] si son [ahora] agradecidos y creyentes? Dios es Agradecido, todo lo sabe.

Acusaciones en público

148. A Dios no Le complace que se hagan públicos los errores de otros, excepto que sea para denunciar o detener una injusticia. Dios todo lo oye, todo lo sabe. **149.** Si hacen públicas sus buenas obras o si las esconden, o si perdonan una ofensa, sepan que Dios es Perdonador, Poderoso.

La fe en todos los profetas

150. Quienes no creen en Dios ni en Sus Mensajeros y pretenden hacer distinción entre [la fe en] Dios y [la fe en] Sus Mensajeros diciendo: "Creemos en algunos, pero en otros no", pretendiendo tomar un camino intermedio, **151.** ellos son auténticos incrédulos. A los que nieguen la verdad les tengo reservado un castigo denigrante. **152.** Pero quienes crean [realmente] en Dios y en Sus Mensajeros sin hacer distinciones entre ellos, Él les concederá Sus recompensas. Dios es Perdonador, Misericordioso.

Moisés y los Hijos de Israel

153. [Los judíos entre] la Gente del Libro te piden que les hagas descender un Libro del cielo. Ya le habían pedido a Moisés algo peor cuando dijeron: "Haz que podamos ver a Dios con los ojos". Pero fueron fulminados por un rayo debido a las injusticias que cometían. Luego comenzaron a adorar al becerro [de oro] a pesar de haber recibido las evidencias [del monoteísmo]. Pero les perdoné [esa ofensa] y concedí a Moisés un milagro evidente. **154.** Para que respetaran el pacto [de seguir la Torá] elevé la montaña por encima de ellos y les dije: "Ingresen por la puerta [principal de la ciudad], prostérnense [en señal de humildad] y no quebranten el sábado". Celebré con ellos un pacto solemne.

Calumnia sobre María y Jesús

155. [No te sorprendas, ¡Oh, Mujámmad! de que te pidan que hagas descender un Libro del cielo, cuando ellos] Quebrantaron el pacto, no creyeron en los signos de Dios, mataron a los Profetas injustamente, y [además] dicen: "No podemos comprender tus palabras". No es eso, sino que Dios endureció sus corazones porque negaron la verdad evidente, y no van a creer sino unos pocos de ellos. **156.** Tampoco creyeron [en el Mesías] y manifestaron contra María una calumnia gravísima [acusándola de fornicadora]. **157.** Y dijeron: "Hemos matado al Mesías, Jesús hijo de María, el Mensajero de Dios". Pero, aunque así lo creyeron, no lo mataron ni lo crucificaron. Quienes discrepan sobre él [Jesús] tienen dudas al respecto. No tienen conocimiento certero sino que siguen suposiciones, pero en realidad no lo mataron. **158.** Dios lo ascendió al cielo [en cuerpo y alma]. Dios es Poderoso, Sabio. **159.** La Gente del Libro comprenderá, antes de la muerte, la verdad sobre Jesús[15], y el Día del Juicio él testificará en contra [de quienes lo negaron y de quienes lo adoraron].

Consecuencias de la desobediencia

160. Debido a las injusticias que cometían los judíos, y porque constantemente obstaculizaban el camino de Dios, les prohibí cosas buenas que antes les eran permitidas. **161.** Lucraban con la usura siendo que les estaba prohibido, y estafaban engañando a la gente. Les tenemos reservado un castigo doloroso a quienes de entre ellos negaron la verdad [a pesar de conocerla]. **162.** Pero a los que están afianzados en el conocimiento y creen en lo que te fue revelado y lo que fue revelado anteriormente, hacen la oración prescrita, pagan el zakat, creen en Dios y en el Día del Juicio Final, les daremos una recompensa grandiosa.

Los mensajeros del Islam

163. Te he descendido la revelación como lo hice con Noé y con los Profetas que le sucedieron, con Abraham, Ismael, Isaac, Jacob, las doce tribus, Jesús, Job, Jonás, Aarón y Salomón. A David le revelé los Salmos. **164.** Te he mencionado [¡Oh, Mujámmad!] algunos de los Mensajeros que envié [a la humanidad] y otros no. Y sabe que Dios habló con Moisés directamente. **165.** A los Mensajeros los envié como anunciadores de albricias y como amonestadores, para que [la humanidad] no tuviera argumento alguno ante Dios [por haber rechazado el mensaje]. Dios es Poderoso, Sabio.

El mensaje de Mujámmad

166. [Si te acusan de mentiroso, ¡Oh, Mujámmad! sabe que] Dios mismo atestigua que lo que te reveló es con Su sabiduría, y los ángeles también lo atestiguan, aunque es suficiente con Dios como testigo.

El castigo por rechazar la verdad

167. Los que negaron la verdad y además impidieron a la gente seguir la guía de Dios, están profundamente extraviados. **168.** A los que negaron la verdad y cometieron injusticias, Dios no ha de perdonarlos ni guiarlos por el buen camino, **169.** sino por el camino que conduce al Infierno, en donde morarán eternamente. Eso es fácil para Dios.

La universalidad del Islam

170. ¡Oh, seres humanos! Les ha llegado un Mensajero con la Verdad sobre su Señor. Crean [en Dios y sigan el Islam], eso es lo mejor para ustedes. Pero si no creen, sepan que a

15 Que no era un impostor como alegaron algunos judíos, ni una deidad como alegan los cristianos, sino un profeta enviado por Dios.

Dios pertenece cuanto hay en los cielos y en la Tierra. Dios todo lo sabe y es Sabio.

Llamado de atención

171. ¡Oh, Gente del Libro! No se extralimiten en las creencias de su religión. No digan acerca de Dios sino la verdad: Porque el Mesías, Jesús hijo de María, es un Mensajero de Dios y Su palabra [¡Sé!] que depositó en María; un espíritu creado por Él. Crean en [la unicidad de] Dios y en Sus Mensajeros. No digan que [Dios] es una parte de la trinidad, abandonen esa idea, es lo mejor para ustedes. Dios es una única divinidad. Lejos está, Glorificado sea, de tener un hijo. A Él pertenece cuanto hay en los cielos y en la Tierra. Dios es suficiente como protector. **172.** Ni el Mesías ni los ángeles allegados menosprecian ser siervos de Dios. Quien desdeñe adorar a Dios y se comporte con soberbia, sepa que todos serán resucitados y congregados ante Él [para ser juzgados por sus actitudes].

La recompensa

173. Los creyentes que hayan obrado correctamente serán retribuidos con generosidad y se les concederá aún más de Su favor. Pero quienes hayan rechazado adorarlo [solo a Él] y hayan sido soberbios, sufrirán un castigo doloroso, y no encontrarán, fuera de Dios, protector ni socorredor.

El llamado universal al Islam

174. ¡Oh, seres humanos! Les ha llegado una prueba de su Señor [el Profeta], y les he hecho descender una luz que ilumina [el Corán]. **175.** A quienes creyeron y se aferraron a Dios, Él tendrá compasión de ellos, los agraciará y los guiará por el camino recto.

Ley de herencia 6) Hermanos

176. Te piden una respuesta [sobre la herencia]. Diles: "Dios dictamina sobre quien no tiene padre ni hijo. Si un hombre muere sin dejar hijos, pero sí una hermana, ésta heredará la mitad de lo que dejare, y si ella muere sin dejar hijos, él la heredará. Si el difunto deja dos hermanas, éstas heredarán dos tercios de lo que dejare. Si tiene hermanos, varones y mujeres, a cada varón le corresponderá lo mismo que a dos mujeres[16]. Dios se los aclara para que no se desvíen [de lo que es justo]. Dios todo lo sabe.

---

16 La mujer en el Islam tiene asignada su parte en la división de la herencia. En este versículo se establece que las hijas reciben la mitad que sus hermanos varones. Esta mitad, aunque en apariencia pueda verse como injusto, es un porcentaje generoso y justo, ya que en la legislación islámica para la familia, los hombres son los que tienen que asumir las obligaciones de manutención de la misma. Por ejemplo, sobre el hombre pesa la responsabilidad de entregar la dote a su futura esposa, asumir los gastos de su esposa e hijos y, en algún momento, de mantener también a sus padres. En el caso de la mujer, acorde a la legislación islámica para la familia, ella no es responsable de mantener económicamente a nadie, excepto que lo haga de buena voluntad y como colaboración para el hogar, porque su padre, sus hermanos o su esposo son los responsables de mantenerla, sin importar qué tan rica sea ella. Aun así, existen escenarios en los que la mujer recibe de herencia una porción igual a la del hombre.

5. La Mesa Servida
(Al-Mâ'idah)

Este capítulo del Corán fue revelado en Medina, y toma su nombre de la historia de la mesa mencionada en los versículos 112-115. Se establecen varias normas, incluyendo los alimentos permitidos y prohibidos, cazar durante la peregrinación, y dejar legado mientras se está de viaje. Se hace una referencia a los pactos de Dios con los judíos y los cristianos, y cómo esos pactos fueron violados repetidamente. Se insta a los creyentes a cumplir con el juicio de Dios según lo comunicado por el Profeta (ﷺ). Algunos temas que han sido tocados en los capítulos anteriores son aquí detallados, incluyendo la compensación por una promesa rota, la santidad de la vida humana y la humanidad de Jesús (عليه السلام).

En el nombre de Dios,
el Compasivo, el Misericordioso

Honrar las obligaciones

1. ¡Oh, creyentes! Cumplan con sus compromisos. Les es lícito comer del ganado excepto lo que esté expresamente prohibido. La caza no está permitida mientras estén consagrados a la peregrinación. Dios legisla lo que Le place [según su sabiduría divina].

Los ritos de Dios

2. ¡Oh, creyentes! No profanen los ritos de Dios ni los meses sagrados, ni los animales ofrendados ni los animales marcados para ofrenda, ni perjudiquen a quienes se dirigen a la Casa Sagrada buscando el favor y la complacencia de su Señor. [Solo] cuando hayan finalizado la peregrinación podrán cazar. Que el descontento que tengan hacia quienes les impedían el acceso a la Mezquita Sagrada no los lleve a transgredir [la ley], sino que cooperen con ellos en obrar el bien e impedir el mal, pero no cooperen en el pecado y la enemistad. Y tengan temor de Dios; Dios es severo en el castigo.

Los alimentos prohibidos

3. Les es prohibido [comer] la carne del animal muerto por causa natural, la sangre, la carne de cerdo, el animal que haya sido sacrificado invocando a otro en lugar de Dios, la del animal muerto por asfixia, golpe, caída, cornada o herido por las fieras, a menos que alcancen a degollarlo [antes de que muera], y lo que es inmolado en altares [en honor a un ídolo]. [También es prohibido] consultar la suerte echando flechas [o con cualquier otro método]. [Violar alguna de estas leyes] es un pecado. Quienes se empeñan en negar la verdad han perdido la esperanza de [hacerlos renunciar a] su religión. No tengan temor de ellos, sino que tengan temor de Mí. Hoy les he perfeccionado su forma de adoración, he completado Mi gracia sobre ustedes y he dispuesto que el Islam sea su religión. Pero quien [en caso extremo] se vea forzado por hambre [y coma de lo prohibido], pero sin intención de transgredir la ley ni excederse, Dios es Perdonador, Misericordioso.

Alimentos lícitos

4. Te preguntan qué es lícito [comer]. Responde: "Se les permite comer todas las cosas buenas [y sanas]. Pueden comer lo que hayan atrapado los animales de caza que han entrenado, conforme a lo que Dios les ha enseñado. Coman de lo que cacen para ustedes, pero mencionen el nombre de Dios sobre esos alimentos, y tengan temor de Dios, porque Dios es rápido en ajustar cuentas.

Qué comer y con quién casarse

5. De hoy en adelante les es permitido todo [alimento] bueno. La carne de los [animales sacrificados] de quienes recibieron el Libro [la Torá y el Evangelio] es lícita, y la carne [de los animales que ustedes sacrifican] es lícita para ellos. También es permitido [para ustedes] casarse con las mujeres creyentes que sean recatadas, y con las mujeres recatadas que recibieron el Libro anteriormente [judías y cristianas], siempre que cumplan la condición de darles su dote, con intención [seria] de casarse, no para fornicar ni tomarlas como amantes secretas. Pero quien rechace la creencia [monoteísta de Dios], sus obras [en este mundo] habrán sido en vano, y en la otra vida se contará entre los perdedores.

La purificación antes de orar

6. ¡Oh, creyentes! Cuando se dispongan a hacer la oración lávense el rostro y los brazos hasta los codos, pasen las manos [húmedas] por la cabeza y [laven] los pies hasta los tobillos. Si están en estado de impureza mayor, tomen un baño [completo]. Si están enfermos o de viaje o han hecho sus necesidades [biológicas] o han cohabitado con su mujer, y no encuentran agua, usen [para la ablución virtual[1]] tierra limpia y pásenla por el rostro y las manos. Dios no quiere imponerles dificultades, solo quiere purificarlos y completar Su favor sobre ustedes para que sean agradecidos.

El favor de Dios para con los creyentes

7. Recuerden la bendición que Dios les concedió, y [recuerden] el pacto que hizo con ustedes cuando dijeron: "Oímos y obedecemos". Tengan temor de Dios, porque Dios bien sabe lo que encierran los corazones.

Ser justo

8. ¡Oh, creyentes! Sean responsables con [los preceptos de] Dios. Sean justos cuando den testimonio. Que el rencor que sienten no les conduzca a obrar injustamente. Sean justos y equitativos, porque eso es lo más cercano a la piedad. Y tengan temor de Dios, porque Dios está bien informado de lo que hacen.

---

1 Ver Corán 4:43 y su comentario.

La recompensa de la creencia y de la incredulidad

9. A los creyentes que obren correctamente Dios les ha prometido el perdón [de sus pecados] y una recompensa generosa. **10.** Pero [en cambio] los que niegan la verdad y rechazan Mi palabra serán los habitantes del fuego del Infierno.

Los creyentes son protegidos

11. ¡Oh, creyentes! Recuerden las bendiciones que Dios les concedió cuando sus enemigos intentaron agredirlos pero Dios los protegió. Tengan temor de Dios, y que los creyentes solo se encomienden a Dios.

El pacto de Dios con los Israelitass

12. Dios celebró un pacto con los Hijos de Israel y designó de entre ellos doce jefes. Pero Dios les dijo: "Estaré con ustedes siempre que cumplan con la oración, paguen el zakat, crean y apoyen a [todos] Mis Mensajeros, gasten generosamente en Mi causa; entonces perdonaré sus ofensas y los introduciré en jardines en los que corren ríos. Pero quien [después de todo esto] niegue la verdad, se habrá extraviado del camino recto".

El pacto está roto

13. Pero por haber violado el pacto los maldije e hice que sus corazones se volvieran insensibles y duros. [Por eso] tergiversan el sentido de las palabras [de la Torá] sacándolas de contexto, y dejan de lado parte de lo que les fue mencionado [en ella]. Descubrirás que la mayoría de ellos, salvo unos pocos, traicionan [a la gente], pero tu discúlpalos y sé tolerante con ellos, porque Dios ama a los que hacen el bien.

El pacto con los cristianos también está roto

14. [Dios también tomó un compromiso] con quienes dicen: "Somos cristianos", pero ellos dejaron de lado parte de lo que les había mencionado [en el Evangelio]. Y [por eso] sembré entre ellos la discordia y el odio hasta el Día de la Resurrección, cuando Dios les hará saber el [gran] nivel de desvío que alcanzaron.

La misión del Profeta

15. ¡Oh, Gente del Libro! Les ha llegado un Mensajero enviado por Mí, cuya misión es traerles a la luz los preceptos más importantes que ocultaron de la Biblia, y facilitar muchos otros preceptos. Dios les ha enviado una luz y un Libro claro [el Corán], **16.** con el cual Dios guía a quienes buscan Su complacencia hacia los caminos de la salvación, los extrae por Su voluntad de las tinieblas hacia la luz, y los dirige por el camino recto.

Jesús no es Dios

17. Son incrédulos quienes dicen: "Jesús hijo de María es Dios". Diles: "¿Quién podría impedir que Dios exterminara al Mesías hijo de María, a su madre y a todo cuanto existe en la Tierra, si así lo quisiera?" A Dios pertenece el reino de los cielos y de la Tierra, y todo lo que existe entre ambos. Dios crea lo que Le place, porque Él tiene poder sobre todas las cosas.

¿Hijos de Dios?

18. Dicen judíos y cristianos: "Somos hijos de Dios y sus predilectos". Diles: "Si así fuera, ¿por qué los castigará por los pecados que cometen? Ustedes son como el resto de la humanidad, seres creados por Él. Dios perdona a quien quiere y castiga a quien quiere. A Dios pertenece el reino de los cielos y de la tierra, y todo lo que existe entre ambos, y ante Él compareceremos [para que nos juzgue por nuestras acciones]".

Sin excusas

19. ¡Oh, Gente del Libro! Luego de que pasara un tiempo desde el último Mensajero[2], les ha llegado Mi Mensajero para aclararles la verdad, y que no puedan decir [el Día del Juicio Final]: "No se nos presentó nadie que nos albriciara [con el monoteísmo] y nos advirtiera [contra la idolatría]". Pues ahora sí tienen quien les albricia y les advierte, porque Dios es sobre toda cosa Poderoso.

Los israelitas son ordenados entrar a Tierra Santa

20. [Reflexionen sobre] cuando Moisés dijo a su pueblo: "¡Oh, pueblo mío! Recuerden las bendiciones que Dios les concedió al hacer que surgieran entre ustedes Profetas y poderosos, y los bendijo con gracias que no concedió a nadie de sus contemporáneos. **21.** ¡Oh, pueblo mío! Entren en la Tierra Santa que Dios destinó para ustedes y no renieguen [de su fe], porque se convertirían en perdedores". **22.** Respondieron: "¡Oh, Moisés! Allí hay gente poderosa, así que no entraremos hasta que ellos se marchen. Solo cuando abandonen la ciudad entraremos". **23.** Dos hombres que tenían temor de Dios, que habían sido bendecidos [con una fe sólida], dijeron: "Ingresen sorpresivamente por la puerta, porque si lo hacen obtendrán la victoria. Pero encomiéndense solo a Dios, si es que verdaderamente son creyentes". **24.** Dijeron: "¡Oh, Moisés! No ingresaremos mientras ellos permanezcan dentro. Ve tú con tu Señor y combátelos, que nosotros nos quedaremos aquí".

Cuarenta años en el desierto

25. Dijo [Moisés]: "¡Señor mío! Solo tengo control de mis actos y autoridad sobre mi hermano [Aarón], decide Tú entre ellos y nosotros". **26.** Dijo [Dios a Moisés]: "Les estará prohibida [la entrada en Tierra Santa]. Vagarán por la tierra durante cuarenta años. No te aflijas por la gente perversa".

Abel y Caín

27. [Oh, Mujámmad:] Cuéntales la auténtica historia de los hijos de Adán, cuando presentaron una ofrenda y le fue aceptada a uno y rechazada al otro. Dijo [Caín]: "Te mataré". Dijo [Abel]: "Dios solo acepta las obras de los que obran con fe sincera. **28.** Aunque levantaras tu mano para matarme, yo no levantaría la mía para matarte, porque yo tengo

---

2 Jesús, que la paz de Dios sea con él.

temor de Dios, Señor del Universo. **29.** Prefiero que seas tú quien cargue con mis pecados y los tuyos, [y si me matas] serás de los moradores del Fuego, porque ese es el castigo para los que cometen esa injusticia". **30.** Pero su ego lo llevó [a Caín] a matar a su hermano, por lo que se arruinó a sí mismo. **31.** Entonces Dios envió un cuervo para que escarbara la tierra y le mostrara cómo enterrar el cadáver de su hermano. Dijo [Caín]: "¡Ay de mí! ¿Acaso no soy capaz de hacer como este cuervo y enterrar el cadáver de mi hermano?" Y sintió un profundo arrepentimiento.

El valor de la vida humana

32. Como consecuencia [de este asesinato], legislé para los Hijos de Israel que: "Quien mata a una persona sin que ésta haya cometido un crimen o sembrado la corrupción en la Tierra, es como si matara a toda la humanidad. Pero quien salva una vida es como si salvara a toda la humanidad". Mis Mensajeros se presentaron ante ellos con pruebas claras [de la ley], pero muchos de ellos siguen cometiendo graves excesos en el mundo.

Leyes contra los que siembran terror

33. El castigo para quienes hacen la guerra a [un pueblo que se gobierna por la ley de] Dios y Su Mensajero y siembran en la Tierra la corrupción, es que [luego de un juicio justo] se los condene a muerte, se los crucifique, se les ampute una mano y el pie del lado opuesto, o se los condene al exilio. Esto es para que sean denigrados en esta vida, y en la otra tendrán un castigo terrible. **34.** Pero quienes se arrepientan antes de ser apresados [y se entreguen voluntariamente] sepan que Dios es Perdonador, Misericordioso.

Más cerca de Dios

35. ¡Oh, creyentes! Tengan temor de Dios, busquen acercarse a Él [realizando obras de bien] y luchen por Su causa, que así tendrán éxito.

El final de los incrédulos

36. Los que niegan la verdad, aunque tuvieran todo cuanto existe en la Tierra y aún el doble para ofrecerlo como rescate y salvarse del castigo del Día de la Resurrección, no se les aceptará, y recibirán un castigo doloroso. **37.** Querrán salir del Fuego pero nunca lo conseguirán, y tendrán un castigo perpetuo.

El castigo por robo

38. Al ladrón y a la ladrona [luego de un juicio justo] córtenles la mano en compensación por su delito. Esta es una sentencia disuasoria dictada por Dios. Dios es Poderoso, Sabio. **39.** Pero a quien se arrepienta luego de cometer un delito o injusticia y enmiende, Dios lo perdonará, porque Dios es Perdonador, Misericordioso.

El poder y la gracia de Dios

40. ¿Acaso no sabes que a Dios pertenece el reino de los cielos y de la Tierra? Castiga a quien quiere y perdona a quien quiere. Dios es sobre toda cosa Poderoso.

No te entristescas

41. ¡Oh, Mensajero! No te entristezcas por quienes se precipitan a negar la verdad, como quienes dicen: "Creemos", pero sus corazones no creen. Entre los judíos hay quienes prestan oídos a cualquier falsedad que se diga, escuchan ávidamente sin venir a pedirte aclaración. Tergiversan el sentido de las palabras [reveladas] sacándolas de su contexto, y dicen: "Si se les dice así [acorde a su tergiversación] acéptenlo; caso contrario, rechácenlo". A quien Dios pone a prueba con una tentación, no podrás hacer nada para salvarlo. Dios no ha querido purificar sus corazones[3]. Ellos serán denigrados en esta vida, y en la otra tendrán un castigo terrible.

El juicio justo

42. Prestan oídos a la mentira y se benefician vorazmente del soborno. Si se presentan ante ti [para que juzgues] sobre un pleito entre ellos, puedes juzgar o abstenerte. Si te abstienes no podrán perjudicarte en nada, pero si juzgas entre ellos, hazlo con equidad y justicia, porque Dios ama a los justos. **43.** ¿Y por qué necesitan pedirte a ti que juzgues entre ellos si tienen la Torá en la que se encuentra el juicio de Dios? Si tu veredicto no les agrada, lo rechazan [a pesar de que coincide con la Torá]; esos de verdad no son creyentes [en Dios ni en la Torá].

Juzgar con la Torá

44. He revelado la Torá, en la que hay guía y luz. Los Profetas entregados [a la voluntad de Dios] juzgaban con ella entre los judíos. Lo mismo hicieron los rabinos y juristas en cumplimiento de su misión de custodiar el Libro de Dios y ser testigos de él [en sus enseñanzas]. No teman a la gente sino que tengan temor de Mí. No vendan Mis preceptos por un precio vil. Quienes no juzgan conforme a lo que Dios ha revelado [por considerarlo inferior], ésos son los verdaderos incrédulos[4].

El sistema de justicia

45. He prescrito en ella [la Torá, la justicia retributiva]: Vida por vida, ojo por ojo, nariz por nariz, oreja por oreja, diente por diente, y con las heridas una similar. Pero si la víctima perdona [que se aplique la pena al culpable] esto le servirá de expiación. Quienes no juzgan conforme a lo que Dios ha revelado [por considerarlo inferior], ésos son los verdaderos ofensores.

Juzgar con el Evangelio

46. Hice que Jesús hijo de María siguiera [el ejemplo de los Profetas anteriores], en confirmación de la verdad había [sido revelada] en la Torá. A él le he revelado el Evangelio en el que hay guía y luz, como confirmación de la Torá, y como guía

---

3 A causa de sus pecados

4 Cita *Ibn Kazir* que *Ibn Abbas* dijo: "Quien niegue y rechace la ley de Dios deviene incrédulo, y quien la reconozca y acepte, pero no juzgue con ella en alguna ocasión, es un opresor perverso".

y exhortación para los que tienen temor de Dios y piedad. **47.** Que los seguidores del Evangelio juzguen según lo que Dios ha revelado en él, porque los que no juzgan conforme a lo que Dios ha revelado, ésos son los verdaderos perversos.

Juzgar con el Corán

48. [Y a ti, ¡Oh, Mujámmad!] Te he revelado el Libro que contiene la verdad definitiva [el Corán], que corrobora los Libros revelados anteriormente y es juez de lo que es verdadero en ellos. Juzga conforme a lo que Dios ha revelado y no te sometas a sus deseos transgrediendo la Verdad que has recibido. A cada [comunidad religiosa] le he dado una legislación y una metodología [norma]. Si Dios hubiera querido, habría hecho de ustedes una sola comunidad, pero quiso probar su fe en lo que les reveló. Apresúrense a realizar obras de bien, porque todos comparecerán ante Dios, y Él les informará acerca de lo que discrepaban.

El juicio de Dios

49. Juzga entre ellos conforme a lo que Dios ha revelado, no te sometas a sus deseos y ten cuidado con ellos, no sea que te aparten con engaños de lo que Dios te ha revelado. Si ellos se rehúsan [a seguir lo que has dictaminado], sabe que Dios, a causa de sus pecados, quiere afligirlos. Pero muchas personas [a pesar de las advertencias] son perversas. **50.** ¿Acaso prefieren un juicio según las leyes paganas? Pero, ¿qué mejor juicio que el de Dios para quienes están convencidos de su fe?

Los aliados de los hipócritas

51. ¡Oh, creyentes! No tomen a los judíos ni a los cristianos por aliados, porque ellos son aliados entre sí. Quien les dé lealtad se convierte en uno de ellos. Dios no guía a un pueblo opresor. **52.** Verás que quienes tienen una enfermedad en sus corazones [la hipocresía] se apresuran buscando su complacencia[5] y dicen: "Tenemos miedo de que nos sorprenda una derrota". Pero puede que Dios les tenga deparada la victoria o algún otro decreto, y entonces tengan que arrepentirse de lo que pensaban. **53.** Los creyentes dirán entonces: "¿Son éstos quienes juraban solemnemente por Dios que estaban con nosotros [en el Islam]?" Sus obras habrán sido en vano y se contarán entre los fracasados.

Los creyentes verdaderos

54. ¡Oh, creyentes! Si apostatan de su religión, Dios los reemplazará por otros a quienes amará y ellos Lo amarán, que serán compasivos con los creyentes, severos con los que niegan la verdad, y combatirán por la causa de Dios sin temor a los reproches. Esas son las cualidades de quienes Dios ha bendecido. Dios es Vasto, todo lo sabe.

Los verdaderos aliados

55. Sus únicos aliados deben ser Dios, Su Mensajero y los creyentes

---

5 La de judíos, cristianos y paganos.

que hacen la oración prescrita, pagan el zakat y se inclinan [ante Dios en la oración]. **56.** Quienes tomen por aliados a Dios, a Su Mensajero y a los creyentes, son de la comunidad de Dios, quienes serán en definitiva los vencedores.

La alianza inaceptable

57. ¡Oh, creyentes! No tomen por aliados a quienes toman a burla y broma su religión, sean gente del Libro o de los que niegan la verdad. Tengan temor de Dios si es que son creyentes. **58.** Cuando ustedes convocan a la oración, ellos se burlan y la toman a broma, porque son gente que no razona.

¿Quién merece reproche?

59. Di: "¡Oh, Gente del Libro! ¿Acaso nos reprochan que creamos en Dios, en la revelación que nos fue enviada y lo que fue revelado anteriormente, o lo hacen solamente porque la mayoría de ustedes son perversos?" **60.** Di: "¿No quieren acaso que les informe quiénes tendrán peor retribución que éstos ante Dios? Son quienes maldijo Dios, los que incurrieron en Su ira, los que convirtió en monos y cerdos[6], y los que adoran a los falsos dioses. Esos son los que se encuentran en una situación peor y son los más extraviados del camino recto.

Los hipócritas de entre los judíos

61. Cuando se encuentran con ustedes dicen: "Creemos", pero cuando entraron [al Islam en apariencia] traían la incredulidad consigo, y al abandonarlo [al Islam] salieron igual. Dios sabe bien lo que ocultan. **62.** Verás a muchos de ellos precipitarse en el pecado, la injusticia y apoderarse de los bienes ajenos. ¡Qué mal está lo que hacen! **63.** ¿Por qué sus maestros y rabinos no les prohíben mentir y usurpar los bienes ajenos? ¡Qué mal está lo que hacen!

Dios es siempre generoso

64. Estos judíos dijeron: "La mano de Dios está cerrada"[7]. Son sus manos las que se cerraron, y cayeron en la maldición de Dios por su blasfemia. Por el contrario, Sus dos manos están extendidas y dispensa [generosamente] según Su voluntad. Lo que te ha sido revelado por tu Señor acrecentará en muchos de ellos la arrogancia y la negación de la verdad. He previsto entre ellos la enemistad y el odio hasta el Día de la Resurrección. Siempre que enciendan el fuego de la guerra [contra ustedes], Dios lo apagará. Ellos se esfuerzan por sembrar la corrupción en la Tierra, pero Dios no ama a los que siembran la corrupción.

Lo peor de ambos mundos

65. Pero si la Gente del Libro creyera y tuviera temor de Dios, Yo borraría sus pecados y los introduciría en los Jardines de las Delicias. **66.** Si se hubieran atenido a la Torá, el Evangelio y lo [último] que les ha sido revelado

---

6 Ver Corán 2:65.

7 Expresión árabe que indica la falta de generosidad.

por su Señor [el Corán], recibirían las bendiciones que caen del cielo y las que brotan de la tierra. Entre ellos hay quienes son moderados, pero la mayoría obra de forma perversa.

El deber de un mensajero es trasmitir

67. ¡Oh, Mensajero! Comunica [completamente] lo que te ha sido revelado por tu Señor. Si no lo haces, no habrás hecho llegar Su Mensaje. Dios te protegerá de la gente [que intenta impedir que cumplas con tu misión]. Dios no guía a un pueblo que niega la verdad.

El apego a las Escrituras

68. Di: "¡Oh, Gente del Libro! No tendrán fundamento alguno mientras no se atengan a [la ley de] la Torá, el Evangelio y lo que les ha sido revelado por su Señor". Lo que te ha sido revelado por tu Señor acrecentará en muchos de ellos la arrogancia y la negación a reconocer la verdad, pero no te aflijas por un pueblo que se niega a reconocer la verdad.

La creencia verdadera en Dios

69. Los creyentes [en el Islam], los judíos, los sabeos[8] y los cristianos, quienes crean en Dios [sin asociarle nada] y en el Día del Juicio y obren rectamente, no habrán de sentir temor ni tristeza.

Los israelitas rechazan a los mensajeros

70. Celebré un pacto solemne con los Hijos de Israel y les envié Mensajeros. Siempre que un Mensajero se presentaba ante ellos con algo que no les gustaba, lo desmentían o lo mataban. **71.** Creían que no les alcanzaría ninguna calamidad [por sus crímenes] y se volvieron ciegos y sordos [de corazón], pero Dios los perdonó, aunque muchos de ellos reincidieron. Dios ve todo lo que hacen.

Un Dios, no tres

72. Quienes dicen: "Dios y el Mesías hijo de María son una misma persona" niegan la verdad, porque el mismo Mesías dijo: "¡Oh, Hijos de Israel! Adoren solo a Dios, que es mi Señor y el suyo"[9]. A quien atribuya actos de adoración a otros además de Dios, Él le vedará el Paraíso y su morada será el Infierno. Los injustos no tendrán quién los socorra. **73.** Quienes dicen: "Dios es una de las tres personas de la trinidad", niegan la verdad, porque no hay más que una sola divinidad. Si no desisten de sus palabras, un castigo doloroso azotará a quienes se obstinan en negar la verdad.

---

8 Los monoteístas que no siguen una religión determinada.

9 Irónicamente, los cristianos encuentran esa enseñanza en las palabras mismas de Jesús, pero prefieren seguir la deformación que hicieron otras personas de esa creencia clara y evidente en el monoteísmo. En Marcos 12:28-31 dice: "Uno de los maestros de la ley se acercó y los oyó discutiendo. Al ver lo bien que Jesús les había contestado, le preguntó: —De todos los mandamientos, ¿cuál es el más importante? —El más importante es: 'Oye, Israel. El Señor nuestro Dios, el Señor es uno —contestó Jesús. Ama al Señor tu Dios con todo tu corazón, con toda tu alma, con toda tu mente y ccon todas tus fuerzas'".

Aún no es demasiado tarde

74. ¿Acaso no van a arrepentirse y pedir perdón a Dios? Dios es Perdonador, Misericordioso.

Jesús fue humano, no divino

75. El Mesías hijo de María es solo un Mensajero, como los otros Mensajeros que le precedieron. Su madre fue una creyente devota. Ambos necesitaban alimentos [como el resto de los seres humanos]. Observa cómo les aclaré las evidencias, y cómo [a pesar de eso] rechazan la verdad.

Sigue la verdad

76. Di: "¿Acaso van a adorar, en lugar de Dios, lo que no puede causarles perjuicio ni beneficio? Dios todo lo oye, todo lo sabe". **77.** Di: "¡Oh, Gente del Libro! No se excedan en sus creencias tergiversando la verdad, y no sigan ideas personales de gentes que se desviaron en el pasado, que hicieron que muchos se extraviaran y se desviaran del camino recto.

Los israelitas desviados

78. Los Hijos de Israel que se obstinaban en negar la verdad ya fueron maldecidos por David y por Jesús hijo de María, porque transgredían los límites de la ley y se rebelaban [contra Dios]. **79.** No se reprochaban unos a otros los pecados que cometían. ¡Qué perversa era su forma de actuar! **80.** Verás que muchos de ellos toman a los que rechazan la verdad por aliados. ¡Qué perverso es a lo que les indujo su ego! La ira de Dios cayó sobre ellos, y sufrirán eternamente en el castigo. **81.** Si realmente hubieran creído en Dios, en el Profeta y en lo que le fue revelado, no los hubieran tomado por aliados, pero muchos de ellos son perversos.

Los más amables hacia los creyentes

82. Verás que los peores enemigos de los creyentes son los judíos y los idólatras, y los más amistosos son quienes dicen: "Somos cristianos". Esto es porque entre ellos hay sacerdotes y monjes que no se comportan con soberbia. **83.** Cuando escuchan lo que le ha sido revelado al Mensajero, ves que sus ojos se inundan de lágrimas porque reconocen la verdad, y entonces dicen: "¡Señor nuestro! Creemos, cuéntanos entre quienes dan testimonio [de la verdad del Islam]. **84.** ¿Y por qué no íbamos a creer en Dios y en lo que nos ha llegado de la verdad? Esperamos que nuestro Señor nos introduzca [al Paraíso] junto a los justos". **85.** Dios les recompensará por su testimonio con jardines por los que corren ríos, en los que estarán por toda la eternidad. Ésa es la recompensa de los que hacen el bien. **86.** Pero quienes rechacen la verdad y desmientan Mi mensaje morarán en el fuego del Infierno.

Sé moderado

87. ¡Oh, creyentes! No prohíban las cosas buenas que Dios les ha permitido, pero tampoco se excedan. Dios no ama a los que cometen excesos. **88.** Coman de lo lícito y bueno que Dios les ha proveído, y tengan temor de Dios, en Quien creen.

Los juramentos rotos

89. Dios no va a pedirles cuentas por los juramentos [que hagan] sin intención, pero sí [va a preguntarles] por los que hayan pronunciado reflexionando sobre su implicancia. En estos casos deberán expiarlos alimentando a diez pobres como alimentan a su familia, o dándoles vestimenta, o liberando a un esclavo. Quien no encuentre los medios [económicos para una de estas tres opciones] deberá ayunar tres días. Ésta es la expiación de los juramentos [si no los cumplen]. Sean cuidadosos con sus juramentos[10], pero cuando los hagan deben cumplirlos. Así es como Dios explica Su mensaje, para que sean agradecidos.

Las prohibiciones

90. ¡Oh, creyentes! Los embriagantes, las apuestas, los altares [sobre los cuales eran degollados los animales como ofrenda para los ídolos] y consultar la suerte [por ejemplo] con flechas, son una obra inmunda del demonio. Aléjense de todo ello, que así tendrán éxito [en esta vida y en la próxima]. **91.** El demonio pretende [con esas cosas] sembrar entre la gente la discordia y el odio, y apartarlos del recuerdo de Dios y la oración valiéndose de los embriagantes y las apuestas. ¿No van a dejarlo ya? **92.** Deben obediencia absoluta a Dios y a Su Mensajero, y tengan cuidado [de desobedecerlos]. Pero quien se rehúse, sepa que Mi Mensajero solo tiene la obligación de transmitir [el Mensaje] con claridad.

El pasado está perdonado

93. Quienes creen y hacen buenas obras no serán reprochados por lo que disfrutaron [de lo que era lícito] antes [de su prohibición], siempre que tengan temor de Dios, crean y obren rectamente, luego tengan temor de Dios y crean [en las leyes], luego tengan temor de Dios y hagan el bien [manteniéndose firmes], porque Dios ama a los que hacen el bien.

Cazar durante la Peregrinación

94. ¡Oh, creyentes! Dios los pondrá a prueba[11] [mientras estén consagrados a la peregrinación] colocando delante de ustedes presas de caza que podrían alcanzar fácilmente con sus manos o lanzas, para distinguir quién Le teme en secreto [al obedecer la prohibición de cazar]. Quien transgreda [las leyes] tendrá un castigo doloroso. **95.** ¡Oh, creyentes! No cacen mientras estén consagrados a la peregrinación. Quien lo haga deliberadamente deberá compensarlo sacrificando una res de ganado equivalente a la que mató, la que será

---

10 Esta frase implica: 1) Solo pueden jurar por Dios. 2) Deben abandonar la costumbre de jurar por cosas sin importancia. 3) Si han jurado, cumplan con el juramento. 4) Si no pueden o no quieren cumplir con el juramento, deben cumplir con la expiación.

11 Al estar prohibida la caza para el peregrino, Dios los puso a prueba haciendo que los animales se pasearan entre ellos, y entonces quien no cazara las presas, a pesar de que era muy fácil hacerlo, habría triunfado en la prueba; pero quien se dejara llevar por la ambición y el deseo, habría fracasado en la prueba. Este versículo nos enseña que, a veces, Dios puede probar nuestra fe facilitando lo ilícito a nuestro alrededor, para ver qué tanto nos mantenemos firmes a los que, decimos, son nuestros valores.

determinada por dos personas justas y será ofrendada [a Dios] ante la Ka'bah [y repartida entre los necesitados], o deberá hacer una expiación alimentando a pobres o ayunando un plazo equivalente, para que sufra y comprenda las consecuencias de sus ofensas. Dios no les pedirá cuentas por lo que hayan hecho antes de descender la legislación. Pero quien reincida, sepa que Dios lo retribuirá con lo que se merece. Dios es Poderoso, Dueño de la retribución.

La pesca es lícita

96. Es permitido [durante la peregrinación comer de] lo que pesquen en el mar, para los residentes y los viajeros. Pero está prohibida la caza mientras estén consagrados a la peregrinación. Tengan temor de Dios, ante Quien serán congregados [para ser juzgados por sus obras].

Ritos de la Peregrinación

97. Dios designó a la Ka'bah, la Casa Sagrada, como un lugar de devoción y adoración. Los meses sagrados, las ofrendas y los animales marcados para ofrenda son sagrados. Esto para que sepan que Dios conoce cuanto hay en los cielos y la Tierra, y que Dios todo lo sabe. **98.** Sepan que Dios es severo en el castigo, pero también es Perdonador, Misericordioso. **99.** El Mensajero solo tiene la obligación de transmitir el Mensaje, Dios es Quien sabe lo que manifiestan y lo que ocultan.

El bien y el mal no son iguales

100. Di: "No se puede equiparar lo malo y lo bueno, así que no te dejes engañar por la abundancia de lo malo. Tengan temor de Dios, ¡oh, gente que reflexiona!, que así tendrán éxito".

Preguntas innecesarias

101. ¡Oh, creyentes! No ahonden en asuntos que, si fueran revelados [en forma de ley], les causarían dificultad [en la práctica de la religión]. Pero si los indagan cuando hayan sido revelados en el Corán, les serán explicados. Dios los perdona por sus indagaciones [fuera de lugar] porque es Perdonador, Tolerante. **102.** Estas mismas indagaciones fueron hechas por otros pueblos en la antigüedad, y [cuando les fueron reveladas como leyes] las rechazaron.

Los camellos dedicados a los ídolos

103. No es prescripción de Dios que ciertas clases de ganado sean marcadas por superstición y costumbres paganas, como la camella que se consagra a los ídolos por lo que no debe ser ordeñada, ni la que también es consagrada a los ídolos y se la deja pastar libremente, ni la oveja que si en su séptimo parto pare un macho y una hembra se la consagra a los ídolos y no se la debe sacrificar, ni el camello semental que luego de servir diez veces se consagra a los ídolos por lo que no se lo utiliza para montura. Son los paganos supersticiosos quienes inventaron estos ritos, mintiendo acerca de Dios. La mayoría de ellos no usa el razonamiento. **104.** Cuando se les dice: "Tomen lo que Dios ha revelado y sigan al Mensajero", dicen: "Nos basta con lo que nos transmitieron nuestros padres", a pesar de que sus padres eran ignorantes y no estaban bien encaminados.

Cada uno es responsable de sí mismo

105. ¡Oh, creyentes! Ustedes son responsables por sus almas en el cumplimento de sus deberes para con Dios. No les perjudica quien elige el camino del desvío si ustedes están en el camino recto. A Dios regresarán y Él les informará el resultado de sus obras.

Verificar el legado

106. ¡Oh, creyentes! Ante la inminencia de la muerte deben declarar su testamento ante dos testigos confiables conocidos, o bien dos extraños si están de viaje y les sobreviene la [agonía de la] muerte. Si dudan [del testimonio] de los testigos, reténganlos hasta después de la oración para que juren por Dios: "No pretendemos, con nuestro testimonio, ningún provecho personal ni beneficiar a un pariente. No ocultamos el testimonio que Dios nos ordenó declarar, porque de hacerlo nos contaríamos entre los pecadores". **107.** Si se descubre que cometieron un pecado [al mentir sobre los términos del testamento], otros dos los sustituirán, y éstos serán [elegidos] de entre los parientes con más derecho [a su herencia] y jurarán por Dios: "Nuestro testimonio es más digno de ser creído que el de ellos y no los agredimos [al acusarlos de falso testimonio], porque de hacerlo nos contaríamos entre los injustos". **108.** Esto es lo más adecuado para lograr que presten un testimonio exacto o que teman que se refute su juramento con un juramento contrario. Tengan temor de Dios y obedezcan [Sus leyes], porque Dios no guía a los perversos.

Dios preguntará a los mensajeros

109. [Teman] el día que Dios reúna a los Mensajeros y diga: "¿Cómo respondieron [aquellos a quienes fueron enviados]?" Dirán: "No sabemos, Tú eres Quien conoce lo oculto".

Los favores de Dios para con Jesús

110. Dios dirá: "¡Oh, Jesús hijo de María! Recuerda las bendiciones que te concedí a ti y a tu madre, cuando te fortalecí con el Espíritu Santo[12] para que pudieras hablar a la gente desde la cuna y de adulto, y te enseñé la escritura, la sabiduría, la Torá y el Evangelio. Cuando modelaste con arcilla un pájaro con Mi anuencia, y luego soplaste en él y se convirtió en un pájaro real con Mi permiso, y curaste al ciego de nacimiento y al leproso con Mi permiso, y resucitaste al muerto con Mi permiso. Te protegí de los Hijos de Israel cuando te presentaste ante ellos con las evidencias, y los que negaron la verdad dijeron: "Esto es hechicería pura".**111.** [Recuerda] cuando inspiré a los discípulos para que creyeran en Mí y en Mi Mensajero. Ellos dijeron: "¡Creemos! Sé testigo de que somos musulmanes [en sumisión a Dios]".

12 Así es llamado el ángel Gabriel, encargado de hacer llegar la revelación de Dios a Sus profetas.

El milagro de la mesa servida

112. Cuando los discípulos de Jesús dijeron: "¡Oh, Jesús hijo de María! ¿Tu Señor podría hacernos descender del cielo una mesa servida?" Dijo: "Tengan temor de Dios, si es que son verdaderos creyentes". **113.** Dijeron [los discípulos]: "Queremos comer de ella para que nuestros corazones se sosieguen, saber [con certeza] que nos has dicho la verdad y dar testimonio de ella". **114.** Jesús hijo de María rezó: "¡Oh Dios, [te imploro porque Tú eres] nuestro señor! Haz que descienda una mesa servida del cielo que sea para nosotros un acontecimiento festivo, tanto para los primeros como para los últimos [de nuestra nación], y un milagro proveniente de Ti. Concédenos Tu favor, pues Tú eres el mejor de los sustentadores". **115.** Respondió Dios: "La haré descender; pero si después alguno de ustedes reniega [de su fe], lo castigaré como no he castigado a nadie en el mundo".

Jesús niega ser divino

116. [El Día del Juicio Final] Dios dirá: "¡Oh, Jesús hijo de María! ¿Acaso tú dijiste a la gente: "Adórenme a mí y a mi madre como divinidades junto con Dios?" Dirá [Jesús]: "¡Glorificado seas! No me corresponde decir algo a lo que no tengo derecho. Si lo hubiera dicho Tú lo sabrías. Tú conoces lo que encierra mi alma, mientras que yo ignoro lo que encierra la Tuya. Tú eres Quien conoce lo oculto. **117.** No les transmití sino lo que Tú me has ordenado: 'Adoren solo a Dios, mi Señor y el suyo'. Fui testigo de sus acciones mientras estuve con ellos; pero después de que me elevaste, fuiste Tú Quien los vigiló. Tú eres testigo de todas las cosas. **118.** Si los castigas, lo haces con derecho, pues son Tus siervos[13]; pero si los perdonas, Tú eres el Poderoso, el Sabio". **119.** Dios dirá [el Día del Juicio]: "Este es el día en que los sinceros disfrutarán su sinceridad. Tendrán jardines por donde corren ríos, en los que estarán por toda la eternidad. Dios estará complacido con ellos y ellos con Él. Esa será la bienaventuranza. **120.** A Dios pertenece el reino de los cielos y de la tierra, y cuanto existe entre ambos. Él tiene poder sobre todas las cosas.

---

13 Todos los seres humanos somos siervos de Dios. Los creyentes someten espontáneamente su voluntad a la voluntad de Dios, y eso los hace Sus siervos por elección; y los que no creen en Dios o Le asocian ídolos a los que adoran, igualmente están sometidos a la predestinación y el juicio de Dios y, por lo tanto, son Sus siervos, aunque no lo acepten.

6. Los Ganados

(Al-An'âm)

Este capítulo del Corán fue revelado en La Meca, y demuestra magistralmente el poder y el conocimiento de Dios, y refuta las creencias paganas, incluyendo los sacrificios animales a los ídolos. Se explican los alimentos prohibidos y permitidos con más detalle que en el capítulo previo. Se define la naturaleza de la Profecía, dejando en claro que los mensajeros no pueden hacer nada sin la voluntad de Dios. Este capítulo comienza subrayando la autoridad de Dios, igual que al final del capítulo anterior, y termina haciendo énfasis en la responsabilidad de cada quien sobre sus actos, igual que al comienzo del capítulo siguiente.

En el nombre de Dios,
el Compasivo, el Misericordioso

Rechazar al Todopoderoso

1. Alabado sea Dios que creó los cielos y la Tierra, y originó las tinieblas y la luz. Pero los que se niegan a creer igualan [sus ídolos] a su Señor. **2.** Él es Quien los creó de barro y luego decretó el término de cada vida, y también el término que solo Él conoce [sobre el fin del mundo], pero a pesar de eso todavía están indecisos. **3.** Él es Al-lah, el adorado en los cielos y en la Tierra. Sabe lo que esconden y lo que manifiestan, y sabe lo que obtienen [con sus obras].

Tomar a la ligera las señales de Dios

4. Cada vez que les llega una prueba de su Señor, se niegan a creer en ella. **5.** Antes ya habían desmentido la Verdad cuando les llegó, pero ya verán el resultado de sus burlas.

El destino de los que rechazan

6. ¿Acaso no ven cuántas generaciones anteriores a ellos he destruido? Les había concedido a ellos más poder en la Tierra que el que ustedes tienen, pero hice que las lluvias del cielo se desplomaran sobre ellos y los ríos los anegaron bajo sus pies, y les hice perecer a causa de sus pecados, e hice surgir después de ellos nuevas generaciones.

Exigir una revelación escrita

7. Y aunque te hubiera hecho descender un libro escrito en un pergamino y lo hubieran podido palpar con sus manos, los que se niegan a creer habrían dicho: "Esto no es más que hechicería".

Exigir ver a un ángel

8. Ellos dicen: "¿Por qué no hizo descender un ángel junto a él?" Pero si hubiese enviado un ángel el asunto habría quedado decidido[1], y no se les

---

1 La fe implica creer en asuntos de lo oculto. Cuando tales asuntos se hacen manifiestos, ya no existe recompensa por "creer" en ellos. Este versículo se refiere a que, cuando los ángeles se muestren a las personas y las realidades del más allá sean visibles, dejarán de ser de lo oculto y, por lo tanto, significará que su destino estará sellado, porque ya no tendrá recompensa "creer" en ello.

habría dado ningún plazo de espera [para creer]. **9.** Y si hubiera enviado a un ángel [en lugar de un hombre], le habría dado apariencia humana y estarían en una confusión similar a la que tienen contigo.

El destino de los que se burlan

10. Pero también se burlaron de otros Mensajeros anteriores a ti en la antigüedad. A los que se burlaron, les llegó el castigo del que se habían burlado. **11.** Diles [¡Oh, Mujámmad!]: "Viajen por el mundo y reflexionen sobre cuál fue el destino de los que desmintieron [a los Mensajeros de Dios]".

Dios Todopoderoso

12. Pregúntales [a los idólatras]: "¿A quién pertenece cuanto hay en los cielos y en la Tierra?" Diles: "A Dios". Él ha prescrito para Sí mismo la misericordia. Él los reunirá el Día indubitable de la Resurrección, en el que solo serán desventurados quienes se hayan negado a creer. **13.** A Él pertenece lo que habita la noche y el día. Él todo lo oye, todo lo sabe.

Dios es el protector

14. Diles: "¿Acaso voy a tomar como protector a otro en lugar de Dios, [siendo que Él es el] Originador de los cielos y la de Tierra, y Quien alimenta y no necesita ser alimentado?" Di: "Se me ha ordenado ser el primero en entregarse a la voluntad de Dios. No sean ustedes de los que dedican actos de adoración a otros [además de Dios]". **15.** Di: "Temo el castigo de un día terrible si desobedezco a mi Señor". **16.** Quien sea eximido [del castigo] ese día, será porque Dios se apiadó de él, y ese será un triunfo evidente.

Dios es el Rey Soberano

17. Si Dios te aflige con una desgracia, nadie excepto Él podrá librarte de ella. Pero si te agracia con una bendición, Él tiene poder sobre todas las cosas. **18.** Él tiene total dominio sobre Sus siervos, y Él es el Sabio, el Conocedor.

Dios es el mejor testigo

19. Pregúntales: "¿Quién es el testigo más creíble?" Di: "Dios es testigo [de la diferencia] entre ustedes y yo. Me ha sido revelado este Corán para advertirles con él a todos aquellos que les llegue el Mensaje. ¿Acaso darían testimonio de que existen otras divinidades junto con Dios?" Diles: "Yo no lo haré". Diles: "Él es la única divinidad, y soy inocente de lo que ustedes Le asocian cometiendo idolatría".

Reconocer al Profeta

20. Aquellos a quienes les envié anteriormente el Libro [judíos y cristianos] reconocen [la profecía de Mujámmad] como reconocen a sus propios hijos, pero los que se han desviado a sí mismos se niegan a creer. **21.** ¿Acaso existe alguien más injusto que quien atribuye a Dios sus falsos inventos, o quien desmiente Su Palabra? Los injustos jamás prosperarán.

Los politeístas

22. El día que los resucitemos a todos y le sea dicho a quienes asociaron divinidades a Dios: "¿Dónde están ahora aquellos que en sus fantasías eran socios de Dios en la divinidad?" **23.** Entonces en su confusión dirán: "¡Juramos por Dios, nuestro Señor, que no Le atribuíamos divinidad a nada junto con Él!" **24.** Mira cómo se desmienten a sí mismos, finalmente los desvió aquello que inventaron.

Los incrédulos se alejan

25. Hay entre ellos quienes [parece] que te prestan atención [cuando recitas el Corán], pero [a causa de su incredulidad] he puesto sobre sus corazones un velo y he ensordecido sus oídos, por ello no pueden comprenderlo. Aunque vieran toda clase de signos, no creerían. Se presentan ante ti solo para debatirte, y dicen: "Esto no es más que una fábula de los antiguos". **26.** Le prohíben a la gente [seguir el mensaje] y se apartan ellos mismos, pero sin darse cuenta solo se perjudican a sí mismos.

Horrorizado por el Fuego

27. Si los vieras cuando sean detenidos ante el Fuego y digan: "¡Ojalá pudiéramos volver [a la vida mundanal], para no desmentir la palabra de nuestro Señor y ser de los creyentes!" **28.** ¡Pero no! Dirán eso porque saldrá a la luz lo que antes ocultaban. Y si se les diera la oportunidad de regresar [a la vida mundanal] volverían a [cometer] lo que se les había prohibido [asociándole divinidades a Dios]. La verdad es que son mentirosos.

Los que niegan el Más Allá

29. Y dicen: "No hay vida después de la muerte, jamás seremos resucitados". **30.** Si los vieras cuando sean llevados ante su Señor y se les diga: "¿Acaso no es ahora verdad [la Resurrección y el Juicio Final]?" Responderán: "¡Sí, por Dios!" Pero entonces se les dirá: "Sufran el castigo por haber negado la verdad". **31.** Los desventurados serán quienes hayan desmentido el encuentro con Dios. Y cuando les llegue por sorpresa la hora [de la Resurrección] dirán: "¡Qué desventurados! ¡Cómo desperdiciamos nuestra vida!" Cargarán con sus pecados sobre sus espaldas. ¡Con que pésima carga irán [al Juicio]!

El disfrute fugaz

32. Esta vida mundanal no es más que juego y disfrute pasajero, pero la otra vida es mejor para los piadosos. ¿Acaso no van a razonar?

No es el primer Profeta rechazado

33. Sé muy bien que te apena lo que dicen [sobre ti]. Pero no es a ti a quien desmienten, lo que los injustos rechazan es la palabra de Dios. **34.** Antes de ti [también] fueron desmentidos otros Mensajeros. Ellos soportaron con paciencia que los desmintieran y hostigaran hasta que les llegó Mi auxilio. Porque no hay poder que pueda alterar [el cumplimiento de] las promesas de Dios. Te he relatado las historias de los Mensajeros [para consolar tu corazón].

Incrédulos a pesar de todo

35. Te entristece que se nieguen a creer, pues aunque buscaras una entrada a [las profundidades de] la Tierra o una escalera al cielo para traer una señal, no podrías hacerlos creer.

Si Dios hubiera querido los habría guiado a todos. No te deprimas a causa de los que no creen.

Sordo a la verdad

36. Solo responden [a tu llamado] los que escuchan, pero a los muertos [de corazón] Dios los resucitará y ante Él comparecerán. **37.** Dijeron: "¿Por qué su Señor no le ha concedido un milagro?" Diles [¡Oh, Mujámmad!]: "Dios es capaz de enviar un milagro". Pero la mayoría de ellos no son conscientes [que Dios envía Sus milagros por una sabiduría].

El reino animal

38. [Y es un milagro de la creación que] no hay criatura que camine en la tierra o vuele con sus dos alas que no forme una comunidad igual que ustedes. No he omitido nada en el Libro. Todos [los seres humanos] serán resucitados ante su Señor [el Día del Juicio].

La guía proviene solo de Dios

39. Quienes desmienten Mis milagros son sordos, mudos y caminan en las tinieblas [de la incredulidad]. Dios extravía a quien quiere, y a quien quiere lo conduce por el sendero recto.

Solo Dios elimina las dificultades

40. Diles: "Si les llegara el castigo de Dios o los sorprendiera la Hora [del comienzo del fin del mundo], ¿invocarían a otro en lugar de Dios? Respondan con sinceridad". **41.** Es Él a Quien invocan cuando los azota un mal, ahí se olvidan de las divinidades que Le asocian. Y Dios, si Él quiere, es Quien puede librarlos del mal.

La destrucción gradual
de los que rechazan el mensaje

42. Ya había enviado Mensajeros anteriores a ti a otras comunidades, pero [por haberlos desmentido] las castigué con miseria y enfermedades, para que así fueran humildes. **43.** Hubiera sido mejor para ellos mostrar humildad e invocarme cuando les llegó Mi castigo. Pero sus corazones se endurecieron y el demonio les hizo parecer bello lo que hacían. **44.** Cuando olvidaron lo que les ocurrió a quienes los precedieron [la miseria y las enfermedades que los azotaron] les abrí las puertas de la fortuna, y cuando estuvieron felices con lo que tenían los sorprendí con el castigo, y fueron presa de la desesperación. **45.** Así fueron destruidos los injustos. ¡Alabado sea Dios, Señor del universo!

Solo Dios puede aliviar la aflicción

46. Pregúntales: "Si Dios los privara de la audición y la visión, y sellara sus corazones, ¿qué otra divinidad en lugar de Dios se los podría devolver?" Observa cómo les evidencio los signos, pero aun así se apartan con desdén. **47.** Pregúntales: "Si el castigo de Dios llegara repentina o gradualmente, ¿acaso no serían destruidos los injustos?"

El deber de los mensajeros

48. He enviado a los Mensajeros para que albricien y adviertan a la gente. Quienes crean y rectifiquen [su comportamiento] no tendrán razón para temer ni estar tristes [el Día del Juicio]. **49.** Pero a quienes desmientan Mis signos, los alcanzará el castigo por su perversidad.

Nada más que un Profeta

50. Diles: "No les digo que poseo los tesoros de Dios ni que conozco lo oculto, ni tampoco afirmo ser un ángel, solo sigo lo que me fue revelado". Diles: "¿Acaso pueden equipararse el ciego y el vidente? ¿Acaso no van a reflexionar?"

El Corán como advertencia

51. Advierte con el Corán a aquellos que tienen temor del día en que serán congregados ante su Señor, cuando no tendrán fuera de Él protector ni intercesor alguno, para que así tengan temor de Dios.

Los mecanos influyentes vs. los creyentes pobres

52. No rechaces a quienes invocan a su Señor por la mañana y por la tarde anhelando Su rostro. A ti no te corresponde pedirles cuentas de sus obras ni a ellos tampoco pedirte cuentas de las tuyas, porque serías de los injustos. **53.** Así es como los puse a prueba unos con otros, para que [opulentos y arrogantes] dijeran: "¿Son estos [pobres insignificantes] a quienes Dios ha agraciado de entre nosotros?" Pero Dios sabe mejor que nadie quiénes son los agradecidos. **54.** Cuando se presenten ante ti aquellos que creen en Mis signos, diles: "¡La paz sea con ustedes! Su Señor ha prescrito para Sí mismo la misericordia. Quien cometa una falta por ignorancia, y luego se arrepienta y enmiende, sepa que Dios es Absolvedor, Misericordioso. **55.** Así es como evidencio los signos para que puedan distinguir claramente el camino de los pecadores.

Un solo Dios

56. Diles: "Me fue prohibido adorar aquello que invocan en lugar de Dios". Diles: "No voy a ceder a sus pasiones, porque [de hacerlo] me extraviaría y no sería de los bien guiados".

Desesperados por ser destruidos

57. Diles: "Yo sigo la palabra que proviene de mi Señor, que ustedes desmienten. Lo que piden que suceda pronto[2], no está en mis manos. La decisión pertenece solo a Dios. Él juzga con la verdad y es el mejor de los jueces". **58.** Diles: "Si estuviera en mis manos acelerar lo que ustedes me piden, ya todo estaría juzgado entre ustedes y yo. Pero Dios conoce mejor que nadie quiénes son los injustos.

El conocimiento infinito de Dios

59. Él posee las llaves de lo oculto y nadie más que Él las conoce. Él sabe lo que hay en la costa y en el mar. No hay hoja de árbol que caiga sin que Él lo sepa, ni grano en el seno de la tierra, o algo que esté verde o seco, sin que se encuentre registrado en un libro evidente.

---

2 El castigo de Dios que desafían.

El sueño: Hermano gemelo de la muerte

60. Él es Quien toma sus almas por la noche, sabe lo que han hecho durante el día, y les devuelve el alma al despertar, hasta que se cumpla el plazo prefijado para su muerte. Luego volverán a Él y les informará sobre lo que hacían". **61.** Él tiene total dominio sobre Sus siervos. Les envía ángeles custodios hasta que, cuando les llega la muerte, los ángeles toman sus almas y no pasan por alto a nadie. **62.** Luego serán devueltos a Dios, su verdadero Señor. ¿Acaso no es Él Quien los va a juzgar? ¡Él es el más rápido en ajustar cuentas!

El poder de Dios

63. Pregúntales: "¿Quién podrá salvarlos de las tinieblas de la tierra y del mar [cuando viajan] y Lo invocan en público y en secreto, diciendo: 'Si nos salvas de esta, estaremos agradecidos'?" **64.** Diles: "Solo Dios los puede librar de esas situaciones y de toda otra aflicción. Pero a pesar de eso, luego [cuando se sienten a salvo] vuelven a adorar otras divinidades junto a Él". **65.** Diles: "Él tiene el poder para enviarles un castigo que caiga del cielo o salga de la tierra bajo sus pies, o puede dividirlos en partidos y hacer que se persigan unos a otros con violencia". Observa cómo evidencio los signos para que entiendan.

Los que niegan la verdad

66. Pero tu pueblo lo ha negado, siendo que es la verdad. Diles: "Yo no soy responsable de lo que hacen". **67.** Todo lo que he profetizado ocurrirá a su debido tiempo. ¡Ya lo verán!

Los que se burlan del Corán

68. Cuando veas a los que se burlan de Mis signos, aléjate de ellos hasta que cambien de conversación. Pero si el demonio te hace olvidar, cuando lo recuerdes no permanezcas reunido con los injustos. **69.** A los que tienen temor de Dios no les corresponde pedirles cuentas [a quienes se burlan] por lo que hacen, pero sí exhortarlos [llamándolos a la reflexión] para que tengan temor de Dios.

El camino a la salvación

70. Apártate de quienes toman su vida y sus creencias a la ligera y se dedican a la diversión seducidos por los gozos transitorios de esta vida. Exhorta con el Corán para que comprendan que toda alma responderá por sus obras, y que nadie tendrá, fuera de Dios, protector ni intercesor. Y aunque ofrezcan toda clase de rescate [para salvarse del castigo] no se les aceptará. Esos serán quienes sufrirán las consecuencias por lo que cometieron, donde se les dará de beber un líquido hirviendo, y tendrán un castigo doloroso por haber negado la verdad.

Dios Todopoderoso

71. Di: "¿Acaso debemos invocar en lugar de Dios algo que no puede beneficiarnos ni perjudicarnos? ¿Debemos dar marcha atrás luego de que Dios nos ha guiado? Seríamos como aquel a quien los demonios han seducido y camina desorientado por las pasiones terrenales, a pesar de tener amigos que lo llaman a la guía diciéndole: 'Ven con nosotros'."

Di: "La guía de Dios es la verdadera guía, y nos ha sido ordenado entregarnos libremente al Señor del universo, **72.** hacer la oración y tener temor de Él, porque es ante Él que seremos resucitados". **73.** Él es Quien creó el cosmos y el planeta Tierra con un fin justo y verdadero. En cualquier momento que diga: "¡Sé!", es. Su palabra es la Verdad. Suya será la soberanía el día que se sople la trompeta [para dar comienzo a la resurrección]. Él es el conocedor de lo oculto y de lo manifiesto, Él es el Sabio y el Conocedor.

Abraham corrige a su padre

74. Reflexiona sobre cuando Abraham le dijo a su padre Ázar: "¿Tomas a los ídolos por divinidades? Creo que tú y tu pueblo están en un claro extravío".

Abraham refuta la adoración de los astros

75. Así fue que le mostré a Abraham los milagros de los cielos y de la Tierra, para que fuera de los que creen con certeza. **76.** Al llegar la noche vio una estrella y le dijo [a su pueblo[3]]: "¡Este es mi Señor!" Pero cuando desapareció dijo: "No adoro lo que se ausenta". **77.** Luego, al ver la Luna aparecer dijo: "¡Este es mi Señor!" Pero cuando desapareció dijo: "Si no me guía mi Señor, seré de los pueblos extraviados". **78.** Y cuando vio salir el Sol dijo: "¡Este es mi Señor, este es el más grande [de los astros]!" Pero cuando desapareció dijo: "¡Pueblo mío! Yo estoy libre de asociarle, como ustedes, divinidades a Dios. **79.** Me consagro a Quien creó los cielos y la Tierra, soy monoteísta puro. No soy de los que Le asocian divinidades a Dios [en la adoración]".

Abraham debate con su pueblo

80. Pero su pueblo lo desmintió. Él les dijo: "¿Me discuten acerca de Dios siendo que Él me ha guiado? No tengo miedo a sus ídolos, [solo podrá ocurrirme] lo que mi Señor quiera. Mi Señor abarca con Su conocimiento todas las cosas. ¿No van a recapacitar? **81.** ¿Por qué iba a tener temor de sus ídolos siendo que ustedes no tienen temor de Dios y Le asocian divinidades sin que se les haya revelado ningún fundamento para ello? ¿Quién entre ustedes y yo tiene más motivo para sentirse seguro [de Dios]? Respondan, si es que saben". **82.** Quienes crean y no desacrediten su fe cometiendo la injusticia de asociar divinidades a Dios, estarán a salvo, porque son los bien guiados. **83.** Esa es Mi prueba, la que concedí a Abraham para que argumentara contra su pueblo. Así elevo la condición de quien quiero; tu Señor es Sabio, Conocedor.

Abraham y otros nobles profetas

84. Lo agracié [a Abraham] con Isaac y [a este con] Jacob, a quienes concedí la guía. A Noé también lo había guiado en la antigüedad. Y de sus descendientes [también guie] a David, Salomón, Job, José, Moisés

---

3 El Profeta Abraham, que la paz de Dios sea con él, jamás fue politeísta ni astrólatra, sino que usó el ejemplo y la ironía para mostrarle a su pueblo lo absurdo de la adoración de ídolos.

y Aarón. Así es como recompenso a los que hacen el bien. **85.** Y a Zacarías, Juan, Jesús y Elías; todos ellos se contaron entre los piadosos. **86.** Y a Ismael, Eliseo, Jonás y Lot; a todos ellos los distinguí entre la gente. **87.** También distinguí a algunos de sus antepasados, descendientes y hermanos. Los elegí y los guie por el sendero recto.

La guía profética

88. Esa es la guía de Dios, guía con ella a quien Él quiere de entre Sus siervos. Pero si Le hubieran asociado divinidades [en la adoración] a Dios, todas sus obras no habrían valido de nada. **89.** A ellos les revelé los Libros y los agracié con la sabiduría y la profecía. Pero si algunos no creen, [sepan que] he enviado este mensaje a otro pueblo que no dejará de creer en él. **90.** Ellos son los que Dios ha guiado, sigue su ejemplo. Y diles [a los que te rechazan]: "No les pido remuneración alguna a cambio, este es un Mensaje para todo el universo".

Las escrituras negadas

91. [Algunas personas] no valoraron ni enaltecieron a Dios como Él merece, y dijeron: "Dios no ha revelado nada a ningún hombre". Pregúntales: "¿Quién ha revelado el Libro que trajo Moisés como luz y guía para la gente, el cual copian en pergaminos y dan a conocer en parte, pero del que ocultan una gran parte? Se les enseñó allí lo que ni ustedes ni sus padres sabían". Di: "Fue Dios [Quien lo reveló]". Luego déjales que sigan jugando con sus palabrerías.

El Corán para todos

92. Este es un Libro bendito que he revelado en confirmación de los Libros anteriores, y para que adviertas a la Madre de las Ciudades[4] y a quienes viven en sus alrededores [el resto de la humanidad]. Los que creen en la otra vida creen en él[5] y observan la oración.

El destino de los arrogantes

93. No hay nadie más injusto que quien inventa mentiras acerca de Dios o dice: "He recibido una revelación", cuando en realidad no se le ha revelado nada, o dice: "Revelaré algo similar a lo que Dios ha revelado". Si pudieras ver [lo terrible que será] cuando los opresores estén en la agonía de su muerte y los ángeles extiendan las manos [para atormentarlos, y les digan]: "Entreguen sus almas. Hoy se les retribuirá con un castigo denigrante por haber inventado mentiras acerca de Dios y por despreciar con arrogancia Su mensaje". **94.** Han venido ante Mí solos, tal como los creé por primera vez. Han dejado atrás [en la vida mundanal] lo que les concedí [de bienes materiales], y no veo junto a ustedes los intercesores que pretendían eran socios [de Dios en la divinidad]. Se ha roto su vínculo [con ellos] y desvanecido aquello que creían.

---

4 La Meca.

5 El Corán.

El poder de creación de Dios

95. Dios hace que germinen el grano y la semilla, y hace surgir lo vivo de lo muerto y lo muerto de lo vivo. ¡Ese es Dios! ¡Cómo pueden desviarse tanto [de la verdad]! 96. Hace que el alba despunte, dispuso que la noche sea para descansar, e hizo que el Sol y la Luna sigan una órbita precisa para que puedan llevar el cómputo [del tiempo]. Esto fue establecido por el Poderoso, el que todo lo sabe. **97.** Él es Quien ha creado las estrellas para que puedan guiarse por ellas en la oscuridad de la tierra y del mar. Dios ha evidenciado los signos para quienes reflexionan. **98.** Y Él es Quien los ha creado [a partir] de un solo ser, y les ha dado un lugar de estancia y otro de destino. Así ha evidenciado los signos para quienes comprenden. **99.** He hecho descender agua del cielo con la cual hago brotar toda clase de vegetación, y de ella resulta la cosecha de la cual saco semillas. De los brotes de la palmera hago salir racimos de dátiles al alcance de la mano. Y [también hago brotar] plantaciones de vides, olivos y granados, [todos de aspecto] similar pero [de frutos con sabores] diferentes. Observen cómo es su fruto cuando aparece y luego cuando madura, en todo ello hay signos para quienes creen.

Dios no tiene hijos

100. [Pero los idólatras] asocian a los *yinn*[6] con Dios [en la divinidad], siendo que Él es Quien ha creado [a los *yinn*]. Y Le atribuyen [a Dios], en su ignorancia, hijos e hijas. ¡Glorificado y Exaltado sea! Dios está por encima de ser como Lo describen. **101.** Originador de los cielos y de la Tierra. ¿Cómo podría tener un hijo si no tiene compañera y Él es Quien ha creado todo? Él tiene conocimiento de todas las cosas.

Adorar solo a Dios

102. ¡Ese es Dios, su Señor! No hay más divinidad que Él, Creador de todas las cosas. Adórenlo solo a Él. Él es el Protector de todas las cosas. **103.** La vista [de los seres humanos] no puede abarcarlo, pero Él sí ve [a todos Sus siervos]. Él es el Sutil y el Conocedor.

Un mensaje a la humanidad

104. Han recibido evidencias de su Señor. Quien las comprenda será en beneficio propio, pero quien se enceguezca lo hará en detrimento propio. [Diles:] “Yo no soy su custodio[7]”. **105.** Así es como evidencio los signos, aunque [los que se niegan a creer] dicen: “Lo has aprendido de otros”. Pero lo hago claro para la gente que tiene conocimiento.

La guía proviene solo de Dios

106. Sigue lo que te ha sido revelado por tu Señor, no hay más divinidad que Él, y apártate de los idólatras que dedican actos de adoración a otros además de Dios. **107.** Si Dios hubie-

---

6 Ver capítulo 72.

7 No soy responsable de sus elecciones y acciones, solo se me ha encomendado transmitirles el Mensaje.

ra querido no Le hubieran asociado nada. Pero no eres responsable de sus actos ni eres su protector.

Dios es el Juez

108. Pero no insulten a quienes son invocados en lugar de Dios[8], porque insultarán a Dios con hostilidad sin tener real conocimiento [acerca de lo que dicen], pues he hecho que a cada pueblo le parezcan buenas sus obras, pero finalmente todos comparecerán ante su Señor, Quien les informará lo que hacían.

Signos sin sentido

109. [Los que se niegan a creer] juran seriamente por Dios que si se cumpliera uno de los milagros [que solicitaron] creerían. Diles: "Solo Dios dispone de los milagros". ¿Y qué les hará entender, que aun cuando se cumpliera [el milagro que pedían] no creerían? **110.** Desviaré sus corazones y sus ojos [de la verdad], ya que se negaron a creer desde la primera vez. Los dejaré vagar ciegos en su extravío. **111.** Aunque les hubiera enviado ángeles o hecho que los muertos les hablaran, o hubiera reunido ante ellos a todas las naciones, no habrían creído a menos que Dios lo hubiera querido. Sin embargo, la mayoría de ellos lo ignora.

El engaño

112. Todos los Profetas tuvieron enemigos que eran demonios de entre los seres humanos y los *yinn*, que se susurraban mutuamente palabras adornadas con seducción. Pero si tu Señor hubiera querido no lo habrían hecho. Apártate de ellos y sus mentiras. **113.** Para que los corazones de quienes no creen en la otra vida se inclinen hacia esos engaños, para que se complazcan de eso y así obtengan su merecido.

El libro perfecto

114. ¿Acaso debo buscar otro juez en lugar de Dios, siendo que Él es Quien ha revelado el Libro donde se detallan todas las cosas? Aquellos a quienes les concedí el Libro anteriormente saben que el Corán ha sido revelado por tu Señor con la Verdad. No seas de los indecisos. **115.** La Palabra de tu Señor es de una veracidad y justicia absolutas. Nadie puede alterar la Palabra de Dios, Él todo lo oye, todo lo sabe.

La mayoría está desviada

116. Si obedecieras a la mayoría [de las personas] en la Tierra, te extraviarían del sendero de Dios, porque siguen solo conjeturas y no hacen más que especular. **117.** Tu Señor bien sabe quién se extravía de Su camino y quiénes siguen la guía.

Carne lícita e ilícita

118. Coman de aquello sobre lo que se ha mencionado el nombre de Dios, si creen en Su mensaje. **119.** ¿Por qué no habrían de comer de aquello sobre lo que se ha mencionado el nombre de Dios, siendo que Él ya les ha detallado lo que les es prohibido [comer], salvo en caso de extrema necesidad? Muchos se extravían al

---

8 Las falsas divinidades que adoran los idólatras.

seguir sus pasiones por ignorancia, pero Dios conoce mejor que nadie a los transgresores. **120.** Eviten el pecado, tanto en público como en privado. Quienes cometan pecados serán retribuidos por lo que hicieron. **121.** No coman sobre lo que no se ha mencionado el nombre de Dios, pues hacerlo es un pecado. Los demonios inspiran a sus aliados para que discutan con ustedes, pero si los siguen se contarán entre quienes les atribuyen divinidad a otros junto a Dios.

Metáfora para los creyentes y los incrédulos

122. ¿Acaso quien estaba muerto [de corazón] y le di vida [guiándolo], y le proporcioné una luz con la cual transita entre la gente, es igual a aquel que se encuentra entre tinieblas y no puede salir de ellas? Por eso es que a los que se niegan a creer les parece bueno lo que hacen. **123.** De igual manera, dispuse en cada ciudad que los peores criminales maquinaran intrigas [contra su propia gente]. Pero sin darse cuenta, lo único que logran con sus intrigas es causarse daño a sí mismos.

Desear la Profecía

124. Cuando se les presenta un milagro dicen: "No creeremos hasta que se nos conceda lo mismo que les ha sido concedido a los Mensajeros de Dios". Pero Dios sabe bien a quién confiar Su Mensaje. Los criminales serán humillados ante Dios y castigados severamente a causa de sus intrigas.

Corazones abiertos y cerrados

125. A quien Dios quiere guiar le abre el corazón para que acepte el Islam. En cambio, a quien Él quiere extraviar le oprime fuertemente el pecho como si subiera a un lugar muy elevado[9]. Así es como Dios humilla a quienes se niegan a creer. **126.** Este es el sendero recto de tu Señor. He hecho claro el mensaje para quienes reflexionan. **127.** Ellos tendrán una morada de paz junto a su Señor, Quien es su Protector, como recompensa por sus obras.

Los seres humanos y los yinn en el Día del Juicio

128. El día que los congregue a todos y les diga: "¡Oh, comunidad del *yinn*! Han extraviado a muchos seres humanos", y sus aliados de entre los seres humanos exclamen: "¡Señor nuestro! Nos hemos beneficiado unos de otros y se ha cumplido el plazo que fijaste [para nuestra muerte]". Les dirá: "El Fuego será su morada por toda la eternidad, salvo que Dios disponga otra cosa". Tu Se-

---

9 Este versículo hace una clara referencia a dos hechos recientemente descubiertos por la ciencia moderna: el primero es la opresión del pecho debida a la carencia de oxígeno y la disminución de presión atmosférica cuando el ser humano asciende y atraviesa las capas de la atmósfera. La segunda es el estado crítico de ahogamiento que precede a la muerte; esto ocurre cuando se sobrepasa los 9.000 metros por encima del nivel del mar, a causa de la disminución drástica de presión y la carencia extrema de oxígeno. Por otra parte, el término árabe *yassa'du* يَصَّعَّدُ que significa "subir con dificultad", no es más que una descripción precisa del dolor y el sufrimiento producidos por este hecho.

ñor es Sabio, todo lo sabe. **129.** Y así es como hago que los injustos sean unos aliados de otros.

La confesión de los seres humanos y los yinn malvados

130. [Y se les preguntará:] "¡Oh, comunidad del *yinn* y de seres humanos! ¿Acaso no se les presentaron Mensajeros para transmitirles Mi mensaje y advertirles de este día?" Responderán: "Sí, y atestiguamos en contra nuestra". Los sedujo la vida mundanal y atestiguarán en su propia contra que se negaron a creer. **131.** Esto es porque tu Señor jamás destruiría un pueblo que haya obrado injustamente sin antes haberles advertido.

El bien y el mal

132. Cada uno será retribuido conforme a lo que hizo, tu Señor no está desatento a lo que hacen.

Dios no necesita de Su creación

133. Tu Señor es Opulento y Misericordioso. Si quisiera, los exterminaría y los remplazaría, del mismo modo que los hizo surgir a ustedes como descendencia de otro pueblo. **134.** Lo que se les ha prometido ocurrirá [con toda certeza], y no podrán escapar de ello.

Advertencia a los paganos de La Meca

135. Diles: "¡Oh, pueblo mío! Obren como les plazca, que yo también obraré [pero acorde a lo que Dios ordena]. Pronto sabrán quién recibirá el mejor destino. Dios no concede el éxito a los opresores.

Ofrenda injusta

136. Y destinaron para Dios una parte de la cosecha y del ganado, que Él mismo ha creado [y otra parte para sus ídolos], y decían: "Esto es para Dios y esto para nuestros ídolos". Pero lo que ellos destinaban para sus ídolos no los acercaba a la complacencia de Dios, y lo que habían destinado para Dios, sí los acercaba más a sus ídolos. ¡Con qué mal criterio juzgaban!

La autodestrucción

137. Así es como a muchos de los idólatras, sus falsas divinidades les hicieron creer que era bueno que mataran a sus propios hijos, para así llevarlos a la perdición y confundirles su religión. Pero si Dios hubiera querido no lo habrían hecho; aléjate de ellos y de sus mentiras.

Los ganados y los cultivos consagrados a los ídolos

138. Y decían, inventando: "Este ganado y esta cosecha están consagrados [a los ídolos] y nadie, excepto quien nosotros queramos, puede comer de ello; y este otro ganado está consagrado y no puede usarse para la carga". Y también había otros ganados sobre los que no mencionaban el nombre de Dios [sino el de sus ídolos], pero todo era una mentira que atribuían a Dios. Pronto Él los castigará por las mentiras que inventaron. **139.** Y decían: "La cría que se encuentra en el vientre de estos ganados es exclusivamente para nuestros varones y está vedada para nuestras esposas. Pero si una de sus crías nace muerta, entonces ambos [hombres y mujeres] pueden comer de ella". Dios los castigará por sus mentiras, Él es Sabio, lo sabe todo.

Perdidos en la ignorancia

140. Están perdidos quienes maten a sus hijos por necedad e ignorancia, y prohíban lo que Dios les ha proveído como sustento, atribuyendo [esas prohibiciones] a Dios. Se han extraviado y no encuentran la guía.

Las recompensas de Dios

141. Él es Quien ha creado huertos, unos cultivados y otros silvestres, [y ha creado también] las palmeras, las plantas de diferentes frutos, los olivos y los granados, [todos de aspecto] similar pero distintos. Coman de sus frutos cuando maduren, pero el día de la cosecha den la parte que corresponde [a los pobres][10] y no derrochen, porque Dios no ama a los derrochadores.

Cuatro pares de ganado, machos y hembras

142. De los ganados [Dios creó] algunos para la carga y otros para su consumo. Coman de lo que Dios les ha proveído y no sigan los pasos del demonio, porque él es su enemigo declarado. **143.** [Ellos alegan falsamente que] ocho reses en parejas [están prohibidas]: del ovino dos[11] y del cabrío dos[12]. Pregúntales entonces: "¿Qué les ha prohibido [Dios], los dos machos, las dos hembras, o lo que se encuentra en el vientre de las dos hembras? Fundamenten lo que afirman, si es que son sinceros". **144.** Y de los camélidos dos[13] y del bovino dos[14]. Pregúntales: "¿Qué les ha prohibido [Dios], los dos machos, las dos hembras, o lo que se encuentra en el vientre de las dos hembras? ¿Acaso estuvieron presentes cuando Dios les prescribió eso?" No hay nadie más injusto que aquel que inventa mentiras acerca de Dios sin fundamentos, para desviar a la gente. Dios no guía a los opresores.

La carne prohibida para los musulmanes

145. Di: "No encuentro en lo que me ha sido revelado otra cosa que se prohíba comer excepto la carne del animal muerto por causa natural, la sangre derramada, la carne de cerdo porque es una inmundicia, y lo que haya sido ofrendado invocando otro nombre que no sea el de Dios, porque es un pecado. Pero quien [en caso de extrema necesidad] se vea forzado [a ingerir algo de lo vedado] sin intención de pecar o excederse, debe saber que tu Señor es Absolvedor, Misericordioso".

---

10 El zakat de las cosechas se paga en especie, y como se evidencia en este caso, no es entregado a una institución que alegue ser representante de Dios sobre la Tierra, ni se entrega a unas autoridades religiosas, sino que se entrega directamente a los pobres y necesitados.

11 Oveja y carnero.

12 Cabra y macho cabrío.

13 Camella y camello.

14 Vaca y toro.

La carne prohibida para los judíos

146. A los que practican el judaísmo les prohibí los animales de pezuñas partidas, y la grasa de ganado bovino y ovino, excepto la que tengan en los lomos, en las entrañas o adheridas a los huesos. Así los retribuí por su maldad. Esto es en castigo a su rebeldía, y soy fiel a Mi promesa. **147.** Y si te desmienten diles: "Su Señor es inmensamente Misericordioso, pero Su castigo caerá con toda certeza sobre los que se hunden en el pecado".

El libre albedrío

148. Quienes Le asociaron divinidades a Dios dirán: "Si Dios hubiera querido no Le habríamos asociado nada y no habríamos vedado nada, ni nosotros ni nuestros padres". Así es como desmintieron quienes los precedieron, hasta que sufrieron Mi castigo. Pregúntales: "¿Acaso tienen algún conocimiento que puedan presentar?" Solo siguen conjeturas, y no hacen más que especular. **149.** Di: "Dios posee la Verdad absoluta, y si hubiera querido los habría guiado a todos". **150.** Di: "Traigan a sus testigos, que atestiguan que Dios les ha prohibido [esas cosas]". Si atestiguan, no testifiques tú con ellos ni sigas las pasiones de quienes desmintieron Mi mensaje, no creen en la otra vida y asocian divinidades a su Señor.

Los mandamientos de Dios

151. Diles: "Vengan, que les informaré lo que su Señor les ha prohibido: No deben asociarle nada, deben hacer el bien a sus padres, no matarán a sus hijos por temor a la pobreza, Yo me encargo de su sustento y el de ellos, no deben acercarse al pecado, ni en público ni en privado, y no matarán a nadie que Dios prohibió matar, salvo que sea con justo derecho. Esto es lo que les ha ordenado para que usen el razonamiento. **152.** No toquen los bienes del huérfano, a menos que sea para acrecentarlos, hasta que alcance la madurez. Deben medir y pesar con equidad. No impongo a nadie una carga mayor de la que puede soportar. Cuando hablen deben hablar con justicia, aunque sea en contra de un pariente. Deben cumplir sus compromisos con Dios. Esto es lo que les ha ordenado para que Lo recuerden. **153.** Este es mi sendero recto, síganlo. Pero no sigan otros caminos, porque si lo hacen, estos los dividirán y los desviarán de Su camino. Esto es lo que les ha ordenado para que tengan temor de Él".

La Torá

154. También le he revelado el Libro a Moisés para completar Mi gracia sobre los que obran correctamente, y para que sirva de aclaración de todas las cosas, sea guía y misericordia, y para que creyeran en el encuentro con su Señor.

El Corán

155. Este es un Libro bendito que he revelado para que lo sigan[15], y tengan conciencia [de Dios], quizás

15 El Sagrado Corán.

así se les tenga misericordia. **156.** Y para que no digan: "Solo dos comunidades en la antigüedad recibieron la revelación, pero ignorábamos sus enseñanzas". **157.** O digan: "Si hubiéramos recibido la revelación, habríamos seguido la guía mejor que ellos". Pero ya les llegó de su Señor la evidencia [el Corán], como guía y misericordia. ¿Acaso hay alguien más injusto que quien desmiente los mensajes de Dios y se aparta de ellos? Retribuiré a quienes se apartan de Mi mensaje con el castigo más severo.

¿Esperando el fin de los tiempos?

158. ¿Acaso esperan que se presenten ante ellos los ángeles o su Señor mismo, o se presente un signo[16] de su Señor? El día que vean el signo de tu Señor, a ningún alma le servirá creer o arrepentirse si no lo ha hecho anteriormente. Diles: "Sigan esperando, que nosotros también lo hacemos".

No responsable

159. Tú no eres responsable de quienes dividieron su religión y formaron sectas. Dios se hará cargo de ellos, y Él les hará saber lo que hicieron.

La recompensa por las obras buenas y malas

160. Quienes realicen una buena obra serán recompensados como si hubieran hecho diez obras buenas. En cambio, la mala obra será computada como una sola, y nadie será tratado injustamente.

Forma de vida

161. Diles: "Mi Señor me ha guiado por el camino recto, que es el de la verdadera adoración y el de la religión monoteísta de Abraham, quien no era de los que asociaban divinidades a Dios". **162.** Diles: "Mi oración, mi ofrenda, mi vida y mi muerte pertenecen a Dios, Señor del universo, **163.** Quien no tiene iguales. Esto es lo que se me ha ordenado creer, y soy el primero en someterse a Dios".

Justicia divina

164. Diles: "¿Acaso debería adorar a otro que no fuera Dios, cuando es Él el Creador de todo? Quien cometa un pecado lo hace en detrimento propio, y nadie cargará con los pecados ajenos. Finalmente volverán a su Señor, Quien les informará acerca de lo que solían discrepar.

La prueba de la vida

165. Él es Quien los ha hecho responsables de la Tierra, y ha agraciado a unos más que a otros para probarlos con ello. Tu Señor es rápido en castigar, pero también es Absolvedor, Misericordioso".

16 Un signo del fin del mundo.

7. Los Lugares Elevados

(Al-A'râf)

Este capítulo toma su nombre de los lugares elevados mencionados en el versículo 46. Al igual que muchos otros capítulos revelados en La Meca, cuenta las historias de los profetas anteriores que fueron negados por sus propios pueblos, y cómo quienes los negaron fueron finalmente destruidos. Como se mencionó en el capítulo anterior (6:10-11), estas historias están destinadas a tranquilizar al Profeta (ﷺ) y advertir a su pueblo sobre el posible castigo de Dios. Se detallan las historias de la arrogancia de Satanás y de la tentación y caída de Adán, junto con lecciones para que los creyentes tengan cuidado de los susurros de Satanás. Los detalles que aquí se dan sobre el Paraíso y el Infierno (versículos 36-53) no tienen comparación en ningún capítulo previo. Se enfatiza aún más la impotencia de los ídolos. En este capítulo y en la siguiente se subraya la obediencia completa a Dios y a Sus Profetas.

En el nombre de Dios,
el Compasivo, el Misericordioso

Consejo para el Profeta

1. Álif. Lam. Mim. Sad. **2.** Éste es el Libro[1] que te ha sido revelado, no tengas duda en tu corazón sobre ello, para que adviertas con él y como recuerdo para los creyentes.

Consejo para la humanidad

3. [Oh, creyentes] Sigan lo que les ha sido revelado por su Señor, y no sigan fuera de Él a ningún aliado-protector. ¡Qué poco reflexionan! **4.** Cuántas ciudades he destruido [en el pasado]. Mi castigo los azotó sorpresivamente mientras dormían por la noche o durante la siesta. **5.** Cuando los alcanzó Mi castigo dijeron: "Éramos de los que cometían injusticias".

Respuesta a los mensajeros

6. He de preguntar a los Mensajeros y a los pueblos donde fueron enviados, **7.** y les informaré acerca de todos sus actos con conocimiento, pues nunca estuve ausente.

El pesaje de las obras en el Día del Juicio

8. Ese día[2] se pesarán las obras con la verdad. Aquellos cuyas [buenas] obras pesen más [en la balanza] serán los bienaventurados. **9.** Pero aquellos cuyas [buenas] obras sean las livianas serán los perdedores, porque fueron injustos con Mis signos.

La arrogancia de Satanás

10. Les he concedido poder en la Tierra y he dispuesto los medios para que vivan en ella. Pero, ¡qué poco agradecen! **11.** Creé [al ser humano]

---

1 El Corán.

2 El Día del Juicio Final.

y le di forma [armoniosa]. Luego dije a los ángeles: "¡Hagan una reverencia ante Adán!" Todos se prosternaron excepto el demonio, que se negó a obedecer. **12.** [Dios] le preguntó: "¿Qué te impidió prosternarte cuando te lo ordené?" Respondió: "Yo soy superior a él, pues a mí me creaste de fuego, mientras que a él lo creaste del barro"[3]. **13.** Dijo [Dios]: "¡Sal de aquí![4] En este lugar no se permite la soberbia. ¡Vete, pues [a partir de ahora] serás de los humillados!" **14.** Dijo [el Demonio]: "Permíteme vivir hasta el Día de la Resurrección". **15.** Dijo [Dios]: "Serás de los que esperen [con vida hasta ese día]". **16.** Dijo [el Demonio]: "Por haberme descarriado los acecharé[5] para apartarlos de Tu sendero recto. **17.** Los abordaré por delante, por detrás, por la derecha y por la izquierda[6]; encontrarás que la mayoría de ellos no serán agradecidos". **18.** Dijo [Dios]: "¡Sal de aquí degradado y despreciado! Llenaré el Infierno con todos aquellos que te sigan.

Adán y Eva: Tentación y caída

19. ¡Oh, Adán! Habita el Paraíso con tu esposa. Coman cuanto deseen de lo que hay en él, pero no se acerquen a este árbol, pues de hacerlo se contarían entre los injustos". **20.** Pero el demonio les susurró con el fin de que [desobedecieran a Dios y así] se les hiciera evidente lo que antes estaba oculto [de su desnudez] para ellos, diciéndoles: "Su Señor les prohibió acercarse a este árbol para que no se conviertan en ángeles o en seres inmortales[7]". **21.** Y les juró: "Yo solo soy un consejero [sincero]". **22.** Los sedujo con engaños. Cuando ambos comieron del árbol se les hizo manifiesta su desnudez y comenzaron a cubrirse con hojas del Jardín, entonces su Señor los llamó: "¿No les había prohibido comer de este árbol? ¿No les había advertido que el demonio era su enemigo declarado?" **23.** Ellos dijeron [arrepentidos]: "¡Señor nuestro! Hemos sido injustos con nosotros mismos; si no nos perdonas y nos tienes misericordia, seremos de los perdidos". **24.** Dijo [Dios]:

---

3 El demonio fue el primer ser en discriminar a otro por su origen, aduciendo que su propio origen era superior. En consecuencia, se puede afirmar que cualquier persona que discrimine a otra por el origen con el cual Dios lo creó, como género, color de su piel, nacionalidad, etc., está en realidad siguiendo el ejemplo del demonio.

4 Es decir, del lugar honorable que Dios le había concedido en el Paraíso.

5 A los seres humanos.

6 *Al Bagawi* menciona en su exégesis que Ibn 'Abbas interpretó este versículo de la siguiente manera: "Por delante, es decir, los haré dudar sobre la vida del más allá; por detrás, es decir, los tentaré con asuntos de este mundo; por la derecha, es decir, los haré dudar sobre su religión; y por la izquierda, es decir, les embelleceré los pecados".

7 Dijo *Ibn Al Qaiim*: "El demonio examinó a los padres de la humanidad (Adán y Eva) y encontró en ellos la inclinación a permanecer eternamente en el Paraíso. Supo inmediatamente que esa sería la única puerta para seducirlos".

"¡Desciendan [del Paraíso]! Serán enemigos unos de otros. En la Tierra tendrán morada y deleite por un tiempo". **25.** Dijo [Dios]: "En ella vivirán y morirán, y de ella serán resucitados".

Las mejores ropas

26. ¡Oh, hijos de Adán! Los he provisto con vestimentas para que cubran sus vergüenzas y para que se vistan con elegancia. Pero vestirse con la piedad es la mejor [vestimenta]. Eso es un signo de Dios para que puedan recapacitar.

Advertencia contra Satanás

27. ¡Oh, hijos de Adán! Que no los seduzca el demonio como lo hizo con sus padres [Adán y Eva] haciendo que salieran del Paraíso y fueran despojados de lo que los cubría. El demonio y sus secuaces los acechan desde donde no los ven. Hice que los demonios fueran aliados de los que se niegan a creer, **28.** que cuando cometen una obscenidad se excusan diciendo: "Nuestros padres lo hacían y Dios así nos lo ordenó". Diles: "Dios no ordena la inmoralidad. ¿Afirman sobre Dios algo que en realidad ignoran?" **29.** Diles: "Mi Señor solo ordena la justicia, que se mantengan en adoración en las mezquitas, y que Lo invoquen solo a Él practicando sinceramente Su religión". Así como los creó [por primera vez] los hará volver [a la vida]. **30.** Un grupo siguió la guía, pero otro grupo se confirmó en su extravío, porque tomaron a los demonios como aliados-protectores en vez de Dios, mientras creían estar en la guía [correcta].

Lo lícito y lo prohibido

31. ¡Oh, hijos de Adán! Vistan con elegancia cuando acudan a las mezquitas[8]. Coman y beban con mesura, porque Dios no ama a los derrochadores.

32. Diles: "¿Quién les ha prohibido vestir con las prendas elegantes que Dios les ha concedido a Sus siervos y beneficiarse de todo lo bueno que Dios les ha proveído?" Diles: "Pero de todo eso, el Día de la Resurrección, se beneficiarán exclusivamente quienes hayan sido creyentes durante la vida mundanal". Así es como aclaro Mis signos para un pueblo que comprende. **33.** Diles: "Lo que realmente ha prohibido mi Señor son las obscenidades, tanto en público como en privado, la maldad, la opresión sin causa, que Le asocien en la adoración y que afirmen acerca de Él lo que ignoran". **34.** Cada nación tiene un plazo determinado, y cuando éste se cumpla no podrán retrasarlo ni adelantarlo, ni por un instante.

Recibir la verdad

35. ¡Oh, hijos de Adán! Cuando se les presenten Mensajeros que les

---

8 En este versículo, Dios nos ordena vestir con elegancia. El término que se utiliza es general (*zinatakum* زِينَتَكُم), no indica una vestimenta en particular, ni túnica ni capa ni pantalón ni camisa. Este texto Coránico nos indica que la vestimenta que usemos debe ser considerada elegante y apropiada por la sociedad del lugar donde vivamos, por la identidad de esa sociedad. Ese concepto se llama, en la terminología islámica, *"costumbre"* (*'urf* عُرْف).

transmitan Mis signos, tengan temor [de Dios] y rectifiquen [sus obras], no habrán de sentir temor ni tristeza [el Día del Juicio Final]. **36.** Pero quienes desmientan Mis signos y tengan una actitud soberbia, esos serán la gente del Fuego, donde morarán por toda la eternidad.

Los líderes malvados y sus seguidores

37. ¿Acaso hay alguien más injusto que quien inventa mentiras acerca de Dios o desmiente Sus signos? A ellos los alcanzará lo que estaba escrito [en la predestinación]. Cuando se les presenten Mis [ángeles] Enviados para tomar sus almas les dirán: "¿Dónde están aquellos [ídolos] que invocaban en vez de Dios?" Ellos responderán: "Nos han abandonado", y atestiguarán contra sí mismos haber sido incrédulos. **38.** Les dirá [Dios]: "Entren al Infierno junto a las comunidades de seres humanos y *yinn* que los precedieron". Cada vez que entre una comunidad, maldecirá a su hermana[9]; y cuando todos hayan ingresado, dirán los últimos sobre los primeros[10]: "¡Señor nuestro! Ellos son quienes nos desviaron, duplícales el castigo del Fuego". Pero dirá [Dios]: "A todos les será duplicado, aunque no lo sepan". **39.** Los primeros dirán a los últimos: "Ustedes no son mejores que nosotros[11]", [pero Dios dirá a ambos grupos]: "Sufran todos el castigo que merecen [por sus obras]".

El castigo de los incrédulos

40. A quienes hayan desmentido Mis signos con soberbia no se les abrirán las puertas del cielo, ni entrarán en el Paraíso hasta que un camello[12] pase por el ojo de una aguja. Así castigo a los pecadores. **41.**Ellos tendrán allí lechos envolventes de fuego. Así es como castigo a los que cometen injusticias.

La recompensa de los creyentes

42. Pero quienes hayan creído y realizado obras de bien, y a nadie le exijo una carga mayor a la que puede soportar, serán la gente del Paraíso donde morarán por toda la eternidad. **43.** Purificaré sus corazones del rencor que hubiera entre ellos. Vivirán donde corren ríos y dirán [en agradecimiento]: "¡Alabado sea Dios, Quien nos guió!, y no hubiéramos podido encaminarnos de no haber sido por Él. La promesa con la que vinieron los Mensajeros de nuestro Señor era verdad". Se les dirá: "Éste es el Paraíso que han heredado

---

9 La generación anterior, de quien tomó sus creencias y valores.

10 Los términos "primera" y "última" aluden bien a una secuencia en el tiempo ("los primeros en entrar" y "los que llegaron después") o bien a la categoría ("líderes" y "seguidores"). En ambos casos están relacionados, como indica la frase siguiente, con la influencia perversa que los primeros ejercieron sobre las vidas de estos últimos, o que los líderes políticos o ideológicos ejercieron sobre sus pueblos.

11 Porque siguieron ciegamente ideologías y costumbres, sin preguntarse sobre su validez y lógica.

12 En idioma árabe la palabra *yamal* جمل puede significar camello, como se ha traducido aquí, pero también puede significar una soga gruesa como las que se usan para los barcos, siendo que ambos significados aluden a la imposibilidad.

[en recompensa] por lo que solían obrar".

La promesa del Señor

44. La gente del Paraíso dirá a la gente del Fuego: "Hemos encontrado lo que nuestro Señor nos había prometido. ¿Acaso no están ustedes padeciendo el castigo que su Señor les había advertido?" Responderán: "¡Sí!" Entonces se oirá a un pregonero decir: "¡Qué la maldición de Dios pese sobre los opresores!", **45.** los que apartan [a la gente] del sendero de Dios, tratando de complicarlo, y desmienten el Día del Juicio.

Las personas en las alturas

46. Entre ambos [grupos] habrá una separación, y en los lugares elevados habrá personas[13] que serán reconocidas por su aspecto [por la gente del Paraíso y la gente del Infierno], y llamarán a la gente del Paraíso saludándolos: "¡La paz sea con ustedes!" Ellos no han ingresado en él, pero están ansiosos por hacerlo. **47.** Cuando dirijan sus miradas hacia los habitantes del Fuego dirán: "¡Señor nuestro! No nos juntes con la gente que cometió injusticias". **48.** La gente de los lugares elevados llamará a unas personas [habitantes del Fuego] que serán reconocidas por su aspecto, diciéndoles: "De nada les valieron sus riquezas ni su soberbia. **49.** Observen a quienes ustedes juraban que la misericordia de Dios no los alcanzaría, y [contrario a lo que creían] se les dijo: 'Ingresen al Paraíso, donde no tendrán nada que temer ni sentirán tristezas'".

Los incrédulos rogándoles a los creyentes

50. La gente del Fuego implorará a la gente del Paraíso: "Dennos un poco de agua o algo [para comer] de lo que Dios les ha proveído". Responderán: "Dios ha vedado esas cosas a los que se negaron a creer". **51.** Aquellos que tomaron su religión como juego y diversión, y les sedujo la vida mundanal, hoy[14] los olvidaré así como ellos olvidaron que se encontrarían con este día, y por haber negado Mis signos.

Demasiado tarde

52. Les envié el Libro[15], en el que detallé todas las cosas con sabiduría, como guía y misericordia para la gente que cree. **53.** ¿Acaso esperan que suceda lo que se les ha advertido [en el Libro]? El día que llegue [la advertencia] dirán quienes lo ignoraron: "Reconocemos que los Mensajeros de nuestro Señor se presentaron con la Verdad. ¿Acaso habrá quién pueda interceder por nosotros [para salvarnos del castigo] o nos conceda otra oportunidad para volver a la vida mundanal y así poder obrar distinto a lo que hicimos antes?" Se perdieron a sí mismos y no podrán encontrar [a las divinidades] que inventaron.

---

13 *Ibn Kazir* interpreta que se trata de los creyentes cuyas buenas obras y malas obras se igualan, y por eso no han ingresado al Paraíso, sino que se encuentran en un lugar elevado entre el Paraíso y el Infierno.

14 El Día del Juicio Final.

15 El Sagrado Corán.

El Creador Todopoderoso

54. Su Señor es Dios, Quien creó los cielos y la Tierra en seis eras[16], y luego se estableció sobre el Trono. Hace que la noche y el día se sucedan. Creó el Sol, la Luna y las estrellas sometiéndolas a Su voluntad. ¿Acaso no Le pertenece la creación y Él es Quien dictamina las órdenes según Él quiere? ¡Bendito sea Dios, Señor del universo! **55.** Invoquen a su Señor con humildad en privado. Él no ama a los transgresores. **56.**No siembren corrupción en la Tierra después de que se haya establecido en ella el orden, e invóquenlo con temor y esperanza. La misericordia de Dios está cerca de los que hacen el bien.

La parábola de la Resurrección

57. Él es Quien envía los vientos que albrician la llegada de Su misericordia[17]. Cuando éstos reúnen a las nubes, las conduzco hacia una tierra azotada por la sequía donde hago descender la lluvia con la que hago brotar toda clase de frutos. De la misma manera haré resucitar a los muertos; ¡reflexionen!

La parábola de los creyentes y los incrédulos

58. En una buena tierra crece vegetación abundante por voluntad de su Señor, mientras que en un territorio desértico no brota sino poco. Así explico los signos a la gente agradecida[18].

El Profeta Noé

59. Envié a Noé a su pueblo[19]. Les dijo: "¡Oh, pueblo mío! Adoren solamente a Dios, pues no existe otra divinidad salvo Él. Temo que los azote un castigo terrible [si continúan en la idolatría].

La respuesta de su pueblo

60. Los nobles de su pueblo dijeron [con soberbia]: "Vemos que estás en un error evidente". **61.** Dijo [Noé]: "¡Oh, pueblo mío! No hay en mí extravío alguno, sino que soy un Mensajero del Señor del universo. **62.** Les transmito el Mensaje de mi Señor y les aconsejo para su bien, puesto que sé acerca de Dios lo que ustedes ignoran". **63.** ¿Se asombran de que les llegue el Mensaje de su Señor por intermedio de un hombre igual a ustedes, que les advierte para

---

16 La palara árabe *iaum* يَوْم implica eras o espacios de tiempo. El detalle de ese proceso de creación es mencionado en Corán 41:9-12.

17 Alusión a las lluvias.

18 *Abu Musa* relató que el Profeta, que la paz y las bendiciones de Dios sean con él, dijo: "La guía y la sabiduría que Dios envió conmigo es como una lluvia abundante que cae a la tierra. Parte de ésta tierra es fértil, absorbe el agua y produce vegetación y pastos en abundancia. Otra parte es dura y conserva el agua, conteniéndola para beneficio de la gente, que la usa para beber, para sus animales y para riego de los cultivos. Otra porción de la tierra alcanzada era tan estéril que no contuvo el agua ni produjo vegetación. (El primero) es el caso de la persona que comprende la religión de Dios y se beneficia de lo que Dios reveló a través de mí, lo aprende y lo enseña. Y la persona que no se interesa ni acepta la Guía de Dios que reveló a través de mí (es como la tierra estéril)". Registrado por *Al-Bujari*

19 La gente de Noé vivió en el sur de Irak, no muy lejos de donde se sitúa la ciudad de Kufa en la actualidad.

que tengan temor de Dios y quizás así alcancen la misericordia?

El destino de su pueblo

64. Pero lo desmintieron. Entonces lo salvé junto a quienes estaban con él en el arca, y ahogué a quienes habían desmentido Mis signos. Ellos fueron gente ciega.

El Profeta Hud

65. Al pueblo 'Ad le envié a su hermano Hud [como Profeta]. Les dijo: "¡Oh, pueblo mío! Adoren a Dios, pues no existe otra divinidad salvo Él. ¿Acaso no van a tener temor [de Dios]?"

La repuesta de su pueblo

66. Los nobles que no creyeron de su pueblo le dijeron: "Te vemos en una insensatez, y creemos que eres un mentiroso". **67.** Dijo [Hud]: "¡Oh, pueblo mío! No estoy en ninguna insensatez, solo soy un Mensajero enviado por el Señor del universo, **68.** que les transmito el Mensaje de mi Señor. Yo soy un consejero leal". **69.**¿Se asombran de que les haya llegado un Mensaje de su Señor a través de un hombre de los suyos para advertirles? Recuerden cuando Dios hizo que sucedieran al pueblo [destruido] de Noé, y les concedió mayor fortaleza física. Recuerden las gracias de Dios para que así tengan éxito. **70.** Dijeron: "¿Acaso has venido para que adoremos a Dios solamente y abandonemos lo que adoraban nuestros padres? Haz que se cumpla el castigo con que nos amenazas si es que dices la verdad". **71.** Dijo: "Los azotará un castigo terrible [por lo que dicen] y habrán caído en la ira de su Señor. ¿Me van a discutir por [ídolos de piedra] a los que han denominado divinidades ustedes y sus padres? Dios no les dio autoridad alguna [para ello], aguarden [el castigo], que yo aguardaré [el socorro de Dios]".

El destino de su pueblo

72. Lo salvé por Mi misericordia junto a los que creyeron, pero destruí a todos los que habían desmentido Mis signos porque se negaron a creer.

El Profeta Sálih

73. A Zamud[20] le envié a su hermano [el Profeta] Sálih. Les dijo: "¡Oh, pueblo mío! Adoren a Dios, pues no existe otra divinidad salvo Él. Ésta es la camella de Dios, es un milagro enviado por su Señor, déjenla comer en la tierra de Dios y no le causen ningún daño, porque si lo hacen los azotará un castigo doloroso. **74.** Recuerden que [Dios] los hizo sucesores después de 'Ad, y los estableció en su tierra. Ustedes construían palacios en sus llanuras y esculpían casas en las montañas. Recuerden las gracias de Dios, y no siembren maldad en la tierra como los corruptos".

La repuesta de su pueblo

75. Dijeron los nobles soberbios de su pueblo a los más débiles que habían creído: "¿Acaso piensan que Sálih es

20 Las moradas de la gente de Zamud se encuentran entre Al Hiyaz y Siria, en la parte sureste de Madián, que está situada al este del Golfo de Al ´Aqabah.

un Mensajero de su Señor?" Les respondieron: "Creemos en el Mensaje que nos transmite". **76.** Los soberbios dijeron: "Nosotros rechazamos lo que ustedes creen". **77.** Y mataron a la camella, desobedeciendo la orden de su Señor, y dijeron: "¡Oh, Sálih! Haz que se desencadene el castigo con el que nos adviertes, si realmente eres uno de los Mensajeros [de Dios]".

El destino de su pueblo

78. [Como consecuencia] los destruyó un temblor, y amanecieron en sus casas [muertos] caídos de bruces. **79.** [Sálih] se apartó de ellos diciendo: "¡Oh, pueblo mío! Les transmití el Mensaje de mi Señor y les aconsejé para su bien, pero ustedes no aprecian a quienes los aconsejan".

El Profeta Lot

80. [Envié a] Lot [a Sodoma y] le dijo a su pueblo: "¿Cometen una inmoralidad de la que no hay precedentes en la humanidad?[21] **81.** Satisfacen sus deseos manteniendo relaciones sexuales con hombres en vez de hacerlo con mujeres, son trasgresores".

La repuesta de su pueblo

82. Pero la respuesta de su pueblo no fue otra que: "Expúlsenlos de la ciudad, pues son gente que mantiene su pureza [negándose a actuar como nosotros]".

El destino de su pueblo

83. Lo salvé junto a su familia, excepto a su esposa, que se quedó atrás [y no salió de la ciudad]. **84.**Envié sobre ellos una lluvia[22]. Observa cómo es el final de los criminales.

El Profeta Jetró

85. A Madián le envié [como Profeta] a su hermano Jetró, quien les dijo: "¡Oh, pueblo mío! Adoren a Dios, pues no existe otra divinidad salvo Él. Les ha llegado un milagro de su Señor [que corrobora mi profecía]. Midan y pesen con equidad, no se apropien de los bienes del prójimo, y no siembren mal en la Tierra, corrompiéndola luego de haberse establecido la justicia. Esto es mejor para ustedes, si es que son creyentes. **86.** No embosquen en los caminos a los creyentes para intimidarlos y apartarlos del sendero de Dios con el fin de desviarlos. Recuerden que ustedes eran pocos y Él los multiplicó. Observen cuál fue el destino de los que sembraron la corrupción". **87.** [Jetró dijo:] "Entre ustedes hay quienes creen en el Mensaje con el que fui enviado y quienes no, tengan paciencia hasta que Dios juzgue entre ustedes; y sepan que Él es el mejor de los jueces".

La repuesta de su pueblo

88. Dijeron los nobles de su pueblo con soberbia: "Te expulsaremos de nuestra ciudad, a ti, ¡Oh, Jetró!, y también a los creyentes, a menos que vuelvan a nuestra religión". [Jetró] replicó: "¿Aunque sea en contra de nuestra voluntad? **89.** Estaríamos mintiendo acerca de Dios si volvié-

21 Ver Corán 29:28.

22 Una lluvia de piedras calientes.

ramos a su religión después de que Dios nos ha salvado de ella, y no volveremos a ella salvo que fuera la voluntad de Dios, nuestro Señor. Su conocimiento lo abarca todo y a Dios nos encomendamos. ¡Señor nuestro! Juzga entre nosotros y nuestro pueblo, Tú eres el mejor de los jueces".

El destino de su pueblo

90. Los nobles de su pueblo que rechazaron la verdad dijeron: "Si siguen a Jetró serán de los perdedores". **91.** Entonces los sorprendió un temblor y amanecieron en sus casas [muertos], caídos de bruces. **92.** [Las casas de] quienes desmintieron a Jetró quedaron como si jamás hubieran sido habitadas. Quienes desmintieron a Jetró fueron [realmente] los perdedores. **93.** [Jetró] se alejó de ellos y dijo: "¡Oh, pueblo mío! Les transmití el Mensaje de mi Señor y los aconsejé para su bien. ¿Por qué iba a sentir pena por un pueblo que persistió en la incredulidad?"

Los pueblos destruidos

94. Cada vez que envié un Profeta a una ciudad [y lo desmintieron], los azoté con la miseria y los padecimientos para que se volvieran humildes. **95.** Luego les cambié sus dificultades por bienestar. Pero cuando prosperaron, dijeron: "Era común que nuestros padres atravesaran épocas de adversidad y prosperidad"; entonces los castigué sorpresivamente, sin que se dieran cuenta.

Aprender de la historia

96. Pero si la gente de esas ciudades[23] hubiera creído y tenido temor [de Dios], les habría abierto las bendiciones del cielo y de la Tierra. Pero desmintieron [a Mis Profetas] y los castigué por lo que habían cometido. **97.** ¿Acaso la gente de esas ciudades se sentían seguros de que Mi ira no podría alcanzarlos por la noche, mientras dormían? **98.** ¿O acaso la gente de esas ciudades se sentían seguros de que no podría llegarles Mi castigo por la mañana, cuando estuvieran distraídos? **99.** ¿Acaso se sentían a salvo del plan de Dios? Solo se sienten a salvo del plan de Dios los que están perdidos[24]. **100.** ¿Es que no se les ha evidenciado a quienes les sucedieron, que si quisiera los castigaría por sus pecados, sellando sus corazones para que no escucharan[25]?

---

23 A las que envié Mis Profetas y Mensajeros.

24 El versículo muestra que sentirse seguro contra el designio de Dios y perder la esperanza en la ayuda y el socorro de Dios, representan pecados muy graves que anulan la perfección del monoteísmo. Este concepto indica también que el siervo debe dirigirse a Dios entre la esperanza y el temor. Dios nos indica a través de este versículo que los habitantes de aquel pueblo desmintieron a los Profetas, impulsados por la sensación de sentirse seguros contra los designios de Dios y por la inexistencia del temor reverencial. Dijo Al Hasan Al Basri: "A quien Dios atesta de opulencia, y no percibe que ello es una prueba, es una persona sin discernimiento". Dijo el Profeta, que la paz y las bendiciones de Dios sean con él: "Si ven que el siervo continúa recibiendo gracias y bondades a pesar de sus continuas desobediencias, no lo duden, está siendo llevado gradualmente a la ruina". [Ibn Yarir 7/115]

25 Las advertencias de su Profeta.

Los corazones sellados

101. [¡Oh, Mujámmad!] Te he relatado acerca de la gente de aquellas ciudades a las que se les presentaron sus Profetas con milagros y no les creyeron, al igual que no creían antes. Así es como Dios sella los corazones de los que rechazan la verdad. **102.** La mayoría de ellos no cumplían sus compromisos y eran perversos.

El Profeta Moisés

103. Envié, después de ellos, a Moisés con Mis milagros al Faraón y su nobleza, pero los negaron injustamente. Observa cuál fue el final de los corruptos. **104.** Dijo Moisés: "¡Oh, Faraón! Soy un Mensajero del Señor del universo. **105.** Es un deber para mí transmitirte la verdad acerca de Dios. Te traigo milagros evidentes de tu Señor. Deja ir conmigo a los Hijos de Israel". **106.** Dijo [el Faraón]: "Si has traído un milagro, muéstramelo si eres sincero". **107.** Entonces arrojó su vara, y esta se convirtió en una serpiente real. **108.** Luego introdujo su mano por el cuello de su túnica y, al retirarla ante todos los presentes, estaba blanca y resplandeciente.

Moisés vs. los hechiceros del Faraón

109. Dijo la nobleza del pueblo del Faraón: "Él es un hechicero experto. **110.** [En realidad lo que] quiere es expulsarlos de su tierra[26]". [Les preguntó el Faraón:] "¿Cuál es su consejo?" **111.** Dijeron [los nobles]: "Retenlos a él y a su hermano, y envía reclutadores a las ciudades **112.** para que te traigan a todo hechicero experto". **113.** Los hechiceros se presentaron ante el Faraón y dijeron: "Exigimos una recompensa si somos los vencedores". **114.** Dijo el Faraón: "¡Sí! Se los recompensará y serán de mis allegados". **115.** Dijeron [los hechiceros]: "¡Oh, Moisés! Arroja tú o lo hacemos nosotros". **116.** Dijo: "¡Arrojen ustedes!" Cuando los hechiceros arrojaron [sus varas], hechizaron los ojos de la gente y los aterrorizaron. Su hechizo era poderoso. **117.** Pero le revelé a Moisés: "Arroja tu vara", y [al transformarse en serpiente] se tragó [la ilusión que los hechiceros] habían hecho. **118.** Entonces quedó en evidencia la verdad y la falsedad de lo que [los hechiceros] habían hecho.

Los hechiceros se hacen creyentes

119. Y fueron vencidos [los hechiceros] quedando humillados. **120.** Pero los hechiceros se prosternaron. **121.** Dijeron: "Creemos en el Señor del universo, **122.** el Señor de Moisés y de Aarón". **123.** Dijo el Faraón: "¿Acaso van a creer en él sin que yo se los haya autorizado? Esto se trata de una conspiración para expulsar [de Egipto] a sus habitantes, pero ya verán. **124.** Haré que les amputen una mano y el pie del lado opuesto, luego los haré clavar sobre un madero". **125.** Dijeron [los hechiceros]: "A nuestro Señor hemos de retornar.

26 En la que gobiernan, Egipto.

126. Solo te vengas de nosotros porque hemos creído cuando llegaron los milagros de nuestro Señor. ¡Señor nuestro! Danos paciencia y haznos morir musulmanes, sometidos a Ti”.

El Faraón persigue a los israelitas

127. Pero la nobleza del pueblo del Faraón dijo: “¿Dejarás a Moisés y a su pueblo sembrar la corrupción en la Tierra, que te abandonen a ti y a tus dioses?” Dijo [el Faraón]: “Mataremos a sus hijos varones y dejaremos con vida a las mujeres, así los subyugaremos”.

Moisés tranquiliza a su pueblo

128. Moisés dijo a su pueblo: “Busquen la ayuda de Dios y sean pacientes [ante esta prueba]. La Tierra es de Dios, y la dará en herencia a quien quiera de Sus siervos. El buen fin es para los que tienen temor [de Dios]”. **129.** Dijeron [sus seguidores]: “Hemos sufrido antes de ti y también ahora que tú has venido”. Dijo [Moisés]: “Quiera Dios aniquilar a sus enemigos y hacer que ustedes los sucedan en la Tierra, que Él observará cómo obran ustedes”.

Egipto sufre las plagas

130. Entonces azoté a la gente del Faraón con años de sequía y escasez de frutos, para que reflexionaran. **131.** Pero cuando les llegó nuevamente una época de prosperidad dijeron: “Esto es lo que merecemos”. Cuando les acontecía un mal le echaban la culpa a Moisés y a sus seguidores [por considerarlos de mal agüero][27]; pero cuanto les ocurría era porque Dios así lo decretaba, aunque la mayoría de ellos lo ignoraba.

El pueblo del Faraón en negación

132. Dijeron: “Cualquiera que sea el milagro que nos presentes para hechizarnos con él, no creeremos en ti”. **133.** Envié entonces contra ellos [las plagas de] la inundación, las langostas, los piojos, las ranas y la sangre, como signos claros, pero se llenaron de soberbia y actuaron como criminales. **134.** Cuando les llegó el castigo, dijeron: “¡Oh, Moisés! Ruega por nosotros a tu Señor, puesto que ha realizado un pacto contigo. Si logras apartar este castigo creeremos en ti y dejaremos ir contigo a los Hijos de Israel”. **135.** Pero cuando aparté de ellos el castigo hasta el tiempo fijado, no cumplieron. **136.** Entonces los castigué con justicia e hice que se ahogaran en el mar, porque habían desmentido Mis signos y habían sido indiferentes [ante los milagros]. **137.** Le di a los Hijos de Israel, luego de que fueran humillados, las tierras que bendije al este y

---

27 El agüero es una práctica de adivinación basada principalmente en la interpretación de señales como el canto o el vuelo de las aves, fenómenos meteorológicos, etc. Esta propensión es causada por temor o ignorancia, atribuyendo un carácter sobrenatural u oculto a determinados acontecimientos. Por eso Dios advirtió que tales sucesos no tienen relación con el destino y la suerte de la persona, sino que es Él quien decide y destina todas las cosas. La creencia en los agüeros anula la perfección del monoteísmo.

al oeste [de Egipto], y se cumplió así la promesa de tu Señor con los Hijos de Israel porque fueron pacientes, pero destruí cuanto habían construido el Faraón y su pueblo.

Los israelitas exigen un ídolo

138. Hice que los Hijos de Israel cruzaran el mar, pero cuando llegaron a un pueblo que se prosternaba ante los ídolos dijeron: "¡Oh, Moisés! Queremos que nos hagas un ídolo similar a los que tienen ellos". Dijo [Moisés]: "Ustedes son gente ignorante. **139.** Ellos serán destruidos por lo que hacen, y sus obras serán en vano". **140.** Dijo: "¿Cómo podría admitir que ustedes adoren ídolos en vez de Dios, siendo que Él los distinguió entre sus contemporáneos? **141.** Recuerden cuando los salvó del Faraón y su ejército, que los castigaba con el peor de los castigos, matando a sus hijos varones y dejando con vida a las mujeres; esa fue una prueba dura de su Señor".

La cita de Moisés con Dios

142. Cité a Moisés durante treinta noches que completé con diez noches más. El encuentro con su Señor duró cuarenta noches. [Antes de partir hacia la cita,] Moisés dijo a su hermano Aarón: "Ocupa mi lugar ante mi pueblo y ordena el bien, y no sigas el sendero de los corruptos". **143.** Cuando Moisés acudió al encuentro y su Señor le habló, [Moisés] le pidió: "Muéstrate para que pueda verte". Dijo [Dios]: "No podrías verme. Pero observa la montaña, si permanece firme en su lugar [después de mostrarme a ella], entonces tú también podrás verme". Y cuando su Señor se mostró a la montaña, ésta se convirtió en polvo y Moisés cayó inconsciente. Cuando volvió en sí exclamó: "¡Glorificado seas! Me arrepiento y soy el primero en creer en Ti". **144.** Dijo [Dios]: "¡Oh, Moisés! Te he distinguido entre las personas con la profecía y por haberte hablado directamente. Aférrate a lo que te he revelado y sé de los agradecidos".

Las tablas de piedra

145. Escribí para él en las tablas instrucción y explicación de todas las cosas. "Aférrate a ellas y ordena a tu pueblo que siga todo lo bueno que hay en ellas[28]. Les mostraré [cómo quedaron] las casas de los desviados". **146.** Alejaré de Mis signos a quienes actúen con soberbia en la Tierra sin razón. Aunque vean todos los milagros no creerán. Si ven el sendero de la guía no lo seguirán y, por el contrario, cuando vean el sendero del desvío se extraviarán. Esto es por haber desmentido Mis signos y haber sido negligentes. **147.** Quienes desmientan Mis signos y no crean en el Día del Juicio sus obras habrán sido en vano. ¿Acaso no se les castigará sino por lo que ellos mismos hicieron?

28 Las tablas.

El becerro de oro

148. Cuando [Moisés] partió [hacia el encuentro con su Señor] su pueblo hizo, con las joyas que tenían, un becerro [de oro] que emitía un mugido. ¿Acaso no veían que éste [ídolo] no les podía hablar ni guiarlos? Aun así lo adoraron, cometiendo una injusticia. **149.** Pero cuando se arrepintieron y vieron que se habían desviado, exclamaron: "Si nuestro Señor no tiene misericordia de nosotros y nos perdona, seremos de los perdedores". **150.** Cuando Moisés volvió a su pueblo, [se sintió] enojado y afligido, y dijo: "¡Qué mal está lo que hicieron durante mi ausencia! ¿Acaso pretenden que se les precipite el castigo de su Señor?" Y arrojó las tablas, tomando a su hermano por la cabeza y acercándolo a él. Entonces [su hermano Aarón] le dijo: "¡Oh, hermano mío! Nuestro pueblo me menospreció y por poco me matan. No permitas que los enemigos se regocijen con esta situación y no me consideres de los que cometen injusticias".

Moisés suplica perdón

151. Dijo Moisés: "¡Señor mío! Perdónanos a mi hermano y a mí, y ten misericordia de nosotros. Tú eres el más Misericordioso". **152.** La ira de Dios azotará a aquellos que adoraron el becerro, y serán humillados en esta vida mundanal. Así es como castigo a quienes inventan mentiras. **153.** Quienes obren mal pero luego se arrepientan y crean, sepan que tu Señor, a pesar de lo que hicieron, es Absolvedor, Misericordioso. **154.** Cuando Moisés calmó su ira recogió las tablas. En ellas hay guía y misericordia para quienes tienen temor de su Señor.

Suplicar la misericordia de Dios

155. Moisés eligió entre su pueblo a setenta hombres para una cita conmigo, y cuando les azotó un violento temblor, [Moisés] exclamó: "¡Señor mío! Si hubieras querido los habrías aniquilado antes y a mí también. ¿Acaso nos aniquilarás por lo que han cometido los necios que hay entre nosotros? [El becerro] no es sino una prueba con la que extravías y guías a quien quieres. Tú eres nuestro protector, perdónanos y ten misericordia de nosotros. Tú eres el más Indulgente. **156.** Concédenos bienestar en esta vida y en la otra; nos hemos vuelto a Ti arrepentidos". Dijo [Dios]: "Azoto con Mi castigo a quien quiero, pero sepan que Mi misericordia lo abarca todo, y se la concederé a los piadosos que pagan el zakat y creen en Mis signos,

El Profeta Mujámmad en la Biblia

157. aquellos que sigan al Mensajero y Profeta iletrado [Mujámmad], quien se encuentra descrito en la Torá[29] y el Evangelio[30]; [el Profeta] que les ordena el bien y les prohíbe el mal, les permite todo lo beneficioso y solo les prohíbe lo perjudicial,

---

29 La Biblia, Deuteronomio 18:15.

30 La Biblia, Juan 14:16.

y les abroga los preceptos difíciles que pesaban sobre ellos [la Gente del Libro]. Y quienes crean en él, lo secunden, defiendan y sigan la luz que le ha sido revelada[31], serán los bienaventurados".

La universalidad del Islam

158. Di [¡Oh, Mujámmad!]: "¡Oh, gente! Soy el Mensajero de Dios para todos ustedes. A Él pertenece el reino de los cielos y de la Tierra, nada ni nadie merece ser adorado salvo Él, da la vida y la muerte". Crean en Dios y en Su Mensajero y Profeta iletrado que cree en Dios y en Sus palabras[32], síganlo, pues así estarán bien guiados.

Los israelitas puestos a prueba

159. En el pueblo de Moisés hay una comunidad que se rige por la verdad [revelada] y conforme a ella emiten sus juicios. **160.** Los dividí en doce tribus, como naciones; y le inspiré a Moisés cuando su pueblo le solicitó [agua para] beber [diciéndole]: "Golpea la roca con tu vara", y brotaron de ella doce manantiales y cada tribu supo cuál era su abrevadero, y los protegí con la sombra de una nube e hice descender para ellos el maná y las codornices [y les dije]: "Coman de lo bueno con que los he agraciado". Pero no fue contra Mí que cometieron una injusticia, sino que la cometieron contra ellos mismos. **161.** Y se les dijo: "Habiten esta ciudad[33] y coman cuanto quieran de lo que hay en ella, y digan: "¡Perdónanos!", pero entren sumisos por la puerta prosternados, que perdonaré sus pecados, y a los que hagan el bien les concederé aún más. **162.** Pero los injustos de ellos cambiaron la palabra que se les ordenó decir por otra diferente, y entonces envié sobre ellos un castigo del cielo por haber obrado injustamente.

Los que rompieron el Sabbat

163. Y pregúntales [¡Oh, Mujámmad!] por [los habitantes de] la ciudad que estaba a orillas del mar que transgredían el sábado, cuando los peces aparecían el sábado y los demás días no; así es como les puse una prueba por haber sido soberbios. **164.** Un grupo de gente justa de entre ellos preguntaron [a quienes exhortaban al bien]: "¿Por qué exhortan a un pueblo al que Dios aniquilará o castigará duramente?" Respondieron: "Para que nuestro Señor no nos castigue por no haber ordenado el bien, y para que quizás tengan temor [de Dios][34]". **165.** Pero cuando olvidaron lo que se les había prohibido, salvé a quienes se oponían al mal y azoté a los que cometían injusticias con un castigo terrible a causa de su perversión. **166.** Cuando transgredieron lo que se les había prohibido, les dije: "Conviértanse en monos despreciables".

---

31 El Sagrado Corán.

32 El Sagrado Corán.

33 Jerusalén.

34 Y dejen de pescar los días sábados.

Los israelitas puestos a prueba de nuevo

167. Tu Señor anunció que les enviaría a quienes les infligieran un castigo severo hasta el Día de la Resurrección. Tu Señor es rápido en aplicar el castigo, pero también es Absolvedor, Misericordioso. **168.** Por eso los dividí en comunidades y los dispersé por la Tierra. Entre ellos hay justos y otros que no lo son. Los probaré con tiempos de prosperidad y otros de adversidad para que recapaciten.

Sus sucesores

169. [A ellos] les sucedió una generación que heredó el Libro [la Torá], pero a pesar de eso prefirieron los bienes materiales de este mundo. [Cada vez que cometían un pecado] decían: "[Dios] nos perdonará". Pero cuando se les presentaba una nueva posibilidad volvían a pecar. ¿Acaso no se comprometieron a cumplir con la Torá y no decir acerca de Dios sino la verdad? Aun habiendo estudiado la Torá [desobedecieron], pero para los piadosos la otra vida es preferible. ¿Es que no reflexionan? **170.** Aquellos que se aferran al Libro y realizan la oración prescrita sepan que jamás dejaré de recompensar a los que hacen el bien.

El pacto con los israelitas

171. Recuerda cuando elevé la montaña por encima de ellos como si fuese una nube oscura y creyeron que se desplomaría, y [les dije:] "aférrense a lo que les he concedido [la Torá] y obren según sus preceptos, que así serán piadosos".

El pacto con la humanidad

172. Cuando tu Señor sacó de las espaldas de los hijos de Adán a su descendencia y los hizo dar testimonio [preguntándoles]: "¿Acaso no Soy Yo su Señor?" Respondieron: "Sí, atestiguamos que así es". Esto es para que el Día de la Resurrección no digan: "No sabíamos nada de esto". **173.** O digan: "Nuestros padres eran idólatras, y nosotros solo somos sus descendientes siguiendo lo que ellos hacían. ¿Acaso vas a castigarnos por lo que hicieron los que falsearon [la verdad del monoteísmo]?" **174.** Así es como explico los signos para que recapaciten.

El erudito desviado

175. Y relátales la historia de aquel[35] a quien habiéndole concedido el conocimiento de Mis preceptos, los descuidó, el demonio lo sedujo y fue de los extraviados. **176.** Y si hubiera querido habría elevado su rango [en esta vida y en la otra, preservándolo], pero se inclinó por los placeres de este mundo y siguió sus pasiones. Se comportó como el perro que si lo llamas jadea, y si lo dejas también jadea. Éste es el ejemplo de quienes desmienten Mis signos. Nárrales estas historias a ver si reflexionan. **177.** ¡Qué pésimo es el ejemplo de quienes desmienten Mis signos, y son injustos con ellos mismos!

---

35 Los exégetas mencionan que se trata de una persona del pueblo de Israel, llamado Balaam. Ver Números 22, 23, 24 y 31:8-16, y Deuteronomio 23:4-5.

La guía proviene solo de Dios

178. A quien Dios guíe estará encaminado, pero a quien [Dios] extravíe estará perdido. **179.** He creado muchos *yinn* y seres humanos que irán al Infierno [a causa de sus obras]. Tienen corazones pero no pueden comprender, ojos pero no pueden ver y oídos pero no pueden oír. Son como los ganados que no razonan, o peor aún. Ellos son los que se comportan con indiferencia [ante Mis signos].

Los Nombres Sublimes de Dios

180. A Dios pertenecen los nombres más sublimes[36], invócalo a través de ellos, y apártate de quienes los niegan. Serán castigados por lo que hicieron.

El guiado y el desviado

181. Algunos de Mi creación guían [a la gente] con la Verdad, y acorde a ella establecen justicia. **182.** A quienes desmientan Mis signos los degradaré paulatinamente sin que puedan darse cuenta. **183.** Los toleraré temporalmente [hasta el Día del Juicio], puesto que Mi castigo es una promesa firme.

Rechazar al Profeta

184. ¿Acaso no se dieron cuenta de que su Mensajero no es un demente? Él es un claro amonestador. **185.** ¿Acaso no reflexionaron en el reino de los cielos y de la Tierra y lo que Dios creó en él, ni tampoco en que el final de sus vidas pudiere estar próximo? Si no creen en este Mensaje, ¿en qué otro iban a creer? **186.** A quien Dios extravía nadie lo podrá guiar. A éstos Dios los deja que actúen desorientados en su ceguera.

El momento de la Hora Final

187. Te preguntan cuándo llegará la Hora [del Día de la Resurrección]. Diles: "Solo mi Señor lo sabe, y nadie salvo Él hará que comience en el momento decretado[37]. Los cielos y la Tierra temen su llegada. Cuando llegue los sorprenderá". Te preguntan como si supieras [cuándo ocurrirá]. Diles: "Su conocimiento solo Le pertenece a Dios, pero la mayoría de la

---

36 Conocer y adorar a Dios a través de sus nombres y atributos es uno de los medios que poseemos para llegar al conocimiento de Dios, estudiando sus significados y aplicándolos a nuestra vida. El Profeta Mujámmad, que la paz y las bendiciones de Dios sean con él, dijo: "Dios tiene noventa y nueve nombres, cien menos uno; quien los enumere entrará al Paraíso". Registrado por *Al-Bujari y Muslim.* El significado de enumerar los nombres de Dios es: 1) Conocer su cantidad y nombres. 2) Conocer sus significados, implicancia y creer en ellos. 3) Invocarlo a través de ellos, y esto es de dos formas: a) La súplica de elogio y alabanza, y b) la súplica de pedido ante la necesidad.

37 Mujámmad, que la paz y las bendiciones de Dios sean con él, fue preguntado acerca de la Hora y respondió: "El que está siendo preguntado no sabe acerca de ella más de lo que sabe el que pregunta". El que estaba preguntando era el ángel Gabriel, que se presentó ante él en forma humana. Si el más noble de los ángeles y el más noble ser humano, Mujámmad, no sabían cuándo iba a llegar el final del mundo, entonces está claro que ninguna persona ni criatura sabe cuándo ocurrirá. Este punto nos brinda una prueba importante acerca de la falsedad de la creencia en la divinidad de Jesús, porque él mismo afirmó no conocer cuándo llegará la Hora y que solo Dios conoce su tiempo: "Pero de aquel día y de la hora nadie sabe, ni aun los ángeles que están en el cielo, ni el Hijo, sino el Padre" (Marcos 13:32). Ver también en La Biblia, Mateo 24:36.

gente no lo sabe". **188.** Diles [¡Oh, Mujámmad!]: "No poseo ningún poder para beneficiarme ni perjudicarme a mí mismo, salvo lo que Dios quiera. Si tuviera conocimiento de lo oculto tendría abundantes bienes materiales y no me alcanzaría nunca un mal. Yo solo soy un amonestador y albriciador para la gente que cree".

Desviarse

189. Él es Quien los creó a partir de un solo ser[38], del cual hizo surgir a su cónyuge[39] para que encontrara en ella sosiego. Y cuando se unió a ella, quedó embarazada y llevó en su vientre una carga liviana con la que podía andar, pero cuando ésta se hizo pesada, ambos invocaron a Dios, su Señor [diciendo]: "Si nos agracias con un hijo sano y virtuoso seremos agradecidos". **190.** Y se les agració con lo que suplicaron, pero [sus descendientes] dedicaron actos de adoración a otros además de Dios; y Dios está por encima de lo que Le asocian.

Las deidades impotentes

191. ¿Acaso adoran a quienes no pueden crear nada, sino por el contrario, ellos mismos fueron creados? **192.** No pueden auxiliarlos, ni tampoco auxiliarse a sí mismos[40].**193.** Si ustedes los invitan a seguir la guía, no lo harán. Lo mismo da que los inviten o que se queden callados[41]. **194.** Lo que adoran en vez de Dios son seres creados igual que ustedes. [Los desafío:] Invóquenlos y que les respondan, si es verdad lo que dicen. **195.** ¿Tienen acaso piernas con las que caminan? ¿O manos con las que toman? ¿U ojos con los que ven? ¿U oídos con los que oyen? Di: "Invoquen a los que asocian y luego tramen contra mí sin más demora".

Dios es el Protector

196. Mi protector es Dios, Quien reveló el Libro[42]. Él es Quien protege a los justos. **197.** Los que ustedes invocan en vez de Dios no pueden auxiliarlos ni auxiliarse a ellos mismos. **198.** Cuando ustedes los invocan pidiendo guía, no los oyen. Pareciera que los miran, pero en realidad no los ven.

La gracia y la tolerancia

199.[¡Oh, Mujámmad!] Ante todo, elige perdonar, ordena el bien y apártate de quienes se comportan contigo en forma ignorante.

Los impulsos malvados

200. Si sientes que el demonio te susurra, refúgiate en Dios. Él todo lo oye, todo lo sabe. **201.** Los piadosos, cuando el demonio les susurra, invo-

---

38 Adán, el primer hombre creado.

39 Eva, la primera mujer creada.

40 Este argumento es un reproche de Dios a los idólatras por adorar junto a Él aquello que no puede crear, sino que ha sido creado. Lo creado no puede jamás asemejarse al Creador, ya que los objetos y los seres creados no pueden ofrecer ayuda a sus adoradores, pues ni siquiera pudieron crearse a sí mismos.

41 Pues están tan ciegamente aferrados a sus creencias que no reflexionarán en los argumentos

42 El Sagrado Corán.

can a su Señor y entonces pueden ver con claridad. **202.** Pero los demonios persisten en mantener a sus secuaces en el extravío, y no se cansan de hacerlo.

Solo un Mensajero

203. Cuando no se le revela [al Profeta Mujámmad] un nuevo versículo, le dicen [en tono burlón]: "¿Por qué no has inventado uno?" Diles: "Solo sigo lo que mi Señor me revela. Éste [Corán] es un milagro de su Señor, guía y misericordia para la gente que cree en él".

Honrar el Corán

204. Cuando el Corán sea leído, escúchenlo con atención y guarden silencio para que se les tenga misericordia.

Recordar a Dios

205. Recuerda a tu Señor en tu interior con sometimiento y temor, e invócalo con voz baja por la mañana y por la tarde. No seas de los indiferentes. **206.** [Los ángeles] que están junto a tu Señor no tienen ninguna soberbia que les impida adorarlo, Lo glorifican y se prosternan ante Él[43].

43 Al llegar a este pasaje, el lector ha de prosternarse como símbolo de humildad por el privilegio de servir y honrar a Dios.

8. Los botines

(Al-Anfâl)

Este capítulo fue revelado en Medina para explicar cómo se deben distribuir los botines de guerra después de la victoria de los creyentes sobre los paganos de La Meca tras la batalla de Badr en 2 d. H. / 624 e. c. El capítulo insta a los creyentes a ser veraces con Dios y Su Mensajero, recordándoles cómo eran superados en número, pero Dios les envió ángeles para que los ayudaran. Se aclara que, aunque la victoria proviene solo de Dios, los creyentes siempre deben estar listos para defenderse y estar abiertos a la paz. Se advierte a los paganos que sus complots para obstaculizarles el camino de Dios a los demás y oponerse a la verdad, solo terminarán en fracaso, tema que se enfatiza tanto en el capítulo previo como en el siguiente.

En el nombre de Dios,
el Compasivo, el Misericordioso

La distribución de los botines de guerra

1. Te preguntan acerca de los botines [de guerra, cómo se distribuyen]. Diles [¡Oh, Mujámmad!]:"Las reglas de cómo distribuir los botines las dictaminan solo Dios y el Mensajero. Tengan temor de Dios, solucionen sus conflictos y obedezcan a Dios y a Su Mensajero, si es que son creyentes".

Las características de los verdaderos creyentes

2. Los creyentes son aquellos que cuando les es mencionado el nombre de Dios sus corazones se estremecen, y que cuando les son recitados Sus versículos les aumenta la fe y se encomiendan a su Señor. **3.** [Los creyentes] son quienes realizan la oración y dan en caridad parte de lo que les he proveído. **4.** Estos son los verdaderos creyentes, que alcanzarán grados elevados ante su Señor, el perdón y un sustento generoso.

Rechazar enrolarse en el ejército

5. Tu Señor te hizo salir de tu casa [para luchar] por la verdad, pero eso le disgustó a un grupo de los creyentes[1]. **6.** Te discuten sobre el verdadero motivo [del enfrentamiento] luego de habérseles evidenciado la verdad, como si fueran arrastrados a la muerte ante sus propios ojos.

El establecimiento de la verdad

7. Pero [recuerda] cuando Dios les prometió [la victoria] sobre uno de

---

1 En un comienzo, el pequeño ejército de creyentes se había mentalizado para intervenir una caravana perteneciente a Quraish y así recuperar algunos de los bienes que la tribu de Quraish había usurpado a los creyentes que emigraron. Pero cuando se hizo evidente que en lugar de enfrentar a una caravana escasamente armada, deberían enfrentar a un ejército tres veces superior en número y mejor armado, algunos creyentes cuestionaron al Profeta, que la paz y las bendiciones de Dios sean con él. Esta revelación descendió para evidenciar lo que había en los corazones de los creyentes y corregir su actitud.

los dos grupos. Ustedes deseaban enfrentar al menos poderoso[2], pero Dios quería hacer prevalecer la verdad con Sus Palabras y erradicar a los que se niegan a creer, **8.** para que así prevalezca la Verdad y se desvanezca la falsedad, aunque ello les disguste a los criminales.

El refuerzo divino

9. [Recuerden] cuando pedían socorro a su Señor y Él les respondió: "Los auxiliaré con mil ángeles que descenderán uno tras otro". **10.** Dios los envió como una albricia y para infundir el sosiego en sus corazones, pero sepan que la victoria depende de Dios. Dios es el Poderoso, el Sabio.

El sentido de serenidad

11. [Y recuerden] cuando los envolvió un sueño ligero dándoles una calma interior, e hizo descender una llovizna del cielo para purificarlos con ella y apartar de ustedes la mancha del demonio, afirmar sus corazones y afianzar sus pasos.

Advertencia a los paganos de La Meca

12. Y cuando tu Señor inspiró a los ángeles: "Yo estoy con ustedes, denle valor a los creyentes, infundiré terror en los corazones de los que se niegan a creer. Golpeen sobre sus cuellos y golpeen todos sus dedos"[3]. **13.** Esto [es lo que merecen] porque combatieron a Dios y a Su Mensajero. Quien combata a Dios y a Su Mensajero sepa que Dios es severo en el castigo. **14.** Eso es lo que merecen recibir, y sepan que los que se niegan a creer recibirán el castigo del Infierno.

No huyan cobardemente

15. ¡Oh, creyentes! Cuando se enfrenten con los que se niegan a creer, no les den la espalda [para huir]. **16.** Pero quien huya, a menos que fuera por una maniobra de batalla o para unirse a otra tropa, incurrirá en la ira de Dios y su morada final será el Infierno. ¡Qué pésimo destino!

La victoria proviene de Dios

17. No fueron ustedes quienes los mataron [a sus enemigos] sino que fue Dios quien les dio muerte, y no fuiste tú [¡Oh, Mujámmad!] quien arrojó [el polvo que llegó a los ojos del enemigo en el combate], sino que fue Dios Quien lo hizo. Dios agracia así a los creyentes. Dios todo lo oye, todo lo sabe. **18.** Eso fue para que Dios desbaratara las confabulaciones de los que se niegan a creer.

Razonar con los paganos

19. [¡Oh, incrédulos!] Ustedes pidieron que triunfara quien estuviera en la verdad, y esto fue lo que ocurrió. Sepan que si desisten [de combatir al

---

2 Los creyentes preferían enfrentar a la caravana en lugar del ejército de Quraish; pero Dios, que les había prometido una victoria, los hizo enfrentar a un enemigo muy superior, para establecer un objetivo mucho mayor que recuperar algunos bienes mundanos, el cual era evidenciar el coraje de esta nueva comunidad de creyentes, para detener el maltrato y persecución a los creyentes y fortalecerlos ante sus enemigos.

3 La orden de Dios dirigida a los ángeles es golpear al enemigo en sus altos mandos y en sus combatientes armados.

Islam y a los creyentes] será mejor para ustedes; pero si vuelven a hacerlo volveré [a castigarlos] y de nada les servirán sus ejércitos, aunque fueran numerosos. Porque Dios está con los creyentes.

Escuchar y obedecer

20. ¡Oh, creyentes! Obedezcan a Dios y a Su Mensajero, y no le den la espalda al escuchar [el mensaje]. **21.** No sean como quienes dicen: "Oímos", pero no prestan atención. **22.** Las peores criaturas para Dios son los sordos [que no quieren oír la Verdad] y los mudos [que no quieren atestiguar la Verdad], los que no razonan. **23.** Si Dios supiera que en ellos hay algún bien los haría oír, pero aun si los hiciera oír le darían la espalda, desentendiéndose.

Recordatorio para los creyentes

24. ¡Oh, creyentes! Obedezcan a Dios y al Mensajero cuando los invitan a practicar aquello que les da vida, y sepan que Dios se interpone entre la persona y [los deseos de] su corazón. Ante Dios comparecerán. **25.** Tengan cuidado de una prueba que afligirá no solamente a los opresores, sino a todos. Dios es severo en el castigo.

La ayuda de Dios

26. Recuerden cuando eran solo unos pocos, eran perseguidos y oprimidos donde estuvieran, y temían que la gente los apresara. Pero Dios los protegió, los fortaleció con Su auxilio y los agració con un sustento lícito, para que sean agradecidos.

Advertencia a los creyentes

27. ¡Oh, creyentes! No traicionen a Dios y al Mensajero, ni traicionen la confianza que se depositó en ustedes. **28.** Sepan que sus posesiones y sus hijos son una prueba. Dios tiene reservada junto a Él una recompensa inmensa.

La recompensa de los creyentes

29. ¡Oh, creyentes! Si tienen temor de Dios, Él les concederá el criterio, perdonará sus faltas y aceptará su arrepentimiento. Dios es el dueño de un favor inmenso.

La conspiración pagana

30. Y recuerda [¡Oh, Mujámmad!] cuando se confabularon contra ti los incrédulos para capturarte, matarte o expulsarte [de tu ciudad]. Ellos planearon en tu contra, pero Dios desbarató sus planes, porque finalmente Dios es el que mejor planea.

El desafío pagano

31. Cuando se les recitan Mis versículos, dicen [los que se niegan a creer]: "Oímos, pero si quisiéramos podríamos decir palabras similares. Son fábulas de nuestros ancestros".

La negación pagana

32. Y alguien dijo: "Oh, Dios [te imploro que] si esto [que transmite Mujámmad] es la Verdad que dimana de Ti, hagas llover sobre nosotros piedras del cielo o nos azotes con un castigo doloroso". **33.** Pero Dios nunca los castigaría estando tú [¡Oh, Mujámmad!] entre ellos, ni tampoco mientras haya quienes Le pidan perdón.

El castigo merecido

34. ¿Por qué no iba Dios a castigarlos si ellos impiden [a los creyentes] el ingreso a la Mezquita Sagrada, sin ser los protectores [legítimos de la Mezquita Sagrada]? Sepan que los [legítimos] protectores son los piadosos. Pero la mayoría de los idólatras no lo sabe. **35.** Su oración ante la Casa Sagrada [de La Meca] no era más que silbidos y aplausos. Sufran [¡oh, idólatras!] el castigo por su rechazo obstinado a la verdad.

Los esfuerzos desperdiciados de los paganos

36. Los que se niegan a creer gastan su dinero para apartar a la gente del sendero de Dios. Seguirán gastando hasta que lo lamentarán, y finalmente serán vencidos. Los que se niegan a creer serán finalmente congregados en el Infierno. **37.** Así Dios diferenciará al corrupto del honesto, y reunirá a los perversos unos con otros y los congregará en el Infierno. Esos serán los perdedores.

Oferta de paz

38. Diles a los que se niegan a creer que si desisten [y abrazan el Islam] les será perdonado cuanto cometieron en el pasado; pero si persisten, tendrán el mismo destino de los pueblos que los precedieron. **39.** Combatan [a los criminales] hasta que cese la opresión y todos puedan adorar libremente a Dios. Pero si ellos desisten [de perseguir a los creyentes] Dios bien ve lo que hacen. **40.** Pero si ellos se niegan [y prefieren seguir persiguiendo a los creyentes], sepan ustedes que Dios es su Protector. ¡Qué excelente Protector y qué excelente Defensor!

La distribución de los botines de guerra

41. Sepan que un quinto del botín Le corresponde a Dios, al Mensajero, a sus familiares, a los huérfanos, a los pobres y a los viajeros insolventes [y el resto a los soldados], si es que creen en Dios y en lo que le he revelado a Mi siervo el día que se evidenció la verdad de la falsedad: el día que se enfrentaron los dos ejércitos[4]. Dios tiene poder sobre todas las cosas. **42.** [Recuerda] cuando se encontraban[5] en el valle más cercano [a Medina] y el ejército de los idólatras en el más lejano, y la caravana de camellos más abajo [en dirección al mar]. Y si ustedes hubieran sabido que se habría de producir una batalla, se habrían negado a aceptar el desafío. Pero [la batalla fue provocada aun así] para que Dios llevara a cabo algo [que Él había dispuesto] que ocurriera, y para que quien hubiera de perecer [en ese día], pereciera ante una prueba clara de la verdad; y quien hubiera de sobrevivir, sobreviviera ante una prueba clara de la verdad. Dios todo lo oye, todo lo sabe.

La visión de la fuerza enemiga

43. Dios hizo que en un sueño vieras a los enemigos como si fueran pocos,

---

4 El de los creyentes y el de los incrédulos.

5 El día de la batalla de Báder.

pues si se los hubiera mostrado como un ejército numeroso se habrían acobardado, dudando sobre combatir o no. Pero Dios los protegió. Él bien sabe lo que hay en los corazones. **44.** Cuando estuvieron frente a frente, Dios hizo que ustedes los vieran poco numerosos, e hizo que ellos los vieran poco numerosos a ustedes, de manera que sucediese lo que Dios había decretado. A Dios se remiten todos los asuntos.

Un consejo

45. ¡Oh, creyentes! Cuando se enfrenten a un ejército [de incrédulos] manténganse firmes y recuerden permanentemente a Dios, que así alcanzarán el triunfo. **46.** Obedezcan a Dios y a Su Mensajero y no discrepen, porque se debilitarían y serían derrotados. Sean pacientes, porque Dios está con los pacientes. **47.** Pero no sean como aquellos [incrédulos] que salieron de sus hogares con arrogancia y ostentación ante su gente, para apartar a las personas del sendero de Dios. Dios está bien enterado de lo que hacen.

Satanás tienta a los paganos de La Meca

48. El demonio les hizo ver que lo que hacían era lo correcto, y les dijo: "Hoy nadie los podrá vencer, yo estoy junto a ustedes". Pero cuando los dos bandos se divisaron, [el demonio] huyó diciendo: "Yo no soy responsable de lo que hacen, pues veo lo que ustedes no pueden ver, yo tengo temor de Dios, y Dios es severo en el castigo".

Confía en Dios

49. En ese momento los hipócritas y quienes tenían el corazón enfermo [con incertidumbre] dijeron [acerca de los creyentes]: "Estos están enceguecidos por su religión". Quienes se encomienden a Dios sepan que Él es Poderoso, Sabio.

El mal final

50. Si vieras [qué terrible es] cuando los ángeles toman las almas de los que mueren habiéndose negado a creer, y les golpean sus rostros y sus espaldas, y les dicen: "Sufran el tormento del Infierno. **51.** Este es el castigo que merecieron por sus obras. Dios no es injusto con Sus siervos".

El destino de los malvados

52. El pueblo del Faraón y quienes los precedieron fueron castigados, pues tampoco creyeron en los signos de Dios, y Dios los condenó por sus pecados. Dios tiene poder sobre todas las cosas y es severo en el castigo. **53.** Dios no quita a ningún pueblo las gracias con las que lo ha bendecido, a menos que éste se corrompa [en sus creencias y valores]. Dios todo lo oye, todo lo sabe. **54.** Por lo mismo castigué a la gente del Faraón y a quienes los precedieron, pues desmintieron los signos de su Señor y entonces los aniquilé por sus pecados: por eso ahogué a la gente del Faraón. Sepan que todos [estos pueblos] eran opresores.

Aquellos que violan los tratados de paz

55. Las peores criaturas ante Dios son los incrédulos, pues se negaron a creer, **56.** aquellos que siempre quebrantan los pactos que tú [¡Oh, Mujámmad!] celebras con ellos y no tienen temor [del castigo de Dios]. **57.** Si enfrentas a algunos de ellos durante la guerra, dales un escarmiento que sirva de ejemplo a quienes sigan sus pasos. Puede que así reconsideren.

No cabe traición en los tratados

58. Si te traiciona un pueblo[6], hazles saber que rompes el pacto igual que ellos. Dios no ama a los traidores.

La disuasión militar

59. Que no piensen los incrédulos que podrán huir de Mi castigo. No tienen salvación. **60.** Preparen contra ellos cuanto puedan de fuerzas [de combate] y caballería, para que así amedrenten a los enemigos de Dios que también son los suyos, y a otros enemigos que aún no conocen, pero Dios los conoce bien. Sepan que aquello con lo que contribuyan en la causa de Dios les será recompensado generosamente, y no serán jamás tratados injustamente.

Consejo al Profeta: Opta por la paz

61. Si [los incrédulos] se inclinan por la paz, acéptala tú también y encomiéndate a Dios. Él todo lo oye, todo lo sabe. **62.** Pero si quieren engañarte[7], sabe que la protección de Dios es suficiente. Él es Quien te ha fortalecido con Su auxilio y con los creyentes. **63.** Él es Quien unió sus corazones[8], y tú no habrías podido hacerlo aunque hubieras gastado todo lo que hay en la Tierra, pero Dios los reconcilió. Él es Poderoso, Sabio. **64.** ¡Oh, Profeta! La protección de Dios es suficiente para ti y para los creyentes que te sigan.

Disponibilidad para el enfrentamiento

65. ¡Oh, Profeta! Exhorta a los creyentes a combatir [por la causa de Dios]. Por cada veinte pacientes y perseverantes de entre ustedes, vencerán a doscientos[9]; y si hubiere cien, vencerán a mil de los que se negaron a creer, porque ellos no razonan[10]. **66.** Pero Dios les alivia la carga, por compasión ante su debilidad: Por cada cien pacientes vencerán a doscientos enemigos, y si hubiere mil vencerán a dos mil, con el permiso de Dios. Dios está con los pacientes.

Decisión sobre los cautivos

67. No le es permitido al Profeta [ni a los creyentes] tomar prisioneros si antes no combaten en la Tierra[11]. Pretenden algunos obtener un benefi-

---

6 Con el que se haya realizado un pacto de no agresión.

7 Simulando un cese de hostilidades para aprovechar la oportunidad y atacar.

8 Dios unió los corazones de los creyentes en la causa y hermandad del Islam, a pesar de sus diferencias personales.

9 Combatientes enemigos.

10 Que su causa es injusta.

11 Este versículo prescribe que nadie puede ser tomado prisionero o cautivo, a menos que haya sido capturado durante una guerra y que, por tanto, la adquisición de un esclavo por medios "pacíficos", y su retención una vez adquirido, están totalmente prohibidas: esto supone la prohibición de la esclavitud. Respecto a aquellos prisioneros capturados en la guerra, el Corán ordena en 47:4 que han de ser liberados una vez finalizada la guerra.

cio mundanal[12], mientras Dios quiere para ustedes la recompensa de la otra vida. Dios es Poderoso, Sabio. **68.** Si Dios no hubiera prescrito que el botín de guerra fuera lícito, habrían sufrido un terrible castigo por lo que tomaron de él. **69.** Disfruten de todo lo lícito y bueno que han ganado como botín de guerra, y tengan temor de Dios. Dios es Absolvedor, Misericordioso.

Los cautivos rescatados

70. ¡Oh, Profeta! Diles a los prisioneros que hayan capturado: "Si Dios encuentra en sus corazones algo de bien, les concederá algo mejor que los bienes que se les han quitado y los perdonará. Dios es Absolvedor, Misericordioso". **71.** Pero si quieren engañarte aduciendo que son creyentes, recuerda que ya antes habían traicionado a Dios[13] y Él los sometió ante ustedes. Dios todo lo sabe, es Sabio.

La alianza entre creyentes

72. Los creyentes que emigraron, contribuyeron con sus bienes y combatieron por la causa de Dios, son aliados de aquellos que les dieron refugio y socorro. En cambio, a quienes no emigraron no tienen la obligación de socorrerlos hasta que emigren. Pero si piden que los auxilien para preservar su religión, deben hacerlo, salvo que se encuentren en un pueblo con el que ustedes hayan celebrado un pacto[14]. Dios ve bien lo que hacen.

La alianza entre los incrédulos

73. Los que se niegan a creer son aliados unos de otros. Si no obran de la misma manera [siendo los creyentes aliados unos de otros], se propagarán los conflictos en la Tierra y habrá una gran corrupción.

Los verdaderos creyentes

74. Los creyentes que emigraron y lucharon por la causa de Dios, y aquellos que les dieron refugio y los socorrieron, esos son los verdaderos creyentes. A ellos les serán perdonados sus pecados y recibirán una recompensa generosa.

Familiares se heredan unos a otros

75. Y aquellos que posteriormente crean [abrazando el Islam], emigren y luchen con ustedes, serán de los suyos[15]. Sepan que Dios ha prescrito en Su Libro que sus parientes tienen más derecho a la herencia que sus hermanos en la fe[16], y Dios es conocedor de todas las cosas.

---

12 Cobrando un rescate por su liberación.

13 Al negarse a creer en Él.

14 Un pacto de no agresión.

15 Pertenecerán a la comunidad de los musulmanes.

16 Este versículo deroga una ley temporal, a comienzos del Islam, por la cual los creyentes se heredaban unos a otros a pesar de que no eran parientes. Esto era a causa de que los creyentes habían emigrado dejando a sus espaldas todos los bienes materiales, y el Islam los recompensaba de esta manera; pero luego de establecida la comunidad y afianzada tras la victoria de la batalla de Báder, Dios evidencia que la ley de Su Libro establece que los que tienen más derecho a la herencia son los familiares. Para más detalles sobre la división de la herencia, ver Corán: 4:11-12.

9. El Arrepentimiento

(At-Tawbah)

Este capítulo, que se percibe como una continuación del capítulo anterior, comienza por terminar abiertamente los tratados de paz constantemente violados por los paganos. Se insta a los creyentes a marchar con el Profeta (ﷺ) hacia la Batalla de Tabuk en el verano de 9 d. H. / 631 e. c. Son expuestos los hipócritas y son refutadas sus falsas excusas. Se les recuerda a los musulmanes cómo Dios convirtió la derrota inicial de los creyentes en una victoria arrolladora en la Batalla de Hunain, y cómo Dios salvó a Su Mensajero (ﷺ) de los paganos durante su emigración a Medina. La aceptación de Dios del arrepentimiento se repite por todo el capítulo, de ahí su título.

Declaración a los politeístas

1. Dios y Su Mensajero están exentos de responsabilidad sobre el pacto[1] que ustedes habían celebrado con los idólatras[2]. **2.** [Los que combatieron a los musulmanes en la península árabe] pueden transitar [con libertad y seguridad] por la tierra[3] cuatro meses. Sepan que no podrán eludir a Dios, porque será Dios Quien afrente a los que se negaron a creer. **3.** Dios y Su Mensajero anuncian a toda la gente en el día más importante de la peregrinación[4], que Dios ya no tiene ningún pacto con los idólatras, ni tampoco Su Mensajero. [¡Oh, idólatras!] Si se arrepienten [y abandonan la incredulidad] será mejor para ustedes, pero si se rehúsan no podrán escapar de Dios. A los que se negaron a creer anúnciales que recibirán un castigo doloroso[5],

Excepción a la declaración

4. excepto aquellos que no quebrantaron los pactos que ustedes celebraron con ellos ni apoyaron a nadie contra ustedes. Respeten el pacto convenido con ellos hasta su plazo acordado. Dios ama a los piadosos [que respetan los acuerdos].

Después del período de gracia

5. Pero cuando hayan pasado los meses sagrados[6], ejecuten a esos idóla-

---

1 De cese de hostilidades.

2 Pues ellos lo han quebrantado.

3 Para reflexionar y arrepentirse de su incredulidad, o para alistarse para la partida.

4 El día diez del mes de *Dhul-Jíyyah*, en el cual se realizan muchos de los ritos de la peregrinación, como arrojar los guijarros, circunvalar la Ka'bah y rasurarse la cabeza, entre otros. Quienes no están realizando la peregrinación, celebran en este día la festividad de *Eid Al Adha*.

5 Este anuncio fue hecho en una situación especial para una gente en particular: para aquellos idólatras que persiguieron, torturaron o mataron a los musulmanes debido a su fe. El versículo que sigue hace evidente esta particularidad al hacer una excepción con aquellos idólatras que no tuvieron esa actitud de persecución contra los creyentes.

5 *Mujárram, Rayab, Dhul-Qa'dah y Dhul-Jíyyah,* en los cuales es prohibido el combate.

tras[7] dondequiera que los encuentren. [Para lograrlo] captúrenlos, sítienlos y acéchenlos en todo lugar. Pero si se arrepienten [y aceptan el Islam], cumplen con la oración prescrita y pagan el zakat, déjenlos en paz[8]. Dios es Absolvedor, Misericordioso.

Los paganos que buscan protección

6. Si alguno de los idólatras te pidiera protección, dale asilo para que así recapacite y escuche la Palabra de Dios, luego [si no reflexiona] ayúdalo a alcanzar un lugar seguro. Esto es porque son gente que no sabe.

Los politeístas traicioneros

7. ¿Cómo podrían Dios y Su Mensajero tener un pacto con los idólatras [siendo que ellos no dudaron en combatirlos]? Pero si aquellos con quienes ustedes pactaron anteriormente junto a la Mezquita Sagrada [en La Meca] cumplen lo pactado, cúmplanlo ustedes también. Dios ama a los piadosos [que respetan los pactos]. **8.** ¿Cómo [podría tenerse un pacto con ellos siendo que] si obtuvieran una victoria sobre ustedes no tendrían compasión ni respetarían lazo familiar? Quieren agradarlos con sus palabras, pero sus corazones los rechazan. La mayoría de ellos son perversos.

Los árabes paganos

9. Han cambiado los signos de Dios por un precio vil y apartan a la gente del sendero de Dios. ¡Qué pésimo es lo que hacen! **10.** No respetan pacto ni compromiso con los creyentes. Ellos son los transgresores. **11.** Pero si se arrepienten[9], cumplen con la oración prescrita y pagan el zakat, entonces [perdónenlos y sepan que ahora] son sus hermanos en la religión. Así es como explico detalladamente los preceptos a quienes los comprenden. **12.** Si quebrantan sus juramentos después de haber celebrado un pacto y se burlan de su re-

---

7 Los que persiguieron, torturaron y asesinaron a hombres, mujeres y niños debido a su fe, ya que al ser crímenes de lesa humanidad no prescriben ni ingresan dentro de ninguna amnistía.

8 Cada versículo del Corán debe ser leído e interpretado dentro del contexto global del Corán. Este versículo, que habla de una posible conversión al Islam por parte de "aquellos que atribuyen divinidad a otros junto con Dios" con los cuales los creyentes están en guerra, debe, por tanto, ser considerado en conjunción con varios preceptos fundamentales del Corán. Uno de ellos, "no se puede forzar a nadie a creer" (2:256), prohíbe categóricamente cualquier intento de convertir a los no musulmanes por la fuerza, lo que excluye la posibilidad de que los musulmanes exijan o esperen que un enemigo vencido acepte el Islam a cambio de inmunidad. En segundo lugar, el Corán ordena: "Combatan por la causa de Dios a quienes los agredan, pero no se excedan, porque Dios no ama a los agresores" (2:190); y: "Cada vez que su pueblo los incita a combatir contra ustedes se precipitan a agredirlos. A estos, si no dan la palabra de que no combatirán contra ustedes, proponen la paz y contienen la agresión, apresénlos y ajustícienlos [en el curso del combate] donde quiera que los encuentren. A ellos se les permite combatirlos" (4:91). La guerra es solo permisible en defensa propia, con la condición adicional de que: "Pero si ellos cesan de combatirlos, sepan que Dios es Absolvedor, Misericordioso" (2:192), y: "Pero si ellos cesan de combatir, que no haya más hostilidades" (2:193). Los versículos 4 y 6 aclaran aún más la actitud que deben adoptar los creyentes hacia aquellos no musulmanes que no sean hostiles. Ver también Corán 60:8-9.

9 De su comportamiento contra los creyentes e ingresan al Islam.

ligión, combatan a los líderes de la incredulidad, pues ellos no respetan los pactos. Quizás así dejen de agredirlos.

La orden de combatir

13. ¿Acaso no combatirían a quienes faltan a sus juramentos y planearon expulsar al Mensajero, y fueron ellos los que comenzaron primero [con la agresión]? ¿Acaso les temen? Sepan que Dios es más digno de que Le teman, si es que son creyentes. **14.** Combátanlos, pues Dios los castigará a través de sus manos, los humillará, concederá a ustedes el triunfo sobre ellos y curará así los pechos de los creyentes, **15.** removiendo la ira que hay en ellos. Dios acepta el arrepentimiento de quien quiere. Dios lo sabe todo, es Sabio.

La sabiduría detrás de la lucha

16. ¿Acaso creen que no se los pondrá a prueba, cuando Dios quiere que se evidencie quiénes combaten verdaderamente [por Su causa] y solo toman como aliados a Dios, a Su Mensajero y a los creyentes? Dios está bien informado de lo que hacen.

El cuidado de las mezquitas

17. No es propio que los idólatras construyan y mantengan las mezquitas de Dios[10], cuando [con sus creencias y acciones] dan testimonio de su incredulidad [en Dios]. Sus obras serán en vano, y sufrirán eternamente en el Infierno. **18.** Las mezquitas de Dios deben ser construidas y mantenidas por aquellos que creen en Él, en el Día del Juicio, cumplen con la oración, pagan el zakat, y no temen sino a Dios. Porque ellos son los que siguen la guía.

No se equiparan

19. [¡Oh, incrédulos!] ¿Acaso creen que quienes proveen agua a los peregrinos y quienes se encargan del cuidado de la Mezquita Sagrada son equiparables a aquellos que creen en Dios, en el Día del Juicio y luchan por la causa de Dios? Sepan que no pueden equipararse ante Dios. Dios no guía a los opresores.

La recompensa de los creyentes

20. Los creyentes que emigraron y contribuyeron a la causa de Dios con sus bienes materiales y sus personas, tienen un grado muy elevado ante Dios. Ellos son los bienaventurados. **21.** Su Señor les albricia [que serán recompensados] con Su misericordia, Su complacencia, y con jardines donde gozarán de delicias inagotables. **22.** Vivirán en ellos por toda la eternidad. Dios les tiene reservada una recompensa grandiosa.

Advertencia a los creyentes

23. ¡Oh, creyentes! No tomen a sus padres y hermanos como aliados si estos prefieren la incredulidad a la fe; quien de ustedes los tome a ellos por aliados será de los opresores[11]. **24.** Diles [¡Oh, Mujámmad!]: "Si sus

---

10 Lo que aquí se critica es la acción externa e hipócrita de construir o cuidar de una mezquita por un motivo mundano, como hacía la tribu de Quraish con la mezquita de La Meca, con el único objetivo de mantener su renombre y beneficiarse económicamente de los peregrinos.

padres, hijos, hermanos, cónyuges y familiares, los bienes materiales que hayan adquirido, los negocios que teman perder, y las propiedades que posean y les agraden, son más amados para ustedes que Dios, Su Mensajero y la lucha por Su causa, esperen que les sobrevenga el castigo de Dios [que pronto llegará]. Dios no guía a los corruptos.

La victoria solo proviene de Dios

25. [Recuerden que] Dios los socorrió en muchas ocasiones, como el día de [la batalla de] Hunain, cuando ustedes se vanagloriaban de su superioridad numérica, pero de nada les valió y les resultó estrecha la Tierra [para escapar cuando los atacaron los idólatras] a pesar de su vastedad, y huyeron.

26. Pero Dios hizo descender el sosiego sobre Su Mensajero y sobre los creyentes, e hizo descender tropas [de ángeles] que ustedes no pudieron ver y castigó a los que se negaban a creer [con una derrota]. Así es como Dios castiga a los que se niegan a creer. **27.** Luego, Dios perdonó a quienes se arrepintieron [y abrazaron el Islam]. Dios es Absolvedor, Misericordioso.

No más idolatría en la Mezquita Sagrada

28. ¡Oh, creyentes! Los idólatras son impuros[12], que no se acerquen a la Mezquita Sagrada[13] después de este año[14]. No teman padecer por ello pobreza o necesidad alguna, que si Dios quiere los proveerá con Su gracia. Dios todo lo sabe, es Sabio.

---

11 La obediencia absoluta es debida únicamente a Dios, dice en el Corán: "Deben obediencia absoluta a Dios y a Su Mensajero, y tengan cuidado [de desobedecerlos]. Pero quien se rehúse, sepa que Mi Mensajero solo tiene la obligación de transmitir [el Mensaje] con claridad." (5:92). Mientras que la obediencia a los padres, es una obediencia condicionada, como dice en el Corán: "Si tus padres se esfuerzan por hacer que caigas en la idolatría de dedicar actos de adoración a otro que Dios, lo cual es algo que no te he enseñado, no los obedezcan pero trátenlos con respeto. Sigan el camino de los piadosos, pues ante Mí comparecerán y les informaré lo que hacían" (31:15). Es decir, que debemos honrar y obedecer a los padres siempre que no nos pidan algo que claramente contradiga las normas islámicas. De lo contrario, les debemos respeto y atención permanente, pero no obediencia, porque todo lo que provenga de un ser humano debe ser analizado a la luz de las enseñanzas islámicas, ya que Dios dice en el Corán: ¡Oh, creyentes! Obedezcan a Dios, obedezcan al Mensajero y a aquellos de ustedes que tengan autoridad y conocimiento. Si realmente creen en Dios y en el Día del Juicio, cuando tengan discrepancias remítanlas al juicio de Dios y del Mensajero, porque en ello hay bien y es el camino correcto" (4:59). Lo que significa que la obediencia a los seres creados está limitada por la obediencia al Creador. Cabe mencionar también, a modo de reflexión, que Dios cuestionó severamente y criticó a aquellos que siguen a sus padres sin cuestionarse si sus enseñanzas son correctas o no, dice en el Corán: "Y cuando se les dice: "Sigan lo que Dios reveló", argumentan: "No, seguimos la tradición de nuestros padres". ¿Acaso imitan a sus padres a pesar de que ellos no seguían una lógica ni una revelación?" (2:170).

12 Impureza espiritual a causa de su incredulidad o idolatría.

13 No es lícito que un no musulmán entre en la Mezquita Sagrada de La Meca. En el resto de las mezquitas, en cambio, sí puede entrar, como cuando el Profeta, que la paz y las bendiciones de Dios sean con él, recibió a los cristianos de Nayrán en su Mezquita de Medina.

14 Este versículo fue revelado en el año noveno de la Hégira.

La orden de combatir

29. Luchen contra quienes no creen en Dios ni en el Día del Juicio, no respetan lo que Dios y Su Mensajero han vedado y no siguen la verdadera religión [el Islam] de entre aquellos de la Gente del Libro [que los hayan agredido], a menos que acepten pagar un impuesto[15] con humildad.

Seguir a ciegas

30. Dicen [algunos] judíos: "'Uzeir es el hijo de Dios[16]", y los cristianos dicen: "El Mesías es el hijo de Dios". Estas son solo palabras [sin fundamento] que salen de sus bocas, asemejándose por ello a los incrédulos que los precedieron. ¡Que Dios los destruya! ¡Cómo pueden ser tan desviados! **31.** Tomaron [los judíos] a sus rabinos y [los cristianos] a sus monjes y al Mesías, hijo de María, por divinidades[17] en lugar de Dios. Pero solo se les había ordenado [en la Torá y el Evangelio] adorar a Dios, la única di-

---

15 Lit. *Yizia* جزية , traducido aquí como "impuesto", aparece solo una vez en el Corán, pero su significado y propósito han sido expuestos claramente por el Profeta Mujámmad, que la paz y las bendiciones de Dios sean con él, en su Sunnah. En un Estado Islámico, todo musulmán adulto y sano está obligado a tomar las armas para participar en la defensa de su sociedad, si es atacado por una potencia extranjera, y así defender el derecho a la autodeterminación de su sociedad. Dado que esto es, esencialmente, una obligación religiosa, a los ciudadanos no musulmanes que viven en una sociedad islámica, que no comparten la ideología del Islam, no se les puede exigir, por justicia, que participen de esta batalla. Solo aquellos ciudadanos no musulmanes que podrían participar de un ejército son los que están obligados a pagar este impuesto. Por consiguiente, todos aquellos ciudadanos no musulmanes cuya condición o situación personal los eximiría de ir a la guerra, están legalmente exentos del pago del yizia, como las mujeres, los que no hayan alcanzado la madurez, los ancianos, los hombres enfermos o inválidos, los sacerdotes y los monjes.

Ni en el Corán ni en la Sunnah auténtica se determina la cuota a pagar en este impuesto, pero sí está establecido que se trata de una cantidad menor que el *zakat* (uno de los pilares del Islam) que están obligados a pagar los musulmanes y del que, por ser un deber religioso específicamente islámico, están naturalmente exentos los no musulmanes. Algunos orientalistas sugirieron equivocadamente que algunas conversiones al Islam habrían ocurrido para evitar pagar este impuesto, pero tal afirmación es falsa, porque si un no musulmán que paga el *Yizia* se convirtiera al Islam, tendría que pagar el *zakat*, que es más elevado.

16 La utilización de este título, "hijo de Dios", era muy común entre los judíos del Antiguo Testamento. Para mayor información sobre a quiénes aplicaban este término ver la Enciclopedia Católica, bajo el título Hijo de Dios.

17 Este versículo evidencia que quien obedece a una persona, negándose a obedecer al Corán y la Sunnah, haciendo lícito lo prohibido o viceversa, y obedeciéndolo en lo que sabe es una desobediencia a Dios, toma a esa persona como una divinidad junto a Dios, transformándolo en asociado o copartícipe, y esto anula el auténtico monoteísmo (*Tauhid*), porque Dios denominó tal obediencia como adoración. Dijo el Sheij Al Islam Ibn Taimiah sobre el significado de "han tomado a sus sacerdotes y a sus monjes": "Estas personas han tomado a sus sacerdotes y monjes como divinidades por haberlos obedecido en cuanto legislaron permitiendo lo que había prohibido Dios y prohibiendo lo que había permitido Dios. Esto puede darse de dos maneras: La primera es que sepan que sus líderes han cambiado la religión tal como la reveló Dios, pero de todas maneras los siguen sabiendo que contradicen las enseñanzas proféticas, considerando lícito lo prohibido e ilícito lo permitido. Esto es, sin dudas, incredulidad (*Kufr*). Dios y Su Mensajero lo consideran una forma de idolatría, aunque no se postren ante ellos. De la misma manera,

vinidad. No existe nada ni nadie con derecho a ser adorado salvo Él. ¡Glorificado sea! ¡Cómo pueden dedicar actos de adoración a otros!

La fe verdadera

32. Pretenden extinguir la luz[18] de Dios con sus palabras, pero Dios hará que Su luz prevalezca aunque esto desagrade a los que se niegan a creer. **33.** Él es Quien envió a Su Mensajero con la guía y la religión verdadera para que llegue a prevalecer sobre toda religión [falsa], aunque esto disguste a los idólatras.

Las ganancias ilícitas

34. ¡Oh, creyentes! Muchos de los rabinos y monjes se apropian del dinero ajeno sin derecho, y desvían [a la gente] del sendero de Dios. A aquellos que atesoren[19] el oro y la plata y no contribuyan por la causa de Dios, anúnciales un castigo doloroso. **35.** El Día del Juicio, lo que atesoraron[20] se tornará incandescente por el fuego del Infierno, y sus frentes, sus costados y sus espaldas serán marcados con ello. [Se les dirá:] "Esto es lo que atesoraron, sufran ahora su castigo".

Honrar los meses sagrados

36. El número de meses para Dios es doce, porque así Él lo decretó el día que creó los cielos y la Tierra. De ellos, cuatro son sagrados[21]. Así es en la religión verdadera. No obren en contra de ustedes mismos durante estos meses[22]. Combatan a los idólatras tal como ellos los combaten a ustedes, y sepan que Dios está con los piadosos. **37.** Cambiar los meses sagrados es acrecentar aún más la incredulidad[23]. Así se extraviaron los que se negaron a creer, unos años lo declaraban [al combate] lícito durante determinados meses, mientras que otros años lo declaraban ilícito [durante esos mismos meses], pero siempre hacían que el número de meses sagrados fuera cuatro para que de esta manera coincidiera con el número de meses que Dios había decretado que fueran sagrados. Declaraban lícito lo que Dios había prohibido. [El demonio] les hizo ver sus malas obras como buenas. Sepan que Dios no guía a la gente que se niega a creer.

---

aquellos que sigan a algún erudito sabiendo que al hacerlo están contradiciendo a Dios y a Su Mensajero, habrán cometido, tal como los primeros, un acto de idolatría. La segunda es que consideren en su fe que lo prohibido es ilícito (*haram*) y lo permitido es lícito (*halal*), pero siguen a sus líderes sabiendo que esto es una desobediencia a Dios. Quien hace esto es igual que aquel musulmán que comete desobediencias (pecados), por lo que son pecadores desobedientes. Sobre esto dijo el Mensajero de Dios, que la paz y las bendiciones de Dios sean con él: "La obediencia es obligatoria solo en lo lícito".

18 El Mensaje.

19 Significa que lo escondan y no paguen el zakat correspondiente para colaborar en la causa de Dios.

20 Es decir, lo que no hayan pagado sobre ello el *zakat*, negándoselo a los pobres y los necesitados.

21 *Mujárram, Rayab, Dhul-Qa'dah y Dhul-Jiyyah.*

22 Desobedeciendo a Dios y cometiendo pecados.

23 Porque los incrédulos los cambiaban a conveniencia para poder combatir en ellos.

Aferrarse a esta vida

38. ¡Oh, creyentes! ¿Por qué cuando se los convoca a combatir por la causa de Dios, responden con desgano? ¿Acaso prefieren la vida mundanal a la otra? Los placeres mundanos son insignificantes respecto a los de la otra vida. **39.** Si no responden al llamado a combatir los azotará un castigo doloroso, y Dios los sustituirá por otro pueblo [que socorrerá al Profeta y combatirá por Su causa]. Sepan que no perjudicarán a Dios en nada [si se niegan a combatir]. Dios tiene poder sobre todas las cosas.

Apoyar al Profeta

40. Si no lo socorren [al Mensajero], sepan que Dios [no necesita de ustedes, pues ya] lo auxilió aquella vez que los incrédulos lo expulsaron [de La Meca], cuando estando en la caverna con su compañero [Abu Bakr][24], le dijo: "No te entristezcas, pues Dios está con nosotros". Entonces, Dios hizo descender Su sosiego sobre él [Abu Bakr], los socorrió con un ejército [de ángeles] que ellos no veían, y dispuso que la palabra de los incrédulos se desvaneciera, y que la palabra de Dios sea la que prevalezca. Dios es Poderoso, Sabio. **41.** Marchen en la facilidad o en la dificultad. Combatan[25] con sus bienes y sus vidas únicamente por la causa de Dios, eso es lo mejor para ustedes, si supieran.

Excusa falsa 1) Incapacidad

42. Si hubiera sido por algo mundano fácil de conseguir o un viaje breve, te habrían seguido, pero la distancia [en la batalla de Tabuk] era muy larga [y por ello se negaron a salir a combatir]. Juraron por Dios que si hubieran podido, habrían salido con ustedes. Se destruyeron a sí mismos [con sus excusas falsas], pero Dios sabe que mienten. **43.** ¡Que Dios te disculpe [¡Oh, Mujámmad!]! ¿Por qué los has eximido sin antes corroborar quiénes decían la verdad y quiénes estaban mintiendo?

Exención del combate

44. En cambio, aquellos que creen en Dios y en el Día del Juicio no se excusan para que los eximas de la obligación de contribuir con sus bienes materiales y combatir. Dios sabe bien quiénes son los piadosos.

---

24 Abu Bakr fue el mejor amigo del Mensajero de Dios, que la paz y las bendiciones de Dios sean con él, y el mejor de los Sahabah. Fue elegido Califa de los musulmanes tras la muerte del Profeta. Murió en el mes de *Yumada Al Awal* del año 13 de la *Hégira*, con la misma edad que el Mensajero de Dios, 63 años.

25 La palabra original en árabe es *yihad*. Lingüísticamente significa esfuerzo, es decir, todo esfuerzo y activismo por una causa noble. Pero *yihad* es un término militar, y es en nuestros días el equivalente al servicio militar. Es una obligación moral y religiosa para el musulmán enlistarse en el ejército cuando el Estado lo convoca para repeler una invasión o agresión y así garantizar seguridad a la población civil. Por lo tanto, el *yihad* no es una decisión individual ni grupal, sino una responsabilidad comunitaria bajo la supervisión exclusiva del Estado. En cuanto a los individuos o grupos que se levantan en armas y asesinan civiles, eso no puede denominarse *yihad*, sino que es homicidio y agitación social, algo claramente condenado por el Islam.

45. Los que te presentan excusas para no alistarse [en el ejército] no creen en Dios ni en el Día del Juicio, sus corazones están llenos de dudas, y por sus dudas vacilan.

Los alborotadores

46. Si [los hipócritas] hubieran querido realmente combatir, se habrían preparado para tal fin; pero Dios no quiso que salieran [con ustedes] y les infundió desgano, y se les dijo: "Permanezcan con quienes se quedan [por estar verdaderamente eximidos]". **47.** Si hubieran salido a combatir, los habrían confundido sembrando la discordia, pues entre ustedes hay quienes prestan oído a lo que dicen, pero Dios conoce bien a los injustos. **48.** Ya antes pretendieron sembrar la sedición [cuando arribaste a Medina, ¡Oh, Mujámmad!] creando conflictos [entre los creyentes], hasta que la verdad fue revelada y se hizo manifiesta la voluntad de Dios, a pesar de que ellos lo detestaban.

Excusa falsa 2) Tentación

49. Entre los hipócritas hubo quien te dijo: "[¡Oh, Mujámmad!] Permíteme quedarme y no me expongas a la tentación"[26]. ¿Acaso no cayeron en la tentación [del demonio al negarse a combatir]? El Infierno rodeará a los que se niegan a creer.

Los que se quedaron atrás

50. Si obtienes un éxito se disgustan[27], pero si recibes un revés dicen: "Ya habíamos tomado nuestras precauciones", y se marchan alegres. **51.** Diles [¡Oh, Mujámmad!]: "Solo nos sucede lo que Dios decretó para nosotros. Él es nuestro Protector, y a Dios se encomiendan los creyentes". **52.** Diles [a los hipócritas]: "Sepan que solo puede sucedernos una de dos cosas buenas[28], en cambio a ustedes, o bien Dios les enviará un castigo o hará que nosotros los derrotemos. Aguarden su destino, que nosotros aguardamos el nuestro".

Contribuciones no aceptadas

53. Diles: "[¡Oh, hipócritas!] Lo que donen, de buena voluntad o por compromiso, no les será aceptado, porque son gente perversa". **54.** Sepan que sus donaciones no son aceptadas[29] porque no creen en Dios ni en Su Mensajero. Ellos realizan la oración con desgano y hacen donaciones con desgano. **55.** Que no te maravillen [¡Oh, Mujámmad!] sus bienes materiales ni sus hijos, porque Dios decretó que les sirvan de sufrimiento en esta vida, y que sus almas mueran mientras están hundidos en la incredulidad.

---

26 Su excusa era que las mujeres del pueblo que tenían que combatir lo podían tentar con su belleza.

27 Porque son envidiosos y desean el mal a las personas.

28 El éxito en el emprendimiento o la recompensa por el intento, y en este último caso, significa morir defendiendo una causa justa, dando testimonio de su fe con su valentía.

29 Por Dios como obras buenas.

Falsas promesas

56. Les juran a ustedes por Dios que son de los suyos, cuando en realidad no lo son, solo actúan por temor. **57.** Si encontraran un refugio, una caverna o algún escondite, se dirigirían hacia allí presurosamente [para ocultarse y no combatir].

Descontento con la caridad

58. De entre ellos[30] hay quienes te critican por cómo repartes las caridades [¡Oh, Mujámmad!]. Si les das de ellas [todo lo que pretenden] quedan satisfechos, pero si no lo haces se molestan. **59.** [Sería mejor para ellos] que se conformaran con el reparto de Dios y Su Mensajero, y dijeran: "Nos basta con Dios, y Dios nos concederá de Su favor y [repartirá entre nosotros] Su Mensajero. De Dios anhelamos que nos conceda bendiciones".

Los que pueden recibir el Zakat

60. El zakat debe ser distribuido entre los pobres[31], los menesterosos[32], los que trabajan en su recaudación y distribución, aquellos de los que se desea ganar sus corazones[33], la liberación de los prisioneros[34], los endeudados[35], la causa de Dios[36] y el viajero insolvente[37]. Esto es un deber prescrito por Dios, y Dios lo sabe todo, es Sabio.

Criticar al Profeta

61. Entre ellos hay [hipócritas] quienes critican al Profeta y dicen: "Escucha todo lo que le dicen", pero ello es para su bien. Él[38] cree en Dios, confía en [la palabra de] los creyentes y es una misericordia para quienes de ustedes [realmente] han llegado a creer. Quienes calumnien al Mensajero de Dios recibirán un castigo doloroso.

---

30 Los hipócritas.

31 Son los que no poseen nada y no alcanzan a vivir con dignidad.

32 Son los que poseen apenas lo mínimo para vivir con dignidad.

33 Son personas de prestigio entre los suyos, y de quienes se espera que acepten el Islam, detengan su hostilidad, refuercen su fe y su Islam, o se islamice alguno de los suyos.

34 Son los esclavos que están negociando su manumisión con sus amos. Se les ayuda del zakat para lograr su libertad. También aplicable al rescate de cautivos, secuestrados y prisioneros de guerra en campo enemigo.

35 Estos son de dos clases: a) Los que se han endeudado para conciliar entre dos personas en disputa. Se les entrega lo suficiente para saldar su deuda. b) Los que se han endeudado por motivos personales y no pueden saldar sus deudas.

36 Son las personas que se dedican a elevar la palabra de Dios, como los que luchan por alguna de sus causas o los que divulgan el Islam.

37 Es el viajero que ha perdido sus posesiones durante el viaje y no puede volver a su tierra. A esta persona se le debe dar lo que necesite para poder regresar a su país, aunque sea rico en su tierra.

38 El Profeta Mujámmad, que la paz y las bendiciones de Dios sean con él.

La desgracia

62. [Un grupo de hipócritas] les juran por Dios con el fin de que ustedes se complazcan con ellos[39]. Pero es de Dios y Su Mensajero de quienes deberían buscar su complacencia, si es que realmente son creyentes. **63.** ¿No saben acaso que quien se enfrente a Dios y a Su Mensajero estará perpetuamente en el fuego del Infierno? Esa es la humillación más terrible.

La incredulidad expuesta

64. Los hipócritas temían que un capítulo [del Corán] como este fuera revelado y pusiera en evidencia lo que [realmente] hay en sus corazones. Diles [¡Oh, Mujámmad!]: "Búrlense [de la religión], que Dios pondrá al descubierto lo que tanto temen". **65.** Pero si les preguntas[40], te dicen: "Solo bromeábamos y nos entreteníamos". Diles: "¿Acaso se burlaban de Dios, de Sus preceptos y de Su Mensajero? **66.** No se excusen, han demostrado ahora su incredulidad a pesar de haber expresado su testimonio de fe anteriormente"[41]. Perdonaré a un grupo de ustedes[42], pero castigaré a otro grupo por haber sido transgresor.

El castigo de los hipócritas

67. Los hipócritas y las hipócritas son aliados unos de otros, incitan al mal y prohíben hacer el bien, y se niegan a hacer caridades. Se olvidaron de Dios y por eso Él se olvidó de ellos [dejándolos fuera de Su misericordia]. Los hipócritas están en el desvío. **68.** Dios ha prometido a los hipócritas, a las hipócritas y a los que se niegan a creer que serán castigados con el fuego del Infierno donde sufrirán eternamente; eso será suficiente [castigo] para ellos. Dios los maldecirá y recibirán un castigo incesante.

El destino de los incrédulos

69. De la misma manera Dios castigó a otros pueblos del pasado que eran más fuertes que ustedes, tenían más riquezas y más hijos, y disfrutaban de lo que Dios les había concedido. Ahora ustedes disfrutan [de lo que Dios les concedió], pero se sumergen en la injusticia tal como ellos lo hicieron. Sus obras no les servirán en esta vida ni en la otra. Ellos son los verdaderos perdedores. **70.** ¿Acaso no les fueron relatadas las historias de otros pueblos del pasado, como el pueblo de Noé, 'Ad, Zamud, el

---

39 Que no querían maltratar al Profeta, que la paz y las bendiciones de Dios sean con él.

40 El porqué de sus injurias sobre el Islam, el Profeta y los creyentes.

41 Mencionó *Ibn Kazir* en su interpretación de este versículo, que un hipócrita dijo: "No hemos visto gente como estos recitadores del Corán. Siempre tienen apetito, son mentirosos y cobardes en la batalla". Pero sus palabras le fueron comentadas al Mensajero de Dios, que la paz y las bendiciones de Dios sean con él, quien ya había montado su camella para iniciar el viaje. Entonces el hipócrita intentó excusarse diciendo: "¡Mensajero de Dios! Solamente bromeaba, cosas que se dicen durante el viaje para distraernos". El Mensajero de Dios, que la paz y las bendiciones de Dios sean con él, recitó entonces este versículo.

42 Porque se arrepintieron y enmendaron su error.

pueblo de Abraham, la gente de Madián y las dos ciudades que fueron destruidas[43]? Se les presentaron sus Mensajeros con las pruebas evidentes [pero los rechazaron]. Dios no fue injusto con ellos [al castigarlos], sino que ellos fueron injustos consigo mismos.

La recompensa de los creyentes

71. Los creyentes y las creyentes son aliados unos de otros, ordenan el bien y prohíben el mal, cumplen con la oración prescrita, pagan el zakat y obedecen a Dios y a Su Mensajero. De ellos Dios tendrá misericordia. Dios es Poderoso, Sabio. **72.** A los creyentes y a las creyentes Dios prometió jardines [en el Paraíso] por donde corren ríos, en los que disfrutarán por toda la eternidad, y hermosas moradas en los jardines del Edén. Pero alcanzar la complacencia de Dios es aún superior. ¡Ese es el éxito grandioso!

Responder al favor con ingratitud

73. ¡Oh, Profeta! Lucha contra los incrédulos y los hipócritas [que te ataquen], y sé severo con ellos. Su morada será el Infierno. ¡Qué pésimo destino! **74.** [Los hipócritas] juran por Dios que no dijeron nada [en contra de la religión de Dios y de Su Mensajero], y he aquí que sí dijeron palabras que evidenciaban su incredulidad, y así renegaron después de haber aceptado el Islam [exteriormente]. También se complotaron para algo que finalmente no pudieron conseguir[44]. ¡Y nada pueden objetar [a la Fe] excepto que Dios los ha enriquecido y [ha hecho que] Su Mensajero [los enriquezca] de Su favor! Mejor sería que se arrepintieran, porque si no lo hacen, Dios les infligirá un castigo doloroso en esta vida y en la otra, y no tendrán en la Tierra protector ni defensor alguno.

Los ingratos

75. Entre ellos hay quienes hacen una promesa a Dios diciendo: "Si Dios nos agracia haremos caridades y seremos de los virtuosos". **76.** Pero cuando Dios los bendijo con bienes materiales, se mostraron avaros y le dieron la espalda[45] con desdén. **77.** Dios les infundió la hipocresía en sus corazones, que perdurará hasta el día en que se encontrarán con Él. Eso fue por no cumplir su promesa con Dios y por haber mentido. **78.** ¿Acaso no saben que Dios conoce sus intenciones y sus conspiraciones? Dios conoce bien lo oculto.

Las donaciones criticadas

79. Ellos critican a los creyentes que hacen obras voluntarias dando donaciones generosas[46], y se burlan también de quienes no encuentran qué

---

43 Sodoma y Gomorra, a las que el Profeta Lot intentó, sin éxito, apartar de la inmoralidad del abuso homosexual.

44 Asesinar al Profeta, que la paz y las bendiciones de Dios sean con él, durante la batalla de Tabuk.

45 A las obras de caridad y a pagar el zakat.

46 Diciendo que lo hacen para ostentar.

dar, salvo con un gran esfuerzo[47]. Dios los pondrá a ellos en ridículo y recibirán un castigo doloroso. **80.** Es igual [¡Oh, Mujámmad!] que pidas perdón por ellos o que no lo hagas. Aunque pidieras perdón por ellos setenta veces, Dios no los perdonaría, porque no creyeron en Dios ni en Su Mensajero, y Dios no guía a los perversos.

Excusa falsa 3) Calor

81. Los que no participaron [en la batalla de Tabuk] se alegraron por rezagarse contrariando las órdenes del Mensajero. Se negaron a contribuir y luchar por la causa de Dios, y dijeron: "No marchen [a combatir] con este calor". Diles [¡Oh, Mujámmad!]: "El calor del fuego del Infierno es más intenso aún". Si comprendieran. **82.** Que rían un poco [en este mundo], porque llorarán mucho [en el Infierno] como retribución por lo que cometieron.

Instrucciones para el Profeta

83. Si Dios te trae nuevamente [luego de la batalla de Tabuk] ante un grupo de ellos [los hipócritas], y ellos te piden permiso para salir a combatir [en otra batalla], diles: "No marcharán ni combatirán conmigo contra un enemigo jamás, porque se complacieron en rezagarse la primera vez; quédense entonces con los que se rezagan". **84.** Cuando alguno de ellos muera, no ores ni te detengas junto a su tumba [para rogar por él], porque no creyeron en Dios ni en Su Mensajero, y murieron en la desobediencia [a Dios]. **85.** Que no te maravillen sus bienes materiales ni sus hijos, pues Dios quiso castigarlos con ellos en esta vida, y que mueran [hundiéndose] en la incredulidad.

Los incrédulos

86. Cuando es revelado un capítulo [del Corán] en el que se les ordena creer en Dios y combatir junto al Mensajero, los que están en condiciones de ir se excusan diciéndote: "Permítenos quedarnos con los eximidos". **87.** Por haber preferido quedarse con los eximidos, Dios bloqueó sus corazones y no pueden discernir.

Los creyentes

88. El Mensajero y quienes creen en él luchan con sus bienes materiales y sus personas. Ellos recibirán las bondades [en esta vida y en la otra], y serán quienes [finalmente] triunfen. **89.** Dios tiene reservado para ellos jardines [en el Paraíso] por donde corren ríos, donde morarán por toda la eternidad. Ese es el triunfo grandioso.

Los nómadas incrédulos

90. Se presentaron algunos beduinos [ante ti, ¡Oh, Mujámmad!] pidiéndote permiso para no ir a luchar sin excusa válida, pero los [hipócritas] que mintieron a Dios y a Su Mensajero se quedaron sin excusarse siquiera. A estos incrédulos Dios les infligirá un castigo doloroso.

Excusas válidas

91. Los débiles, los enfermos y los que carecen de recursos no tienen

47 Debido a su pobreza.

nada que reprocharse por no poder salir [a combatir], si son sinceros con Dios y Su Mensajero. A los que hacen el bien no hay motivo para censurarlos si en algún momento no pueden hacerlo. Dios es Absolvedor, Misericordioso. **92.** Tampoco deben ser reprochados aquellos que cuando se presentaron ante ti [¡Oh, Mujámmad!] para que les proveyeras de montura [y así poder combatir por la causa de Dios], les informaste que no contabas con ninguna cabalgadura para ellos, y entonces se retiraron con los ojos inundados de lágrimas, tristes por no poder contribuir [a la causa de Dios].

Escusas no válidas

93. Los que deben ser censurados son aquellos [hipócritas] que te pidieron permiso para rezagarse [sin excusa válida y no contribuyeron ni siquiera con sus bienes materiales] a pesar de ser ricos. Ellos prefirieron quedarse con los eximidos, y por ello Dios bloqueó sus corazones y no pueden discernir. **94.** Pretendieron excusarse cuando ustedes regresaron a ellos [de la batalla]; ahora diles [¡Oh, Mujámmad!]: "No se excusen, pues no les creeremos, Dios ya nos informó sobre ustedes". Dios y luego Su Mensajero observarán lo que hacen [y ello dejará al descubierto si son sinceros o no], finalmente comparecerán ante el Conocedor de lo oculto y lo manifiesto, que les revelará lo que solían hacer. **95.** Cuando ustedes retornaron [después de la batalla], ellos les juraron por Dios [que no pudieron acompañarlos] para que los excusaran; pero apártense de ellos, pues son gente repugnante. En pago por cuanto cometieron, su morada será el Infierno. **96.** Les juran por Dios para que se conformen con ellos; pero aunque ustedes se complacieran con ellos, sepan que Dios no Se complace con los corruptos.

Los nómadas incrédulos

97. Algunos beduinos son más incrédulos e hipócritas [que los habitantes de las ciudades], y es más probable que no conozcan los preceptos que Dios reveló a Su Mensajero. Dios todo lo sabe, es Sabio. **98.** Entre los beduinos hay quienes consideran que toda donación es una pérdida, y esperan que ustedes sean azotados por un infortunio [para librarse de tener que hacer una contribución]. ¡Que los azote a ellos un infortunio! Dios todo lo oye, todo lo sabe.

Los nómadas creyentes

99. Pero también hay entre los beduinos quienes creen en Dios y en el Día del Juicio, y hacen caridades anhelando acercarse más a Dios y merecer las súplicas del Mensajero. Así es como lograrán estar más próximos a Dios. Él los introducirá en Su misericordia. Dios es Absolvedor, Misericordioso.

Los primeros

100. Dios se complace con los primeros que aceptaron el Islam y emigraron [a Medina], se complace con aquellos que los socorrieron, y con todos los que sigan su ejemplo [en la fe y las buenas obras], y todos ellos se complacen con Dios. Él les ha reservado jardines por donde corren ríos, donde morarán por toda la eternidad. Ese es el triunfo grandioso.

Los hipócritas persistentes

101. Entre la gente de Medina y los beduinos que habitan a su alrededor hay hipócritas. Estos persisten en la hipocresía, tú no los conoces [¡Oh, Mujámmad!], pero Yo sí los conozco. Los castigaré dos veces [una en esta vida con adversidades y la otra en la tumba], luego [el Día del Juicio] sufrirán un terrible castigo.

Los perdonados

102. Otros, en cambio, reconocen sus pecados [y se arrepienten], pues realizaron obras malas que empañaron sus obras buenas. A estos Dios les aceptará su arrepentimiento, porque Dios es Absolvedor, Misericordioso. **103.** [¡Oh, Mujámmad!] Toma una parte de sus bienes materiales [como zakat] para expurgarles [con ello sus pecados] y purificarlos [de la avaricia], y ruega por ellos, que tus súplicas les transmiten paz. Dios todo lo oye, todo lo sabe. **104.** ¿Acaso no saben que Dios acepta el arrepentimiento de Sus siervos y sus caridades [y les multiplica su recompensa por ellas]? Dios es el Indulgente, el Misericordioso.

Segunda oportunidad

105. Diles [¡Oh, Mujámmad!, a los hipócritas]: "Obren como quieran, pero sepan que Dios, Su Mensajero y los creyentes verán sus obras". Luego comparecerán ante el Conocedor de lo oculto y lo manifiesto, y Él les informará lo que cometieron.

Los tres que se quedaron atrás

106. Otros esperan el designio de Dios, Quien los castigará [si no se arrepienten] o los perdonará [si lo hacen]. Dios lo sabe todo, es Sabio.

La mezquita construida para hacer daño

107. Quienes [de los hipócritas] construyeron una mezquita para hacer daño, difundir la incredulidad, sembrar la discordia entre los creyentes[48] y dar refugio a quienes combaten a Dios y a Su Mensajero, desde hace tiempo juran que la construyeron para hacer un acto de beneficencia, pero Dios atestigua que mienten. **108.** No ores [¡Oh, Mujámmad!] en ella nunca, y sabe que una mezquita construida con piedad desde el primer día[49] es más digna de que ores en ella, pues allí hay gente que desea purificarse, y Dios ama a quienes se purifican. **109.** ¿Acaso no es mejor quien construye sobre la base de la piedad y la complacencia de Dios que quien construye sobre un acan-

---

48 En el año 9 de la Hégira, justo antes de la *batalla de Tabuk*, un grupo de 12 hipócritas construyeron la *"mezquita de la discordia (Masyid Dirar)"*. El propósito fue promover la discordia y desunir a los creyentes. Le pidieron al Profeta, que la paz y las bendiciones de Dios sean con él, que rezara en esa mezquita, pero respondió: "Estoy en un viaje (por la Batalla de Tabuk) y estoy muy ocupado; si hubiera llegado (allí), hubiéramos rezado". Pero después que partió hacia Tabuk, estos versículos fueron revelados.

49 La mezquita de *Quba'*.

tilado arenoso a punto de desplomarse, que pronto precipitará a sus constructores al Infierno? Dios no guía a los opresores. **110.** La mezquita que construyeron no dejará de sembrar dudas e hipocresía [entre los incrédulos] hasta que sus corazones se detengan. Dios lo sabe todo, es Sabio.

La mejor oferta

111. Dios ha comprado a los creyentes, a cambio del Paraíso, sus vidas y sus bienes materiales que ofrecen por la causa de Dios hasta vencer o morir. Esta es una promesa verdadera que está mencionada en la Torá, el Evangelio y el Corán. ¿Quién es más fiel a su promesa que Dios? Bienaventurados sean por ofrecer [sus placeres mundanos] para comprar [los placeres de la otra vida]. Ese es el triunfo grandioso. **112.** [El triunfo es de quienes] se arrepienten [ante Dios], Lo adoran, Lo alaban, ayunan, se inclinan y se prosternan [en las oraciones], ordenan el bien y prohíben el mal, y respetan los preceptos [de Dios]. ¡Albricia a los creyentes!

Orar por los politeístas cuando mueren

113. No corresponde que el Profeta ni los creyentes pidan perdón por los idólatras aunque se trate de sus parientes, una vez que se haga evidente que serán de la gente del Infierno[50]. **114.** Abraham solo pidió perdón por su padre porque se lo había prometido, pero cuando se dio cuenta de que era un enemigo de Dios, se desentendió de él. Abraham era manso de corazón y paciente. **115.** Dios no desviaría a un pueblo luego de haberlo guiado, sin antes haberles transmitido Sus preceptos. Dios es Conocedor de todas las cosas.

El poder de Dios

116. A Dios pertenece el reino de los cielos y de la Tierra, Él da la vida y la muerte, y no tienen fuera de Dios protector ni defensor alguno.

La misericordia de Dios

117. Dios perdonó al Profeta, a los creyentes que habían emigrado y a quienes los socorrieron, cuando lo siguieron en los momentos difíciles [de la expedición a Tabuk], y aceptó el arrepentimiento de aquellos cuyos corazones estuvieron a punto de desviarse [al ausentarse de la expedición]. Él es Compasivo y Misericordioso con Sus siervos.

Los tres

118. También aceptó el arrepentimiento de los tres que se rezagaron [de la expedición]. A estos les resultó estrecha la Tierra a pesar de su vastedad [por la vergüenza que sentían], estaban acongojados y finalmente comprendieron que no tenían más refugio que Dios. Luego [de un tiempo] Él les aceptó su arrepentimiento para que regresaran [a Dios]. Dios es el Indulgente, el Misericordioso. **119.** ¡Oh, creyentes! Tengan temor de Dios y permanezcan junto a los que dicen siempre la verdad.

50 Se hace evidente que es una persona del Infierno cuando rechaza el mensaje y lucha contra él, muriendo en esa causa injusta.

Una buena recompensa

120. La gente de Medina y los beduinos que habitan a su alrededor no debían negarse a combatir con el Mensajero de Dios [si eran convocados] ni preferir sus propias vidas a la de él, ya que les es registrada una buena obra cada vez que sufren sed, cansancio y hambre mientras luchan por la causa de Dios, y cuando pisan terreno que enfurezca a los incrédulos, cuando los alcanza alguna hostilidad de los enemigos. Dios no deja que se pierda la recompensa de los que hacen el bien. **121.** Cuando contribuyen mucho o poco, o atraviesan un valle, les es registrada [una buena obra]. Así Dios los recompensa más de lo que han hecho.

Adquirir conocimiento

122. No deben salir a combatir todos los creyentes en una expedición. Que de cada región, algunos se queden para estudiar la religión y así puedan exhortar a su gente cuando regresen, para que de este modo se preserve [el conocimiento].

Hipócritas reaccionando a la Revelación

123. ¡Oh, creyentes! Combatan a aquellos incrédulos enemigos que habitan a su alrededor [y los combaten], que comprueben su severidad. Dios está con los piadosos. **124.** Cuando un capítulo [del Corán] es revelado, hay entre ellos[51] quienes dicen: "¿A quién le aumenta su fe?" Mientras que a los verdaderos creyentes sí les aumenta la fe, y se alegran por eso. **125.** En cambio, a aquellos cuyos corazones están enfermos [de hipocresía], este [nuevo capítulo] les aumenta maldad a la maldad [espiritual] que ya tienen, y mueren negando la verdad. **126.** ¿Acaso no ven que son puestos a prueba cada año una o dos veces? Pero aun así no se arrepienten ni reflexionan. **127.** Cuando un capítulo [del Corán] es revelado, [los hipócritas] se miran entre sí [y susurran]: "¿Acaso alguien puede ver [lo que hay en nuestros corazones]?", y se alejan. Pero Dios ha alejado sus corazones [de la verdad] porque son gente que no la comprenden.

Invitación para todos

128. Se les ha presentado un Mensajero de entre ustedes mismos que se apena por sus adversidades, se preocupa y desea que alcancen el bien [e ingresen al Paraíso]; es compasivo y misericordioso con los creyentes. **129.** [¡Oh, Mujámmad!] Si rechazan [el Mensaje] diles: "Me es suficiente con Dios, no hay otra divinidad salvo Él, a Él me encomiendo y Él es el Señor del Trono grandioso".

---

51 Los hipócritas.

10. Jonás

(Yûnus)

Similar al capítulo anterior, este capítulo del Corán fue revelado en La Meca, y hace énfasis en la aceptación del arrepentimiento por parte de Dios, en especial en el caso del pueblo de Jonás (versículo 98). Los reclamos paganos en contra del Corán son refutados tanto en este capítulo como en la siguiente. Se explica el breve período de esta vida mundana y la ingratitud de la gente hacia su Creador. Se insta al Profeta (ﷺ) a ejercitar la paciencia frente a la negación. Son citadas las historias del pueblo de Noé y del pueblo del Faraón, como advertencias a los negadores mecanos, preparando así el escenario para advertencias más detalladas en el capítulo siguiente.

En el nombre de Dios,
el Compasivo, el Misericordioso

Un Mensajero universal

1. *Álif. Lam. Ra'*. Éstos son los versículos del Libro sabio[1]. **2.** ¿Acaso se sorprende la gente de que [Dios] le haya concedido la revelación a uno de ellos: "Advierte a la gente y albricia a los creyentes que por sus buenas obras obtendrán una hermosa recompensa ante su Señor?" Los que se niegan a creer dicen: "Éste es evidentemente un hechicero".

El origen de la creación

3. Su Señor es Dios. Creó los cielos y la Tierra en seis eras y luego se estableció sobre el Trono. Él es Quien decide todos los asuntos, nadie podrá interceder ante Él sin Su permiso. Ese es Dios, su Señor; adórenlo. ¿Es que no reflexionan? **4.** Ante Él deberán comparecer todos, pues la promesa de Dios es verdadera. Él es Quien origina la creación y luego la reproduce[2] para retribuir con equidad a los creyentes que obraron rectamente. En cambio, los que se negaron a creer beberán agua hirviendo y recibirán un castigo doloroso por su incredulidad.

Las señales en la creación de Dios

5. Él es Quien hizo que el Sol tuviese luz propia y determinó que la Luna reflejara su luz en distintas fases para que ustedes puedan computar el número de años y los meses. Dios creó esto con la verdad. Él explica los signos para gente de conocimiento. **6.** En la sucesión de la noche y el día, y en lo que Dios ha creado en los cielos y en la Tierra, hay signos para la gente piadosa.

Los negadores de la Resurrección

7. Para aquellos que no esperan comparecer ante Mí, se complacen con la vida mundanal, se sienten satisfe-

1 Que contiene la Ley Divina de Dios.

2 En el Día de la Resurrección.

chos en ella, y son indiferentes con Mis signos, **8.** su morada será el Fuego por cuanto cometieron.

Guiado por la fe

9. [Pero] a quienes crean y obren rectamente, su Señor los guiará por medio de la fe hacia los Jardines de las Delicias por donde corren ríos. **10.** Allí invocarán: "¡Glorificado seas, oh, Dios!" El saludo entre ellos será: "¡Paz!" Y al finalizar sus súplicas dirán: "¡Todas las alabanzas pertenecen a Dios, Señor del universo!"

No se apresura el castigo

11. Si Dios precipitara a la gente el castigo de la misma forma en que la gente se precipita a buscar los bienes materiales, ya les habría llegado su hora. Pero abandoné, ciegos en su extravío, a quienes no esperan comparecer ante Mí.

Los desagradecidos

12. Cuando a la persona le acontece un mal Me implora recostado, sentado o de pie. Pero en cuanto lo libro del mal, continúa desobediente como si nunca Me hubiera invocado. Así es como los transgresores ven sus obras malas como buenas.

Advertencia a los paganos de La Meca

13. Destruí a muchas generaciones que los precedieron porque fueron opresores. Sus Mensajeros se presentaron ante ellos con las evidencias, pero no les creyeron. Así castigué al pueblo pecador. **14.** Luego hice que ustedes se sucedieran en generaciones unos a otros en la Tierra, para observar cómo obraban.

Los paganos exigen un Corán nuevo

15. Cuando se les recitan Mis versículos, quienes no esperan comparecer ante Mí dicen: "Tráenos otro Corán distinto o modifícalo". Respóndeles: "No me es permitido modificarlo, solo sigo lo que me ha sido revelado. Temo que si desobedezco a mi Señor me azote el castigo de un día terrible". **16.** Di [¡Oh, Mujámmad!]: "Si Dios no hubiera querido, yo no les habría recitado [el Corán] y no lo hubieran conocido jamás. Viví toda mi vida entre ustedes antes de la revelación. ¿Acaso no van a reflexionar?"[3] **17.** ¿Hay alguien más injusto que quien atribuye a Dios sus propias invenciones y desmiente Sus signos? Los que hacen el mal no tendrán éxito.

Dioses falsos

18. Adoran en vez de Dios lo que no puede perjudicarles ni beneficiarles, y dicen: "Éstos son nuestros intercesores ante Dios". Diles: "¿Acaso pretenden informarle a Dios algo que suceda en los cielos o en la Tie-

---

3 Antes de que su misión comenzara, los árabes de su tribu le habían puesto a Mujámmad un sobrenombre: *Al-Amín (el confiable)*, debido a su veracidad y sinceridad. Cuando al comenzar su misión profética Mujámmad les preguntó: "Si les dijera que detrás de este valle hay un ejército que piensa atacarlos, ¿me creerían?", le contestaron: "Sí, jamás te hemos escuchado decir una mentira". Esto evidencia que no tiene base alguna que lo acusen de mentiroso, siendo que saben, por su personalidad y comportamiento ejemplar durante años, que no iba a mentirles, así como sabían que Mujámmad no era un poeta ni había sido discípulo de ningún monje para copiar sus ideas.

rra que Él no sepa? ¡Glorificado sea! Está por encima de lo que Le asocian".

Ya no estamos unidos por la fe

19. La humanidad conformaba una sola nación[4], pero luego discreparon y se dividieron[5]. Si no fuera por el designio de tu Señor, ya habrían sido juzgados.

Exigir un milagro nuevo

20. Dicen: "¿Por qué no se le ha concedido [a Mujámmad] un milagro de su Señor?" Respóndeles: "El conocimiento de lo oculto pertenece solo a Dios. Esperen[6], que yo también esperaré".

Devolver un favor con negación

21. Cuando agracio a la gente con una misericordia después de haber padecido alguna adversidad, no agradecen Mi favor. Diles: "Dios les retribuirá por todo lo que hagan". Mis emisarios[7] registran todo cuanto hacen.

Metáfora de la ingratitud humana

22. Él es Quien facilitó que puedan transitar por la tierra y por el mar. Cuando navegan con buenos vientos se complacen, pero si los sacude una fuerte tormenta y las olas los golpean por todos lados y creen que ya no tienen salvación, entonces invocan solamente a Dios con toda sinceridad diciendo: "Si nos salvas de ésta seremos de los agradecidos". **23.** Pero cuando Dios los salva, Lo desobedecen nuevamente sembrando la corrupción en la Tierra con injusticias. ¡Oh, gente! Su corrupción recaerá sobre ustedes mismos. Solo disfrutarán del placer transitorio de esta vida, pero luego comparecerán ante Mí y les comunicaré todo lo que hacían.

Esta vida es fugaz

24. La vida mundanal es como el agua que hago descender del cielo con la que se riegan los cultivos de la tierra, de los cuales se alimentan los seres humanos y los animales. Cuando los frutos maduran, la tierra se embellece, y piensan las personas que tienen total disposición sobre ella. Entonces arraso los cultivos de noche o de día, devastando la tierra como si no hubiera sido cultivada. Con ejemplos como este explico los signos para gente que reflexiona.

Invitación al Paraíso

25. Dios convoca a la morada de la paz[8] y guía a quien quiere por el sendero recto. **26.** Quienes obren el bien obtendrán la mejor recompensa[9] y una gracia aún mayor[10]. Sus rostros no serán ensombrecidos ni sentirán humillación. Ellos serán los mora-

---

4 Todos eran monoteístas.

5 En sectas y religiones.

6 A que se manifieste la verdad a través de un signo o un milagro de Dios.

7 Los ángeles encargados de registrar las obras.

8 Uno de los nombres del Paraíso.

9 Otro de los nombres del Paraíso.

10 La contemplación de Dios.

dores del Paraíso en el que vivirán eternamente.

Advertencia sobre el Infierno

27. Pero quienes hayan obrado el mal recibirán como pago un mal equivalente y una humillación. No encontrarán quién los proteja de Dios. Sus rostros se ennegrecerán como la oscuridad de la noche. Ellos serán los habitantes del Fuego, en el que permanecerán eternamente.

Los dioses falsos y sus seguidores

28. El día que los congregue a todos le diré a los idólatras: "Permanezcan en sus sitios ustedes y sus ídolos". Luego los separaremos a unos de otros y sus ídolos dirán: "Nosotros no los obligamos a que nos adoraran. **29.** Dios es suficiente como testigo de que no sabíamos que nos adoraban". **30.** Todos serán retribuidos según sus obras. Comparecerán ante Dios, su verdadero Señor, y sus mentiras se desvanecerán.

Preguntas a los paganos:
1) ¿Quién provee?

31. Pregúntales: "¿Quién los sustenta con las gracias del cielo y de la Tierra? ¿Quién los agració con el oído y la vista? ¿Quién hace surgir lo vivo de lo muerto y lo muerto de lo vivo? ¿Quién tiene bajo Su poder todas las cosas?" Responderán: "¡Dios!" Diles: "¿Acaso no van a tener temor de Él [y abandonar la idolatría]?" **32.** Ese es Al-lah, su verdadero Señor. ¿Qué hay más allá de la Verdad sino el extravío? ¿Cómo pueden ser tan desviados? **33.** Así se cumplió la palabra de tu Señor contra los perversos: no creyeron.

2) ¿Quién crea?

34. Di: "¿Acaso alguno de sus ídolos puede originar una creación y luego reproducirla?" Diles: "Dios es Quien origina la creación y luego la reproduce. ¿Cómo pueden ser tan desviados [de adorar a otros]?"

3) ¿Quién guía?

35. Di: "¿Acaso alguno de sus ídolos puede guiar a alguien a la verdad?" Di: "Dios es Quien guía hacia la verdad". ¿Acaso no es más sensato seguir a Quien guía hacia la verdad, en vez de seguir a quienes no pueden guiar a nadie y necesitan ellos mismos ser guiados? ¿Cómo pueden actuar de esa forma? **36.** Pero la mayoría de ellos no sigue sino conjeturas. Las conjeturas no son un argumento válido frente a la Verdad. Dios bien sabe lo que hacen.

El desafío del Corán

37. El Corán no puede provenir sino de Dios. Confirma las revelaciones anteriores[11] y explica detalladamente Sus preceptos, no hay duda alguna que proviene del Señor del universo. **38.** Dicen[12]: "[Mujámmad] lo ha inventado". Diles: "Entonces produzcan un capítulo similar [a un capítulo del Corán]. Recurran para ello a

---

11 Confirma lo que permanece en ellas de la revelación divina original, y expone lo que ha sido agregado o quitado por el ser humano.

12 Los que se niegan a creer.

quienes quieran fuera de Dios, si es que dicen la verdad". **39.** Desmienten lo que no conocen y aquello cuya interpretación no han recibido aún. Así también desmintieron sus ancestros. Pero observa cómo fue el final de los opresores.

Dios es Quien guía

40. Entre ellos hay quienes creen en él y quienes no. Tu Señor conoce bien a los que siembran la corrupción. **41.** Pero si te desmienten, diles: "Yo soy responsable de mis obras y ustedes de las suyas. Ustedes no son responsables de lo que yo haga, como yo tampoco soy responsable de lo que ustedes hagan". **42.** Algunos de ellos te escuchan, pero, ¿acaso tú puedes hacer oír a quien Dios le ha impedido oír y razonar? **43.** Algunos de ellos te miran, pero, ¿acaso tú puedes hacer ver a quien Dios ha enceguecido? **44.** Dios no oprime a las personas en absolutamente nada, sino que son las personas las que se oprimen a sí mismas.

La vida es corta

45. El día que los congregue, les parecerá no haber permanecido[13]más que una hora. Se reconocerán entre ellos. Quienes desmintieron el encuentro con Dios habrán perdido, porque no seguían la guía.

Advertencia antes del juicio

46. Ya sea que te permita presenciar el castigo con el que los amenazo o que te haga morir antes, de igual manera ellos comparecerán ante Mí. Dios es testigo de lo que hacen. **47.** A cada comunidad envié un Mensajero[14]. Cada vez que lo desmintieron los destruí, salvando al Mensajero y a los creyentes, pero nadie fue castigado injustamente.

Cuando llegue el momento

48. Y dijeron: "¿Cuándo se cumplirá esta amenaza, si es que dices la verdad?" **49.** Diles: "Yo no puedo perjudicar ni beneficiar, a menos que Dios así lo quiera". Toda comunidad tiene un plazo prefijado; cuando éste llega no pueden retrasarlo ni adelantarlo, ni siquiera una hora.

El tormento de Dios

50. Di: "¿Y si el castigo los alcanzara súbitamente de noche o de día? ¿Aun así querrían los pecadores adelantarlo? **51.** ¿Acaso van a creer cuando ya haya ocurrido? ¿No era eso lo que, despectivamente, querían que fuera adelantado?" **52.** Luego se les dirá a los opresores: "Sufran el castigo eterno. ¿Acaso no es esta una retribución justa, acorde a lo que solían hacer?"

La promesa de Dios

53. Te preguntan: "Es real [el Día del Juicio]?" Di: "¡Juro por mi Señor que sí! Es la verdad de la que no podrán huir". **54.** Si los opresores tuvieran cuanto hay en la Tierra, que-

---

13 En este mundo.

14 Este versículo evidencia el carácter universal de la revelación de Dios que no se limita a los Profetas y Mensajeros que son mencionados en la Biblia, sino que Dios envió a cada pueblo y nación un Profeta que hablara su propio idioma y comprendiese su idiosincrasia, para transmitirles el mensaje del monoteísmo.

rrían darlo como rescate para salvarse. Pero cuando vean el castigo no podrán mostrar su arrepentimiento. Serán juzgados con equidad y no serán tratados injustamente. **55.** A Dios pertenece cuanto hay en los cielos y en la Tierra. La promesa de Dios se cumplirá, a pesar de que la mayoría lo ignora. **56.** Él da la vida y da la muerte, y ante Él han de comparecer.

La excelencia del Corán

57. ¡Oh, gente! Les ha llegado el Mensaje de su Señor, que es un motivo de reflexión, cura para toda incertidumbre que hubiera en sus corazones, guía y misericordia para los creyentes. **58.** Diles: "Que se alegren por esta gracia y misericordia de Dios. Eso es superior a todas las riquezas que pudieran acumular".

Las provisiones de Dios

59. Diles[15]: "Dios les ha provisto de sustento, pero consideraron lícita una parte y prohibida otra parte. Díganme: ¿Acaso Dios les dio esa orden, o están atribuyendo a Dios lo que a ustedes les parece?" **60.** ¿Qué creen que se hará con ellos, los que atribuyen a Dios sus propias invenciones, el Día del Juicio? Dios concede grandes favores a la gente, pero la mayoría no Le agradece.

El conocimiento de Dios

61. No hay situación en la que se encuentren, no hay pasaje del Corán que reciten ni otra obra que realicen, sin que Yo sea testigo de lo que hacen. A tu Señor no se Le escapa nada en la Tierra ni en el cielo, ni siquiera algo del peso de un átomo. No existe nada menor[16] o mayor a eso que no esté registrado en un Libro claro[17].

Los siervos cercanos a Dios

62. Los protegidos de Dios[18] no habrán de sentir temor ni tristeza[19], **63.** porque creyeron y fueron piadosos. **64.** Ellos recibirán la albricia en esta vida y en la otra. La promesa de

---

15 A los idólatras.

16 Hasta mediados del siglo XX se creía que las partículas más pequeñas eran los protones y los neutrones que componen el átomo. Más recientemente, sin embargo, partículas aún más pequeñas, de las cuales estas mismas consisten, fueron descubiertas. Una rama especializada de la física, llamada "física de partículas", desarrolló el estudio de estas "subpartículas" y su comportamiento. Esta investigación ha revelado que los protones y los neutrones que forman los átomos en realidad están conformados por subpartículas llamadas quarks. El tamaño de estos quarks es sorprendente: 1e-18 (0.000000000000000001 de un metro).

Otro punto digno de destacar es que estos versículos llaman la atención sobre el peso del átomo. La palabra *mizqal* مِثْقَال en la expresión traducida como "peso de un átomo" en los versículos anteriores, significa que tienen peso. De hecho, se ha descubierto que los protones, neutrones y electrones que forman los átomos también son compuestos por otros elementos que dan al átomo su peso. Por lo tanto, la afirmación de que el átomo tiene un peso, es otro milagro científico del Corán.

17 La Tabla Protegida.

18 Los protegidos o aliados de Dios (sing. Wali, plural Awlia') son aquellos que creen en Su unicidad, Le adoran solo a Él, cumplen con sus obligaciones y se alejan de las prohibiciones. Ver Corán 2:257.

19 En el Día del Juicio Final.

Dios es inalterable. Ese es el éxito grandioso.

El Todopoderoso

65. No te apenes por lo que dicen[20]. El triunfo será de Dios, Él todo lo oye, todo lo sabe. **66.** A Dios pertenece todo cuanto hay en los cielos y en la Tierra. ¿Y qué siguen, entonces, quienes invocan a ídolos en vez de invocar a Dios? Solo siguen conjeturas y no hacen más que suponer. **67.** Él es Quien ha hecho la noche para que descansen y el día para que vean[21]. En ello hay signos para quienes reflexionan.

Dios no tiene hijos

68. Dicen: "Dios ha tenido un hijo". ¡Glorificado sea! Él es el Opulento, Le pertenece cuanto hay en los cielos y en la Tierra. No tienen ninguna prueba de lo que inventan. ¿Acaso van a atribuir a Dios algo que no saben? **69.** Di: "Quienes atribuyen a Dios sus propias invenciones jamás alcanzarán la felicidad". **70.** Disfrutarán transitoriamente en la vida mundanal, pero luego comparecerán ante Mí y sufrirán un castigo severo por haberse negado a creer.

Noé y su pueblo

71. Relátales la historia de Noé, cuando dijo a su gente: "¡Oh, pueblo mío! Si les molesta que viva con ustedes y que les recuerde el mensaje de Dios, a Él me encomiendo. Decidan lo que van a hacer [conmigo] ustedes y sus ídolos. Tomen una decisión y aplíquenmela, y no me hagan esperar. **72.** Pero si lo rechazan[22] sepan que no les pido ningún pago, solo de Dios espero recompensa. Me ha sido ordenado que me cuente entre quienes se entregan a Él. **73.** Pero lo desmintieron, entonces lo salvé junto a sus seguidores que abordaron el arca, e hice que fueran los sucesores[23]. Ahogué a quienes desmintieron Mi mensaje. Observa el resultado de quienes fueron advertidos[24].

Los mensajeros después de Noé

74. Luego envié otros Mensajeros, quienes se presentaron ante sus pueblos con las evidencias, pero al igual que sus predecesores no creyeron. Así es como sellamos los corazones de los que transgreden.

Moisés y Aarón

75. Luego envié a Moisés y a Aarón con Mis signos ante el Faraón y su nobleza. Pero respondieron con soberbia porque eran criminales. **76.** Cuando les llegó Mi Mensaje dijeron: "Esto es claramente hechicería". **77.** Moisés dijo: "¿Esto es lo que dicen cuando les llega la Verdad? ¿Qué es hechicería? Los hechiceros no tendrán éxito". **78.** Dijeron: "¿Han venido[23] para alejarnos de la religión de nuestros padres, y así ser ustedes dos quienes tengan el dominio en la tie-

---

20 Los idólatras que rechazan tu mensaje.

21 Y puedan trabajar y realizar sus actividades.

22 Al mensaje que les transmito.

23 Dirigiéndose a Moisés y Aarón.

rra? Nosotros no les creeremos". **79.** El Faraón dijo: "Convoquen ante mí a todo hechicero experto". **80.** Cuando se presentaron los magos, Moisés les dijo: "Arrojen lo que tengan que arrojar". **81.** Y cuando arrojaron [sus varas, poniendo un hechizo en los ojos de la gente], Moisés dijo: "Lo que hacen es hechicería y Dios la va a anular. Dios no permite que prosperen las obras de los que siembran la corrupción. **82.** Dios confirma la verdad con Sus palabras, aunque eso disguste a los pecadores".

Algunos creyentes

83. No creyeron en Moisés sino unos pocos de su pueblo que temían que el Faraón y su nobleza los persiguieran. El Faraón era un tirano arrogante y transgresor en su propia tierra. **84.** Dijo Moisés: "¡Oh, pueblo mío! Si creen, encomiéndense a Dios, si es que realmente se han entregado a Él". **85.** Dijeron: "A Ti nos encomendamos, ¡Señor nuestro! No permitas que nos domine este pueblo opresor. **86.** Y por Tu misericordia, sálvanos de la gente que se niega a creer".

El poder de la oración

87. Le inspiré a Moisés y a su hermano: "Reserven algunas casas en la ciudad para su pueblo. Conviertan sus casas en lugares de culto, y sean constantes en la oración. [Oh, Moisés]: Albricia [con el auxilio de Dios] a todos los creyentes". **88.** Dijo Moisés: "¡Señor nuestro! Has concedido al Faraón y su nobleza suntuosidad y riqueza en la vida mundanal. ¡Señor nuestro! Eso ha hecho que se extravíen y desvíen a la gente de Tu camino. ¡Señor nuestro! Devasta sus riquezas y endurece sus corazones, porque no creerán hasta que vean el castigo doloroso". **89.** Dijo [Dios]: "El ruego que han hecho fue respondido. Sean rectos y no sigan el camino de los ignorantes".

El fin del Faraón

90. Hice que los Hijos de Israel cruzaran el mar. Pero el Faraón y su ejército los persiguieron injustamente, empujados por el odio. Cuando [el Faraón] sintió que se ahogaba y no tenía salvación, dijo: "Creo en una única divinidad como lo hace el pueblo de Israel, y a Él me entrego". **91.** ¿Ahora crees? Mientras que antes eras de los rebeldes [a Dios] y de los que sembraban la corrupción. **92.** Conservaré tu cuerpo [luego de que te ahogues] y te convertirás en un signo para que reflexionen las generaciones que te sucedan. Pero muchas personas son indiferentes a Mis signos.

La gracia de Dios para con los israelitas

93. Establecí al pueblo de Israel en un lugar próspero y lo sustenté con las cosas buenas de la vida. Pero cuando se les presentó la revelación, algunos creyeron y otros no. Tu Señor los juzgará el Día de la Resurrección acerca de lo que discrepaban.

Confirmar la verdad

94. [¡Oh, Mujámmad!] Si tienes alguna duda sobre lo que te ha sido revelado, pregúntales a quienes leían la revelación que te precedió. Te ha llegado la Verdad de tu Señor, no seas de los indecisos. **95.** Y no seas como quienes desmintieron las palabras de Dios, porque te contarías entre los perdedores.

El pueblo de Jonás salvado del tormento

96. Aquellos sobre los que se ha confirmado la palabra de tu Señor no creerán, **97.** aunque les llegara todo tipo de evidencia, hasta que finalmente les llegue el castigo doloroso. **98.** No hubo pueblo que al momento de azotarles el castigo, les haya beneficiado creer en ese instante, excepto el pueblo de Jonás[24]. Cuando creyeron los salvé del castigo humillante en esta vida y los dejé disfrutar algún tiempo más.

Convicción, no compulsión

99. Si tu Señor hubiera querido [imponérselos], todos los habitantes de la Tierra habrían creído. ¿Y tú piensas que puedes obligar a la gente a ser creyente? **100.** Nadie podrá creer a menos que Dios se lo permita, y Él dejará en el extravío a quienes no usen su razonamiento.

Invitación a pensar

101. Diles: "Reflexionen en todo cuanto hay en los cielos y en la Tierra"[25], pero no se benefician de los signos ni de las advertencias aquellos que se niegan a creer. **102.** ¿Acaso esperan que lleguen días como los que cayeron sobre los pueblos que les precedieron? Diles: "Esperen, que yo también estaré con ustedes esperando[26]. **103.** [Pero cuando llega el castigo a un pueblo] doy socorro a Mis Mensajeros y a los que han creído, porque es Mi compromiso socorrer a los creyentes.

La fe verdadera

104. Di: "¡Oh, gente! Si dudan de la religión que vivo, sepan que no adoro a los que ustedes adoran fuera de Dios. Yo solo adoro a Dios, que es Quien los hará morir. A mí me ha sido ordenado ser de los creyentes, **105.** consagrarme a la religión monoteísta pura, y no ser de los que asocian divinidades [en la adoración] a Dios, **106.** y jamás invocar en vez de Dios lo que no puede beneficiarme ni perjudicarme, porque si lo hiciera sería de los injustos". **107.** Si Dios te azota con una desgracia, nadie excepto Él podrá librarte de ella. Y si te concede un bien, nadie podrá impedir que te alcance. Dios concede Su gracia a quien quiere de Sus siervos. Él es el Absolvedor, el Misericordioso.

---

24 El pueblo de Jonás, la paz sea con él, al ver el castigo inminente de Dios, se arrepintió sinceramente y creyó en el mensaje que les transmitía su Profeta.

25 El Corán insta a los seres humanos a que observen y reflexionen acerca de las señales que indican la existencia de Dios en el universo –la Tierra, los cielos, todo lo que entre ellos existe– y ha hecho de esta observación y reflexión un recuerdo que vivifica los corazones de los creyentes. Es interesante la manera en que algunas personas contemporáneas llamaron a este método: "La ley de caminar y observar", ya que frecuentemente el Corán invita al hombre a viajar por el mundo y observar, aprendiendo de la experiencia. Esta invitación bien puede comprenderse en un sentido literal, o puede significar el pensamiento y la reflexión.

26 A que se cumpla la promesa de Dios.

Llamado a la humanidad

108. Di: "¡Oh, gente! Les ha llegado la Verdad de su Señor. Quien siga la guía lo hará en beneficio propio; pero quien se descarríe, solo se perjudicará a sí mismo. Yo no soy responsable de lo que ustedes hagan".

Consejo al Profeta

109. [¡Oh, Mujámmad!] Aférrate a lo que te ha sido revelado y sé paciente[27] hasta que Dios juzgue. Él es el mejor de los jueces.

27· Ante las adversidades en la divulgación de tu mensaje.

11. Hud

(Hûd)

Este capítulo del Corán fue revelado en La Meca, y recibe su nombre del Profeta Hud (ﷺ), cuya historia se menciona en los versículos 50-60. Se dan más detalles sobre Noé (ﷺ) en este capítulo que en la anterior y en el capítulo 7. Al igual que en el capítulo previo, las historias de los incrédulos destruidos están destinadas a disuadir a los paganos árabes y tranquilizar al Profeta (ﷺ) respecto a su triunfo final, y se hace una referencia a la recompensa de los creyentes y al castigo de los incrédulos en el Más Allá.

En el nombre de Dios,
el Compasivo, el Misericordioso

El mensaje del Corán

1. *Álif. Lam. Ra'*. [El Corán] es un Libro cuyos versículos han sido perfeccionados y explicados detalladamente por el Sabio, el Conocedor. **2.** [Diles, ¡Oh, Mujámmad!:] "No adoren sino a Dios, yo he sido enviado a ustedes como amonestador[1] y albriciador[2]. **3.** Supliquen perdón a su Señor y arrepiéntanse ante Él, pues así les concederá de Sus gracias hasta un plazo determinado, y recompensará a todo aquel que haga el bien. Temo que si rechazan [el Mensaje] los alcance el castigo de un día terrible[3]. **4.** Ante Dios han de comparecer y Él es sobre toda cosa poderoso".

Esconder la incredulidad

5. Ellos [los hipócritas] pretenden disimular su aversión y creen poder esconderse de Dios. Aunque se cubran con sus ropas, Él sabe bien lo que esconden y lo que manifiestan, pues conoce lo que encierran los pechos.

El poder de Dios

6. No existe criatura en la Tierra sin que sea Dios Quien la sustenta, Él conoce su morada y por donde transita; todo está registrado en un Libro evidente[4]. **7.** Él es Quien ha creado los cielos y la Tierra en seis eras, y Su Trono se encontraba sobre el agua, para probar quiénes de ustedes obran mejor. Si les dices [¡Oh, Mujámmad!]: "Serán resucitados después de la muerte", dirán los que se niegan a creer: "Esto no es sino hechicería evidente". **8.** Si les retraso su castigo hasta un plazo determinado, dirán [los incrédulos]: "¿Qué es lo que lo retiene?" ¿Acaso no saben que el día que les alcance el castigo no podrán evitarlo y los rodeará aquello de lo que se burlaban?

1 Para condenar la idolatría y las injusticias.
2 De la recompensa que han de recibir los monoteístas que hagan el bien.
3 El Día del Juicio Final.
4 La Tabla Protegida.

La adversidad y la prosperidad

9. Si le concedo a la persona algo de Mi gracia y luego se la quito, se desespera y se muestra desagradecida. **10.** Pero cuando le agracio luego de haber padecido una adversidad, dice: "Se han alejado los males de mí", se regocija con arrogancia. **11.** No se comportan así quienes fueron pacientes [ante las adversidades] y obraron el bien [en los momentos de gracia]; éstos obtendrán el perdón y una gran recompensa.

Congoja

12. [Por misericordia] tú podrías dejar de transmitirles algo de lo que te fue revelado, porque tu corazón se acongoja cuando dicen: "¿Por qué no se le ha concedido un tesoro o lo acompaña un ángel [para corroborar que es Profeta]?" Pero a ti solo te corresponde transmitir el Mensaje y amonestarlos; Dios es el protector de todas las cosas.

Desafiando a los paganos

13. O cuando dicen: "Él lo inventó"[5]. Diles: "[Si es verdad que un ser humano puede escribir algo tan maravilloso] escriban ustedes diez suras inventadas como ésta y preséntenlas, y convoquen a quienes puedan [para que los auxilien] en vez de Dios, si es que dicen la verdad". **14.** Pero si no les responden [el desafío], sepan que [el Corán] ha sido revelado con el conocimiento de Dios, porque no hay otra divinidad salvo Él. ¿Acaso no van a someterse a Él [haciéndose musulmanes]?

Placeres fugaces

15. A quienes prefieran la vida mundanal y sus placeres los recompensaré por sus obras en esta vida[6], se los concederé y no serán defraudados. **16.** Pero no obtendrán en la otra vida sino el castigo del Infierno. Allí, lo que hubieran hecho se desvanecerá, y sus obras habrán sido en vano.

La morada eterna

17. ¿Acaso quien cree en el Corán y se basa en una prueba que proviene de Su Señor, que es recitada por un testigo de Dios[7], y que antes se encontraba mencionada en el Libro de Moisés [la Torá] que fue una guía y una misericordia, es comparable con aquellos aliados[8] que no creen en el Corán? Ellos tendrán por morada el Infierno. No tengas dudas [de ello]. [El Corán] es la Verdad que dimana de tu Señor, aunque la mayoría de las personas no crean.

Los perdedores

18. ¿Hay alguien más injusto que quien inventa mentiras acerca de Dios? Ésos deberán comparecer

---

5 Al Sagrado Corán.

6 A quien le dé prioridad a los gozos de este mundo sobre su deseo de obrar el bien para obtener la recompensa de Dios en el más allá, Dios ha de recompensarlo por sus buenas acciones en este mundo, porque Él es justo y no deja ninguna buena acción por recompensar.

7 El Profeta Mujámmad, que la paz y las bendiciones de Dios sean con él.

8 El término "aliados" hace referencia a aquellos que se habían unido en la causa común de desmentir, perseguir e intentar exterminar a los musulmanes.

ante su Señor [para responder por sus mentiras], y entonces todos los testigos dirán: "Éstos son quienes mintieron acerca de su Señor". ¡Que la maldición de Dios caiga sobre los injustos **19.** que apartan a la gente del sendero de Dios, tratan de modificarlo y no creen en la otra vida! **20.** No podrán escapar de Dios en la Tierra, como tampoco tendrán [el Día del Juicio] quien los pueda proteger de Dios, y les será duplicado el castigo. Ellos no se permitieron oír [el Mensaje] ni querían ver [la verdad]. **21.** Ésos son los que se han perdido a sí mismos, porque todo lo que habían inventado [el Día del Juicio] se esfumará. **22.** No hay duda de que en la otra vida serán quienes más pierdan.

Los ganadores

23. En cambio, los que hayan creído y obrado el bien y se sometieron con humildad a su Señor, serán los moradores del Paraíso, donde permanecerán por toda la eternidad.

Los incrédulos y los creyentes

24. El parecido de ambos grupos es como el que tienen uno ciego y sordo con aquel que ve y oye. ¿Pueden compararse? ¿Es que no van a recapacitar?

El Profeta Noé

25. [Recuerda] que envié a Noé a su pueblo [y les dijo]: "He sido enviado para ustedes como un amonestador evidente, **26.** no adoren sino a Dios, pues temo que [si siguen adorando a sus ídolos] los azote el castigo un día doloroso [el Día del Juicio]". **27.** Los líderes de los que se negaron a creer de su pueblo, dijeron: "No eres más que un mortal como nosotros, y solo te siguen los pobres y débiles de nuestro pueblo sin ninguna reflexión. No los creemos mejores que nosotros, sino que los consideramos mentirosos".

El argumento de Noé

28. Dijo [Noé]: "¡Oh, pueblo mío! Me he presentado ante ustedes con una prueba evidente de mi Señor, Quien me ha agraciado con Su misericordia[9], a la que ustedes se mantienen ciegos. ¿Acaso creen que vamos a imponerles aceptar [el Mensaje] cuando no están de acuerdo? **29.** ¡Oh, pueblo mío! No les pido retribución alguna a cambio [de transmitirles el Mensaje][10], pues Dios será Quien me recompensará, y no voy a rechazar a los creyentes [pobres como me piden], porque ellos se encontrarán con su Señor [Quien los recompensará por su fe]; y veo que son ustedes un pueblo que se comporta como los ignorantes[11]. **30.** ¡Oh, pueblo mío! ¿Quién me protegerá

---

9 La profecía y el Mensaje.

10 Una señal de la veracidad de los Mensajeros, que puede verse al leer sus biografías, es que ellos eran ascetas respecto a los lujos transitorios de este mundo. Jamás solicitaron recompensa alguna a las personas por guiarlas al camino recto. Hicieron el bien sin esperar premio ni agradecimiento de la gente.

11 El Corán en este versículo condena la discriminación de las clases bajas, los pobres y los marginados sociales, así como condena que la religión se vuelva un asunto manejado por una élite que solo conforman los poderosos y adinerados.

de Dios si despreciara [a los pobres y débiles]? ¿Es que no recapacitan? **31.** No les digo que poseo los tesoros de Dios ni que conozco lo oculto, ni les digo que soy un ángel; tampoco digo que Dios no recompensará [en la otra vida] a aquellos que ustedes consideran inferiores [los débiles y los pobres], pues Dios bien sabe lo que hay en sus almas, porque si lo dijera sería de los injustos".

La respuesta de su pueblo

32. Le dijeron: "¡Oh, Noé! No has dejado de discutir y objetarnos, haz que se desencadene de una vez sobre nosotros aquello con lo que nos amenazas, si es verdad lo que dices". **33.** Dijo [Noé]: "Dios lo desencadenará [al castigo] si Él así lo decreta, y entonces no podrán huir. **34.** Y aunque los quiera beneficiar con mi exhortación, tampoco les servirá de nada si es voluntad de Dios su desvío. Él es su Señor, y ante Él comparecerán".

Los paganos desacreditan el Corán

35. Dicen [los idólatras de La Meca]: "Él lo inventó"[12]. Diles [¡Oh, Mujámmad!]: "Si yo lo hubiera inventado, sobre mí recaerían las consecuencias de mi delito, y soy inocente del delito [de incredulidad] que ustedes cometen".

El arca

36. [También] le fue revelado a Noé: "Salvo los que ya han creído, nadie más creerá de tu pueblo; no te aflijas por lo que hacen. **37.** Construye el arca bajo Mi observancia y según Mi inspiración, y no Me hables a favor de quienes obraron injustamente, porque estarán entre los que se ahoguen". **38.** Mientras construía el arca, cada vez que pasaban ante él los poderosos de su pueblo se burlaban, y él les decía: "Si se burlan de nosotros, sepan que ya nos burlaremos de ustedes como lo hacen ahora. **39.** Ya sabrán a quién le alcanzará un castigo humillante [en esta vida], y [en la otra] sufrirá un tormento eterno".

El diluvio

40. Cuando llegó el momento de cumplirse Mi orden [del diluvio], el agua comenzó a fluir y correr impetuosamente por el suelo, [entonces] le dije [a Noé]: "Embarca una pareja de cada especie [de la fauna doméstica de la zona], así como a tu familia, excepto aquél sobre quien pese la sentencia, y [por supuesto] a los creyentes". No obstante, los que habían creído en él eran muy pocos. **41.** Dijo [Noé]: "¡Suban al arca! ¡Que en el nombre de Dios navegue y llegue a buen puerto! Mi Señor es Perdonador, Misericordioso".

El hijo de Noé

42. [El arca] navegó con ellos a bordo entre olas altas como montañas. Noé llamó a su hijo que se encontraba en un lugar apartado: "¡Oh, hijito mío! Sube al arca con nosotros y no te cuentes entre los que se niegan a creer".**43.** Dijo [su hijo]: "Me refu-

---

12 Al Sagrado Corán.

giaré en una montaña que me protegerá de las aguas". Dijo [Noé]: "Hoy no habrá nada que pueda protegerlos del mandato de Dios, y solo se salvará aquel a quien Dios le tenga misericordia"; entonces las olas se interpusieron entre ambos, y [su hijo] se contó entre los ahogados. **44.** Y fue ordenado: "¡Oh, tierra! Absorbe tu agua. ¡Oh, cielo! Detente". Y entonces el agua fue decreciendo y así se cumplió el mandato, y [el arca] se asentó sobre el monte Yudi, y fue dicho: "¡La maldición recayó sobre los injustos!"

Noé suplica por su hijo

45. Noé invocó a su Señor diciendo: "¡Señor mío! Mi hijo era parte de mi familia [y pensé que no sería destruido]; Tu promesa es verdadera, y Tú eres el más justo de los jueces". **46.** Dijo [Dios a Noé]: "¡Oh, Noé! Él no era de [los que se salvarían de] tu familia, pues sus obras no eran rectas[13]; no Me cuestiones respecto aquello sobre lo que no tienes conocimiento. Te advierto para que no te cuentes entre los ignorantes". **47.** Dijo [Noé]: "¡Señor mío! Me refugio en Ti de cuestionarte algo sobre lo que no tengo conocimiento; si no me perdonas y Te apiadas de mí, me contaré entre los perdedores". **48.** Entonces, le fue dicho: "¡Oh, Noé! Desciende del arca con una paz proveniente de Mí. Que las bendiciones sean contigo y con las comunidades que sucederán a quienes están contigo. A algunas de ellas [que no creerán] las dejaré gozar [de esta vida mundanal], pero luego les azotará de Mi parte un castigo doloroso".

Historias del pasado

49. Estas son historias de lo oculto que te revelo [¡Oh, Mujámmad!], ni tú ni tu pueblo las conocían. Ten paciencia, que el éxito final será para los que tienen temor de Dios.

El Profeta Hud

50. Al pueblo de 'Ad le envié [como Profeta] a su hermano Hud [quien les dijo]: "¡Oh, pueblo mío! Adoren solo a Dios, pues no existe otra divinidad salvo Él; ustedes no hacen más que inventar mentiras [acerca de Dios al asociarle divinidades]. **51.** ¡Oh, pueblo mío! No les pido remuneración alguna a cambio [de trasmitirles el Mensaje], solo anhelo la recompensa de Quien me ha creado. ¿Es que no reflexionan? **52.** ¡Oh, pueblo mío! Pidan perdón a su Señor y arrepiéntanse, que Él les enviará del cielo lluvias benditas, aumentará su fortaleza y multiplicará su poderío. No den la espalda como los criminales".

La respuesta de su pueblo y el argumento de Hud

53. Dijeron: "¡Oh, Hud! No nos has presentado ningún milagro como para que abandonemos nuestros ídolos solo porque tú lo dices. ¡No tenemos fe en ti! **54.** Solo decimos que uno de nuestros ídolos te ha trastornado". Dijo [Hud]: "Pongo a Dios y a ustedes por testigos de que soy inocente de lo que adoran **55.** en vez

---

13 Conservó sus creencias idólatras y no aceptó a su padre como Profeta de Dios.

de Él. Confabúlense todos contra mí [si quieren] y no me hagan esperar. **56.** Yo me encomiendo a Dios, que es mi Señor y el suyo. Sepan que no hay criatura que se escape a Su voluntad. Mi Señor está en el camino recto [y juzga con justicia]. **57.** Pero si me rechazan, yo habré cumplido con transmitirles aquello con lo que fui enviado, y mi Señor los remplazará por otro pueblo diferente [que será creyente]. Sepan que no Lo perjudican en nada [si no creen en Él]; mi Señor es el Protector de todas las cosas".

El tormento

58. Cuando llegó Mi designio [de destruirlos], salvé por misericordia a Hud y a quienes creyeron con él, librándolos de un castigo terrible. **59.** Así fue el pueblo de 'Ad, negaron los signos de su Señor y desobedecieron a Sus Mensajeros, y siguieron a aquellos que se oponen a la verdad con arrogancia y prepotencia. **60.** Recibieron la maldición en este mundo y en el Día del Juicio. Los habitantes de 'Ad negaron a su Señor, y por ello el pueblo de Hud quedó fuera de la misericordia.

El Profeta Sálih

61. Y al pueblo de Zamud le envié [como Profeta] a su hermano Sálih, quien les dijo: "¡Oh, pueblo mío! Adoren a Dios, pues no existe otra divinidad salvo Él. Él los creó de la tierra y los hizo vivir en ella. Imploren Su perdón y arrepiéntanse, porque mi Señor está próximo [cuando Lo invocan] y responde sus súplicas".

El argumento de su pueblo

62. Dijeron: "¡Oh, Sálih! Teníamos esperanzas en ti [que fueras nuestro líder] antes de esto[14]. ¿Acaso nos prohíbes que adoremos lo que adoraron nuestros padres? Eso a lo que nos invitas nos resulta muy sospechoso".

Su respuesta

63. Dijo [Sálih]: "¡Oh, pueblo mío! ¿Acaso no ven que poseo una prueba evidente de mi Señor y que me ha concedido una misericordia[15]? ¿Quién me protegerá de Dios si Lo desobedezco? Lo que me ofrecen no es más que perdición para mí. **64.** ¡Oh, pueblo mío! Esta es la camella de Dios[16], y es para ustedes un signo [del poder divino], déjenla que paste en la tierra de Dios y no le hagan ningún daño, pues de lo contrario los azotará un castigo ineludible". **65.** Pero la mataron con crueldad, y entonces [Sálih] les dijo: "Disfruten en sus hogares durante tres días [porque luego les llegará el castigo]; esa es una promesa que no dejará de cumplirse".

El tormento

66. Pero cuando llegó lo que había decretado para ellos, salvé de la humillación de aquel día a Sálih y a los que habían creído en él, por miseri-

---

14 Que se hubiera proclamado Profeta y los invitara a abandonar la idolatría.

15 La profecía.

16 Dios la hizo surgir milagrosamente de entre las rocas.

cordia. Tu Señor es el Fortísimo, el Poderoso. **67.** Y el estrépito sorprendió a los injustos, que amanecieron muertos en sus casas **68.** como si nunca hubieran habitado en ellas. ¿Acaso los habitantes de Zamud no negaron a su Señor? Por ello el pueblo de Zamud quedó fuera de la misericordia.

Abraham es visitado por ángeles

69. Mis [ángeles] enviados se presentaron ante Abraham para darle una albricia[17]. Dijeron: "¡La paz sea contigo!" Respondió [Abraham]: "¡Y con ustedes!" Y no tardó en traerles un ternero asado. **70.** Pero cuando observó que sus manos no lo tocaban [al ternero] sospechó de ellos[18] y sintió temor, entonces le dijeron: "No temas, nosotros fuimos enviados al pueblo de Lot".

Albricias para Sara

71. Su mujer[19], que estaba de pie, se sonrió [sorprendida por la noticia], y le albricié con Isaac y que Isaac tendría como hijo a Jacob. **72.** Ella exclamó: "¡Cómo es posible! ¿Cómo he de concebir ahora que soy anciana, y mi marido también es un anciano? Esto es algo asombroso". **73.** Le dijeron [los ángeles]: "¿Acaso te asombras del designio de Dios? ¡Qué la misericordia de Dios y Sus bendiciones sean con ustedes, gente de la casa! Dios es Digno de alabanza, Glorioso".

Abraham suplica por el pueblo de Lot

74. Pero cuando se disipó el temor de Abraham y le fue dada la albricia, habló en favor del pueblo de Lot. **75.** Abraham era indulgente, lleno de compasión y siempre pedía perdón. **76.** [Le fue dicho:] "¡Oh, Abraham! Desiste de interceder por ellos, pues ha llegado el designio de tu Señor, y los azotará un castigo inapelable".

Los visitantes apuestos

77. Y cuando Mis emisarios[20] se presentaron ante Lot, éste [pensando que eran viajeros] se preocupó [por lo que su pueblo pudiere hacerles] y se sintió impotente para protegerlos[21]; exclamó: "¡Éste es un día terrible!" **78.** La gente de su pueblo, que ya eran conocidos por sus obscenidades, se presentaron presurosamente ante él, y éste les dijo: "¡Oh, pueblo mío! Aquí están mis hijas[22] [si de-

---

17 Le informaron sobre el pronto nacimiento de su hijo Isaac, y que la destrucción de Dios caería sobre el pueblo de Lot.

18 Que no eran seres humanos, porque no comían.

19 La esposa de Abraham.

20 Los ángeles que anteriormente habían visitado a Abraham.

21 Lot sintió impotencia para proteger a sus huéspedes de la gente de Sodoma, cuyas depravaciones sexuales han dado origen al término "sodomizar", que es una agresión sexual contra natura. Dado que Lot creía que sus visitantes eran tan solo unos jóvenes, estaba seguro de que serían agredidos sexualmente por los depravados habitantes de la ciudad.

22 Las palabras de Lot pueden referirse a sus propias hijas o a las mujeres en general, pero su implicancia más profunda apunta a la relación natural entre hombre y mujer, en contraste con la desviación sexual de los hombres de Sodoma.

sean casarse], porque eso es lo lícito y puro para ustedes. Tengan temor de Dios y no me avergüencen ante mis huéspedes. ¿Es que no hay entre ustedes ni un solo hombre recto?" **79.** Respondieron: "Tú sabes que no tenemos ninguna necesidad de tus hijas, y sabes bien lo que realmente queremos". **80.** [Lot] exclamó: "¡Ojalá tuviera fuerzas [para enfrentarme] contra ustedes, o un apoyo fuerte al que recurrir!"

Tranquilizando a Lot

81. Dijeron [los ángeles]: "¡Oh, Lot! Somos emisarios de tu Señor, [puedes estar tranquilo porque] ellos no podrán hacerte ningún daño. Márchate con tu familia durante la noche, y que ninguno de ustedes vuelva la mirada atrás, excepto tu esposa que sufrirá el mismo castigo que ellos. Su destrucción será al alba, ¿acaso el alba no está cerca?"

El tormento

82. Cuando llegó Mi designio, volteé [sus hogares] dejando arriba sus cimientos[23], e hice llover sobre ellos piedras de arcilla a montones, **83.** marcadas por tu Señor. Sepan [¡oh, idólatras!] que este castigo no está lejos de los injustos [como ustedes].

El Profeta Jetró

84. Al pueblo de Madián le envié [como Profeta] a su hermano Jetró, quien les dijo: "¡Oh, pueblo mío! Adoren a Dios, pues no existe otra divinidad salvo Él, y no mermen en la medida ni el peso[24]. Los veo hoy en la prosperidad, pero temo que los azote el castigo de un día ineludible. **85.** ¡Oh, pueblo mío! Cumplan en la medida y el peso con equidad, no se apoderen de los bienes ajenos, y no siembren la corrupción y el mal en la Tierra. **86.** Confórmense con lo que Dios los sustenta, pues ello es lo mejor para ustedes, si son creyentes. Sepan que yo no he sido enviado para velar por sus obras".

La respuesta de su pueblo

87. Le respondieron: "¡Oh, Jetró! ¿Es tu [forma de] adoración la que te ordena que dejemos aquello que adoraban nuestros padres, y dejemos de hacer con nuestros bienes lo que queramos? ¿En serio te crees afable y honrado?[25]"

El argumento de Jetró

88. Dijo: "¡Oh, pueblo mío! Me baso en una prueba evidente de mi Señor, Él me ha proveído un sustento generoso. No iba a prohibir lo que considero lícito para mí mismo. Solo pretendo su bienestar en la medida que pueda, pero mi éxito depende de Dios; a Él me encomiendo y ante Él me arrepiento. **89.** ¡Oh, pueblo mío! No permitan que su discrepancia conmigo los conduzca a ser alcanza-

---

23 Las construcciones fueron elevadas, volteadas y posteriormente dejadas caer al revés.

24 Ese pueblo era conocido por el fraude en sus transacciones.

25 Esta última frase irónica demuestra que, como muchos en la actualidad, consideraban que la religión no tiene nada que decir sobre la ética en el comercio y la administración de los bienes en beneficio de los pobres y los necesitados.

dos por un castigo como les ocurrió a los pueblos de Noé, Hud y Sálih. Y recuerden que [el castigo] del pueblo de Lot no está lejos de ustedes. **90.** Pidan perdón a su Señor y arrepiéntanse, porque mi Señor es Misericordioso, Afectuoso".

La amenaza

91. Dijeron: "¡Oh, Jetró! No entendemos mucho de lo que estás diciendo, y te consideramos entre nosotros una persona débil. Si no fuera por el clan al que perteneces te lapidaríamos; tú no tienes poder contra nosotros".

La respuesta de Jetró

92. Dijo: "¡Oh, pueblo mío! ¿Acaso mi tribu es más importante para ustedes que Dios, a Quien han dado la espalda? Mi Señor abarca [con Su conocimiento] todo lo que hacen. **93.** ¡Oh, pueblo mío! Obren acorde a sus principios, que yo obraré acorde a los míos. Ya sabrán en el futuro quién recibirá un castigo humillante y quién es el que miente. ¡Estén atentos, que yo también estaré atento junto a ustedes!"

El castigo

94. Cuando llegó Mi designio salvé, por Mi misericordia, a Jetró y a quienes con él creían. Pero a los injustos les sorprendió el estrépito, y amanecieron en sus casas muertos, **95.** como si no hubieran habitado en ellas. Los habitantes de Madián fueron execrados como habían sido execrados los de Zamud.

El Profeta Moisés

96. Envié a Moisés con Mis signos y pruebas evidentes **97.** para que se presentara ante el Faraón y su nobleza, pero ésta siguió la orden del Faraón. El Faraón no se encaminó. **98.** Él irá al frente de su pueblo el Día del Juicio y los conducirá al [castigo del] Infierno. ¡Qué pésimo lugar al que ingresarán! **99.** La maldición los alcanzó en este mundo y perdurará hasta el Día del Juicio. ¡Qué terrible maldición los alcanzó!

El castigo por la opresión

100. Éstas son historias que te he revelado de los pueblos [sobre los que ha descendido un castigo]. Algunos de ellos todavía siguen en pie, y otros han sido devastados. **101.** No fui injusto con ellos [al castigarlos], sino que ellos lo fueron consigo mismos [al rechazar a los Profetas]. De nada les sirvieron los ídolos que invocaban en lugar de Dios cuando llegó el designio de tu Señor, no hicieron más que aumentar su ruina. **102.** Así es el castigo de tu Señor, cuando decide azotar a un pueblo opresor los azota con un castigo doloroso y severo;

El Día del Juicio

103. en esto hay un motivo de reflexión para quien teme el castigo de la otra vida. El Día del Juicio serán congregadas las personas, ese día será atestiguado por todos. **104.** No lo retrasaré sino hasta su plazo prefijado, **105.** pero cuando llegue, nadie podrá hablar, excepto quien tenga el permiso de Dios. Entre los congregados estarán los desdichados y los bienaventurados.

El miserable

106. Los desdichados estarán en el Infierno, donde se oirán sus alaridos y sollozos. **107.** Estarán en él por toda la eternidad al igual que los cielos y la tierra [de la otra vida], excepto lo que tu Señor quiera. Tu Señor hace lo que quiere.

El alegre

108. En cambio, los bienaventurados estarán en el Paraíso eternamente al igual que los cielos y la tierra [de la otra vida], excepto lo que tu Señor quiera. [Los bienaventurados] serán recompensados con una gracia sin fin.

Seguir a ciegas

109. No tengas ninguna duda sobre lo que [los idólatras] adoran, pues lo que adoran [sin reflexionar] no es sino lo mismo que antes adoraban sus padres. Les daré lo que les corresponda, sin merma alguna.

La Torá

110. Concedí a Moisés el Libro[27], pero se opusieron a él, y de no ser porque tu Señor había decretado [retrasar el castigo hasta el Día del Juicio] ya los habría aniquilado. Ellos [los judíos] también dudan acerca del Corán.**111.** Tu Señor los juzgará a todos por sus obras. Él conoce perfectamente lo que hacen.

Consejo para los creyentes

112. Mantente firme [¡Oh, Mujámmad!, en el sendero recto] como se te ha ordenado, y que también lo hagan quienes se arrepientan [de su incredulidad y te sigan], y no trasgredan los límites. Él ve perfectamente todo lo que hacen. **113.** No se inclinen hacia los opresores[28] [aceptando su injusticia], porque [si lo hacen] los alcanzará el Fuego, y no tendrán protector fuera de Dios ni serán socorridos. **114.** Observa las oraciones prescritas en los dos extremos del día y durante la noche, pues las obras buenas borran las obras malas. Esto es una exhortación para quienes reflexionan. **115.** Sé paciente [ante las dificultades], porque Dios no dejará que se pierda la recompensa de los que hacen el bien.

Denunciar lo incorrecto

116. En las generaciones que los precedieron hubo solo unos pocos piadosos que se opusieron a la corrupción en la Tierra, a quienes salvé [junto a sus Profetas]. En cambio, los injustos [que eran la mayoría] permanecieron cegados por los placeres [de la vida mundanal] y terminaron siendo criminales. **117.** Tu Señor jamás destruiría un pueblo injustamente, cuando sus habitantes hacen el bien al prójimo.

El libre albedrío

118. Si tu Señor hubiera querido, habría hecho de todos los seres humanos una sola nación [de creyentes], [pero por Su sabiduría divina concedió al ser humano libre albedrío] y

27 La Torá.

28 Una de las razones por las que algunas personas entrarán al Infierno será la complicidad con los opresores.

ellos no dejarán de discrepar [unos con otros], **119.** excepto aquellos de quienes tu Señor tuvo misericordia [porque siguieron la guía], y con ese objetivo Dios los creó. Pero ha de cumplirse la palabra de tu Señor: "Llenaré el Infierno de *yinn* y de seres humanos [que rechacen a los Profetas]".

La moraleja de las historias

120. Todo esto que te he revelado sobre las historias de los Mensajeros es para [consolar y] afianzar tu corazón. Te han sido revelados, en este capítulo [del Corán] signos que evidencian la Verdad, y son una exhortación y un motivo de reflexión para los creyentes. **121.** Diles [¡Oh, Mujámmad!] a quienes no creen: "Obren a su manera, que nosotros lo haremos a la nuestra [según los preceptos del Islam], **122.** y esperen, que nosotros también aguardaremos [que Dios decida quién tiene razón]".

Dios Todopoderoso

123. Dios conoce lo oculto de los cielos y de la Tierra, y a Él retornan todos los asuntos. Adórenlo, pues, y encomiéndense a Él, y sepan que su Señor está bien atento a lo que hacen.

12. José

(Yûsuf)

Llamada con justicia 'el mejor de los relatos', este edificante capítulo Mecano fue revelado junto con los dos capítulos anteriores en un momento crítico de la vida del Profeta (ﷺ) después de la muerte de su esposa Jadîyah y de su tío Abu Tâlib, sus dos principales apoyos, luego de un boicot de tres años realizado por los paganos mecanos para reprimir a los creyentes. Esta es la historia de José (ﷺ) cuyos mediohermanos fueron impulsados por los celos y conspiraron para distanciarlo de su padre Jacob (ﷺ). José fue vendido como esclavo en Egipto, acusado falsamente y puesto en prisión durante varios años, para luego convertirse en Ministro de Hacienda de Egipto. Así como José (ﷺ), el Profeta Mujámmad (ﷺ) tuvo que alejarse de su tierra natal, enfrentó acusaciones falsas y fue maltratado por su propio pueblo, pero finalmente se convirtió en el líder indiscutible de Arabia. Cuando el Profeta (ﷺ) ingresó triunfante en La Meca después de muchos años de persecución, trató a la gente que lo había maltratado con amabilidad, recordando las palabras de José cuando sus hermanos le rogaron clemencia en el versículo 92: "Hoy no les reprocharé nada de lo que hayan hecho en el pasado. Que Dios los perdone, Él es el más Misericordioso de los misericordiosos".

En el nombre de Dios,
el Compasivo, el Misericordioso

La mejor de las historias

1. Álif. Lam. Ra'. Éstos son versículos de un Libro elocuente que muestra la verdad. **2.** He descendido el Corán en idioma árabe para que puedan comprender sus significados en su contexto. **3.** Te contaré la historia más hermosa de las que te he revelado en el Corán, de la que antes no tenías conocimiento.

El sueño de José

4. Cuando José dijo a su padre [Jacob]: "¡Padre mío! He soñado que se prosternaban ante mí once estrellas, el Sol y la Luna". **5.** Dijo [Jacob]: "¡Hijito mío! No les cuentes el sueño a tus hermanos porque conspirarán contra ti [por envidia]; el demonio es el enemigo declarado de los seres humanos. **6.** Tu Señor te elegirá [como Profeta] y te enseñará a interpretar los sueños; y completará Su bendición en ti [con la revelación] y en la descendencia de Jacob, tal como bendijo a tus antepasados, Abraham e Isaac; tu Señor todo lo sabe, es Sabio".

La conspiración de los hermanos de José

7. En la historia de José y sus hermanos hay signos para los que buscan la verdad. **8.** [Los hermanos de José] dijeron: "José y su hermano [Benjamín] son los preferidos de nuestro padre, a pesar de que somos muchos sus hijos. Nuestro padre está en un error evidente".

9. [Dijo uno de ellos]: "Maten a José o destiérrenlo para que la atención de nuestro padre sea para nosotros por igual. Luego nos arrepentiremos y podremos ser de los virtuosos nuevamente". **10.** Dijo uno de ellos: "No maten a José. Si ya tienen decidido deshacerse de él, mejor arrójenlo a lo profundo de un pozo seco, alguna caravana lo recogerá".

Convenciendo a Jacob

11. [Entonces se dirigieron a su padre] diciendo: "¡Padre nuestro! ¿Por qué no nos dejas cuidar de José? Solo tenemos buenas intenciones con él. **12.** Deja que venga con nosotros mañana, se divertirá y jugará. Nosotros lo cuidaremos". **13.** Dijo [Jacob]: "Me entristece que lo lleven lejos de mí, y temo que ustedes se descuiden y lo devore un lobo". **14.** Dijeron: "Si lo devorara un lobo, siendo nosotros un grupo numeroso, seríamos unos inútiles". **15.** Cuando se lo llevaron, acordaron arrojarlo a lo profundo de un pozo seco. Una vez que lo hicieron le inspiré a José: "Algún día les recordarás lo que están haciendo ahora, sin que ellos te reconozcan".

Fingiendo la muerte de José

16. Al anochecer, se presentaron ante su padre llorando. **17.** Dijeron: "¡Padre! Competíamos corriendo entre nosotros y dejamos a José con nuestras provisiones, y lo devoró un lobo. Te decimos la verdad, aunque no quieras creernos". **18.** Y le mostraron su túnica manchada con sangre falsa. Dijo [Jacob]: "Lo que ha sucedido no es como me lo cuentan, sino que es una falsedad que inventaron. Me resignaré pacientemente y que Dios me dé consuelo para sobrellevar la desgracia que me acaban de contar".

José es vendido como esclavo

19. Cuando pasó una caravana [cerca del pozo], enviaron a uno de ellos a buscar agua. Éste echó el cubo y al subirlo [vio a José y] exclamó: "¡Buenas noticias! Aquí hay un muchacho". Y lo ocultaron para venderlo; pero Dios bien sabía lo que hacían. **20.** [Mientras espiaban, sus hermanos vieron lo que ocurría y reclamaron que José era su esclavo.] Lo vendieron [a la caravana] por un precio insignificante, unas pocas monedas, para deshacerse de él.

José en Egipto

21. Y luego el egipcio que lo compró le dijo a su mujer: "Recíbelo honorablemente, podría sernos útil o quizá lo adoptemos como hijo". Así concedí a José una buena posición en esa tierra, y le enseñé la interpretación de los sueños. La voluntad de Dios siempre prevalece, pero la mayoría de la gente no lo sabe. **22.** Y cuando alcanzó la mayoría de edad, le concedí el discernimiento y la sabiduría [a través de la revelación]. Así es como recompenso a los que hacen el bien.

La tentación

23. Pero la señora de la casa en la cual estaba se sintió atraída por él. Lo llamó y, cerrando las puertas, exclamó: "¡Ven aquí, soy tuya!" Dijo José: "¡Qué Dios me proteja! Mi amo [tu esposo] me ha colmado de honores. Debes saber que los traidores no acaban bien". **24.** Ella lo deseó, y él la hubiera deseado de no ser porque vio una señal de su Señor. Así lo preservé del pecado y la obscenidad, porque era uno de Mis siervos elegidos. **25.** [José procuró huir y] ambos corrieron hacia la puerta, ella [al intentar detenerlo] rasgó la túnica de él por detrás y fueron sorprendidos por el marido de ella junto a la puerta, por lo que ella se apresuró a decir: "¿Qué pena merece quien ha pretendido deshonrar a tu mujer, sino que lo encarcelen o reciba un castigo severo?"

El testigo

26. Dijo José: "Fue ella quien intentó seducirme". Entonces un testigo de la familia de ella dijo: "Si su camisa fue rasgada por delante, ella ha dicho la verdad y él es quien miente. **27.** Pero si su camisa fue rasgada por detrás, entonces ella miente y él dice la verdad". **28.** Cuando el esposo vio que la camisa estaba rasgada por detrás, dijo: "Es una astucia propia de mujeres; sus artimañas son terribles. **29.** ¡José! Olvida lo sucedido [y no se lo menciones a nadie]. Y tú, mujer, pide perdón por lo que has hecho; porque has incurrido en una falta grave".

Las mujeres y el atractivo de José

30. Pero algunas mujeres de la ciudad comentaron: "La mujer del gobernador pretende seducir a su joven criado. Su amor por él la ha trastornado. Pensamos que está profundamente equivocada". **31.** Cuando [la mujer del gobernador] se enteró de sus habladurías las invitó [a su casa], les preparó un banquete y dio a cada una de ellas un cuchillo [para cortar la comida]. Entonces le dijo [a José]: "Preséntate ante ellas". Cuando lo vieron quedaron tan asombradas [por su belleza] que se cortaron la mano [por la distracción], y dijeron: "¡Dios Santo! No es un ser humano, es un ángel hermoso"[1]. **32.** [Dijo ella:] "Éste es por quien me censuraban. Yo quise seducirlo, pero se mantuvo casto. Si no hace lo que le pido, ordenaré que lo encarcelen y terminará siendo humillado".

El menor de los males

33. Dijo [José]: "¡Señor mío! Prefiero la cárcel a caer en lo que éstas mujeres me proponen; pero si no apartas de mí su acoso, cederé a sus encantos y cometeré una estupidez". **34.** Pero su Señor respondió a su súplica y apartó de él sus artimañas; Él todo lo oye, todo lo sabe. **35.** Luego, a pesar de las pruebas de su inocencia, optaron por encarcelarlo temporalmente [para evitar los rumores].

Los sueños de los dos prisioneros

36. Junto con él fueron encarcelados otros dos jóvenes. Dijo uno de ellos: "Me vi en un sueño prensando vino". Y dijo el otro: "Yo me vi llevando pan sobre la cabeza, del cual comían los pájaros. Háblanos sobre su in-

---

1 El concepto de que los ángeles son hermosos está establecido en la mente de la gente, de la misma manera que la idea de que los demonios son horribles. Por eso se asocia la idea de belleza a los ángeles, tal como las mujeres dijeron al ver al Profeta José.

terpretación, porque nos pareces un hombre virtuoso".

Invitación a la verdad

37. [Dijo José:] "Antes de que traigan la comida ya les habré dado su interpretación. La interpretación de los sueños es algo que mi Señor me enseñó; sepan primero que rechazo las costumbres de un pueblo que no cree en Dios y niega la existencia de la otra vida. **38.** Yo sigo la religión de mis ancestros, Abraham, Isaac y Jacob. Nosotros no asociamos ningún copartícipe a Dios. Esto es una gracia de Dios para nosotros y para todo aquel que siga la guía, pero la mayoría de la gente no lo agradece. **39.** ¡Compañeros de cárcel! ¿Qué es más razonable? ¿Creer en muchos ídolos o creer en Dios, el Único, el Victorioso? **40.** Los [ídolos] que adoran en lugar de Dios, no son sino nombres que ustedes y sus padres han elegido [para algunas piedras y estatuas], siendo que Dios no les reveló nada al respecto. El juicio solo pertenece a Dios, Quien ordenó que no adoren a nada ni nadie excepto a Él; esa es la religión verdadera, pero la mayoría de la gente lo ignora.

La interpretación de los sueños

41. ¡Compañeros de cárcel! [La interpretación de sus sueños es que] uno servirá vino [de nuevo] al rey; mientras que el otro será crucificado y los pájaros comerán de su cabeza. El asunto sobre el que me han consultado ya ha sido decretado". **42.** Le dijo [José] a quien supo que quedaría en libertad: "Menciona mi caso ante el rey[2]". Pero el demonio le hizo olvidar que lo mencionara ante su amo, por lo que [José] permaneció en la cárcel varios años más.

El sueño del Rey

43. [Cierto día] dijo el rey: "He visto en mis sueños siete vacas gordas devoradas por siete vacas flacas, y siete espigas verdes y otras [siete] secas. ¡Cortesanos! Expliquen mi sueño, si es que saben interpretarlo". **44.** Respondieron: "Son sueños incoherentes, y nosotros no somos expertos en la interpretación de sueños". **45.** Entonces dijo aquel de los dos que se había salvado [de la prisión] al recordar [a José] mucho tiempo después: "Yo les explicaré su significado; envíenme [a la cárcel para preguntar a José]".

Interpretación del sueño del Rey

46. "¡José! ¡Tú que dices la verdad! Interpreta qué significa un sueño donde siete vacas gordas son devoradas por siete vacas flacas, y [donde aparecen] siete espigas verdes y otras [siete] secas; para que regrese con su explicación ante la gente y así sepan [sobre tu don]". **47.** Dijo [José]: "Deben sembrar como de costumbre siete años, pero lo que cosechen déjenlo dentro de la espiga [para conservarlo] excepto una parte, de la que pueden comer. **48.** Luego vendrán siete años de sequía en los

---

2 Es importante mencionar aquí la exactitud histórica del Corán al llamar rey al soberano de los egipcios durante esta época y al llamar Faraón al de la época de Moisés, mientras que la Biblia, en clara anacronía, llama Faraón a ambos soberanos.

que comerán lo que hayan acopiado, salvo la parte [reservada para volver a sembrar]. **49.** Luego vendrá un año en que la gente será bendecida con la lluvia, y en él volverán a tener jugo de los frutos".

José es declarado inocente

50. [Al escuchar la interpretación,] el rey dijo: "¡Tráiganlo ante mí!" Pero cuando el enviado se presentó ante José, éste le dijo: "Regresa ante tu amo y pregúntale qué pasó con aquellas mujeres que se cortaron las manos. Mi Señor está bien enterado de sus conspiraciones". **51.** [Las mujeres fueron reunidas ante el rey y] les dijo: "¿Qué sucedió cuando intentaron seducir a José?" Dijeron: "¡Que Dios nos ampare! No sabemos nada malo de él". Entonces la mujer del gobernador dijo: "Ahora la verdad ha salido a la luz. Yo soy la que quiso seducirlo, y él decía la verdad. **52.** Digo esto para que [mi esposo] sepa que no lo traicioné en su ausencia, y sé bien que Dios desbarata las intrigas de los traidores. **53.** No pretendo excusarme, porque el alma suele ordenar el mal, y solo están a salvo de ello aquellos a quienes mi Señor los protege. Mi Señor es Absolvedor, Misericordioso".

José, Primer Ministro

54. Dijo el rey: "¡Tráiganlo ante mí! Haré que sea mi hombre de confianza". Cuando hablaron le dijo: "Desde hoy gozas de autoridad y confianza". **55.** Dijo [José]: "Ponme a cargo de los graneros [y las arcas] del país, porque yo sé cómo administrarlas con prudencia". **56.** Así fue como hice a José gobernar la tierra [de Egipto], donde pudo establecerse a su gusto. Concedo Mi misericordia a quien quiero, y no dejo que se pierda la recompensa de los que hacen el bien [en este mundo]. **57.** Pero para los creyentes piadosos la recompensa en la otra vida es superior.

Los hermanos de José visitan Egipto

58. [Pasados algunos años,] llegaron los hermanos de José [a Egipto en busca de provisiones] y se presentaron ante él, y él los reconoció, mientras que ellos no lo reconocieron. **59.** Cuando les hubo suministrado sus provisiones, les dijo: "[La próxima vez que vengan,] traigan a su hermano por parte de padre[3]. ¿No ven que les he dado la medida justa y soy el mejor de los anfitriones? **60.** Si no lo traen, no obtendrán más provisiones de mí, ni se les permitirá acercarse a mí". **61.** Dijeron: "Convenceremos a su padre para que se desprenda de él, haremos todo lo posible de nuestra parte". **62.** [José] dijo a sus criados: "Pongan [el valor que pagaron por] su mercancía en su equipaje nuevamente, para que lo encuentren cuando vuelvan a su gente y así ansíen regresar".

Los hermanos regresan a casa

63. Cuando regresaron ante su padre dijeron: "¡Padre! Se nos ha negado el grano [en el futuro a menos que

---

3 Benjamín era el único hermano de padre y madre que tenía José. El resto de sus hermanos tenían el mismo padre, pero no la misma madre.

llevemos a Benjamín], envía pues a nuestro hermano con nosotros para que podamos aprovisionarnos, y ten certeza de que lo cuidaremos". **64.** Dijo [Jacob]: "¿Acaso esperan que se los confíe de la misma manera que antaño les confié a su hermano [José]? Dios es mejor custodio que ustedes, y el más Misericordioso de los misericordiosos. **65.** Y cuando abrieron su equipaje encontraron que se les había devuelto [el valor de] su mercancía; dijeron: "¡Padre! ¿Qué más queremos? ¡Aquí está nuestra mercancía, nos ha sido devuelta! [Si dejas venir a Benjamín con nosotros] podremos traer más provisiones para nuestra gente, cuidaremos de nuestro hermano, y obtendremos otra carga de camello. Lo que hemos traído es una carga escasa". **66.** [Dijo Jacob:] "No lo enviaré hasta que me juren solemnemente por Dios que lo traerán de regreso, a menos que se vean impedidos por fuerza mayor". Cuando hicieron el juramento les dijo: "Dios es testigo de este compromiso".

La sabiduría de Jacob

67. Dijo [Jacob]: "¡Hijos míos! No entren todos [a la ciudad] por la misma puerta, mejor ingresen por puertas diferentes[4], pero sepan que no puedo hacer nada contra el designio de Dios, pues Él es Quien decreta todos los asuntos. En Él he depositado mi confianza, y a Él deben encomendarse quienes en Él confían". **68.** Pero aunque entraron del modo que les aconsejó su padre, esto de nada les habría servido contra el designio de Dios, pues solo era una prevención que Jacob había tomado [para proteger a sus hijos]. Jacob tenía un conocimiento que le había enseñado [a través de la revelación]. Pero la mayoría de la gente lo ignora.

La copa real

69. Y cuando [los hijos de Jacob] se presentaron ante José, éste abrazó a su hermano [Benjamín], y le dijo [en secreto]: "Yo soy tu hermano, ya no sientas pena por lo que ellos hicieron [conmigo]". **70.** Y tras haberles dado sus provisiones, escondió una copa [del rey] en el saco de su hermano [Benjamín]. Y [cuando iban saliendo de la ciudad] un pregonero gritó: "¡Gente de la caravana, son unos ladrones!" **71.** Dijeron [los hermanos de José] dirigiéndose a los guardias: "¿Qué es lo que se ha perdido?" **72.** Respondieron: "Perdimos una copa del rey. A quien la encuentre le daremos la carga de un camello [de recompensa], y [dijo el pregonero:] yo lo garantizo". **73.** "¡Por Dios! Bien saben que no hemos venido a corromper en la tierra [de Egipto] ni somos ladrones" [dijeron los hermanos de José]. **74.** Dijeron [los guardias]: "¿Cuál debería ser el castigo de quien esté mintiendo?" **75.** [Respondieron:] "El castigo de aquel a quien se le encontrase [la copa] en su equipaje debería ser que sea aprisionado. Así es como se castiga a los que cometen ese crimen".

---

4 Para no llamar la atención.

José retiene a Benjamín

76. Entonces [fueron llevados ante José para ser registrados, y] empezó por el equipaje de ellos antes que el de su hermano [Benjamín], de donde sacó la copa. Así se lo inspiré a José. No habría podido quedarse con su hermano [de otra forma], pues así era la ley del rey, y Dios así lo quiso. Elevo en grados a quien quiero [a través del conocimiento], pero por encima de todo sabio está El que todo lo sabe. **77.** [Tan pronto como la copa fue descubierta en el equipaje de Benjamín, los hermanos] dijeron: "Si ha robado, ya antes un hermano suyo había robado", pero José se contuvo y no les respondió, sino que pensó para sus adentros: "Ustedes son mucho peores, y Dios sabe bien la mentira que están diciendo". **78.** Dijeron [los hermanos]: "¡Oh, gobernador! Él tiene un padre muy anciano, quédate con uno de nosotros en su lugar; vemos que eres un hombre de bien". **79.** Dijo [José]: "¡Dios nos libre de castigar a otro que aquel al que le encontramos la copa en su poder! Porque seríamos injustos".

Malas noticias para Jacob, de nuevo

80. Cuando perdieron toda esperanza de persuadirlo, se retiraron a deliberar. Dijo el mayor de ellos: "¿Recuerdan que nuestro padre nos hizo jurar solemnemente por Dios[5], pues ya antes habíamos fallado con respecto a José? No me moveré de esta tierra hasta que mi padre lo autorice, o Dios juzgue a mi favor, porque Él es el mejor de los jueces. **81.** Vuelvan ante nuestro padre y díganle: ¡Padre! Tu hijo ha robado, y solo atestiguamos sobre lo que hemos sabido, y no tenemos acceso a lo oculto [para saber si realmente lo hizo o no]. **82.** Y pregunta en la ciudad donde estuvimos y a la caravana con la que regresamos, pues decimos la verdad".

La aflicción de Jacob

83. [Pero Jacob al escucharlos] dijo: "Lo que ha sucedido no es como me lo cuentan, sino que es una falsedad que inventaron. Me resignaré pacientemente y que Dios me dé consuelo para sobrellevar la desgracia que me acaban de contar. Quiera Dios devolverme a todos [mis hijos]. Él todo lo sabe, es el Sabio". **84.** Y [le recordó el dolor por su hijo perdido y] se apartó de ellos diciendo: "¡Qué pena siento por la falta de José!" Y perdió la vista por tanta pena, y quedó desconsolado, sufriendo en silencio. **85.** Dijeron [sus hijos]: "¡Por Dios! No dejarás de recordar a José hasta enfermar o morir". **86.** Dijo [Jacob]: "Solo me quejo a Dios en mi lamento y mi dolor, y sé de Dios lo que ustedes no saben. **87.** ¡Hijos míos! Vuelvan [a Egipto], averigüen sobre José y su hermano, y no desesperen de la bondad de Dios, pues no desesperan de la bondad de Dios sino los incrédulos".

José revela su identidad

88. [En Egipto] se presentaron ante José y le dijeron: "¡Oh, gobernador! Hemos sido alcanzados por la sequía, nosotros y nuestras familias, por eso

---

5 Que iban a llevar de regreso a Benjamín.

trajimos mercadería de escaso valor, pero danos una justa medida y sé caritativo con nosotros; Dios recompensa a los generosos". **89.** Entonces les dijo [José]: "¿Acaso recuerdan lo que hicieron con José y su hermano, llevados por la ignorancia?" **90.** Dijeron [sorprendidos]: "¿Eres tú José?" Respondió: "Yo soy José y éste es mi hermano [Benjamín]. Dios nos ha agraciado [con el reencuentro]. Quienes tengan temor de Dios y sean pacientes [ante las adversidades], sepan que Dios no dejará de recompensar a los que hacen el bien".

Las disculpas de los hermanos son aceptadas

91. Dijeron: "¡Por Dios! Te ha enaltecido Dios muy por encima de nosotros. Nosotros estábamos en el error". **92.** Dijo [José]: "Hoy no les reprocharé nada de lo que hayan hecho en el pasado. Que Dios los perdone, Él es el más Misericordioso de los misericordiosos. **93.** Vayan con mi camisa y pónganla sobre el rostro de mi padre, que así recuperará la vista; y traigan a toda la familia".

Jacob recupera su vista

94. Cuando la caravana partía[6], dijo su padre [Jacob a quienes estaban junto a él]: "Aunque piensen que desvarío, en este momento noto la presencia de José en el aire". **95.** Dijeron [los otros hijos]: "¡Por Dios! Sigues en tu antiguo error". **96.** Cuando llegaron, le colocaron [la camisa] sobre su rostro y recuperó inmediatamente la vista. [Jacob] exclamó: "¿No les dije que yo sabía de Dios lo que ustedes ignoran?" **97.** Dijeron: "¡Padre! Pide a Dios que perdone nuestros pecados, nosotros estábamos en el error". **98.** Respondió: "Pediré a mi Señor que los perdone, Él es el Absolvedor, el Misericordioso".

El sueño de José se hace realidad

99. Luego [cuando llegaron todos a Egipto y] se presentaron ante José, éste abrazó a sus padres y dijo: "Vivan en Egipto, si Dios quiere estarán seguros aquí". **100.** Hizo sentar en el trono a sus padres, que junto a todos [los hermanos] cayeron prosternados ante José, quien dijo: "¡Padre mío! Esta es la interpretación del sueño que tuve [cuando era niño], y mi Señor hizo que se cumpliera. Dios me favoreció sacándome de la cárcel y trayéndolos del desierto ante mí, a pesar de que el demonio había sembrado la discordia entre mis hermanos y yo. Mi Señor es Sutil con quien quiere, y Él todo lo sabe, es Sabio.

La oración de José

101. ¡Señor mío! Me has concedido autoridad y me has enseñado la interpretación de los sueños. ¡Creador de los cielos y la Tierra! Tú eres mi Protector en esta vida y en la otra, hazme morir sometido a Ti, y reúneme con los virtuosos".

Recordatorios al Profeta Mujámmad

102. [¡Oh, Mujámmad!] Esta historia que te he revelado había permanecido oculta hasta ahora. Tú no estabas pre-

---

6 De Egipto a Palestina.

sente cuando [los hermanos de José] planearon [eliminarlo] y se complotaron. **103.** La mayoría de los seres humanos, aunque te esfuerces [para que crean], no serán creyentes. **104.** Tú no pides remuneración alguna por transmitir el Mensaje, que está dirigido a toda la humanidad. **105.** ¡Cuántos signos hay en los cielos y en la Tierra que pasan frente a ellos, pero no prestan atención! **106.** La mayoría de los que creen en Dios caen en dedicarle actos de adoración a otros[7]. **107.** ¿Acaso [estas personas] se sienten a salvo de ser alcanzados por el castigo de Dios, o a salvo de que les llegue la Hora del Juicio de improviso, cuando menos lo esperan?

Invitación con conocimiento y sabiduría

108. Di: "Éste es mi sendero, tanto yo como quienes me siguen invitamos a adorar a Dios con conocimiento. ¡Glorificado sea Dios! No soy de los que idolatran divinidades junto a Dios".

Los mensajeros de Dios

109. No he enviado antes de ti sino a hombres que pertenecían a sus propias comunidades para que le transmitieran Mi revelación. ¿Por qué [quienes rechazan este mensaje] no viajan por el mundo y observan cómo fue que acabaron los pueblos de la antigüedad [que desmintieron a los Profetas]? La morada de la otra vida será mejor para quienes tienen temor de Dios. ¿Es que no van a reflexionar? **110.** [Todos los Profetas sufrieron persecución y rechazo] al punto que cuando los Mensajeros se resignaron y tuvieron la certeza de que les desmentirían definitivamente, les llegó Mi auxilio: entonces, todos aquellos a quienes quise [salvar] fueron salvados [y los que rechazaron la verdad fueron destruidos]: pues la gente que se hunde en el pecado no puede escapar de Mi ira.

Las historias de los mensajeros en el Corán

111. En las historias [de los Profetas] hay un motivo de enseñanza para la gente que reflexiona. [El Corán] no es un relato inventado, sino que es una confirmación de lo ya revelado anteriormente, así como una explicación detallada de todas las cosas, una guía y misericordia para los creyentes.

---

7 El objetivo del monoteísmo (*Tauhid*) no es la sola afirmación del Dominio y el Señorío (*Tauhid Ar-Rububiah*), es decir, creer en la existencia de Dios y que solo Él es el Creador del Universo, tal como afirman algunos filósofos y teósofos. Éstos consideran que al afirmar este concepto con pruebas han alcanzado, de hecho, el objetivo del monoteísmo en su totalidad. Pero la persona que afirme la existencia de la divinidad y Sus atributos divinos, negando de él cualquier imperfección, no será un monoteísta verdadero hasta que afirme que nada ni nadie merece ser adorado salvo Dios, sin asociados. Porque la palabra *"divinidad"* implica que merece ser adorado, y no significa solamente que posee el poder de crear. Los que limitan el significado de la palabra *"divinidad"* al hecho de poseer el poder de crear, haciendo el objetivo del monoteísmo esta sola afirmación, no comprenden la realidad del monoteísmo que enseñó el Profeta Mujámmad, que la paz y las bendiciones de Dios sean con él, porque los árabes politeístas e idólatras de su época afirmaban que Dios era el Creador de todas las cosas, y a pesar de eso el Corán seguía refiriéndose a ellos como idólatras e incrédulos, porque invocaban y adoraban a sus ídolos junto con Dios.

13. El Trueno

(Ar-Ra'd)

Este capítulo, que toma su nombre del versículo 13, profundiza lo dicho en los últimos versículos del capítulo anterior (comenzando con el 105) en relación a las señales magníficas de Dios en los cielos y en la Tierra, que son vistas con negligencia por parte de los negadores; el conocimiento, poder e inquebrantable apoyo de Dios hacia Sus profetas; la autenticidad del Corán; y advertencias a los incrédulos. El capítulo toca las cualidades de los creyentes y de los incrédulos, y la recompensa para cada uno de ellos. Todos estos temas son reiterados en los siguientes dos capítulos.

En el nombre de Dios,
el Compasivo, el Misericordioso

La verdad

1. *Álif. Lam. Mim. Ra'.* Éstos son los versículos del Libro[1] que te fue revelado [¡Oh, Mujámmad!] por tu Señor, aunque la mayoría de la gente no crea.

El poder de Dios

2. Dios es Quien elevó los cielos sin columnas que pudieran ver, luego se estableció sobre el Trono; sometió al Sol y a la Luna haciendo que cada uno recorriera [su órbita] por un plazo prefijado; Él decreta todos los asuntos y explica detalladamente Sus signos para que tengan certeza de que ante Él comparecerán. **3.** Él fue quien extendió la tierra, dispuso en ella montañas firmes y ríos, a los frutos los creó en pares, [Dios] hace que la noche suceda al día. En esto hay señales para quienes recapacitan. **4.** En la tierra hay regiones colindantes cuyos terrenos son variados, en ellos hay huertos de vides, cultivos de cereales, palmeras de un solo tronco o de varios; todo es regado por una misma agua. Algunas dispuso que tuvieran mejor sabor que otras, en esto hay signos [de Dios] para quienes reflexionan.

Negar la Resurrección

5. Si te asombras [de estos signos], más asombroso aún es que digan [los incrédulos]: "¿Acaso cuando seamos reducidos a polvo seremos resucitados?" Ellos no creyeron en su Señor, serán arriados con argollas en sus cuellos [al castigo] y serán los moradores del Infierno, donde sufrirán por toda la eternidad.

Acelerar el tormento

6. Te desafían a que les adelantes el castigo en vez de pedirte ser agraciados por la misericordia divina, siendo que antes de ellos otros pueblos semejantes [en su incredulidad] fueron castigados. Es tu Señor Quien perdona a la gente a pesar de sus in-

---

1 El Corán.

justicias, pero también es severo en el castigo.

Exigir que el Profeta haga un milagro

7. Dicen los que se niegan a creer: "¿Por qué no desciende con él un milagro de su Señor[2]?" [Respóndeles, ¡Oh, Mujámmad!,] que tú solo eres un amonestador y que para cada pueblo he enviado un [Profeta como] guía.

El conocimiento de Dios

8. Dios bien sabe qué se gesta en el vientre de cada hembra, y si completará el ciclo de gestación o no. Él asignó a todas las cosas un tiempo establecido. **9.** Él conoce lo oculto y lo manifiesto[3], es el Grande, el Sublime. **10.** [Ante Dios] es igual que digan algo en secreto o en público, que se oculten de noche o se muestren de día.

El poder de Dios

11. El [ser humano] tiene [ángeles] guardianes por delante y por detrás, que lo protegen por orden de Dios. Sepan que Dios no cambiaría la condición [de bienestar] de una sociedad a menos que ella cambiase su propio estado [cayendo en la corrupción][4]. Pero si Dios decreta el castigo para un pueblo, no existe nada que lo pueda impedir, y no encontrarán fuera de Él protector alguno.

Una muestra del poder divino

12. Él es Quien los hace ver el relámpago con temor [a su peligro] y anhelo [de las lluvias], Él es quien forma las nubes pesadas[5]. **13.** El trueno Lo glorifica con su alabanza, así como los ángeles por temor a Él. [Dios] envía los rayos y fulmina con ellos a quien quiere, sin embargo [los que se niegan a creer todavía] discuten acerca de Dios. Él es severo en el castigo.

Ídolos inútiles

14. Solo Él tiene el verdadero derecho a ser invocado[6], y aquellos [ídolos] que invocan en lugar de Dios no podrán responder sus súplicas. [Su ejemplo] es como quien extiende sus manos [frente a un pozo profundo de agua] creyendo que ésta vendrá a

---

2 Que pruebe que dice la verdad.

3 Él conoce lo que los sentidos no alcanzan, y todo lo que Sus criaturas logran percibir.

4 Este versículo nos habla sobre nuestra responsabilidad individual y social en la construcción de nuestro propio destino. Si queremos que el bienestar abunde en nuestra sociedad, debemos mantenernos en el buen camino, ser ejemplares, tanto en la fe como en los comportamientos sociales, porque, este versículo claramente establece que, si individual o socialmente cambiamos para mal, las gracias y bendiciones de las cuales gozábamos podrían desaparecer como un castigo de Dios. Ver Corán 8:53 y 42:30.

5 Estos dos versículos muestran una correlación entre la formación de nubes cargadas de lluvia o de granizo y la producción del rayo: la primera es motivo de ansias por el beneficio que representa; la segunda, motivo de temor, ya que su caída podría generar algún perjuicio. La estrecha relación entre ambos fenómenos fue demostrada por la existencia de la electricidad atmosférica. El término "pesadas" alude a un milagro científico, ya que una nube cumulonimbus puede llegar a cargar hasta 30.000 toneladas de agua.

6 La súplica es la expresión misma de la adoración. Por eso dijo el Profeta Mujámmad, que la paz y las bendiciones de Dios sean con él: "La súplica es la adoración por excelencia".

su boca, pero esto es imposible. Las súplicas [a los ídolos] de los que se niegan a creer son en vano.

El Señor verdadero

15. Ante Dios se prosternan quienes están en los cielos y en la Tierra de buen o mal grado, tal como lo hacen sus sombras, por la mañana y por la tarde.

¿Dios Todopoderoso o dioses impotentes?

16. Pregúntales [¡Oh, Mujámmad! a los idólatras]: "¿Quién es el Señor de los cielos y de la Tierra?" Y diles: "Él es Dios". Pregúntales: "¿Es que toman en vez de Él [ídolos como] protectores que no pueden beneficiarse ni perjudicarse ni siquiera a sí mismos?" Y también: "¿Acaso se pueden equiparar el ciego y el vidente? ¿O las tinieblas y la luz? ¿O es que aquello que Le asocian a Dios ha creado algo como lo hace Dios, por lo que se confundieron y creyeron que debían adorarlo?" Diles: "Dios es Quien ha creado todas las cosas. Él es el Único, el que tiene dominio absoluto sobre todas las cosas".

Parábola de la verdad y la falsedad

17. [Dios] envía el agua del cielo, que corre por los valles acorde a la capacidad de los mismos, y en su torrente acarrea espuma en su superficie, igual que la espuma que sale de la fundición para fabricar las alhajas o los utensilios. Con ello Dios les expone un ejemplo para que sepan diferenciar la verdad de lo falso: en cuanto a la espuma, se desvanece rápidamente, y aquello que beneficia a la gente permanece en la tierra [enriqueciéndola]; así es como Dios les expone los ejemplos[7].

Ceguera a la verdad

18. Quienes crean en su Señor obtendrán lo mejor, y quienes se nieguen a creer, sepan que aunque poseyeran todo cuanto existe en la Tierra, o el doble, y lo ofrecieran como rescate [para salvarse del tormento], recibirán un castigo terrible; su morada será el Infierno. ¡Qué pésima morada! **19.** ¿Acaso quien reconoce que lo que te reveló tu Señor es la Verdad es igual al ciego [de corazón que no quiere ver]? Solo recapacitan los dotados de intelecto,

La gente de entendimiento

20. que cumplen con el compromiso que asumieron y no lo quebrantan, **21.** que no rompen los lazos familiares que Dios ordenó respetar, que tienen temor de su Señor y Su terri-

---

7 Dice el Sheij Al Islam Ibn Taimiah, que Dios sea misericordioso con él: "Dios asemeja al conocimiento con el agua que Él envía del cielo, porque a través de él se vivifica el corazón, al igual que el agua vivifica al cuerpo. Y asemeja a los corazones con los valles debido a que ellos son lugares donde se establece el conocimiento, como los valles conservan el agua. Existen corazones que atesoran mucho conocimiento y valles en los que se acumula el agua en abundancia, también hay corazones que pueden alcanzar poco conocimiento y valles que pueden almacenar poca agua. Nos informa el Altísimo que en la superficie del agua de las crecientes flota la espuma, y que la espuma desaparece, en cambio lo que beneficia a las personas permanece en la tierra. De la misma manera, los corazones se entremezclan con las pasiones y las dudas, pero luego éstas finalmente desaparecen, permaneciendo la fe y el Corán, que es lo que realmente beneficia a la persona".

ble castigo, **22.** que son perseverantes [en la adoración] anhelando el rostro de su Señor [y Su complacencia], que practican la oración prescrita, que hacen caridades con parte de lo que les he proveído, tanto en privado como en público, y si son maltratados responden con una buena actitud [sabiendo disculpar]; éstos obtendrán como recompensa una morada hermosa **23.** e ingresarán en los Jardines del Edén junto a quienes creyeron entre sus padres, cónyuges y descendientes. Luego, los ángeles ingresarán ante ellos por todas las puertas, **24.** y les dirán: "¡La paz sea sobre ustedes! Porque fueron perseverantes [en la adoración]. ¡Qué hermosa es la recompensa de la morada eterna!"

Los que actúan mal

25. Pero en cambio, quienes quebrantan el compromiso que asumieron con Dios, rompen los lazos familiares que Dios ordenó respetar y siembran la corrupción en la Tierra, serán maldecidos y merecerán la peor de las moradas[8].

Engaños mundanos

26. Dios concede sustento abundante a quien quiere y se lo restringe a quien quiere. [Algunos] se regocijan con la vida mundanal, pero ¿qué es la vida mundanal comparada con la otra, sino un goce ilusorio?

El recuerdo de Dios

27. Dicen los que se niegan a creer: "¿Por qué no se le concede un milagro de su Señor [que así creeremos]?" Diles [¡Oh, Mujámmad!]: "Dios extravía a quien quiere, y guía hacia Él a quien se arrepiente". **28.** Los corazones de los creyentes se sosiegan con el recuerdo de Dios. ¿Acaso no es con el recuerdo de Dios que se sosiegan los corazones? **29.** Quienes creen y obran rectamente serán los bienaventurados, tendrán un destino hermoso.

Negar al Más Compasivo

30. Te he enviado a una comunidad que fue precedida por otras, para que les recites lo que te he revelado, pero ellos no creyeron en el Compasivo[9]. Diles: "Él es mi Señor, no hay otra divinidad salvo Dios, a Él me encomiendo y confío, y a Él he de retornar". **31.** Si existiera un libro revelado que pudiera mover las montañas, abrir la tierra o hacer hablar a los muertos, ése sería el Corán. Pero todos los asuntos dependen del decreto de Dios. ¿Acaso no saben los creyen-

---

8 El Fuego del Infierno.

9 Este versículo fue revelado cuando los idólatras de Quraish negaron por soberbia el nombre *"El Compasivo"*, entonces Dios descendió el siguiente versículo: "Diles: "Ya sea que Lo invoquen diciendo: ¡Oh, Dios!, ¡Oh, Compasivo!, o cualquier otro nombre con el que Le invoquen, Él los oirá. Sepan que Él posee los nombres [y atributos] más sublimes." (17:110). *"El Compasivo"* es uno de los nombres de Dios, y a su vez un atributo que describe su divinidad y perfección. En consecuencia, los idólatras no solo negaron la existencia de tal nombre, sino que también negaron su implicancia, es decir, el atributo divino que implica tal nombre. Quienes niegan que los nombres de Dios impliquen atributos de su Ser, caen en el mismo error que esos idólatras.

tes que si Dios quisiera guiaría a todas las personas? Los que se niegan a creer seguirán padeciendo calamidades que azotarán a su territorio y a sus alrededores por su incredulidad, hasta que les llegue el castigo que Dios les ha advertido. Dios no quebranta Sus promesas. **32.** También se burlaron de los Mensajeros que vinieron antes de ti, pero los toleré por un tiempo [dándoles la oportunidad de enmendarse, y como no lo hicieron], luego los aniquilé. ¡Qué terrible fue Mi castigo!

Los negadores siempre rechazan

33. ¿Es, acaso, Quien tiene a cada uno de los seres vivos bajo Su tutela suprema, [tratando a cada uno de ellos] según lo que merece, [comparable a cualquier otra cosa existente]? Pero a pesar de eso asocian a Dios [en la adoración]. Diles: "¡Mencionen [a los socios de Dios] si es que existen! ¿Acaso creen que van a informarle de algo que existe en la Tierra y que Él no sepa, o solo hablan sin sentido?" [El demonio] los hizo ver, a los que se negaron a creer, la idolatría como algo bueno, y [por eso] apartan a la gente del camino recto. Pero aquel a quien Dios extravía, nadie lo podrá guiar. **34.** Ellos serán castigados en esta vida, pero el tormento que les aguarda en la otra será aún más severo, y no tendrán quién los proteja de Dios.

El Paraíso descrito

35. La descripción del Paraíso que le fue prometido a los piadosos: En él correrán ríos, sus frutos no se agotarán jamás y su sombra será eterna. Esa será la recompensa de los temerosos de Dios, mientras que el castigo de los incrédulos será el Infierno.

Abrazar el Corán

36. Aquellos a quienes concedí el Libro [el Corán] se regocijan con lo que te fue revelado [¡Oh, Mujámmad!], pero entre los aliados[10] hay quienes negaron algunas partes [del Corán]. Diles: "Me ha sido ordenado adorar a Dios y no asociarle nada [en la adoración]; a Él me encomiendo y ante Él compareceré". **37.** Así te he revelado el Corán en [idioma] árabe. Pero si tú sigues sus pasiones[11] después de haberte llegado el conocimiento, no tendrás, fuera de Dios, defensor ni protector alguno.

El último de muchos

38. He enviado a otros Mensajeros antes de ti, y les concedí esposas e hijos. Ningún Mensajero podría presentar un milagro salvo con el permiso de Dios. Cada asunto está registrado en un Libro. **39.** Dios anula o confirma [de Su Designio] lo que quiere. Él tiene en Su poder el Libro donde están registradas todas las cosas [la Tabla Protegida].

---

10 Distintas tribus de incrédulos que se aliaron para combatir al Islam y los musulmanes.

11 Las opiniones de los que se negaron a creer, dando la espalda a la revelación.

Transmitir, no juzgar

40. [¡Oh, Mujámmad!] Puede que te haga ver parte de lo que les tengo reservado [a los incrédulos como castigo], o que te haga morir antes de ello[12]. Tú solo tienes el deber de transmitir el Mensaje, y ante Mí comparecerán.

Advertencia a los que se niegan a creer

41. ¿Acaso no vieron que Yo decreté que fueran perdiendo territorio a manos de los creyentes? Cuando Dios decide algo nadie lo puede impedir. Él es rápido en ajustar cuentas. **42.** En la antigüedad [los incrédulos] también se confabularon [contra los Mensajeros], pero Dios desbarató los planes de todos ellos. Él bien sabe lo que cada ser se propone realizar. Ya sabrán los que se niegan a creer quiénes merecerán la peor de las moradas[13]. **43.** Dicen los que se niegan a creer: "Tú no eres un Mensajero". Diles [¡Oh, Mujámmad!]: "Es suficiente Dios como testigo [de mi veracidad] entre ustedes y yo, y también [son testigos de ello] quienes tienen conocimiento sobre los Libros revelados anteriormente[14].

---

12 Pero ten la certeza de que el castigo les llegará tarde o temprano.

13 El Infierno.

14 Otros Libros que fueron revelados por Dios, como el Evangelio y la Torá.

14. Abraham

(Ibrâhîm)

Este capítulo del Corán fue revelado en La Meca, y recibe el nombre del Profeta Abraham (ﷺ) quien, al establecer a su esposa Hagar y a su hijo Ismael en lo que se convertiría en la ciudad de La Meca, invocó a Dios para que protegiera a sus descendientes del culto a los ídolos, una práctica que los mecanos tenían arraigada en el momento de esta revelación (versículos 35-41). El capítulo se refiere también a algunos de los favores de Dios que encuentran ingratitud y negación. Una porción considerable del capítulo revela cómo Satanás decepcionará a los incrédulos, que serán atormentados en el Infierno, deseando haber creído, de acuerdo al capítulo que sigue (15:2).

En el nombre de Dios,
el Compasivo, el Misericordioso

Advertencia a los incrédulos

1. *Álif. Lam. Ra'.* Éste es el Libro que te he revelado para que saques a la gente de las tinieblas a la luz con el permiso de tu Señor, y los guíes hacia el sendero de Dios, el Poderoso, el Loable. **2.** A Dios pertenece cuanto existe en los cielos y en la Tierra. ¡Ya verán los que se niegan a creer, el castigo terrible que les aguarda[1]! **3.** Los que prefieren la vida mundanal a la próxima y desvían a la gente del camino de Dios, haciéndolo parecer tortuoso. Ellos son los que están en un extravío profundo.

Transmitir el Mensaje

4. Todos los Mensajeros que envié hablaban el lenguaje de su pueblo para así transmitirles claramente el Mensaje. Pero Dios extravía a quien quiere y guía a quien quiere; Él es el Poderoso, el Sabio.

El Profeta Moisés

5. Envié a Moisés con Mis signos [al Faraón y su pueblo, y le dije:] "Saca a tu pueblo de las tinieblas a la luz, y recuérdales las bendiciones que Dios les concedió". En ello hay signos para quien es perseverante y agradecido. **6.** Moisés le dijo a su pueblo: "Recuerden las bendiciones de Dios para con ustedes cuando los salvó de las huestes del Faraón, quienes los sometían a castigos crueles, degollaban a sus hijos varones y dejaban con vida a sus hijas mujeres. Eso era una dura prueba de su Señor para ustedes". **7.** Y cuando su Señor anunció: "Si Le agradecen, Él incrementará su sustento; y sepan que si lo rechazan, Su castigo será severo". **8.** Dijo Moisés: "Si ustedes y todos los que habitan en la Tierra no creen, sepan que Él no necesita de Sus criaturas, y es digno de alabanza".

---

1 En esta vida y en el Día del Juicio Final.

Advertencia a los paganos de La Meca

9. ¿Acaso no les fue relatado lo que les aconteció a sus predecesores, al pueblo de Noé, 'Ad, Zamud, y a todos aquellos que les sucedieron y que solo Dios conoce? Cuando sus Mensajeros se presentaron ante ellos con pruebas claras [de la verdad, los que se negaron a creer] se mordieron los dedos del odio [que sentían por ellos] y les dijeron: "Nosotros no creemos en el Mensaje que han traído, y tenemos una duda profunda sobre aquello a lo que nos convocan".

Argumentos de los incrédulos

10. Sus Mensajeros les respondieron: "¿Acaso tienen dudas acerca de Dios, Creador de los cielos y de la Tierra? Él los convoca [a que Lo adoren] para que así les sean perdonados sus pecados y se les permita vivir hasta el plazo que se les ha prefijado". Dijeron: "Son seres humanos igual que nosotros y solo quieren apartarnos de lo que adoraron nuestros padres; presenten una evidencia clara [de que son Mensajeros de Dios]". **11.** Sus Mensajeros les dijeron: "Solo somos seres humanos como ustedes, pero Dios agracia [con la profecía] a quien quiere de Sus siervos. No nos es posible presentar un milagro excepto con el permiso de Dios. ¡Los creyentes deben encomendarse a Dios! **12.** Nosotros nos encomendamos a Dios, pues Él nos ha guiado por Su camino, y seremos pacientes ante sus hostilidades. A Dios se encomiendan quienes en Él confían".

El destino de los incrédulos

13. Los que se negaron a creer dijeron a sus Mensajeros: "Si no vuelven a nuestra religión los expulsaremos de nuestra tierra", pero Su Señor les reveló: "Exterminaré a los opresores, **14.** los haré habitar la tierra después de ellos. Eso será para quienes teman [el día de] la comparecencia ante Mí y teman Mi advertencia". **15.** Entonces [los Mensajeros] pidieron el socorro de Dios, y todo prepotente y obstinado fue destruido, **16.** [tras el Día del Juicio] será castigado en el Infierno, donde se le dará de beber un agua de pus[2] **17.** que beberá a sorbos, y apenas podrá tragarla. La muerte lo acechará por todos lados pero no morirá; recibirá un castigo terrible.

Obras desperdiciadas

18. El ejemplo de las obras de quienes no creyeron en su Señor será como el de las cenizas expuestas al viento en un día tempestuoso: [El Día del Juicio] no encontrarán recompensa alguna por sus actos. Ésa será la ruina total.

Recordatorio a la humanidad

19. ¿Acaso no ves [¡Oh, Mujámmad!] que Dios creó los cielos y la Tierra con un fin justo y verdadero? Si quisiera los haría desaparecer y los reemplazaría por otros. **20.** Eso no es difícil para Dios.

Los incrédulos se repudian entre sí

21. [El Día de la Resurrección] saldrán de sus tumbas para comparecer ante Dios, y los más débiles dirán a los

---

2 Las secreciones de las heridas de quienes son atormentados en el Infierno.

soberbios [líderes de la incredulidad]: "Nosotros fuimos sus seguidores [en la vida mundanal]. ¿Nos librarán ahora del castigo de Dios?" Dirán: "Si Dios nos hubiera guiado los habríamos conducido por el camino recto[3]. Lo mismo da que nos desesperemos o que tengamos paciencia; hoy no podremos escapar del castigo".

El discurso del demonio

22. Cuando todos hayan sido sentenciados, el demonio dirá: "La promesa que Dios les hizo era verdadera, en cambio yo les hice promesas que no cumplí. Yo solo tenía poder para seducirlos mediante susurros, pero fueron ustedes quienes me siguieron. No me culpen ahora, sino que repróchense a ustedes mismos. Yo no puedo socorrerlos en nada ni tampoco ustedes a mí, y hoy me desentiendo de que me hayan asociado [a Dios]". Los opresores recibirán un castigo doloroso[4].

La recompensa de los creyentes

23. En cambio, quienes hayan creído y obrado correctamente serán introducidos en jardines por donde corren ríos y donde morarán por toda la eternidad, con el permiso de Dios. El saludo allí será: ¡Salam [paz]!

Parábola de la buena y la mala palabra

24. ¿Por qué no observas el siguiente ejemplo que te propone Dios?: Una palabra buena[5] es como un árbol bondadoso cuya raíz está firme y sus ramas se extienden hacia el cielo, **25.** y da frutos en toda época [del año] con el permiso de su Señor. Así es como Dios expone ejemplos para que la gente reflexione. **26.** En cambio, una palabra maligna[6] es como un árbol dañino que ha sido arrancado de la tierra y no tiene dónde afirmarse.

La palabra firme

27. Dios afianza a los creyentes con la palabra firme en esta vida y en la otra[7], y extravía a los que cometen injusticias. Dios hace lo que quiere.

La recompensa de los ingratos

28. ¿Acaso no reparas en aquellos que en vez de agradecer a Dios por Sus bendiciones son ingratos y conducen a su pueblo a la perdición? **29.** Serán ingresados al Infierno.

---

3 Esta respuesta evidencia cómo son incapaces de asumir su culpabilidad, y justifican su incredulidad argumentando que Dios no los guió. Esto evidencia que no es correcto excusarse en el Designio Divino para justificar las malas elecciones propias.

4 En la teología islámica, el demonio es una criatura más de Dios que será juzgado y castigado en el Infierno; y a diferencia de la teología cristiana el demonio no está a cargo del Infierno ni es su reino.

5 *"Palabra buena"* alude al testimonio del monoteísmo: nada ni nadie merece ser adorado salvo Dios.

6 *"Palabra maligna"* alude al testimonio de la idolatría, afirmando que otros distintos a Dios son dioses o merecen ser adorados.

7 *"Palabra firme"* alude al testimonio de fe, ya que Dios fortalece a los creyentes para que lo comprendan, lo pronuncien y vivan según sus principios en esta vida; y los fortalece en el momento de la muerte para que lo puedan pronunciar y sean sus últimas palabras al abandonar este mundo, así como su respuesta correcta ante los ángeles que lo interrogarán sobre quién es su Señor.

¡Qué pésima morada! **30.** Porque Le atribuyeron a Dios iguales para desviar [a la gente] de Su camino. Diles [a ellos]: “Disfruten [en esta vida lo que puedan], porque su destino será el Infierno”.

Los favores de Dios

31. Diles a Mis siervos creyentes que cumplan con las oraciones prescritas y den en caridad parte de lo que les he proveído, tanto en privado como en público, antes de que llegue el día en el cual no habrá comercio ni amistad [que pueda alterar el juicio].

Los favores de Dios

32. Dios es Quien creó los cielos y la Tierra e hizo descender la lluvia del cielo con la que hace brotar los frutos para sustento de ustedes. Él es Quien puso a su servicio los barcos para que, con Su permiso, surquen el mar, y también puso a su servicio los ríos. **33.** [También] puso al servicio de ustedes el Sol y la Luna, que siguen su curso incesantemente, y también puso a su servicio la noche y el día. **34.** Él les ha dado todo cuanto Le han pedido. Si intentaran contar las bendiciones de Dios no podrían enumerarlas. El ser humano es injusto y desagradecido.

Las oraciones de Abraham

35. Y [recuerda, ¡Oh, Mujámmad!] cuando Abraham dijo: “¡Señor mío! Haz que esta ciudad[8] sea un lugar seguro, y protégeme junto a mi descendencia de caer en la adoración de ídolos[9]. **36.** ¡Señor mío! La adoración a los ídolos ha extraviado a muchas personas[10]. Todo aquel que me siga [en la fe monoteísta] será de los míos, pero quien me desobedezca [rechazando el Mensaje]… Tú eres Absolvedor, Misericordioso. **37.** ¡Señor nuestro! He establecido parte de mi descendencia en un valle árido de poca vegetación junto a Tu Casa Sagrada[11], para que, ¡Señor nuestro!, cumplan con la oración. Infunde en los corazones de la gente amor por mi descendencia, y provéelos de todo alimento para que sean agradecidos. **38.** ¡Señor nuestro! Tú bien sabes lo que ocultamos y lo que manifestamos, y no hay nada en la Tierra ni en el cielo que pueda esconderse de Dios. **39.** ¡Alabado sea Dios!, Quien me agració en la vejez con [mis hijos] Ismael e Isaac. Mi Señor escucha bien las súplicas de quienes Lo invocan. **40.** ¡Señor mío! Haz que tanto mis descendientes como yo seamos fervientes practicantes de la

---

8 La ciudad de La Meca.

9 Ídolo (*sanam* صَنَمْ) es lo que está representado en una imagen; mientras que una deidad (*uazan* وَثَن) puede ser cualquier cosa que sea adorada. Dijo el sabio *Ibrahim At-Taimi*: “¿Y quién podría sentirse seguro de la idolatría, si el Profeta Abraham no se sentía a salvo de ella?”

10 El culto idolátrico a estatuas e ídolos ha estado presente tanto en tiempos pasados como en nuestros días. Los politeístas adoran a estas representaciones al pedirles por sus necesidades. Les suplican en momentos de dificultad y momentos de aflicción ofreciéndoles promesas y votos.

11 En La Meca.

oración. ¡Señor nuestro! Concédeme esta súplica. **41.** ¡Señor nuestro! Perdóname, así como a mis padres y a todos los creyentes el Día que se celebre el Juicio [Final]".

Advertencia a los opresores

42. No pienses [¡Oh, Mujámmad!] que Dios está distraído de lo que hacen los opresores[12]. Él solo está tolerándolos hasta que llegue el día en el que sus miradas quedarán paralizadas[13]. **43.** Ese día saldrán apresurados de sus tumbas con las cabezas erguidas, no podrán parpadear ni tampoco pensar [presas del terror]. **44.** Advierte a la gente [¡Oh, Mujámmad!] sobre el día en que los azote el castigo, y los que cometían injusticias digan: "¡Señor nuestro! Toléranos un tiempo más [y retórnanos a la vida mundanal] para que respondamos a Tu llamado y sigamos a los Mensajeros". [Pero se les responderá:] "¿Acaso no habían jurado antes que no serían resucitados?" **45.** Habitaron en los mismos territorios en que vivieron quienes [no creyeron y] fueron injustos consigo mismos [rechazando el Mensaje], y no creyeron a pesar de que se enteraron de cómo los aniquilé y de que les expuse muchos ejemplos para que reflexionaran. **46.** Se confabularon [contra ti], pero Dios desbarató sus planes, a pesar de que sus confabulaciones podrían haber derrumbado montañas.

La recompensa de los opresores

47. No pienses [¡Oh, Mujámmad!] que Dios no cumplirá con la promesa que les hizo a Sus Mensajeros; Dios es Poderoso, Dueño de la retribución[14]. **48.** El día en que la Tierra sea cambiada por otra y los cielos [por otros cielos], todos se presentarán ante Dios, el Único, el Victorioso. **49.** Verás a los criminales encadenados. **50.** Sus vestimentas serán de alquitrán y sus rostros serán abrasados por el fuego. **51.** Dios retribuirá a cada ser según sus obras; Dios es rápido en ajustar cuentas.

Un mensaje universal

52. Éste [Corán] es un Mensaje para toda la humanidad, para advertirles [sobre el castigo] y para que sepan que Dios es uno. Que los dotados de intelecto reflexionen [en su contenido].

---

12 No es que el Mensajero de Dios, que la paz y las bendiciones de Dios sean con él, pensara que Dios estaba distraído de lo que hacían los pecadores, sino que es una ironía para que escuchen aquellos que niegan la fe y sepan que, aunque no sean castigados en esta vida, llegará el día en que abandonarán este mundo y tendrán que enfrentarse con Dios y rendir cuentas por sus malas acciones e incredulidad.

13 El Día del Juicio Final será un día terrible; sus miradas estarán fijas y estáticas, porque el horror se habrá apoderado de ellos, no parpadearán ni se moverán del susto.

14 Porque indefectiblemente ha de castigar con severidad a quienes se nieguen a creer en Él y desmientan a Sus Profetas.

15. Al Hiyr

(Al-Hiyr)

Este capítulo del Corán fue revelado en La Meca, y toma su nombre del lugar mencionado en los versículos 80-84, donde el pueblo de Jetró vivió en una época. Otros pueblos destruidos son mencionados como advertencia a los incrédulos árabes, a quienes también se les advierte al inicio del siguiente capítulo. Se enfatiza la arrogancia de Satanás hacia Dios y su enemistad hacia la humanidad. El Profeta (ﷺ) es instado a tener paciencia y a buscar consuelo en la adoración.

En el nombre de Dios,
el Compasivo, el Misericordioso

Advertencia a los incrédulos

1. *Álif. Lam. Ra'*. Éstos son los versículos del Libro, una recitación clara. **2.** Llegará el momento en que quienes se negaron a creer desearán haber sido musulmanes entregados a la voluntad de Dios. **3.** Déjalos que coman, que disfruten y sean seducidos por el apego a esta vida mundanal, que ya sabrán.**4.** No he destruido una ciudad [que estuviera condenada] hasta que le llegara su término prefijado. **5.** Ninguna nación puede adelantar ni retrasar su final.

Los incrédulos se burlan del Profeta

6. Y dicen: "¡Oh, tú [Mujámmad]! A quien se le ha descendido la revelación, eres un demente. **7.** ¿Por qué no te presentas acompañado por los ángeles, si es verdad lo que dices?" **8.** Pero cuando envío a los ángeles es con el castigo, y si los hubiera enviado [en respuesta a sus desafíos] ya no les quedaría tiempo. **9.** Yo he revelado el Corán y Yo soy su custodio.

Comprometidos con la incredulidad

10. Envié antes de ti [otros Mensajeros] a los pueblos antiguos, **11.** pero cada vez que se les presentaba un Mensajero se burlaban de él. **12.** Así es como [la burla] se adueña del corazón de los pecadores. **13.** No creerán en él[1] a pesar del ejemplo de lo que les aconteció a los pueblos anteriores. **14.** Y aunque les abriera una puerta en el cielo por la que pudieran ascender [y contemplar a los ángeles] no creerían. **15.** Dirían: "Nuestros ojos ven visiones, nos han hechizado".

El poder divino

16. He dispuesto constelaciones en el cielo, y las he embellecido para quienes las contemplan. **17.** He protegido al cielo de todo demonio maldito[2]. **18.** Si intenta escuchar, le arrojaré una bola de fuego visible. **19.** He extendido la Tierra, he dispuesto en ella montañas firmes y he hecho crecer en

---

1 El Sagrado Corán.

2 Que pretenda escuchar las órdenes de Dios a los ángeles, para luego transmitírselas a sus aliados, los hechiceros y los hechiceros, los adivinos y los seudo-lectores de la suerte.

ella de todo en forma equilibrada. **20.** Facilité los medios para que puedan vivir en ella ustedes y el resto de las criaturas. **21.** En Mi poder están las reservas de su sustento y les proveo de él en la medida que he determinado. **22.** Envié los vientos fecundadores y hago descender del cielo agua con la que les doy de beber, y no son ustedes los dueños de sus reservas. **23.** Yo doy la vida y doy la muerte, y Yo soy el heredero [a quien todo lo creado ha de retornar]. **24.** Conozco a quienes los precedieron y también a quienes los sucederán. **25.** Tu Señor los congregará. Él es Sabio, lo sabe todo.

La creación de Adán

26. He creado al ser humano de arcilla, un barro maleable[3]. **27.** Y al *yinn* lo había creado ya antes[4] de fuego. **28.** [Recuerda] cuando tu Señor dijo a los ángeles: "Voy a crear un ser humano de arcilla, de barro maleable. **29.** Cuando lo haya completado e insuflado en él el espíritu que he creado para él, hagan una reverencia [en honor a Mí] ante él".

El desafío de Iblís

30. Todos los ángeles hicieron la reverencia, **31.** excepto Iblís, que se negó a ser de quienes hicieron la reverencia. **32.** Dijo [Dios]: "¡Oh, Iblís! ¿Por qué no te cuentas entre quienes hicieron la reverencia?" **33.** Dijo: "No he de hacerla ante un ser humano [que es inferior a mí], al que has creado de arcilla, de barro maleable". **34.** Dijo [Dios]: "Sal de aquí[5], pues te maldigo. **35.** Serás maldito hasta el Día del Juicio".

La petición de Iblís

36. Dijo: "¡Señor mío! Tolérame hasta el Día de la Resurrección". **37.** Dijo: "Te concedo la prórroga que me pides[6], **38.** hasta el día cuyo término está definido[7]". **39.** Dijo: "¡Señor mío! Por haber dejado que me extravíe, los seduciré y descarriaré a todos, **40.** excepto a quienes de Tus siervos hayas protegido". **41.** Dijo

---

3 Existen numerosas referencias en el Corán a que el ser humano ha sido "creado de arcilla (*tin* طِين)" o "de tierra (*turab* تُرَاب)", y ambos términos apuntan al humilde origen biológico del ser humano, así como al hecho de que su cuerpo está compuesto de diversas substancias orgánicas e inorgánicas que existen, en otras combinaciones o en sus formas elementales, sobre la tierra o en su interior. El término *salsal* صَلصَال , que aparece en tres versículos de este capítulo y también en 55:14, añade una nueva dimensión a este concepto. Según la mayoría de los expertos en filología árabe, denota "arcilla seca que produce sonido" (al ser golpeada); y dado que se emplea en el Corán exclusivamente con referencia a la creación del ser humano, parece contener una alusión a su capacidad para el "lenguaje articulado". Mientras que *hama'* حَمَإٍ es un "barro" mezcla de tierra y agua, que son otros dos componentes que se mencionan en el Corán relacionados a la creación del ser humano, a lo que se suma el adjetivo *masnún* مَسْنُون que significa "moldeado" o "maleable".

4 Antes que al ser humano.

5 Es decir, del lugar honorable que Dios le había concedido en el Paraíso.

6 Porque Dios había decretado probar a los seres humanos a través de su seducción. Ver Corán 7:14, 17:62 y 38:70.

7 El Día de la Resurrección, entonces será enviado al Infierno, donde sufrirá el castigo eterno.

[Dios]: “A quien siga Mi camino recto lo protegeré. **42.** No tendrás poder alguno sobre Mis siervos, salvo los que se extravíen siguiéndote”. **43.** El Infierno es el lugar donde se reunirán todos ellos[8]. **44.** El Infierno posee siete puertas y cada una está destinada para un grupo determinado [de pecadores].

Los justos en el Paraíso

45. Mientras que los piadosos serán retribuidos con jardines y manantiales. 46. [Se les dirá:] Ingresen a ellos en paz, y estén seguros de que no se les privará de nada. **47.** Purificaremos sus corazones de todo rencor. Serán todos como hermanos y se sentarán unos enfrente de otros. **48.** Allí no volverán a sufrir, y vivirán por toda la eternidad.

La gracia y el tormento de Dios

49. Anúnciales a Mis siervos [¡Oh, Mujámmad!] que soy el Absolvedor, el Misericordioso, **50.** y que Mi castigo es el verdadero castigo doloroso.

Abraham es visitado por ángeles

51. Relátales sobre los huéspedes de Abraham[9]. **52.** Cuando se presentaron ante él, dijeron: “¡La paz sea contigo!” [Abraham y su esposa, luego de haberles ofrecido comida y observar que no comían, dijeron]: “Ustedes nos infunden temor”. **53.** Le dijeron: “No temas, te anunciamos el nacimiento de un hijo sabio”. **54.** Dijo: “¿Me dan ahora la albricia [de un hijo] siendo que me ha alcanzado la vejez?” **55.** Dijeron: “Te albriciamos con la verdad. No seas de quienes han perdido la esperanza”. **56.** Dijo: “Solo desesperan de la misericordia de su Señor los extraviados”. **57.** Preguntó: “¿Cuál es su misión? ¡Oh, emisarios [de Dios]!” **58.** Dijeron: “Hemos sido enviados [para castigar] a un pueblo de pecadores, **59.** salvo a la familia de Lot, a quienes salvaremos, **60.** pero no a su mujer, a quien Dios decretó que fuese de los condenados”.

Lot es visitado por ángeles

61. Los emisarios se presentaron ante la casa de Lot. **62.** Dijo [Lot]: “Me son gente desconocida”. **63.** Dijeron: “Hemos sido enviados para ejecutar el castigo del cual tu pueblo dudaba. **64.** Venimos a ti con la Verdad, y somos sinceros. **65.** Sal por la noche con tu familia [y tus seguidores]. Marcha detrás de ellos [para protegerlos] y que ninguno de ustedes mire hacia atrás. Diríjanse hacia donde se les ha ordenado”. **66.** Entonces le revelé [a Lot Mi decreto]: “Todos ellos [los pecadores] serán destruidos al amanecer”.

La destrucción del pueblo de Lot

67. Pero se presentaron los habitantes de la ciudad contentos[10]. **68.** Les dijo [Lot]: “Ellos son mis huéspedes. No me avergüencen. **69.** Tengan temor de Dios y no me humillen”.

---

8 El demonio y sus seguidores.

9 Los ángeles que se presentaron en forma humana.

10 Se presentaron ante Lot al saber de sus huéspedes, con la intención de cometer con ellos la obscenidad que tenían por costumbre.

70. Dijeron: "¿No te habíamos prohibido que protegieras gente [en tu casa de nuestras perversiones]?" **71.** Les respondió: "Aquí están mis hijas si quisieran [casarse][11]". **72.** [Dice Dios:] ¡Juro por tu vida! [¡Oh, Mujámmad!], que la aberración embriagaba sus mentes. **73.** Les sorprendió el castigo al amanecer. **74.** Puse al pueblo de cabeza y les envié una lluvia de piedras de arcilla. **75.** En eso hay signos para quienes reflexionan. **76.** [Esta ciudad arrasada] está aún en una ruta [a la vista de los viajeros]. **77.** En eso hay un signo para los creyentes.

El pueblo de Jetró

78. Los habitantes del pueblo de Jetró cometían injusticias, **79.** por lo que los castigué. Ambas [ciudades, la de Lot y la de Jetró] son visibles desde una ruta.

El pueblo de Sálih

80. Los habitantes de Al Hiyr[12] desmintieron a los Mensajeros. **81.** Les presenté Mis signos, pero los rechazaron. **82.** Construían sus casas esculpiendo las montañas y allí se sentían seguros. **83.** Pero los sorprendió el castigo al amanecer, **84.** y no los benefició en nada la riqueza que poseían.

Consejo al Profeta

85. No he creado los cielos, la Tierra y cuanto hay entre ambos sino con un fin justo y verdadero. La Hora[13] se aproxima, así que tú disculpa [a los que niegan el Mensaje] y trátalos de buena manera. **86.** Tu Señor es el Creador, el que todo lo sabe. **87.** Te he distinguido con la revelación de los siete versículos que se reiteran[14] como parte del grandioso Corán. **88.** No codicies aquello conque he agraciado a algunos de los ricos [de los que desmienten el Mensaje] y no sientas pena por ellos [a causa de su incredulidad]. Y baja tu ala protegiendo a los creyentes.

Más consejos al Profeta

89. Di: "He sido enviado para advertirles claramente [sobre un castigo]", **90.** como el que le envié a los que rechazaron [el Mensaje de Dios]. **91.** Como los que creen en una parte del Corán y en otra no. **92.** ¡Por tu Señor! Que haré rendir cuentas a todos ellos **93.** por todo lo que hicieron. **94.** Divulga lo que se te ordena [públicamente] y no te preocupes por los idó-

---

11 Lot les mostró la forma de encaminar su deseo sexual, que es para un hombre, contrayendo matrimonio con una mujer.

12 Es el pueblo de Zamud. Ver Corán 7:73-79.

13 Al Qurtubi dijo: "La Hora es una palabra en árabe que se usa para designar un periodo de tiempo limitado; la costumbre hizo que se aplique a una parte de las veinticuatro partes (horas) del día y la noche, que son la base de la temporalidad. Se la denomina así porque hace referencia al presente; y se denomina así al Día de la Resurrección en referencia a su inminencia, pues todo lo que nos sobrevendrá está cerca. También se dijo que se le denomina La Hora por que llega súbitamente, en un instante".

14 Referencia al capítulo Al Fátihah, el primero del Corán, que se repite en cada una de las cinco oraciones diarias.

latras. **95.** Yo te protegeré de quienes se burlen, **96.** de quienes ponen junto a Dios otras deidades, ellos ya pronto sabrán [el castigo que les espera].

Dios es el Refugio

97. Sé que te apenas por cuanto dicen, **98.** pero glorifica con alabanzas a tu Señor y cuéntate entre quienes se prosternan [en oración para aliviar su angustia], **99.** y adora a tu Señor hasta que te llegue la certeza[15].

15 El término *"la certeza"* (*Al iaqin* اليَقِين) se usa en el Corán para denominar a la muerte.

16. Las Abejas

(An-Naḥl)

Este capítulo del Corán fue revelado en La Meca, también es conocido como el "Capítulo de las Bendiciones", toma su nombre de las abejas mencionadas en los versículos 68-69, que son descritas como uno de los numerosos favores de Dios para la humanidad. En lugar de mostrarle gratitud a Dios por todas estas bendiciones, los paganos deliberadamente establecieron ídolos y los asociaron con Dios en la adoración. También son condenados por enterrar vivas a sus hijas (versículos 58-59). Se hacen referencias a los creyentes agradecidos y a los incrédulos ingratos, junto con la recompensa final para cada grupo. Abraham (ﷺ) es citado hacia el final del capítulo como un siervo agradecido de Dios, cuyo ejemplo debe ser emulado por todos los creyentes. El capítulo finaliza instruyendo al Profeta (ﷺ) que sea paciente e invite a todos al camino de Dios con sabiduría y gracia.

En el nombre de Dios,
el Compasivo, el Misericordioso

La advertencia del Juicio

1. La orden de Dios [para que comience el Día del Juicio] llegará pronto, no pretendan adelantarla. ¡Glorificado sea! Él está por encima de cuanto Le asocian.

Los favores de Dios: 1) La guía divina

2. Él envía a los ángeles con la revelación de Sus órdenes a quien Le place de Sus siervos para que advierta: "No hay otra divinidad más que Yo, tengan temor de Mí".

Favor 2) Los cielos y la Tierra

3. Dios creó los cielos y la Tierra con un fin justo y verdadero. Él está por encima de cuanto Le asocian.

Favor 3) La creación del ser humano

4. Creó al ser humano de [algo tan ínfimo como] un óvulo fecundado, y sin embargo este discute constantemente [la existencia y el poder de su Señor].

Favor 4) Los animales

5. Dios creó a los ganados, de los cuales ustedes obtienen sus abrigos y otros beneficios, y también de ellos se alimentan. **6.** Ustedes se regocijan cuando los arrean por la tarde y cuando los llevan a pastar por la mañana. **7.** Llevan sus cargas a lugares que ustedes no podrían alcanzar sino con mucha dificultad. Su Señor es Compasivo, Misericordioso. **8.** [Dios creó] los caballos, las mulas y los asnos como montura y para que se luzcan con ellos. Y creó muchas otras cosas que no conocen.

Favor 5) El camino del Islam

9. Dios es Quien enseña cuál es el sendero recto, del que muchos se desvían. Si hubiera querido los habría guiado a todos[1].

---

1 Pero le concedió a las personas el libre albedrio, para que cada uno elija libremente si sigue o no el camino recto de Dios.

Favor 6) El agua

10. Él es Quien hace descender agua del cielo para que beban de ella y brote la vegetación de la que pastorean sus rebaños. **11.** Con ella hace crecer los cereales, los olivos, las palmeras, las vides y toda variedad de frutos. En ello hay signos para quienes reflexionan.

Favor 7) Los eventos celestes

12. Dios ha creado para beneficio de ustedes la noche, el día, el Sol, la Luna y las estrellas; todos están sometidos a Su voluntad. En esto hay signos para quienes razonan.

Favor 8) La diversidad

13. Él creó para ustedes una gran diversidad en la Tierra. En ello hay signos para quienes recapacitan.

Favor 9) Los mares

14. Él es Quien ha puesto al mar a servicio de ustedes para que puedan comer de él carne fresca y extraer adornos para engalanarse. Pueden ver los barcos surcarlo y usarlos para buscar la gracia de Dios [su sustento]. ¿Por qué no son agradecidos?

Favor 10) Las maravillas naturales

15. Dios afirmó la tierra con montañas para que se estabilizara[2], dispuso ríos y caminos para que puedan guiarse, **16.** y también señales, y para que se orienten en sus viajes, [creó] las estrellas.

¿Dios Todopoderoso o dioses impotentes?

17. ¿Es procedente comparar a Quien es capaz de crear con quien no puede crear nada? ¿Acaso no recapacitan? **18.** Si intentaran contar las gracias de Dios no podrían enumerarlas. Dios es Absolvedor, Misericordioso. **19.** Dios sabe lo que ocultan y lo que manifiestan. **20.** [Los ídolos] a quienes ustedes invocan en lugar de Dios, no solo no pueden crear absolutamente nada, sino que ellos mismos son creados. **21.** Son [objetos] inertes, sin vida. ¿Cómo van a saber ellos cuándo serán resucitados? **22.** Su divinidad es una sola, pero los corazones de quienes no creen en la otra vida no admiten [la fe] porque son soberbios. **23.** No hay duda de que Dios sabe lo que ocultan y lo que manifiestan. Él no ama a los soberbios.

La recompensa de los idólatras

24. Cuando se les pregunta [a los idólatras]: "¿Qué opinan sobre lo que ha revelado su Señor?" Responden: "Son leyendas de los antiguos". **25.** Éstos cargarán con sus propios pecados el Día de la Resurrección, y con parte de los pecados de aquellos a quienes extraviaron y que los siguieron por ignorancia. ¡Qué pésima

---

2 La Geología moderna ha comprobado que las montañas tienen raíces profundas debajo de la superficie terrestre, y que esas raíces pueden superar varias veces las dimensiones de la elevación de su superficie terrestre. Por lo tanto, la palabra adecuada para describir a las montañas en base a esta información es "estaca", siendo que la mayor parte de una estaca correctamente colocada se encuentra bajo la superficie del suelo. Las montañas desempeñan un papel importante en la estabilización de la corteza terrestre, ya que ellas impiden el estremecimiento (movimiento irregular, temblor) de la Tierra.

es la carga que llevarán![3] **26.** También se complotaron [los incrédulos] anteriormente [en Babel], pero Dios destruyó sus [altas] edificaciones desde los cimientos y los techos se derrumbaron sobre ellos. El castigo les llegó de donde menos lo esperaban. **27.** Luego, el Día de la Resurrección, Dios los humillará y les preguntará: "¿Dónde están aquellos que ustedes Me asociaban y a los que defendían?" [Ese día] quienes recibieron el conocimiento [de cada nación] dirán [a sus pueblos]: "Hoy, la humillación y el castigo pesarán sobre los incrédulos". **28.** Cuando los ángeles tomen las almas de quienes hayan sido incrédulos, éstos se entregarán [diciendo]: "No cometimos ningún mal". [Pero los ángeles responderán:] "¡Sí lo cometieron! Dios sabe bien lo que hacían. **29.** Ingresen por las puertas del Infierno, allí permanecerán eternamente. ¡Qué pésima morada la que tendrán los soberbios!"

La recompensa de los rectos

30. [Y ese día] se les preguntará a los piadosos: "¿Qué ha revelado su Señor?" Responderán: "Lo mejor". Quienes hayan obrado rectamente obtendrán en este mundo una bella recompensa, pero la morada de la otra vida será aún mejor. ¡Qué placentera será la morada de los piadosos! **31.** Ingresarán a los Jardines del Edén por donde corren ríos, y allí tendrán todo lo que deseen. Así retribuye Dios a los piadosos. **32.** Cuando los ángeles tomen las almas de los piadosos, les dirán: "¡Que la paz sea sobre ustedes! Ingresen al Paraíso como recompensa por sus obras".

Advertencia a los que rechazan el mensaje

33. ¿Acaso esperan [los incrédulos] que se presenten ante ellos los ángeles [para tomar sus almas] o que los azote el castigo [para recién entonces creer]? Eso hicieron quienes los precedieron. Dios no fue injusto con ellos [al enviarles el castigo], sino que ellos fueron injustos consigo mismos. **34.** Sufrirán las consecuencias de las malas acciones que cometieron y los azotará el castigo del cual se burlaban.

Un argumento falso

35. Los idólatras argumentarán: "Si Dios hubiera querido, ni nosotros ni nuestros antepasados habríamos adorado a otro fuera de Él, ni habríamos declarado ilícitas las cosas sin Su permiso". Lo mismo dijeron quienes los precedieron. Pero los Mensajeros solo tienen la obligación de transmitir el Mensaje con claridad [y Dios será Quien los juzgará].

---

3 Este versículo indica que el ser humano cargará con el peso de los pecados que él mismo haya cometido y el pecado de quienes él haya desviado con sus acciones o sus palabras. De igual manera, los que enseñan la buena guía se beneficiarán de sus propias obras y obtendrán recompensa por todo aquel que haya seguido su ejemplo y enseñanza.

El mismo destino

36. Envié a cada nación un Mensajero [para que los exhortara a] adorar a Dios y a rechazar la idolatría. Algunos de los pueblos fueron guiados por Dios, y a otros se les decretó el extravío. ¡Viajen por el mundo y observen cual fue el destino de quienes desmintieron [Mis signos]! **37.** Debes saber [¡Oh, Mujámmad!] que por más que te empeñes en guiarlos, Dios no guiará [por la fuerza] a quienes hayan elegido el extravío. Éstos no tendrán quién los auxilie.

La Resurrección

38. Juran solemnemente por Dios que Él no resucitará a los muertos. ¡Sí! [Los resucitará,] pues es una promesa inalterable [de Dios] y Él no falta a Su promesa. Aunque la mayoría de la gente lo ignore. **39.** [Dios los resucitará] para demostrarles cuál era la Verdad sobre la que discrepaban y para que los incrédulos comprendan que estaban equivocados. **40.** Cuando decreto algo, digo: "¡Sé!" Y es.

La recompensa de los piadosos

41. A quienes emigraron por la causa de Dios después de haber sido perseguidos, les concederé una hermosa recompensa en esta vida, aunque la recompensa en la otra vida será aún mayor, si lo supieran. **42**. Ellos fueron pacientes y se encomendaron plenamente a su Señor.

Los mensajeros no son ángeles

43. No envié antes de ti sino hombres a quienes les transmitía Mi revelación. ¡Consulten a la gente de conocimiento lo que no sepan! **44.** Los envié con evidencias claras y con Libros revelados. Y a ti [¡Oh, Mujámmad!] te he revelado el conocimiento [de la Sunnah] para que expliques a la gente la revelación [el Corán] que habían recibido, para que así reflexionen.

Advertencia a los confabuladores

45. ¿Acaso quienes se confabularon [contra el Profeta] se sienten a salvo de que Dios los haga tragar por la tierra, o de que les llegue el castigo por donde menos lo esperan? **46.** ¿O de que los sorprenda ocupados en sus quehaceres sin que puedan evitarlo? **47.** ¿O de que los alcance una lenta decadencia? Su Señor es Compasivo, Misericordioso [y no les adelantará el castigo].

Todo se somete a Dios

48. ¿Acaso no observan que todo cuanto Dios ha creado proyecta su sombra a su derecha y a su izquierda prosternándose ante Dios, mostrando su humildad? **49.** Ante Dios se prosternan los ángeles y toda criatura existente en los cielos y en la Tierra, y no se comportan con soberbia. **50.** [Los ángeles] temen a su Señor que está por encima de ellos, y ejecutan todo cuanto se les ordena.

Un Solo Dios

51. Dios dice: "No adoren falsas divinidades. Yo soy la única divinidad, tengan temor devocional solo de Mí". **52.** A Él pertenece cuanto hay en los cielos y en la Tierra. Solamente a Él se debe adorar. ¿Acaso van a temer a otro que no sea Dios?

La ingratitud hacia Dios

53. Todas las gracias que tienen provienen de Dios. Pero ustedes solo recurren a Él cuando padecen una desgracia. **54.** Luego, cuando los libra de la desgracia, algunos de ustedes vuelven a dedicar actos de adoración a otros que a su Señor, **55.** y no agradecen cuanto les ha concedido. Disfruten [transitoriamente, que] pronto sabrán.

Las ofrendas a los ídolos

56. Ofrecen una parte de cuanto Dios les concede a sus ídolos, y no saben que ellos no pueden perjudicarlos ni beneficiarlos. ¡Por Dios! Serán interrogados sobre lo que inventan.

¿Las hijas de Dios?

57. ¡Glorificado sea Dios! Le atribuyen hijas[4], pero solo desean para sí mismos los hijos varones. **58.** Cuando se le anuncia a uno de ellos [el nacimiento de] una niña, se refleja en su rostro la aflicción y la angustia **59.** por lo que se le ha anunciado, se esconde de la gente avergonzado y duda si la dejará vivir a pesar de su deshonra o la enterrará viva[5]. ¡Qué pésimo es lo que hacen! **60.** Quienes no creen en la otra vida son el peor ejemplo [de ignorancia e incredulidad], y Dios es el más sublime ejemplo [de perfección absoluta]. Él es el Poderoso, el Sabio.

Favor 11) Dar tiempo para el arrepentimiento

61. Si Dios castigara inmediatamente a la gente por sus injusticias, no dejaría ningún ser vivo sobre la faz de la Tierra. Pero les da una prórroga por un plazo determinado, y cuando venza su plazo no podrán retrasarlo ni adelantarlo ni siquiera un instante.

Esperanzas vacías

62. Le atribuyen a Dios lo que detestan para sí mismos[6] e inventan mentiras diciendo que alcanzarán el bienestar [en esta vida y en la otra]. Ellos serán los primeros en ser arrojados al Fuego.

Las comunidades perdidas

63. Yo, Dios, juro por Mí mismo que envié Mensajeros a las naciones que te precedieron [¡Oh, Mujámmad!], pero el demonio les hizo ver sus malas acciones como buenas. Él es su aliado en esta vida, pero en la otra recibirán un castigo doloroso. **64.** No te he revelado el Libro [¡Oh, Mujámmad!] sino para que les aclares aquello sobre lo que discrepaban, como guía y misericordia para los creyentes.

Favor 12) La lluvia

65. Dios hace descender agua del cielo dando vida con ella a la tierra azotada por la sequía. En esto hay un signo para quienes recapacitan.

Favor 13) El ganado y la leche

66. En los ganados tienen ustedes un ejemplo [del poder divino]. Les doy a beber de lo que se produce en sus vientres, entre quimo y sangre: leche pura, gustosa para quienes la beben. **67.** De los frutos de las palmeras y de

---

4 Estos idólatras afirmaban que los ángeles eran de sexo femenino y que eran hijas de Dios.

5 Ver Corán 81:9.

6 Referencia a las hijas mujeres.

las vides se obtiene un embriagante[7] y también un sustento puro. En esto hay un signo para quienes razonan.

Favor 14) Las abejas y la miel

68. Tu Señor les inspiró a las abejas[8]: “Habiten en las moradas que hayan construido en las montañas, en los árboles y en las que la gente les construya. **69.** Aliméntense de los frutos y transiten por donde les ha facilitado su Señor”. De su interior sale un jarabe de diferentes colores que es medicina para la gente[9]. En esto hay un signo para quienes reflexionan.

El poder de Dios sobre los seres humanos

70. Dios los crea a todos y luego los hace morir. A algunos de ustedes los hace llegar a la vejez en la que olvidan todo cuanto sabían. Dios lo sabe todo, es Poderoso.

Favor 15) Provisiones

71. Dios facilita los recursos a unos más que a otros. Los que han sido favorecidos con más recursos se niegan a compartirlos con aquellos que posee su diestra para no equipararse con ellos. ¿Acaso se niegan a reconocer [y compartir] las gracias de Dios?

Favor 16) Cónyuges y descendencia

72. Dios les ha creado cónyuges de su misma naturaleza, y luego les concede hijos y luego nietos. Dios les ha proveído todo lo bueno y beneficioso. ¿Acaso creen en las falsedades y reniegan de la gracia de Dios?

Parábolas de ídolos impotentes y un Dios Todopoderoso

73. En lugar de adorar a Dios, adoran lo que no tiene ni tendrá dominio

---

7 Este versículo es cronológicamente previo al que establece la prohibición de las bebidas alcohólicas y embriagantes. Ver Corán 2:219, 4:43 y 5:90-91.

8 Los machos o zánganos no contribuyen en la elaboración de la miel. Su única función en la colmena es inseminar a la abeja reina. Las abejas obreras tienen a su cargo producir la miel. En la lengua árabe la declinación de los verbos es completa y permite distinguir el género del sujeto, masculino o femenino. Que el Corán utilice sistemáticamente los verbos y declinaciones en femenino al referirse y dirigirse a las abejas indica que conoce que son las hembras las que trabajan en la fabricación de la miel. No debemos olvidar que es imposible que estos datos sobre las abejas fueran conocidos hace 1.400 años. Que Dios haya señalado este hecho es otro milagro del Corán.

9 La miel es una “medicina para la gente” tal como lo establece este versículo. Entre los beneficios de la miel que se conocen en la actualidad encontramos que es de fácil digestión, se difunde rápidamente a través de la sangre, ayuda en la formación de la sangre, tiene efectos positivos en la regulación de la circulación sanguínea, funciona como protección contra problemas en la circulación capilar y la arteriosclerosis, tiene propiedad bactericida, es antioxidante, fuente de vitaminas y minerales, y se utiliza para curar heridas porque la viscosidad de la miel provee una barrera protectora que impide que las heridas se infecten. Estimula la formación de nuevos vasos capilares y el crecimiento de los fibroblastos que reemplazan el tejido conectivo en las capas más profundas de la piel, así como la producción de fibras de colágeno que fortalecen la reparación del tejido. La miel tiene una acción anti inflamatoria que reduce la hinchazón en torno de las heridas. A diferencia de los antisépticos y los antibióticos, no perjudica el proceso de cicatrización debido a efectos adversos sobre los tejidos lesionados. Se deduce de todos estos datos que la miel tiene grandes propiedades “curativas”. Sin duda es uno de los milagros del Corán que Dios, Exaltado sea, ha revelado.

alguno sobre las provisiones del cielo y de la Tierra. **74.** No comparen a Dios[10]. Dios sabe y ustedes no saben. **75.** Dios les expone un ejemplo [para que reflexionen]: ¿Puede equipararse un [incrédulo] esclavo [de sus pasiones] que carece de todo poder, con [un creyente] a quien le he concedido un sustento generoso y hace caridades en privado y en público? [¿Cómo pueden entonces comparar al Creador con los seres creados?] ¡Alabado sea Dios! La mayoría de la gente no reflexiona. **76.** Dios les expone otro ejemplo [para que reflexionen acerca de Su unicidad]: ¿Acaso pueden equipararse dos personas: un incapaz y mudo que no hace nada bien y representa una carga para su tutor, y una persona que alza su voz para defender la justicia y está en el sendero recto?

El conocimiento y el poder de Dios

77. Dios conoce los secretos de los cielos y de la Tierra. La Hora [del Día del Juicio] llegará tan rápido como un abrir y cerrar de ojos, o más rápido aún. Dios tiene poder sobre todas las cosas.

Favor 17) Los sentidos

78. Dios los hizo nacer del vientre de sus madres sin conocimiento [del mundo que los rodea]. Él los dotó de oído, vista e intelecto, para que sean agradecidos.

Favor 18) Las aves

79. ¿No han observado las aves suspendidas en el cielo? Es Dios quien las sustenta. En esto hay signos para los creyentes.

Favor 19) El hogar

80. Dios hizo que sus viviendas sean para ustedes un lugar de sosiego. Puso a su disposición el cuero de los rebaños para que hagan con él sus tiendas, las cuales son fáciles de transportar los días que viajan o acampan. También de su lana, pelo y crin hacen utensilios y alfombras con las que hacen confortable esta vida.

Favor 20) Los refugios

81. Dios les proporcionó sombra de cuanto creó, refugios en las montañas, vestimentas que los resguardan del calor [y el frío] y armaduras que los protegen en los combates. Así es como Dios les provee de Sus gracias para que se sometan a Él.

Negar los favores de Dios

82. Pero si se niegan a creer, sabe que a ti solo te incumbe transmitir [el Mensaje] con claridad. **83.** Ellos saben que las gracias provienen de Dios pero lo niegan; la mayoría de ellos son ingratos.

10 El Sagrado Corán establece que la esencia divina y Sus nombres y atributos deben comprenderse a la luz de tres principios. Primero: creer que Dios y Sus atributos no se asemejan a ninguno de los atributos de los seres creados (ver Corán 42:11, 112:4 y 16:74). Segundo: creer en las descripciones que Dios ha hecho de Sí mismo (ver Corán 2:140) y en las descripciones que realizó el Profeta sobre Él, ya que él hablaba con la revelación (ver Corán 53:3-4). Tercero: no pretender comprender la verdadera naturaleza de los atributos divinos, ya que dicha comprensión es imposible para nuestra mente limitada (ver Corán 20:110).

El destino de los incrédulos

84. El día que haga surgir de cada nación [a su Profeta] como testigo, no se les permitirá a los incrédulos excusarse ni que se arrepientan. **85.** Cuando los injustos vean el castigo, no habrá atenuantes ni prórrogas. **86.** Cuando los idólatras vean a sus ídolos dirán: "¡Señor nuestro! Éstos son los ídolos a quienes invocábamos en lugar de Ti", pero ellos [los ídolos] los contradecirán: "Son unos mentirosos". **87.** Ese día serán entregados a Dios [para que los castigue], y sus mentiras[11] se desvanecerán. **88.** A los incrédulos que desviaron a la gente del camino de Dios, les duplicaré el castigo por haber sembrado la corrupción.

Los profetas atestiguan en contra de los incrédulos

89. [El Día del Juicio] haré surgir de cada nación [a su Profeta] para que atestigüe en contra de ellos, y a ti [¡Oh, Mujámmad!] como testigo de tu nación. Te he revelado el Libro que contiene todas las explicaciones, el cual es guía, misericordia y albricias para los musulmanes que se someten a Dios.

Los mandamientos y las prohibiciones de Dios

90. Dios ordena la justicia, hacer el bien y ayudar a la familia; pero prohíbe la obscenidad, la mala conducta y la opresión. Así los exhorta para que reflexionen.

Honrar las promesas

91. Cumplan su compromiso con Dios. No quebranten los juramentos después de haberlos realizado, habiendo puesto a Dios como testigo. Dios sabe bien cuanto hacen. **92.** No sean como quien deshace el hilado que había realizado cuidadosamente. No hagan del juramento un medio de engaño. No rompan un pacto hecho con una nación por beneficiarse de un pacto con otra nación más poderosa. Dios los pone a prueba para que se les evidencie quienes Lo obedecen de quienes no. El Día del Juicio juzgará entre ustedes sobre lo que discrepaban.

Favor 21) El libre albedrío

93. Si Dios hubiera querido habría hecho de ustedes una sola nación [de creyentes]. Pero se descarría quien quiere y se guía quien quiere. Todos serán interrogados por cuanto hicieron.

Honrar los acuerdos

94. No hagan de sus juramentos una herramienta de engaño. Si lo hacen se los castigará por haberse extraviado y desviado a otros del sendero de Dios, y el castigo que sufrirán será terrible. **95.** No vendan su compromiso con Dios a vil precio. Lo que Dios les tiene reservado en esta vida y en la otra es mejor para ustedes, si lo supieran. **96.** [Sepan que] lo que ustedes tienen es temporal y lo que Dios tiene es eterno. A quienes hayan

11 Los ídolos que solían adorar.

sido pacientes les multiplicaré la recompensa de sus obras.

La recompensa de los que hacen el bien

97. Al creyente que obre rectamente, sea varón o mujer, le concederé una vida buena y le multiplicaré la recompensa de sus buenas obras.

Consejo a los creyentes

98. Cuando recites el Corán refúgiate en Dios del demonio maldito. **99.** El demonio no tiene poder sobre los creyentes que se encomiendan a su Señor. **100.** Solamente tiene poder sobre quienes lo toman como aliado protector y aquellos que lo adoran asociándolo [en el poder y la adoración] a Dios.

¿Quién es el Creador?

101. Cuando revelo un precepto para abrogar otro, y Dios bien sabe lo que hace, dicen [tus detractores]: "Eres tú quien lo ha inventado". Pero la mayoría de ellos son ignorantes. **102.** Diles: "Es el Espíritu Santo [el ángel Gabriel] quien lo ha revelado [por orden] de tu Señor con la Verdad para afirmar a los creyentes, y como guía y albricias para los musulmanes que se someten a Dios". **103.** Sé muy bien que dicen: "Es un hombre quien se lo transmite [el Corán][12]". Pero bien saben que el idioma de quien ellos aluden no es el árabe, mientras que éste [Corán] es en árabe puro. **104.** A quienes no crean en los signos de Dios, Dios no los guiará y recibirán un castigo doloroso. **105.** Solamente inventan mentiras quienes no creen en los signos de Dios. Ellos son los mentirosos [y no el Profeta].

Abandonar la fe

106. Quienes renieguen de la fe en Dios por haber sido forzados a ello, permaneciendo sus corazones tranquilos [y firmes] en la fe [no serán reprochados][13]; pero quienes lo hagan y se complazcan con la incredulidad, incurrirán en la ira de Dios y tendrán un castigo terrible, **107.** porque prefirieron la vida mundanal a la otra. Dios no guía al pueblo incrédulo. **108.** A ellos Dios les ha sellado sus corazones, sus oídos y sus ojos [con la incredulidad], y son indiferentes [ante los signos]. **109.** No hay duda de que en la otra vida ellos serán los perdedores. **110.** Quienes emigraron luego de haber sido perseguidos, combatieron y fueron pacientes, tu

---

12 Algunos idólatras acusaban a Mujámmad de que un vendedor cristiano que habitaba en La Meca, y no conocía sino poco del idioma árabe, era el que le dictaba el Corán.

13 Los politeístas de La Meca persiguieron y torturaron a uno de los compañeros del Profeta llamado *'Ammar ibn Yasir* hasta que lograron hacerlo pronunciar palabras de incredulidad. Alguna gente comenzó a decir: "'Ammar ha caído en la incredulidad". Sabiendo que eso era incorrecto, el Profeta Mujámmad, que la paz y las bendiciones de Dios sean con él, dijo: "De hecho, 'Ammar está lleno de Imán (Fe) desde su cabeza hasta sus pies. Su fe se ha mezclado con su carne y sus huesos". Luego de que 'Ammar fue liberado por los incrédulos, fue donde el Profeta llorando. El Mensajero de Dios le preguntó: "¿En qué estado se encuentra tu corazón?" 'Ammar le respondió: "Está complacido con la fe". Entonces el Profeta, que la paz y las bendiciones de Dios sean con él, le dijo: "Si vuelven (a perseguirte o torturarte), entonces hazlo nuevamente (di las palabras que te requieran)".

Señor será Absolvedor y Misericordioso con ellos.

El Día de la retribución

111. Ese día toda alma argumentará para alcanzar la salvación y será juzgada acorde a sus obras; nadie será tratado injustamente.

La gente ingrata

112. Dios les expone el ejemplo de una ciudad [La Meca], cuyos habitantes se sentían seguros y tranquilos, les llegaba abundante sustento proveniente de todas las regiones. Pero no agradecieron los favores de Dios, entonces Él los hizo padecer hambre y temor por cuanto habían cometido. **113.** El Mensajero que se les presentó era uno de ellos, pero lo desmintieron y el castigo los sorprendió por las injusticias que cometían.

Alimentos lícitos e ilícitos

114. Coman de lo lícito y bueno que Dios les ha sustentado. Agradezcan las bendiciones de Dios, si es que solo a Él adoran. **115.** Se les ha prohibido [alimentarse de] la carne del animal muerto por causa natural, la sangre, la carne de cerdo, la del animal que haya sido sacrificado invocando otro nombre que no sea el de Dios. Pero si alguien se ve forzado [a ingerirlos por hambre extrema], sin intención de pecar ni excederse, no cometerá pecado. Dios es Absolvedor, Indulgente.

Advertencia a los politeístas

116. No profieran mentiras dejando que sus lenguas determinen [a su antojo] diciendo: "Esto es lícito y aquello es ilícito", inventando mentiras acerca de Dios. Quienes inventen mentiras acerca de Dios no prosperarán jamás. **117.** Ellos tendrán un goce transitorio, pero luego [el Día del Juicio] recibirán un castigo doloroso.

Alimentos prohibidos para los judíos

118. A los judíos les prohibí lo que te he narrado anteriormente. No fui injusto con ellos sino que ellos lo fueron consigo mismos.

Dios acepta el arrepentimiento

119. Con quienes hayan cometido un mal por ignorancia y luego se arrepientan y enmienden, tu Señor será Absolvedor, Misericordioso.

El Profeta Abraham

120. Abraham fue un guía ejemplar, era obediente a Dios, monoteísta, y jamás fue idólatra. **121.** Era agradecido por los favores de Dios. Él lo eligió y lo guió por el sendero recto. **122.** Le concedí en la vida mundanal todo lo bueno, y en la otra vida estará con los justos. **123.** A ti [¡Oh, Mujámmad!] te he inspirado: "Sigue la religión pura monoteísta de Abraham, que jamás fue de los idólatras". **124.** Les fue ordenado [a los judíos] dedicar el día sábado a la adoración cuando discreparon [y no aceptaron que este día fuera el viernes]. Tu Señor juzgará entre ellos el Día de la Resurrección sobre lo que discrepaban.

Invitar al Islam

125. Convoca al sendero de tu Señor con sabiduría y bellas palabras.

Argumenta de la mejor manera. Tu Señor sabe bien quién se extravía de Su camino y quién sigue la guía.

El perdón es mejor

126. Si los agreden, respondan del mismo modo que se los ha agredido [y no se excedan]. Pero si son pacientes [y perdonan] será lo mejor para ustedes. **127.** Sé paciente y sabe que la paciencia es una virtud que Dios concede a quien quiere. No sientas pena [por la incredulidad de tu pueblo] ni te angusties por lo que traman. **128.** Dios está con los piadosos y con los que hacen el bien.

17. El Viaje Nocturno[1]

(Al-Isrâ')

Dado que Abraham (ﷺ) es elogiado en los últimos versículos del capítulo anterior como un modelo a seguir para el mundo, este capítulo del Corán, que fue revelado en La Meca, habla sobre cómo el Profeta (ﷺ) es honrado en este mundo a través del Viaje Nocturno de La Meca a Jerusalén y luego elevado a los cielos y regresado a La Meca, todo en una sola noche (versículos 1 y 60). El Profeta (ﷺ) también será honrado en el Día del Juicio a través de la estación de alabanza donde hará una intercesión (versículo 79). Los Hijos de Israel son mencionados de manera pasajera al final del capítulo anterior, pero se dan más datos sobre ellos al comienzo y al final de este capítulo. La clave para el éxito en esta vida y la salvación en la próxima, está condicionada a un conjunto de mandamientos divinos (versículos 22-39), junto con una advertencia contra Satanás y sus susurros (versículos 61-65). El capítulo critica los argumentos de los paganos y sus ridículas exigencias (versículos 89-93). Las críticas de atribuirle socios e hijos a Dios continúan en el capítulo siguiente.

En el nombre de Dios,
el Compasivo, el Misericordioso

El viaje de La Meca a Jerusalén

1. Glorificado sea Quien transportó a Su Siervo durante la noche, desde la mezquita[2] sagrada[3] a la mezquita lejana[4] cuyos alrededores bendije, para mostrarle algunos de Mis signos. Él todo lo oye, todo lo ve. **2.** He revelado a Moisés el Libro[5] como guía para el pueblo de Israel, y les ordené: "No tomen protector fuera de Mí". **3.** ¡Él era un descendiente de quienes salvé junto a Noé [en el arca]! Fue un siervo agradecido.

---

1 Uno de los milagros extraordinarios concedidos a Mujámmad fue cuando Dios lo transportó durante la noche desde la sagrada mezquita de La Meca hasta la mezquita de Jerusalén, donde se reunió con los demás Profetas y dirigió la oración. Luego ascendió a los cielos más elevados donde vio algunos de los signos más grandiosos de su Señor. Vio al ángel Gabriel en su verdadera forma, tal como Dios lo había creado. Ascendió hasta el Azufaifo que demarca el límite de los cielos, traspasó más allá de los siete cielos, vio el Paraíso y el Infierno, y el más Misericordioso le habló directamente.

2 La palabra "mezquita" (*masyid* مَسْجِد) desde el punto de vista lingüístico en idioma árabe se refiere a un lugar de postración, sin distinción alguna de índole religiosa. Desde el punto de vista jurídico islámico, la palabra "mezquita" constituye todo lugar en la tierra que es apto para postración y adoración de Dios, sea o no un edificio. Este versículo hace referencia a dos lugares santos en Jerusalén y La Meca, ya que son bendecidos independientemente de la presencia o ausencia de un edificio en el momento del viaje nocturno del Profeta Mujámmad, que la paz y las bendiciones de Dios sean con él, desde La Meca a Jerusalén, y luego su ascenso a los cielos.

3 En La Meca.

4 En Jerusalén.

5 La Torá.

Advertencia a los israelitas

4. He revelado en el Libro lo que decreté para el pueblo de Israel: "Corromperán la Tierra dos veces y se convertirán en tiranos soberbios.

Las dos corrupciones

5. Cuando corrompan por primera vez, enviaré contra ustedes siervos Míos en huestes de gran fortaleza y rudeza, que atacarán sus hogares. Esta promesa será cumplida. **6.** Luego les permitiré que retornen a sus hogares [victoriosos] expulsándolos. Los agraciaré con bienes materiales e hijos y los convertiré en un pueblo numeroso. **7.** Si obran bien será en beneficio propio, pero si obran mal será en contra suya. Cuando corrompan por segunda vez, los vencerán [sus enemigos] e ingresarán al Templo[5] como lo hicieron la primera vez y devastarán todo lo que encuentren. **8.** Luego su Señor se apiadará de ustedes, pero si reinciden [en la corrupción] los volveré a castigar. El Infierno será prisión para los que se nieguen a creer.

El mensaje del Corán

9. El Corán guía por el sendero más justo y firme, y di a los creyentes que obran rectamente que recibirán una gran recompensa. **10.** Pero a quienes no crean en la otra vida les he preparado un castigo doloroso.

Rogar el mal

11. El ser humano ruega a Dios el mal[6] con la misma facilidad con que ruega pidiendo el bien: el ser humano es muy precipitado.

El día y la noche

12. He hecho del día y de la noche dos signos: el signo de la noche es la oscuridad, y el signo del día es la luminosidad para que busquen el favor de su Señor, e hice que con estos dos signos pudieran saber el número de los años y el cómputo de los meses. Todas las cosas las he explicado detalladamente.

El registro de las obras

13. Todo ser humano será responsable por sus actos, y el Día de la Resurrección le entregaré un libro abierto. **14.** [Se le dirá:] "Lee tu libro, pues hoy será suficiente con que tú mismo leas el registro de tus obras [para saber cuál será tu destino]". **15.** Quien siga la guía será en beneficio propio, pero quien se desvíe solo se perjudicará a sí mismo. Nadie cargará con pecados ajenos. No he castigado a ningún pueblo sin antes haberle enviado un Mensajero[7].

El castigo de los malvados

16. Cuando quiero destruir una ciudad permito que sus dirigentes

---

5 De Jerusalén.

6 Como cuando una persona maldice o reniega de su suerte.

7 Acorde a la teología islámica, la persona que oye y comprende correctamente el mensaje del Islam, y conscientemente lo niega o rechaza, es considerado un incrédulo (*kafir*) y ha de morar eternamente en el fuego del Infierno, y no ha de tener excusa el Día de Resurrección. Pero aquellos que no alcancen a escuchar y comprender el mensaje del Islam por cualquier razón, como vivir en áreas remotas o porque tenían un impedimento físico o psicológico, o porque el mensaje del Islam los alcanzó cuando eran demasiado ancianos para comprender, no serán castigados en el Día de la Resurrección hasta que

siembren la corrupción, entonces la sentencia contra ella se cumple y la destruyo totalmente. **17.** Así es como he destruido a muchas generaciones luego de Noé. ¡Es suficiente con que Dios vea y sepa de los pecados que cometen Sus siervos!

¿Esta vida o la próxima?

18. Quienes prefieran los placeres transitorios de la vida mundanal sepan que se los concederé a quien Yo quiera, pero les destinaré el Infierno, donde ingresarán humillados y condenados [por haberse olvidado de obrar para la otra vida]. **19.** Mientras que a quienes anhelen la vida del más allá, sean creyentes y se esfuercen por alcanzarla, se les retribuirá por su esfuerzo. **20.** A todos [en esta vida] se les concederá de los favores de tu Señor, a los unos[8] y a los otros[9]. Sus favores no le son vedados a nadie. **21.** Observa cómo he agraciado a unos sobre otros [con bienes materiales en este mundo], pero en la otra vida la distinción será mayor [entre los que creen y los que no creen].

Mandamientos: 1) Adorar únicamente a Dios. 2) Honrar a tus padres

22. No adoren a otros junto a Dios, porque serán condenados y humillados. **23.** Tu Señor ha ordenado que no adoren sino a Él y que honren a sus padres. Si uno de ellos o ambos llegan a la vejez, no sean insolentes con ellos, ni siquiera les digan: "¡Uf!" Háblenles siempre con bondad. **24.** Trátenlos con humildad y compasión, y rueguen [por ellos diciendo]: "¡Señor mío! Ten misericordia de ellos como ellos la tuvieron conmigo cuando me criaron siendo niño". **25.** Su Señor es Quien mejor conoce lo que hay en sus corazones. Si son piadosos, sepan que Él perdona a los que se arrepienten.

3) Dar y 4) no derrochar

26. Da a los parientes lo que es su derecho, también al pobre y al viajero insolvente, pero no derroches, **27.** porque los que derrochan son hermanos de los demonios, y el demonio fue ingrato con su Señor. **28.** Pero si no puedes darles una ayuda, y esperas una misericordia de tu Señor, excúsate con amabilidad.

---

hayan sido probados. Se menciona en la Tradición Profética que el Mensajero de Dios, que la paz y las bendiciones de Dios sean con él, dijo: "Existen cuatro personas que serán excusadas en el Día de Resurrección: el sordo, el deficiente mental, el anciano, y quien no haya sido alcanzado por el mensaje. El sordo dirá: '¡Señor! El mensaje del Islam llegó, pero no pude oírlo'. El deficiente mental dirá: '¡Señor! El Islam llegó, pero los jóvenes se burlaban de mí'. El anciano dirá: '¡Señor! El Islam llegó, pero yo ya no podía comprender'. Aquel que no tuvo acceso al mensaje dirá: '¡Señor! Ningún Mensajero llegó hasta mí'. Entonces Dios les hará jurar obediencia, y luego les ordenará ingresar al fuego [esa será la prueba]. Y por aquel en cuyas manos se encuentra el alma de Mujámmad, cuando entren en él, éste será fresco y seguro para ellos". Registrado por *Ahmad* en su libro *Al Musnad.*

8 Los creyentes.

9 Los que niegan Su existencia, Su unicidad e incluso a los que Lo asocian en la divinidad y adoran falsas deidades.

5) Gastar con moderación

29. No seas avaro ni tampoco derrochador, porque te verás censurado [en el primer caso] y arruinado [en el segundo]. **30.** Tu Señor concede un sustento abundante a quien quiere, y se lo restringe a quien quiere. Él a Sus siervos los conoce bien, y los ve siempre.

6) Atesorar a tus hijos

31. No maten a sus hijos por temor a la pobreza[10]. Yo los sustento a ellos y a ustedes. Matarlos es un pecado gravísimo.

7) No cometer adulterio

32. No se acerquen a lo que lleve a la fornicación, pues es una inmoralidad y un mal camino.

8) No matar

33. No maten, pues Dios lo ha prohibido, salvo con motivo justo. A quién se le dé muerte injustamente le concedo a su familiar directo o apoderado el derecho[11], pero que éste no mate buscando venganza[12]. Su derecho [a exigir justicia] está legalmente garantizado.

9) Proteger la riqueza de los huérfanos,
10) Cumplir las promesas

34. No utilicen los bienes del huérfano a menos que sea para beneficiarlo, y entréguenselos cuando alcance la madurez. Cumplan con sus compromisos, porque se los interrogará por ellos.

11) La equidad

35. Midan y pesen con equidad. Esto es lo más conveniente y mejor para ustedes.

12) Solo lo que sepas

36. No hagan ni digan nada si no tienen conocimiento. Serán interrogados acerca de [lo que hayan hecho con] su oído, vista y corazón.

13) Sé humilde

37. No caminen por la Tierra con arrogancia, pues ella no se abrirá por su andar, ni tampoco podrán igualar a las montañas en altura [para ser tan imponentes como ellas].

El cumplimiento de los mandamientos

38. Todos estos comportamientos son perjudiciales para ustedes y detestables ante su Señor. **39.** Esto es parte de la sabiduría que tu Señor te ha revelado. No adoren a nadie junto a Dios porque serán arrojados en el Infierno, condenados y humillados.

Refutación a un argumento falso

40. ¿Acaso creen que su Señor prefirió para ustedes los hijos varones y para Sí hijas que son los ángeles[13]? Lo que dicen es muy grave. **41.** En este Corán he expuesto todo tipo de

---

10 Esta prohibición tiene carácter eterno, lo cual implica el aborto por “miedo a la pobreza”, es decir, por motivos económicos.

11 Que exija y gestione justicia para castigar al culpable, para que sea ejecutado u ofrezca una indemnización según el caso.

12 No puede buscarse la justicia por mano propia, sino que debe recurrirse a las autoridades establecidas en cada sociedad.

13 Algunos idólatras paganos afirmaban que los ángeles eran las hijas de Dios.

argumentos para que reflexionen, pero [a algunos] esto los hace extraviarse aún más.

¿Otros dioses?

42. Diles: "Si junto a Dios hubiera otros dioses, como dicen [los idólatras], ellos buscarían acercarse al Señor del Trono [para complacerlo]". **43.** ¡Glorificado sea! Él está por encima de lo que dicen. **44.** Lo glorifican los siete cielos, la Tierra y todo cuanto hay en ellos. No existe nada que no Lo glorifique con alabanzas, aunque ustedes no puedan percibir sus glorificaciones. Él es Magnánimo, Perdonador.

Los paganos se burlan del Corán

45. Cuando recitas el Corán ponemos un velo imperceptible entre tú y quienes no creen en la otra vida. **46.** [Como respuesta a su rechazo] hice sus corazones duros y sus oídos sordos para que no pudieran comprender [el Mensaje]. Cuando mencionas en el Corán que tu Señor es la única divinidad [con derecho a ser adorada], te dan la espalda disgustados. **47.** Yo bien sé cómo se burlan cuando te escuchan [recitar el Corán] o cuando hablan en secreto; y dicen los idólatras: "Están siguiendo a un hombre hechizado". **48.** Observa cómo te comparan y por ello se extravían. No pueden encontrar el camino.

La Resurrección

49. Dicen: "¿Acaso cuando seamos huesos y polvo seremos resucitados y creados nuevamente?" **50.** Respóndeles: "¡Sí! Aunque se conviertan en piedra, hierro **51.** o cualquier otra materia que veneren en su pensamiento". Dirán: "¿Quién nos resucitará?" Respóndeles: "Quien los creó por primera vez". Pero negando con su cabeza te dirán: "¿Cuándo?" Diles: "Es posible que sea pronto". **52.** El día que los convoque responderán alabándolo, y les parecerá que no han permanecido [en las tumbas] sino poco tiempo.

Consejo al Profeta

53. Exhorta a Mis siervos a hablar con respeto, porque el demonio quiere sembrar la discordia entre ellos. El demonio es el enemigo declarado del ser humano.

Invitación a los incrédulos

54. Su Señor conoce lo que hay en sus corazones. Si quiere tendrá misericordia con ustedes, o si quiere los castigará [con justicia]. Pero tú [¡Oh, Mujámmad!] no eres responsable de lo que ellos hagan. **55.** Tu Señor conoce bien a quienes están en los cielos y en la Tierra. He favorecido a los Profetas unos sobre otros: a David le revelé los Salmos.

¿Otros dioses además de Dios?

56. Diles: "Aquellos que invocan en lugar de Dios no pueden salvarlos de ningún mal, ni siquiera evitarlo". **57.** [Aquellos] a los que ustedes invocan buscan el medio de acercarse más a su Señor, anhelan Su misericordia y temen Su castigo. ¡Porque el castigo de tu Señor es temible!

Señales siempre negadas

58. No hay ninguna ciudad [de incrédulos] que no vaya a destruir o castigar antes del Día de la Resurrección.

Esto es lo que ha sido decretado y registrado en el Libro [preservado]. **59.** No les envié los milagros que pedían porque los desmentirían como lo hicieron los pueblos del pasado. Al pueblo de Zamud le envié la camella como un milagro evidente, pero cometieron la injusticia [de matarla]. Entonces les envié signos para atemorizarlos.

Las señales como una prueba

60. Cuando te dije [¡Oh, Mujámmad!]: "Tu Señor tiene poder total sobre las personas [y Él te protegerá]". Lo que te mostré[14] y el árbol maldito mencionado en el Corán, no es sino para probar la fe de las personas. Los atemorizo [con Mis signos], pero esto les incrementó aún más su desobediencia.

La desobediencia de Satanás

61. [Recuerda] cuando dije a los ángeles: "Hagan una reverencia ante Adán". Todos hicieron la reverencia excepto Iblís, quien dijo: "¿Acaso voy a hacer una reverencia ante quien has creado de barro[15]?" **62.** Dijo también: "¿Por qué lo has honrado más que a mí[16]?" Si me das tiempo hasta el Día de la Resurrección desviaré a la mayoría de sus descendientes. **63.** Dijo [Dios]: "¡Vete! Y quienes de ellos te sigan merecerán el Infierno, pues es el castigo que les tengo reservado. **64.** Seduce con tus palabras a quien puedas de ellos, arremete con tu caballería y con tu infantería. Hazte su socio inseparable en sus bienes e hijos y hazles las promesas que quieras. Pero sepan que el demonio solo hace promesas falsas[17]". **65.** [Dijo Dios:] "Pero no tienes poder alguno sobre Mis siervos creyentes". Es suficiente con tu Señor como protector [para quienes se encomiendan a Él].

La ingratitud humana

66. Su Señor es Quien impulsa los barcos en el mar para que con ellos puedan procurar Su favor. Él es Misericordioso con ustedes. **67.** Cuando los alcanza una desgracia en el mar se dan cuenta que cuanto invocaban fuera de Dios no puede salvarlos, y que solo Dios es Quien puede hacerlo. Pero cuando los salva llevándolos a tierra firme, Lo niegan nuevamente. ¡El ser humano es ingrato!

Falsa inmunidad

68. ¿Acaso se sienten a salvo de que Dios los haga tragar por la tierra o

---

14 La noche de tu ascensión a los cielos.

15 El demonio fue el primer ser en discriminar a un ser humano por su origen. La mayor enseñanza que extraemos de aquí es que quien discrimina a una persona por su origen o por la forma en que fue creada por Dios, está siguiendo el ejemplo de su antecesor, el demonio.

16 Él había sido creado de fuego, y por eso se sentía superior.

17 Su poder sobre ellos no se basa en pruebas o argumentos, sino que simplemente los incita a cometer acciones según sus propios deseos y pasiones. Son ellos los que permiten a su verdadero enemigo, el demonio, convertirse en su aliado y amo. Cuando se entregan a él, le dan control sobre sus personas. Dios no le concedió al demonio poder sobre ningún ser humano, hasta que éste se entregue a sí mismo obedeciéndolo y asociándolo con Dios. Solo entonces Dios permite al demonio subyugar al ser humano dominándolo.

que les envíe un huracán? Si así lo hiciera, no encontrarían quién los pudiera proteger. **69.** ¿O se sienten seguros de que cuando se encuentren en el mar otra vez, Él no les envíe una tormenta y los ahogue como castigo a su ingratitud? Si así lo hiciera, no tendrían quién Le reclamara por ustedes.

Los favores de Dios para con la humanidad

70. He honrado a los hijos de Adán y les he facilitado los medios para viajar por la tierra y por el mar, les he proveído de todo lo bueno y los he favorecido sobre muchas otras criaturas.

El registro de las obras

71. El día que convoque a todos los seres humanos junto a sus guías[18] y les entregue sus registros, a quien le sea entregado el libro de sus obras en la derecha, [se alegrará] leyendo su libro porque verá que no ha sido defraudado en lo más mínimo. **72.** Pero quien haya estado en esta vida ciego [en la incredulidad], en la otra también lo estará y más perdido aún.

La tentación de los paganos de La Meca

73. Los idólatras [¡Oh, Mujámmad!] querían persuadirte que cedieras a favor de sus peticiones, contrariando las instrucciones que te había revelado. Si lo hubieras hecho, te habrían convertido en su aliado. **74.** Si no te hubiera fortalecido, te habrías inclinado a aceptar parte de sus peticiones. **75.** Y si hubieras cedido en algo, te habría hecho sufrir un castigo[19] doble en esta vida y en la otra. No hubieras encontrado quién te protegiera de Mí. **76.** Casi logran intimidarte para que abandones tu tierra [La Meca], pero si lo hubiesen logrado no habrían permanecido en ella sino poco tiempo [porque habría enviado sobre ellos el castigo]. **77.** Lo mismo sucedió con los Mensajeros que envié antes de ti. No encontrarás cambio alguno en Mi proceder.

Consejo al Profeta

78. Observa las oraciones prescritas desde pasado el mediodía hasta la oscuridad de la noche, y también la oración del alba, y prolonga la recitación en ella, pues ésta es atestiguada [por los ángeles de la noche y el día]. **79.** También levántate parte de la noche a realizar oraciones voluntarias, para que tu Señor te conceda un rango digno de alabanza. **80.** Di: "¡Señor mío! Concédeme una entrada y una salida dignas [en todos los asuntos de mi vida][20], y concédeme los medios para lograr el triunfo". **81.** Y di: "Ha triunfado la Verdad y se ha disipado la falsedad; la falsedad siempre se desvanece".

---

18 Sus Profetas o los Libros Sagrados que solían seguir.

19 El hecho de que el Corán reprenda a Mujámmad y le advierta, es una prueba más de que Mujámmad no es el autor del Corán.

20 En este versículo Dios le ordena al Profeta, que la paz y las bendiciones de Dios sean con él, que emigre de La Meca a Medina, por lo que "una salida digna" es la salida de La Meca, y "una entrada digna" es la entrada a Medina.

El Corán como medicina

82. Revelé el Corán, que es cura para los corazones y misericordia para los creyentes, pero al mismo tiempo no hace sino aumentar la perdición de los idólatras.

La arrogancia y la ingratitud

83. El incrédulo, cuando lo agracio, no Me agradece por arrogancia; pero cuando lo aflige un mal se desespera. **84.** Diles: "Que cada uno obre como le plazca, pero sepan que su Señor conoce a quien está mejor encaminado".

Pregunta de los paganos

85. Te preguntan acerca del espíritu. Diles: "El espíritu es una de las creaciones de Dios, de las que solo Él tiene conocimiento. No se les ha permitido acceder sino a una pequeña parte del inmenso conocimiento de Dios[21]".

El Corán como bendición

86. Si quisiera, borraría todo lo que te he revelado[22], y entonces no encontrarías quién abogara por ti ante Mí [para que lo pudieras recordar]. **87.** Pero no lo haré por misericordia. El favor con el que tu Señor te ha agraciado es inmenso.

El desafío del Corán

88. Diles: "Si los seres humanos y los *yinn* se unieran para redactar un texto similar al Corán, no podrían lograrlo, aunque se ayudaran mutuamente".

Exigencias sin sentido

89. He expuesto a los seres humanos en este Corán toda clase de ejemplos. Pero la mayoría de las personas no creen y rechazan la Verdad. **90.** Dicen [los que se niegan a creer]: "No creeremos en ti hasta que no hagas fluir para nosotros vertientes de la tierra **91.** o poseas un huerto con palmeras y vides, y hagas brotar en él ríos, **92.** o hagas descender sobre nosotros un castigo del cielo como advertiste, o nos traigas a Dios y a los ángeles para que los podamos ver, **93.** o poseas una casa de oro o asciendas al cielo, y aun así no creeremos en ti a menos que nos traigas del cielo un libro que podamos leer[23]". Diles: "¡Glorificado sea mi Señor! Pero, ¿no soy acaso solo un ser humano enviado como Mensajero?"

¿Un ángel como mensajero?

94. Lo que impidió que creyera la gente cuando se les presentaron los Mensajeros con la guía fue la misma retórica: [Decían] "¿No encontró Dios nada mejor que enviar a un ser humano como Mensajero?" **95.** Diles: "Si los ángeles habitaran la Tierra, entonces les habría enviado del cielo un ángel como Mensajero". **96.** Diles: "Dios es suficiente testigo de mi veracidad entre ustedes y yo. Él está bien informado sobre Sus siervos y los observa".

---

21 Todo conocimiento descubierto será siempre pequeño comparado con la dimensión de los secretos y misterios del universo, todos abarcados por el conocimiento del Creador, el Eterno. Porque Su conocimiento es infinito, mientras que la comprensión humana es limitada.

22 Tanto de los libros como de la memoria de las personas.

23 En el que se mencione que tú eres un Profeta de Dios.

El destino del extraviado

97. A quien Dios guíe estará bien encaminado, pero a quienes permita que se extravíen nadie los podrá socorrer salvo Él. Los congregaré de cabeza el Día de la Resurrección, ciegos, mudos y sordos. El Infierno será su morada; siempre que el fuego se atenúe avivaré su llama. **98.** Ese será su castigo por no haber creído en Mis milagros y haber dicho: "¿Acaso cuando seamos huesos y polvo seremos resucitados y creados nuevamente?" **99.** ¿Acaso no ven que Dios, Quien ha creado los cielos y la Tierra, tiene el poder de crearlos nuevamente? Les ha establecido un plazo determinado para su resurrección, pero los idólatras lo niegan con incredulidad. **100.** Diles: "Si tuvieran en sus manos las arcas de mi Señor, no las compartirían por temor a empobrecer. ¡Qué avaro es el ser humano!"

El Faraón desafía a Moisés

101. Concedí a Moisés nueve milagros evidentes. Pregunta [¡Oh, Mujámmad!] al pueblo de Israel si no es verdad que cuando [Moisés] se presentó ante el Faraón, éste le dijo: "¡Oh, Moisés! Creo que estás afectado por un hechizo".**102.** Dijo [Moisés]: "Tú sabes bien que solo el Señor de los cielos y de la Tierra ha enviado estos milagros claros. ¡Oh, Faraón! Creo que estás perdido". **103.** [El Faraón] quiso expulsarlos de la tierra[24], pero lo ahogué junto a su ejército. **104.** Luego dije al pueblo de Israel: "Habiten la tierra y sepan que cuando llegue el Día del Juicio del que Dios les advirtió, los haré comparecer a todos"

El Sagrado Corán.

105. Lo he revelado [al Corán] con la verdad y lo he protegido para que así les llegue. No te he enviado [¡Oh, Mujámmad!] sino como albriciador y amonestador. **106.** Te he revelado el Corán en partes para que se lo recites gradualmente a la gente. Te lo he ido revelando poco a poco. **107.** Diles: "Crean o no crean en él [es su responsabilidad]". Quienes fueron agraciados con el conocimiento de las revelaciones anteriores, cuando escuchan la recitación del Corán se prosternan ante Dios. **108.** Y dicen: "¡Glorificado sea nuestro Señor! La promesa de nuestro Señor se ha cumplido". **109.** Se prosternan ante Dios con los ojos llenos de lágrimas, y [el Corán] les acrecienta su humildad y sumisión.

Consejo al Profeta

110. Diles: "Ya sea que Lo invoquen diciendo: ¡Oh, Dios!, ¡Oh, Compasivo!, O cualquier otro nombre con el que Le invoquen, Él los oirá. Sepan que Él posee los nombres [y atributos] más sublimes. Cuando realicen una oración moderen su voz en la recitación, no la hagan con voz muy alta ni tampoco en silencio". **111.** Di: "¡Alabado sea Dios! Él no tiene ningún hijo ni tiene asociado alguno en Su soberanía ni necesita de ningún socorredor". ¡Glorifica a Dios proclamando Su grandeza!

24 Egipto.

18. La Caverna

(Al-Kahf)

Este capítulo del Corán fue revelado en La Meca, y toma su nombre de la historia de la gente de la cueva en los versículos 9-26. Le preguntaron al Profeta (ﷺ) sobre los jóvenes que se escondieron en una cueva, sobre un rey que dominaba grandes partes del mundo, y sobre el espíritu, así que fueron revelados los versículos 18:9-26, 18:83-99 y 17:85. El Profeta (ﷺ) dijo en una narración: "Nadie moverá sus pies en el Día del Juicio hasta que le sean preguntadas cuatro cosas: 1) Qué hizo en su juventud. 2) Cómo ganó y gastó su riqueza. 3) Qué hizo con su conocimiento. 4) A qué dedicó su vida". Curiosamente, estas cuatro preguntas se corresponden con las cuatro historias mencionadas en este capítulo: 1) La historia de los jóvenes de la cueva. 2) La historia del hombre rico con dos jardines. 3) La historia de Moisés y el hombre de conocimiento. 4) Y la historia de Dhul Qarnáin y su vida y viajes al servicio de Dios. Las cuatro historias están intercaladas con advertencias a los incrédulos y albricias para los creyentes. Al igual que la historia de la gente de la cueva, algunas historias milagrosas aparecen en el capítulo siguiente.

En el nombre de Dios,
el Compasivo, el Misericordioso

El mensaje del Corán

1. ¡Alabado sea Dios! Quien ha revelado a Su siervo el Libro en el que no hay contradicciones ni defectos[1], **2.** un Libro justo para advertir [a los que rechazan el Mensaje] de Su castigo severo, y para albriciar a los creyentes que obran rectamente que recibirán una hermosa recompensa **3.** en la que permanecerán por toda la eternidad. **4.** También para advertir a quienes dicen que Dios ha engendrado un hijo: **5.** No tienen conocimiento sobre eso ni lo tenían sus antepasados. ¡Qué graves palabras salen de sus bocas! No dicen sino mentiras.

Sé firme

6. ¿Acaso vas a dejar que te consuma la pena si ellos se niegan a creer en estas palabras[2]? **7.** He hecho de cuanto hay en la Tierra un adorno para probar quién obra mejor, **8.** pero luego la convertiré en un terreno árido.

Relato 1) La gente de la cueva

9. ¿Acaso consideras [¡Oh, Mujámmad!] que la historia de los jóvenes de la caverna y [su devoción por] la escritura fue uno de Mis milagros

1 Ver Corán 4:82.

2 La revelación del Sagrado Corán.

más sorprendentes[3]? **10.** Recuerda cuando los jóvenes se refugiaron en la caverna y dijeron: "¡Señor nuestro! Acógenos en Tu misericordia y concédenos que nuestra situación se solucione correctamente". **11.** Entonces hice que durmieran en la caverna por muchos años. **12.** Luego hice que despertaran para distinguir cuál de los dos grupos [creyentes e incrédulos] calculaba mejor el tiempo que habían permanecido allí.

Defender la verdad

13. Te relato su verdadera historia: Eran jóvenes que creían en su Señor y les aumenté su guía, **14.** fortalecí sus corazones cuando se reunieron [antes de dejar sus hogares y su gente] y dijeron: "Nuestro Señor es el Señor de los cielos y de la Tierra. No invocaremos nada fuera de Él, si lo hiciéramos estaríamos cometiendo una desviación. **15.** Nuestro pueblo adora fuera de Él falsas deidades. ¿Por qué no presentan un fundamento válido para hacerlo? ¿Acaso hay alguien más injusto que quien inventa una mentira y la atribuye a Dios?" **16.** [Dijo uno de ellos:] "Si se apartan de ellos y reniegan de cuanto adoran en vez de Dios, refúgiense en la caverna, que su Señor los cubrirá con Su misericordia y les facilitará una salida a su situación".

En la cueva

17. Se podía observar cómo el Sol naciente se alejaba de la caverna por la derecha dejándolos al ocultarse por la izquierda, mientras ellos permanecían en un espacio de la misma. Este es uno de los milagros de Dios. Aquel a quien Dios guíe estará bien encaminado, pero a quien deja en el extravío no podrá encontrar protector que lo guíe. **18.** Habrías creído que estaban despiertos, pero estaban dormidos. Los volteaba hacia la derecha y hacia la izquierda, y su perro estaba con las patas delanteras extendidas en la entrada. Si los hubieras visto, habrías huido aterrorizado.

Los jóvenes se despiertan

19. Entonces los desperté para que se preguntaran unos a otros. Uno de ellos dijo: "¿Cuánto tiempo piensan que hemos permanecido aquí?" Respondieron: "Permanecimos un día o parte de un día". Dijeron: "Nuestro Señor sabe mejor cuánto tiempo hemos permanecido. Enviemos a uno

---

3 Los exégetas del Corán mencionan distintas interpretaciones sobre la identidad de estos jóvenes creyentes. Una de las versiones es que se trataría de un grupo de judíos, de los siglos inmediatamente anteriores o posteriores al advenimiento de Jesús: la Hermandad de los Esenios y en particular a una de sus ramas, que tenía su asentamiento en las inmediaciones del mar Muerto, apartada de la sociedad, y a la que se ha dado, a raíz del descubrimiento de los Rollos del mar Muerto, el nombre de "la comunidad de Qumrán". La expresión *ar-raqim* الرَّقِيم que aparece en este versículo coránico, y que he traducido como "escritura", confirmaría esta interpretación. Así lo menciona el exégeta At-Tabari, que Ibn Abbas consideraba esta expresión sinónima de *marqum* مَرْقُوم "algo escrito", y por ende de *kitab* كِتَاب, "una escritura" o "un libro". Dado que está históricamente probado que los miembros de la comunidad de Qumrán estaban dedicados por entero a estudiar, copiar y preservar las sagradas escrituras.

de nosotros con nuestro dinero a la ciudad para que busque la mejor comida y nos aprovisione, que se conduzca con sutileza y que no llame la atención de nadie, **20.** porque si se enteran de nuestra presencia nos apedrearán o nos obligarán a regresar a su religión, y si eso sucede jamás estaremos entre los que alcancen el triunfo [en el más allá]".

El escondite es hallado

21. Pero hice que los descubrieran para que supieran que la promesa de Dios es verdadera, y que la Hora del Juicio es indubitable [y luego los hice morir]. Fue entonces cuando los habitantes del pueblo discutieron acerca de ellos[4]. Algunos dijeron: "Construyan una pared que bloquee la entrada de la cueva, pues solo Dios sabe la verdad sobre ellos". Pero aquellos cuya opinión prevaleció dijeron: "Construyamos sobre ellos un oratorio[5]".

¿Cuántos eran?

22. Algunos dirán que eran tres y cuatro con su perro. Otros que eran cinco y seis con su perro, conjeturando sobre lo que no tienen conocimiento. Y otros dirán que eran siete y ocho con su perro. Diles: "Mi Señor es Quien sabe exactamente cuántos eran, y solo pocos lo saben. No profundicen sobre ellos más de lo que les ha sido revelado. No consulten [a quien no tenga conocimiento] sobre ellos".

Dí: "Si Dios quiere"

23. No digas acerca de algo: "¡Haré tal cosa!" **24.** Salvo que agregues: "¡Si Dios quiere!" Pero si te olvidas de mencionar a tu Señor, invoca su nombre y reza diciendo: "Ruego a mi Señor que me guíe a la vía más recta".

El tiempo transcurrido en la cueva

25. Permanecieron en su caverna trescientos años y nueve más[6]. **26.** Diles[7]: "Dios es Quien realmente sabe cuánto permanecieron. Él conoce los secretos de los cielos y de la Tierra; Él todo lo ve, todo lo oye. No tienen protector fuera de Él, y Él no asocia a nadie en Sus decisiones".

Consejo al Profeta

27. Recita lo que se te ha revelado del Libro de tu Señor. No hay quien pueda tergiversar Sus palabras, y no encontrarás protector fuera de Él. **28.** Reúnete con quienes invocan a su Señor por la mañana y por la tarde

---

4 Algunas personas del pueblo, al ver el milagro, creyeron en la veracidad de la historia, mientras que otras rechazaron la idea de que hubieran dormido allí más de 300 años.

5 Dijo *Ibn Kazir* en su exégesis del Corán: "Es evidente que estas palabras corresponden a los gobernantes; pero, ¿se los debe elogiar por esa opinión o no? La verdad es que no, porque el Profeta Mujámmad, que la paz y las bendiciones de Dios sean con él, dijo: 'Dios ha maldecido a aquellos judíos y cristianos que tomaron la tumba de sus profetas y santos como lugares de adoración', advirtiendo contra esa acción.

6 Se consideran trescientos años en el calendario solar, pero el mismo período en el calendario lunar equivale a trescientos nueve años.

7 A los que discrepan y discuten sobre cuántos años permanecieron en la caverna.

anhelando Su rostro. No te apartes de ellos buscando el encanto de la vida mundanal. No obedezcas a aquel cuyo corazón se ha olvidado de recordarme, sigue sus pasiones y actúa con negligencia.

Advertencia a los incrédulos

29. Diles: "La Verdad proviene de su Señor. Quien quiera que crea, y quien no quiera que no lo haga". Pero sepan que tengo preparado para los que cometen injusticias un fuego que los rodeará. Cuando sofocados pidan de beber, se les verterá un líquido como el metal fundido que les quemará el rostro. ¡Qué pésima bebida y qué horrible morada!

Recompensa a los creyentes

30. En cambio, quienes crean y obren rectamente, sepan que recompensaré todas sus obras. **31.** Ellos alcanzarán los Jardines del Edén por donde corren ríos. Serán engalanados con brazaletes de oro, vestidos con prendas verdes de seda y brocado. Estarán recostados sobre sofás. ¡Qué placentera recompensa y qué hermoso lugar de descanso!

Relato 2) El dueño de los dos viñedos

32. Exponles el ejemplo de dos hombres[8]. Al incrédulo le concedí dos viñedos cercados con palmeras y en medio de ambos un sembrado. **33.** Ambos viñedos dieron sus frutos sin ninguna pérdida, e hice brotar en medio de ellos un río. **34.** Su dueño, que poseía abundantes riquezas, hablando [arrogantemente] con el creyente le dijo: "Tengo más riqueza que tú y mi gente es más fuerte". **35.** Luego ingresó en su viñedo lleno de soberbia e incredulidad y exclamó: "No creo que este viñedo perezca jamás, **36.** tampoco creo que jamás llegue la Hora [del Día del Juicio]. Pero si llego a ser resucitado estoy seguro de que tendré un viñedo mejor que éste".

La réplica

37. El creyente con quien hablaba le preguntó [haciéndolo reflexionar]: "¿No crees en Quien ha creado a tu padre[9] de polvo, luego a toda su descendencia de un óvulo fecundado, y te ha dado la forma de un ser humano con todas sus facultades? **38.** En cuanto a mí, creo que Dios es mi Señor y no Le asocio copartícipe alguno [en la adoración]. **39.** Deberías haber dicho cuando ingresaste a tus viñedos: 'Esto es lo que Dios ha querido, todo el poder proviene de Dios'. Ya ves que poseo menos riqueza e hijos que tú. **40.** Pero debes saber que mi Señor me concederá algo mejor que tus viñedos [en la otra vida], y es posible que envíe del cielo una tempestad que los aniquile, **41.** o que el agua del río que hay entre ellos sea absorbida por la tierra y no puedas alcanzarla".

El castigo

42. Y en efecto, sus frutos fueron destruidos. [Él] se golpeaba las manos lamentándose por lo que había

---

8 Uno idólatra desagradecido, y otro creyente agradecido con su Señor.

9 El primer ser humano creado.

invertido en ellos, y ahora estaban allí devastados. Entonces dijo: "No debería haber igualado a otros junto a mi Señor"[10]. **43.** No tuvo quien pudiera salvarlo del designio de Dios, ni siquiera pudo defenderse a sí mismo. **44.** Eso evidenció que el verdadero triunfo proviene de Dios, la verdadera divinidad. Él es Quien mejor recompensa, y las obras que se realicen para buscar Su complacencia serán las que tengan mejor final.

Ganancias fugaces y eternas

45. Exponles el ejemplo de la vida mundanal, y diles que es como el agua que envío del cielo, que riega la vegetación, pero luego ésta se seca y los vientos la dispersan. Dios tiene poder sobre todas las cosas. 46. Los bienes materiales y los hijos son parte de los encantos de la vida mundanal, [que éstos no los hagan olvidar de lo que Dios ha ordenado. Utilicen bien sus riquezas y eduquen correctamente a sus hijos,] pues las obras que a Dios Le complacen son las que perduran y tienen gran recompensa.

El Día del Juicio

47. [Recuerden] el día que pulverice las montañas y la tierra quede allanada, los congregaré y nadie podrá ausentarse. **48.** Cuando comparezcan ante tu Señor en fila, se les dirá: "Se presentan ante Mí como los creé al nacer. ¿Acaso pensaban que no los iba a juzgar?" **49.** A cada uno se le expondrá el registro de sus obras, y verás a los pecadores que por temor a su contenido dirán: "¡Ay de nosotros! ¿Qué clase de registro es éste, que no deja de mencionar nada, ni grande ni pequeño?" Encontrarán mencionado todo cuanto hayan cometido, pero tu Señor no oprimirá a nadie.

Satanás y sus seguidores

50. [Recuerda] cuando dije a los ángeles: "Hagan una reverencia ante Adán". La hicieron, excepto Iblís, que era un yinn, y desobedeció la orden de su Señor. ¿Acaso lo toman a él y a sus descendientes como protectores en vez de tomarme a Mí, a pesar de que son sus enemigos? ¡Qué pésimo sustituto eligen los que cometen la injusticia [de la incredulidad en Dios]! **51.** No los hice [a los ídolos ni al demonio] testigos de la creación de los cielos y de la Tierra, ni siquiera de su propia creación, puesto que no habría de tomar como auxiliadores a quienes desvían. **52.** El día que se les diga [a los idólatras]: "Invoquen a aquellos que pretendían que eran Mis socios". Los invocarán, pero no obtendrán respuesta. Pondremos entre ellos un abismo que los separe. **53.** Los pecadores verán el Fuego y sabrán que caerán en él, pero no encontrarán escapatoria.

Negar el Corán

54. Expuse en el Corán todo tipo de ejemplo, pero el ser humano es un gran discutidor. **55.** Nada impide a la gente creer o pedir a su Señor el

10 Porque en lugar de atribuir su prosperidad a Dios, se la atribuyó a sí mismo y rechazó que fuera a ser juzgado por Dios.

perdón por sus pecados cuando les llega la guía, excepto [su reclamo desafiante de] que el castigo de los pueblos [perversos] de la antigüedad les sobrevenga [también] a ellos, o que les sobrevenga el castigo de inmediato. **56.** Envié a los Mensajeros como albriciadores y advertidores. Los que se niegan a creer discuten con argumentos falsos para refutar la Verdad y se burlan de Mis versículos y advertencias. **57.** ¿Acaso hay alguien más injusto que quien habiéndosele expuesto los signos de su Señor, los niega y se olvida de lo que han hecho sus manos? He cubierto sus corazones y ensordecido sus oídos para que no lo entiendan [al Corán]. Aunque los invites a seguir la guía, si siguen así, no se encaminarán jamás.

La benevolencia de Dios

58. Tu Señor es el Perdonador, Misericordioso. Si les quisiera dar su merecido por lo que cometieron les adelantaría el castigo. Pero he prefijado para ellos un día del que no podrán escapar. **59.** A otras ciudades de la antigüedad las destruí cuando comenzaron a cometer injusticias. Decreté una fecha para su destrucción.

Relato 3) Moisés y Al-Jidr

60. [Recuerda] cuando Moisés dijo a su fiel servidor[11]: "No desistiré hasta que llegue a la confluencia de los dos mares[12], aunque esto me lleve muchos años". **61.** Pero cuando alcanzaron la confluencia se olvidaron del pescado[13], al que Dios resucitó y emprendió milagrosamente el camino hacia el mar. **62.** Y cuando cruzaron más allá [de la confluencia] dijo [Moisés] a su servidor: "Trae nuestra comida, que nos hemos agotado con este viaje". **63.** Dijo: "Cuando nos refugiamos junto a la roca, allí me olvidé del pescado. Solo el demonio pudo hacer que me olvidara de contarte que milagrosamente saltó y emprendió el regreso hacia el mar". **64.** Dijo [Moisés]: "Esa es la señal que buscábamos", y regresaron sobre sus huellas.

El encuentro

65. Encontraron a uno de Mis siervos [Al Jidr[14]] a quien había agraciado con Mi misericordia y enseñado ciertos

---

11 *Josué, Iusha' Bin Nun.*

12 Porque Dios le había revelado que encontraría allí a un siervo Suyo a quien Él había agraciado con otros conocimientos, y la señal que le indicaría el lugar donde lo encontraría era que perderían un pescado que llevaban como alimento.

13 Que llevaban como alimento para el viaje.

14 *Al Jidr* fue un siervo piadoso que compartió un viaje con el Profeta Moisés. Los sabios consideran que se trataba de un Profeta contemporáneo a Moisés por varias causas: Primero, porque Dios dice que le concedió una misericordia y un conocimiento especial, lo que en lenguaje coránico se utiliza para describir la profecía. Segundo, porque le dijo a Moisés: "Si me sigues, no me preguntes sobre nada que haga hasta que yo te haga mención de ello". Si no fuera Profeta, no hubiera estado protegido de cometer errores, y no hubiera tenido Moisés –que era uno de los grandes Profetas y un noble Mensajero y estaba exento de errores en la transmisión del Mensaje– que permanecer callado ante las acciones de Al Jidr, que contravenían la legislación que él había recibido de Dios. Tercero, porque Al Jidr quitó la vida a un

conocimientos [que Moisés no poseía]. **66.** Moisés le dijo: "¿Puedo seguirte para que me enseñes la guía que se te ha enseñado?" **67.** Respondió: "No tendrás paciencia conmigo. **68.** ¿Cómo podrías tener paciencia con algo que desconoces?" **69.** Dijo: "Si Dios quiere, verás que seré paciente y no te desobedeceré". **70.** Dijo: "Si me sigues, no me preguntes sobre lo que hago hasta que te haga mención de ello".

El incidente del barco

71. Entonces partieron hasta que abordaron un pequeño barco [y cuando llegaron a la costa] le hizo un boquete. Dijo [Moisés]: "¿Has hecho un boquete para que se ahoguen quienes [estén viajando] a abordo? Has cometido algo grave". **72.** Dijo: "¿No te había dicho que no tendrías paciencia conmigo?" **73.** [Pero le respondió Moisés:] "Disculpa mi olvido, y no me sometas a una prueba difícil".

El incidente del niño

74. Entonces partieron hasta que se encontraron con un joven al que mató. Dijo [Moisés]: "¿Has matado a una persona inocente sin que él haya matado a nadie? Has hecho algo terrible". **75.** Dijo: "¿No te había dicho que no tendrías paciencia conmigo?" **76.** Dijo [Moisés]: "Si volviera a preguntarte acerca de algo después de esto, ya no me admitas como compañero [de viaje], te habría dado excusa suficiente".

El incidente del muro

77. Partieron hasta que llegaron a un pueblo y pidieron a sus habitantes que los alimentaran[15], pero se negaron a darles hospitalidad. Luego encontraron en el pueblo un muro que estaba a punto de derrumbarse, y [Al Jidr] lo reconstruyó. Le dijo [Moisés]: "Si hubieras querido, podrías haber pedido una paga por ello". **78.** Dijo: "Aquí nos separamos. Pero te informaré sobre la interpretación de aquello con lo que no tuviste paciencia.

El barco

79. En cuanto al barco, pertenecía a unos pobres que trabajaban en el mar, y quise averiarlo porque detrás de ellos venía un rey que se apoderaba por la fuerza de todos los barcos [que estuvieran en perfectas condiciones].

El niño

80. En cuanto al joven, sus padres eran creyentes y supe [por inspiración divina] que él les induciría al desvío y la incredulidad. **81.** Quiso su Señor concederles en su lugar otro hijo más puro y bondadoso.

---

joven, y esto no podría ser sino por revelación de Dios, porque una persona piadosa no puede decidir quitarle la vida a alguien debido a que sus pensamientos no están exentos del error. Cuarto, porque cuando Al Jidr le explicó sus acciones a Moisés, le aclaró que no había actuado por iniciativa propia, es decir, que no lo había hecho por propia decisión, sino que le había sido ordenado por inspiración.

15 Como se alimenta a los forasteros.

El muro

82. En cuanto al muro, pertenecía a dos jóvenes huérfanos del pueblo. Debajo de él había un tesoro que les pertenecía. Su padre había sido un hombre piadoso[16] y tu Señor quiso que cuando alcanzaran la madurez encontraran el tesoro, como una misericordia de tu Señor. Yo no lo hice por iniciativa propia. Ésta es la interpretación de aquello sobre lo que no tuviste paciencia".

Relato 4) Dul Qarnain

83. Te preguntan [¡Oh, Mujámmad!] acerca de Dhul Qarnain[17]. Diles: "Voy a relatarles una parte de su historia". **84.** Le concedí poder en la Tierra y le facilité los medios [para que siguiera el camino del bien].

El viaje al occidente

85. Él emprendió un camino **86.** hasta alcanzar la parte más occidental, donde vio que el Sol se ocultaba en un manantial cálido, y encontró allí un pueblo [que cometía toda clase de injusticias]. Le inspiré: "¡Oh, Dhul Qarnain! Puedes castigarlos o tratarlos con benevolencia[18]". **87.** Dijo: "A quien persista en la opresión lo castigaré y luego deberá comparecer ante su Señor, Quien le infligirá un castigo severo. **88.** Pero en cambio, a quien crea y obre correctamente se le concederá una bella recompensa, y le corresponderé con un trato amable".

El viaje al oriente

89. Luego siguió otro camino **90.** hasta alcanzar el lugar más oriental, donde vio que el Sol salía sobre un pueblo que no tenía resguardo para protegerse de él[19]. **91.** Tengo conocimiento que trató a estos como lo había hecho [con el pueblo anterior].

Otro viaje

92. Luego siguió otro camino **93.** hasta llegar a un valle entre dos montañas, donde encontró un pueblo que apenas comprendía las palabras [de su idioma]. **94.** Dijeron: "¡Oh, Dhul Qarnain! Gog y Magog[20] siembran la

---

16 Como recompensa para este padre piadoso, Dios fue generoso y misericordioso con sus hijos.

17 *Dhul Qarnain* significa "el bicorne" o "el de las dos épocas", ya que el nombre árabe *qarn* قَرْن significa tanto "cuerno" como "generación", "época", "era" o "siglo". Los comentaristas clásicos se inclinan por el primero de estos significados. Los "dos cuernos" podrían designar las dos fuentes de poder de que estaba dotado Dhul Qarnain: el poder mundanal y la fuerza espiritual, fruto de su fe en Dios. Esto hace que sea imposible identificar a Dhul Qarnain, como hacen algunos comentaristas, con Alejandro Magno, quien aparece representado en algunos retratos o monedas de la época con dos cuernos, ya que lo que es conocido de ese personaje histórico es que era pagano y, como tal, adoraba a una pluralidad de divinidades, mientras que el Corán representa a Dhul Qarnain como un creyente firme en el Dios Único. Y Dios sabe más.

18 Invitándolos a la fe y a la rectitud en la obra.

19 Era un pueblo establecido en una zona desértica, que no tenía construcciones ni montañas ni árboles que protegieran a la gente del sol.

20 Gog (*Iayuy* يَجُوج) y Magog (*Mayuy* مَجُوج) son dos tribus de Turkmenistán, que tienen un origen étnico Mongol. Eran personas fuertes y violentas, que atacaban y saqueaban las tierras vecinas. Saqueaban ciudades, mataban a algunos de sus habitantes y tomaban a otros como esclavos.

corrupción en la Tierra. ¿Podríamos pedirte que, a cambio de una retribución, levantes una muralla entre ellos y nosotros?" **95.** Les dijo: "Lo que mi Señor me ha concedido es superior [a lo que puedan ofrecerme][21]. Ayúdenme y erigiré una muralla entre ustedes y ellos. **96.** Tráiganme piezas de hierro hasta cubrir el espacio de las dos montañas". Les dijo: "Enciendan un fuego y soplen [con fuelles] hasta que esté incandescente"; y agregó: "Luego tráiganme cobre fundido para derramarlo encima". **97.** [Gog y Magog] no pudieron escalarla ni tampoco perforarla. **98.** Dijo [Dhul Qarnain]: "Ésta es una misericordia de mi Señor, pero cuando llegue la promesa de mi Señor [el Día del Juicio] la reducirá a polvo. La promesa de mi Señor es verdadera". **99.** Ese día[22] dejaré que surjan [Gog y Magog] como oleadas chocando unas con otras [sembrando la corrupción y el exterminio], pero luego será tocada la trompeta y los congregaré a todos.

Los malvados en el Día del Juicio

100. Ese día expondré el Infierno a los que se negaron a creer. **101.** Aquellos que tenían sus ojos velados a Mi recuerdo [el Corán] y no soportaban oír [la verdad]. **102.** ¿Acaso piensan los que se niegan a creer que si toman algunos de Mis siervos[23] como protectores en Mi lugar [eso podrá protegerlos del castigo]? Tengo preparado el Infierno como castigo para los que se negaron a creer [en las enseñanzas de los Profetas].

Los perdedores

103. Diles: "¿Quieren que les haga saber quiénes son los que no obtendrán beneficio alguno por sus obras?" **104.** [Son] aquellos que desperdiciaron los esfuerzos que realizaron en este mundo mientras creían obrar el bien. **105.** Son quienes no creen en los signos de su Señor ni que comparecerán ante Él. Sus obras habrán sido en vano y en el Día de la Resurrección no tendrán nada que pese en la balanza. **106.** Recibirán el Infierno como castigo por no haber creído y por haberse burlado de Mis signos y de Mis Mensajeros.

Los ganadores

107. Pero quienes hayan creído y obrado rectamente tendrán como morada los jardines del Paraíso, **108.** donde vivirán por toda la eternidad y no desearán mudarse jamás.

Registrar el conocimiento de Dios

109. Diles: "Si los mares fueran tinta para escribir las Palabras de mi Señor, se agotaría el agua de los mares antes de que se agotaran las Palabras de mi Señor, aunque se trajeran otros mares de tinta [equivalentes a los que existen]".

---

21 Es decir, que lo haré para complacer a Dios, sin pedirles ninguna retribución a cambio.

22 Cuando comience el fin de los tiempos.

23 Referencia a los que toman a los profetas y a los santos como intermediarios ante Dios o como objeto de adoración.

Ten fe y haz el bien

110. Diles: "Yo no soy más que un hombre a quien se le ha revelado que solo deben adorar a Dios, su única divinidad. Quien anhele encontrarse con su Señor [y que Él esté complacido], que realice obras piadosas y que no adore a nadie más que a Él".

19. María

(Mariam)

Este capítulo del Corán fue revelado en La Meca, y relata las historias milagrosas del nacimiento de Jesús, que fue dado a luz por la virgen María y del nacimiento de Juan el Bautista, hijo del anciano Zacarías y su esposa anciana y estéril. Se citan otros profetas como receptores del favor y la gracia de Dios. Atribuirle hijos a Dios (versículos 88-95) y negar la resurrección (versículos 66-70) son creencias rechazadas. Tanto el final de este capítulo como el inicio del siguiente mencionan el propósito de la revelación del Corán.

En el nombre de Dios,
el Compasivo, el Misericordioso

La oración de Zacarías

1. *Kaf. Ha'. Ia'. 'Ain. Sad.* **2.** Esto es un relato de la misericordia que tuvo tu Señor con Su siervo Zacarías, **3.** cuando invocó a su Señor en secreto. **4.** Dijo: "¡Señor mío! Mis huesos se han debilitado y mi cabeza se ha llenado de canas. Mis ruegos nunca fueron rechazados. **5.** Temo por [la fe de] mi familia tras mi muerte, pues mi mujer siempre ha sido estéril. Concédeme un hijo **6.** que me suceda y herede [la profecía] de la familia de Jacob. ¡Señor mío! Hazlo uno de aquellos con los que Tú estás complacido".

Oración respondida

7. [Le dijo un ángel:] "¡Oh, Zacarías! Te albricio con un hijo al que pondrás por nombre Juan[1]. Nadie ha sido llamado así antes que él". **8.** Dijo: "¡Señor mío! ¿Cómo he de tener un hijo si mi mujer es estéril y yo he llegado ya a la vejez extrema?" **9.** Dijo [el ángel]: "Así será, pues tu Señor dice: 'Eso es fácil para Mí, te he creado antes, cuando no existías'". **10.** Dijo [Zacarías]: "¡Señor mío! Concédeme una señal [de que mi esposa quedará embarazada]". Dijo: "Tu señal será que no podrás hablar a la gente durante tres noches seguidas, a pesar de no tener impedimento[2]". **11.** [Cumplida la señal, Zacarías] salió del oratorio hacia su gente [cuando su mujer quedó embarazada] y les indicó por señas que debían glorificar a Dios por la mañana y por la tarde.

Las nobles características de Juan

12. [Cuando su hijo alcanzó la pubertad, le dije:] "¡Oh, Juan! Aférrate al Libro[3] con firmeza". Le concedí sabiduría desde su infancia, **13.** que

---

1 Literalmente *Yajia* يَحْيَى en idioma árabe.

2 A pesar de que no tenía ningún defecto o enfermedad, durante esos días y noches no podía hablar con la gente, excepto por señas, aunque sí podía pronunciar alabanzas a su Señor. Ver Corán 3:41.

3 La Torá.

fuera compasivo, puro y piadoso, **14.** honraba a sus padres, no era soberbio ni desobediente. **15.** La paz fue con él el día que nació, el día que falleció y será con él el día que sea resucitado.

Gabriel visita a María

16. Recuerda [¡Oh, Mujámmad!] la historia de María que se menciona en el libro, cuando se apartó de su familia para retirarse a un lugar al este **17.** y puso un velo para apartarse de la vista de los hombres de su pueblo. Entonces le envié a Mi ángel, quien se le presentó con forma humana. **18.** Ella dijo: "Me refugio en el Compasivo de ti, [apártate de aquí] si es que tienes temor de Dios". **19.** Le dijo: "Soy un enviado de tu Señor para agraciarte con un hijo puro". **20.** Ella dijo: "¿Cómo voy a tener un hijo si no me ha tocado ningún hombre ni he fornicado?" **21.** Le dijo [el ángel]: "Así será, pues tu Señor dice: 'Eso es fácil para Mí. Lo convertiré [a tu hijo] en un milagro y una misericordia para la humanidad. Es un asunto decidido'".

El nacimiento virginal de Jesús

22. Cuando se sintió embarazada, decidió retirarse a un lugar apartado. **23.** Los dolores de parto la llevaron junto al tronco de una palmera. Exclamó: "Preferiría haber muerto antes que esto, y así hubiera sido olvidada completamente". **24.** Entonces [el ángel] la llamó desde abajo [del valle]: "No estés triste, tu Señor ha hecho fluir debajo de ti un arroyo. **25.** Sacude el tronco de la palmera y caerán sobre ti dátiles frescos. **26.** Come, bebe y anímate. Pero cuando veas a alguien dile: 'He realizado un voto de silencio al Compasivo, y no hablaré hoy con ninguna persona'".

La reacción a Jesús recién nacido

27. Se presentó ante su pueblo llevándolo en brazos [a Jesús]. Le dijeron: "¡Oh, María! Has hecho algo abominable. **28.** ¡Tú desciendes de Aarón! Tu padre no era un hombre deshonesto ni tu madre una fornicadora". **29.** Ella lo señaló [al niño], y entonces le dijeron: "¿Cómo vamos a hablar con un niño que aún está en la cuna?"

El recién nacido Jesús habla

30. Entonces [Jesús] habló: "Soy un siervo de Dios, Él me revelará el Libro y hará de mí un Profeta. **31.** Seré bendecido dondequiera que me encuentre, y me ha encomendado hacer la oración, dar caridad mientras viva, **32.** honrar a mi madre, y no ser arrogante ni insolente. **33.** La paz fue conmigo el día que nací, el día que muera[4] y el día que sea resucitado[5]".

Los cristianos y los judíos difieren acerca de Jesús

34. Ese es Jesús, hijo de María, la verdad sobre la que ellos discuten. **35.** No es propio de Dios tener un

---

4 En la creencia islámica, Jesús no murió crucificado en la cruz, sino que fue elevado a los cielos, de donde descenderá al final de los tiempos, y será entonces cuando muera.

5 Para el Día del Juicio Final.

hijo. ¡Glorificado sea! Cuando decide algo dice: "¡Sé!", y es. **36.** [Dijo Jesús:] "Dios es mi Señor y el de ustedes, ¡adórenlo! Ese es el sendero recto". **37.** Pero discreparon las sectas sobre él. ¡Cuán desdichados serán ese día los que negaron la verdad cuando comparezcan [ante Dios] en un día terrible! **38.** Oirán y verán muy bien [su error] el día que comparezcan ante Mí. Pero los que cometen injusticias [atribuyendo un hijo a Dios] en esta vida están evidentemente extraviados.

Advertencia a los incrédulos

39. Adviérteles acerca del día que se lamenten[6], cuando la sentencia sea cumplida. Pero ellos, a pesar de esto, siguen indiferentes y no creen. **40.** Yo heredaré la Tierra y a quienes están sobre ella. Ante mí regresarán.

Abraham y su padre, Ázar

41. Nárrales [¡Oh, Mujámmad!] la historia de Abraham que se menciona en el Libro. Era un hombre veraz, un Profeta. **42.** Cuando [Abraham] dijo a su padre[7]: "¡Oh, padre mío! ¿Por qué adoras a lo que no oye ni ve ni puede beneficiarte en absoluto? **43.** ¡Oh, padre mío! Se me ha revelado un conocimiento que tú no tienes. Sígueme, y te guiaré por el sendero recto. **44.** ¡Oh, padre mío! No adores al demonio, porque el demonio fue desobediente con el Compasivo. **45.** ¡Oh, padre mío! Temo que te alcance un castigo del Compasivo y seas de los que acompañen al demonio [al Infierno]".

La respuesta iracunda de Ázar

46. Dijo [su padre]: "¡Oh, Abraham! ¿Acaso rechazas a mis ídolos? Si no dejas de hacerlo te lapidaré. Aléjate de mí por buen tiempo". **47.** Dijo [Abraham]: "¡Que la paz sea sobre ti! Pediré perdón por ti a mi Señor. Él ha sido generoso conmigo. **48.** Me alejaré de ustedes y de cuanto invocan en vez de Dios, e imploraré a mi Señor, y espero que mis ruegos a mi Señor no sean rechazados". **49.** Cuando se apartó de ellos y de cuanto adoraban en vez de Dios, lo agracié con [sus hijos] Isaac y [luego su nieto] Jacob, y a ambos los designé Profeta. **50.** Los agracié con Mi misericordia y que fueran recordados siempre con gran respeto.

El Profeta Moisés

51. Nárrales [¡Oh, Mujámmad!] la historia de Moisés mencionada en el Libro. Él fue elegido para ser Profeta y Mensajero. **52.** Lo llamé desde la ladera derecha del monte e hice que se aproximara para hablarle en forma confidencial. **53.** Hice que, por Mi misericordia, su hermano Aarón fuera también un Profeta.

El Profeta Ismael

54. Nárrales [¡Oh, Mujámmad!] la historia de Ismael mencionada en el Libro. Siempre cumplió su palabra, fue Profeta y Mensajero.

---

6 El Día del Juicio Final. Se le denomina así por las fuertes lamentaciones y el arrepentimiento que sobrevendrán a las criaturas en ese día. Los incrédulos lamentarán no haber creído.

7 El padre de Abraham fabricaba ídolos, los cuales vendía y adoraba.

55. Invitaba a su gente a realizar la oración y dar caridad, y alcanzó la complacencia de Dios.

El Profeta Enoc

56. Nárrales la historia de Enoc que se menciona en el Libro. Fue un hombre veraz, y Profeta. **57.** Lo elevé a un lugar sublime[8].

Los profetas nobles

58. Ellos son a quienes Dios ha agraciado: Profetas descendientes de Adán, descendientes de los que transportamos [en el arca] con Noé, de los descendientes de Abraham y de Israel [Jacob], entre los que guie y elegí. Cuando se les recitaban los versículos del Compasivo, se prosternaban llorando conmovidos.

Malas generaciones

59. Pero vinieron después de ellos generaciones que descuidaron la oración y siguieron sus pasiones, por lo que tendrán una merecida condena. **60.** Salvo quienes se arrepintieron, creyeron y obraron rectamente. Éstos ingresarán al Paraíso y no serán oprimidos en absoluto. **61.** [Entrarán] a los Jardines del Edén, prometidos por el Compasivo a Sus siervos [en las revelaciones] de lo oculto. Su promesa será cumplida. **62.** No oirán frivolidades allí, sino saludos de paz, y recibirán su sustento por la mañana y por la tarde. **63.** Ése es el Paraíso que haremos heredar a quienes de Mis siervos hayan sido piadosos.

La respuesta de Gabriel al Profeta

64. [Dice el ángel Gabriel:] "Los ángeles no descienden sino por orden de tu señor. Él conoce nuestro presente, pasado y futuro. Tu Señor nunca olvida. **65.** Es el Señor de los cielos, de la Tierra y de cuanto hay entre ambos. Adóralo y persevera en Su adoración. ¿Conoces a alguien similar a Él?"

Los que niegan la Resurrección

66. El ser humano dice: "¿Acaso luego de morir seré resucitado?" **67.** ¿Acaso no recuerda el ser humano que lo creé por primera vez cuando no era nada? **68.** ¡Por tu Señor! Los congregaré junto con los demonios [que adoraban], y he de hacerlos comparecer de rodillas alrededor del Infierno [para ser juzgados]. **69.** Luego sacaré de cada comunidad a aquellos que hayan sido más insolentes con el Compasivo. **70.** Yo sé mejor que nadie quiénes son los que más merecen ser arrojados al Infierno. **71.** Todos ustedes lo contemplarán [al Infierno], y esa es una determinación irrevocable de tu Señor. **72.** Luego, salvaré a los piadosos y dejaré en él a los que cometieron la injusticia [de la idolatría] de rodillas.

Los incrédulos arrogantes

73. Cuando se les recitan Mis claros versículos, los que se niegan a creer dicen con arrogancia a los creyentes: "¿Quién posee de nosotros moradas más placenteras y mejores lugares de encuentro?" **74.** Pero, ¿a cuántas

---

8 Las palabras árabes *makanan 'alia* مكانا عاليا pueden indicar tanto un rango honrado como un lugar elevado. Ver Génesis 5:24. Al igual que el Profeta Jesús, el Profeta Enoc también fue elevado al cielo por Dios en vida, al igual que Elías, quien fue elevado por un torbellino a los cielos en un carro. Ver 2 Reyes 2:11.

generaciones que les precedieron, de mayor riqueza y mejor aspecto, he destruido? **75.** Diles: "A quienes se encuentren desviados, el Compasivo los dejará continuar en el desvío hasta que les acontezca lo que Dios ha deparado para ellos: su destrucción en esta vida o luego de comparecer en el Día del Juicio. Entonces sabrán quiénes se encuentran en peor situación y quién tiene el ejército más débil".

La recompensa del devoto

76. Dios encaminará a quienes siguieron la guía. Las obras que a Dios Le complacen son las que realmente perduran y las que tienen una gran recompensa.

Un negador de la Resurrección

77. ¿Acaso observas a quien no cree en Mis signos y dice: "Me serán concedidos bienes materiales e hijos [cuando sea resucitado]"? **78.** ¿Acaso tiene conocimiento de lo oculto o tiene un pacto con el Compasivo? **79.** ¡Claro que no! Registraré lo que dice y le prolongaré [por ello] el castigo. **80.** Yo seré Quien herede sus bienes materiales e hijos y [el Día del Juicio] comparecerá completamente solo.

Los que creen y los que no en el Día del Juicio

81. [Los idólatras] tomaron a los ídolos como divinidades en lugar de Dios para que les dieran protección. **82.** ¡Pero no! [Estos ídolos] negarán que hayan sido objeto de culto y se convertirán en sus adversarios. **83.** ¿Acaso no ves que he enviado demonios sobre los incrédulos para que les induzcan a cometer el mal? **84.** No esperes que el castigo los azote antes de tiempo; que ya tienen sus días contados. **85.** El día que congregue a las delegaciones de piadosos ante el Compasivo, **86.** y conduzca a los pecadores hacia el Infierno sedientos. **87.** No tendrán quién interceda por ellos, salvo quienes hayan asumido el compromiso con el Compasivo [de creer que Él es la única divinidad con derecho a ser adorada].

¿Hijos de Dios?

88. Dicen: "El Compasivo tuvo un hijo". **89.** Han proferido algo terrible; **90.** los cielos estuvieron a punto de hendirse, la Tierra de abrirse y las montañas de caer derrumbadas, **91.** porque Le atribuyeron un hijo al Compasivo. **92.** No es propio [de la grandiosidad] del Compasivo tener un hijo. **93.** Todos los que habitan en los cielos y en la Tierra se presentarán sumisos ante el Compasivo. **94.** Los ha enumerado y contado perfectamente. **95.** Todos se presentarán solos ante Él el Día del Juicio.

El amor de los creyentes entre sí

96. El Compasivo hará que quienes hayan creído y obrado rectamente sean amados [por la gente].

El mensaje del Corán

97. Te he facilitado [el Corán] revelándotelo [¡Oh, Mujámmad!] en tu idioma para que albricies con él a los piadosos y adviertas a tus enemigos. 98. A muchas generaciones que los precedieron las he destruido. ¿Acaso puedes ver a alguno de ellos u oír sus murmullos?

20.Ta' Ha'

(Ṭâ-Hâ)

Dado que Moisés (☙) y Adán (☙) son mencionados de forma pasajera en el capítulo previo, sus historias son retomadas aquí con gran detalle. Este capítulo del Corán fue revelado en La Meca, y le asegura al Profeta (☙) que la verdad siempre prevalece, incluso contra la oposición más tiránica (representada por el Faraón) y que Dios es capaz de abrir incluso los más duros de los corazones (como se ve en el ejemplo de los hechiceros del Faraón). Tanto el comienzo como el final del capítulo subrayan la naturaleza divina del Corán como fuente de guía y de felicidad eterna. Aquellos que se alejan del Corán son advertidos con la miseria de este mundo y el castigo horrendo del Día del Juicio. Se le recomienda al Profeta (☙) que busque consuelo en la paciencia y la oración contra el rechazo de los paganos, cuya creencia es detallada en el comienzo del capítulo siguiente.

En el nombre de Dios,
el Compasivo, el Misericordioso

La Revelación de Dios Todopoderoso
1. *Ta'. Ha'.* **2.** No te he revelado el Corán para que te agobie, **3.** sino que es una exhortación para quienes tienen temor [de Dios]. **4.** [El Corán] fue revelado por Quien creó la Tierra y los altos cielos; **5.** el Compasivo, que se estableció sobre el Trono[1]. **6.** A Él pertenece cuanto hay en los cielos y

1 El Trono es la creación más grande y colosal. Dios ha mencionado en siete oportunidades en el Corán Su establecimiento sobre el Trono. Dios nos informa que el Trono tiene portadores, y que estos piden perdón por los creyentes. Esto refuta la opinión de quienes afirmaron que el Trono representa la Soberanía o el dominio de Dios. Nosotros ignoramos cómo Dios se ha establecido sobre Su Trono, porque ignoramos cómo es la esencia misma de nuestro Señor, pero sabemos el significado lingüístico de la palabra "establecerse" (*istaua* استوى‎) en el idioma árabe. Cuando los árabes utilizan el vocablo istaua seguido de la preposición 'ala, expresan cuatro posibles significados: establecerse, subirse, elevarse y ascender, tal como lo afirmó Ibn *Al Qaiim*. Abu Al Hasan Al Ash'ari narró que fue la secta *Mu'tazilah* la primera en interpretar la frase "Luego, se estableció sobre el Trono" (57:4) como "tomó mando del Trono". Quien interprete esta frase coránica de esta manera debe saber que sus predecesores son precisamente la secta *Mu'tazilah*. Ibn Al 'Arabi dijo: "Él se encuentra sobre Su Trono, tal como nos ha informado". Este le respondió: "¡Ibn Al 'Arabi! Significa que ha tomado el dominio del Trono (*istaula* إستولى‎)". Pero Ibn Al 'Arabi le dijo: "¿Cómo puedes decir eso? Los árabes no dicen que alguien ha tomado el dominio de algo (*istaula*) a menos que se lo haya arrebatado a un adversario, y solo quien vence es aquel que toma dominio de aquello por lo que luchaba". El exégeta *Al Qurtubi* dijo: "Las primeras generaciones (*As-Salaf*) no negaban la dirección (elevada en que se encuentra Dios), pero tampoco utilizaban esa palabra. Sino que afirmaban todo esto de la misma forma que Dios o Su Profeta lo habían descrito. Ninguno de ellos negó que Dios se hubiese elevado sobre Su Trono en realidad (y no metafóricamente), y solamente ignoraban cómo se elevó, porque sabían que ello es inalcanzable para la mente humana. Dijo el *Imam Málik*: "La palabra establecerse (*istiua*) es conocida (en su significado lingüístico), el cómo es desconocido, creer en ello es una obligación, pero preguntar sobre ello es una innovación". Esta misma frase fue pronunciada por Umm Salamah (esposa del Profeta), y eso es para nosotros suficiente". (*Tafsir Al Qurtubi*, 2/219)

en la Tierra, lo que existe entre ellos y lo que hay bajo la tierra. **7.** Dios conoce lo que pronuncias en voz alta, las confidencias que dices en voz baja y lo que está aún más oculto [los pensamientos]. **8.** ¡Dios! No hay más divinidad que Él. A Él pertenecen los nombres [y los atributos] más sublimes.

El gran encuentro de Moisés

9. ¿Conoces la historia de Moisés? **10.** Cuando vio un fuego y dijo a su familia: "Permanezcan aquí, pues he visto un fuego y tal vez pueda traerles una brasa encendida[2] o encuentre junto al fuego quién pueda indicarnos [el camino]". **11.** Cuando llegó a él, una voz lo llamó: "¡Oh, Moisés! **12.** Yo soy tu Señor; quítate las sandalias, pues estás en el valle sagrado de Tuwa[3], **13.** Y Yo te he elegido; escucha lo que voy a revelarte. **14.** Yo soy Al-lah, y no hay más divinidad que Yo. Adórame solo a Mí y haz la oración para recordarme. **15.** El Día de la Resurrección es indubitable, y nadie salvo Dios sabe cuándo llegará. Ese día cada alma recibirá la recompensa o el castigo que se merezca por sus obras. **16.** No te dejes seducir por quienes no creen en la resurrección y siguen sus pasiones, porque serás de los que pierdan.

Dos señales para Moisés

17. ¿Qué es lo que tienes en tu diestra? ¡Oh, Moisés!" **18.** Respondió: "Es mi bastón. Me sirve de apoyo, y con él vareo los árboles para que mi ganado coma [de su follaje]; además de otros usos". **19.** Dijo [Dios]: "Arrójalo, ¡Oh, Moisés!" **20.** Lo arrojó, y este se convirtió en una serpiente que reptaba. **21.** Dijo [Dios]: "Recógela y no temas, pues la volveré a su forma original. **22.** Introduce tu mano en tu costado y saldrá blanca, resplandeciente, sin defecto alguno. Ese será otro milagro. **23.** Te he mostrado algunos de Mis mayores milagros. **24.** Ve ante el Faraón, pues se ha extralimitado".

Moisés suplica ayuda

25. Dijo [Moisés]: "¡Señor mío! Abre mi corazón [y dame valor], **26.** facilita mi misión, **27.** suelta el nudo que hay en mi lengua[4] **28.** para que comprendan mis palabras, **29.** [¡Señor!] Designa a alguien de mi familia para que me ayude[5] **30.** ¡Que sea mi hermano Aarón!, **31.** para que con él me sienta fortalecido, **32.** y asócialo en mi misión[6] **33.** para que Te glorifiquemos **34.** y Te recordemos mucho. **35.** Tú bien ves que necesitamos de Ti". **36.** Dijo [Dios]: "Te ha sido concedido lo que pides, ¡Oh, Moisés!

---

2 Para alumbrarse o calentarse.

3 *El valle de Tuwa* se encuentra en el *Sinaí*, aunque algunos eruditos lo ubican alternativamente junto al monte *Al Lawz* en *Madian*, en la zona noroeste de Arabia Saudita.

4 Para poder expresarse con elocuencia y argumentos convincentes.

5 En la transmisión del Mensaje.

6 Es decir, te pido que lo nombres Profeta y Mensajero.

Los favores de Dios para con el joven Moisés

37. Ya te había agraciado anteriormente, **38.** cuando le inspiré a tu madre: **39.** "Deposítalo en un cesto y déjalo en el río, que la corriente lo llevará hasta una orilla donde será recogido por un enemigo Mío y suyo [el Faraón]". Desperté cariño hacia ti [entre los que te encontraron], para que crecieras educado bajo Mi observancia. **40.** Cuando tu hermana, que seguía tus rastros, le dijo [al Faraón]: '¿Acaso quieres que te indique a alguien que puede encargarse de cuidarlo[7]?' Y así te devolví a tu madre para que se tranquilizara y no estuviera triste. [También te concedí una gracia] cuando [involuntariamente] mataste a un hombre [del pueblo del Faraón] y te salvé de que tomaran represalias contra ti. Te he probado con pruebas difíciles. Luego permaneciste unos años en Madián[8] y ahora has regresado aquí, tal como estaba decretado, ¡Oh, Moisés! **41.** Te he elegido [para que seas Mi Mensajero].

Órdenes para Moisés y Aarón

42. Vayan tú y tu hermano acompañados de Mis milagros, y no descuiden Mi recuerdo. **43.** Preséntense ante el Faraón, pues se ha extralimitado, **44.** pero háblenle cortésmente, para hacerlo entrar en razón o sienta temor de Dios". **45.** Dijeron: "¡Señor nuestro! Tenemos temor de que nos castigue con violencia y opresión". **46.** Dijo [Dios]: "No tengan miedo, pues Yo estoy con ustedes escuchando y observando todo. **47.** Vayan ante él y díganle: 'Somos Mensajeros enviados por tu Señor, para que dejes ir con nosotros a los Hijos de Israel y no los tortures más. Hemos venido con un milagro de tu Señor. Quien sigua la guía estará a salvo. **48.** Nos ha sido revelado que quien desmienta y rechace [el Mensaje] será castigado'".

La arrogancia del Faraón

49. Dijo [el Faraón]: "Respóndeme, ¡Oh, Moisés! ¿Y quién es su Señor?" **50.** Dijo [Moisés]: "Nuestro Señor es Quien creó todo con una naturaleza particular, y luego lo encamina [para que cumpla su destino]". **51.** Entonces, preguntó [el Faraón]: "¿Cuál fue el destino de las generaciones anteriores?" **52.** Dijo [Moisés]: "Solo mi Señor lo sabe, y Él lo tiene registrado todo en un Libro. Mi Señor no se equivoca nunca ni se olvida de nada. **53.** Él nos dispuso la Tierra como un lecho [propicio para habitarlo] y nos trazó en ella caminos, e hizo descender agua del cielo para que con ella broten diferentes plantas. **54.** Coman de ellas y apacienten sus ganados. En esto hay signos para los dotados de

---

7 Cuando la esposa del Faraón lo adoptó, trajo numerosas nodrizas para que amamantaran al recién nacido, pero este las rechazó a todas, hasta que fue sugerida su propia madre que, naturalmente, no fue rechazada, y así Moisés creció seguro bajo los cuidados de su propia madre, en la casa del Faraón.

8 *Madián* es una zona montañosa de la región de *Hiyaz*, en Arabia Saudita, que se extiende por la costa del mar Rojo y del golfo de Aqaba hasta llegar a la frontera jordana.

entendimiento. **55.** De ella [la tierra] los he creado, a ella los haré retornar [cuando mueran], y de ella los haré surgir nuevamente [el Día de la Resurrección]".

El reto

56. Le mostré [al Faraón] todos Mis milagros[9], pero los desmintió y se rehusó a creer. **57.** Dijo [el Faraón]: "¡Oh, Moisés! ¿Acaso viniste a expulsarnos de nuestra tierra con tu hechicería? **58.** Nosotros te traeremos una hechicería igual que la tuya, solo fija un día para que tú y nosotros nos encontremos en un lugar y que nadie falte". **59.** Dijo [Moisés]: "Nuestra cita será el día de la fiesta, cuando la gente se congregue a la media mañana".

La advertencia de Moisés

60. Entonces el Faraón se retiró y se dedicó a reclutar hechiceros. Luego, el día de la cita, concurrió. **61.** Moisés les dijo [a los hechiceros]: "¡Ay de ustedes! No inventen mentiras contra Dios[10], pues los aniquilará con Su castigo: Los que inventan mentiras acerca de Dios serán los perdedores". **62.** Entonces, [los hechiceros] debatieron entre ellos acerca de Moisés, y deliberaron secretamente. **63.** Dijeron: "Estos son solo dos hechiceros que con su magia quieren expulsarlos de su tierra y acabar con sus nobles costumbres. **64.** [Oh, hechiceros de Egipto,] Decidan su plan a seguir, y luego acudan como un solo cuerpo: pues, ¡quien sea superior hoy, ha de conseguir prosperidad!"

Moisés prevalece

65. Dijeron: "¡Oh, Moisés! ¿Arrojas tú o lo hacemos nosotros primero?" **66.** Dijo [Moisés]: "Arrojen ustedes primero". Entonces arrojaron sus cuerdas y varas, y por el hechizo que habían empleado, estas parecían moverse [como si fueran verdaderas serpientes]. **67.** [Al ver esto,] Moisés sintió temor en su interior, **68.** pero le dije: "No tengas temor, porque tú serás el vencedor. **69.** Arroja lo que tienes en tu diestra, que anulará lo que ellos hicieron, pues solo se trata de una hechicería, y los hechiceros jamás han de triunfar".

Los hechiceros creen

70. Los hechiceros [al percibir que el milagro que acompañaba a Moisés no era magia] se postraron y exclamaron: "Creemos en el Señor de Aarón y Moisés". **71.** Dijo [el Faraón enfurecido]: "¿Acaso van a creer en él sin que yo se los haya autorizado? Seguramente él es su maestro que les ha enseñado la magia. Ordenaré que se les ampute la mano y el pie opuestos, y luego los haré clavar sobre troncos de palmera. Así sabrán quién es el que puede infligir el castigo más severo y duradero". **72.** Dijeron: "No antepondremos nuestra lealtad a ti a los milagros evidentes que hemos presenciado, y [menos

---

9 Con los que había enviado a Moisés.

10 La mentira de hacer creer a la gente que pueden crear.

aún] a Quien nos creó. Haz pues con nosotros lo que has decidido; tú solo puedes condenarnos en esta vida. **73.** Creemos en nuestro Señor, para que nos perdone nuestros pecados y los hechizos que nos obligaste a hacer. La recompensa de Dios es mejor y más duradera".

La recompensa de los incrédulos y de los creyentes

74. Quien se presente ante su Señor siendo culpable[11] tendrá el Infierno como castigo, en el que no podrá morir [para librarse del tormento] ni vivir [sin padecerlo]. **75.** En cambio, quien se presente ante su Señor creyendo en Él y habiendo obrado rectamente, obtendrá los más altos grados [en el Paraíso]. **76.** Morarán eternamente en los Jardines del Edén, bajo los cuales corren ríos. Esa será la recompensa de quienes se purifiquen[12].

El destino del Faraón

77. Le ordené a Moisés: "Sal por la noche con Mis siervos, y abre [por Mi voluntad] el mar dejándoles un camino de tierra firme [por donde puedan huir], y no tengan temor de que los alcancen ni tampoco de morir ahogados". **78.** Cuando el Faraón y su ejército siguieron [a los creyentes], el mar se los tragó. **79.** El Faraón, en lugar de guiar a su pueblo, lo llevó al extravío.

Los favores de Dios para con los israelitas

80. ¡Oh, Hijos de Israel! [Recuerden cuando] los salvé de sus enemigos, los cité en la ladera derecha del monte [para que pudieran presenciar Mis milagros], y les envié el maná y las codornices. **81.** Coman de las cosas buenas que les he proveído, pero no se extralimiten, pues Mi ira recaería sobre ustedes. Aquel sobre quien caiga Mi ira será un desdichado. **82.** Yo soy Perdonador con quienes se arrepienten, creen, obran rectamente y se encaminan [por el sendero recto].

El becerro de oro

83. [Cuando Moisés se presentó a la cita, Dios le dijo:] "¡Oh, Moisés! ¿Qué te ha urgido a presentarte dejando atrás a tu pueblo[13]?" **84.** Dijo: "Ellos vienen detrás mío; solo me adelanté para complacerte, ¡Señor mío!" **85.** Dijo [Dios]: "He puesto a prueba a tu pueblo después que los dejaste, y el samaritano[14] los extravió". **86.** Cuando Moisés regresó ante su pueblo enojado y avergonzado, les dijo: "¡Oh, pueblo mío! ¿Acaso su Señor no les ha hecho una promesa hermosa? ¿Acaso les parece que me ausenté por mucho tiempo?

---

11 De rechazar el mensaje de monoteísmo enseñado por los Profetas.

12 De la idolatría y los pecados.

13 Ver Corán 2:51. Esto ocurre cuando Moisés acude al encuentro con su Señor y permanece allí 40 días y 40 noches.

14 El *samaritano* era originario de la ciudad de *Bayarma*, que está situada en Siria, junto al río Éufrates, cerca de la ciudad de *Ar-Raqqah.* Después de ir a Egipto, el samaritano se mudó a Sinaí. Era mago e hipócrita, y su pueblo adoraba a las vacas. Mientras Moisés se encontraba ausente de su pueblo, el samaritano reunió algunas joyas y formó un becerro con ellas. Luego invitó al pueblo de Israel a que adoraran al becerro.

¿Acaso quieren que la ira de su Señor se desate sobre ustedes, y por ello quebrantaron la promesa que me hicieron?"

Los adoradores del becerro

87. Dijeron: "No quebrantamos la promesa que te hicimos intencionalmente, sino que cuando arrojamos al fuego las joyas del pueblo [del Faraón] que teníamos en nuestro poder, el samaritano también las arrojó, **88.** y fundió las joyas dándoles la forma de un becerro que emitía un sonido como un mugido[15], y entonces exclamaron [el samaritano y sus seguidores]: 'Esta es nuestra divinidad y la de Moisés, pero Moisés la ha olvidado'". **89.** ¿Acaso no vieron que no podía hablarles, y no podía dañarlos ni beneficiarlos?

La postura de Aarón

90. Pero antes [que regresara Moisés] Aarón les había advertido: "¡Oh, pueblo mío! Se los está poniendo a prueba con eso. Su verdadero Señor es el Compasivo, síganme y obedezcan mis órdenes"[16]. **91.** Respondieron: "No dejaremos de postrarnos ante él hasta que vuelva Moisés". **92.** Dijo [Moisés]: "¡Oh, Aarón! ¿Qué te impidió, cuando viste que se desviaban, **93.** buscarme [para informarme lo sucedido]? ¿Es que desobedeciste mi orden [de velar por ellos]?" **94.** Dijo [Aarón]: "¡Oh, hermano mío! No me recrimines agarrándome por la barba y la cabeza. Tuve miedo de que [si los dejaba para salir a buscarte] me dijeras: 'Lo que has hecho es causar la discordia y la división entre los Hijos de Israel [al haberte ausentado], y no has cumplido con lo que te ordené'".

El castigo del Samaritano

95. Dijo [Moisés]: "Y tú Samaritano, ¿qué has hecho?" **96.** Dijo: "Vi algo que ellos no pudieron ver. Entonces tomé un puñado de tierra de las huellas que dejó el mensajero[17] y lo arrojé [sobre las joyas cuando se fundían]. Así me lo sugirió mi alma". **97.** Dijo [Moisés]: "Aléjate de nosotros; tu castigo en esta vida será que digas: 'No se me acerquen' [y vivirás solo], pero te aguarda una cita ineludible [el Día del Juicio]. Observa [lo que haremos con] lo que consideraste tu divinidad, y a lo cual has adorado: Lo quemaremos y esparciremos sus restos en el mar. **98.** Tu única divinidad es Dios. No existe nada ni nadie con derecho a ser adorado salvo Él, y todo lo abarca con Su conocimiento".

Los que niegan el Corán

99. Así es como te he revelado [¡Oh, Mujámmad!] las historias de quienes te precedieron[18], porque te he con-

15 El becerro de oro tenía unos agujeros, al pasar el viento por ellos emitía un ruido similar al mugido, y los israelitas lo consideraron milagroso.

16 La Biblia culpa a Aarón por este acto de idolatría, mientras que el Corán lo libera de esa acusación. Ver Éxodo 32 1-5.

17 Según algunos exégetas, se refiere al ángel Gabriel.

18 La historia de Moisés y Aarón.

cedido el Mensaje[19]. **100.** Quien se aparte de él, llevará una pesada carga el Día del Juicio, **101.** que cargará por toda la eternidad. ¡Qué pésima carga tendrán que soportar el Día de la Resurrección! **102.** Ese día, cuando la trompeta sea soplada, reuniré a los culpables, y sus miradas estarán ensombrecidas. **103.** Se susurrarán unos a otros, y algunos dirán: "Solo permanecimos [en la vida mundanal] diez días". **104.** Y otros, los más sensatos, dirán: "Solo permanecimos un día." Bien sé lo que dicen.

Las montañas en el Día del Juicio

105. Te preguntan [¡Oh, Mujámmad!] qué ocurrirá con las montañas [el Día del Juicio]. Diles: "Mi Señor las reducirá a polvo, **106.** y las convertirá en inmensas llanuras. **107.** No habrá valles ni colinas".

La gente en el Día del Juicio

108. Ese día todos acudirán al llamado del [ángel] pregonero, y nadie errará el camino; las voces callarán ante el Misericordioso, y solo se oirá el sonido de sus pasos. **109.** Entonces, ninguna intercesión será aceptada, salvo la de quien el Misericordioso quiera y sus palabras le sean aceptadas. **110.** Dios bien conoce el pasado y el futuro, mientras que ellos nunca podrán alcanzar este conocimiento. **111.** [El Día del Juicio] todos los rostros se humillarán ante Dios, el Viviente, Quien se basta a Sí mismo y se ocupa de toda la creación. Estarán condenados al castigo quienes sean culpables de injustica [idolatría]. **112.** En cambio, el creyente que haya obrado rectamente no ha de temer que lo traten injustamente ni lo priven de la recompensa [de sus buenas obras].

El Corán

113. He revelado el Corán en idioma árabe, y expuse en él toda clase de advertencias para que tengan temor de Dios o los haga reflexionar. **114.** ¡Exaltado sea Dios! El único Soberano real. No te adelantes [¡Oh, Mujámmad!] a repetir lo que te es revelado del Corán hasta que [el ángel Gabriel] concluya [de recitarlo], y di: "¡Señor mío! Acrecienta mi conocimiento".

Satanás vs. Adán

115. Ya antes había tomado un compromiso de Adán [de no prestarse a los susurros del demonio], pero lo olvidó [y comió del árbol prohibido], no tuvo una resolución firme. **116.** [Recuerda] cuando dije a los ángeles: "¡Hagan una reverencia ante Adán!" Todos la hicieron excepto Iblís[20]. **117.** Dije: "¡Oh, Adán! Este [el demonio] es un enemigo para ti y para tu esposa; que no los haga expulsar del Paraíso pues serás un desdichado. **118.** En el Paraíso no padecerás hambre ni te faltará con qué cubrir tu desnudez, **119.** ni tampoco sufrirás sed ni calor".

19 El Sagrado Corán.

20 El demonio, que no era un ángel, sino un *yinn*. Ver Corán 18:50.

La tentación

120. Pero el demonio lo sedujo diciéndole: "¡Oh, Adán! ¿Quieres que te indique el árbol de la inmortalidad y el poder eterno?" **121.** Cuando ambos comieron del árbol, advirtieron su desnudez y comenzaron a cubrirse con hojas del Paraíso. Adán desobedeció a su Señor y cometió un pecado. **122.** Más tarde, su Señor lo eligió [como Profeta], lo perdonó y lo guió.

La caída

123. Dijo [Dios]: "¡Desciendan del Paraíso [y habiten la Tierra]! Serán enemigos unos de otros. Cuando les llegue de Mí una guía, quienes sigan Mi guía no se extraviarán [en esta vida] ni serán desdichados [en el más allá]. **124.** Pero quien se aleje de Mi recuerdo [Mi religión] llevará una vida de tribulación, y el Día del Juicio lo resucitaré ciego. **125.** Y entonces dirá: '¡Señor mío! ¿Por qué me has resucitado ciego, si antes veía?'" **126.** Dirá [Dios]: "Así como cuando te llegaron Mis signos los ignoraste, hoy tú serás ignorado". **127.** Así voy a retribuir a quienes se extralimitaron y no creyeron en los signos de su Señor. Pero el castigo de la otra vida será aún más severo y duradero.

Advertencia a los paganos de La Meca

128. ¿Acaso no se les ha evidenciado [a quienes rechazan este Mensaje] cuántas civilizaciones he destruido, cuando pasan junto a sus ruinas? En ello hay signos para los dotados de entendimiento. **129.** De no ser porque tu Señor ha decretado [retrasarles el castigo hasta el Día del Juicio a quienes te desmientan] y ha prefijado para cada ser su plazo [de vida durante la cual puede arrepentirse], ya los habría aniquilado.

Consejo al Profeta

130. Ten paciencia ante sus injurias, y glorifica con alabanzas a tu Señor antes de la salida del Sol y antes del ocaso, durante la noche y durante los extremos del día, para que así [Dios te retribuya con una gran recompensa y] quedes complacido. **131.** No codicies [¡Oh, Mujámmad!] aquello conque he agraciado a algunos de los ricos [de los incrédulos], pues son solo placeres de esta vida mundanal con los que los ponemos a prueba. La recompensa que tu Señor tiene reservada es mejor y más duradera. **132.** Ordena a tu familia practicar la oración prescrita y sé constante en su cumplimiento. Que el trabajo en búsqueda del sustento no te haga descuidar el cumplimiento de lo que Dios ha prescrito, porque soy Yo quien los sustento. La bienaventuranza es para los piadosos.

Advertencia a los paganos

133. [Los que rechazan el Mensaje] dicen: "¿Por qué no nos muestra un milagro de su Señor [que compruebe su profecía]?" Pero si ya les han llegado pruebas evidentes en los primeros Libros revelados[21] **134.** Y

---

21 En los libros revelados anteriormente hay señales y descripciones del Profeta Mujámmad, que la paz y las bendiciones de Dios sean con él, y sus seguidores, que evidencian que el mensaje del Islam es una revelación enviada por Dios.

si hubiera decretado destruirlos con un castigo antes de la llegada de Mi Mensajero, habrían dicho: "¡Señor nuestro! Si nos hubieras enviado un Mensajero habríamos seguido Tu Mensaje antes de ser humillados [con el castigo] y desdichados para siempre". **135.** Diles [¡Oh, Mujámmad!]: "Todos esperan [saber qué ocurrirá]; sigan esperando, que ya sabrán quiénes están en el camino recto y siguen la guía".

21. Los Profetas

(Al-Anbiâ')

Este capítulo del Corán fue revelado en La Meca, y tiene como objetivo tranquilizar al Profeta (ﷺ) recordándole la gracia y el apoyo de Dios a Sus Profetas, incluyendo a Abraham, Job, Jonás, Zacarías y Jesús. Se afirma que el Profeta (ﷺ) es enviado como misericordia para el mundo entero (versículo 107). Las advertencias sobre los horrores del Día del Juicio están dispersas por todo el capítulo y continúan en el siguiente.

En el nombre de Dios,
el Compasivo, el Misericordioso

Indiferencia hacia la verdad

1. Se aproxima la hora en que la gente deberá comparecer [ante Dios para ser juzgada], sin embargo se muestran indiferentes, lejanos. **2.** Siempre que les llega de su Señor una nueva revelación, la escuchan y la toman a broma, **3.** con sus corazones distraídos. Los injustos dicen entre sí en secreto: “[Mujámmad] no es más que un mortal al igual que nosotros. [Y recriminando a los que lo escuchaban dicen:] ¿Cómo aceptan ser cautivados por la magia de sus palabras si saben [que es un farsante]?” **4.** Diles [¡Oh, Mujámmad!]: “Mi Señor bien sabe todo lo que se dice en el cielo y en la Tierra. Él todo lo oye, todo lo sabe”. **5.** Y dicen [otros idólatras]: “[El Corán] no es más que sueños incoherentes, o [palabras que] él mismo ha inventado, o es un poeta. Que nos muestre un milagro como lo hicieron los primeros [Mensajeros, si es verdad lo que dice]”. **6.** Ninguno de los pueblos a los que exterminé creyeron [al ver los milagros], ¿acaso éstos van a creer? [No lo harán].

Mensajeros humanos, no ángeles

7. No envié antes de ti sino hombres a quienes transmití Mi revelación. Pregunten a la gente de conocimiento si es que no saben. **8.** No les di [a los Mensajeros] cuerpos que no necesitaran comer, tampoco eran inmortales. **9.** Luego cumplí con la promesa que les había hecho. Los salvé a ellos y a otros que quise, pero hice perecer a los transgresores.

Razonando con los paganos de La Meca

10. Les he revelado un Libro en el que hay una amonestación para ustedes. ¿Cómo es que no reflexionan? **11.** ¡Cuántos pueblos opresores destruí, e hice surgir después de ellos nuevas generaciones! **12.** Cuando sintieron que Mi tormento se desencadenaba sobre ellos, trataron de escapar. **13.** [Entonces se les dijo irónicamente:] “No intenten escapar, regresen a la vida placentera que llevaban y esperen en sus hogares, quizás tengan que dar explicaciones”[1]. **14.** Respondieron: “¡Ay de nosotros!

---

1 El Día del Juicio Final.

En verdad hemos sido injustos". **15.** Y no cesaron de lamentarse hasta que los aniquilé, dejándolos inertes como paja segada.

¿Diversión divina?

16. No creé el cielo y la Tierra y todo cuanto existe entre ellos solo como un juego. **17.** Si hubiera buscado divertirme, lo habría hecho por Mi cuenta [sin crear nada para ello][2]. **18.** Por el contrario, refuto lo falso con la Verdad, y lo falso se desvanece. Les aguarda la perdición por como han descrito [a Dios]. **19.** A Él pertenece cuanto existe en los cielos y en la Tierra, y quienes están junto a Él [los ángeles] no dejan, por soberbia, de adorarlo ni se cansan de hacerlo. **20.** Lo glorifican noche y día, sin cesar.

Dioses falsos

21. ¿Acaso las divinidades que adoran en la Tierra tienen poder para resucitar a los muertos? **22.** Si hubiese habido en los cielos y en la Tierra otras divinidades además de Dios, éstos se habrían destruido. ¡Glorificado sea Dios, Señor del Trono! Él está por encima de lo que Le atribuyen. **23.** Él no es interrogado por lo que hace, a diferencia de Sus siervos que sí serán interrogados[3]. **24.** A aquellos que adoran a otras divinidades en lugar de Dios, diles: "Presenten pruebas válidas[4]. Éste es mi Mensaje y el de quienes me siguen, y el Mensaje de quienes nos precedieron. Pero la mayoría no reconoce la Verdad y la rechazan". **25.** No envié en el pasado a ningún Mensajero, excepto que recibiera la misma revelación que tú: "Nada ni nadie merece ser adorado excepto Yo, ¡Adórenme solo a Mí!"

Reclamo pagano

26. [Algunos] dicen: "El Misericordioso ha tenido un hijo"[5]. ¡Glorificado sea! Por el contrario, [los ángeles y los Profetas] son solo siervos distinguidos. **27.** No dan prioridad a sus palabras sobre la Palabra de Dios, y cumplen con lo que Él manda. **28.** [Dios] Conoce tanto lo que hicieron como lo que harán, y solo podrán interceder por quienes Dios se complazca. Por temor a Él están sobrecogidos. **29.** Si uno de ellos dijera: "Yo soy un dios junto a Él", lo condenaría al Infierno, porque así castigo a los injustos.

Los milagros en el universo

30. ¿Acaso los que se niegan a creer no reparan en que los cielos y la Tierra formaban una masa homogénea y la disgregué[6], y que creé del agua a todo ser vivo?[7] ¿Es que aún después de esto no van a creer? **31.** Afirmé

---

2 Todo lo que Dios creó tiene un motivo justo y verdadero.

3 Pues los seres humanos deberán responder por todas y cada una de sus obras el Día del Juicio Final.

4 Para justificar su idolatría.

5 Algunos idólatras afirmaban que los ángeles eran hijas de Dios, otros aseguran que Jesús es hijo de Dios, otros dijeron que Uzair era hijo de Dios, etc.

6 Esta información suministrada por el Corán concuerda exactamente con los descubrimientos de la ciencia contemporánea. La conclusión a la que la astrofísica ha llegado actualmente es que la totalidad del universo, junto con las dimensiones de materia y tiempo, se manifestaron como resultado de una gran explosión que ocurrió fuera del acontecer temporal. Este evento, conocido como el Big Bang,

la Tierra con montañas para que no tiemble[8], y dispuse caminos para que encuentren guía. **32.** Hice del cielo un techo protector[9], pero aun así

---

demuestra que el universo fue creado de la nada como resultado de la explosión de un solo punto. Antes del Big Bang no existía lo que denominamos materia. Desde una condición de no-existencia –en la cual ni la materia ni la energía ni incluso el tiempo existían, y que solo puede describirse metafísicamente– materia, energía y tiempo fueron creados en un instante. Este hecho, descubierto solo recientemente por la física moderna, nos fue anunciado en el Corán hace 1.400 años.

7 El agua precedió la existencia de todos los seres vivos. Los estudios geológicos han probado que la edad de la Tierra es de aproximadamente 4.600 millones de años, cuando la edad de los restos fósiles más antiguos datan de 3.800 millones de años. Eso significa que nuestro planeta Tierra necesitó más de 800 millones de años de preparación para que su superficie fuera capaz de sustentar vida. Dios es capaz de todas las cosas, y si Dios hubiera querido habría podido crear a un ser humano adulto sobre una tierra completamente vacía. Sin embargo, sabemos que Dios no obra de esa manera, sino progresivamente, de una forma mucho más compleja y asombrosa. Los estudios paleontológicos indican que la vida acuática (en un entorno marino) predominó la Tierra por más de 3.360 millones de años, antes de la creación de las primeras especies de plantas sobre tierra firme. Estos son hechos que la humanidad no habría podido descubrir antes del siglo XX; sin embargo, están mencionados en el Corán de una forma breve y concisa, lo que prueba que el Corán es la palabra de Dios y que Mujámmad fue Su último Profeta, que la paz y las bendiciones de Dios sean con él.

8 Como podemos ver, en el versículo se afirma que las montañas tienen la función de prevenir movimientos sísmicos. Este hecho era totalmente desconocido en la época en que el Corán fue revelado. Es algo que salió a la luz recientemente debido a los hallazgos de la geología moderna. Según estos descubrimientos, las montañas emergen como resultado del movimiento y colisión de enormes placas tectónicas que conforman la corteza terrestre. Cuando dos placas chocan, la más fuerte se desliza debajo de la otra, y la que queda encima se pliega y forma alturas y montañas. La capa inferior sigue avanzando debajo del suelo y se extiende a gran profundidad. En otro versículo este rol de las montañas es descrito comparándolo con "estacas". "¿No he hecho de la tierra un lecho y de las montañas estacas?" (Corán 78:6-7). Dicho en otras palabras, las montañas "remachan" las placas en la corteza terrestre que se extienden por encima y por debajo de la superficie, fijándolas en los puntos de conjunción de las mismas. Este rol vital de las montañas, descubierto por la geología moderna y la investigación del fenómeno sísmico, fue revelado en el Corán hace siglos, como un ejemplo de sabiduría suprema en la creación de Dios.

9 Dios llama nuestra atención en el Corán sobre un importante atributo del cielo: Esta propiedad del cielo ha sido descubierta por la ciencia en el siglo XX. La atmósfera que rodea la tierra cumple funciones importantes en la conservación de la vida. Al destruir por la fricción muchos meteoros, grandes y pequeños, que se aproximan a la Tierra, impide que estos lleguen al suelo y dañen a los seres vivientes. Además, la atmósfera filtra las radiaciones provenientes del espacio exterior que son perjudiciales para los seres vivos. La característica más sorprendente de la atmósfera es que solo permite que pasen a través de ella radiaciones inocuas y útiles, como la luz visible, la radiación ultravioleta de baja longitud de onda y las ondas de radio. Toda esta radiación es vital para la vida. La radiación ultravioleta de baja longitud de onda, que la atmósfera deja entrar solo parcialmente, es muy importante para la fotosíntesis de las plantas y para la supervivencia de todos los seres vivos. La mayoría de la radiación ultravioleta intensa emitida por el Sol es filtrada por la capa de ozono de la atmósfera, y solo una parte limitada —y esencial— de su espectro alcanza la tierra. La función protectora de la atmósfera no termina allí. Protege también a la tierra del intenso frío del espacio exterior, que alcanza los -270° C. Aparte de ella el cinturón de Van Allen, una capa originada por el campo magnético de la Tierra, sirve también como escudo contra la radiación perjudicial que amenaza nuestro planeta. Esta radiación, emitida por el Sol y otras estrellas, es mortal para los seres vivos. Si el cinturón de Van Allen no existiera, los estallidos masivos de energía llamados erupciones solares, que ocurren frecuentemente en el Sol, destruirían toda la vida en la Tierra.

los que se niegan a creer rechazan reflexionar en Mis signos. **33.** Él es Quien creó la noche y el día, el Sol y la Luna. Cada uno recorre su órbita[10].

Mundo fugaz

34. No he concedido la inmortalidad a ningún ser humano. Si tú [¡Oh, Mujámmad![11]] has de morir, ¿por qué razón iban ellos a ser inmortales? **35.** Toda alma probará la muerte. Los pondré a prueba con cosas malas y cosas buenas, pero finalmente volverán a Mí para ser juzgados.

Advertencia a los politeístas

36. Cuando los que se niegan a creer te ven, se burlan de ti, y dicen: "Éste es quien desestima a nuestros ídolos"; sin embargo, son ellos los que, cuando es mencionado el Misericordioso, rechazan la verdad. **37.** El ser humano fue creado impaciente. Ya les mostraré Mis signos[12], así que no me pidan que se adelante. **38.** Dicen: "¿Cuándo se cumplirá tu advertencia? Si es verdad lo que dices". **39.** Si supieran los que se niegan a creer, que llegará un momento en que no podrán impedir que el fuego queme sus rostros y sus espaldas, y no serán socorridos. **40.** Por el contrario, [el fuego] les llegará por sorpresa dejándolos desconcertados sin que puedan evitarlo, y no serán indultados. **41.** También se burlaron de otros Mensajeros anteriores a ti [¡Oh, Mujámmad!], y el castigo azotó a los que se burlaban por haberlos ridiculizado.

Preguntas para los paganos

42. Diles [¡Oh, Mujámmad!]: "¿Quién sino el Misericordioso los protege durante la noche y el día?" Pero ellos, a pesar de esto, se niegan a recordar a su Señor. **43.** ¿Acaso creen que existen otras divinidades que los puedan socorrer en vez de Mí? [Lo que consideran divinidades]

---

10 Dios hace referencia a que el Sol y la Luna se mueven en una órbita definida, y en otro versículo se menciona que el Sol no es estático, sino que se mueve en una órbita determinada: "El Sol orbita como le fue designado; ello es un decreto del Poderoso, el que todo lo sabe" (36:38). Dichas realidades comunicadas por el Corán han sido constatadas a través de la observación astronómica contemporánea. Según los cálculos de los especialistas, el Sol viaja a la enorme velocidad de 720 mil kilómetros por hora en dirección a su ápice, la estrella Vega. Esto significa que el Sol viaja aproximadamente 17'280.000 km/día, al igual que todos los planetas y satélites de su sistema. El conjunto de las estrellas del universo viajan de manera similar. El Corán se refiere a que todo el cosmos está lleno de senderos y órbitas: "¡Por el cielo surcado de órbitas!" (51:7). En el universo existen alrededor de 250 mil millones de galaxias y cada una tiene unos 200 millones de estrellas. Muchas de éstas poseen planetas y la mayoría de éstos satélites. Todos los cuerpos celestes, e incluso conjuntos de cuerpos, como las galaxias, se mueven en órbitas precisas. No cabe duda alguna de que cuando fue revelado el Corán la humanidad no poseía los telescopios y las técnicas de observación de hoy, capaces de abarcar millones de kilómetros, ni los conocimientos actuales de física o astronomía. Por consiguiente, es imposible que en esa época se hubiese podido determinar que el espacio "está lleno de senderos y órbitas", como lo expresa el versículo. Evidentemente, es una prueba más de que el Corán es la palabra de Dios..

11 Que eres Mi Profeta y amado.

12 Con los que se les había advertido si rechazaban adorar solo a Dios y continuaban asociándole falsas deidades.

no pueden defenderse ni protegerse a sí mismos de Mí. **44.** A ellos y a sus padres los dejé disfrutar muchas bondades y les otorgué una larga vida. ¿Acaso no ven que van perdiendo el control del territorio? ¿Pensaron que iban a ser los vencedores?

Advertencia del tormento

45. Diles [¡Oh, Mujámmad!]: "Solo los exhorto con la revelación". Pero los sordos [de corazón] no oyen cuando se los exhorta. **46.** Mas cuando los alcance un soplo del castigo de tu Señor, dirán: "¡Ay de nosotros! Fuimos injustos".

Justicia divina

47. Y dispondré la balanza de la justicia el Día de la Resurrección, y nadie será oprimido en lo más mínimo. Todas las obras, aunque sean tan ínfimas como un grano de mostaza, serán tenidas en cuenta. Nadie lleva las cuentas mejor que Yo.

La Torá

48. Concedí a Moisés y a Aarón el Criterio [la Torá], para iluminar y exhortar a los piadosos, **49.** a los que tienen temor a su Señor en privado[13], y sienten temor de la Hora [del Juicio].

El Corán

50. Este [Corán] es un Mensaje bendito que he revelado. ¿Acaso van a rechazarlo?

El Profeta Abraham

51. Antes [de Moisés] le concedí la guía a Abraham, a quien bien conocía[14]. **52.** Cuando dijo a su padre y a su pueblo: "¿Qué son estas estatuas a las que dedican su adoración?" **53.** Respondieron: "Vimos que nuestros padres las adoraban". **54.** Dijo: "Ustedes y sus padres están en un error evidente". **55.** Dijeron: "¿Nos hablas en serio o estás bromeando?" **56.** Dijo: "Su Señor es el Señor de los cielos y de la Tierra, el Creador de ambos, y yo doy testimonio de ello. **57.** Juro por Dios que voy a tramar algo contra sus ídolos cuando se hayan retirado". **58.** Y los hizo pedazos excepto al más grande, para que su atención se volviera sobre él.

La reacción de su pueblo

59. Exclamaron: "¿Quién fue capaz de hacer esto con nuestros dioses? Sin duda se trata de un malhechor". **60.** Alguien dijo: "Oímos a un joven, llamado Abraham, hablar [mal] de ellos". **61.** Dijeron: "Tráiganlo a la vista de la gente, para que puedan atestiguar [contra él]". **62.** Le dijeron: "¡Oh, Abraham! ¿Fuiste tú quien destruyó nuestros dioses?" **63.** Respondió: "¡Fue ese, el mayor de todos! Pregúntenle [a sus dioses], si es que ellos son capaces [al menos] de hablar". **64.** Comenzaron a criticarse unos a otros diciendo: "Uste-

---

13 Cuando nadie más que Dios los observa.

14 Dios sabía que Abraham era idóneo para la difícil tarea de llevar el Mensaje a un pueblo de fanáticos adoradores de ídolos, que intentaron asesinarlo quemándolo en una hoguera, simplemente porque les demostró lo incoherente de adorar estatuas que ellos mismos habían construido.

des son los malhechores"[15]. **65.** Pero luego volvieron a su estado anterior[16] [y le dijeron]: "Tú bien sabes que no pueden hablar". **66.** Dijo [Abraham]: "¿Acaso adoran en vez de Dios lo que no puede beneficiarlos ni perjudicarlos [en lo más mínimo]? **67.** ¡Uf, qué perdidos están ustedes y lo que adoran en vez de Dios! ¿Es que no van a reflexionar?" **68.** Exclamaron: "¡Quémenlo [en la hoguera] para vengar a sus ídolos! Si es que van a hacer algo".

Abraham prevalece

69. Pero dijo [Dios]: "¡Oh, fuego! Sé fresco y no dañes a Abraham". **70.** Pretendieron deshacerse de él, pero hice que fueran ellos los perdedores. **71.** Lo salvé a él y también a Lot, para que fueran a la tierra que bendije para toda la humanidad[17]. **72.** Y le concedí [dos hijos, Ismael e] Isaac, y luego [al hijo de Isaac,] Jacob, y a ambos los hice hombres rectos, **73.** y líderes ejemplares para que guiasen [a la gente] siguiendo Mi voluntad. Y les inspiré realizar buenas obras, practicar la oración prescrita y pagar el zakat. Fueron devotos en la adoración.

El Profeta Lot

74. A Lot le concedí conocimiento y sabiduría, y lo salvé de la ciudad donde se cometían obscenidades. Era un pueblo malvado lleno de corruptos. **75.** Lo ingresé en Mi misericordia, porque era uno de los justos.

El Profeta Noé

76. Cuando antes [de Lot] Noé Me invocó, le respondí [su súplica], salvándolo junto a su familia de la gran calamidad[18]. **77.** Lo protegí del pueblo que rechazó Mis signos, era un pueblo perverso, y por eso hice que todos se ahogaran.

El Profeta David y el Profeta Salomón

78. [Recuerda] cuando [los Profetas] David y Salomón dictaron sentencia sobre un campo sembrado en el que las ovejas de otra gente [habían ingresado por la noche arruinándolo], y fui testigo de su sentencia, **79.** Le hice comprender a Salomón [el veredicto más justo], y a ambos les concedí conocimiento y sabiduría. A David le sometí las montañas y los pájaros para que cantaran junto a él alabanzas a Dios. Así lo hice. **80.** Le enseñé cómo fabricar cotas de malla, para que se protegieran en la batalla. ¿Acaso son agradecidos? **81.** A Salomón le sometí los vientos fuertes, que soplaban por orden suya hacia la tierra que bendije. Tengo conocimiento de todas las cosas. **82.** También le sometí a los demonios, algunos buceaban para él [en busca de

---

15 Al adorar un ídolo de madera que ni siquiera puede hablar

16 El apego fanático a las tradiciones de sus ancestros, a pesar de que contradecían la lógica y el razonamiento sano, pesó más en ellos, y en lugar de abandonar la idolatría, volcaron su frustración y odio sobre Abraham..

17 Abraham y Lot, al abandonar sus pueblos debido al castigo de Dios sobre ellos, emigraron a Palestina, la tierra que Dios describe como bendita para TODA la humanidad, y no solo para un pueblo que se autodenomina "los elegidos de Dios".

18 El diluvio.

perlas y gemas] y también realizaban otras tareas. Yo era su Protector.

El Profeta Job

83. [El Profeta] Job invocó a su Señor: "[¡Oh, Dios! Tú bien sabes que] he sido probado con enfermedades, pero Tú eres el más Misericordioso". **84.** Respondí su invocación y lo curé de sus enfermedades, y le di nueva descendencia, multiplicándola como misericordia de Mi parte y como recuerdo para los adoradores devotos.

Más profetas

85. [Los profetas] Ismael, Enoc y Dhul-Kifl, todos ellos fueron muy pacientes. **86.** Los introduje en Mi misericordia porque obraban con justicia.

El Profeta Jonás

87. [El Profeta] Jonás, cuando se marchó enojado [con la gente de su pueblo que se negaron a creer en él], pensó que no lo iba a castigar [por no haber tenido paciencia, pero lo hice tragar por la ballena], e invocó desde la oscuridad [de su estómago]: "No hay otra divinidad más que Tú. ¡Glorificado seas! En verdad he sido de los injustos". **88.** Respondí su súplica y lo libré de su angustia. Así salvo a los creyentes.

El Profeta Zacarías

89. Cuando [el Profeta] Zacarías invocó a su Señor: "¡Señor mío! No me dejes solo [sin hijos]. Tú eres Quien concede descendencia". **90.** Respondí su súplica y le agracié con [su hijo] Juan, haciendo que su mujer fuera otra vez fértil. Los agracié porque siempre se apresuraban a realizar obras buenas, Me invocaban con temor y esperanza, y eran humildes ante Mí.

El Profeta Jesús y su madre

91. [Recuerda] a aquella que conservó su virginidad[19], cuando infundí un espíritu Mío en ella[20]. Así hice de ella y su hijo un signo [de Mi poder divino] para toda la humanidad.

Un camino

92. La religión de todos los Profetas es una religión única. Yo soy su Señor, ¡adórenme solo a Mí! **93.** Pero luego [las generaciones que vinieron después] se dividieron, aunque todos regresarán ante Mí. **94.** Quien sea creyente y realice obras buenas sepa que no habrá ingratitud para su esfuerzo[21]. Todo lo tengo registrado.

La gente del Infierno

95. Es imposible que [los habitantes de] una ciudad que haya destruido fueran a arrepentirse [ni podrán volver a este mundo]. **96.** [Cuando se aproxime el Último Día] serán liberados Gog y Magog, y se precipitarán desde toda elevación [devastando cuanto encuentren a su paso]. **97.** La promesa de la verdad se acerca. Cuando llegue, la mirada de los que se negaron a creer quedará fija [y exclamarán:] "¡Ay de nosotros!

19 La virgen María, madre de Jesús.

20 A través del ángel Gabriel.

21 Dios es Justo y nunca deja de reconocer las obras de bien y recompensar por ellas.

Fuimos indiferentes a esta realidad y fuimos de los malhechores”. **98.** Ustedes y cuanto adoran en vez de Dios serán combustible para el fuego del Infierno al que ingresarán. **99.** Si estos [ídolos] fueran divinidades como ustedes pretenden, no ingresarían en él[22]. Pero todos ustedes junto a lo que adoraban estarán allí por toda la eternidad. **100.** Allí emitirán alaridos [por el tormento], y por eso no podrán oír nada más.

La gente del Paraíso

101. Pero aquellos para quienes estaba decretado que recibirían “lo más hermoso”[23], estarán alejados del Infierno, **102.** No oirán su crepitar y estarán disfrutando lo que deseen por toda la eternidad. **103.** No los afligirá el gran espanto [del castigo], y los ángeles acudirán a su encuentro [cuando salgan de las tumbas y les dirán]: “Éste es el día que se les había prometido”. **104.** El cielo ese día será enrollado como un pergamino. Así como inicié la primera creación, la repetiré. Ésta es una promesa que he de cumplir. **105.** Ya mencioné anteriormente en las Escrituras Reveladas como lo había hecho en la Tabla Protegida, que la Tierra será heredada por Mis siervos justos.

Consejo para el Profeta

106. En esto hay mensaje suficiente para un pueblo que realmente adora a Dios. **107.** No te he enviado [¡Oh, Mujámmad!] sino como misericordia para todos los seres. **108.** Diles: “Me ha sido revelado que Dios es un Dios único. ¿Acaso no van a ser musulmanes?[24] **109.** Pero si rechazan [el Mensaje] diles: “Les advierto sobre un castigo que caerá sobre todos por igual, aunque no tengo conocimiento si lo que les advierto está cerca o lejos. **110.** Él bien sabe tanto lo que dicen abiertamente como lo que dicen en secreto. **111.** Pero ignoro si Él los está poniendo a prueba al tolerarlos y dejarlos disfrutar de la vida [mundanal] por un tiempo”. **112.** Di: “¡Oh, Señor mío! Juzga con la verdad. Nuestro Señor es el Misericordioso, Aquel a quien recurrir contra lo que le atribuyen [falsamente a Dios].

---

22 Si realmente fueran dioses, no sufrirían en el Infierno.

23 Los jardines del Paraíso.

24 Que libremente someten a Él su voluntad.

22. La Peregrinación[1]

(Al-Ḥayy)

Este capítulo del Corán fue revelado en Medina, y toma su nombre del pasaje que habla sobre los rituales de la peregrinación (versículos 25-37), junto con condenas hacia los paganos por impedir que los creyentes lleguen hasta la Casa Sagrada en La Meca. Después de quince años de persecución, los creyentes reciben aquí el permiso para luchar en defensa propia (versículo 39). La idolatría es condenada y los ídolos son rechazados debido a su incapacidad de crear siquiera una mosca. Se afirma a los creyentes que pueden alcanzar el éxito a través de la oración y las buenas obras, un tema que se extiende al comienzo del capítulo siguiente.

En el nombre de Dios,
el Compasivo, el Misericordioso

El horror del Día del Juicio

1. ¡Oh, gente! Tengan temor de su Señor. El terremoto que ocurrirá cuando llegue la Hora [del Juicio] será algo terrible. **2.** El día que llegue, las mujeres que estén amamantando a sus hijos se desentenderán de ellos, las embarazadas abortarán [por el terror], y verás a las personas caminar como ebrios, pero no estarán ebrios sino que el castigo de Dios será intenso.

Negar el poder de Dios

3. Hay gente que discute acerca de Dios sin conocimiento, y siguen a todo demonio rebelde. **4.** Fue decretado que a quien lo siguiese[2], él lo extraviará y lo conducirá al castigo del Infierno.

El poder de Dios para crear

5. ¡Oh, gente! Si tienen dudas de que tengo el poder para resucitarlos, sepan que he creado [a Adán] de barro[3], luego [a toda su descendencia] de un óvulo fecundado que luego se transforma en un embrión, luego en

---

1 La Peregrinación a La Meca es una muestra fehaciente de la hermandad y la unidad de la nación islámica, pues este rito reúne a una gran cantidad de personas de diferentes colores, idiomas, nacionalidades y clases sociales. Esto destaca la esencia de la adoración a Dios y la hermandad, pues todos usan la misma vestimenta, se orientan hacia el mismo lugar y adoran a la misma divinidad. La peregrinación recuerda cómo era la situación de los Profetas y los Mensajeros, su devoción, su prédica, sus esfuerzos, sus modales y su firme determinación.

2 A los susurros del demonio que lo acompaña.

3 Alguien podría preguntarse: ¿Según el Corán, de qué fue creado el ser humano? De una célula embrionaria (96:1-2), del agua (21:30, 24:45, 25:54), de arcilla, un barro maleable (15:26), de polvo (3:59, 30:20, 35:11), de la nada (19:67), luego eso es negado en 52:35; de la tierra (11:61), de una gota de un óvulo fecundado (16:4, 75:37). Si tres panaderos dijeran: "El pan se hace con harina", otro dijera: "El pan está hecho con masa", y un tercero dijera: "El pan se hace con trigo", ¿se consideraría una contradicción? Si un físico agregara: "El pan está compuesto de átomos", y otro dijera: "El pan está

una masa de tejidos, algunos ya formados y otros por formarse; ello es una evidencia [de Mi poder y sabiduría]. Preservo en el útero materno a aquellos que decreté que completen su gestación. Los hago nacer, y luego de la infancia alcanzan la madurez; algunos mueren [antes de esta etapa] y otros alcanzan la vejez, y ya no recuerdan nada del conocimiento que habían adquirido. También pueden observar a la tierra árida, y cómo cuando hago que llueva sobre ella, se remueve, se hincha, y brota toda clase de plantas bellas. **6.** Porque Dios es la Verdad[4]. Él resucitará a los muertos, y es sobre toda cosa Poderoso. **7.** La Hora [del Día del Juicio] se aproxima, no hay duda acerca de ello, y [ese día] Dios resucitará a quienes están en las tumbas.

El castigo de los malvados

8. Hay gente que discute acerca de Dios sin conocimiento, sin guía ni Libro que los ilumine. **9.** Con arrogancia pretenden apartar a la gente del camino de Dios. Serán humillados en esta vida, y el Día de la Resurrección los haré sufrir el castigo de quemarse. **10.** [Se les dirá] "Esto es lo que merecen por lo que hicieron con sus propias manos". Pero sepan que Dios no es injusto con Sus siervos.

Adoración a medias

11. Hay gente cuya fe está siempre al borde [de la incredulidad][5]. Si les ocurre un bien se sienten tranquilos; pero si les ocurre una desgracia reniegan de la fe, perdiéndose la recompensa de este mundo y el otro. Esa es la auténtica perdición. **12.** Ellos invocan en lugar de Dios aquello que no puede perjudicarlos ni beneficiarlos. Están en un error profundo. **13.** Adoran aquello cuyo perjuicio es más patente que su supuesto beneficio. ¡Qué pésimo protector y compañero!

La recompensa de los verdaderos creyentes

14. Dios introducirá a los que crean y obren rectamente en jardines por donde corren ríos. Dios hace lo que quiere.

Desafío para los cínicos

15. Aquel que pensaba que Dios no lo auxiliaría [al Profeta] en este mundo y en el otro [y se ve ahora decep-

---

constituido por moléculas", ¿sería esto considerado una contradicción? La sangre de todas las criaturas vivientes está compuesta en un 55% por plasma, que a su vez está compuesto en un 90% por agua. Por otro lado, el Corán fue revelado por Dios hace catorce siglos, aunque actualmente es bien conocido el hecho de que el principal elemento en el cuerpo humano es el agua (algo enfatizado solo en el Corán, no en la Biblia). Es también bien conocido que la humanidad está hecha de "polvo"; cuando colocas un cuerpo en una tumba y lo dejas por una cierta cantidad de años, el agua se evapora y se convierte en polvo. ¿Qué es la "arcilla"? ¿No es una forma que adopta el agua y el polvo al mezclarse? Es igualmente obvio que si Dios creó todo, entonces debe haber habido un tiempo en que todo lo que vemos ahora era "nada", incluso el ser humano.

4 La única divinidad, solo Él merece ser adorado. Todo lo que es adorado fuera de Dios, lo es sin derecho ni merecimiento alguno.

5 Es gente que adora a Dios como si Le hicieran un favor.

cionado], que intente llegar al cielo por algún medio y la corte [la ayuda de Dios al Profeta], y vea si ese ardid puede acabar con lo que lo enfurece.

El Único Guía y Juez

16. Así [como en las revelaciones anteriores] he revelado versículos claros, porque Dios guía a quien quiere. **17.** El Día de la Resurrección Dios juzgará sobre las diferencias entre los seguidores de la fe [del Islam], del judaísmo, del sabeísmo, del cristianismo, los adoradores del fuego y los idólatras. Dios es testigo de todas las cosas.

La sumisión al Todopoderoso

18. ¿Acaso no ves que se prosternan ante Dios quienes están en los cielos y en la Tierra, y el Sol, la Luna, las estrellas, las montañas, los árboles, los animales, y muchos de los seres humanos? Pero muchos otros [seres humanos] merecen el castigo. A quien Dios humille no habrá quien pueda dignificarlo; Dios hace lo que quiere.

Los creyentes y los incrédulos

19. Éstos [los creyentes y los incrédulos] son dos grupos que disputan acerca de su Señor, pero sepan que quienes se niegan a creer serán cubiertos con ropas de fuego, y se verterá sobre sus cabezas agua hirviente **20.** que les abrasará el vientre y la piel, **21.** y serán atormentados allí con mazas de hierro. **22.** Cada vez que, angustiados, quieran salir de allí, [los ángeles] los harán regresar y les dirán: "¡Sufran el tormento del Infierno!" **23.** Dios hará entrar en jardines por donde corren ríos a los creyentes que hayan obrado rectamente. Serán engalanados con pulseras de oro y perlas, y serán vestidos con seda. **24.** [En la vida mundanal] habían sido guiados hacia la bella palabra[6] y al camino de la alabanza.

Violar la Mezquita Sagrada

25. A los que se nieguen a creer y aparten a la gente del sendero de Dios, e impidan acudir a la Mezquita Sagrada [de La Meca] que establecí para todas las gentes por igual, tanto para el residente como para el viajero, y a quienes quieran profanarla con injusticias, los haré sufrir un castigo doloroso.

La peregrinación

26. [Recuerda] cuando establecí a Abraham junto a la Casa Sagrada para que solo Me adorara a Mí y no dedicara actos de adoración a otros, y purificara Mi Casa [de la idolatría] para quienes realicen el rito de circunvalarla, y para quienes oren de pie, inclinados y prosternados, **27.** [le dije:] "Convoca a la gente a realizar la peregrinación[7]; vendrán a ti a pie o montados, desde todo lugar apartado". **28.** Para que sean testigos

6 El testimonio del monoteísmo: *La ilaha illa Al-lah* لا إله إلا الله (no hay nada ni nadie con derecho a ser adorado salvo Dios).

7 La Peregrinación (*Hayy* الحج) es uno de los cinco pilares prácticos del Islam. Fue prescrito como obligación en el noveno año después de la Hégira. Este pilar es obligatorio para todo musulmán adulto, consciente y pudiente, una vez en la vida. Es un deber, también, no postergar el cumplimiento de este rito cuando se cuenta con los medios para realizarlo.

de todas las gracias [de la peregrinación y la casa de Dios], y recuerden el nombre de Dios en los días consabidos al sacrificar las reses del ganado que Él les ha proveído. Coman de ellas y den de comer al desvalido y al pobre. **29.** Luego de cumplir los ritos, que cumplan sus votos[8] y que circunvalen la Antigua Casa [de La Meca][9].

La devoción total a Dios

30. Así deben hacer. Quien respete los preceptos sagrados de Dios, será mejor para él ante su Señor [porque lo recompensará en esta vida y en la otra]. Sepan que les son lícitas las reses, excepto lo que se les ha mencionado [como prohibido][10]. Manténganse alejados de la impureza de los ídolos y apartados de las afirmaciones falsas. **31.** Sean monoteístas puros creyentes en Dios, y no sean [jamás] idólatras. Quien asocia divinidades a Dios [en la adoración] es como quien cae del cielo y [luego de estrellarse contra la tierra] las aves de rapiña lo devoran o un viento lo arrastra a un lugar lejano. **32.** Sepan que respetar los ritos de Dios dimana de la piedad que hay en los corazones. **33.** Pueden beneficiarse de los animales hasta un plazo determinado; pero luego, su lugar [de sacrificio] es junto a la Antigua Casa[11].

Albricias para los humildes

34. He prescrito para cada comunidad sus propios ritos, para que recuerden el nombre de Dios al sacrificar las reses que les proveí. Su Dios es uno solo. Entréguenle a Él su voluntad. Albricia a los humildes sumisos [que obtendrán la bienaventuranza], **35.** aquellos cuyos corazones se emocionan cuando se menciona a Dios, son pacientes ante las desgracias, cumplen con la oración y hacen caridades con lo que les he agraciado.

El propósito de los animales de sacrificio

36. Establecí que [el sacrificio] de los ganados[12] sea parte de los ritos de Dios, en ello hay un bien para ustedes[13]. Mencionen el nombre de Dios

---

8 Realicen la peregrinación menor y mayor según la modalidad que habían prometido a Dios en su intención, y ofrezcan el sacrificio del cordero correspondiente a su rito.

9 *La Ka'bah* الكعبة . Fue el primer templo construido por el ser humano para la adoración de Dios. Sus bases fueron hechas por Adán, y luego el Profeta Abraham junto a su hijo Ismael elevaron la construcción por orden de Dios y llamaron a los monoteístas a peregrinar a ella. Los musulmanes de todo el mundo se orientan hacia esta construcción al realizar sus cinco oraciones diarias.

10 Ver Corán 5:3.

11 Referencia al recinto sagrado que rodea la mezquita de La Meca, donde tienen lugar los ritos de la peregrinación.

12 Aquellos que realizan la peregrinación ofrecen como parte de los ritos el sacrificio de un cordero, o siete personas pueden ofrecer un novillo o un camello, cuya carne debe ser distribuida entre los pobres.

13 Porque ayuda a quien sacrifica a desapegarse de su dinero y ayuda al pobre, quien recibe una ayuda generosa, lo que reconcilia los corazones de todos los integrantes de la sociedad y la comunidad islámica mundial.

sobre ellos cuando estén dispuestos en fila [para ser sacrificados]. Luego, cuando se desplomen sobre sus costados [sin vida], coman de ellos y den de comer al mendigo y al necesitado. Así los puse a su servicio para que sean agradecidos. **37.** Dios no necesita de la carne ni de la sangre [de sus ofrendas], Él desea que ustedes alcancen la piedad [mediante la práctica de este rito]. Con este fin se los facilitó. Alaben a Dios por haberlos guiado. Y albricia a los que hacen el bien [que alcanzarán el Paraíso].

El permiso para combatir en defensa propia

38. Dios defiende a los que han creído. Sepan que Dios no ama al traidor ni al desagradecido. **39.** Se les ha permitido [combatir a los creyentes] que son atacados porque son víctimas de una injusticia. Dios tiene el poder para socorrerlos. 40. Ellos fueron expulsados injustamente de sus hogares solo por haber dicho: "Nuestro Señor es Dios". Si Dios no se hubiera servido de algunas personas [creyentes] para combatir a otros [incrédulos], se habrían destruido monasterios, iglesias, sinagogas y mezquitas, en donde se recuerda frecuentemente el nombre de Dios[14]. Dios socorre a quien se esfuerza denodadamente por Su religión. Dios es Fuerte, Poderoso. **41.** Aquellos que, si les doy autoridad en la Tierra, cumplen con la oración, pagan el zakat, ordenan el bien y prohíben el mal. A Dios pertenece el resultado de todas las cosas.

Advertencia a los paganos de La Meca

42. Si te desmienten [¡Oh, Mujámmad!], sabe que ya antes habían des-

---

14 Este versículo evidencia que el Islam promueve que los lugares de culto y adoración de todas las religiones deben ser respetados.

15 A comienzos de 1990 aparecieron titulares en importantes periódicos con frases como: "Ha sido descubierta una legendaria ciudad árabe perdida", "se ha encontrado la ciudad árabe de la leyenda", "Ubar, la Atlántida de las arenas". Lo que ha vuelto más sorprendente este hallazgo arqueológico es el hecho de que esta ciudad estaba mencionada en el Corán. Fue Nicholas Clapp, un arqueólogo aficionado, quien encontró esta ciudad legendaria mencionada en el Corán. Como amante de la civilización árabe y premiado director de documentales, Clapp se había topado con un libro muy interesante durante sus investigaciones en historia de los árabes. Ese libro era *Arabia Felix*, escrito por el investigador inglés Bertram Thomas en 1932. "Arabia feliz" era el nombre que los romanos le daban al extremo sur de la Península Árabe que hoy incluye al Yemen y parte de Omán. Los griegos llamaban a esta región "Eudaimon Arabia" y los eruditos árabes del medioevo la denominaban "Al-Yaman As-Sa'ida". El investigador británico Thomas describía a esas "afortunadas" tribus in extenso, y afirmaba que había encontrado rastros de una ciudad antigua fundada por esos pueblos. Era la ciudad conocida como "Ubar" por los beduinos. Clapp, que examinó lo que había escrito el investigador inglés, estaba convencido de la existencia de la ciudad perdida descrita en el libro. Clapp utilizó dos caminos para probar la existencia de Ubar. Primero, encontró las sendas que los beduinos decían que existían. Recurrió a la NASA para obtener imágenes satelitales del área. Clapp siguió con el estudio de antiguos manuscritos y mapas de la Biblioteca Huntington en California. Su objetivo era encontrar un mapa de la región. Después de una breve búsqueda encontró uno. Era un mapa trazado por el conocido geógrafo greco-egipcio Ptolomeo en el 200 e. c. En el mapa figuraba la ubicación de una antigua ciudad en la región y los caminos que conducían a ella. En las fotos satelitales tomadas por la NASA se distinguían algunos senderos de caravanas que era difícil identificar a ojo desnudo y que solo podían apreciarse en su totalidad desde una visión satelital. Comparando estas fotos con el viejo mapa que tenía en sus manos, Clapp finalmente

mentido los pueblos de Noé, 'Ad[15], Zamud, **43.** de Abraham, Lot, **44.** los habitantes de Madián, y también fue desmentido Moisés. Les concedí un plazo a los que se negaban a creer, pero luego los sorprendí. ¡Qué terrible fue Mi castigo! **45.** ¡Cuántas ciudades aniquilé porque eran injustas y opresoras! .Quedaron reducidas a ruinas, sus pozos secos y sus castillos derrumbados. **46.** ¿Acaso [los que se niegan a creer] no viajan por el mundo, y no tienen intelecto[16] para reflexionar, ni oídos[17]? No son sus ojos los que están ciegos, sino los corazones que están dentro de sus pechos [los que están ciegos]. **47.** Te desafían a que adelantes el castigo, pero [debes saber que] Dios no faltará a Su promesa. Un día para tu Señor es como mil años de los que ustedes computan. **48.** A cuántas ciudades que eran injustas les aplacé [su tiempo], pero finalmente las sorprendí con el castigo. Ante Mí comparecerán.

La labor del Profeta

49. Di: "¡Oh, gente!, yo soy un claro amonestador enviado a ustedes". **50.** Los que creyeron y obraron rectamente obtendrán el perdón y un sustento generoso. **51.** Pero aquellos que se esforzaron por desmentir Mis signos, serán los moradores del Infierno.

La influencia de Satanás

52. No envié antes de ti [¡Oh, Mujámmad!], Mensajero ni Profeta alguno al que no le ocurriera que al recitar [lo que le había sido inspirado] el demonio intentara confundir algo en su recitación. Pero Dios anula lo

---

llegó al resultado que anhelaba: los senderos del mapa se correspondían con los que se veían en las fotos tomadas desde el satélite. El destino final de estos senderos era un solar amplio en donde se presumía que alguna vez hubo una ciudad. En poco tiempo empezaron las excavaciones y comenzaron a emerger de las arenas los restos de una antigua ciudad. Fue por eso que esta ciudad perdida fue descrita como "*Ubar*, la Atlántida de las arenas". A partir del momento mismo en que comenzaron a desenterrarse las ruinas, quedó claro que las mismas pertenecían al pueblo de *'Ad* y eran los pilares de *Iram* referidos en el Corán, porque entre las estructuras desenterradas se encontraron las torres allí mencionadas. Un miembro del equipo de investigadores que conducía la excavación, el Dr. Zarins, dijo que al ser las torres la característica distintiva de *Ubar*, y siendo que Iram es mencionada como una ciudad caracterizada por tener pilares o torres, esto constituye la prueba más contundente de que las ruinas descubiertas pertenecían a esa ciudad del pueblo de *'Ad* descrita en el Corán. El Corán menciona a *Iram* como sigue: "¿No has visto cómo tu Señor castigó al pueblo de *'Ád* en *Iram*?, el de las [construcciones con grandes] columnas, que no tenía similar entre los otros pueblos [en su opulencia]" (Corán 89:6-8). Como puede verse, el hecho de que la información suministrada por el Corán sobre acontecimientos del pasado confirme los datos históricos recientemente obtenidos, es una evidencia más de que es la Palabra de Dios.

16 Algunas personas afirman que creer en la revelación anula la razón y el intelecto, extingue la luz de la mente, tornándola ineficaz y perezosa. Ésta es una afirmación falsa. La revelación divina dirige la razón para que examine y valorice el universo. En el área del conocimiento revelado, la función de la razón es examinar la revelación para corroborar que procede de Dios, y luego usar la razón para comprender cómo aplicar mejor la revelación.

17 Para escuchar la revelación, y a los historiadores que relatan lo que les sucedió a los pueblos que les precedieron.

que el demonio inspira. Dios aclara Su revelación, porque Dios es Conocedor, Sabio. **53.** Los susurros del demonio seducen a aquellos cuyos corazones están enfermos [de dudas] y a los duros de corazón. Los injustos están en un error profundo. **54.** Aquellos que fueron agraciados con el conocimiento y la sabiduría, saben que el Corán es la Verdad que proviene de su Señor; creen en él y así se sosiegan sus corazones. Dios guía por el camino recto a los que creen. **55.** Los que se niegan a creer no cesarán de dudar sobre él[18] hasta que los sorprenda la Hora [del Juicio], o les llegue el castigo de un día nefasto.

Justicia en el Día del Juicio

56. Ese día la soberanía solo Le pertenecerá a Dios, que juzgará entre ellos. Sepan que los que hayan creído y hecho obras de bien estarán en los Jardines de las Delicias, **57.** mientras que los que se negaron a creer y desmintieron Mis preceptos tendrán un castigo humillante. **58.** Aquellos que emigraron por la causa de Dios y fueron asesinados o murieron en el camino, Dios los proveerá con un bello sustento. Dios es el mejor de los sustentadores. **59.** Los introducirá en un Paraíso en el que estarán complacidos. Dios es Conocedor, Tolerante.

Justicia divina

60. Aquel que se defienda de forma proporcional a la injusticia de que es víctima, y se le siga agraviando, Dios lo socorrerá. Dios es Remisorio, Absolvedor.

El poder de Dios

61. Dios hace que la noche suceda al día y el día a la noche. Dios todo lo oye, todo lo ve. **62.** Dios es la Verdad, y aquello que [los idólatras] invocan en vez de Él es falso. Dios es el Sublime, el Grande. **63.** ¿Acaso no ves que Dios envía agua del cielo y con ella la tierra se reverdece? Dios es Sutil, Conocedor. **64.** A Él pertenece cuanto hay en los cielos y en la Tierra. Dios es el Opulento, el Loable.

La gracia de Dios

65. ¿Acaso no ves que Dios ha puesto al servicio de ustedes cuanto hay en la Tierra, que los barcos surcan el mar por Su designio, y que Él contiene al cielo para que no caiga sobre la Tierra a menos que sea por Su Voluntad? Dios es Compasivo y Misericordioso con la gente. **66.** Él es Quien les dio la vida, luego les da la muerte y luego los resucitará [para juzgarlos]. Pero el ser humano es desagradecido.

Un mensaje, distintas leyes

67. A cada comunidad le he revelado sus propios ritos para que los observen. [¡Oh, Mujámmad!] No dejes que [te discutan] sobre los preceptos. Exhorta a creer en tu Señor, porque tú estás en la guía del camino recto. **68.** Pero si te desmienten, diles: "Dios bien sabe lo que hacen". **69.** Dios

18 El Mensaje del Islam.

juzgará entre ustedes el Día del Juicio sobre lo que solían discrepar. **70.** ¿Acaso no sabes que Dios conoce cuanto hay en el cielo y en la Tierra? Todo está registrado en un libro[19], eso es fácil para Dios.

¿Dios Todopoderoso o dioses falsos?

71. [Los idólatras] adoran en lugar de Dios lo que no les fue revelado y carecen de conocimiento. Los injustos no tendrán quién los auxilie. **72.** Cuando se les recitan Mis claros versículos, ves el disgusto en los rostros de los que se niegan a creer; poco les falta para lanzarse [con la intención de matarlos] sobre quienes los recitan. Diles [¡Oh, Mujámmad!]: "¿Quieren saber de algo peor [que su repudio por el Corán]? Es el castigo del Infierno con el que Dios ha advertido a los que se niegan a creer. ¡Qué pésimo destino!"

El desafío de la mosca

73. ¡Oh, gente! Se les expone un ejemplo, presten atención: Aquellos [ídolos] que invocan en vez de Dios no podrían crear ni una mosca, aunque todos se reunieran para ello. Y si una mosca les quitara algo [a los ídolos], ellos no podrían impedirlo. ¡Qué débil es el que invoca y qué débil es el invocado! **74.** No valoran ni enaltecen a Dios como Se merece. Dios es Fuerte, Poderoso.

Elección divina

75. Dios selecciona a algunos ángeles como Mensajeros y selecciona algunas personas como Mensajeros. Dios todo lo oye, todo lo ve, **76.** conoce el pasado y el futuro, y ante Dios regresan todos los asuntos.

Consejo para los creyentes

77. ¡Oh, creyentes! Inclínense y prostérnense [durante la oración], adoren a su Señor y hagan el bien, que así alcanzarán el triunfo. **78.** Esfuércense por la causa de Dios como es debido. Él los eligió [para que sigan Su religión] y no les prescribió nada que no puedan cumplir. Ésta es la religión monoteísta de su padre Abraham. Dios los llamó "musulmanes" en revelaciones anteriores y también los ha llamado así en esta revelación, para que el Mensajero fuera testigo [de sus obras] y ustedes sean testigos ante la humanidad [de la llegada de los Profetas anteriores]. Cumplan con la oración, paguen el zakat y aférrense a Dios, pues Él es su Protector. ¡Qué excelente Protector, y qué excelente Defensor!

---

19 En la Tabla Protegida o *Al-Lauh Al Mahfudh* اللوح المحفوظ

23. Los Creyentes

(Al-Mu'minûn)

Este capítulo del Corán fue revelado en La Meca, y enfatiza que los creyentes tienen asegurado el éxito (versículo 1), mientras que los incrédulos están destinados al fracaso (versículo 117). Al igual que el capítulo anterior, defiende la unicidad de Dios así como Su poder para crear y resucitar. La última parte está dedicada al juicio de los creyentes y los incrédulos, enfocándose en el destino de los que maltratan a los creyentes. Este tema se extiende al capítulo siguiente.

En el nombre de Dios,
el Compasivo, el Misericordioso

Los verdaderos creyentes

1. Bienaventurados los creyentes **2.** que en sus oraciones son humildes [ante Dios], **3.** se apartan de las frivolidades, **4.** pagan el zakat, **5.** preservan sus genitales [del adulterio y la fornicación], **6.** y solo cohabitan con sus esposas o con lo que posee su diestra[1], porque eso no es censurable. **7.** Pero quien busque algo más allá de eso, está transgrediendo [la ley]. **8.** [Son de los bienaventurados quienes] sean fieles a la confianza depositada en ellos, cumplen con sus compromisos y acuerdos, **9.** y cumplen con sus oraciones. **10.** [Quienes tengan estas virtudes[2]] serán los herederos **11.** que heredarán el Firdaus[3], en el que morarán por toda la eternidad.

La creación de los seres humanos

12. Creé al [primer] ser humano de barro. **13.** Luego [hice que se reprodujera por medio de la fecundación, y] preservé el óvulo fecundado dentro de una cavidad segura[4]. **14.** Transformé el óvulo fecundado en un embrión, luego en una masa de tejidos, luego de esa masa de tejidos creé sus huesos a los que vestí de carne, finalmente soplé en el feto su espíritu. ¡Bendito sea Dios, el mejor de los creadores! **15.** [Sepan que] después de haber sido creados, han de morir, **16.** pero el Día de la Resurrección serán devueltos a la vida.

El poder de Dios

17. Creé siete cielos por encima de ustedes, y no he descuidado la creación. **18.** Hice descender del cielo el agua en una medida limitada[5] para que permanezca en la tierra, pero si qui-

---

1 Ver Corán 4:25.

2 Todas las virtudes mencionadas tienen como objetivo invitar a que la persona las cultive en sí mismo.

3 El Firdaus الفردوس es el estado más alto y sublime del Paraíso

4 El útero..

5 Ver Corán 43:11.

siera la podría hacer desaparecer. **19.** Con ella hago brotar jardines de palmeras y viñedos de los que obtienen abundantes frutos con los que se alimentan. **20.** Y [también] un árbol que crece en el monte Sinaí, que produce aceite y aderezo, una delicia para los comensales. **21.** En los ganados hay una lección: Doy a ustedes de beber de lo que hay en sus ubres, obtienen de ellos muchos beneficios y también se alimentan; **22.** usan a los animales y a los barcos como transporte.

El Profeta Noé

23. Envié a Noé a su pueblo y les dijo: "¡Oh, pueblo mío! Adoren solamente a Dios, pues no existe otra divinidad salvo Él. ¿Acaso no van a tener temor de Él?" **24.** Pero los magnates de su pueblo que no creyeron, dijeron [a los más débiles]: "Éste es un mortal como ustedes, que solo pretende poder. Si Dios hubiera querido [que siguiéramos Su Mensaje] habría enviado ángeles [en lugar de seres humanos]. Nunca oímos algo similar de nuestros antepasados. **25.** [Noé] no es más que un demente, sopórtenlo por un tiempo [hasta que muera]".

El Diluvio

26. Dijo Noé: "¡Señor mío! Socórreme, porque ellos me desmienten". **27.** Entonces le dije: "Construye el arca bajo Mi observancia, acorde a lo que te inspire. Cuando llegue Mi designio y el agua comience a brotar de la tierra [y se inicie la inundación], haz subir una pareja de cada especie y embarca a tu familia, salvo a quienes el decreto [de la inundación] los haya condenado. No Me pidas por los injustos, pues ellos perecerán ahogados. **28.** Cuando tú y quienes estén contigo se encuentren en el arca, di: ¡Alabado sea Dios, Quien nos salvó de un pueblo de injustos!" **29.** Y di: "¡Señor mío! Hazme llegar a un destino bendito[6], pues Tú eres Quien mejor hace llegar a destino". **30.** En ello hay signos [de Dios], pero [sepan que] siempre pondré a prueba [a los seres humanos].

El Profeta Hud

31. Luego [de la destrucción del pueblo de Noé], hice surgir nuevas generaciones, **32.** y les envié un Mensajero de entre ellos [que les dijo]: "Adoren solamente a Dios, ya que no existe otra divinidad salvo Él. ¿Es que no van a tener temor [de Dios]?"[7] **33.** Pero [nuevamente] los magnates de su pueblo que no creyeron y desmintieron el Día del Juicio, a pesar de que les había concedido una vida llena de riquezas, dijeron [a los más débiles]: "Éste es un mortal igual que ustedes, come lo que comen y bebe lo que beben. **34.** Si obedecen a un ser humano como ustedes, serán unos perdedores. **35.** ¿Acaso les promete que luego de que mueran y sean polvo y huesos, van a ser resucitados? **36.** ¡Qué lejos está de la realidad lo que él les promete!

---

6 Para que el arca llegue a un lugar seguro y bendecido con la misericordia de Dios.

7 Ya que conocen la historia reciente del diluvio.

37. No hay otra vida más que la mundanal; vivimos, morimos y jamás seremos resucitados. **38.** Él es solo un ser humano que ha inventado una gran mentira acerca de Dios, y no le vamos a creer".

La explosión

39. Dijo [el Profeta]: "¡Señor mío! Socórreme, pues me han desmentido". **40.** Dijo [Dios]: "Dentro de poco se arrepentirán". **41.** El estruendo los sorprendió con la verdad [que negaban], y los convertí en despojos. ¡Que el pueblo injusto sea destruido!

Más profetas

42. Luego hice surgir nuevas generaciones. **43.** Ninguna comunidad puede adelantar ni retrasar su plazo. **44.** Envié a Mis Mensajeros unos tras otros. Cada comunidad a la que le llegaba su Mensajero, lo desmentía. Así que las destruí una tras otra e hice que se convirtieran en ejemplos[8]. ¡Que sean destruidos los pueblos que se niegan a creer!

El Profeta Moisés y el Profeta Aarón

45. Luego envié a Moisés y a su hermano Aarón, con Mis signos y un poder visible, **46.** al Faraón y su nobleza. Pero estos fueron soberbios y se comportaron con arrogancia. **47.** Y dijeron: "¿Acaso vamos a creer en dos mortales iguales a nosotros, mientras su pueblo nos sirve como esclavos?" **48.** Los desmintieron, y como consecuencia fueron destruidos. **49.** Le entregué a Moisés el Libro para que fueran de los bien guiados.

El Profeta Jesús y su madre

50. Hice de Jesús y su madre María, un signo [de Mi poder]. A ambos les di refugio en una colina, un lugar de descanso seguro con aguas cristalinas[9].

Un camino

51. ¡Oh, Mensajeros! Coman de las cosas buenas y hagan buenas obras, que Yo bien sé lo que hacen. **52.** Esta es la comunidad a la que pertenecen [la de los Profetas], que es una única comunidad, y Yo soy su Señor; tengan temor de Mí. **53.** Pero [algunas personas] fragmentaron la comunidad creando sectas, y cada facción se complace con lo que tiene [como creencia]. **54.** Déjalos [¡Oh, Mujámmad!, a los que se niegan a creer,] en su confusión por un tiempo [hasta que les llegue su hora]. **55.** ¿Acaso piensan que los bienes materiales y los hijos que les concedí **56.** son un indicio de que recibirán Mis gracias [en esta vida y la futura]? Todo lo contrario, pero no se dan cuenta. Los creyentes verdaderos **57.** No cabe duda de que aquellos que tienen temor de su Señor, **58.** aquellos que creen en los signos de su Señor, **59.** aquellos que no dedican actos de adoración excepto a su Señor, **60.** aquellos que dan en caridad parte de lo que se les ha concedido, y aun así sienten temor en sus corazones porque saben que comparecerán ante su

---

8 Casos históricos para que la gente pueda reflexionar sobre ellos.

9 Jerusalén.

Señor, **61.** ellos se apresuran a realizar obras de bien, y son los primeros en hacerlas. **62.** No exijo a nadie por encima de sus posibilidades. [Sepan que] tengo un Libro que dice la verdad[10], y nadie será tratado injustamente.

Los incrédulos

63. En cambio, los corazones [de los incrédulos] están cegados al Mensaje y cometen malas obras. **64.** Cuando castigue a los que tuvieron una vida llena de lujos, pedirán auxilio a gritos. **65.** [Y se les dirá entonces:] De nada sirve que pidan auxilio hoy, pues nadie podrá salvarlos de Mi castigo. **66.** Mis versículos les eran recitados, pero los rechazaban. **67.** Por soberbia, pasaban la noche desprestigiando [el Corán].

¿Por qué la negación?

68. ¿Por qué no reflexionan sobre el Corán, o es que les llegó algo diferente que a sus antepasados? **69.** Conocían a su Mensajero [Mujámmad], pero igualmente lo rechazaron. **70.** Afirmaron que era un demente, pero él se presentó con la Verdad, aunque a la mayoría de ellos les disguste la verdad. **71.** Si la verdad siguiera a las pasiones [de los que se negaron a creer], los cielos, la Tierra y todo lo que hay en ellos se habría corrompido. Pero los ennoblecí con el Corán, y a pesar de eso lo rechazaron. **72.** [¡Oh, Mujámmad] ¿Acaso les pides alguna remuneración a cambio [de transmitirles el Mensaje]? La recompensa de tu Señor es superior, y Él es Quien mejor agracia. **73.** Tú los invitas al camino recto[11]. **74.** Pero quienes no creen en la vida del más allá, se desvían de ese camino.

Los que persisten en la negación

75. Aunque les tuviera misericordia y los librara de los males que sufren, persistirían desorientados en su extravío. **76.** Los afligí con un castigo, pero aun así no se sometieron a su Señor ni imploraron auxilio. **77.** Hasta que abra sobre ellos una de las puertas del castigo infernal, entonces perderán toda esperanza.

Ingratitud para con el Todopoderoso

78. Él es Quien los agració con el oído, la vista y el intelecto, pero poco se lo agradecen. **79.** Él es Quien los diseminó por la Tierra, y ante Él serán reunidos. **80.** Él es Quien da la vida y da la muerte, y Él decretó la alternancia de la noche y el día. ¿Es que no razonan? **81.** Sin embargo, [los que se niegan a creer] dicen lo mismo que sus antecesores: **82.** "Cuando muramos y nos convirtamos en polvo y huesos, ¿seremos resucitados? **83.** Eso ya se nos había prometido a nosotros y a nuestros antepasados con anterioridad. Pero no es más que una fábula de los antiguos". Dios Todopoderoso **84.** Pregúntales [¡Oh, Mujámmad!]: "Si saben, ¿a quién pertenece la Tierra y todo lo que existe sobre ella?" **85.** Sin duda responderán: "A Dios". Diles: "¿Acaso no van a recapacitar [en que deberían adorarlo solo

---

10 En el que se encuentran registradas todas las obras.

11 El mensaje monoteísta del Islam.

a Él]?" **86.** Pregúntales: "¿Quién es el creador de los siete cielos[12], y el Señor del Trono grandioso?" **87.** Sin duda responderán: "Dios". Diles: "¿Acaso no van a temer?" **88.** Pregúntales: "Si lo saben, ¿Quién tiene en Sus manos el dominio de todas las cosas, y puede amparar a quien Él quiere y nadie puede protegerse de Él [y Su castigo]?" **89.** Sin duda que responderán: "Dios". Diles: "¿Acaso están hechizados [y no pueden ver la verdad]?" **90.** Aunque les envié la verdad, ellos la desmienten.

Un Dios Verdadero

91. Dios no ha tenido un hijo, ni existe otra divinidad salvo Él. Si así fuera, cada divinidad acapararía su propia creación, y entonces pretenderían dominarse unas a otras. ¡Glorificado sea Dios! Dios está por encima de lo que Le atribuyen. **92.** Él es el Conocedor de lo oculto y lo manifiesto, Él está por encima de cuanto Le asocian.

Consejo al Profeta

93. Di [¡Oh, Mujámmad! esta súplica]: "¡Señor mío! Si me haces presenciar el castigo que les espera [a los que se niegan a creer], **94.** Señor, no me pongas entre los injustos". **95.** [¡Oh, Mujámmad!] Tengo poder para hacerte ver el castigo que les he destinado. **96.** Si eres maltratado, responde con una buena actitud [sabiendo disculpar]. Yo bien sé lo que [Me] atribuyen. **97.** Di: "¡Señor mío! Me refugio en Ti de los susurros de los demonios, **98.** y me refugio en Ti, oh, Señor, de su presencia maligna".

Demasiado tarde para los malvados

99. Cuando la muerte los sorprenda [a los que se negaron a creer y vivieron en el pecado], dirán: "¡Señor mío! Hazme regresar a la vida otra vez, **100.** para [creer en Ti y] realizar las obras buenas que no hice". Pero no se les dará otra oportunidad, pues son solo palabras [que no cum-

---

12 La palabra "cielo/s" (*sama'* سماء / *samawat* سماوات), que aparece en muchos versículos del Corán, es usada tanto para referirse al cielo por encima de la tierra, como al universo en su totalidad. Dándole a la palabra el primer sentido, se deduce que el cielo de la tierra, o atmósfera, está compuesto por siete capas. Y efectivamente, hoy se sabe que la atmósfera de la tierra está compuesta de siete capas superpuestas. Para las modernas definiciones meteorológicas las siete capas o estratos de la atmósfera son los siguientes: 1-Troposfera. 2-Estratosfera. 3-Mesosfera. 4-Termosfera. 5-Exosfera. 6-Ionosfera. 7-Magnetosfera. Otro milagro importante a destacar es el mencionado en la afirmación: "y le inspiró a cada cielo su función" (Corán 41:12). En otras palabras, Dios manifiesta que le asignó a cada cielo su propio deber. Cada estrato tiene una función particular, que va desde la formación de la lluvia hasta proteger de radiaciones nocivas, desde reflejar ondas de radio hasta evitar los efectos perjudiciales de los meteoritos. Los versículos citados a continuación nos informan sobre el aspecto de estos estratos atmosféricos: "¿Acaso no han visto cómo Dios ha creado siete cielos superpuestos?" (Corán 71:15). "Él es Quien creó siete cielos superpuestos" (Corán 67:3). Es un milagro extraordinario que estos hechos, que no pudieron descubrirse sino con la tecnología del siglo XX, fueran formulados explícitamente por el Corán 1.400 años atrás.

13 En árabe, *Barzaj* البرزخ significa una barrera entre dos cosas. En la terminología islámica el Barzaj se refiere al período existente entre la muerte y el Día de la Resurrección. Ibn Al Qaiim dijo: "El tormento y las bendiciones de la tumba es otro nombre para el tormento y las bendiciones del Barzaj, que es lo que hay entre esta vida y la otra".

plirán]. Detrás de ellos habrá una barrera[13] hasta que sean resucitados.

El Día del Juicio

101. Cuando se sople la trompeta [por segunda vez para dar comienzo al Día del Juicio, y todos sean resucitados], de nada les servirá el linaje, ni los parientes se preguntarán unos por otros.

Los exitosos

102. [Ese día] aquellos cuyas buenas obras pesen más en la balanza serán los bienaventurados.

Los perdedores

103. En cambio, aquellos cuyas malas obras sean las que más pesen, estarán perdidos y morarán en el Infierno por toda la eternidad. **104.** El fuego abrasará sus rostros y quedarán desfigurados. **105.** [Se les dirá:] "¿Acaso no se les recitaron Mis versículos y los desmentían?" **106.** Dirán: "¡Señor nuestro! Estábamos dominados por nuestras pasiones, éramos gente extraviada. **107.** ¡Señor nuestro! Sácanos de él[14] [y retórnanos a la vida], y si reincidimos [en la incredulidad] entonces sí seremos injustos"[15]. **108.** Dios les dirá: "Permanezcan en él [humillados], y no vuelvan a hablarme". **109.** Algunos de Mis siervos decían: "¡Señor nuestro! Somos creyentes, perdónanos y ten misericordia de nosotros. Tú eres el mejor de los misericordiosos". **110.** Pero ustedes [oh, incrédulos y pecadores] los tomaron a burla hasta olvidarse de Mi Mensaje, y se reían de ellos. **111.** Hoy los recompensaré [a los creyentes] por su paciencia [a la hostilidad de ustedes], y ellos serán los bienaventurados.

Mundo fugaz

112. Dios les preguntará: "¿Cuántos años han permanecido en la Tierra?" **113.** Responderán: "Permanecimos un día o menos aún. Mejor pregúntale a los [los ángeles] encargados de llevar la cuenta [pues no estamos seguros]". **114.** Dios les dirá: "No permanecieron sino poco tiempo. ¡Si tan solo hubieran sabido! **115.** ¿Acaso creían que los creé sin ningún sentido? ¿Creían que no iban a comparecer ante Mí?

Solo Un Dios

116. ¡Exaltado sea Dios! El único Soberano real, no hay otra divinidad salvo Él, Señor del noble Trono. **117.** [Sepan que] quien invoque a otros [dioses] junto a Dios carece de fundamentos válidos, y tendrá que rendir cuenta de ello ante su Señor. Los que se negaron a creer no triunfarán [el Día del Juicio].

Consejo al Profeta

118. Di [¡Oh, Mujámmad!, enseñando a los creyentes]: "¡Señor mío! Perdona y ten misericordia. Tú eres el mejor de los misericordiosos".

---

14 El castigo.

15 Y merecedores de Tu castigo.

24. La Luz

(An-Nûr)

Este capítulo del Corán fue revelado en Medina, y toma su nombre de la luz divina mencionada en los versículos 35-36. Gran parte de este capítulo trata el tema de la mala conducta sexual, ya insinuado en el capítulo previo (23:7). El capítulo también ofrece algunas pautas a los creyentes sobre cómo deberían haber reaccionado con respecto a los falsos rumores en contra de Aisha, la esposa del Profeta. Se exponen otros temas, como el pudor, ingresar en una casa ajena, la prostitución forzada, la hipocresía y las acusaciones falsas de adulterio. El poder de Dios, el cumplimiento de Su juicio y la obediencia al Profeta (ﷺ) son altamente enfatizados.

En el nombre de Dios,
el Compasivo, el Misericordioso

La introducción

1. Este es un capítulo [del Corán] que revelé y prescribí [sus preceptos]. En él he revelado versículos de clara evidencia para que reflexionen.

El castigo por fornicación

2. A la fornicadora y al fornicador aplíquenles, a cada uno de ellos, cien azotes. Si verdaderamente creen en Dios y en el Día del Juicio, no permitan que la compasión que puedan sentir por ellos les impida aplicar la pena establecida por Dios. Que un grupo de creyentes sea testigo cuando se les aplique la pena.

Similares entre sí

3. El hombre que haya fornicado solo habrá podido hacerlo con una fornicadora igual que él o con una idólatra [cuya ley no le prohíbe ese delito]. Y la mujer que haya fornicado solo habrá podido hacerlo con un fornicador igual que ella o con un idólatra [cuya ley no le prohíbe ese delito]. [Sepan que] la fornicación está prohibida para los creyentes.

Acusaciones sin sustento

4. A quienes difamen a mujeres decentes [acusándolas de fornicadoras o adúlteras] y no presenten cuatro testigos, aplíquenles ochenta azotes y no acepten nunca más su testimonio. Ellos son los perversos. **5.** Pero a aquellos que [después de haberlas difamado] se arrepientan y enmienden [les será aceptado su testimonio]. Dios es Absolvedor, Misericordioso.

Acusar al cónyuge

6. Quienes acusen a sus cónyuges [de haber cometido adulterio] sin tener testigos más que ellos mismos, deberán jurar cuatro veces por Dios [ante un juez] que dicen la verdad. **7.** Y por último pedir que la maldición de Dios caiga sobre sí mismos si mienten. **8.** Ella quedará libre de castigo si jura cuatro veces por Dios [ante un juez] que él miente. **9.** Por último, deberá pedir que la maldición de Dios caiga sobre ella misma si él dice la verdad. **10.** Si no fuese por la gracia de Dios y Su misericordia con ustedes, y porque Dios acepta el arrepentimiento y es Sabio [les hubiera hecho descender el castigo que imprecaban].

Los que calumniaron a la esposa del Profeta

11. Los que vinieron con la calumnia[1] son un grupo de ustedes. No piensen [¡oh, creyentes!] que esto acarreará un mal para ustedes; por el contrario, es un bien[2]. Cada uno de los que cometieron este pecado recibirá su merecido, y el mayor responsable entre ellos tendrá un castigo severo.

Cómo deberían haber reaccionado los creyentes

12. Cuando los creyentes y las creyentes oyeron la calumnia, deberían haberla considerado como en contra de ellos mismos, y haber dicho: "Esto es una mentira evidente". 13. ¿Por qué no presentaron cuatro testigos del hecho? [Sepan que] para Dios quienes no presentan testigos [cuando acusan a alguien] son los mentirosos. **14.** Si no fuese por la gracia y la misericordia de Dios sobre ustedes en esta vida y en la otra, habrían sufrido un terrible castigo por lo que dijeron. **15.** Propagaron la calumnia con su lengua, repitiendo con la boca aquello sobre lo cual no tenían conocimiento [que fuera verdad], y creyeron que lo que hacían era leve, pero ante Dios era gravísimo. **16.** Cuando oyeron la acusación tenían que haber dicho: "No debemos hablar de ello. ¡Glorificado seas Señor! Esto es una calumnia grandísima". **17.** Dios les prohíbe que vuelvan a cometer falta semejante, si es que realmente son creyentes. **18.** Dios les hace claros sus Signos. Dios lo sabe todo, es Sabio.

Advertencia a los calumniadores

19. Aquellos que desean que se propague la obscenidad entre los creyentes tendrán un castigo doloroso en esta vida y en la otra. Dios sabe y ustedes no saben. **20.** Si no fuera por la gracia y la misericordia de Dios sobre ustedes, y porque Él es Compasivo y Misericordioso [rápido descendería el castigo por sus pecados].

Advertencia contra Satanás

21. ¡Oh, creyentes! No sigan los pasos del demonio, porque quien siga los pasos del demonio debe saber que él induce a cometer obscenidades y actos reprobables. Si no fuera por la gracia y la misericordia de Dios, ninguno de ustedes podría purificarse jamás de sus pecados, pero Dios purifica a quien quiere [perdonándole sus pecados]. Dios todo lo oye, todo lo sabe. **22.** Que los que hacen obras de bien y los que tienen riqueza no juren dejar de ayudar [a los pobres debido a su participación en la calumnia a Aishah] a sus parientes, a los pobres

---

1 Referencia al hecho histórico en que un grupo de hipócritas acusaron a Aishah, la esposa del Profeta Mujámmad, de haberle sido infiel.

2 Pues evidenciará la inocencia de Aishah, la lealtad de los creyentes y la perversidad de los hipócritas.

y a quienes dejaron sus hogares por la causa de Dios, y [es mejor] que los perdonen y los disculpen. ¿Acaso no aman ser perdonados por Dios? Dios es Indulgente, Misericordioso.

Amabilidad ininterrumpida

23. Quienes difamen[3] a las mujeres honestas, inocentes y creyentes, serán maldecidos en esta vida y en la otra, y sufrirán un castigo enorme. **24.** El día que sus propias lenguas, manos y pies atestigüen contra ellos por lo que cometieron. **25.** Ese día, Dios les pagará lo que merecen por lo que hicieron, y finalmente sabrán que Dios es la Verdad evidente.

El castigo de los calumniadores

26. Las palabras perversas son para los perversos. Los perversos son objeto de palabras perversas. En cambio, las palabras buenas son para los buenos. Estas buenas personas son inocentes de cuanto los acusan, sus faltas les serán perdonadas y tendrán una recompensa generosa.

Pájaros del mismo plumaje

27. ¡Oh, creyentes! No entren en ninguna casa que no sea la suya sin antes pedir permiso y saludar a su gente. Esto es lo mejor para ustedes, para que así recapaciten. **28.** Si no encuentran a nadie en ella[4], no ingresen hasta que se les dé permiso. Si se les dice: "¡No entren!", entonces vuelvan [sobre sus pasos], eso es lo más puro. Dios conoce bien lo que hacen.

Entrar a casa ajena

29. Pero sepan que no es un deber pedir permiso para ingresar a lugares públicos en el que tienen tareas que realizar. Dios conoce bien lo que manifiestan y lo que ocultan.

Entrar a lugares públicos

30. Dile a los creyentes [¡Oh, Mujámmad!] que recaten sus miradas y se abstengan de cometer obscenidades, porque eso es más puro para ellos. Dios está bien informado de lo que hacen.

Advertencia a los hombres musulmanes

31. Dile a las creyentes que recaten sus miradas, se abstengan de cometer obscenidades, no muestren de sus atractivos [en público] más de lo que es obvio, y que dejen caer el velo sobre su escote, solo muestren sus encantos a sus maridos, sus padres, sus suegros, sus hijos, los hijos de sus maridos, sus hermanos, sus sobrinos por parte de su hermano y de su hermana, las mujeres, las esclavas, sus sirvientes hombres que ya no tengan deseo sexual y los niños que todavía no sienten atracción por el sexo. [Diles también] que no hagan oscilar sus piernas [al caminar] a fin de atraer la atención sobre sus atractivos ocultos. Pidan perdón a Dios por sus pecados, ¡oh, creyentes!, que así alcanzarán el éxito.

Advertencia a los guardianes

32. Ayuden a que los solteros y los esclavos piadosos se casen. [No te-

---

3 A sabiendas de la inocencia.

4 O no se les responda.

man] si son pobres, porque Dios los sustentará con Su gracia. Él es Vasto, lo sabe todo. **33.** Quienes no cuenten con los medios para casarse, que tengan paciencia y se abstengan [de mantener relaciones prematrimoniales] hasta que Dios les provea los medios con Su gracia. Si alguno de los esclavos les pide la manumisión, y saben de su honestidad, otórguensela[5] y ayúdenle [a pagar la manumisión] dándole parte de las riquezas con las que Dios los ha agraciado. No fuercen a sus esclavas a prostituirse con el fin de obtener ganancias, siendo que ellas quieren casarse. Y si [a pesar de esta prohibición] fueran forzadas a hacerlo, [que sepan ellas que] Dios es Absolvedor, Misericordioso.

Ejemplos y lecciones

34. Les he revelado [en el Sagrado Corán] signos evidentes y relatos de quienes los precedieron, y exhortación para los piadosos.

La parábola del corazón del creyente

35. Dios es la luz de los cielos y de la Tierra. Su luz es como [la que surge de] una hornacina en la cual hay una lámpara dentro de un recipiente de vidrio, tan brillante como un astro resplandeciente. La lámpara se enciende con el aceite de un árbol bendito de olivo, procedente de una zona central entre oriente y occidente, cuyo aceite por poco alumbra sin haber sido tocado por el fuego: Es luz sobre luz. Dios guía hacia Su luz a quien Él quiere, y expone ejemplos para que la gente recapacite. Él lo sabe todo.

Creyentes verdaderos

36. [Esas hornacinas están] en las casas [de oración][6] que Dios permitió que fueran erigidas y honradas para que se invoque Su nombre. En ellas Lo glorifican por la mañana y por la tarde. **37.** [En las mezquitas hay] hombres a los que ni los negocios ni las ventas los distraen del recuerdo de Dios, la práctica de la oración prescrita y el pago del zakat, porque temen el día en que los corazones y las miradas se estremezcan[7]. 38. Dios los recompensará de la mejor forma por sus buenas obras, y por Su gracia les multiplicará su recompensa. Dios agracia sin medida a quien Él quiere.

Parábola de los incrédulos

39. Las obras de los que se negaron a creer son como un espejismo en el desierto: el sediento cree que es agua, pero cuando llega a él no encuentra nada. Pero sí se encontrarán con Dios, que les dará el castigo que merezcan. Dios es rápido en ajustar cuentas.

Otra parábola

40. [El estado de los que se negaron a creer es] como tinieblas en un mar profundo cubierto de olas, unas sobre otras, que a su vez están cubiertas por

---

5 Esto implica la orden de conceder la libertad a todo esclavo que lo solicite.

6 Las mezquitas.

7 El Día de la Resurrección y el Juicio Final.

nubes. Son tinieblas que se superponen unas sobre otras. Si alguien mirase su mano, apenas podría distinguirla. De este modo, a quien Dios no ilumine jamás encontrará la luz[8].

La sumisión a Dios

41. ¿Acaso no ves que todo cuanto existe en los cielos y la Tierra glorifica a Dios? Hasta las aves con sus alas desplegadas lo hacen. Cada ser tiene su oración y forma de glorificar. Dios bien sabe lo que hacen. **42.** A Dios pertenece el reino de los cielos y de la Tierra, y ante Él comparecerán.

El milagro de la lluvia

43. ¿Acaso no reparas que Dios impulsa las nubes lentamente, luego las agrupa, y después ves caer la lluvia? Dios hace descender nubes como montañas, cargadas de granizo con el que azota a quien quiere, pero protege de él a quien quiere. El solo resplandor del relámpago podría enceguecer. **44.** Dios hace que la noche y el día se sucedan. En esto hay un motivo de reflexión para los que tienen ojos [y quieren ver].

El milagro de la creación

45. Dios creó a todo ser vivo del agua. Algunos de ellos se arrastran sobre sus vientres, otros caminan sobre dos patas, y otros sobre cuatro. Dios crea lo que quiere. Dios es sobre toda cosa Poderoso.

Los hipócritas y el Juicio

46. He revelado [en este Corán] signos evidentes. Dios guía a quien Él quiere hacia el camino recto. **47.** Dicen [los hipócritas]: "Creemos en Dios y en el Mensajero, y los obedecemos". Pero luego, a pesar de haberlo dicho, un grupo de ellos te dan la espalda. Esos no son los creyentes. **48.** Cuando se los llama para que acepten el juicio de Dios y Su Mensajero, hay un grupo de ellos que se rehúsan, **49.** salvo cuando el fallo les es favorable, entonces lo acatan con sumisión. **50.** ¿Es que sus corazones están enfermos [de tanta

---

8 Este versículo menciona la oscuridad que se encuentra en los mares profundos y los océanos, donde si un hombre sumergido en sus profundidades estira su mano no puede verla. La oscuridad en los mares profundos y océanos comienza alrededor de los 200 metros de profundidad. Después de los 1.000 metros ya no existe luz en absoluto. Los seres humanos no son capaces de sumergirse a más de 40 metros sin la ayuda de submarinos o equipos especiales. Los científicos han descubierto recientemente esta oscuridad mediante equipos especiales y submarinos que les han permitido sumergirse en las profundidades del océano.

Podemos entender también de este versículo que las aguas profundas de los mares y océanos están cubiertas por olas, y por encima de esas olas existen otras olas. Es claro que ese segundo grupo de olas son las de la superficie que nosotros vemos, pues el versículo menciona que por encima de las segundas olas existen nubes. Pero sobre las primeras olas los científicos han descubierto recientemente que existen olas internas que cubren las aguas profundas de los mares y océanos, porque las aguas profundas poseen una densidad más alta que la de las aguas por encima de ellas. Las olas internas actúan igual que las de la superficie. Las olas internas no pueden ser vistas por el ojo humano, pero pueden ser detectadas al estudiar las temperaturas o los cambios de salinidad en un punto dado; todo esto nos muestra el origen milagroso del Sagrado Corán.

hipocresía], o dudan [acerca de Mujámmad], o acaso temen que Dios y Su Mensajero los opriman? Ellos son los injustos.

Los creyentes y el Juicio

51. En cambio, los creyentes, cuando se los llama a aceptar el juicio de Dios y Su Mensajero en sus asuntos, dicen: "¡Escuchamos y obedecemos!" Ellos son los bienaventurados. **52.** Quienes obedezcan a Dios y a Su Mensajero, tengan temor a Dios y sean piadosos, ellos serán los bienaventurados.

Los hipócritas juran en falso

53. [Los hipócritas] juran por Dios que si los convocas [¡Oh, Mujámmad!] para luchar por la causa de Dios, dejarán sus hogares y saldrán a combatir. Pero diles: "No juren en falso, su obediencia es solo de palabra". Dios está bien informado de lo que hacen. **54.** Diles: "Obedezcan a Dios y obedezcan a Su Mensajero". Pero si se rehúsan, el Mensajero solo rendirá cuentas por lo que se le ha encomendado, y ellos deberán rendir cuentas por lo que se les ha ordenado. Pero si le obedecen [al Mensajero] se encaminarán. Mi Mensajero solo tiene la obligación de transmitir [el Mensaje] con claridad.

La promesa de Dios a los creyentes

55. Dios prometió hacer prevalecer en la Tierra a quienes crean y obren correctamente, como lo hizo con quienes los precedieron. [Dios] les concederá el poder necesario para que puedan practicar la religión que Dios ha dispuesto [el Islam], y transformará su temor en seguridad. Me adorarán sin atribuirme copartícipe alguno. Pero luego de todo esto, quienes se nieguen a creer [y no agradezcan Mis gracias], esos son los perversos. **56.** Cumplan con la oración prescrita, paguen el *zakat*, y obedezcan al Mensajero, que así obtendrán la misericordia. **57.** No creas que los que se negaron a creer podrán escapar [de Mi castigo] en la Tierra. Su morada será el Infierno. ¡Qué mal destino!

Permiso en tres ocasiones

58. ¡Oh, creyentes! Que sus sirvientes y sus hijos que todavía no han alcanzado la pubertad, les pidan permiso [para ingresar a sus alcobas] antes de la oración del alba, a la siesta cuando se quitan la ropa [para descansar], y después de la oración de la noche, pues éstos son tres momentos en los que su desnudez podría quedar al descubierto. Fuera de ello, pueden entrar sin pedir permiso, porque se frecuentan unos a otros con asiduidad. Así es como Dios les aclara Sus Signos. Dios es Conocedor, Sabio.

Permiso en todo momento

59. Cuando sus hijos alcancen la pubertad deberán pedir permiso en todo momento, como lo hacen los adultos. Así es como Dios les aclara Sus signos. Dios es Conocedor, Sabio.

La modestia para las mujeres mayores

60. Las mujeres que hayan llegado a la menopausia y ya no tengan deseo sexual, pueden aligerar sus vestimentas, siempre que no sea para exhibirse y provocar. Pero si se abstienen por recato es mejor para ellas. Dios todo lo oye, todo lo sabe.

Sin restricciones

61. No es motivo de reproche[9] que el ciego, el cojo, el enfermo ni ustedes mismos coman [de lo que les ofrezcan, ya sea comida procedente] de su propia casa, o de la casa de sus padres o de sus madres o de sus hermanos o de sus hermanas, o de sus tíos o tías paternos, o de sus tíos o tías maternos, o de aquellas [casas] que están a su cargo o [de la casa] de algún amigo; ni incurren en falta si comen juntos o por separado. Pero siempre que entren a [cualquiera de estas] casas, salúdense unos a otros con el saludo de la paz, un saludo bendecido y excelente, como Dios manda[10]. Así es como Dios les aclara Sus Signos para que puedan comprender.

Mantenerse con el Profeta

62. Los verdaderos creyentes son aquellos que creen en Dios y Su Mensajero, y que cuando están reunidos con él [el Mensajero de Dios] por un motivo importante, no se retiran sin antes pedirle permiso. Los que te piden permiso son los que realmente creen en Dios y Su Mensajero. Cuando te pidan permiso [¡Oh, Mujámmad!, para retirarse] por algún motivo que les concierna, dáselo a quienes quieras, y pide perdón a Dios por ellos. Dios es Absolvedor, Misericordioso. **63.** No llamen al Mensajero de la misma manera que se llaman unos a otros. Dios conoce bien a quienes se retiran con disimulo [sin pedir permiso]. Que estén precavidos aquellos que desobedezcan las órdenes del Mensajero de Dios, no sea que les sobrevenga una desgracia o los azote un castigo severo.

Dios lo sabe todo

64. ¿Acaso no es de Dios cuanto hay en los cielos y en la Tierra? Él sabe bien lo que hacen. El día que comparezcan ante Él, les informará todas sus obras, pues Dios es conocedor de todas las cosas.

---

9 El sentido más profundo de este versículo es el hincapié en la hermandad de todos los creyentes, expresando la compasión y el compañerismo entre todos los creyentes y, por consiguiente, dejando a un lado las formalidades innecesarias en sus relaciones mutuas.

10 En árabe: *As-salamu alaikum wa rahmatul-lah* السلام عليكم و رحمة الله , que la paz y las bendiciones de Dios sean contigo.

25. El Criterio

(Al-Furqân)

Este capítulo del Corán fue revelado en La Meca, y toma su nombre de los versículos 1-6, que refutan las afirmaciones paganas de que el Corán fue fabricado y plagiado a partir de escrituras anteriores. Otros pasajes condenan el politeísmo, la negación de la resurrección y las burlas hacia el Profeta (ﷺ). El poder de Dios, manifestado en las maravillas de la creación y en la lluvia, se subraya en este capítulo, así como en la anterior. Las cualidades de los siervos rectos de Dios están bellamente establecidas en los versículos 63-76.

En el nombre de Dios,
el Compasivo, el Misericordioso

El reino de Dios Todopoderoso

1. Bendito sea Quien reveló la fuente de todo criterio[1] a Su siervo [el Profeta Mujámmad], para que con él advierta a todos los mundos. **2.** A Él pertenece la soberanía de los cielos y de la Tierra. Él no ha tenido ningún hijo, y no comparte Su soberanía con nadie, creó todos los elementos de la creación y facultó plenamente a cada uno de ellos para cumplir su función.

Los politeístas

3. Pero [los que se niegan a creer] adoran en vez de Dios a ídolos que no pueden crear nada, pues ellos mismos han sido creados, ni siquiera tienen el poder de apartar de sí mismos un perjuicio ni de atraer hacia sí mismos un beneficio. Tampoco tienen poder sobre la muerte, la vida ni la resurrección.

Negar el Corán

4. Los que se niegan a creer dicen [acerca del Corán]: "Esto no es más que una mentira que [Mujámmad] ha inventado con la ayuda de otros". Pero son ellos los que han cometido una injusticia y una mentira. **5.** Dicen: "Son las fábulas de nuestros ancestros que ha copiado, las cuales le son dictadas por la mañana y por la tarde". **6.** Diles [¡Oh, Mujámmad!]: "Lo ha revelado Quien conoce lo oculto en los cielos y en la Tierra; Él es Absolvedor, Misericordioso".

Negar al Profeta

7. Y dicen: "¿Qué clase de Mensajero es éste? Se alimenta y anda por el mercado [ganándose la vida] igual que nosotros. [Si de verdad es un Mensajero,] ¿Por qué no desciende un ángel y lo secunda en su misión de advertir? **8.** ¿Por qué no le es enviado un tesoro[2] o le es concedido un huerto del que pueda comer?" Los

---

2 La revelación del Sagrado Corán.

2 Un tesoro del cielo, para que no necesite ir al mercado a procurar el sustento y eso demuestre que Dios lo secunda.

opresores dicen: "Solo siguen a un hombre hechizado". **9.** Mira [¡Oh, Mujámmad!] cómo te comparan y se extravían sin poder encontrar el camino. **10.** Bendito sea Quien, si quisiera, te concedería [en este mundo] algo mejor que lo que ellos pretenden: jardines por donde corren ríos y grandes palacios.

El tormento para los negadores

11. [Dicen esto porque] no creen en la Hora [del Día del Juicio], pero he preparado un fuego para quienes desmienten la Hora. **12.** Cuando [el Infierno] los vea de lejos, oirán cómo brama [de furia] y crepita. **13.** Y cuando, encadenados, sean arrojados en un lugar estrecho del Infierno, pedirán sollozando ser destruidos. **14.** [Pero se les dirá:] "Hoy no pedirán una sola vez ser destruidos, sino que lo han de pedir muchas veces".

La recompensa de los rectos

15. Diles [¡Oh, Mujámmad!]: "¿Acaso [ese tormento] es mejor que el Paraíso eterno que se les ha prometido a los piadosos? Para ellos [los piadosos] el Paraíso será su recompensa y destino final, **16.** allí tendrán cuanto deseen por toda la eternidad. Esa es la promesa [de Dios], con la que tu Señor se ha comprometido.

El rechazo

17. El día que Él los congregue junto a lo que adoraban en lugar de Dios, y [Dios] les pregunte [a los ídolos]: '¿Fueron ustedes los que desviaron a Mis siervos, o fueron ellos mismos los que se desviaron del camino?' **18.** Ellos responderán: '¡Glorificado seas! No nos correspondía tomar algún otro protector fuera de Ti. Tú [¡Señor nuestro!] los agraciaste, a ellos y a sus padres, y los dejaste disfrutar por largo tiempo, hasta que olvidaron el Mensaje y fueron gente perdida'. **19.** [Entonces, Dios dirá a los idólatras:] "Sus ídolos los han desmentido, y ahora no podrán escapar de Mi castigo ni encontrar quién los socorra. [Sepan que] a quien cometa la injusticia [de dedicar actos de adoración a otro que Dios], lo haré sufrir un gran castigo".

Los mensajeros son humanos

20. Todos los Mensajeros que envié antes de ti [¡Oh, Mujámmad!] se alimentaban y caminaban por el mercado [procurando su sustento]. Los ponemos a prueba unos con otros, para que se evidencie quién es paciente. Tu Señor lo ve todo.

Desesperado por conocer a los ángeles

21. Dicen quienes no creen que comparecerán ante Mí: "¿Por qué no descienden sobre nosotros los ángeles [con el Mensaje]; por qué no vemos directamente a nuestro Señor?" Se han considerado demasiado importantes a sí mismos y su insolencia es enorme. **22.** El día que vean a los ángeles, no habrá buenas noticias para los criminales. Los ángeles les dirán: "[El Paraíso] les queda vedado para siempre". **23.** [Ese día] reduciré todas sus obras a polvo disperso en el aire. **24.** En cambio, los moradores del Paraíso tendrán la mejor morada y el mejor lugar de descanso.

El Día del Juicio

25. El día que el cielo se abra con las nubes y los ángeles desciendan del cielo, uno tras otro. **26.** Ese día, la verdadera soberanía será del Misericordioso, y para los que se negaron a creer será un día difícil.

Remordimiento inútil

27. El injusto morderá sus propias manos [lamentándose] y dirá: "¡Ojalá hubiera seguido el camino del Mensajero! **28.** ¡Ay de mí! ¡Ojalá no hubiera tomado a aquel[3] por amigo!, **29.** pues me alejó del Mensaje, a pesar de que me había llegado". El demonio lleva al ser humano a la decepción.

La negligencia de los paganos hacia el Corán

30. Dijo el Mensajero: "¡Señor mío! Mi pueblo ha abandonado el Corán". **31.** [Sabe, ¡Oh, Mujámmad!, que] dispuse que todos los Profetas tuvieran enemigos de entre los pecadores. Pero tu Señor es suficiente como guía y protector. **32.** Los que se negaron a creer dicen: "¿Por qué no le ha sido revelado el Corán de una sola vez?" Sabe que te lo he revelado gradualmente[4] para dar firmeza a tu corazón. **33.** Siempre que ellos presenten un argumento [en contra del Mensaje] te revelaré la Verdad, para que los refutes con un fundamento más claro y una explicación mejor. **34.** Los que sean arrastrados sobre sus caras al Infierno serán quienes tengan el peor destino, los más extraviados del camino.

La destrucción del pueblo del Faraón

35. Le revelé a Moisés el Libro [la Torá], y le asigné a su hermano Aarón para que lo ayudara [en la transmisión del Mensaje]. **36.** Y les dije: "Vayan ambos al pueblo que desmintió Mis signos[5]". Pero finalmente lo destruí por completo[6].

La destrucción del pueblo de Noé

37. Al pueblo de Noé, cuando desmintieron a los Profetas[7], los ahogué e hice de ellos un Signo para la gente. Tengo reservado para los injustos un castigo doloroso.

Destrucción de otros pueblos

38. A los pueblos de 'Ad, Zamud y Rass[8], y a muchas otras generaciones entre ellos [también los castigué]. **39.** A todos les advertí de lo que sucedía [a los que se negaban a creer], pero aun así terminaron siendo destruidos por completo.

---

3 Aquel que lo alejó del camino del monoteísmo y las enseñanzas del Profeta.

4 En respuesta a cada situación.

5 El pueblo del Faraón de Egipto.

6 Porque los desmintieron e intentaron asesinar a todo un pueblo de inocentes.

7 Considerando que todos los Profetas trajeron el mismo mensaje de monoteísmo, al desmentir a uno de ellos, se considera que se los ha desmentido a todos, y por eso el versículo utiliza la palabra en plural a pesar de que solo habían desmentido a Noé.

8 El Corán menciona historias de Profetas de distintos lugares del mundo, y no solo de aquellos que habían sido enviados a los israelitas.

Advertencia a los paganos de La Meca

40. Todos han visto las ruinas de la ciudad sobre la cual hice caer una lluvia de piedras[9], pero no recapacitan, pues no creen en la resurrección. **41.** Y cuando te ven se burlan de ti diciendo: "¿Éste es al que Dios envió como Mensajero? **42.** De no haber sido porque nos mantuvimos firmes en la adoración de nuestros ídolos, nos hubiera desviado". Pero ya sabrán, cuando vean el castigo, quiénes eran los desviados. **43.** ¿Has visto a esos que toman su propio ego como su dios? Tú no eres responsable por sus acciones. **44.** ¿Acaso crees que la mayoría de ellos escuchan tus palabras y reflexionan? Ellos son como los ganados que no razonan, o aún más extraviados del camino.

El poder de Dios: 1) El Sol y la sombra

45. ¿No ves cómo tu Señor extiende la sombra? Si Él quisiera podría dejarla fija, pero ha hecho que se deslice siguiendo el curso del sol. **46.** Luego hace que desaparezca gradualmente.

2) El día y la noche

47. Él es Quien dispuso que la noche los cubra [con su oscuridad], que el sueño les sirva para descansar, y que el día sea una resurrección [para buscar el sustento].

3) La lluvia

48. Él es Quien envía los vientos como anuncios de Su misericordia, y hace descender del cielo agua pura, **49.** para revivir con ella la tierra árida, y dar de beber a la gran cantidad de animales y seres humanos que ha creado. **50.** Y distribuye el agua [entre los seres creados] para que recapaciten, pero la mayoría de la gente es ingrata.

Un mensajero universal

51. Si hubiera querido, habría enviado a cada ciudad un Profeta[10]. **52.** No obedezcas a los que se niegan a creer, y lucha contra ellos esforzadamente, exhortándolos con el Corán.

4) Agua dulce y salada

53. Él es Quien ha hecho confluir las dos masas de agua, una dulce y la otra salada. Entre ambas puso un espacio intermedio y una barrera infranqueable[11].

---

9 Sodoma.

10 Pero la sabiduría divina dispuso enviar como último Profeta y Mensajero a Mujámmad, que la paz y las bendiciones de Dios sean con él, para toda la humanidad.

11 La ciencia moderna ha descubierto que en los lugares donde se unen dos mares diferentes, existe una barrera entre ambos. Esa barrera divide a los dos mares para que cada mar tenga su propia temperatura, salinidad y densidad. ¿Por qué menciona el Corán al espacio intermedio cuando habla del divisor entre el agua dulce y la salada, pero no lo menciona cuando habla del divisor entre los dos mares, como en Corán 55:19-20? La ciencia moderna ha descubierto que en los estuarios, donde el agua dulce y la salada se encuentran, la situación es en cierta manera diferente a la que se encuentra en los lugares en los que dos mares se encuentran. Se ha descubierto que lo que distingue al agua dulce de la salada en los estuarios (o deltas de un río) es una zona picnoclina que posee una marcada discontinuidad en su densidad, que separa las dos capas. Esta partición o división (zona de separación), tiene una salinidad diferente a la del agua dulce y a la de la salada.

5) La creación de los seres humanos

54. Él es Quien creó al ser humano del agua, y dispuso para él un parentesco de sangre y otro por matrimonio. Tu Señor tiene poder sobre todas las cosas.

Dioses impotentes

55. Sin embargo [los idólatras] adoran, en lugar de Dios, lo que no tiene poder para causarles beneficio ni perjuicio alguno. El que se niega a creer, da la espalda a su Señor.

Consejo al Profeta: Confía en Dios

56. Te he enviado [¡Oh, Mujámmad!] para que albricies [a los piadosos con el Paraíso] y adviertas [del Infierno a los que se niegan a creer]. **57.** Diles: "No les pido ninguna remuneración a cambio [de enseñarles el Mensaje]. Quien quiera, que tome un camino hacia su Señor". **58.** Encomiéndate al Viviente Inmortal, y glorifícalo con Sus alabanzas. Él basta como conocedor de los pecados de Sus siervos. **59.** Él es Quien creó los cielos, la Tierra y todo lo que hay entre ambos en seis eras, luego se estableció sobre el Trono. Él es Misericordioso. Pregunta sobre Él [su Ser, nombres y atributos] a quien tenga conocimiento.

Negar a Dios

60. Cuando se les dice [a los idólatras]: "Prostérnense ante el Compasivo", exclaman: "¿Quién es el Compasivo? No nos vamos a prosternar ante quien nos ordenas". Y eso los aleja aún más.

Dios Todopoderoso

61. Bendito sea Quien creó en el cielo constelaciones, y puso en él [al Sol como] una fuente irradiante de luz, y una Luna luminosa. **62.** Él es Quien dispuso la sucesión de la noche y el día para que reflexionen y Le agradezcan.

Características de los rectos: 1) Humildad

63. Los siervos del Misericordioso son aquellos que caminan sobre la faz de Tierra con humildad, y cuando son increpados por los ignorantes les responden [con palabras de] paz.

2) Devoción sincera

64. Los que pasan la noche prosternados y de pie adorando a su Señor,

3) Esperanza y temor

65. e imploran: "¡Señor nuestro! Sálvanos del castigo del Infierno, porque su castigo será permanente,
66. será una morada terrible y un mal destino".

4) Moderación al gastar

67. [Los siervos del Misericordioso son] aquellos que cuando hacen una caridad no dan todo lo que tienen ni tampoco escatiman, sino que dan con equilibrio.

5) Evitar los pecados graves

68. Los que no invocan a nada ni a nadie junto con Dios, no matan a quien Dios ha prohibido matar salvo con justo derecho, y no cometen fornicación ni adulterio. [Sepan que] quienes cometan algo de esto merecerán recibir una pena, **69.** el Día de la Resurrección se les multiplicará el tormento, en el que permanecerán humillados, **70.** salvo quienes se arrepientan, crean y hagan obras de bien. A estos Dios les perdonará sus pecados, y en su lugar les registrará buenas obras. Dios es Absolvedor, Misericordioso. **71.** A quien se arrepienta y haga obras de bien, Dios le aceptará su arrepentimiento.

6) Evitar la falsedad

72. Aquellos que no dan falso testimonio, y cuando pasan junto a la frivolidad lo hacen con dignidad.

7) Sumisión total

73. Aquellos que cuando se los exhorta a reflexionar sobre los versículos de su Señor no se hacen los sordos ni los ciegos.

8) Buscar buenas compañías

74. Aquellos que piden: "¡Señor nuestro! Agrácianos con cónyuges y descendientes que sean un motivo de alegría y tranquilidad para nosotros, y haz que seamos un ejemplo para los que tienen temor [de Dios]".

La recompensa de los rectos

75. Ellos serán recompensados con el Paraíso por su perseverancia, y serán recibidos [por los ángeles] con un saludo de paz. **76.** Allí vivirán por toda la eternidad. ¡Qué hermosa morada y lugar de permanencia!

Llamado a la humanidad

77. Diles [¡Oh, Mujámmad!]: "¿Por qué iba a prestarles atención mi Señor si no Le ruegan? Pero ustedes [que se han negado a creer] han desmentido Su Mensaje, y por eso merecen que los azote el castigo".

26. Los Poetas

(Ash-Shu'arâ')

Este capítulo del Corán fue revelado en La Meca, y toma su nombre de la referencia a los poetas en los versículos 224-226. Dado que el capítulo anterior termina con una advertencia hacia los que niegan la verdad, este capítulo narra varias historias de advertencia acerca de negadores destruidos como el Faraón y los pueblos de Noé, Jetró, Lot y Sálih. El origen divino del Corán es enfatizado tanto al comienzo como al final de este capítulo. Las cualidades de los creyentes mencionados en el último versículo (227) son detallados al comienzo del capítulo siguiente.

En el nombre de Dios,
el Compasivo, el Misericordioso

Advertencia a los incrédulos

1. *Ta'. Sin. Mim.* **2.** Estos son los signos de un Libro claro[1]. **3.** ¿Es que vas a consumirte [de tanto pesar] porque [tu gente] se niegan a creer? **4.** Si quisiera les enviaría un signo del cielo, ante el cual sus cuellos se inclinarían con sumisión. **5.** Siempre que se les presentó una revelación del Misericordioso se apartaron de ella. **6.** Negaron la Verdad [una y otra vez]; ya se les informará acerca de lo que se burlaban. **7.** ¿Acaso no observan la Tierra y reparan sobre cuántas especies nobles he creado en ella? **8.** En eso hay un signo, pero la mayoría no cree. **9.** Tu Señor es Poderoso, Misericordioso.

El Profeta Moisés

10. [Recuerda] cuando tu Señor llamó a Moisés y le dijo: "Dirígete al pueblo injusto: **11.** El pueblo del Faraón, y exhórtalos a comportarse con temor de Dios". **12.** Dijo [Moisés]: "¡Señor mío! Temo que me desmientan, **13.** y entonces mi pecho se oprima y mi lengua no pueda expresarse con fluidez. Envía, a [mi hermano] Aarón conmigo. **14.** Ellos me acusan de un crimen[2] y temo que me maten". **15.** Dijo [Dios]: "No temas. Vayan ambos con Mis signos, que estaré junto a ustedes escuchando [atento todo lo que suceda]. **16.** Preséntense ante el Faraón y díganle: 'Somos Mensajeros enviados por el Señor del Universo. **17.** Deja marchar con nosotros a los Hijos de Israel'".

Moisés vs. El Faraón

18. Dijo [el Faraón]: "¿Acaso no te criamos [¡Oh, Moisés!] desde niño, y permaneciste con nosotros muchos años de tu vida, **19.** e hiciste lo que hiciste, convirtiéndote en un renegado [desagradecido con nosotros de todo lo que te dimos]?" **20.** Dijo [Moisés]: "Cuando lo hice es-

---

1 El Sagrado Corán.

2 Ver Corán 28:15-21.

taba aún en la perdición. **21.** Luego hui de ustedes por temor [a que me mataran]. Pero mi Señor me agració con la sabiduría y me hizo uno de Sus Mensajeros. **22.** En cuanto al favor que me recuerdas, ¿acaso no se debió a que habías esclavizado a los Hijos de Israel?" **23.** Preguntó el Faraón: "¿Quién es el Señor del Universo?" **24.** Dijo [Moisés]: "Es el Señor de los cielos, la Tierra y todo lo que hay entre ambos. Deberían tener certeza de eso". **25.** Dijo [el Faraón] a quienes estaban en torno a él: "¿Han oído?" **26.** Agregó [Moisés]: "Es su Señor y el Señor de sus ancestros". **27.** Dijo [el Faraón a su pueblo]: "El Mensajero que les ha sido enviado es un demente". **28.** [Moisés] prosiguió: "Él es el Señor del oriente y del occidente, y de lo que hay entre ambos. Deberían razonar sobre eso".

El desafío

29. Dijo [el Faraón]: "Si tienes otro dios que no sea yo, haré que te encarcelen". **30.** Dijo [Moisés]: "¿Incluso si te presentara una prueba evidente [de que soy Profeta]?" **31.** Dijo [el Faraón]: "Preséntala, si es que dices la verdad". **32.** Entonces [Moisés] arrojó su vara, y ésta se convirtió en una serpiente auténtica. **33.** [Luego introdujo su mano por el cuello de su túnica y] al retirarla, ante todos los presentes, estaba blanca y resplandeciente. **34.** Dijo [el Faraón] a la nobleza que estaba a su alrededor: "Es un hechicero experto, **35.** que pretende expulsarlos de su tierra [de Egipto] con su magia. ¿Qué me aconsejan hacer?" **36.** Dijeron: "Demóralos a él y a su hermano, y envía emisarios por las ciudades **37.** para que te traigan a todo hechicero experto". **38.** Entonces, todos los hechiceros se reunieron el día fijado. **39.** Se le dijo a la gente: "¿Acaso no van a reunirse [para presenciar el duelo]? **40.** Seguiremos a los hechiceros, si son ellos los que vencen".

Moisés y los hechiceros se enfrentan

41. Cuando los hechiceros se presentaron ante el Faraón, consultaron: "¿Tendremos una recompensa si somos los vencedores?" **42.** Respondió [el Faraón]: "¡Sí!, [se los recompensará debidamente] y estarán entre mis allegados". **43.** Les dijo Moisés [a los hechiceros]: "Arrojen lo que vayan a arrojar". **44.** Entonces, arrojaron sus cuerdas y varas, y dijeron: "¡Por el poder del Faraón! Seremos los vencedores". **45.** [Moisés] arrojó su vara, y ésta se tragó sus ilusiones.

Los hechiceros se hacen creyentes

46. Los hechiceros [al percibir que eso no era hechicería] se prosternaron [ante Dios], **47.** y dijeron: "Creemos en el Señor del Universo, **48.** el Señor de Moisés y de Aarón". **49.** Dijo [el Faraón sorprendido]: "¿Acaso van a creer en él sin que yo se los permita? Creo que él es su maestro, el que les ha enseñado la magia. ¡Ya verán [mi venganza]! Haré que les amputen una mano y un pie opuestos, y luego los haré crucificar a todos". **50.** Dijeron: "¡No nos importa! A nuestro Señor hemos de regresar. **51.** Anhelamos que Nuestro Señor perdone nuestros pecados por haber sido los primeros creyentes [en el Mensaje de Moisés]".

El Faraón persigue a los israelitas

52. [Luego] Le inspiré a Moisés: "Sal durante la noche con Mis siervos; y serán perseguidos". **53.** El Faraón envió emisarios a las ciudades para reclutar [hombres]. **54.** [Diciendo:] "Ellos[3] son solo unos pocos, **55.** pero están llenos de odio hacia nosotros[4]. **56.** Mientras que nosotros somos numerosos y estamos alerta". **57.** Así fue como los saqué [al Faraón y a su ejército de Egipto, un país repleto] de jardines, manantiales, **58.** tesoros y residencias suntuosas. **59.** Hice que los Hijos de Israel lo heredaran.

El final del Faraón

60. [El Faraón y su ejército] iniciaron la persecución [de los Hijos de Israel] a la salida del sol. **61.** Cuando los dos grupos se divisaron, los seguidores de Moisés exclamaron: "¡[Pronto] seremos alcanzados!" **62.** Dijo [Moisés]: "¡No, [no nos alcanzarán]! Pues mi Señor está conmigo, y Él me guiará [para saber cómo salvarnos]". **63.** Le inspiré a Moisés: "Golpea el mar con tu vara", y el mar se dividió en dos. Cada lado [del mar] se asemejaba a una enorme montaña. **64.** Luego hice que los perseguidores [el Faraón y su ejército] los siguieran, **65.** y fue entonces cuando salvé a Moisés y a todos los que estaban con él, **66.** ahogando a los perseguidores. **67.** En esto hay un signo, aunque la mayoría de ellos no eran creyentes. **68.** Tu Señor es el Poderoso, el Misericordioso.

El Profeta Abraham

69. [Y] relátales [también, ¡Oh, Mujámmad!] la historia de Abraham, **70.** cuando dijo a su padre y a su pueblo: "¿Qué adoran?" **71.** Respondieron: "Adoramos ídolos, a los que estamos consagrados". **72.** Dijo [Abraham]: "¿Acaso pueden ellos oír sus súplicas? **73.** ¿Pueden concederles a ustedes algún beneficio o pueden causarles algún daño?" **74.** Respondieron: "No, pero es lo que adoraban nuestros padres [y nosotros simplemente los imitamos]". **75.** Dijo [Abraham]: "¿Acaso no han reflexionado en lo que adoran, **76.** tanto ustedes como sus ancestros? **77.** Ellos [los que adoran] son mis enemigos, excepto el Señor del Universo[5], **78.** pues Él es Quien me ha creado y me guía, **79.** Él me da de comer y de beber. **80.** Cuando enfermo, Él es Quien me cura. **81.** Él es Quien me hará morir y luego me dará vida [resucitándome], **82.** de Él anhelo que perdone mis pecados el Día del Juicio.

La oración de Abraham

83. ¡Señor mío! Concédeme sabiduría y estar entre los justos. **84.** Concédeme tener una buena reputación entre las generaciones futuras. **85.** Hazme estar entre los que heredarán el Jardín de las Delicias. **86.** Perdona

---

3 Los Hijos de Israel.

4 Existe otra interpretación de los exégetas por lo que esta frase puede significar: "nos irritan".

5 Abraham aclara que su pueblo adoraba a Dios y le asociaban ídolos en sus actos de devoción, y por eso dice que todo lo que adoraban es su enemigo excepto Dios.

a mi padre, pues está extraviado **87.** y no me humilles el Día de la Resurrección, **88.** el día en que de nada servirán las riquezas ni los hijos, **89.** y solo estará a salvo quien se presente ante Dios con un corazón puro[6]".

El Día del Juicio

90. [Ese día] el Paraíso estará cerca de los piadosos. **91.** El Infierno será expuesto ante los extraviados. **92.** Se les preguntará [a los idólatras]: "¿Dónde está lo que adoraban **93.** en lugar de Dios? ¿Acaso pueden ellos socorrerlos o siquiera defenderse a sí mismos?" **94.** Serán arrojados [en el Infierno] tanto los ídolos como aquellos descarriados que los adoraron, **95.** y también los secuaces del demonio, todos juntos. **96.** Dirán, mientras disputan: **97.** "[Juramos] por Dios que estábamos en un error evidente, **98.** pues equiparábamos a los ídolos con el Señor del Universo [al adorarlos]. **99.** Pero fueron los pecadores los que nos desviaron. **100.** No tenemos a nadie que pueda interceder por nosotros[7], **101.** ni siquiera tenemos un amigo íntimo [que nos ayude]. **102.** ¡Ojalá se nos diera otra oportunidad [de retornar a la vida mundanal] para poder ser de los creyentes!" **103.** En esto hay un signo, pero la mayoría de ellos no eran creyentes. **104.** Tu Señor es el Poderoso, el Misericordioso.

El Profeta Noé

105. El pueblo de Noé desmintió a los Mensajeros[8]. **106.** Su hermano Noé les dijo: "Tengan temor de Dios, **107.** soy para ustedes un Mensajero leal, **108.** tengan temor de Dios y síganme. **109.** No les pido remuneración a cambio [de transmitirles el Mensaje]. Mi recompensa me la dará el Señor del Universo. **110.** Tengan temor de Dios, y síganme". **111.** Dijeron: "¿Acaso vamos a creerte, siendo que solo te siguen los más miserables?" **112.** Dijo [Noé]: "¿Y qué conocimiento puedo tener yo de lo que hacían [antes de venir a mí]? **113.** Solo a mi Señor le compete juzgar sus obras. ¡Si tan solo lo entendieran! **114.** Yo no rechazaré a ningún creyente. **115.** Yo solo he sido enviado para amonestarlos claramente".

---

6 El sabio *Ibn Rayab* dijo: "En el caso del creyente que complete y purifique su monoteísmo siendo sincero con Dios, cumpliendo con las condiciones y estipulaciones del monoteísmo en su corazón, su lengua y su cuerpo, esto ha de garantizarle el perdón de todos los pecados, así también la salvación del Fuego del Infierno. A quien complete y purifique el monoteísmo en su corazón, le será extraído de este todo amor devocional, respeto, temor y reverencia por todo lo que no sea Dios. Entonces le serán borrados todos los pecados, aunque fueran tantos como la espuma de los mares".

7 Ya que los ídolos que adoraban eran falsos, y no pueden otorgar beneficios en este mundo ni en el más allá.

8 No creer en un Mensajero constituye no creer en ninguno de ellos, así como desmentir a uno solo de los Mensajeros significa desmentirlos a todos, debido a que los Mensajeros eran portadores de un solo Mensaje, exhortaban a una sola religión, y Quien los envió fue Uno solo; formaban un solo cuerpo, los primeros albriciaban la venida de quienes los sucederían, y los últimos aseveraban la veracidad de quienes los precedieron.

El pueblo de Noé destruido

116. Dijeron: "¡Oh, Noé! Si no dejas de insultar a nuestros ídolos te lapidaremos [hasta la muerte]". **117.** Dijo [Noé]: "¡Señor mío! Mi pueblo me ha desmentido. **118.** Juzga definitivamente entre ellos y yo. Salva a los creyentes que están conmigo, y a mí con ellos". **119.** Los salvé a él y a los que creyeron en él en el arca abarrotada. **120.** Y ahogué a los que quedaron [sin subir al arca]. **121.** En esto hay un signo, pero la mayoría de ellos no eran creyentes. **122.** Tu Señor es el Poderoso, el Misericordioso.

El Profeta Hud

123. El pueblo de 'Ad desmintió a los Mensajeros. **124.** Su hermano Hud les dijo: "Tengan temor de Dios, **125.** yo soy para ustedes un Mensajero leal, **126.** tengan temor de Dios y síganme. **127.** No les pido remuneración a cambio [de transmitirles el Mensaje]. Mi recompensa me la dará el Señor del Universo. **128.** Edifican enormes construcciones en todas las colinas solo por ostentación. **129.** Habitan en palacios majestuosos como si fueran a vivir por toda la eternidad. **130.** Cuando atacan lo hacen sin piedad. **131.** Tengan temor de Dios y síganme. **132.** Tengan temor de Quien los agració con todo lo que saben, **133.** les concedió hijos, rebaños, **134.** jardines y manantiales. **135.** Yo, en realidad, temo que los alcance el castigo de un día gravísimo[9]".

El pueblo de Hud destruido

136. Dijeron: "No nos importa, nos da igual si nos exhortas o no, **137.** esto que hacemos es lo que acostumbraban hacer nuestros ancestros, **138.** y seguramente no seremos castigados". **139.** Lo desmintieron [al Profeta Hud] y por eso los aniquilé. En eso hay un signo, aunque la mayoría de ellos no eran creyentes. **140.** Tu Señor es el Poderoso, el Misericordioso.

El Profeta Sálih

141. El pueblo de Zamud desmintió a los Mensajeros. **142.** Su hermano Sálih les dijo: "Tengan temor de Dios, **143.** yo soy para ustedes un Mensajero leal, **144.** tengan temor de Dios y síganme. **145.** No les pido remuneración a cambio [de transmitirles el Mensaje]. Mi recompensa me la dará el Señor del Universo. **146.** ¿Acaso piensan que se los dejará vivir seguros [para siempre] en medio de lo que ahora los rodea, **147.** entre jardines y manantiales, **148.** entre campos cultivados y palmeras esbeltas con frutos tiernos? **149.** [Por ostentación] esculpen sus viviendas en las montañas. **150.** Tengan temor de Dios y síganme. **151.** Y no obedezcan las órdenes de los que se extralimitan, **152.** que corrompen la Tierra y no contribuyen al establecimiento del bienestar".

El pueblo de Sálih destruido

153. Dijeron: "Tú estás hechizado, **154.** y eres un ser humano igual que

9 El Día del Juicio Final.

nosotros. Tráenos una prueba [milagrosa de tu profecía], si es que dices la verdad". **155.** Dijo [Sálih: "Aquí tienen la prueba que piden[10],] a esta camella le corresponde beber un día y a ustedes otro. **156.** No le hagan daño, de lo contrario los azotará el castigo de un día horrendo". **157.** Pero la mataron, y por la mañana amanecieron arrepentidos. **158.** El castigo los azotó. En ello hay un signo, aunque la mayoría de ellos no eran creyentes. **159.** Tu Señor es el Poderoso, el Misericordioso.

El Profeta Lot

160. El pueblo de Lot desmintió a los Mensajeros. **161.** Su hermano Lot les dijo: "Tengan temor de Dios, **162.** yo soy para ustedes un Mensajero leal. **163.** Tengan temor de Dios y síganme. **164.** No les pido remuneración a cambio [de transmitirles el Mensaje]. Mi recompensa me la dará el Señor del Universo. **165.** ¿Por qué mantienen relaciones sexuales con varones de entre la gente, **166.** a la vez que se apartan de sus cónyuges [una pareja mujer] que su Señor creó para ustedes? Son un pueblo trasgresor[11]".

El pueblo de Lot destruido

167. Dijeron: "¡Oh, Lot! Si no dejas de recriminarnos te expulsaremos".

168. Dijo [Lot]: "Yo, soy claramente de los que repudian lo que ustedes hacen. **169.** ¡Señor mío! Protégenos, a mi familia y a mí, de lo que ellos hacen". **170.** Los salvé a él y a toda su familia, **171.** excepto a la anciana [esposa de Lot] que estaba entre los que se quedaron[12]. **172.** Luego destruí a los demás. **173.** Hice caer sobre ellos una lluvia [de piedras]. ¡Qué lluvia aterradora para los que habían sido advertidos! **174.** En ello hay un signo, aunque la mayoría de ellos no eran creyentes. **175.** Tu Señor es el Poderoso, el Misericordioso.

El Profeta Jetró

176. El pueblo de Jetró desmintió a los Mensajeros. **177.** Jetró les dijo: "Tengan temor de Dios, **178.** yo soy para ustedes un Mensajero leal. **179.** Tengan temor de Dios y síganme. **180.** No les pido remuneración a cambio [de transmitirles el Mensaje]. Mi recompensa me la dará el Señor del Universo. **181.** Sean justos al medir y no mermen, **182.** pesen con equidad, **183.** no estafen a la gente, no obren mal en la Tierra corrompiéndola, **184.** y tengan temor de Quien los creó, a ustedes y a las primeras generaciones".

El pueblo de Jetró destruido

185. Le respondieron: "Tú estás hechizado, **186.** y eres un ser humano igual que nosotros, al que consideramos un mentiroso. **187.** Te desafiamos a que hagas caer sobre nosotros un pedazo de cielo, si es que dices la

10 Dios le concedió el milagro.

11 Esta afirmación del profeta Lot condena no solamente el acto sexual entre dos hombres, sino la promiscuidad sexual, y el abandono de la fidelidad matrimonial.

12 Los que se quedaron y no abandonaron la ciudad por la noche, tal como les ordenó Dios, antes de que descendiera el castigo sobre la ciudad.

verdad". **188.** Dijo [Jetró]: "Mi Señor conoce mejor que nadie lo que hacen". **189.** Pero lo desmintieron, y por ello los azotó el castigo el día de la sombra[13]. Fue el castigo de un día terrible. **190.** En ello hay un signo, pero la mayoría de ellos no eran creyentes. **191.** Tu Señor es el Poderoso, el Misericordioso.

El Corán

192. Este [Corán] es una revelación del Señor del Universo. **193.** Descendió con él el Espíritu Leal [el ángel Gabriel], **194.** y lo grabó en tu corazón [¡Oh, Mujámmad!] para que seas uno de los que advierten [a su pueblo]. **195.** Es una revelación en lengua árabe pura, **196.** que ya estaba mencionada en las primeras Escrituras[14]. **197.** ¿Acaso no es prueba suficiente que lo reconozcan los sabios de los Hijos de Israel? **198.** Si se lo hubiera revelado a alguien que no hubiera sido árabe **199.** para que se los recitara, no habrían creído[15]. **200.** Así he impregnado los corazones de los que hacen el mal, **201.** porque no creerán hasta que vean el castigo doloroso[16]. **202.** Pero éste les llegará sorpresivamente, sin que se den cuenta. **203.** Entonces dirán: "¿No es posible que nos den una prórroga?"

Advertencia a los paganos de La Meca

204. ¿Acaso no te desafiaban pidiéndote que les apresurara Mi castigo? **205.** ¿Qué te parece si los dejáramos disfrutar unos años más [de la vida mundanal]? **206.** Cuando les llegue el castigo sobre el que fueron advertidos, **207.** de nada les servirá que se les haya dado una prórroga para seguir disfrutando [de la vida mundanal]. **208.** No he destruido ninguna ciudad sin antes haberle enviado a quien les advirtiera **209.** con el Mensaje, porque no Soy injusto.

El Corán es la palabra de Dios

210. [Este Mensaje] no lo han hecho descender los demonios, **211.** no les corresponde ni tienen poder para hacerlo. **212.** A ellos no les permito oír [lo que ordeno a Mis ángeles].

Consejo al Profeta

213. Así que no invoquen a nada ni nadie junto a Dios, porque se autocondenarían al castigo. **214.** Advierte a tus familiares cercanos. **215.** Baja tus alas para proteger a los creyentes que te sigan. **216.** Pero si te desobedecen, diles: "Yo no soy responsable de cómo obran". **217.** Encomiéndate al Poderoso, el Misericordioso. **218.** El que te ve cuando te pones de pie [para orar en soledad], **219.** y cuan-

---

13 Era la sombra de una nube desoladora, posiblemente de cenizas de una erupción volcánica, que cayó sobre ellos acabando con toda la vida en la ciudad.

14 Ver Corán 3:81.

15 En estos versículos Dios condena el chauvinismo, el fanatismo étnico y las creencias de supremacía de una etnia sobre otra. Quien nos muestre la verdad debe ser creído, sin importar de qué zona provenga o en qué idioma se exprese. También puede significar que si una persona que no fuera árabe les hablara en otro idioma, lo rechazarían por no comprender su mensaje.

16 Cuando comience el Día del Juicio Final, y ya creer no tenga ningún beneficio.

do realizas tus movimientos entre los que se prosternan [durante la oración comunitaria]. **220.** Él todo lo oye, todo lo sabe.

Los demonios

221. ¿Quieren que les informe sobre quién descienden los demonios? **222.** Descienden sobre todo mentiroso perverso[16] [que dice ser adivino]. **223.** Que prestan oídos [a los comentarios de la gente y los susurros de los demonios], pero la mayoría de lo que dicen son mentiras.

Los poetas

224. Solo los descarriados siguen a los poetas [dándoles prioridad sobre la revelación]. **225.** ¿Acaso no ves cómo ellos [los poetas] en sus lugares de reunión divagan [porque no siguen la revelación], **226.** y dicen lo que no hacen? **227.** Excepto los creyentes de entre ellos que obran correctamente, mencionan mucho a Dios [en sus poesías], y responden con ellas a los agravios [de los poetas que se negaron a creer y ofendían en sus poesías a Mujámmad y al Islam]. Ya verán quienes hayan sido injustos, cuál será su destino.

16 El término *affak* أفاك , que primariamente denota a "un gran mentiroso" o "un mentiroso empedernido", tiene aquí el significado de "alguien que se engaña a sí mismo"; esto queda de manifiesto en el versículo siguiente, que destaca el hecho psicológico de que la mayoría de los que se engañan a sí mismos, mienten también con gran facilidad a los demás.

27. Las Hormigas

(An-Naml)

Este capítulo del Corán fue revelado en La Meca, y narra los encuentros de Salomón (ﷺ) con las hormigas (de ahí el título), con una abubilla y con la Reina de Saba (que no aparecen en ningún otro capítulo). El poder de Dios de crear y proveer se contrasta con la impotencia de los ídolos. Se les da a los paganos algunos ejemplos disuasivos, junto con una advertencia de los horrores del apocalipsis. El Profeta (ﷺ) es tranquilizado sobre la veracidad del Corán y se le dice que su deber solo es entregar el mensaje. El juicio descansa solo en Dios.

En el nombre de Dios,
el Compasivo, el Misericordioso

Las características de los creyentes

1. *Ta'. Sin.* Estos son los versículos del Corán, el Libro evidente, **2.** que es guía y albricia para los creyentes, **3.** que cumplen con la oración prescrita, pagan el *zakat* y están convencidos de la existencia de la otra vida.

Las características de los incrédulos

4. En cambio, a quienes no crean en la otra vida les haré ver como buenas sus malas acciones, y así vagarán ciegos de un lado a otro. **5.** Esos sufrirán el peor castigo, y en la otra vida serán los perdedores. **6.** Tú [¡Oh, Mujámmad!] recibes el Corán que proviene del Sabio, el Conocedor.

Moisés y las Nueve Señales

7. [Recuerda] cuando Moisés dijo a su familia: "He divisado un fuego. Les traeré noticias de él [para orientarnos], o bien una brasa encendida para que podamos calentarnos". **8.** Cuando llegó a él, una voz lo llamó: "¡Bendito sea quien está[1] donde el fuego y quienes están a su alrededor[2]. Glorificado sea Dios, Señor del universo! **9.** ¡Oh, Moisés! Yo soy Dios, el Poderoso, el Sabio. **10.** Arroja tu vara". Cuando la vio moverse como si fuera una serpiente, atemorizado se dio vuelta buscando alejarse sin mirar atrás. [Pero Dios le dijo:] "¡Oh, Moisés! No tengas temor; los mensajeros no deben temer cuando están ante Mí. **11.** Sí, en cambio, quien haya obrado injustamente. Pero si enmienda, sepan que Yo soy Absolvedor, Misericordioso. **12.** Introduce tu mano por el cuello de tu túnica y saldrá blanca, resplandeciente, sin tener ningún mal. Esto es parte de los nueve signos destinados al Faraón y a su pueblo. Ellos son un pueblo perverso". **13.** Pero cuando Mis Signos fueron visibles ante ellos, exclamaron: "Esto es un hechizo evidente".

---

1 Alusión a Moisés.

2 Alusión a los ángeles.

14. Rechazaron los Signos, a pesar de estar convencidos [de que provenían de Dios], por perversidad y arrogancia. ¡Observa cuál fue el destino de los corruptores!

David y Salomón

15. Concedí a David y a Salomón el conocimiento. Ambos dijeron: "¡Alabado sea Dios! Quien nos ha favorecido sobre muchos de Sus siervos creyentes". **16.** Salomón sucedió a David [en la profecía]. Dijo: "¡Oh, gente! Se me ha enseñado el lenguaje de los pájaros y se nos han concedido numerosos favores. Esto es una gracia evidente".

Salomón y la hormiga

17. Fueron concentradas ante Salomón en perfecta formación sus tropas de *yinn*, de seres humanos y de pájaros. **18.** Al pasar por un valle donde había hormigas, una de ellas dijo: "¡Oh, hormigas! Entren en sus hormigueros, no sea que Salomón y sus tropas las pisen sin darse cuenta"[3]. **19.** [Salomón] al oír lo que ella decía, sonrió y exclamó: "¡Señor mío! Haz que te agradezca los favores que nos has concedido, tanto a mí como a mis padres, que haga obras de bien que Te complazcan, y cuéntame, por Tu misericordia, entre Tus siervos justos".

Salomón y la abubilla

20. [Luego] pasó revista a los pájaros y dijo: "¿Por qué no veo a la abubilla? ¿Acaso está ausente? **21.** La castigaré severamente o la degollaré, a menos que me presente una excusa convincente". **22.** No tardó mucho en regresar, y [al volver] dijo: "Tengo conocimiento de algo que tú ignoras. Te traigo desde Saba[4] información fidedigna. **23.** He descubierto que allí reina una mujer[5] , a la que se le ha concedido mucha riqueza y poder, y posee un Trono majestuoso. **24.** Encontré que ella y su pueblo se prosternan ante el Sol, en vez de hacerlo ante Dios. El demonio les ha hecho ver sus malas obras como buenas, apartándolos del sendero recto y por eso no pueden ver la verdad. **25.** No se prosternan ante Dios, Quien hace surgir lo que se encuentra escondido en los cielos y en la Tierra, y sabe lo que ocultan y lo que manifiestan. **26.** Dios, no hay divinidad salvo Él, el Señor del Trono majestuoso".

La carta de Salomón

27. Dijo [Salomón a la abubilla]: "Veremos si has dicho la verdad o eres de los que mienten. **28.** Ve con esta carta mía y entrégasela, luego mantente apartado y observa cómo

---

3 En este versículo se menciona un milagro científico, ya que solamente en el último siglo la ciencia ha probado que las hormigas se comunican entre sí.

4 La ciudad de Saba es también conocida con el nombre Ma'rib, que significa lingüísticamente "agua abundante". Se encuentra en Yemen. Las aguas de las lluvias se unían en un valle adyacente, que es donde fue construida una presa de donde los habitantes de Saba juntaban agua para beber y para regar los jardines.

5 El Corán elogia el reinado de esta mujer, su forma de consultar a los expertos asesores, y elogia su decisión de guiar a su pueblo a que siga el mensaje de monoteísmo del Profeta Salomón.

reaccionan [ella y su pueblo]". **29.** Ella [la reina de Saba[6]] dijo: "¡Oh, nobles! Me han entregado una carta noble. **30.** Es de Salomón, y dice: 'En el nombre de Dios, el Compasivo con toda la creación, el Misericordioso con los creyentes. **31.** No se muestren altivos conmigo [y mi mensaje] y vengan a mí sumisos [monoteístas]'".

La respuesta de la Reina

32. Dijo ella: "¡Oh, nobles! Aconséjenme sobre este asunto. No tomaré ninguna decisión sin que antes se pronuncien". **33.** Dijeron: "Contamos con un gran poderío y una ofensiva poderosa, pero la decisión final te pertenece. Considera cuál será tu orden". **34.** Dijo ella: "Los reyes, cuando invaden una ciudad, la devastan y humillan a los nobles. Así suelen hacer. **35.** Voy a enviarles un regalo y a esperar con qué noticias vuelven los emisarios".

La respuesta de Salomón

36. Cuando [los emisarios] se presentaron ante Salomón, [este] dijo: "¿Acaso me ofrecen riquezas [para tentarme], cuando lo que Dios me ha concedido es mejor que las riquezas con las que Él los ha proveído? Son ustedes quienes se complacen con sus regalos. **37.** Regresen a su pueblo [con los regalos, y adviertan] que los combatiremos con huestes a las que no podrán vencer, y los expulsaremos de su tierra, sometidos y humillados".

El trono de la Reina

38. Dijo [Salomón a su corte]: "¡Oh, nobles! ¿Quién de ustedes me traerá su trono antes de que vengan a mí, sumisos?" **39.** Uno de los *yinn* poderosos dijo: "Yo te lo traeré antes de que te levantes de tu trono. Yo puedo hacerlo y soy digno de tu confianza". **40.** Dijo [un creyente piadoso] que tenía conocimiento del Libro: "Yo te lo traeré antes de que parpadees". Y cuando [Salomón] lo vio delante suyo dijo: "Esta es una de las gracias de mi Señor para probarme si soy agradecido o ingrato. Quien agradezca [las gracias de su Señor] se beneficiará a sí mismo, pero quien sea ingrato sepa que mi Señor es Opulento, Generoso". **41.** Dijo [Salomón]: "Alteren la apariencia de su trono, para que cuando lo vea sepamos si se deja guiar [a la verdad] o es de aquellos que rehúsan la guía"[7]. **42.** Cuando ella llegó, se le preguntó: "¿Así es tu trono?" Respondió: "Pareciera que fuera él". [Dijo Salomón:] "Recibimos el conocimiento antes que ella y nos sometimos a Dios". **43.** Lo que ella adoraba en lugar de Dios le impedía ver la Verdad. Pertenecía a un pueblo de incrédulos.

---

6 Su nombre era Bilquis.

7 Es decir, si queda satisfecha con la percepción de la apariencia externa de las cosas y los acontecimientos, o si intenta alcanzar su realidad espiritual. Salomón, sabedor de que la gente de Saba estaba motivada, hasta entonces, por su amor al lujo y al poder material, pretendía mostrar a la reina cómo sería el trono si estuviera inspirado por la fe en Dios.

El palacio de Salomón

44. Se le dijo: "Entra en el palacio [que los *yinn* habían construido para Salomón]". Cuando ella lo vio, pensó que ingresaría a un estanque de agua y se recogió el vestido. Dijo [Salomón]: "Todo este palacio es de cristal pulido". Dijo ella: "¡Señor mío! He sido injusta conmigo misma [al adorar a otros junto a Dios], me someto junto con Salomón al [único] Dios, el Señor del universo".

El Profeta Sálih y su pueblo

45. Al pueblo llamado Zamud le envié a su hermano Sálih [como Profeta, quien les dijo]: "Adoren solo a Dios". Pero ellos se dividieron en dos grupos que disputaban entre sí. **46.** Les dijo: "¡Oh, pueblo mío! ¿Por qué prefieren obrar mal en vez de obrar bien? ¿Por qué no piden perdón a Dios para alcanzar la misericordia?" **47.** Dijeron: "Creemos que tú y quienes te siguen nos traen mala suerte". Respondió: "Sus adversidades se las envía Dios [por sus pecados]. Ustedes son un pueblo que ha sido seducido [por la superstición]".

Un atentado a la vida de Sálih

48. Había en la ciudad nueve personas que sembraban la corrupción y no contribuían al bienestar. **49.** Se dijeron: "Juremos por Dios que los sorprenderemos por la noche [y los mataremos] a él y a su familia, luego diremos a quienes exijan justicia: 'Nosotros no presenciamos los crímenes de su familia, y decimos la verdad'". **50.** Ellos urdieron un plan, pero sin que se dieran cuenta, Yo tenía otro plan. **51.** Observa cómo desbarato su plan: los destruí a ellos y a todo su pueblo [que fue cómplice]. **52.** Sus casas yacen vacías, porque cometieron injusticias. En ello hay un signo para quienes reflexionan. **53.** Salvé a quienes creían y tenían temor [de Dios].

El Profeta Lot y su pueblo

54. [Recuerda al Profeta] Lot, cuando le dijo a su pueblo: "¿Cometen esa inmoralidad en público[8]?" **55.** ¿Satisfacen sus deseos sexuales con hombres en lugar de satisfacerlos con una mujer? Son un pueblo ignorante[9]. **56.** Pero la única respuesta de su pueblo fue: "Expulsen a la familia de Lot de la ciudad; son gente que se hacen los puros". **57.** Salvé a Lot y a su familia, excepto a su mujer, pues en el decreto era de las condenadas. **58.** Hice que cayera sobre ellos una lluvia [de piedras]. ¡Qué lluvia más aterradora fue la que les envié!

---

8 Esto evidencia que Lot los recrimina por hacer orgías a la vista de todos.

9 Este versículo refuta a aquellos que alegan que el único pecado del pueblo de Lot era que violaban a los hombres extranjeros para humillarlos. Porque la palabra *shahua* شهوة traducida aquí como "deseo", evidencia que los hombres de ese pueblo buscaban satisfacer su deseo sexual con otros hombres, en lugar de satisfacer su deseo naturalmente con una mujer, porque es impensable que Dios les recriminara por violar a un hombre extranjero, implicando que no hubiera sido un crimen si en su lugar violaran a una mujer.

Preguntas a los paganos:1) ¿Quién es el Creador?

59. Di: "¡Alabado sea Dios! Que la paz sea sobre Sus siervos elegidos. ¿Quién es mejor: Dios o lo que Le asocian?" **60.** ¿Acaso Quien creó los cielos y la Tierra e hizo descender para ustedes agua del cielo, con la que hace surgir jardines espléndidos allí donde ustedes no podrían haber hecho crecer ni un árbol [puede equipararse a quien no es capaz de crear nada de eso]? ¿Acaso puede haber otra divinidad junto con Dios? Realmente son desviados. **61.** ¿Acaso Quien hizo de la Tierra un lugar firme, dispuso en ella ríos, fijó montañas y puso entre los dos mares una barrera [puede equipararse a quien no es capaz de crear nada de eso]? ¿Acaso puede haber otra divinidad junto con Dios? La mayoría lo ignora.

2) ¿Quién es el Más Amable?

62. ¿Acaso Quien responde al afligido cuando Lo invoca, alivia los pesares y los ha hecho a ustedes los responsables de la Tierra [puede equipararse a quien no es capaz de hacer nada de eso]? ¿Acaso puede haber otra divinidad junto con Dios? Pocos son los que reflexionan. **63.** ¿Acaso Quien los guía en la oscuridad [de la noche] por la tierra y el mar, y envía los vientos que traen las lluvias como una misericordia [puede compararse a quien no es capaz de hacer nada de eso]? ¿Acaso puede haber otra divinidad junto con Dios? Dios está por encima de [los ídolos] que Le asocian. **64.** ¿Acaso Quien origina la creación y luego la reproduce, y Quien los sustenta [con las gracias] del cielo y de la Tierra [puede equipararse a quien no es capaz de hacer nada de eso]? ¿Acaso puede haber otra divinidad junto con Dios? Di: "Presenten sus pruebas, si es verdad lo que dicen". **65.** Di: "Nadie en los cielos ni en la Tierra conoce lo oculto salvo Dios. No saben siquiera cuándo serán resucitados. **66.** Su conocimiento no alcanza a comprender la realidad de la otra vida, algunos incluso dudan de su existencia y son ciegos sobre ella.

Negar la Resurrección

67. Los que se niegan a creer dicen: "¿Acaso cuando seamos polvo, nosotros y nuestros padres, seremos resucitados?". **68.** Eso ya se nos había prometido anteriormente, a nosotros y a nuestros padres. No es más que una fábula de los ancestros". **69.** Di: "Viajen por el mundo y observen cuál fue el final de los que han hecho el mal". **70.** No te entristezcas por ellos ni te angusties por lo que traman contra ti.

Satirizar el castigo

71. Ellos dicen: "¿Cuándo se cumplirá tu advertencia? [Te desafiamos] Si es que dices la verdad". **72.** Diles: "Puede ser que sea muy pronto, que esté detrás de ustedes algo de lo que piden que suceda pronto". **73.** Tu Señor concede Sus gracias a la gente, pero la mayoría no agradece. **74.** Tu Señor conoce lo que esconden sus corazones y lo que manifiestan. **75.** Todo lo que está oculto [al conocimiento de las personas] en el cielo y en la Tierra se encuentra registrado en un libro claro[10].

Consejo al Profeta

76. El Corán les relata a los Hijos de Israel [la respuesta] a gran parte de los asuntos sobre los que discrepaban. **77.** [El Corán] es guía y misericordia para los creyentes. **78.** Tu Señor juzgará entre ellos con justicia. Él es el Poderoso, el que todo lo sabe. **79.** Encomiéndate a Dios, que tú estás en la verdad evidente. **80.** Tú no puedes hacer que los muertos [de corazón] oigan ni que los sordos [que no quieren oír] escuchen la prédica cuando rechazan la Verdad. **81.** Ni puedes guiar a los ciegos [que no quieren ver] y sacarlos de su extravío. Tú solo puedes hacer que escuchen quienes creen en Mis signos y se someten a Dios [siendo musulmanes].

El fin de los tiempos

82. Cuando ocurra lo que ha sido decretado para ellos, haré salir de la Tierra una bestia que les hablará [milagrosamente diciéndoles][11] que la gente no estaba convencida de Mis signos. **83.** El día que reúna, de cada nación, a quienes desmentían Mis signos, marcharán uno detrás del otro. **84.** Al llegar [al lugar del juicio, Dios] les dirá: "Desmintieron Mis signos sin siquiera conocerlos", [y se les preguntará:] "¿Cuáles fueron sus obras?" **85.** Luego los azotará el castigo que había sido prometido por haber cometido injusticias, y no podrán decir una sola palabra [para excusarse].

El poder de Dios 1) El día y la noche

86. ¿Acaso no ven que he creado la noche para que descansen y el día para que procuren el sustento? En eso hay signos para quienes creen.

El fin de los tiempos

87. El día que se sople la trompeta se aterrorizarán todos aquellos que estén en los cielos y en la Tierra, salvo quienes Dios proteja. Todos se presentarán sumisos ante Él.

El poder de Dios 2) La rotación de la Tierra

88. Verán las montañas, las cuales creían firmes, pasar como lo hacen las nubes. Esto es obra de Dios, Quien ha hecho todo a la perfección. Él conoce lo que hacen.

El Día del Juicio

89. Quien se presente con buenas obras será recompensado con algo mejor [que lo que merezca], y estará a salvo del terror de ese día. **90.** Pero quien se presente con obras malas será arrojado de cara al Fuego. [Se le dirá:] "¿Acaso se les retribuye por algo distinto de lo que habían cometido?"

Consejo al Profeta

91. [Diles, oh, Mujámmad:] "Me ha sido ordenado adorar al Señor de esta ciudad [La Meca], a la que ha

---

10 La Tabla Protegida o *Al Lauh Al Mahfud.*

11 El surgimiento de una bestia que hablará a la gente, será una de las señales mayores sobre el advenimiento del Fin del Mundo y el comienzo del Día del Juicio Final.

declarado sagrada; el Señor de todas las cosas. Me ha sido ordenado ser de los musulmanes [que someten a Dios su voluntad]. **92.** [Se me ha ordenado] recitar el Corán. Quien siga la guía lo hará en beneficio propio, y a quien se extravíe dile: "Yo solo he venido a advertirles…". **93.** Di: "¡Alabado sea Dios! Él les mostrará Sus signos y los reconocerán. [Sepan que] Su Señor no está desatento de lo que hacen".

28. Los Relatos

(Al-Qaṣaṣ)

En 26:18-19, el Faraón le recordó a Moisés (عليه السلام) cómo recibió su educación al cuidado del Faraón y cómo asesinó a un egipcio (por accidente). A diferencia del capítulo previo, este capítulo del Corán que fue revelado en La Meca se enfoca en estos dos aspectos de la vida de Moisés en Egipto, junto con su fuga a Madián donde conoce a su futura esposa. Otro aspecto es la historia de Coré, un familiar de Moisés que se comportó con arrogancia, lo que lo llevó a su propia destrucción. Al igual que el capítulo anterior, este reafirma el poder de Dios y la autenticidad del Corán. Una vez más, se le recuerda al Profeta (ﷺ) que su misión no es convertir, sino transmitir. Después de criticar a los politeístas (versículos 45-75), el capítulo finaliza pidiéndole al Profeta (ﷺ) que se mantenga firme.

En el nombre de Dios,
el Compasivo, el Misericordioso

La tiranía del Faraón

1. *Ta'. Sin. Mim.* **2.** Éstos son los preceptos del Libro claro. **3.** Te narro parte de la verdadera historia de Moisés y del Faraón, para la gente que cree. **4.** El Faraón fue un tirano en la Tierra. Dividió a sus habitantes en clases y esclavizó a un grupo de ellos[1], a cuyos hijos varones degolló, dejando con vida a las mujeres [para la servidumbre]. Sembró la corrupción. **5.** Quise agraciar a quienes habían sido esclavizados en la Tierra, y convertirlos en líderes ejemplares y en herederos, **6.** dándoles poder sobre la tierra[2], y hacer que el Faraón, Hamán y sus huestes vieran [hecho realidad] lo que temían.

El bebé Moisés en el Nilo

7. Inspiré a la madre de Moisés: "Amamántalo, y cuando temas por él déjalo [en un cesto de mimbre] en el río. No temas ni te entristezcas, porque te lo devolveré y lo haré un Mensajero". **8.** Lo recogió la gente del Faraón para que [sin saberlo] se convirtiera en su enemigo y la causa de su pesar. El Faraón, Hamán y sus huestes eran pecadores.

Moisés en el palacio

9. Dijo la mujer del Faraón: "[Este niño] será una alegría para mis ojos y los tuyos. No lo mates. Puede que nos beneficie. ¡Adoptémoslo!" Ellos no presentían [en qué se convertiría]. **10.** La madre de Moisés sintió un vacío en su corazón y estuvo a punto de revelar la verdad, de no haber sido porque afiancé su corazón para que

---

1 Los Hijos de Israel.

2 De la antigua Siria y Egipto.

fuera una verdadera creyente. **11.** Le dijo [la madre] a la hermana [de Moisés]: "Sigue sus rastros"; ella lo veía de lejos sin que se dieran cuenta. **12.** No permití que ninguna nodriza pudiera amamantarlo. Dijo [la hermana de Moisés]: "¿Acaso quieren que les indique una familia que puede cuidarlo y criarlo bien?" **13.** Así se lo devolví a su madre [como nodriza] para consuelo de sus ojos, para que no se entristeciera y supiera que la promesa de Dios siempre se cumple, aunque la mayoría [de la gente] lo ignore. **14.** Cuando se convirtió en adulto y tuvo madurez, le concedí conocimiento y sabiduría. Así es como retribuyo a quienes hacen el bien.

Homicidio involuntario

15. [Moisés] ingresó cierta vez a la ciudad sin que sus habitantes se percataran y encontró a dos hombres que peleaban, uno era de los suyos[3] y el otro era de sus enemigos. El que era de los suyos le pidió ayuda contra el que era de sus enemigos. Entonces Moisés lo golpeó con su puño y [sin intención de hacerlo] le causó la muerte. Exclamó [Moisés]: "Esto es obra del demonio, que es un enemigo evidente que pretende desviar a la gente". **16.** Dijo: "¡Señor mío! He sido injusto conmigo mismo; perdóname". Y [Dios] lo perdonó, porque Él es Absolvedor, Misericordioso. **17.** Dijo: "¡Señor mío! Por la gracia que me has concedido, que no sea yo auxiliador de un malhechor criminal".

El incidente sale a la luz

18. A la mañana siguiente amaneció temeroso y cauteloso, y quien le había pedido ayuda el día anterior nuevamente le pedía auxilio a gritos. Entonces Moisés le dijo: "No cabe duda que eres un perdido [busca pleitos]". **19.** Cuando [Moisés] quiso sujetar al enemigo de ambos, éste le dijo: "¡Oh, Moisés! ¿Acaso pretendes matarme como lo hiciste con otro ayer? Solo quieres imponer tu tiranía en la tierra, en lugar de ser de aquellos que establecen el orden".

Moisés escapa a Madian

20. Entonces, un hombre que vivía en las afueras de la ciudad se dirigió presuroso [hacia donde Moisés] y le dijo: "¡Oh, Moisés! La nobleza se confabuló para matarte. ¡Huye! Yo solo te aconsejo". **21.** Presuroso, Moisés se alejó de la ciudad con temor y cautela, diciendo: "¡Señor mío! Protégeme de los opresores". **22.** Y cuando se encontraba camino a Madián dijo: "¡Pueda que mi Señor me guie por el camino correcto!"

Moisés ayuda a dos mujeres

23. Cuando llegó a la aguada de Madián, encontró pastores dando de beber a sus rebaños, y vio que apartadas de ellos había dos mujeres que sujetaban a sus rebaños, entonces les preguntó: "¿Qué les sucede?" Respondieron [ellas]: "No podemos abrevar a nuestro rebaño hasta que los pastores se hayan ido, y nuestro padre es ya un anciano [para hacerlo

3 De los Hijos de Israel.

él]". **24.** Entonces [Moisés] abrevó al rebaño por ellas, y al terminar se retiró a la sombra y exclamó: "¡Señor mío! Realmente necesito cualquier gracia que me concedas".

Moisés contrae matrimonio

25. [Más tarde,] una de ellas regresó y acercándose a él con recato le dijo: "Mi padre te envía una invitación para retribuirte por haber abrevado nuestro rebaño". Y cuando se presentó ante él, le relató su historia, y [el padre de las dos mujeres] le dijo: "No temas, [aquí] estás a salvo de los opresores". **26.** Una de ellas dijo: "¡Oh, padre! Contrátalo, pues qué mejor que contratar a un hombre fuerte y honesto". **27.** Dijo [el padre de las dos mujeres a Moisés]: "Quisiera ofrecerte en matrimonio a una de mis dos hijas a condición de que trabajes con nosotros durante ocho años, pero si deseas quedarte diez será algo que tú hagas voluntariamente. No pretendo dificultarte las cosas, y me encontrarás, si Dios quiere, entre los que tratan con justicia [a sus empleados]". **28.** Dijo [Moisés]: "Eso es [un acuerdo] entre tú y yo. Cualquiera que sea el plazo que cumpla no será injusto conmigo, y Dios es testigo de lo que decimos".

El encuentro fatídico

29. Cuando Moisés hubo cumplido el plazo, partió con su familia por la noche [rumbo a Egipto] y [en el camino] divisó un fuego en la ladera de un monte[4] y le dijo a su familia: "Permanezcan aquí, pues he divisado un fuego y quizás pueda traerles alguna noticia [del camino que debemos seguir], o bien una brasa encendida para que podamos calentarnos". **30.** Cuando llegó hasta el fuego escuchó un llamado que provenía desde un árbol que se encontraba en la ladera derecha del valle, en el lugar bendecido: "¡Oh, Moisés! Yo soy Dios, el Señor del Universo. **31.** Arroja tu vara". Y cuando la vio moverse como si fuera una serpiente, se dio vuelta para huir sin mirar atrás. [Le dijo Dios:] "¡Oh, Moisés! Acércate y no temas. Tú eres de los que están a salvo. **32.** Introduce tu mano por el cuello de tu túnica, y saldrá blanca y resplandeciente, sin ningún mal; y aprieta tu brazo junto al pecho para vencer el temor. Éstos son dos milagros de tu Señor para [que vean y crean] el Faraón y su nobleza. Ellos son un pueblo corrupto".

Moisés Le pide ayuda a Dios

33. Dijo [Moisés]: "¡Señor mío! He matado a un hombre de los suyos y temo que me ejecuten. **34.** Mi hermano Aarón es más elocuente que yo, envíalo conmigo para que me ayude y confirme lo que yo diga, pues temo que me desmientan". **35.** Dijo [Dios]: "Te reforzaré con tu hermano y les daré autoridad. No podrán hacerles daño. Gracias a Mis milagros, ustedes dos y quienes los sigan serán los triunfadores".

---

4 El Monte Sinaí.

La respuesta del Faraón

36. Pero cuando Moisés se presentó con Mis signos evidentes, dijeron: "Esto no es sino una ilusión creada por hechicería. No hemos oído hablar de esto a nuestros ancestros". **37.** Dijo Moisés: "Mi Señor sabe mejor que nadie quién ha venido con la guía que proviene de Él y quién triunfará en la otra vida. Los que cometen injusticias no prosperarán". **38.** Dijo el Faraón: "¡Oh, corte! No conozco otra divinidad que no sea yo mismo. ¡Oh, Hamán! Enciende el horno para cocer ladrillos de barro, y construyan para mí una torre para que quizás así pueda ver al dios de Moisés, aunque creo que es un mentiroso".

El final del Faraón

39. El Faraón y sus huestes tiranizaron el país violando todos los derechos, pensando que no iban a tener que comparecer ante Mí. **40.** Pero los sorprendí, al Faraón y a sus huestes, y los ahogué en el mar. Observa cuál fue el final de los que cometían injusticias. **41.** Hice que ellos [en esta vida] fueran líderes, pero conducían [a la gente al] Infierno. El Día de la Resurrección no serán socorridos. **42.** Por eso decreté que en esta vida fueran maldecidos, y que en el Día de la Resurrección sean de los apartados de todo bien.

La excelencia de la Torá

43. Le he revelado a Moisés el Libro [la Torá] después de haber destruido a las anteriores generaciones [de opresores]. En él hay luz, guía y misericordia para que reflexionen.

Los relatos revelados

44. Y tú [¡Oh, Mujámmad!] no estabas en la ladera occidental [del monte Sinaí] cuando ordené la misión de Moisés, ni fuiste testigo de ello[5]. **45.** Pero hice surgir otras generaciones que tuvieron larga vida. Tú no viviste [¡Oh, Mujámmad!] entre la gente de Madián para transmitirles Mi Mensaje, sino que te he designado Mensajero [para toda la humanidad][6]. **46.** No estabas en la ladera del monte cuando llamé [a Moisés, y te lo revelo] como una misericordia para que adviertas a tu pueblo, al que no se le había presentado ningún Profeta para advertirles antes de ti. Quizás así reflexionen. **47.** Para que no digan cuando les acontezca una desgracia, a causa de las acciones malas que hicieron con sus propias manos: "¡Señor nuestro! Si nos hubieras mandado un Mensajero, habríamos acatado Tus órdenes y nos hubiéramos contado entre los creyentes".

La respuesta pagana al Corán

48. Sin embargo, cuando les llegó la Verdad proveniente de Mí dijeron: "¿Por qué no se le han dado [a Mujámmad] las mismas evidencias que a Moisés?" Pero, ¿acaso no habían rechazado ya lo que anteriormente se le había concedido a Moisés?

---

5 Sino que esa información te llegó a través de la revelación.

6 Dios le revela todas estas historias al Profeta, que la paz y las bendiciones de Dios sean con él, para que las transmita a la gente y así reflexionen.

Dijeron: "Son dos clases de hechiceros confabulados y no les creemos a ninguno de los dos". **49.** Diles [¡Oh, Mujámmad!]: "Traigan un libro proveniente de Dios que sea una guía mejor que estos dos[7] y yo lo seguiré, si es que dicen la verdad. **50.** Pero si aun así no responden [a tu llamado], sabe que no hacen más que seguir sus propias pasiones. ¿Acaso existe alguien más extraviado que quien sigue sus pasiones sin ninguna guía de Dios? Dios no guía a la gente que comete injusticias.

El doblemente recompensado

51. Les he revelado la palabra[8] para que reflexionen. **52.** Quienes recibieron Mi revelación antes de él[9], creyeron en él. **53.** Cuando se les recita[10] [el Corán] dicen: "Creemos en él; es la Verdad que proviene de nuestro Señor. Antes de escucharlo ya éramos musulmanes [sometidos a Dios]". **54.** Ellos recibirán su recompensa dos veces por haber sido perseverantes, haber respondido el mal con bien, y haber dado en caridad parte de lo que les había proveído, **55.** y cuando oían conversaciones frívolas se apartaban de ellas y exclamaban: "Nosotros responderemos por nuestras acciones y ustedes por las suyas. ¡Que la paz sea con ustedes! No deseamos tratar con los ignorantes [de corazón]".

La guía proviene solo de Dios

56. Tú no puedes guiar a quien amas, sino que Dios guía a quien Él quiere. Él sabe quiénes seguirán la guía[11].

Excusas paganas

57. Dicen: "Si seguimos la guía que has traído, seremos expulsados de nuestra tierra". ¿Acaso no les he preparado un lugar sagrado y seguro, al cual llegan frutos de todas clases como sustento Mío? Pero la mayoría no sabe. **58.** ¡Cuántos pueblos destruí porque no agradecían el favor en que vivían! Observen sus viviendas: no volvieron a ser habitadas después de ellos, salvo brevemente. Yo fui Quien las heredó. **59.** Tu Señor no destruiría un pueblo sin antes enviar un Mensajero a su ciudad principal

---

7 La Torá original revelada a Moisés y el Corán revelado a Mujámmad.

8 El Sagrado Corán.

9 Del Sagrado Corán.

10 A los seguidores sinceros de otras religiones que reconocen la verdad en el mensaje del Corán.

11 El motivo de la revelación de este versículo es la muerte del tío del Mensajero de Dios, Abu Talib, quien seguía la religión de sus ancestros. *Ibn Kazir* dijo: "Dice Dios a su Profeta: ¡Mujámmad! Tú no puedes guiar a quien deseas, porque la guía no está en tus manos, sino que a ti te corresponde difundir el Mensaje y Dios ha de guiar a quien Él quiera. A Dios pertenece la sabiduría infinita, tal como dijo en el Corán: 'No es tu obligación [¡Oh, Mujámmad!] que sigan la guía, sino que Dios guía a quien quiere' (2:272); y 'la mayoría de los seres humanos, aunque lo anheles, no serán creyentes' (12:103)". La guía mencionada en este versículo es la concesión de la guía *(hidaiat at-taufiq)*, porque esta se encuentra en poder de Dios. En cuanto a la guía mencionada en el siguiente versículo: "Y tú guías a un sendero recto" (42:52), es la invitación hacia la guía *(hidaiat al-irshad)*, porque el Mensajero de Dios es quien llama hacia Dios, Su religión y Su legislación.

para que les trasmita Su Mensaje. Solo haría sucumbir un pueblo si ellos cometen injusticias.

¿Este mundo o el Más Allá?

60. Todo aquello que se les ha concedido no es más que el simple goce de la vida mundanal y sus encantos. Pero la gracia que Dios tiene [reservada para los piadosos] es mejor y más duradera. ¿Acaso no razonan? **61.** ¿Acaso aquel a quien le he prometido una bella promesa [el Paraíso] que verá realizada, puede compararse a quien solo le he concedido el goce de la vida mundanal y el Día de la Resurrección será de los condenados [al tormento del Infierno]?

Los corruptores y los corrompidos

62. El día que [Dios] los convoque y les pregunte: "¿Dónde están los 'socios' que Me atribuían?" **63.** Dirán los ['socios'] sentenciados [al Infierno]: "¡Señor nuestro! Éstos son los que desviamos. Los desviamos porque nosotros estábamos desviados. No somos responsables por sus actos, no era a nosotros a quienes adoraban". **64.** Se les dirá [a los idólatras]: "Invoquen a quienes Me asociaban [para que los auxilien]". Los invocarán, pero no habrá respuesta, y verán acercarse el castigo. ¡Si tan solo hubieran seguido la guía!

Pregunta a los incrédulos

65. El día que [Dios] los convoque y les pregunte: "¿Cuál fue su respuesta al llamado de los Mensajeros?" **66.** Ese día no sabrán qué argumentar ni podrán preguntarse unos a otros [qué responder].

Los verdaderos creyentes

67. Pero quien se haya arrepentido, haya creído y hecho obras de bien, se contará entre quienes tendrán éxito[12].

Dios Todopoderoso

68. Tu Señor es Quien crea y elige hacer lo que quiere, y la elección que Él hace no se somete a la opinión de nadie. ¡Glorificado sea Dios! Está por encima de lo que Le asocian. **69.** Tu Señor conoce lo que ocultan y lo que manifiestan sus corazones.

70. Él es Al-lah, no hay más divinidad que Él. A Dios pertenecen las alabanzas en esta vida y en la otra. Suyo es el juicio, y ante Él comparecerán [el Día del Juicio].

El poder y la gracia de Dios

71. Di [a los que niegan el monoteísmo]: "¿Si Dios hiciera que la noche durara hasta el Día de la Resurrección, quién sino Dios podría traerles la luz del día? ¿Acaso no van a escuchar [este argumento]?" **72.** Di: "¿Si Dios hiciera que el día durara hasta el Día de la Resurrección, quién sino Dios podría traerles la oscuridad de la noche para que pudieran descansar? ¿Acaso no van a observar [este argumento]?" **73.** Por misericordia fue Dios que creó la noche y el día para que ustedes pudieran descansar [durante la noche] y procurar [durante el día] Su favor[13]. Deberían

---

12 En esta vida y el Día del Juicio Final.

13 El sustento.

ser agradecidos.

Los politeístas son reprendidos de nuevo

74. El día que [Dios] los convoque y les pregunte: "¿Dónde están los 'socios' que Me atribuían?" **75.** Cuando extraiga de cada pueblo un testigo y les diga: "Presenten los fundamentos [de su idolatría]". Entonces, sabrán que la Verdad solo pertenece a Dios, y todo aquello que inventaron desaparecerá.

La arrogancia de Qarún

76. Qarún pertenecía al pueblo de Moisés, pero abusó de ellos. Le había concedido tantos tesoros, que hasta las llaves [de los cofres donde se guardaban] resultaban pesadas para un grupo de hombres fuertes. Pero su pueblo le dijo: "No te jactes [de lo que tienes] porque Dios no ama a los arrogantes. **77.** Gánate el Paraíso con lo que Dios te ha concedido, y no te olvides que también puedes disfrutar de lo que Dios ha hecho lícito en esta vida[14]. Sé generoso [con tu prójimo] como Dios lo es contigo, y no contamines la tierra; Dios no ama a los que contaminan [a sabiendas]".

La respuesta de Qarún

78. Dijo [Qarún con soberbia]: "Lo que se me ha concedido es gracias a mi conocimiento"[15]. ¿Acaso no sabía que Dios ya había destruido naciones más poderosas y con más riquezas que él? [Debido a lo terrible de sus faltas,] a los perversos no se les preguntará por sus pecados[16].

El debate sobre Qarún

79. [Cierto día, Qarún] se presentó ante su pueblo con todo su lujo, y quienes amaban la vida mundanal exclamaron: "¡Ojalá tuviéramos lo mismo que Qarún! Él tuvo mucha suerte". **80.** Pero quienes fueron agraciados con el conocimiento dijeron: "¡Ay de ustedes! La recompensa de Dios para quien crea y haga obras de bien es superior, pero no la consiguen sino los que son pacientes".

El final de Qarún

81. Hice que la tierra se tragara a Qarún y a su palacio, y no hubo nadie que pudiera socorrerlo, ni siquiera pudo salvarse a sí mismo. **82.** Quienes antes habían deseado estar en su lugar comenzaron a decir: "Dios le concede un sustento abundante a quien quiere y se lo restringe [a quien Él quiere] de Sus siervos. De no haber sido porque Dios nos agració con Su misericordia, nos hubiera tragado la tierra también a nosotros. Es muy cierto que quienes niegan la verdad nunca prosperan".

---

14 El Islam es una religión racional y natural, y así como le exige al ser humano alcanzar niveles espirituales superiores, lo llama a no olvidarse de sus necesidades terrenales. No es parte del Islam el concepto de renunciar a los placeres para ser salvo.

15 Creía, en su soberbia, que todo lo que tenía era porque se lo merecía, y que la gracia de Dios nada tenía que ver y, por lo tanto, no tenía nada que agradecer.

16 Ya que serán reconocidos por su apariencia el Día del Juicio Final, y condenados porque no tendrán capacidad de explicar y justificar sus muchos pecados.

Día de retribución

83. La morada de la otra vida [en el Paraíso] es para quienes no son soberbios ni siembran la corrupción en la Tierra. ¡Bienaventurados sean los piadosos! **84.** [El Día del Juicio Final,] quien se presente habiendo realizado obras buenas será recompensado más de lo merecido por ellas, pero quien se presente habiendo realizado obras malas solo será retribuido por lo que hizo.

Consejo al Profeta

85. [Oh, Mujámmad,] Quien te ha ordenado el Corán, te hará regresar de la muerte a un lugar establecido [el Día del Juicio]. Diles: "Mi Señor sabe mejor que nadie quién sigue la guía y quién está en un claro desvío". **86.** Tú no esperabas que fuera a serte revelado un Libro, pero por misericordia de tu Señor [te reveló el Corán]. No apoyes [contra los creyentes] a aquellos que se niegan a creer. **87.** No dejes que te aparten de los preceptos de Dios después de haberte sido revelados. Exhorta [a la gente] a adorar a tu Señor y no seas de los que Le asocian [divinidades en la adoración]. **88.** No invoques a nada ni nadie junto con Dios. Nadie tiene derecho a ser adorado salvo Él. Todo ha de perecer excepto Su rostro[17]. Suyo es el juicio y ante Él comparecerán.

---

17 Al igual que otros atributos, el rostro de Dios es Único y acorde a su Divinidad. Nosotros afirmamos su existencia y creemos en él, porque Dios nos ha informado sobre ello en Su Libro y Su Mensajero lo ha declarado en sus dichos. Dios dice en Corán 55:27: "Y solo el majestuoso y noble rostro de tu Señor perdurará por siempre". El exégeta coránico *Ibn Yarir At-Tabari* dijo sobre este versículo: "El rostro es el que es descrito como Majestuoso y Noble". (*Tafsir At-Tabari*. Ver Tafsir 55:27.) Algunas personas en la antigüedad negaron que Dios tuviese rostro, y alegaron que las palabras "Majestuoso y Noble" aluden directamente a Dios y no a Su generoso Rostro. Pero esa afirmación fue refutada por *Ibn Juzaimah*, quien dijo: "Ésta afirmación solo puede ser hecha por un ignorante en el idioma árabe, porque Dios dice: 'Y solo el majestuoso y noble rostro de tu Señor ha de perdurar por siempre' (55:27); y la palabra 'rostro' es nominativa (*marfu'*), mientras que la palabra 'Señor' se encuentra en genitivo (*mayrur*)...". *At-Tauhid por Ibn Juzaimah*, pág. 21. En *Al-Bujari* y *Muslim* se ha registrado de *'Utban Ibn Málik* que el Profeta, que la paz y las bendiciones de Dios sean con él, dijo: "Dios ha prohibido al Fuego tocar a aquellos que afirmen que nada ni nadie tiene derecho a ser adorado salvo Dios, si buscan con ello encontrar el Rostro de Dios". Registrado por *Al-Bujari* y *Muslim*. El Profeta, que la paz y las bendiciones de Dios sean con él, mencionó que las palabras "una gracia aún mayor" en el siguiente versículo: "Quienes obren el bien obtendrán la mejor recompensa [el Paraíso] y una gracia aún mayor" (10:26), significan contemplar el rostro de Dios. Asimismo, se narra que *Abu Bakr, Hudhaifah* y muchos otros Sahabah interpretaron el versículo de igual forma. (*Al Asma' wa As-Sifat, por Al- Baihaqi*)

29. La Araña

(Al-'Ankabût)

Este capítulo del Corán fue revelado en La Meca, y toma su nombre de la parábola de la araña en el versículo 41. El comienzo del capítulo subraya el papel de las dificultades y tribulaciones en revelar a quienes son realmente firmes y a quienes no lo son. Noé, Abraham, Lot y Jetró son conocidos por su perseverancia. Se hacen referencias a varios pueblos y a las diferentes formas en que fueron destruidos por rechazar la verdad (versículo 40). Los argumentos paganos en contra del Profeta y el Corán son completamente refutados. El capítulo concluye elogiando a quienes confían en Dios y se esfuerzan en Su causa. Esta conclusión allana el camino hacia la apertura del próximo capítulo.

En el nombre de Dios,
el Compasivo, el Misericordioso

La prueba

1. *Álif. Lam. Mim.* **2.** ¿Acaso piensa la gente que se los dejará decir: "¡Creemos!", y no van a ser puestos a prueba?[1] **3.** Puse a prueba a quienes los precedieron, para que Dios hiciera evidente quiénes son los sinceros y quiénes los mentirosos. **4.** ¿Acaso piensan quienes obran mal que podrán escapar de Mí? ¡Qué mal juzgan!

Los verdaderos creyentes

5. Quien anhele el encuentro con Dios sepa que el día que Dios fijó ha de llegar. Él todo lo oye, todo lo sabe. **6.** Quien luche [contra sus pasiones] será en beneficio propio. Dios no tiene necesidad de las cosas creadas. **7.** A quienes crean y hagan buenas obras les perdonaré sus faltas y los recompensaré por lo mejor de sus actos. **8.** Le he ordenado al ser humano hacer el bien a sus padres. Pero si se esfuerzan por hacer que caigas en la idolatría de dedicar actos de adoración a otro que a Mí, lo cual es algo que no te he enseñado, no les debes obediencia. Ante Mí has de comparecer y te informaré lo que hacías. **9.** A quienes hayan creído y hecho obras de bien los introduciré [al Paraíso] junto a los que obran con justicia.

Los hipócritas

10. Entre la gente hay quienes dicen: "¡Creemos en Dios!"; pero cuando sufren algún perjuicio por la causa de Dios, consideran que la opresión de los hombres es un castigo de Dios [y reniegan de su fe][2]. En cambio, cuando tu Señor les concede un triunfo,

1 Para saber si su afirmación es sincera o son meras palabras.

2 Dijo *Ibn Kazir*: "Dios nos informa en este versículo sobre un grupo de personas que alegan ser creyentes con sus palabras, pero cuyo corazón aún no ha experimentado la Fe (*Imaan*), y si los acosa una prueba (*fitnah*) creen que es un castigo de Dios y reniegan del Islam". Dijo *Ibn 'Abbas*: "Su prueba es que si son molestados a causa de su religión, reniegan de esta".

dicen: "¡Siempre hemos estado con ustedes!" ¿Acaso no es Dios Quien mejor sabe lo que hay en los corazones de la gente? **11.** Dios hará evidente quiénes son los que creen y quiénes son los hipócritas.

La promesa falsa

12. Los que se niegan a creer dicen a los creyentes: "Sigan nuestra fe y nosotros cargaremos con sus pecados". Pero ellos no pueden aligerar la carga de los pecados ajenos, son solo mentirosos. **13.** Ellos no solo cargarán con sus propios pecados, sino también con los pecados que cometan aquellos que ellos extraviaron[3]. El Día de la Resurrección se les preguntará acerca de las mentiras que inventaban.

El pueblo de Noé destruido

14. Envié a Noé a su pueblo y permaneció entre ellos mil años menos cincuenta. Los sorprendió el diluvio mientras cometían injusticias. **15.** Salvé [a Noé] y a quienes estaban en el arca. Hice de ella un signo para los universos.

El pueblo de Abraham

16. [Recuerda] a Abraham cuando le dijo a su pueblo: "Adoren [solo] a Dios y tengan temor de Él, eso es lo mejor para ustedes, si supieran. **17.** Lo que adoran en lugar de Dios son solo ídolos que ustedes mismos crean falsamente. Lo que adoran en lugar de Dios no puede proveerles ningún sustento. Así que supliquen a Dios el sustento, adórenle solo a Él y agradézcanle[4]. Porque es ante Él que comparecerán.

Advertencia a los paganos de La Meca

18. Pero si [me] desmienten, ya lo hicieron otras naciones antes que ustedes. El Mensajero solo tiene la obligación de transmitir [el Mensaje] con claridad. **19.** ¿Acaso no ven cómo Dios origina la creación y luego la reproduce? Eso es fácil para Dios." **20.** Diles [a quienes niegan la Resurrección]: "Viajen por el mundo y observen cómo [Dios] originó la creación[5]. Luego, Dios la hará surgir nuevamente [el Día de la Resurrección]. Dios es sobre toda cosa Poderoso. **21.** Castiga a quien Él quiere y se apiada de quien Él quiere. Ante Él serán retornados. **22.** No podrán escapar de Dios ni en la Tierra ni en el cielo. No encontrarán fuera de Él quién los proteja ni los auxilie. **23.** Quienes no crean en los signos de Dios y en el

---

3 Dijo el Profeta Mujámmad, que la paz y las bendiciones de Dios sean con él: "Quien establezca una buena costumbre en el Islam, tendrá la recompensa de su acción y la de quien siga su ejemplo, sin que disminuya en nada la recompensa de este último. Pero quien establezca una mala costumbre en el Islam, cargará con el pecado de su acción y de quien siga su ejemplo, sin que disminuya en nada el pecado de este último". Registrado por *Muslim*

4 Las palabras "pidan el sustento…adórenlo… agradézcanle..." plasman la orden de buscar el sustento solo en Dios, porque fuera de Él nada ni nadie posee el dominio sobre el sustento de los seres creados. En cuanto a "adórenlo", certifica que pedir el sustento a Dios es una forma de adoración.

5 La importancia que el Corán otorga al estudio del universo puede ser estimada por el siguiente hecho: los versículos sobre preceptos son aproximadamente 150, mientras que los versículos sobre fenómenos naturales son aproximadamente 750.

encuentro con Él, esos son los que no tienen esperanza en Mi misericordia, tendrán un castigo doloroso.

Abraham prevalece

24. [Recuerda que] la respuesta del pueblo de Abraham fue decir: "Mátenlo o quémenlo", pero Dios lo salvó de la hoguera [en la que quisieron quemarlo]. En eso hay signos para gente que cree. **25.** Les dijo [Abraham]: "Adoran ídolos en vez de adorar a Dios por mantener el lazo de afecto entre ustedes y sus antepasados en esta vida. Pero el Día de la Resurrección renegarán unos de otros y se maldecirán mutuamente. Su morada será el Fuego y no tendrán quién los auxilie". **26.** Lot creyó en Abraham, quien [al ver que su pueblo no creía en él] dijo: "Emigraré a donde [me ordene] mi Señor, porque Él es el Poderoso, el Sabio". **27.** Lo agracié con Isaac y Jacob, e hice surgir Profetas de su descendencia, a los cuales revelé Mis Libros. Le di [a Abraham] su recompensa en esta vida, y en la otra estará entre los justos.

La gente de Lot

28. [Recuerda] cuando Lot dijo a su pueblo: "Cometen una inmoralidad que no tiene precedente en el universo[6]. **29.** ¿Tienen relaciones homosexuales con hombres, asaltan a los viajeros y cometen toda clase de actos reprobables en sus reuniones[7]?" Pero la respuesta de su pueblo fue: "Envíanos el castigo de Dios, si es que dices la verdad". **30.** Dijo [Lot]: "¡Señor mío! Sálvame de este pueblo corrupto".

Abraham es visitado por ángeles

31. Cuando Mis [ángeles] emisarios se presentaron ante Abraham para albriciarle [el nacimiento de su hijo], dijeron: "Destruiremos a la población de esa ciudad, porque su gente comete injusticias". **32.** Dijo [Abraham]: "Pero Lot está allí". Respondieron [los ángeles]: "Nosotros conocemos mejor [que tú] quién está en ella. Lo salvaremos a él y a su familia, excepto a su mujer, que se contará entre los condenados".

El pueblo de Lot destruido

33. Cuando Mis emisarios se presentaron ante Lot, este [pensando que eran viajeros] se intranquilizó [por lo que su pueblo pudiera hacerles] y se apenó, pero ellos le dijeron: "No temas ni te apenes; te salvaremos a ti y a tu familia, excepto a tu mujer, que se contará entre los condenados. **34.** Haremos descender sobre la población de esta ciudad un castigo del cielo por haberse pervertido". **35.** Dejé [vestigios] de ella como un signo claro, para que reflexionaran.

---

6 El pueblo de Lot fue el primero en tener todas las características que se mencionan a continuación.

7 Todas estas son las causas por las cuales el pueblo de Lot recibió un castigo tan severo. Daban rienda suelta a sus deseos, violaban a los viajeros que atravesaran sus tierras y practicaban orgías hétero y homosexuales públicas. El castigo no se debía a que tenían simplemente un deseo homosexual, sino a que lo satisfacían con estos actos.

El pueblo de Jetró destruido

36. [Recuerda que] a Madián [le envié] a su hermano Jetró [como Profeta], quien les dijo: "¡Oh, pueblo mío! Adoren solo a Dios y tengan esperanza en el Día del Juicio final, y no obren mal en la Tierra, sembrando corrupción". **37.** Pero lo desmintieron y fueron sorprendidos por un sismo estrepitoso, y amanecieron caídos de bruces [muertos] en sus propias casas.

Naciones destruidas anteriormente

38. [Recuerda que] al pueblo de 'Ad y Zamud [también los aniquilé], como pueden ver claramente en [lo que queda de] sus casas. El demonio les hizo ver como buenas sus malas obras, y los apartó del sendero [recto], a pesar de que eran gente con percepción. **39.** [Recuerda] a Qarún, al Faraón y a Hamán. Moisés se presentó ante ellos con las evidencias, pero actuaron con arrogancia en la tierra [de Egipto y se negaron a creer]. Sin embargo, no pudieron escapar de Mi [castigo]. **40.** A cada uno [de ellos] los aniquilé según sus pecados. A unos les envié un viento huracanado[8], a otros los sorprendió un estrépito[9], a otros hice que se los tragara la tierra[10], y a otros hice que se ahogaran[11]. Dios no fue injusto con ellos, sino que ellos lo fueron consigo mismos.

Dios es el Protector Poderoso

41. Quienes tomaron en lugar de Dios otros protectores, son como la araña que teje su propio refugio, siendo que el refugio más frágil es la telaraña. ¡Si supieran! **42.** Dios conoce lo que ellos invocan en lugar de Él, porque Él es el Poderoso, el Sabio. **43.** Estos son ejemplos que doy a la gente, pero solo los comprenden quienes reflexionan. **44.** Dios creó los cielos y la Tierra con un fin justo y verdadero. En ello hay un signo para los creyentes.

Consejo al Profeta

45. Recita lo que se te ha revelado del Libro[12] y cumple con la oración, porque la oración preserva de cometer actos inmorales y reprobables. Tener presente a Dios [en el corazón durante la oración] es lo más importante. Dios sabe lo que hacen.

Debatir con la Gente del Libro

46. Debatan[13] con la Gente del Libro con buenas maneras, excepto con aquellos que cometen injusticias[14].

---

8 Al pueblo de *'Ad.*

9 Al pueblo de *Zamud.*

10 A *Qarún.*

11 A Hamán, el Faraón y su ejército.

12 El Sagrado Corán.

13 *Muyádalah* مُجَادَلة : El Corán estableció una ética a esta práctica al pedir a los musulmanes mostrar respeto por el prójimo durante el debate. Esto enseña que el musulmán, ante la diferencia, dialoga de manera educada y evita el lenguaje ofensivo.

14 Con aquellos que no respetan la ética de un debate o insultan, no se está obligado a mantener las buenas maneras en el debate, aunque no excederse es siempre una obligación para el musulmán.

Digan: "Creemos en lo que nos ha sido revelado a nosotros así como en lo que les fue revelado[15] a ustedes. El Dios de ustedes y nuestro Dios es uno, y a Él entregamos nuestra voluntad [como musulmanes]".

Una última revelación

47. Te he revelado el Libro [¡Oh, Mujámmad!], y entre los que recibieron Mi revelación en el pasado[16] hay quienes creen en él [el Corán], al igual que algunos de los habitantes de La Meca. Pero solo los que se niegan a creer pueden negar Mis signos. **48.** Tú no sabías leer ningún tipo de escritura cuando te fue revelado [el Corán], ni tampoco escribir con tu diestra, porque de haber sido así hubieran podido sembrar dudas los que inventan mentiras[17]. **49.** [El Corán] Es un conjunto de mensajes claros [grabados] en los corazones de quienes han sido agraciados con el conocimiento, y solo los injustos pueden negar Mis signos.

Los paganos exigen señales

50. Dijeron [los que se niegan a creer]: "¿Por qué no le han sido concedidos milagros de su Señor?" Diles [¡Oh, Mujámmad!]: "Dios es Quien dispone de los milagros, yo solo debo advertirles con claridad". **51.** ¿Acaso no les es suficiente que te haya sido revelado el Libro que se les recita? En él hay misericordia y conciencia para la gente que cree. **52.** Di: "Dios es suficiente testigo entre ustedes y yo. [Él] conoce cuanto hay en los cielos y en la Tierra. Quienes crean lo falso y rechacen a Dios serán los que pierdan".

Acelerar el castigo

53. Te piden que apresures el castigo [con el que les adviertes]. Y de no haber sido porque está predestinado, ya los hubiera azotado. Este les llegará sorpresivamente sin que lo adviertan. **54.** Te piden que apresures el castigo [con el que les adviertes]. Pero debes saber que el Infierno estará sin dudas cercando a los que se niegan a creer. **55.** El día que el castigo los envuelva por arriba y debajo de sus pies, [Dios] les dirá: "Sufran las consecuencias de sus propias obras".

Consejo a los creyentes perseguidos

56. ¡Oh, siervos Míos que han creído! Mi tierra es amplia, adórenme solo a Mí. **57.** Toda alma probará el sabor de la muerte, y luego ante Mí han de comparecer. **58.** A quienes hayan creído y hecho obras de bien los alojaré en mansiones del Paraíso, bajo las cuales corren ríos, y donde morarán por toda la eternidad. ¡Qué placentera será la recompensa de los que obran [el bien], **59.** que tuvieron paciencia y se encomendaron a su Señor! **60.** ¡Cuántos animales existen que no almacenan sus provisiones! Pero Dios los sustenta, y asimismo a ustedes. Él todo lo oye, todo lo sabe.

---

15 En su forma original.

16 Judíos y cristianos.

17 Afirmando que el Corán fue redactado por Mujámmad.

Preguntas a los politeístas

61. Si les preguntas [a los idólatras] quién creó los cielos y la Tierra, y sujetó al Sol y a la Luna [a una órbita], responderán: "¡Dios!" ¿Cómo, entonces, es que se desvían [del monoteísmo]? **62.** Dios concede Su sustento en abundancia a quien quiere de Sus siervos y se lo restringe [a quien Él quiere]. Dios conoce todas las cosas. **63.** Si les preguntas [a los idólatras] quién hace descender agua del cielo con la que da vida a la tierra muerta [por la sequía], responderán: "¡Dios!" Di: "¡Todas las alabanzas pertenecen a Dios!" Pero la mayoría [de la gente] no razona[18]. **64.** La vida en este mundo no es más que distracción y diversión, la vida del más allá es la vida verdadera. ¡Si supieran!

La ingratitud de los incrédulos

65. Cuando suben a un barco [y son azotados por una tempestad] invocan solo a Dios con sinceridad[19], pero cuando los pongo a salvo llevándolos a la costa, vuelven a dedicar actos de adoración a sus ídolos. **66.** ¡Que no agradezcan por cuanto les he concedido y que solo disfruten! ¡Ya verán [la consecuencia de su decisión]!

Advertencia a los paganos de La Meca

67. ¿Acaso no ven que he dispuesto [para ellos] un territorio sagrado y seguro[20], mientras que a su alrededor se cometen todo tipo de injusticias? ¿Acaso creen en la falsedad y niegan las gracias de Dios? **68.** ¿Quién puede ser más injusto que aquel que inventa mentiras acerca de Dios o desmiente la Verdad cuando le llega? ¿Acaso no es el Infierno el destino de los que se niegan a creer [cuando la verdad se les hace evidente]?

Los que se esfuercen serán guiados

69. A quienes se esfuercen por Mi causa los guiaré por Mis caminos. Dios está con los que hacen el bien.

---

18 El razonamiento lógico es que si es Dios Quien les concede las gracias y favores, es solo a Él que deberían adorar y agradecer, siendo monoteístas y abandonando la adoración y el agradecimiento a sus ídolos, santos y vírgenes.

19 El acto reflejo natural de todo ser humano es invocar solo a Dios en sus momentos de aflicción.

20 La Meca.

30. Los Bizantinos

(Ar-Rûm)

Este capítulo del Corán fue revelado en La Meca, y toma su nombre de la referencia a los bizantinos en el versículo 2. Las superpotencias del mundo a comienzos del siglo VII eran el Imperio Bizantino y el Imperio Persa. Cuando estos dos entraron en guerra en 614 e. c., los bizantinos sufrieron una derrota devastadora. Entonces, los paganos de La Meca se regocijaron por la derrota de los bizantinos cristianos a manos de los persas paganos. Pronto fueron revelados los versículos 30:1-5, afirmando que los bizantinos serían victoriosos en un plazo de tres a nueve años. Ocho años después, los bizantinos ganaron una batalla decisiva contra los persas, justo el mismo día en que los musulmanes vencieron al ejército de La Meca en la Batalla de Badr. A medida que avanza el capítulo, se citan varias bendiciones y señales naturales para demostrar la misericordia y el poder infinitos de Dios, junto con condenas a los paganos por su ingratitud y por asociar a los ídolos impotentes con Dios en la adoración. El capítulo cierra pidiéndole al Profeta (ﷺ) que no se desanime por lo que dicen quienes lo rechazan.

En el nombre de Dios,
el Compasivo, el Misericordioso

De la derrota a la victoria

1. *Álif. Lam. Mim.* **2.** Los bizantinos fueron derrotados[1] **3.** en el territorio [árabe] más bajo[2], pero después de esta derrota, ellos [los bizantinos] vencerán **4.** dentro de tres a nueve años[3]. Todo ocurre por voluntad de Dios, tanto la anterior derrota [de los bizantinos] como su victoria futura. Ese día los creyentes se alegrarán **5.** por la victoria de Dios[4]. Él concede la victoria a quien quiere, Él es el Po-

---

1 Por los persas.

2 La antigua Siria. *Adnal Ard* أدنى الأرض se refiere a las tierras bajas de Palestina cerca del Mar Muerto, tierras que se hunden a unos 392 metros bajo el nivel del mar. En la lengua árabe, Adna significa más próxima y también puede significar más baja. El área a la que se refiere es en realidad la parte más baja de la Tierra, y era la más cercana de las tierras bizantinas a Persia y la Península Árabe.

3 El ejército bizantino recibió una dura derrota en Antioquía en el 613 e. c., y como resultado de eso los persas empezaron a empujar y avanzar en todos los frentes. En aquel momento, hubiera sido muy difícil imaginar que los bizantinos irían a derrotar a los persas, pero el Corán prometió que ellos serían victoriosos en el espacio de 3 a 9 años. En el año 622 d.C, nueve años después de la derrota bizantina, las dos fuerzas (bizantinos y persas), se enfrentaron en las tierras de Armenia y el resultado de la batalla fue la victoria decisiva de los bizantinos sobre los persas, por primera vez, después de su derrota en el 613. La promesa fue cumplida tal y como Dios dijo. (Fuente: History of the Byzantine State [Historia del Estado Bizantino], Ostrogorsky, pp. 100-101; y History of Persia [Historia de Persia], Sykes, vol. 1, pp. 483-484.)

4 Ya que de los dos imperios, el Bizantino era el más cercano en valores y creencias al Islam.

deroso, el Misericordioso. **6.** Esta es la promesa de Dios, y Dios no falta a Su promesa, pero la mayoría de la gente no lo sabe. **7.** Conocen solo lo superficial de la vida mundanal, y viven despreocupados por la otra vida.

Llamada de atención a los incrédulos

8. ¿Acaso no reflexionan sobre sí mismos[5]? Dios ha creado los cielos, la Tierra y lo que hay en ellos con un fin justo y verdadero, y con un plazo determinado. Pero mucha gente no cree que habrá de comparecer ante su Señor. **9.** ¿Acaso no han viajado por el mundo y visto cómo fue el final de los pueblos antiguos? Eran [imperios] más poderosos, cultivaron la tierra [en forma asombrosa] y tenían construcciones más avanzadas que las suyas. Sin embargo, cuando se les presentaron los Mensajeros con las evidencias, los desmintieron[6]. Dios no fue injusto con ellos, sino que ellos lo fueron consigo mismos. **10.** Finalmente, el destino de quienes habían cometido maldades fue el peor, porque desmintieron los signos de Dios y se burlaron de ellos.

Los malvados en el Día del Juicio

11. Dios origina la creación y luego la reproduce, y ante Él regresarán. **12.** El día que llegue la Hora[7] los pecadores serán presa de la desesperación. **13.** Pero sus ídolos no intercederán por ellos, [y por el contrario, los ídolos] se desentenderán de quienes los adoraban.

El bienaventurado y el condenado

14. El día que llegue la Hora, ese día se dividirán [en dos grupos]: **15.** Quienes hayan creído y obrado rectamente morarán en los jardines del deleite. **16.** Pero quienes no hayan creído y hayan desmentido Mis signos y la existencia de la otra vida, sufrirán eternamente un tormento.

Cumplir con las oraciones

17. Así que glorifiquen a Dios al anochecer y al amanecer. **18.** Él merece ser alabado en los cielos y en la Tierra, [alábenlo] por la tarde y al mediodía.

El poder de Dios sobre la vida y la muerte

19. [Dios] hace surgir lo vivo de lo muerto y lo muerto de lo vivo, y da vida a la tierra árida. De la misma manera serán resucitados.

Las señales de Dios: 1) La creación de la humanidad

20. Entre Sus signos está haberlos creado de polvo. Luego se convierten en seres humanos que se multiplican [poblando la Tierra].

Las señales de Dios: 2) Cónyuges

21. Entre Sus signos está haber creado cónyuges de entre ustedes para que encuentren sosiego, y dispuso entre ustedes amor y misericordia. En ello hay signos para quienes reflexionan.

---

5 En la maravilla de la creación del ser humano.

6 Y esa fue la causa de su declive y desaparición.

7 Del fin del mundo y comience el Día del Juicio Final.

Las señales de Dios: 3) Diversidad

22. Entre Sus signos está la creación de los cielos y de la Tierra, la diversidad de sus lenguas y colores[8]. En esto hay signos para todos los seres.

Las señales de Dios: 4) Sueño y trabajo

23. Entre Sus signos está [haber creado] la noche para que descansen y el día para que procuren Su favor[9]. En esto hay signos para un pueblo que escucha.

Las señales de Dios: 5) El relámpago

24. Entre Sus signos está hacer que el relámpago sea motivo de temor[10] y anhelo[11], y el agua que hace descender del cielo para dar vida a la tierra árida. En eso hay signos para un pueblo que razona.

Las señales de Dios: 6) El universo

25. Entre sus Signos está que el cielo y la Tierra se sostengan por Su voluntad. Luego, cuando Él los convoque [el Día de la Resurrección] saldrán de la tierra. **26.** A Él pertenece cuanto hay en los cielos y en la Tierra, todo Le obedece. **27.** Él es Quien origina la creación y luego la reproduce, y ello Le es aún más fácil [que crear por primera vez]. Suya es la descripción más sublime en los cielos y en la Tierra. Él es el Poderoso, el Sabio.

Un ejemplo para los politeístas

28. [Dios] les propone un ejemplo tomado de su propia vivencia: "¿Aceptarían acaso que algunos de entre la servidumbre compartieran con ustedes los bienes que les he concedido, que [repentinamente] tuvieran partes iguales, o que tuvieran ustedes que temerles como temen a sus adversarios?" Así es como aclaro los signos para quienes razonan. **29.** Sin embargo, los injustos siguen sus pasiones ciegamente sin basarse en conocimiento alguno. ¿Quién podría guiar a quien Dios ha extraviado? No habrá quién lo pueda socorrer.

Aférrate con firmeza a la fe

30. Conságrate al monoteísmo, que es la inclinación natural con la que Dios creó a la gente. La religión de Dios es inalterable y esta es la forma de adoración verdadera, pero la mayoría de la gente lo ignora. **31.** Arrepiéntanse ante Dios, tengan temor [de Dios], cumplan con la oración y no sean de los que Le atribuyen divinidades [a Dios en la adoración], **32.** no sean de esos que dividieron su religión y formaron sectas, cada facción se contenta con lo que sigue.

La ingratitud humana

33. Cuando una desgracia azota a la gente, invocan a su Señor arrepentidos. Pero cuando los agracia con Su misericordia, un grupo de ellos atribuye divinidades a su Señor [en la adoración] **34.** y niegan cuanto les he concedido. ¡Disfruten tempo-

---

8 Alusión a las etnias.

9 El sustento.

10 Por los perjuicios que podría causar.

11 Por las lluvias que generalmente vienen después.

ralmente, que ya verán! **35.** ¿Acaso les he hecho descender algún conocimiento que justifique lo que ellos Me asocian?

La impaciencia humana

36. Cuando agracio a la gente con una misericordia se alegran, pero cuando los alcanza una desgracia a causa de lo que cometieron con sus propias manos, se desesperan.

Interés vs. caridad

37. ¿Acaso no ven que Dios concede abundante sustento a quien quiere y lo restringe [a quien quiere]? En eso hay signos para quienes creen. **38.** Da a los parientes, al pobre y al viajero insolvente, lo que es su derecho. Eso es lo mejor para quienes anhelan [contemplar] el Rostro de Dios. Esos serán quienes tengan éxito. **39.** Todo lo que presten con algún interés[12], esperando beneficiarse de los bienes ajenos, no tendrá recompensa de Dios. En cambio, aquellos que den en caridad anhelando el rostro de Dios, serán quienes tengan multiplicada la recompensa.

El poder de Dios

40. Dios es Quien los crea, los sustenta, los hace morir y luego los resucita. ¿Acaso hay alguno de los ídolos que asocian [a Dios] que pueda hacer algo de eso? ¡Glorificado sea Dios! Dios está por encima de lo que Le asocian.

La propagación de la corrupción

41. Se puede ver la devastación en la Tierra y en el mar como consecuencia de las acciones del ser humano. Han de padecer [el resultado de] lo que cometieron, quizás así recapaciten[13]. **42.** Diles: "Viajen por el mundo y observen cuál fue el final de los pueblos antiguos. La mayoría Le asociaban ídolos a Dios [en la adoración]".

Los exitosos y los perdedores

43. Conságrate al monoteísmo auténtico, antes de que llegue el día ineludible[14] que Dios determinó. Ese día serán divididos[15]. **44.** Quienes se hayan negado a creer sufrirán las consecuencias de su incredulidad, mientras que quienes hayan obrado rectamente habrán preparado su propio terreno [en el Paraíso]. **45.** Dios recompensará con Su gracia a quienes hayan creído y obrado rectamente. Él no ama a los que se niegan a creer [cuando les llega el Mensaje].

Las señales de Dios :7) El viento

46. Entre Sus signos están los vientos que Él envía para traerles lluvias y agraciarlos con Su misericordia, y para que naveguen los barcos con Su voluntad y puedan procurar el sustento; deberían agradecerle.

---

12 Alusión a los préstamos en los que se aplica la usura, o el agregado de un interés o beneficio sobre el capital original.

13 Este versículo establece que muchas veces el ser humano actúa de forma irresponsable hacia el medio ambiente que lo rodea y en el cual vive, y que esa irresponsabilidad llega a hacerse evidente, a tal punto que todas las personas terminan sufriendo las consecuencias.

14 El Día del Juicio Final.

15 al Infierno.

Advertencia a los incrédulos

47. Antes de ti envié Mensajeros a los pueblos, que se presentaron ante ellos con las evidencias [pero los desmintieron]. Retribuí a los pecadores con lo que merecían. Es un deber para Mí auxiliar a los creyentes.

Las señales de Dios :8) La lluvia

48. Dios es Quien envía los vientos para que estos reúnan las nubes, extendiéndolas y fragmentándolas por el cielo como Él quiere. Luego ves que la lluvia cae de entre ellas. Cuando los siervos [azotados por la sequía] reciben la lluvia, se alegran. **49.** A pesar de que antes de que descendiera [la lluvia] estaban abatidos, sin esperanzas. **50.** Observa las huellas de la misericordia de Dios, cómo da vida a la tierra después de haber estado muerta por la sequía. Él es Quien resucitará a los muertos, porque es sobre toda cosa Poderoso. **51.** Pero si [en su lugar] les hubiera enviado un viento que secara sus sembrados, se volverían ingratos como incrédulos.

El muerto, el sordo y el ciego

52. Tú no puedes hacer que los muertos oigan ni que los sordos [los que no quieren oír] escuchen la prédica si la rechazan dándote la espalda. **53.** Tampoco puedes guiar a los ciegos [de corazón] que están extraviados. Tú solo puedes hacer que escuchen quienes creen en Mis signos y se someten a Dios [siendo musulmanes].

El poder creador de Dios

54. Dios es Quien los crea débiles [en la infancia], luego los fortalece [en la juventud], y finalmente los debilita nuevamente con la vejez. Él crea lo que quiere porque es el Sabio, el Poderoso.

Vida fugaz

55. El día que llegue la Hora [del Día del Juicio], los pecadores jurarán haber permanecido en la vida mundanal tan solo una hora. Así solían engañarse. **56.** Pero aquellos a los que se les concedió el conocimiento y la fe les dirán: "En realidad han permanecido el tiempo que Dios decretó hasta el Día de la Resurrección. Sepan que este es el Día de la Resurrección, que ignoraban". **57.** Ese día, ninguna excusa servirá a los injustos y no se les dará ninguna posibilidad [de volver a la vida mundanal].

Consejo al Profeta

58. He citado en este Corán todo tipo de ejemplos. Pero aún si te hubieras presentado ante ellos con un milagro, hubieran dicho: "Solo son unos farsantes". **59.** Así es como Dios sella los corazones de los que no quieren conocer [la verdad]. **60.** Ten paciencia, que lo que Dios promete se cumple, y no permitas que te alteren los que no tienen certeza [en la Resurrección].

31. Luqmán

(Luqmân)

Este capítulo del Corán fue revelado en La Meca, y recibe su nombre de Luqmán, un sabio africano que es citado dándole consejos a su hijo (versículos 12–19) sobre la relación con Dios y con el prójimo. Mientras son elogiados los creyentes, los paganos son criticados por su ingratitud, por distraer a los demás del Camino de Dios, y por establecer ídolos como pares o iguales de Dios. De modo similar al capítulo previo, se hacen referencias a las maravillas naturales de la creación de Dios, desafiando a los incrédulos a señalar cualquier cosa que sus deidades hayan creado. El capítulo finaliza advirtiéndole a la humanidad sobre el Día del Juicio, marcando el comienzo del siguiente capítulo.

En el nombre de Dios,
el Compasivo, el Misericordioso

Características de los verdaderos creyentes

1. *Álif. Lam. Mim.* **2.** Estos son los versículos de un Libro sabio, **3.** que es guía y misericordia para quienes hacen el bien. **4.** [Los que hacen el bien son aquellos que] hacen la oración, pagan el *zakat* y tienen certeza de la existencia de la otra vida. **5.** Esos son quienes siguen la guía de su Señor y serán los bienaventurados.

Distraer a la gente de la verdad

6. Entre la gente hay quienes se dedican, sin conocimiento [ni argumentos] a promover palabras vanas con el propósito de desviar a los demás del sendero de Dios, y se burlan [de la palabra de Dios]. Ellos tendrán un castigo humillante. **7** Cuando se les recitan Mis versículos les dan la espalda con soberbia, como si fueran sordos y no las hubieran oído. Anúnciales [¡Oh, Mujámmad!] un castigo doloroso.

La recompensa de los creyentes

8. En cambio, quienes crean y hagan obras de bien serán recompensados con los Jardines de las Delicias. **9.** Morarán en ellos por toda la eternidad. La promesa de Dios siempre se cumple. Él es el Poderoso, el Sabio.

La creación de Dios

10. [Dios] creó los cielos sin columnas visibles, afirmó la Tierra con montañas para proporcionarles un lugar estable que no se sacuda [con temblores], diseminó en ella toda clase de animales, e hizo descender del cielo la lluvia para que brote generosamente toda clase de vegetación. **11.** Esa es la creación de Dios, muéstrenme qué han creado sus dioses. Los injustos [que adoran a otros en lugar de Dios] están en un claro extravío.

Consejos de Luqmán:
1) Adora solo a Dios

12. Agracié a Luqmán[1] con la sabiduría [y le dije]: "Sé agradecido con Dios, pues quien agradece lo hace en beneficio propio, mientras que el ingrato debe saber que Dios no precisa del agradecimiento [de las personas] y es digno de toda alabanza". **13.** [Recuerda] cuando Luqmán exhortó a su hijo diciéndole: "¡Oh, hijito! No dediques actos de adoración a otro que Dios, pues la idolatría es una gran injusticia"[2].

2) Honra a tus padres

14. Le he ordenado al ser humano hacer el bien a sus padres. Su madre lo lleva [en el vientre] soportando molestia tras molestia, y su destete es a los dos años[3]. Sean agradecidos conmigo y con sus padres, pero sepan que ante Mí comparecerán al final. **15.** Si tus padres se esfuerzan por hacer que caigas en la idolatría de dedicar actos de adoración a otro que Dios, lo cual es algo que no te he enseñado, no los obedezcas[4] pero trátalos con amor y respeto. Sigue el camino de los piadosos, pues ante Mí comparecerán y les informaré de lo que hacían.

3) Sabe que Dios juzgará todas la obras

16. "¡Oh, hijito! Sabe que aunque una mala acción fuera del peso de un grano de mostaza, y estuviera escondida bajo una roca o en [algún otro lugar de] los cielos o de la Tierra, Dios la sacará a la luz [y les preguntará por ella]. Dios es Sutil, y está bien informado de lo que hacen.

4) Cumple tu deber para con Dios

17. ¡Oh, hijito! Haz la oración, ordena el bien y condena el mal, y sé paciente ante la adversidad, porque esas son cualidades de la entereza.

5) Sé humilde

18. No rechaces a la gente y no andes por la Tierra como un arrogante. Dios no ama a los presumidos ni a

---

1 Los sabios tienen distintas opiniones sobre si *Luqmán* era un Profeta o solo un hombre sabio, y la mayoría se inclina por esta última opción, ya que en el Corán Dios solo menciona que le concedió sabiduría, y no menciona la profecía ni la revelación. El ejemplo de su sabiduría lo podemos ver en el importante consejo de vida que transmite a su hijo, evidenciándole lo mejor de este mundo y el más allá.

2 Asociarle en la adoración, cometer idolatría y politeísmo, es el peor de los pecados e injusticias que el ser humano puede cometer. Cuando el Profeta, que la paz y las bendiciones de Dios sean con él, fue consultado acerca de cuál era el pecado más grave, dijo: "Asociarle a Dios, siendo que solamente Él te ha creado". Registrado por Al Bujari y Muslim.

3 La leche materna es una mezcla incomparable de componentes creada por Dios, que sirve como fuente excelente de nutrientes para el recién nacido e incrementa la resistencia ante las enfermedades. Uno de los hechos que la ciencia ha descubierto, es que amamantar a los niños hasta los dos años es muy beneficioso. Dios nos suministró este importante dato hace 14 siglos en el Corán.

4 La obediencia absoluta es debida únicamente a Dios y a su Mensajero. Por ello, debemos honrar y obedecer a los padres siempre que no nos pidan algo que claramente contradiga las normas islámicas. De lo contrario, les debemos respeto y atención permanente, pero no obediencia. Porque todo lo que provenga de un ser humano debe ser analizado a la luz de las enseñanzas islámicas. Lo que significa que la obediencia a los seres creados está limitada solo a aquello que no implique desobedecer al Creador. Ver Corán 4:59.

los engreídos. **19.** Sé modesto en tu andar y habla sereno, que el ruido más desagradable es el rebuzno del asno".

Los favores de Dios

20. ¿Acaso no ven que Dios puso al servicio de ustedes cuanto hay en los cielos y en la Tierra, y los colmó de Sus bendiciones, algunas de las cuales ven y otras no? A pesar de esto, entre la gente hay quienes discuten acerca de Dios sin conocimiento, guía ni libro revelado. **21.** [A estos] cuando se les dice: "Sigan lo que Dios ha revelado", responden: "Nosotros seguimos la tradición de nuestros padres". ¿[La seguirían] Incluso si el demonio los arrastrara al castigo del Infierno?

Los creyentes y los incrédulos

22. Quien entregue su voluntad a Dios y haga obras de bien, se habrá aferrado al asidero más firme. Todo vuelve a Dios para ser juzgado. **23.** No sientas pena por la incredulidad de los que se niegan a creer, ellos comparecerán ante Mí y les informaré lo que cometieron. Dios conoce lo que esconden los corazones. **24.** Los dejaré que gocen un tiempo breve[5] y luego los llevaré a un castigo riguroso. **25.** Si les preguntas [a los idólatras]: "¿Quién creó los cielos y la Tierra?" Responderán: "¡Dios!" Diles: "¡Alabado sea Dios!" Pero la mayoría de la gente lo ignora[6].

El conocimiento infinito de Dios

26. A Dios pertenece cuanto existe en los cielos y en la Tierra, y Él es el Opulento, el digno de alabanza. **27.** Si todos los árboles que hay sobre la Tierra se convirtieran en plumas [para escribir] y el mar junto a otros siete mares se convirtieran en tinta, no bastarían para escribir las Palabras de Dios. Dios es Poderoso, Sabio.

El poder infinito de Dios

28. La creación de todos ustedes y su resurrección es [tan fácil para Dios] como si fuera la de un solo ser. Dios todo lo oye, todo lo ve. **29** ¿Acaso no ven que Dios inserta la noche en el día y el día en la noche, y sometió al Sol y a la Luna haciendo que cada uno recorra [su órbita] hasta un plazo prefijado? Dios está bien informado de lo que hacen. **30** Dios es la Verdad, y todo lo que invocan fuera de Él es falso. Dios es el Sublime, el Supremo.

La ingratitud humana

31. ¿Acaso no ven que los barcos navegan en el mar por la gracia de Dios? Es una muestra de Sus signos. En ello hay señales para quien es perseverante y agradecido. **32.** [Sucede que] cuando olas como montañas los envuelven [durante una tormenta en el mar], invocan a Dios y prometen adorarlo solo a Él; pero cuando [Dios] los pone a salvo llevándolos a tierra firme, algunos de ellos solo

---

5 La vida de una persona, comparada a la eternidad de Dios, es sin duda un período breve.

6 Que esa afirmación implica que deberían adorar solo a Dios y apartarse de toda idolatría.

cumplen parte de su promesa. Sepan que solo niegan Mis signos los pérfidos y los ingratos.

Advertencia del Día del Juicio

33. ¡Oh, gente! Teman a su Señor y [teman] el día en el que ningún padre pueda cargar las faltas de su hijo y ningún hijo pueda cargar las faltas de su padre[7]. Lo que Dios promete se cumple. Que no los seduzcan los placeres de la vida mundanal ni los engañe el Seductor [el demonio], alejándolos de Dios.

Las cinco llaves de lo oculto

34. Solo Dios sabe cuándo llegará la hora [el Día del Juicio], cuándo hará descender lluvia y qué encierra el útero[8]; nadie sabe qué le deparará el día siguiente ni en qué tierra ha de morir. Dios lo sabe todo y está bien informado de lo que ustedes hacen.

---

7 Este principio establece que cada cual es responsable de sus acciones, y que nadie cargará con los pecados ajenos y, por lo tanto, nadie hereda pecados de generaciones anteriores, como sostiene el concepto del "pecado original".

8 En referencia a su personalidad, si será creyente o incrédulo, de los agraciados con el Paraíso o de los condenados al Infierno, porque ese conocimiento solo lo sabe Dios. Este versículo no se refiere al sexo del feto, ya que los primeros exégetas, hace más de 1.400 años mencionaron que el sexo del feto es conocido por los ángeles y, por lo tanto, no forma parte de ese conocimiento exclusivo de Dios al que hace referencia el versículo.

32. La Prosternación

(As-Sachdah)

Este capítulo del Corán fue revelado en La Meca, y toma su nombre de las prosternaciones de los creyentes en adoración, mencionadas en el versículo 15, deja en claro que el Corán es una revelación divina y que Dios Todopoderoso es el único Creador, y el único capaz de resucitar. Similar al capítulo anterior, se hace una referencia a las cualidades de los creyentes y de los incrédulos, y a la recompensa que espera a cada uno de ellos. Tanto el inicio como el final de este capítulo y el comienzo de la siguiente instan al Profeta (ﷺ) a alejarse de los incrédulos y no ceder ante ellos.

En nombre de Dios, el
Compasivo, el Misericordioso

Tranquilizando al Profeta

1. *Álif. Lam. Mim.* **2.** Este libro[1] sin duda es una revelación del Señor del Universo. **3.** Sin embargo, dicen [los que rechazan el Mensaje]: "Él[2] lo ha inventado". Pero el Corán es la verdad que procede de tu Señor, para que adviertas a un pueblo al que no se le ha presentado advertidor alguno antes de ti, y así se encaminen.

El poder creador de Dios

4. Dios es Quien creó los cielos, la tierra y todo lo que existe entre ambos en seis eras, luego se estableció sobre el Trono. No tienen fuera de Él protector ni intercesor alguno. ¿Acaso no van a recapacitar? **5.** [Dios] decreta todos los asuntos desde el cielo a la Tierra, que luego ascienden a Él en un día que equivale a mil años de los que ustedes cuentan. **6.** Él es Quien conoce lo oculto y lo manifiesto. Él es el Poderoso, el Misericordioso, **7.** quien perfeccionó todo lo que ha creado, y comenzó la creación del ser humano del barro. **8.** Luego hizo que su descendencia surgiera de una gota de esperma insignificante. **9.** Luego lo forma y le insufla el espíritu. Él los ha dotado de oído, vista e intelecto, pero poco es lo que Le agradecen.

Los que niegan la Resurrección

10. Dicen [quienes niegan la Resurrección]: "¿Acaso después que nos hayamos convertido en polvo, podremos ser creados nuevamente?" Ellos no creen que vayan a comparecer ante su Señor. **11.** Diles: "Tomará sus almas el ángel de la muerte, que fue encargado para ello, y luego comparecerán ante su Señor". **12.** Y verás [¡Oh, Mujámmad!] cuando los pecadores inclinen sus cabezas ante su Señor y digan: "¡Señor nuestro! Ahora hemos oído y visto [cuál es la verdad]. Permíte-

---

1 El Sagrado Corán.

2 Mujámmad, que la paz y las bendiciones de Dios sean con él.

nos retornar a la vida mundanal para que obremos rectamente; ahora estamos convencidos". **13.** Si hubiera querido habría impuesto a todas las personas la guía. Pero se ha de cumplir Mi designio[3]: "He de llenar el Infierno de *yinn* y de seres humanos [que rechazaron el Mensaje]. **14.** Sufran [el castigo] por haber relegado su encuentro de este día, Yo también los relegaré. Sufran el castigo eterno por lo que han cometido".

Características de los creyentes

15. Solo creen en Mis signos quienes se prosternan cuando se les recitan [mis versículos], glorifican a su Señor y no se comportan con soberbia, **16.** se levantan de sus lechos para invocar a su Señor con temor y anhelo [de Su respuesta], y dan en caridad parte de lo que les he proveído. **17.** Nadie sabe la alegría que les espera [a los creyentes] como recompensa por sus obras[4].

Los creyentes y los pecadores

18. ¿Acaso el creyente y el pecador son iguales? No lo son. **19.** Quienes crean y obren rectamente obtendrán los jardines del Paraíso como morada en recompensa por sus obras. **20.** Pero quienes desobedezcan [a Dios] tendrán como morada el Fuego. Cada vez que quieran escapar de él, serán devueltos al castigo y se les dirá: "Sufran el tormento del Fuego por haber desmentido [a los Profetas y su Mensaje]". **21.** Pero les haré probar un castigo inmediato en esta vida antes de que los azote el castigo mayor [del Infierno], quizás así recapaciten. **22.** ¿Acaso hay alguien más injusto que aquel que después de que se le recitan los versículos de Dios se aparta de ellos? He de retribuir a los pecadores con lo que merecen.

Revelaciones divinas

23. Le di a Moisés el Libro[5] e hice de él guía para los Hijos de Israel; y no dudes [¡Oh, Mujámmad!] que te encontrarás con él[6]. **24.** Hice de algunos de ellos líderes ejemplares para guiar [a la gente] por Mi voluntad, siempre que sean pacientes y tengan certeza de Mis signos. **25.** Tu Señor juzgará entre ellos el Día de la Resurrección acerca de lo que discrepaban.

Advertencia a los incrédulos

26. ¿Acaso no se les ha evidenciado [a quienes no creen en este Mensaje]

---

3 De que los seres humanos deben elegir la guía con su voluntad y libre albedrío.

4 El Paraíso es la gran recompensa que Dios ha preparado para los creyentes. Es la alegría perfecta y el placer donde nada falta, y nada puede perturbar su pureza. Nuestra imaginación se detiene ante la imposibilidad de comprender la grandeza de tales bendiciones y maravillas. Dios dijo en una revelación (*hadiz qudsi*) narrada por el Profeta, que la paz y las bendiciones de Dios sean con él: "He preparado para Mis siervos virtuosos lo que ningún ojo ha visto, ningún oído ha escuchado, y nunca ha pasado siquiera por la imaginación del ser humano". Registrado por *Al Bujari*.

5 La Torá.

6 El Profeta Mujámmad, que la paz y las bendiciones de Dios sean con él, se encontró con el Profeta Moisés, que la paz sea con él, durante la noche del viaje nocturno.

cuántas civilizaciones destruí, siendo que ellos ahora pueden observar sus ruinas? En eso hay signos para que reflexionen. **27.** ¿Acaso no ven cómo envío la lluvia a la tierra árida, y con ella hago brotar los sembrados de los que comen ellos mismos y también sus rebaños? ¿Acaso no recapacitan?

Los que niegan el Juicio

28. Y preguntan [a los creyentes]: "¿Cuándo llegará el Día del Juicio, si es que dicen la verdad?" **29.** Diles: "Cuando llegue el Día del Juicio ya no les servirá creer a los que rechazaron el Mensaje, ni tendrán otra oportunidad". **30.** Apártate de ellos y aguarda [pacientemente el designio de Dios], y sabe que ellos seguirán acechándote.

33. Los Aliados[1]

(Al-Ahzâb)

Este capítulo del Corán fue revelado en Medina, y toma su nombre de la alianza entre los enemigos (mencionada en los versículos 9–27) que puso bajo asedio a Medina durante la Batalla de la Trinchera en 5 d. H./627 e. c. Mientras se les recuerda a los creyentes la ayuda de Dios contra la alianza enemiga, y los hipócritas son repetidamente condenados. El capítulo proporciona pautas sociales con respecto al divorcio, la adopción, el pudor y la etiqueta de tratar con el Profeta (ﷺ) y con sus esposas. En vista de los favores de Dios hacia los creyentes (incluyendo Su perdón y Su generosa recompensa al final del capítulo), el siguiente capítulo comienza con alabanzas a Dios.

En el nombre de Dios,
el Compasivo, el Misericordioso

Órdenes al Profeta

1. ¡Oh, Profeta! Teme a Dios y no obedezcas a los que niegan la verdad y a los hipócritas. Dios lo sabe todo, es Sabio. **2.** Sigue lo que te ha sido revelado por tu Señor. Dios está bien informando de lo que hacen. **3.** Encomiéndate a Dios, porque Dios es suficiente como protector.

Normas sobre el divorcio y la adopción

4. Dios no puso dos corazones en el interior del hombre[2]. Dios no ha hecho que aquellas esposas que hayan repudiado diciendo "eres tan ilícita para mí como el cuerpo de mi madre" sean [realmente] sus madres, como tampoco ha hecho que sus hijos adoptivos sean [realmente] hijos suyos: estas son solo expresiones [equivocadas] de sus bocas, Dios es quien expresa la verdad [absoluta] y guía al sendero [recto]. **5.** Llámenlos [a sus hijos adoptivos] por el apellido de sus padres verdaderos, porque eso es lo más justo ante Dios; pero si no conocen a sus padres, mejor digan que ellos son sus hermanos en la religión y sus protegidos. No será considerado un pecado si lo hubieran hecho por error[3], pero sí será un pecado en caso de que lo hicieran intencionadamente. Dios es Perdonador, Misericordioso.

---

1 Este capítulo menciona la historia de los *ahzab* o aliados, que sitiaron a los musulmanes en Medina con el propósito de exterminarlos. El término aliados se refiere a las distintas tribus que formaron parte de esta intriga y posterior ataque, entre ellas tribus árabes paganas y dos tribus judías, Banu Nadir y Banu Quraida.

2 El corazón de una persona no puede albergar la fe y la hipocresía al mismo tiempo.

3 También si se ignora que eso no era correcto.

Pautas para los creyentes

6. El Profeta es más amado para los creyentes que ellos mismos[4]; las esposas del Profeta [deben ser respetadas como si fueran] sus madres; y según el Libro de Dios [el Corán], los parientes son quienes tienen derecho a la herencia[5], algunos en mayor proporción que otros, y no los creyentes y los emigrados, pero aun así pueden testar a favor de ellos[6]. Esto ha sido decretado y registrado en el Libro[7].

Pacto para transmitir la verdad

7. Celebré una alianza con todos los Profetas, la misma que celebro contigo [¡Oh, Mujámmad!], con Noé, Abraham, Moisés y Jesús, hijo de María. Tomé de ellos un compromiso firme, **8.** para preguntarles [el Día del Juicio] a los veraces[8] acerca de su veracidad [si cumplieron con ese compromiso]. Dios tiene preparado para los que negaron la verdad un castigo doloroso.

La batalla de la trinchera

9. ¡Oh, creyentes! Recuerden las mercedes con las que Dios los agració, cuando [en la batalla de Al Jandaq] los cercó un ejército, y envié contra ellos una tempestad y un ejército [de ángeles] que no podías ver. Dios ve todo cuanto hacen. **10.** [Recuerda] cuando los atacaron por la parte alta y por la parte baja [del valle], el terror desencajó sus miradas, se subieron sus corazones hasta la garganta, y tuvieron malos pensamientos sobre Dios [pensando que no socorrería a los creyentes]. **11.** Allí fueron probados los creyentes, y fueron sacudidos por una fuerte conmoción.

La postura de los hipócritas

12. Dijeron los hipócritas y los que tenían su corazón enfermo de dudas: "Dios y Su Mensajero solo nos han hecho promesas falsas". **13.** Cuando un grupo de ellos [de los hipócritas] dijo: "¡Oh, gente de Yazrib[9]! Esto es perjudicial para ustedes. ¡Mejor regresen [y no combatan]! Y un grupo de ellos pidió autorización al Profeta diciendo: "Nuestras casas quedaron desprotegidas", pero no estaban desprotegidas, sino que solo querían huir. **14.** Si [los incrédulos] hubieran entrado [a Medina] por sus flancos y les hubieran pedido colaboración [contra los creyentes], lo habrían aceptado fácilmente.

Advertencia a los hipócritas

15. Se habían comprometido ante Dios a que no abandonarían el cam-

---

4 Dijo el Profeta Mujámmad, que la paz y las bendiciones de Dios sean con él: "Ninguno de ustedes ha de completar su fe hasta que yo le sea más amado que su hijo, su padre y todas las personas". Registrado por *Al Bujari.*

5 Esta es una aclaración y abrogación, ya que en un principio los musulmanes se heredaban entre sí aunque no fueran parientes.

6 Un porcentaje que no exceda el tercio [33.3%].

7 La Tabla Protegida.

8 Los Profetas y sus seguidores.

9 Antiguo nombre de la ciudad de Medina.

po de batalla; serán preguntados por el pacto que tomaron con Dios. **16.** Diles [¡Oh, Mujámmad!]: "De nada les servirá huir, si es que pretenden huir de la muerte o de que se los mate. Aunque pudieran [escapar en esta oportunidad] no disfrutarán de la vida mundanal sino poco tiempo". **17.** Diles: "¿Quién los protegerá de Dios, si Él quisiera un mal para ustedes, o [quién puede impedir] que los colme con Su misericordia si así Lo desea? No encontrarán, fuera de Dios, quién los ayude ni quién los pueda defender".

Tácticas hipócritas

18. Dios conoce a quienes pretenden desanimar [a los creyentes] de entre ustedes, y a quienes dicen a sus hermanos [que salieron a combatir]: "Vuelvan con nosotros", [estos hipócritas] no quieren participar del enfrentamiento. **19.** Se niegan a prestar todo tipo de ayuda, y cuando se apodera de ellos el temor [por cobardía] los ves que te observan con los ojos desorbitados, como aquel que está en la agonía de la muerte. Pero cuando el temor cesa, se dirigen a ustedes con lenguas afiladas, ávidos por obtener parte del botín. Estos no son creyentes, y Dios hará vanas sus obras [por su falta de fe] pues esto es algo fácil para Él.

Paranoia hipócrita

20. Ellos pensaban que los aliados no se habían marchado, y si estos aliados hubieran regresado [otra vez para combatirlos], habrían deseado estar en el desierto con los beduinos y preguntar de lejos acerca de la suerte de los musulmanes; y aunque hubieran estado con ustedes, poco es lo que habrían participado en la batalla [por desgano].

El Profeta como modelo a seguir

21. En el Mensajero de Dios hay un bello ejemplo para quienes tienen esperanza en Dios, [anhelan ser recompensados] en el Día del Juicio y recuerdan frecuentemente a Dios.

La postura de los creyentes

22. Cuando los creyentes vieron a los aliados dijeron: "Esto es lo que nos prometieron Dios y Su Mensajero[10], y la promesa de Dios y Su Mensajero es verdadera". Eso no hizo sino acrecentarles la fe y la aceptación [de las órdenes de Dios]. **23.** Entre los creyentes hay hombres que cumplieron el compromiso que tomaron con Dios. Algunos ya han fallecido, otros esperan que les llegue su hora y no han cambiado de compromiso. **24.** Dios [decidió probarlos en la fe] para recompensar a los sinceros por su sinceridad y castigar a los hipócritas, si Él quiere, o perdonarlos[11]. Dios es Perdonador, Misericordioso.

La derrota de la alianza enemiga

25. Dios frustró a los incrédulos que, llenos de ira, no alcanzaron lo que se proponían, e hizo que los creyentes no entraran en combate[12]. Dios es

10 Porque sabían que con la llegada del ejército enemigo vendría el auxilio de Dios.

11 En caso de que se arrepientan, acepten la guía y enmienden su comportamiento.

Fuerte, Poderoso. **26.** Luego hizo salir de sus fortalezas a la gente del Libro[13] que había ayudado [a los idólatras], e infundió el terror en sus corazones. Por Su orden unos fueron ejecutados y otros hechos prisioneros[14]. **27.** [Dios] los hizo heredar sus tierras, sus hogares y sus bienes, y [los hará heredar] otras tierras que todavía ni siquiera han pisado[15]. Dios es sobre toda cosa Poderoso.

Consejo a las esposas del Profeta: Es su decisión

28. ¡Oh, Profeta!, diles a tus esposas[16]: "Si prefieren la vida mundanal y sus placeres transitorios, vengan que les daré la parte de los bienes materiales que les corresponden y acordaremos un divorcio decoroso[17]. **29.** Pero si prefieren a Dios y a Su Mensajero, y la morada que les aguarda en la otra vida, Dios tiene una magnífica recompensa para quienes de ustedes hagan el bien".

Más consejos: Su recompensa

30. ¡Oh, mujeres del Profeta! Quienes de ustedes cometan una deshonestidad evidente, sepan que les será duplicado el castigo. Eso es fácil para Dios. **31.** Pero a quienes de ustedes obedezcan a Dios y a su Mensajero, y obren rectamente, les duplicaré la recompensa y les otorgaré un sustento generoso.

Más consejos: Su modestia

32. ¡Oh, mujeres del Profeta! Ustedes no son como las demás mujeres, si tienen temor de Dios, no hablen con voz dulce, de modo que quien tenga su corazón enfermo sienta alguna atracción; hablen recatadamente. **33.** [Preferiblemente] permanezcan en sus casas, [y cuando salgan] no se exhiban provocativamente como lo

---

12 Porque Dios envió como milagro una tempestad que dispersó al ejército enemigo.

13 Los judíos de Banu Quraidhah, que traicionaron su pacto de no agresión ni colaboración con los enemigos, y ayudaron a los aliados contra los musulmanes.

14 Los judíos de Banu Quraidhah habían firmado un pacto con los musulmanes de defenderse mutuamente en caso de agresión extranjera, y no solamente no lo cumplieron, sino que confabularon con los idólatras para exterminar a los musulmanes, ya que habían acordado con los idólatras atacar Medina cuando estuviera desprotegida y matar a quienes quedaran en ella, que eran unos pocos guardias y miles de mujeres, niños y ancianos, lo que hubiera significado un genocidio. Por lo que fueron juzgados y condenados por planear y confabularse para cometer un genocidio.

Cuando los judíos de Banu Quraidhah se rindieron, rechazaron arrogantemente que el Profeta Mujámmad, que la paz y las bendiciones de Dios sean con él, los juzgara, y pidieron que Sa'ad Ibn Mu'ad, quien había sido un aliado de ellos antes de convertirse al Islam, juzgara sobre su caso de acuerdo con las leyes de la Torá, pensando que este juzgaría a su favor, pero Sa'ad los condenó.

15 Otro milagro histórico que el Corán predijo, ya que en unos pocos años, los imperios de Persia y Roma cayeron ante el avance del Islam.

16 Esta propuesta tuvo lugar cuando algunas de las esposas del Profeta, que la paz y las bendiciones de Dios sean con él, se quejaron del estilo de vida austero que llevaban y le exigieron al Profeta más dinero para sus gastos diarios. Es importante reflexionar sobre el hecho de que el Profeta, pudiendo disfrutar la vida acomodada y lujosa de cualquier líder, optó por ser austero y compartía las dificultades de los más pobres.

17 A través de un divorcio amistoso de mutuo acuerdo.

hacían [las mujeres] en tiempos del paganismo preislámico, y hagan la oración, paguen el zakat y obedezcan a Dios y a Su Mensajero. Dios quiere apartar de ustedes todo pecado, ¡oh, familia del Profeta!, y purificarlos[18]. **34.** [Oh, esposas del Profeta] transmitan los versículos de Dios y la sabiduría[19] que se mencionan en sus casas. Dios es Sutil, está informado de todas las cosas.

La recompensa de los rectos

35. Dios les tiene reservado Su perdón y una gran recompensa a los musulmanes y las musulmanas, a los creyentes y las creyentes, a los piadosos y las piadosas, a los justos y las justas, a los pacientes y las pacientes, a los humildes y las humildes, a los que hacen caridades y a las que hacen caridades, a los que ayunan y las que ayunan, a los pudorosos y las pudorosas, a los que recuerdan frecuentemente a Dios y a las que recuerdan frecuentemente a Dios.

Obediencia incondicional

36. Un verdadero creyente o a una verdadera creyente no deben, cuando Dios y Su Mensajero hayan dictaminado un asunto, actuar de forma contraria. Quien desobedezca a Dios y a Su Mensajero se habrá desviado claramente.

El caso de Zaid

37. Recuerda [¡Oh, Mujámmad!] cuando dijiste [a Zaid Ibn Háriza] a quien Dios había agraciado [con el Islam] y tú habías favorecido [liberándolo de la esclavitud]: "Conserva a tu esposa y teme a Dios"; intentaste ocultar lo que Dios haría manifiesto porque temiste lo que diría la gente, pero Dios es más digno de ser temido. Cuando Zaid termine con el vínculo conyugal[20], te la concederé en matrimonio[21] para que los creyentes [sepan que] no hay ningún impedimento en casarse con las exesposas de sus hijos adoptivos[22], si es que estos deciden divorciarse de ellas. Era un asunto decidido. **38.** No hay falta

18 En esta frase, en idioma árabe puede observarse una transición del pronombre femenino al masculino sobre el final, ya que el pronombre masculino en este idioma incluye ambos sexos, siendo el objetivo incluir a todos los miembros de la casa del Profeta, y no solamente a sus esposas, como sus nietos Al Hasan y Al Husain, entre otros.

19 Las esposas del Profeta tenían la obligación de comunicar a la comunidad los versículos del Corán que eran revelados en el interior de sus casas, su interpretación y también los dichos que pronunciara el Profeta dentro del hogar, para que su beneficio llegara a toda la comunidad.

20 Y ella haya concluido con el tiempo de espera luego del divorcio.

21 A Zainab, exesposa de Zaid.

22 Para las costumbres paganas preislámicas era de mal agüero casarse con una mujer que había sido divorciada por un hijo adoptivo. Para romper esa creencia, Dios le ordenó al Profeta, que la paz y las bendiciones de Dios sean con él, que contrajera matrimonio con Zainab, y así demostrar que los únicos impedimentos en cuanto al matrimonio son los derivados de las relaciones biológicas reales entre padres e hijos.

alguna del Profeta por lo que Dios le haya prescrito [y permitido contraer en matrimonio]; ese es el designio de Dios tal como lo fue para [los Profetas] que lo precedieron, y el designio de Dios ha de cumplirse. **39.** Quienes transmiten el Mensaje de Dios y tienen temor de Él, sin temer a nadie salvo a Él, sepan que Dios computa todas las obras. **40.** Mujámmad no es el padre de ninguno de sus hombres, sino que es el Mensajero de Dios y el sello de los Profetas[23]. Dios lo sabe todo.

La recompensa de los creyentes

41. ¡Oh, creyentes! Tengan presente a Dios en todo momento, **42.** y glorifíquenlo por la mañana y por la tarde. **43.** Él es Quien los bendice, y Sus ángeles ruegan [el perdón] por ustedes para [que sigan la guía y] sacarlos de las tinieblas [de la idolatría y el pecado] hacia la luz [del monoteísmo y la obediencia]. Él es compasivo con los creyentes. **44.** Su saludo el día que se encuentren con Él [en el Paraíso] será: "¡Que la paz sea contigo!" Dios les tiene reservada una recompensa generosa.

La excelencia del Profeta

45. ¡Oh, Profeta! Te he enviado como testigo[24], albriciador, amonestador, **46.** para que invites [a creer en] Dios con Su anuencia; eres una antorcha luminosa. **47.** Dales a los creyentes la albricia de que recibirán un inmenso favor de Dios. **48.** No obedezcas a los que niegan la verdad ni a los hipócritas, no hagas caso a sus provocaciones, y encomiéndate a Dios, pues Dios es suficiente como Protector.

El divorcio antes de la consumación

49. ¡Oh, creyentes! Si se casan con las creyentes y luego se divorcian antes de haberlas tocado, no deberán ellas esperar ningún plazo para volver a casarse, pero deben darles a ellas una compensación y completar un divorcio decoroso.

Mujeres lícitas para el Profeta

50. ¡Oh, Profeta! Te son lícitas las mujeres a las cuales diste la dote, y lo que posee tu diestra que te ha concedido Dios, y tus primas paternas y maternas que emigraron contigo, y la mujer creyente que se ofrece al Profeta [en matrimonio], si es que el Profeta quiere tomarla por esposa; es un permiso exclusivo para ti, no para los demás. Sé bien lo que les prescribí respecto a las esposas y lo que posee su diestra, para que no tengas reparo[25]. Dios es Perdonador, Misericordioso.

La visita del Profeta a sus esposas

51. [¡Oh, Mujámmad!] Puedes relegar a quien quieras [de tus esposas y no pasar la noche con la que le corresponde] y estar con la que quieras, o si lo deseas volver con alguna de

---

23 El último de una larga cadena de profetas enviados a la humanidad, luego de quien no habrá ya profetas ni enviados.

24 Mujámmad es el testigo de las obras de la comunidad musulmana.

25 Si quisieras casarte con alguna mujer de los grupos mencionados anteriormente.

las que hubieras relegado, no cometes pecado al hacerlo. Esto es más conveniente para que estén alegres, no se entristezcan y se sientan complacidas. Dios bien sabe lo que hay en sus corazones. Dios todo lo sabe, es Tolerante.

Sin matrimonios futuros

52. No te será lícito que vuelvas a casarte luego de esta revelación, ni sustituir a una por otra aunque fueran muy hermosas, excepto lo que posea tu diestra. Dios todo lo observa.

Sobre visitar al Profeta

53. ¡Oh, creyentes! No entren en la casa del Profeta a menos que los invite a comer, y no estén procurando la ocasión [de que los invite]. Si fueran invitados, entren, y cuando hayan terminado de comer, retírense y no se demoren hablando, porque eso incomoda al Profeta y se avergüenza [de pedirles que se retiren]; pero Dios no se avergüenza de [decir] la verdad. Cuando les pidan algo [a las esposas del Profeta], háganlo detrás de una cortina. Esto es más puro para los corazones de ustedes y los de ellas. No deben molestar al Mensajero de Dios ni deben casarse nunca con quienes fueron sus esposas, porque eso es grave ante Dios. **54.** Si manifiestan algo o lo ocultan, sepan que Dios está enterado de todas las cosas. **55.** No es un pecado [para las creyentes si se quitan el velo] ante sus padres, sus hijos, sus hermanos, los sobrinos de parte de su hermano o de su hermana, las demás mujeres y ante los esclavos. Tengan temor de Dios, porque Dios es testigo de todo.

Bendiciones para el Profeta

56. Dios y Sus ángeles colman de amor al Profeta. ¡Oh, creyentes! Pidan amor y protección por él.

Ofender a Dios, a Su Mensajero y a los creyentes

57. A quienes intenten perjudicar a Dios[26] y a Su Mensajero, Dios los maldecirá en este mundo y en el otro, donde les tiene preparado un castigo humillante. **58.** Quienes causen daño a los creyentes y a las creyentes sin tener motivo alguno, cometen un pecado evidente.

El velo

59. ¡Oh, Profeta! Diles a tus mujeres, a tus hijas y a las mujeres de los creyentes, que se cubran con sus mantos[27]; es mejor para que se las reconozca[28] y no sean molestadas. Dios es Perdonador, Misericordioso.

---

26 Intentar perjudicar a Dios, significa causarle algún perjuicio a Su religión.

27 El término *yilbab* جلباب hace referencia a una clase de ropa similar a un manto o capa que cubre todo el cuerpo desde la cabeza, y que difiere de la vestimenta que se utiliza dentro del hogar. Acorde a la orden mencionada en este versículo, es obligatorio para las mujeres musulmanas utilizar una vestimenta, frente a hombres que no son de su familia, que cubra todas aquellas partes de su cuerpo que les requiere la legislación islámica.

28 Al ser reconocidas como mujeres musulmanas y religiosas, no serán molestadas por aquellos hombres que intentan seducir a mujeres que, por su vestimenta, juzgan de moralidad mundana.

La recompensa de los que hacen el mal

60. Si los hipócritas, aquellos que tienen sus corazones enfermos [de dudas] y los que siembran intrigas en Medina no se abstienen, te daré poder sobre ellos, y en consecuencia no permanecerán mucho como tus vecinos. **61.** Porque serán maldecidos dondequiera que se encuentren, y deberán ser apresados y ajusticiados con firmeza[29]. **62.** Tal ha sido el proceder de Dios con los que [pecaron de igual manera y] ya han desaparecido. ¡No hallarás cambio alguno en el proceder de Dios!

¿Cuándo será la Hora?

63. Te preguntan acerca de la Hora [del Juicio]. Diles: "Solo Dios tiene el conocimiento de cuándo será; no sé si la Hora esté cercana".

Los condenados

64. Dios maldice a los que rechazan el Mensaje y les ha preparado el Infierno. **65.** Estarán en él por toda la eternidad; no encontrarán quién los proteja ni los auxilie. **66.** El día en que sus rostros se hundan en el fuego del Infierno, dirán: "¡Ojalá hubiéramos obedecido a Dios y al Mensajero!" **67.** Y dirán: "¡Señor nuestro! Seguimos a nuestros líderes y poderosos; fueron ellos quienes nos desviaron del camino [recto]. **68.** ¡Señor nuestro! Duplícales a ellos el castigo y maldícelos completamente".

Consejo a los creyentes

69. ¡Oh, creyentes! No sean como quienes calumniaron a Moisés. Dios lo declaró inocente de lo que lo acusaban; él goza ante Dios de un rango elevado. **70.** ¡Oh, creyentes! Tengan temor de Dios y hablen solo con la verdad. **71.** [Si lo hacen,] Él hará virtuosas sus obras y perdonará sus pecados. Quien obedece a Dios y a Su Mensajero obtendrá un triunfo grandioso.

La responsabilidad

72. Le propuse a los cielos, a la Tierra y a las montañas revelarles el Mensaje, pero se rehusaron a cargar con ello porque sintieron temor[30]. Pero el ser humano aceptó llevar la carga; el ser humano fue injusto [consigo mismo] e ignorante [de las consecuencias de asumir esa responsabilidad]. **73.** Dios castigará a los hipócritas y a las hipócritas, a los idólatras y a las idólatras; mientras que Dios perdonará a los creyentes y a las creyentes porque Él es Perdonador, Misericordioso.

---

29 Esta es la pena que establece el Islam para crímenes sexuales como la violación.

30 De la enorme responsabilidad que implicaba ser portador del Mensaje.

34. Saba[1]

(Saba')

Este capítulo del Corán fue revelado en La Meca, y toma su nombre de la referencia al pueblo de Saba (versículos 15-20) que fue castigado por su ingratitud para con los favores de Dios. Tanto David (ﷺ) como Salomón (ﷺ) son citados como siervos agradecidos de Dios. Se les recuerda a los paganos de La Meca que solo la fe los puede acercar a Dios, no sus riquezas. Se les critica por llamar 'loco' al Profeta (ﷺ) y se les advierte del castigo en esta vida y en la otra. Tanto las últimas partes de este capítulo (versículos 40-41) como el comienzo de la siguiente (versículo 1) reafirman que los ángeles son fieles siervos de Dios.

En el nombre de Dios,
el Compasivo, el Misericordioso

Alabanzas al Todopoderoso

1. ¡Alabado sea Dios, a Quien pertenece cuanto hay en los cielos y la Tierra! Suyas serán las alabanzas en la otra vida. Él es el Sabio, el que está bien informado. **2.** Sabe lo que ingresa en la tierra[2] y lo que surge de ella. Lo que desciende del cielo y lo que sube hacia él[3]. Él es el Misericordioso, el Perdonador.

Negar la Hora

3. Dicen los que se negaron a creer: "No habrá Día del Juicio". Diles [¡Oh, Mujámmad!]: "¡Sí!, habrá, se los juro por mi Señor, Él es el Conocedor de lo oculto, no se Le escapa el conocimiento de la existencia de una pequeña partícula en los cielos o en la Tierra, ni existe nada menor ni mayor que no esté en un Libro evidente[4]. **4.** [La Resurrección es] para recompensar a los creyentes que obraron correctamente; ellos obtendrán el perdón y un sustento generoso. **5.** Pero quienes se esfuercen por hacer fracasar Mi Mensaje tendrán el castigo de un suplicio doloroso. **6.** Quienes recibieron la sabiduría y el conocimiento saben que lo que tu Señor te reveló es la Verdad que guía al sendero del Poderoso, el Loable.

Advertencia a los negadores

7. Dicen los que se negaron a creer [burlándose]: "¿Quieren que les mostremos un hombre [Mujámmad]

---

1 *Saba* es una civilización antigua que se estableció en el sudoeste del Yemen entre los años 950-115 a.C., y cuya ciudad capital era *Ma'rib*. El reino de *Saba* es famoso por su construcción de la represa de *Ma'rib* en el 700 a.C. Esta represa colapsó pocos años antes del nacimiento del Profeta Mujámmad. La gente de *Saba* adoraba principalmente a Almaqah, dios del sol, entre otros dioses.

2 Como la lluvia, las semillas, etc.

3 Como los ángeles y los registros de las obras del ser humano.

4 La Tabla Protegida.

que anuncia que luego de haber sido desintegrados completamente [en las tumbas] serán resucitados, **8.** inventa mentiras y se las atribuye a Dios, o está loco?" Pero los que no creen en la otra vida sufrirán el castigo porque están sumidos en un extravío profundo. **9.** ¿Es que no observan los cielos y la tierra que los rodea? Si quisiera, haría que se los tragara la tierra, o haría que cayera sobre ellos un castigo del cielo. En eso hay un signo para todo siervo arrepentido.

El favor de Dios para con David

10. Concedí a David Mi favor [cuando dije:] "¡Oh, montañas y pájaros! Glorifiquen con él [a Dios]", y le facilité moldear el hierro. **11.** [Dijo Dios:] "Haz cotas de malla cuyas argollas tengan una justa medida y obren rectamente [tú y tus seguidores]; Yo observo lo que hacen".

El favor de Dios para con Salomón

12. Y a Salomón le sometí el viento para que recorriera la distancia que recorrería en un mes en las mañanas como en las tardes. E hice manar para él una fuente de cobre fundido. [También le sometí] los *yinn* que trabajaban para él por orden de su Señor. A quien de ellos se rebelara a Mi voluntad [y desobedeciera a Salomón], le hacía sufrir el castigo del Infierno. **13.** Hacían para él todo lo que él deseara: templos elevados, estatuas, cántaros grandes como estanques y calderas enormes. [Les dije:] "Trabajen con agradecimiento [a Dios por los favores concedidos] ¡oh, familia de David!, pero sepan que pocos de Mis siervos son agradecidos". **14.** Cuando decreté para él que muriera[5], no les advirtió de su muerte sino un insecto de la tierra[6] que carcomió su bastón, y cuando [Salomón] se cayó, se hizo evidente [para la gente] que si los *yinn* hubieran tenido conocimiento de lo oculto[7], no habrían permanecido en el castigo humillante [de seguir trabajando].

El favor de Dios para con Saba
1) Provisión

15. Las moradas de Saba eran un signo [de las gracias de Dios]: poseían dos huertos, uno [en un valle] a la izquierda y otro a la derecha. [Les dije:] "Coman del sustento de su Señor y agradézcanle. Tienen una buena tierra, y [si son agradecidos, sepan que] su Señor es Perdonador". **16.** Pero se apartaron, entonces envié sobre ellos la inundación [que produjo la ruptura] de las represas [que habían construido], y les cambié sus dos huertos por granjas con frutos amargos, tamariscos y algunos árboles de azufaifo. **17.** Así los castigué por ser desagradecidos, y no castigo así sino al desagradecido.

---

5 Cuando el Profeta Salomón murió, quedó sentado en su trono, apoyado en su bastón, entonces los *yinn* al pasar frente a él pensaban que aún estaba con vida y seguían trabajando.

6 Una termita.

7 Es común encontrar en mucha gente el concepto errado de que los *yinn* o demonios tienen conocimiento de lo oculto. Los *yinn* desviados, que se convierten en demonios, ayudan a difundir esta noción. Pero Dios nos muestra la falsedad de este concepto al revelarnos la historia del Profeta Salomón.

El favor de Dios para con Saba
2) Viaje seguro

18. Puse entre ellos y las ciudades que había bendecido otras aldeas, e hice que transitaran tranquilos por ellas. [Les dije:] "¡Viajen por ellas seguros de noche y de día!" **19.** Dijeron [con arrogancia]: "¡Señor nuestro! Alarga nuestros viajes[8]". Y se perjudicaron a sí mismos, e hice que se convirtieran en historia y los destruí por completo. Sin duda, en esto hay un signo para todo paciente [ante momentos difíciles] agradecido [de los favores de Dios].

La promesa de Satanás

20. Así confirmó Iblís su afirmación[9]: ya que todos lo siguieron excepto un grupo de creyentes. **21.** [El demonio] no tenía poder sobre ellos, sino [que les susurró] para que se hiciera evidente quién creía en la otra vida y quién de ellos tenía dudas. Tu Señor está atento a todas las cosas.

Ídolos indefensos

22. Diles [¡Oh, Mujámmad! a los idólatras]: "Invoquen a quien quieran en lugar de Dios, pero sepan que los ídolos no pueden [beneficiar ni perjudicar] ni siquiera en el peso de una partícula, tanto en los cielos como en la Tierra, ni tienen participación alguna [en el poder divino], ni tampoco Él tiene ayudantes de entre ellos". **23.** No se aceptará ninguna intercesión y solo podrán hacerlo aquellos a quienes Él se lo permita, hasta que, cuando el terror se aleje de sus corazones [los ángeles] se preguntarán [unos a otros]: "¿Qué dijo su Señor?" Responderán: "La Verdad. Él es el Sublime, el Grande".

Mensaje a los politeístas

24. Pregúntales [¡Oh, Mujámmad! a los idólatras]: "¿Quién los sustenta de los cielos y la Tierra?" Diles: "¡Dios!" Uno de nosotros está en el sendero recto y el otro en el error evidente. **25.** Diles: "Ustedes no serán interrogados por nuestras faltas, ni nosotros seremos interrogados por las suyas". **26.** Diles: "Nuestro Señor nos congregará [el Día del Juicio], luego juzgará entre nosotros con equidad; Él es el verdadero Juez, y Él todo lo sabe". **27.** Diles: "Muéstrenme los [ídolos] que asocian con Él". ¡No existen!, pues Él es Dios, el Poderoso, el Sabio.

La advertencia de la Hora

28. No te envié [¡Oh, Mujámmad!] sino como anunciador de buenas nuevas y amonestador para todos los seres humanos. Pero la mayoría de la gente lo ignora. **29.** Dicen [los que se negaron a creer]: "¿Cuándo se cumplirá esta amenaza, si dices la verdad?" **30.** Diles: "Ustedes han sido emplazados para el Día [del Juicio], y no podrán adelantarlo ni retrasarlo siquiera un instante".

---

8 Esta frase fue pronunciada con soberbia hacia Dios como un desafío, ya que Dios les había concedido viajar con seguridad entre los pueblos y que sus viajes fueran cortos y fáciles.

9 Para ver esta afirmación del demonio ir a Corán 17:62, 7:17, entre otras.

Los que desvían y los desviados

31. Dicen los que se negaron a creer: "No creeremos en este Corán ni en los [Libros revelados] anteriores". Pero si vieras [¡Oh, Mujámmad!] cuando estén los que cometieron injusticias frente a su Señor, increpándose unos a otros. Dirán los seguidores oprimidos a los [líderes] arrogantes: "Si no fuera por ustedes hubiéramos sido creyentes". **32.** Dirán los [líderes] arrogantes a quienes los siguieron: "¿Acaso nosotros los apartamos de la guía [por la fuerza], después que les vino? Son unos transgresores [que eligieron libremente el descarrío]". **33.** Dirán quienes seguían a los soberbios líderes [en la incredulidad]: "No, fueron sus astucias, pues noche y día nos ordenaban que no creyéramos en Dios y que igualáramos a los ídolos con Dios [dedicándoles actos de adoración]". Todos pretenderán esconder su arrepentimiento [por no haber creído en los Mensajeros] cuando vean el castigo [pero se evidenciará en sus rostros]; y pondremos argollas en los cuellos de los que se negaron a creer. ¿No serán acaso castigados por lo que cometieron?

La élite corrupta

34. No envié un [Profeta como] amonestador a ninguna ciudad sin que dijeran sus líderes y poderosos: "No creemos en tu Mensaje".

35. Decían también: "Nosotros tenemos más bienes materiales e hijos que tú, y no seremos castigados". **36.** Diles: "Mi Señor sustenta generosamente a quien quiere y se lo restringe [a quien quiere], pero la mayoría de la gente lo ignora". **37.** Sepan que no son ni sus bienes materiales ni sus hijos los que los acercan a Mí, sino que quienes crean y obren rectamente recibirán una recompensa multiplicada por sus obras, y morarán seguros en habitaciones elevadas [del Paraíso]. **38.** En cambio, aquellos que se esfuercen por denigrar Mi Mensaje serán llevados al castigo. **39.** Diles: "Mi Señor aumenta el sustento a quien Él quiere de Sus siervos y se lo restringe [a quien quiere], y todo lo que gasten en caridad, Él se los compensará. Él es el mejor de los sustentadores".

Los adoradores y los adorados

40. El día en que congregue a todos [los seres humanos para juzgarlos], preguntará a los ángeles: "¿Estos [idólatras] eran los que los adoraban?" **41.** Responderán [los ángeles]: "¡Alabado seas! Tú eres nuestro Protector, y nosotros no los indujimos a ello, pero [los idólatras en realidad] adoraban a los *yinn*, y la mayoría [de los seres humanos] creían en ellos. **42.** Pero el Día del Juicio no podrán beneficiarse ni perjudicarse unos a otros, y diré a los que cometieron injusticias: "Sufran el castigo del Fuego que negaban".

La respuesta de los politeístas

43. Cuando se les recitan Mis versículos evidentes [a los idólatras], dicen: "Este [el Profeta Mujámmad] no es sino un hombre que pretende apartarlos de lo que sus padres adoraban". Y dicen: "Este Corán no es más que una mentira inventada". Y dijeron los que se negaron a creer cuando les llegó la verdad: "No es más que evidente hechicería". **44.** No les concedí [a los paganos de La Meca] libros en que se basaran [y fundamentaran su idolatría], ni les envié a ningún amonestador antes de ti. **45.** Ya desmintieron sus antecesores a Mis Mensajeros, y estos incrédulos [deberían recapacitar, pues] no recibieron ni una décima parte de lo que les concedí a sus antecesores. ¡Qué terrible fue el castigo!

Consejo a los paganos de La Meca

46. Diles [¡Oh, Mujámmad!]: "Los exhorto a que hagan una cosa [para que se les evidencie la verdad]: Pónganse ante Dios en grupo o individualmente, y reflexionen, pues su compañero[10] no es un loco, sino que es un amonestador que les advierte de un castigo severo". **47.** Diles: "No les he pedido remuneración alguna, mi recompensa ha de dármela Dios; Él es Testigo de todas las cosas". **48.** Diles: "Mi Señor rechaza lo falso con la verdad, Él conoce lo oculto". **49.** Diles: "Se ha presentado la verdad, y la falsedad no puede comenzar nada nuevo ni repetirlo[11]". **50.** Diles: "Si me desvío, será en perjuicio propio; pero si sigo la verdadera guía es por lo que mi Señor me reveló. Él todo lo oye y está cerca [de Sus siervos]".

Demasiado tarde para los negadores

51. ¡Si vieras [¡Oh, Mujámmad!] cuando [los incrédulos] se aterroricen [al ver el castigo que les aguarda] y no tengan forma de escapar! Serán tomados desde un lugar cercano [y arrojados al Fuego]. **52.** Dirán: "Ahora creemos en Dios". ¿Pero cómo podrían adoptar la fe desde un lugar lejano[12]? **53.** Antes ya habían sido incrédulos [en la vida mundanal] y refutaban lo oculto con falsedades desde una posición lejana [a la verdad]. **54.** Pero entre ellos y lo que desean[13] se interpondrá una barrera, como ocurrió con los incrédulos que estuvieron antes de ellos, porque estaban indecisos [sobre el Mensaje].

---

10 El Profeta Mujámmad es denominado así porque vivía entre ellos.

11 Esta frase hace alusión a la cualidad exclusiva de Dios de crear por primera vez de la nada, y su capacidad de repetirlo nuevamente en el momento de la resurrección.

12 En la otra vida, cuando sea imposible hacerlo.

13 Arrepentirse y volver a la vida mundanal.

35. El Originador

(Fâṭir)

Este capítulo del Corán fue revelado en La Meca, y demuestra el infinito poder de Dios a través de las maravillas de Su creación, en contraste con la impotencia de los ídolos paganos. El Profeta (ﷺ) es consolado con el hecho de que muchos profetas fueron rechazados antes que él. A los creyentes se les promete una gran recompensa en el Paraíso (versículos 31-35), mientras que a los incrédulos se les advierte de un castigo en el Infierno (versículos 36-39). Todos estos temas tienen eco en el capítulo siguiente.

En el nombre de Dios,
el Compasivo, el Misericordioso

El poder de Dios
1) Creación y misericordia

1. ¡Alabado sea Dios, el Originador de los cielos y de la Tierra! Dispuso que los ángeles fuesen Sus enviados [para transmitir el Mensaje a Sus Profetas], dotados de dos, tres o cuatro alas. [Dios] aumenta en la creación a quien quiere. Dios tiene poder sobre todas las cosas. **2.** Nada ni nadie puede impedir que una misericordia de Dios alcance a la gente; pero si Él la retuviese, no hay nada ni nadie que pudiera hacer que les llegara. Él es el Poderoso, el Sabio.

Un Único Dios

3. ¡Oh, gente! Recuerden las bendiciones que Dios les ha concedido. ¿Acaso hay otro Creador además de Dios que los sustente de lo que hay en el cielo y en la Tierra? No hay nada ni nadie con derecho a ser adorado salvo Dios. ¿Por qué entonces se desvían?

Reconfortando al Profeta

4. Si te desmienten [¡Oh, Mujámmad!], ya antes de ti otros Mensajeros fueron desmentidos. Todos los asuntos vuelven a Dios.

Advertencia sobre Satanás

5. ¡Oh, gente! La promesa de Dios es verdadera[1]. Que no los alucine la vida mundanal, y que el Seductor no los aparte de Dios. **6.** El demonio es para ustedes un enemigo, tómenlo como un enemigo; él seduce a sus seguidores para que sean de los moradores del Infierno.

Los que hacen el mal
y los que hacen el bien

7. Los que rechazan el Mensaje recibirán un castigo severo, mientras que los creyentes que obren rectamente obtendrán el perdón y una gran recompensa. **8.** ¿Acaso a quien [el demonio] le hizo ver sus obras malas como buenas [es comparable a quien Dios ha guiado]? Dios decreta el desvío para quien Él quiere y guía a quien quiere. No te apenes [por la

---

1 La promesa de la resurrección y el Juicio Final.

incredulidad de quienes te desmienten]. Dios sabe bien lo que hacen.

El poder de Dios 2) El viento

9. Dios es Quien envía los vientos que conducen las nubes, y con ellas riega un territorio muerto. [Dios] da vida a la tierra árida con las lluvias; de igual manera será la resurrección.

Todo honor y todo poder
Le pertenecen a Dios

10. Quien desee el poder, debe saber que el poder absoluto pertenece solo a Dios. Hacia Él ascienden las buenas palabras y Él eleva las obras piadosas. Pero quienes se confabulen para hacer el mal tendrán un castigo severo, y sus planes fracasarán.

El poder de Dios
3) La creación de los seres humanos

11. Dios creó [a Adán] de la tierra, luego [a toda su descendencia] de un óvulo fecundado, luego los hace pares [hombre y mujer]. Ninguna mujer concibe ni da a luz sin que Él tenga conocimiento. A nadie se le alarga ni se le acorta la vida sin que ello conste en un Libro[2]. Eso es fácil para Dios.

El poder de Dios
4) Agua dulce y salada

12. Las dos masas de agua no son iguales: una es potable, dulce y agradable para beber[3]; la otra es salobre[4]. De ambas comen carne fresca y obtienen adornos con los que se engalanan. Ven al barco atravesarlas para buscar Su favor: sean agradecidos [con Dios].

El poder de Dios
5) La alternancia del día y la noche

13. [Dios] hace que la noche se funda en el día y que el día se funda en la noche, sometió el Sol y la Luna, cada uno transcurre por una órbita prefijada. Él es Dios, su Señor; Suyo es el reino, pero los ídolos que ustedes invocan fuera de Él no poseen absolutamente nada, ni siquiera el pellejo de un hueso de dátil. **14.** Si ustedes los invocan, no oyen su invocación, pero si oyeran no podrían responder. El Día de la Resurrección negarán sus actos de adoración hacia ellos, y nadie te informará como Dios, Quien está bien informado de todo[5].

---

2 La Tabla Protegida.

3 Los ríos y los lagos.

4 Los mares.

5 En este versículo, Dios evidencia que aquellos ídolos a los que se invoca, ya sean ángeles, profetas o estatuas, son débiles e incapaces de contestar las súplicas, ya que carecen de los medios que sus adoradores les atribuyen: poder, dominio, capacidad de audición y posibilidad de conceder las súplicas. Dios negó a través de este versículo que tales ídolos poseyeran con qué responder a quienes les suplican cuando dijo: "Si los invocan, no oyen su invocación", tal como dijera en otro versículo: "En lugar de adorar a Dios, adoran lo que no tiene ni tendrá dominio alguno sobre las provisiones del cielo y de la Tierra" (16:73); luego Dios negó que tales ídolos tuvieran capacidad de audición: "Si los invocan, no oyen su invocación", y para confirmar ese concepto dijo: "y si oyeran no podrían responder", ya que no poseen esa posibilidad, porque Dios no ha concedido a nada de su creación la capacidad de responder a las súplicas, ya sea por sí mismo o como intermediario.

El poder de Dios: 6) Sustento

15. ¡Oh, gente! Ustedes son los que necesitan de Dios, mientras que Dios es el que tiene dominio absoluto y es digno de toda alabanza. **16.** Si Él quisiera, los haría desaparecer y crearía a otros seres [creyentes]. **17.** Eso no sería difícil para Dios.

Cada quien debe rendir sus cuentas

18. Nadie cargará con culpas ajenas. Si [un pecador] pide que le ayuden con su carga [de pecados], nadie podrá ayudarle en nada, aunque fuera su pariente. [¡Oh, Mujámmad!] Solo se beneficia con tus advertencias quien teme a su Señor en su vida privada y practica la oración. Quien se purifica [de la idolatría y el pecado], lo hace en beneficio propio; y ante Dios comparecerán.

Guía vs. desvío

19. No son iguales el ciego y el que ve. **20.** Ni las tinieblas y la luz. **21.** Ni la frescura de la sombra y el calor del sol. **22.** No son iguales los vivos y los muertos. Dios hace oír [y aceptar el Mensaje] a quien quiere, pero tú no puedes hacer oír a quienes están [muertos de corazón como los que están muertos] en sus tumbas.

Tranquilizando al Profeta

23. Tú solo eres un amonestador[6]. **24.** Te he enviado con la Verdad, como albriciador y amonestador; no hubo ninguna nación a la que no se le haya enviado un amonestador[7]. **25.** Pero si te desmienten, también desmintieron sus antecesores a Mis Mensajeros, que se les presentaron con pruebas y con las escrituras y el Libro luminoso. **26.** Entonces castigué a los que no creyeron, ¡y qué terrible fue Mi castigo!

El poder de Dios: 7) Diversidad

27. ¿Acaso no observas que Dios hace descender del cielo el agua, y que con ella hace brotar diversas clases de frutos, y que algunas montañas tienen vetas blancas, rojas y negras, de diversos colores, **28.** y que los seres humanos, los animales y los rebaños los hay de diversos colores? Los siervos que tienen más temor devocional de Dios son los sabios. Dios es Poderoso, Absolvedor.

La recompensa eterna

29. Quienes reciten el Libro de Dios, practiquen la oración y hagan caridades de aquello que les proveí, tanto en público como en secreto, recibirán una recompensa que jamás desaparecerá. **30.** Dios les retribuirá por sus obras y les concederá aún más de Su bendición, porque Él es Absolvedor, Recompensador.

Tres tipos de creyentes

31. Lo que te he revelado del Libro [¡Oh, Mujámmad!] es la Verdad que corrobora lo que ya había sido revelado anteriormente. Dios ve y sabe

---

6 Que debe transmitir claramente el Mensaje.

7 Abu Dharr preguntó: "¡Oh, Mensajero de Dios! ¿Cuántos Profetas hubo?" Respondió: "Ciento veinticuatro mil, y los Mensajeros [los que recibieron un libro revelado] de ellos fueron un poco más de trescientos veinte, fueron muy numerosos". Registrado por Ahmad en su Musnad.

todo lo que hacen Sus siervos. **32.** Luego hice que heredaran el Libro quienes elegí entre Mis siervos[8], pero entre ellos hay quienes son injustos consigo mismos [cometiendo pecados], otros que lo ponen en práctica con moderación, y otros que, con el permiso de Dios, se apresuran en hacer el bien. Eso es un favor inmenso.

La recompensa de los creyentes

33. Ingresarán por ello en los Jardines del Edén, allí serán engalanados con pulseras de oro y perlas, y sus vestiduras serán de seda. **34.** Y dirán: "¡Alabado sea Dios, que ha hecho desaparecer toda causa de tristeza! Nuestro Señor es Absolvedor, Recompensador. **35.** Nos recompensó con la morada eterna, y por Su gracia no padeceremos allí cansancio ni fatiga".

El castigo de los incrédulos

36. Pero quienes no hayan creído serán castigados con el fuego del Infierno, [allí] no morirán ni se les aliviará el tormento; así castigo a quienes rechazan [el Mensaje]. **37.** Allí clamarán: "¡Señor nuestro! Sácanos [del tormento] para que obremos rectamente, y no como lo hicimos". Pero, ¿acaso no les concedí vivir largamente donde podrían haberlo hecho, y no se les presentó un Mensajero [y lo rechazaron]? Sufran el castigo. Los injustos no tendrán quién los defienda.

Negar al Todopoderoso

38. Dios conoce lo oculto de los cielos y de la Tierra, y sabe bien lo que hay dentro de los corazones. **39.** Él es Quien hizo que se sucedieran unos a otros en la Tierra. La incredulidad del que se niegue a creer será en su propia contra; y la incredulidad de los que se nieguen a creer no hará sino hacerlos más detestables ante su Señor, y la incredulidad de los que se nieguen a creer no hará sino aumentarles en perdición.

Ídolos inútiles

40. Diles: "¿No se fijan en lo que adoran en vez de Dios? Muéstrenme qué han creado de la Tierra, ¿acaso participaron en la creación de los cielos? ¿O les concedí un libro en el que se basan para confirmar la idolatría?" La esperanza que los opresores se dan unos a otros no es más que un engaño.

El poder de Dios

8) Contener el universo

41. Dios es Quien contiene a los cielos y la Tierra para que no se desvíen [de su órbita], porque si se desviaran nadie los podría contener más que Él. Él es Tolerante, Absolvedor.

Advertencia a los incrédulos

42. [Los incrédulos] juraron por Dios que si se les presentaba un [Profeta] amonestador, serían más encaminados que ninguna otra comunidad; pero cuando se les presentó un amo-

---

8 Los musulmanes.

nestador, no hicieron sino aumentar su rechazo. **43.** Fueron soberbios en la Tierra, y se confabularon [para apartar a la gente del camino recto], pero las confabulaciones recayeron sobre ellos mismos. ¿Es que no temen que les suceda como a sus predecesores? No habrá cambios en el designio de Dios[9]. **44.** ¿Acaso no han viajado por el mundo y observaron cuál fue el fin de quienes los precedieron? Eran más poderosos que ellos [y aun así fueron castigados], pues nadie puede huir de Dios, ni en los cielos ni en la Tierra. Él lo sabe todo y tiene poder sobre todas las cosas.

Dar tiempo para el arrepentimiento

45. Si Dios castigara a la gente [inmediatamente] por sus pecados, no dejaría ninguna criatura sobre la faz de la Tierra. Por Su voluntad les da una prórroga hasta un plazo fijado[10]; pero cuando llegue el plazo, Dios [los juzgará porque] está bien enterado de todo lo que hacen.

9 Dios siempre socorre y recompensa a los creyentes, así como siempre castiga a los que rechazan Su Mensaje.

10 El Día del Juicio Final.

36. Iá' Sín

(Yâ-Sĩn)

Este capítulo del Corán fue revelado en La Meca, y destaca la naturaleza divina y el propósito del Corán. Se les recuerda a los paganos árabes el destino de los incrédulos anteriores y los condena por seguir a Satanás, negar la Resurrección, desacreditar el Corán y rechazar al Profeta (ﷺ) acusándolo de ser solo 'un poeta'. Al igual que en el capítulo siguiente, se citan algunos ejemplos de las maravillas de Dios para probar Su capacidad de resucitar a los muertos.

En el nombre de Dios,
el Compasivo, el Misericordioso

Llamada de atención

1. *Iá'. Sín.* **2.** [Juro] por el Corán, que está lleno de sabiduría, **3.** que tú [¡Oh, Mujámmad!] eres uno de los Mensajeros [de Dios], **4.** que está en el sendero recto. **5.** Esta es una revelación del Poderoso, el Misericordioso, **6.** para que amonestes a un pueblo cuyos antepasados no fueron advertidos, y por eso son negligentes. **7.** Se ha hecho realidad la palabra de Dios sobre la mayoría de ellos, pues no están dispuestos a creer. **8.** Les pondré en sus cuellos argollas que llegarán a sus barbillas, y sus cabezas quedarán erguidas. **9.** Pondré ante ellos una barrera y otra detrás, y los cubriré con un velo y no podrán ver.

Quién se beneficia de los recordatorios

10. Les da lo mismo que los amonestes o no, no creerán. **11.** Solo se beneficia con tu amonestación quien sigue el Mensaje y teme al Compasivo en su intimidad. A ellos anúnciales que obtendrán el perdón y una recompensa generosa. **12.** Yo soy Quien resucita a los muertos, y registro lo que hagan de bien y lo que hagan del mal; todo lo tengo mencionado en un libro claro[1].

Los tres mensajeros

13. [A quienes te desmienten] menciónales el ejemplo de los habitantes de una ciudad[2], cuando se presentaron ante ellos los Mensajeros. **14.** Les envié dos Mensajeros pero los desmintieron, entonces los reforcé con un tercero. Ellos dijeron [a los habitantes de la ciudad]: "Hemos sido enviados a ustedes [por Dios]". **15.** Respondieron [los incrédulos]: "Ustedes no son más que seres humanos como nosotros. El Misericordioso no ha revelado nada, ustedes son tan solo unos mentirosos". **16.** Dijeron [los Mensajeros]: "Nuestro Señor sabe que realmente somos

---

1 La Tabla Protegida.

2 Referencia a los habitantes de Antioquía, que se encontraba junto al Mar Mediterráneo. La ciudad fue construida por Selauqas el Primero en el año 307 a.C. quien la hizo la capital de su reino después de Alejandro de Macedonia.

Mensajeros. **17.** Solo somos responsables de transmitir el Mensaje de forma clara". **18.** Dijeron [los incrédulos]: "Tenemos un mal presagio con ustedes, y si no desisten [de condenar la idolatría] los lapidaremos y los torturaremos para causarles mucho dolor". 19. Dijeron [los Mensajeros]: "Su destino [bueno o malo] depende de ustedes[3]. Pero ustedes, por el solo hecho de que los amonestemos [dirán que les traemos mala suerte]. En realidad son un pueblo de transgresores".

Un defensor de la verdad

20. Entonces llegó desde un extremo de la ciudad un hombre corriendo, que dijo: "¡Oh, pueblo mío! Sigan a los Mensajeros. **21.** Sigan a quienes no les piden retribución alguna [por transmitirles el conocimiento], y están bien guiados. **22.** ¿Cómo no iba a adorar a Quien me creó, si ante Él comparecerán? **23.** ¿Acaso iba a tomar, en lugar de Él, a ídolos que, si el Compasivo decretara alguna adversidad para mí, su intercesión de nada me valdría ni podrían protegerme? **24.** Si lo hiciera, estaría en un error evidente. **25.** Escúchenme, yo he abrazado la fe en su Señor". [Pero su pueblo lo mató.] **26.** Entonces le fue dicho: "Ingresa al Paraíso". Dijo: "¡Ojalá mi pueblo supiera **27.** que mi Señor me perdonó mis faltas y me honró [con la bienaventuranza]!"

Los malvados destruidos

28. No envié contra su pueblo, después de él, ningún ejército [de ángeles], **29.** pues fue suficiente con un único sonido desgarrador para que fueran aniquilados. **30.** ¡Pobres de esos siervos que cada vez que se presenta ante ellos un Mensajero, se burlan de él! **31.** ¿Acaso no observan cuántas generaciones que los precedieron he destruido? Esos ya no volverán [a la vida mundanal]. **32.** Todos deberán comparecer ante Mí.

Las señales de Dios 1) La Tierra

33. Un signo [que evidencia cómo es la resurrección] es la tierra árida que revivo [con lluvias] y hago brotar de ella los granos con que se alimentan. **34.** En ella hay jardines de palmeras y vides, e hice brotar de ella manantiales **35.** para que comieran de sus frutos. No fueron las manos de ustedes las que los crearon. ¿Acaso no van a agradecer [a Dios]? **36.** Glorificado sea Aquel que creó todas las especies en pares; las que brotan de la tierra, los seres humanos y otras [criaturas] que desconocen.

Las señales de Dios 2) La noche

37. Tienen un signo [del poder divino] en la noche que le sucede al día, y quedan entonces a oscuras.

Las señales de Dios 3) El Sol y la Luna

38. El Sol sigue una trayectoria determinada hacia donde le fue desig-

---

3 Es decir, que aquello que los aflige es resultado y responsabilidad de sus actos y maldades, no a causa de que Dios quiera perjudicarlos, ni a causa de la presencia de los Mensajeros, ya que eso sería creer en supersticiones. El mal que aqueja a las personas es a causa de sus desobediencias y extralimitaciones, y es por eso que el decreto de Dios en ocasiones es adverso. Ver Corán 68:36-37.

nado por decreto del Poderoso, el que todo lo sabe. **39.** A la Luna le decreté sus fases, hasta que [va menguando y] parece una rama seca de palmera[4]. **40.** No le es posible al Sol alcanzar a la Luna, ni la noche puede adelantarse al día. Cada [astro] circula en su órbita.

Las señales de Dios
4) Misericordia en el mar

41. Otro signo [del poder divino] es que a sus sus descendientes[5] los transporté en una barca cargada[6]. **42.** Y creé para ellos otras [barcas] en las que se embarcan. **43.** Si hubiera querido habría hecho que se ahogaran, y nadie podría haberlos socorrido ni ayudado, **44.** pero por misericordia no lo hice, para que disfrutaran por un tiempo.

La postura de los politeístas

45. Cuando se les dice: "Tengan precaución de lo que pueda acontecerles ahora [de castigo en este mundo] y [del castigo] en la otra vida, quizá así alcancen la misericordia [de Dios]". **46.** Cada vez que presencian uno de los signos de su Señor, lo rechazan. **47.** Cuando se les dice: "Hagan caridades de lo que Dios les ha proveído", dicen los incrédulos a los creyentes: "¿Acaso tenemos que alimentar a quienes, si Dios quisiera, Él mismo alimentaría?" Están en un error evidente.

Demasiado tarde para los que niegan

48. Y dicen [desafiantes]: "¿Cuándo se cumplirá esta advertencia, si es verdad lo que dices?" **49.** No les espera sino que un solo clamor[7] los sorprenda mientras están discutiendo. **50.** [Cuando eso suceda] no tendrán tiempo siquiera para dar una indicación, y tampoco podrán retornar con los suyos. **51.** Cuando se sople la trompeta [por segunda vez], saldrán de sus tumbas hacia su Señor. **52.** Dirán: "¡Ay de nosotros! ¿Qué nos hizo surgir de nuestro lecho?" [Se les dirá:] "Eso fue lo que les prometió el Misericordioso, los Mensajeros les decían la verdad". **53.** No habrá más que un solo soplido [de la trompeta para marcar la resurrección], todos ellos deberán comparecer ante Mí. **54.** Ese día ningún alma será tratada injustamente, solo serán juzgados acorde a las obras que realizaron.

La recompensa de los creyentes

55. La gente del Paraíso, ese día, estarán despreocupados, disfrutando. **56.** Ellos y sus cónyuges estarán a la sombra, reclinados sobre sofás. **57.** Allí tendrán frutos, y todo lo que pidan. **58.** "¡La paz sea con ustedes![8]",

---

4 A través de estos dos astros, el Sol y la Luna, se puede medir el paso de los días, los meses y los años.

5 Los descendientes de Adán, es decir a la descendencia de la humanidad.

6 El Arca de Noé.

7 Cuando sea soplada la trompeta que da inicio al fin del mundo.

8 Dijo *Ibn Al Qaiim:* "La palabra 'paz' implica dos conceptos:

'La Paz' es uno de los bellos nombres de Dios, y al mencionarla en el saludo significa: 'Que las bendiciones de Dios desciendan sobre ti'.

'Paz' significa 'seguridad', y ese es el significado de la palabra en el saludo: suplicar por la seguridad de

serán las palabras del Señor Misericordioso[9].

La recompensa de los incrédulos

59. ¡Oh, transgresores! Hoy, por lo que hicieron, estarán lejos [de los creyentes]. **60.** ¿Acaso no tomaron un compromiso conmigo, ¡oh, hijos de Adán!, de no obedecer ni adorar al demonio, que es un enemigo declarado para ustedes, **61.** y de que Me adorarían [solo a Mí]? Este es el sendero recto [que debían seguir]. **62.** Pero él [el demonio] desvió a muchos de ustedes. ¿Por qué no reflexionan? **63.** Este es el Infierno que se les había prometido. **64.** Ingresen en él hoy por haberse negado a creer. **65.** Hoy sellaré sus bocas y serán sus manos las que me hablen, y sus pies darán testimonio de lo que cometieron.

El poder de Dios sobre los negadores

66. Si quisiera los cegaría, pero aunque se precipitaran [por encontrar] el camino, ¿cómo podrían ver? **67.** Si quisiera los habría inmovilizado en sus lugares y no podrían avanzar ni retroceder. **68.** A quien le concedo una vida larga, hago que se vuelva débil [como cuando era pequeño]. ¿Acaso no van a reflexionar?

El Profeta no es un poeta

69. No le enseñé [al Profeta Mujámmad] la poesía, porque no es apropiada para él. [Lo que él recita] es un recuerdo [de Dios] y una recitación clara, **70.** una amonestación para quien tenga un corazón vivo, y también una evidencia contra los que se niegan a creer [en él].

Las señales de Dios

5) Los animales domesticados

71. ¿Acaso no recapacitan en que he creado con Mis manos para ellos los ganados que les pertenecen? **72.** Los he hecho dóciles para ellos, les sirven para montar y como alimento, **73.** obtienen de ellos otros beneficios, y [de ellos extraen leche] para beber. ¿Es que no van a ser agradecidos?

La ingratitud de los negadores

74. Pero toman falsas divinidades, en lugar de Dios, para que los socorran. **75.** Las divinidades no podrán siquiera socorrerse a sí mismas, y en realidad sus seguidores son soldados a su disposición[10]. **76.** Que no te apene lo que dicen, bien sabemos lo que murmuran [en secreto] y lo que dicen abiertamente.

El poder de Dios para resucitar

77. ¿Es que no ve el ser humano [que niega la Resurrección] que lo he creado de un óvulo fecundado? Sin embargo, él insiste en discutir [el poder divino]. **78.** Y [este incrédulo] nos compara [con un ser creado] olvidando cómo ha sido creado él

---

quien se saluda, así como afirmar la 'seguridad' por parte de quien saluda".

9 Que les garantizarán seguridad y bienaventuranza por toda la eternidad.

10 Los adoradores de ídolos conforman una fuerza que lucha a favor de las causas que benefician a la idolatría y el politeísmo.

mismo, y dice: "¿Quién dará vida a los huesos cuando estén ya carcomidos?" **79.** Dile [¡Oh, Mujámmad!]: "Les dará vida Quien los creó por primera vez[11], pues Él tiene conocimiento de todos los pasos de la creación. **80.** Él es Quien hace que puedan encender fuego del árbol verde[12]". **81.** ¿Acaso Quien creó los cielos y la Tierra no va a poder crearlos nuevamente? ¡Sí! [Puede] Porque Él es el Creador, el que lo sabe todo. **82.** Cuando Él decide decretar algo, le dice: "¡Sé!", y es. **83.** Glorificado sea Aquel en Cuya mano está la soberanía de todas las cosas, y ante Él retornarán [para ser juzgados].

---

11 Dios usa el génesis de todo como prueba de la Resurrección: la primera creación es evidencia de la segunda, pues todo ser racional sabrá con certeza que Quien pudo crear la primera vez, puede devolver todo a la vida.

12 Dios nos informa sobre el combustible vegetal que proviene de un árbol originalmente verde, lleno de humedad y frescura. El que puede extraer algo desde un origen totalmente contrario al mismo, y tiene a su disposición los componentes y los elementos de la creación, no tiene ninguna dificultad para dar vida a los huesos y resucitar a las personas.

37. Los ordenados en filas

(Aṣ-Ṣâffât)

Este capítulo del Corán fue revelado en La Meca, y en su mayoría explica el versículo 31 el capítulo previo: "¿Acaso no observan cuántas generaciones que los precedieron he destruido?" Por lo tanto, aquí se citan varios ejemplos de incrédulos destruidos, incluyendo los pueblos de Noé, Lot y Elías. Se subrayan algunas verdades básicas, incluyendo la unidad y unicidad de Dios, la Resurrección y la Profecía de Mujámmad (ﷺ). Se critica a los paganos por llamar al Profeta (ﷺ) 'un poeta loco' y afirmar que los ángeles son las hijas de Dios. Este capítulo proporciona más detalles sobre el castigo a los incrédulos y la recompensa a los creyentes en el Más Allá (versículos 19-68). En conclusión, se le asegura al Profeta (ﷺ) que los Mensajeros de Dios siempre prevalecen

En el nombre de Dios,
el Compasivo, el Misericordioso

Un Solo Dios

1. Juro por [los ángeles] ordenados en filas, **2.** que advierten **3.** y recitan el Mensaje. **4.** Que su divinidad es una sola, **5.** el Señor de los cielos, de la Tierra, de todo cuanto existe entre ellos; el Señor de los amaneceres[1].

Los cielos adornados y protegidos

6. He adornado el cielo más bajo con los astros **7.** como protección contra todo demonio rebelde, **8.** para que no puedan escuchar lo que revelo a la asamblea más elevada [de ángeles y para que, si lo intentan,] les sean arrojados [los astros] por todas partes, **9.** y así ahuyentarlos. Los demonios recibirán un castigo eterno. **10.** Aquellos que furtivamente alcancen a oír algo de los ángeles serán alcanzados por una centella fulminante.

Pregunta a los que niegan la resurrección

11. Pregúntales [a quienes desmienten la Resurrección]: "¿Acaso creen que la creación del ser humano fue más difícil que la del resto [del universo]?" Los creé de barro pegajoso. **12.** Tú te maravillas, pero ellos se burlan, **13.** cuando son exhortados no reflexionan, **14.** cuando ven un milagro lo ridiculizan **15.** y dicen: "Esto no es más que hechicería evidente, **16.** ¿acaso cuando muramos y seamos polvo y huesos, seremos resucitados? **17.** ¿Acaso nuestros antepasados también [serán resucitados]?" **18.** Diles [¡Oh, Mujámmad!]: "Sí, y sufrirán una gran humillación".

Los negadores después de la Resurrección

19. Solo bastará que se sople una vez [la trompeta y resucitarán], y entonces comenzarán a observar **20.** y dirán: "¡Ay de nosotros! En este día deberemos rendir cuentas [por nues-

1 Ver Corán 55:17.

tras obras]". **21.** [Se les dirá:] "Este es el Día del Juicio que negaban". **22.** [Se les ordenará a los ángeles:] "Congreguen a quienes fueron [idólatras y] cometieron injusticias junto con sus pares [en la incredulidad] y a los [ídolos] que adoraban **23.** en lugar de Dios, luego arréenlos por el camino que los conducirá al Infierno, **24.** pero deténganlos [antes de arrojarlos] porque serán interrogados. **25.** [Se les preguntará:] "¿Qué sucede que no se ayudan unos a otros?"[2] **26.** Pero ese día estarán entregados,

Engañadores vs. engañados

27. y comenzarán a reclamarse unos a otros. **28.** Dirán [a sus ídolos]: "Ustedes, con su poder, nos forzaron a seguirlos". **29.** Pero [los ídolos] responderán: "No, simplemente no fueron creyentes [en Dios y nos idolatraron], **30.** pues nosotros no teníamos poder alguno sobre ustedes [y eligieron libremente la incredulidad]; fueron un pueblo transgresor. **31.** Hoy se cumple la amenaza que Nuestro Señor nos hizo, y sufriremos el castigo [por nuestra incredulidad]. **32.** Nosotros solo los sedujimos y ustedes nos siguieron, desviándose igual que nosotros". **33.** [Entonces Dios dirá:] "Todos ustedes compartirán el castigo.

Advertencia a los árabes paganos

34. Eso haré con los pecadores". **35.** Cuando se les decía: "No hay nada ni nadie con derecho a ser adorado salvo Dios", respondían con arrogancia **36.** diciendo: "¿Acaso vamos a dejar a nuestros ídolos por las palabras de un poeta loco[3]?" **37.** [Dios les dirá:] "Él se presentó con la Verdad, y corroboró el Mensaje de los Profetas que lo precedieron". **38.** Ustedes [que rechazaron el Mensaje] sufrirán un castigo doloroso. **39.** Pero sepan que solo se les retribuirá por lo que [ustedes mismos] hicieron.

La recompensa de los devotos

40. En cambio, los siervos sinceros de Dios, **41.** ellos tendrán la recompensa prometida: **42.** Los frutos que deseen, y serán honrados **43.** en los Jardines de las Delicias, **44.** donde estarán reclinados sobre sofás, unos frente a otros. **45.** Y [bellos sirvientes] circularán entre ellos con una copa de un manantial eterno, **46.** blanco y delicioso para quienes lo beban, **47.** que no les provocará jaqueca ni embriaguez. **48.** También tendrán mujeres [huríes] de mirar recatado, y de ojos hermosos y grandes, **49.** como si fueran perlas celosamente guardadas.

Conversación de la gente del paraíso

50. Y se preguntarán [los creyentes en el Paraíso] unos a los otros[4]. **51.** Uno de ellos dirá: "Yo tenía un compañero [incrédulo] **52.** que me decía: ¿Acaso tú eres de los que creen en

---

2 Se les recrimina por qué ahora no intentan recurrir a sus ídolos para que los protejan, como hacían en la vida mundanal.

3 En alusión a Mujámmad, que la paz y las bendiciones de Dios sean con él.

4 Se preguntarán unos a otros cuáles fueron las obras que les permitieron alcanzar el ingreso al Paraíso.

la Resurrección? **53.** ¿Acaso después que muramos y nos convirtamos en tierra y huesos vamos a ser condenados?[5]" **54.** Dirá [el creyente a sus compañeros del Paraíso]: "¿Quieren observar [el Infierno a ver qué ha sido de él]?" **55.** Y cuando observe lo verá [a quien era su compañero] en medio del fuego del Infierno. **56.** Entonces le dirá: "¡Por Dios! Poco faltó para que me arruinaras, **57.** y de no ser por la gracia de mi Señor, habría sido uno de los condenados. **58.** Ahora no hemos de morir **59.** después de haber pasado por la primera muerte[6], y no seremos castigados. **60.** Este es el éxito grandioso". **61.** ¡Vale la pena obrar para alcanzarlo!

Lo que recibe la gente del Infierno

62. ¿Qué es mejor, esta morada [del Paraíso] o el árbol de Zaqqum?, **63.** el que puse para castigar a los que cometieron injusticias. **64.** Es un árbol que crece en lo más profundo del Infierno; **65.** sus frutos son como cabezas de demonios. **66.** De él comerán y llenarán sus vientres [los condenados]. **67.** Luego beberán una mezcla de agua hirviente, **68.** y serán regresados al fuego.

Seguir a ciegas

69. Ellos [en la vida mundanal] encontraron que sus padres estaban descarriados, **70.** y aun así siguieron sus pasos. **71.** La mayoría de los pueblos que los precedieron también se habían extraviado. **72.** Por ello les envié [Profetas] amonestadores. **73.** Pero observa dónde terminaron aquellos que fueron advertidos,

El Profeta Noé

74. excepto los siervos fieles a Dios. **75.** Cuando Noé Me invocó, ¡y qué mejor que invocar a Quien responde todas las súplicas!, **76.** lo salvé a él y a su familia de la gran angustia, **77.** e hice que su descendencia fueran los sobrevivientes. **78.** Dejé su historia [como enseñanza] para la posteridad. **79.** ¡Que la paz sea con Noé entre todas las criaturas! **80.** Así es como recompenso a los que hacen el bien. **81.** Él era uno de Mis siervos creyentes. **82.** A los otros [los que no creyeron] los ahogué.

El Profeta Abraham

83. Abraham era de los que lo siguieron [a Noé en su fe monoteísta], **84.** cuando invocó a su Señor con un corazón puro[7] **85.** y dijo a su padre y a su pueblo: "¿Qué es lo que adoran? **86.** ¿Prefieren la mentira de los dioses en lugar de Dios? **87.** ¿Qué opinan del Señor del universo?" **88.** Entonces echó una mirada a las estrellas, **89.** y exclamó: "Estoy enfermo[8]". **90.** Entonces lo abandonaron dándole la espalda. **91.** [Abraham] se dirigió ha-

---

5 La pregunta de este incrédulo no es por curiosidad, sino que es en forma de burla, para desacreditar al creyente.

6 La muerte al abandonar la vida mundanal.

7 Puro, libre de toda idolatría.

8 Para excusarse de acompañar a su pueblo a una fiesta en honor a sus dioses en las afueras de la ciudad.

cia los ídolos [de su pueblo] y dijo: "¿Por qué no comen?[9] **92.** ¿Por qué no pronuncian palabra?" **93.** Entonces los destrozó con toda su fuerza. **94.** [Cuando los idolatras se enteraron,] se abalanzaron sobre él enfurecidos. **95.** [Abraham les dijo:] "¿Acaso adoran lo que ustedes mismos tallan? **96.** Dios es Quien los creó a ustedes y a lo que ustedes hacen". **97.** Dijeron: "Construiremos una hoguera y te arrojaremos al fuego llameante". **98.** Tramaron contra él, pero Dios [desbarató sus planes y] los humilló.

Abraham, Ismael y el sacrificio

99. Dijo [Abraham]: "Emigraré a donde mi Señor me ordene. ¡Él me guiará! **100.** ¡Señor mío! Concédeme un hijo justo". **101.** Le anuncié que le daría un niño sensato. **102.** Cuando [Ismael] alcanzó la pubertad, [Abraham] le dijo: "¡Oh, hijito mío! He visto en sueños que te sacrificaba; dime, qué opinas". Le dijo: "¡Oh, padre mío! Haz lo que te ha sido ordenado; encontrarás, si Dios quiere, que seré de los pacientes". **103.** Cuando ambos se resignaron, y [Abraham] le puso la frente [contra el piso a Ismael para sacrificarlo], **104.** Lo llamé: "¡Oh, Abraham! **105.** Has cumplido con lo que viste [en tus sueños]. Así recompenso a los que hacen el bien". **106.** Esa fue una dura prueba. **107.** Pero lo rescaté [a su hijo, ordenando a Abraham que sacrificara en su lugar un cordero] e hiciera una gran ofrenda, **108.** y dejé su historia [como enseñanza] para la posteridad. **109.** ¡Que la paz sea con Abraham! **110.** Así es como recompenso a los que hacen el bien. **111.** Él era uno de Mis siervos creyentes. **112.** Lo albricié con [el nacimiento de] Isaac, quien sería un Profeta virtuoso. **113.** Lo bendije a él y a Isaac, y decreté que en su descendencia hubiera quien obrara el bien y quien fuera abiertamente [incrédulo e] injusto consigo mismo.

El Profeta Moisés y el Profeta Aarón

114. Agracié a Moisés y a Aarón, **115.** y los salvé junto con su pueblo de una gran angustia. **116.** Los socorrí, y fueron ellos los vencedores. **117.** Les concedí un Libro esclarecedor[10], **118.** y los guie por el sendero recto. **119.** Y dejé su historia [como enseñanza] para la posteridad, **120.** ¡Que la paz sea con Moisés y Aarón! **121.** Así es como recompenso a los que hacen el bien. **122.** Ambos eran de Mis siervos creyentes.

El Profeta Elías

123. Elías también era de Mis Mensajeros. **124.** Dijo a su pueblo: "¿Es que no van a tener temor de Dios? **125.** Invocan a Ba'l[11], y dejan de lado al mejor de los creadores: **126.** Dios, su Señor y el de sus antepasados". **127.** Pero lo desmintieron, y tendrán que comparecer. **128.** Excepto los siervos fieles a Dios. **129.** Dejé

---

9 La comida que la gente del pueblo les ofrece como ofrenda.

10 La Torá.

11 Nombre de la deidad que adoraban y a la cual orientaban sus súplicas.

su historia [como enseñanza] para la posteridad. **130.** ¡Que la paz sea con Elías! **131.** Así es como recompenso a los que hacen el bien. **132.** Él era uno de Mis siervos creyentes.

El Profeta Lot

133. Lot también fue de Mis Mensajeros. **134.** Lo salvé a él y a toda su familia, **135.** excepto a su mujer, que se sentenció [a ella misma] junto a los condenados. **136.** Luego aniquilé a los demás. **137.** Ustedes [¡oh, incrédulos!] pasan por sus ruinas de día **138.** y de noche. ¿Es que no reflexionan?

El Profeta Jonás

139. Jonás también fue de Mis Mensajeros. **140.** Cuando se fugó en el barco abarrotado[12], **141.** lo echaron a la suerte y él fue el perdedor[13]. **142.** Cuando [fue arrojado al mar] una ballena se lo tragó. Jonás cometió un acto reprochable[14], **143.** y si no fuera porque él era de los que glorifican a Dios, **144.** hubiera permanecido en su vientre hasta el Día de la Resurrección. **145.** Pero lo arrojé a un lugar desolado, y su piel estaba tan débil **146.** que ordené crecer una planta de calabaza para que lo cubriera[15]. **147.** Luego lo envié a [una población de] más de cien mil personas **148.** y todos creyeron, y los dejé disfrutar hasta que la muerte les llegó.

Pregunta a los árabes paganos

149. Pregúntales [¡Oh, Mujámmad!, a los idólatras de tu pueblo]: "¿[Qué argumentos tienen para afirmar] Que tu Señor tiene hijas mujeres y ellos los hijos varones?"[16] **150.** ¿Acaso fueron testigos cuando creé a los ángeles, para afirmar que son de sexo femenino? **151.** Entre las mentiras que inventaron: **152.** "Dios ha engendrado". Mienten. **153.** ¿Escogió a las hijas sobre los hijos [siendo el creador de ambos]? **154.** ¿Qué les pasa? ¿Cómo es que juzgan? **155.** ¿No van a pensar [antes de hablar]? **156.** ¿O acaso tienen una prueba válida [de lo que afirman]? **157.** Traigan entonces el libro[17], si son veraces. **158.** También inventaron un parentesco entre Dios y los *yinn*, pero los *yinn* saben bien que comparecerán [ante Dios] para ser juzgados. **159.** ¡Glorificado sea Dios! Él está por encima de lo que Le atribuyen. **160.** Excepto los siervos fieles de Dios [que no le asocian nada ni lo describen como no es propio de Él]. **161.** Ustedes [¡oh, idólatras!] y lo que adoran en lugar de Dios **162.** solo podrán desviar **163.** a

---

12 Jonás perdió la paciencia con su pueblo porque lo desmentían y desesperó de la misericordia de Dios, y decidió abandonar el pueblo al que Dios lo había enviado para divulgar Su palabra.

13 Durante el viaje comenzó una tormenta, y los viajeros, temiendo que el barco se hundiera debido a que tenía muchos pasajeros, echaron a la suerte quiénes serían arrojados por la borda.

14 Abandonar la misión en el pueblo que Dios le había encomendado.

15 Para que lo cubriera del sol, le diera frescura a su piel y le sirviera de alimento.

16 Ver Corán 16:57.

17 Donde se encuentra mencionado lo que afirman.

quien Dios permitió que se desvíe y arda en el fuego del Infierno.

La respuesta de los ángeles

164. [Los ángeles dicen:] "No hay entre nosotros quien no tenga un lugar asignado, **165.** y nos ordenamos en filas [para adorar a nuestro Señor]. **166.** Todos nosotros Lo glorificamos".

Los paganos ante el Corán

167. Solían decir [los idólatras, antes de que tú ¡Oh, Mujámmad! fueras enviado a ellos]: **168.** "Si nos llegara el Mensaje como les llegó a los pueblos anteriores, **169.** sin duda seríamos fervientes siervos de Dios". **170.** Pero cuando les llegó lo negaron. ¡Ya verán [el castigo que les aguarda]!

Reconfortando al Profeta

171. Fue decretado para Mis siervos Mensajeros **172.** que serían auxiliados, **173.** y que Mi ejército sería el vencedor. **174.** Apártate [¡Oh, Mujámmad!] de los que rechazan el Mensaje por un tiempo, **175.** y ten paciencia con ellos, que ya pronto verán. **176.** ¿Acaso quieren que se precipite Mi castigo? **177.** ¡Qué terrible despertar les aguardaría a los que fueron advertidos, si Mi castigo se desencadenase sobre ellos [como pretenden]! **178.** Apártate [¡Oh, Mujámmad!] de los que rechazan el Mensaje por un tiempo, **179.** y observa, que ya pronto verán [el castigo que les aguarda].

La conclusión

180. ¡Glorificado sea tu Señor, el dueño del poder absoluto! Él está por encima de lo que Le atribuyen. **181.** ¡Que la paz sea con todos los Mensajeros! **182.** ¡Y alabado sea Dios, Señor del universo!

38. Sad

(Ṣãd)

Este capítulo es percibido como una continuación del capítulo anterior, ya que menciona a algunos Profetas que no fueron mencionados allí, como David, Salomón y Job. De nuevo, se condena a los paganos por negar la unicidad de Dios, rechazar al Profeta (ﷺ) acusándolo de ser 'un hechicero, un mentiroso, y por afirmar que el mundo fue creado sin propósito alguno. Se hace referencia a la creación de Adán (ﷺ) y a la enemistad que Satanás tiene por él y sus descendientes (versículos 71-85), y al castigo que les aguarda a los líderes del desvío y sus seguidores (versículos 55-64), en contraste con la dicha reservada para los rectos (versículos 49-54). El final de este capítulo hace énfasis en la universalidad del Corán, mientras que el inicio del siguiente habla de su naturaleza divina.

En el nombre de Dios,
el Compasivo, el Misericordioso

Los negadores árabes

1. *Sad.* Juro por el Corán que nos recuerda **2.** que los que niegan la verdad están hundidos en la soberbia y la oposición [ciega]. **3.** ¡Cuántas generaciones destruí antes que ellos! Solo imploraron cuando ya era demasiado tarde para salvarse [del castigo]. **4.** Se asombran de que les llegue un amonestador[1], y dicen los que se niegan a creer: "Es un hechicero mentiroso. **5.** ¿Acaso pretende que en lugar de muchos ídolos adoremos a una sola divinidad? Eso es algo insólito".

Los jefes de los negadores

6. Los nobles y poderosos de entre ellos se marcharon diciendo: "Déjenlo, y sigan [adorando] a sus ídolos, pues él solo pretende obtener poder sobre nosotros. **7.** No hemos oído que el último pueblo que recibió una revelación [los cristianos] creyera en esto. Lo que dices es una gran mentira. **8.** ¿Por qué tendría que haber sido él el elegido entre nosotros para transmitir el Mensaje?"[2] Pero ellos dudan de Mi revelación[3] porque no han sufrido aún ningún castigo. **9.** ¿Acaso ellos poseen las llaves de la misericordia de tu Señor, el Poderoso, el Dadivoso? **10.** ¿O les pertenece el reino de los cielos, la Tierra y todo cuanto existe entre ambos? Si es así, que asciendan [al cielo y decidan los asuntos de la creación].

Advertencia a los que niegan

11. [No te entristezcas, ¡Oh, Mujámmad!, por su enemistad.] Ellos son

---

1 El Profeta Mujámmad, que la paz y las bendiciones de Dios sean con él.

2 Lo rechazaban con la excusa de que los nobles tenían más derecho que él, según ellos, a recibir la revelación.

3 El Sagrado Corán.

un ejército de aliados [para combatir la Verdad], pero pronto serán derrotados. **12.** Ya antes que ellos los pueblos de Noé, de 'Ad y del Faraón, poseedor de un ejército poderoso, desmintieron [a los Profetas que les envié]. **13.** También lo hicieron los pueblos de Zamud, Lot y los habitantes del bosque[4]. Todos estos eran pueblos poderosos. **14.** Todos ellos desmintieron a los Mensajeros, y merecieron Mi castigo. **15.** Solo les queda [a los idólatras] esperar el toque de la trompeta [el Día de la Resurrección], y entonces no habrá posibilidad de volver [a este mundo]. **16.** Pero aun así dicen [burlándose desafiantes]: "¡Señor nuestro! Muéstranos el registro de nuestras obras y adelántanos una parte del castigo antes del Día del Juicio".

El Profeta David

17. Sé paciente [¡Oh, Mujámmad!] ante lo que dicen, y recuerda a Mi siervo [el Profeta] David, quien fue dotado con una gran fuerza. Él siempre volvía a Dios en todos sus asuntos y se arrepentía con sinceridad. **18.** Le sometí las montañas, para que junto con él glorificaran las alabanzas al anochecer y al amanecer, **19.** también le sometí a las aves que se congregaban en torno a él. Todos [las montañas y las aves] le obedecían. **20.** Afiancé su reino, lo agracié con la sabiduría [la profecía] y un juicio certero.

David y los socios en disputa

21. Te relataré [¡Oh, Mujámmad!] la historia de los dos demandantes, cuando treparon [la pared] del templo. **22.** Cuando se presentaron ante David, este se atemorizó de ellos[5]. Le dijeron: "No temas, solo somos dos demandantes, uno ha sido injusto con el otro; juzga entre nosotros con equidad, sé imparcial y guíanos hacia el camino correcto. **23.** Este es mi hermano, posee noventa y nueve ovejas, y yo tengo una sola; y me dijo: 'Deja que yo me haga cargo de ella', y ahora me supera con sus argumentos [para quedarse con ella]". **24.** Dijo David [sin escuchar al otro demandante]: "Él ha sido injusto contigo al pedirte que dejes que tu oveja se sume a las de él; muchos socios se perjudican unos a otros, excepto los que creen y obran rectamente; pero, ¡qué pocos son!" David comprendió que quise ponerlo a prueba [mediante este juicio], y pidió perdón a su Señor, se prosternó y se arrepintió. **25.** Lo perdoné, pues es de los más allegados a Mí, y tendrá [en la otra vida] una bella morada [en el Paraíso]. **26.** ¡Oh, David! Te he designado gobernante en la Tierra, juzga con equidad entre la gente y no sigas las pasiones, pues ellas desvían del sendero de Dios; y quienes se desvíen del sendero de Dios sepan que recibirán un castigo severo por haberse olvidado del Día del Juicio.

---

4 El pueblo al que fue enviado el profeta Jetró (*Shu'aib*).

5 Porque ingresaron en su oratorio privado sin ser anunciados.

Dios es justo

27. No he creado el cielo, la Tierra y todo cuanto hay entre ambos en vano. Eso es lo que creen los que rechazan la verdad, pero, ¡ay de los incrédulos! ¡Qué [castigo les aguarda en] el Infierno! **28.** ¿Acaso sería propio de Mí considerar a los creyentes que obran rectamente igual que a los que siembran la corrupción en la Tierra, o considerar a los que tienen temor de Dios igual que a los inmorales?

El propósito del Corán

29. Este Libro que te revelo [¡Oh, Mujámmad!] encierra grandes bendiciones, para que mediten sobre sus signos y reflexionen los dotados de intelecto.

El amor de Salomón por los caballos finos

30. Agracié a David con [su hijo] Salomón, quien fue un siervo excelente, pues volvía a Mí en todos sus asuntos y se arrepentía con sinceridad. **31.** Una tarde fueron expuestos delante de él unos hermosos caballos, **32.** [luego de permanecer toda la tarde jugando con ellos descuidó la oración, y entonces Salomón] dijo: "Cómo he podido preferir éstos caballos al recuerdo de Dios hasta que el Sol se ocultó"[6]. **33.** [Dijo Salomón:] "Traédmelos". Y acarició sus cuellos y sus patas.[7]

La autoridad de Salomón

34. Puse a prueba a Salomón [despojándolo de su reino] cuando puse en su trono un demonio con figura humana [que disponía de su reino como quería]. Entonces, [Salomón] se dirigió a su Señor **35.** y exclamó: "¡Señor mío! Perdóname y concédeme un reino [tan poderoso], que nadie pueda igualarlo después de mí; Tú eres el Dadivoso". **36.** Entonces puse a su servicio el viento, que corría según su orden adonde él quisiera, **37.** y a los *yinn*, algunos [creyentes] para la construcción, otros como buzos [que extraían perlas], **38.** y otros [demonios rebeldes] encadenados unos con otros. **39.** [Le dije:] "Éste es el reino con el que te he agraciado; haz uso de él como quieras, pues no deberás rendir cuenta de ello". **40.** Salomón es de Mis allegados, y por eso [en la otra vida] tendrá una bella morada [en el Paraíso].

El Profeta Job

41. Recuerda a Mi siervo [el Profeta] Job, cuando invocó a su Señor: "El demonio se aprovecha de mi enfermedad y sufrimiento [para tentarme a ser desagradecido contigo]"[8]. **42.** [Le dije:] "Golpea con tu pie [en la tierra], y haré surgir agua fresca para que te laves con ella y también bebas"[9]. **43.** Lo agracié con hijos [como

---

6 El Profeta Salomón se distrajo viendo los caballos hasta que el tiempo de la oración de la tarde terminó con el ocaso, y por eso su lamento.

7 Algunos exégetas interpretan que, debido a que lo hicieron olvidar la oración, el Profeta Salomón ordenó sacrificar a los caballos y que su carne fuera repartida entre los pobres.

8 Ver Corán 21:83-84.

9 Y al hacerlo, recuperó milagrosamente la salud .

los que tenía] y tantos más, como una misericordia mía, para que sea un recuerdo y motivo de reflexión para los dotados de intelecto. **44.** [Le ordené:] "Toma en tu mano un manojo de hierbas y golpea [simbólicamente] con él a tu esposa, para que no perjures[10]". Job fue paciente [ante todas las adversidades]. ¡Qué excelente siervo; volvía a Dios en todos sus asuntos y se arrepentía con sinceridad!

Otros grandes profetas

45. Recuerda a Mis siervos Abraham, Isaac y Jacob, todos ellos dotados de firmeza y visión. **46.** Los distinguí encomendándoles [transmitir el Mensaje y] recordar a la gente la morada de la otra vida. **47.** Ellos se cuentan entre los virtuosos que he elegido [para transmitir el Mensaje]. **48.** Y recuerda a Ismael, Eliseo y Dhul Kifl; todos ellos también se contaron entre los virtuosos [que elegí para trasmitir el Mensaje].

La recompensa de los rectos

49. Este es un Mensaje [para toda la humanidad]. Los piadosos tendrán una bella morada **50.** en los Jardines del Edén. Todas sus puertas estarán abiertas para ellos. **51.** Estarán recostados [sobre sofás], y pedirán frutas abundantes y [exquisitas] bebidas, **52.** acompañados de doncellas [huríes] de mirar recatado, que tendrán siempre la misma edad. **53.** Esto es lo que se os ha prometido [¡Oh, creyentes!, como recompensa] para el Día del Juicio. **54.** Ese es Mi sustento, que jamás se agotará.

La recompensa de los malvados

55. ¡Así será! En cambio, para los que cometan injusticias habrá una horrible morada. **56.** Este es el Infierno donde sufrirán. ¡Qué pésima morada! **57.** ¡Esto será así! Sufrirán, y allí solo beberán agua hirviendo y las secreciones de las heridas [de quienes son atormentados en el Infierno]. **58.** También recibirán otros castigos similares.

Las disputas de los malvados

59. [Dirán los ángeles guardianes del Infierno a los líderes de la incredulidad:] "Este es otro grupo [de sus seguidores] que se precipitará con ustedes [al Infierno]". [Dirán los líderes:] "Hoy no hay bienvenida para ellos porque arderán en el fuego del Infierno". **60.** Dirán [los seguidores]: "Tampoco hay bienvenida para ustedes, pues fueron quienes nos arrastraron [al Infierno]". ¡Qué pésima morada [para todos ellos]! **61.** Dirán [los seguidores]: "¡Señor nuestro! Duplícales el castigo del Fuego a quienes nos arrastraron a esto". **62.** Dirán [los líderes de la incredulidad]: "¿Qué sucede que no vemos a las personas que considerábamos los malvados? **63.** ¿Acaso nos equivocamos al burlarnos de ellos? ¿O es que están [con nosotros en el Infierno] pero no los vemos?" **64.** Así será la disputa entre los moradores del Infierno.

---

10 Mientras se encontraba enfermo, en un momento de enfado, había jurado que le daría cien azotes a su esposa.

El Mensajero y su mensaje

65. Diles [¡Oh, Mujámmad!]: "Solo soy un amonestador. No existe nada ni nadie con derecho a ser adorado salvo Dios, el Único, el Victorioso, **66.** Señor de los cielos, de la Tierra, y de todo cuanto existe entre ellos, el Poderoso, el Remisorio". **67.** Diles: "Lo que les he transmitido es un Mensaje sublime, **68.** pero lo rechazan. **69.** [Antes de la revelación] yo no tenía conocimiento acerca de la corte elevada [de ángeles] cuando discutían [sobre la creación de Adán]. **70.** Me ha sido revelado que soy un amonestador que habla claro."

La arrogancia de Satanás

71. Recuerda [¡Oh, Mujámmad!] cuando tu Señor dijo a los ángeles: "Voy a crear un ser humano de barro. **72.** Y cuando lo haya plasmado y haya soplado en él su espíritu, hagan una reverencia [en obediencia a Mí] ante él". **73.** Todos los ángeles hicieron la reverencia. **74.** Excepto Iblís[11], quien fue soberbio y se contó entre los incrédulos. **75.** Dijo Dios: "¡Iblís! ¿Qué te impide hacer una reverencia ante lo que creé con Mis dos manos? ¿Te niegas a hacerlo por soberbia o porque te crees un ser superior?" **76.** Dijo [Iblís]: "Yo soy superior a él. A mí me creaste de fuego, mientras que a él lo creaste de barro". **77.** Dijo Dios: "Sal de aquí, pues te maldigo. **78.** Y esta maldición pesará sobre ti hasta el Día del Juicio". **79.** Dijo [Iblís]: "¡Señor mío! Permíteme vivir hasta el Día de la Resurrección". **80.** Dijo Dios: "Te concedo la prórroga que Me pides, **81.** hasta el día cuyo término está prefijado"[12]. **82.** Dijo [Iblís]: "¡Juro por Tu poder que los descarriaré a todos, **83.** excepto a quienes de Tus siervos hayas protegido!" **84.** Dijo Dios: "La verdad es [lo que he jurado], y la verdad declaro: **85.** He de llenar el Infierno contigo y todos los que te sigan".

Mensaje a los negadores

86. Diles [¡Oh, Mujámmad!]: "Yo no les pido ninguna remuneración a cambio [de transmitirles el Mensaje], ni soy de los que inventan mentiras. **87.** El Corán es un Mensaje para toda la humanidad. **88.** Y dentro de poco tiempo verán lo que en él se anuncia".

---

11 Ver Corán 18:50.

12 Dios le concedió lo que le solicitó ya que había decretado probar a los seres humanos con la seducción del demonio.

39. Los grupos

(Az-Zumar)

Este capítulo del Corán fue revelado en La Meca, y se basa en la historia de la creación de Adán presente en el capítulo anterior, al referirse a la creación de la esposa de Adán, y a cómo sus descendientes son creados en el útero, desarrollándose en etapas sucesivas. Algunos de esos descendientes eligen ser fieles y agradecidos a su Creador, mientras que otros deciden lo contrario. Finalmente, luego de un juicio justo, los primeros serán llevados a sus lugares en el Paraíso, y los últimos a sus lugares en el Infierno, ambos en grupos sucesivos (de ahí el nombre del capítulo). La disposición de Dios de perdonar los pecados se subraya ampliamente en la última parte de este capítulo y al comienzo del siguiente.

En el nombre de Dios,
el Compasivo, el Misericordioso

Adorar solo a Dios

1. La revelación de este Libro proviene de Dios, el Poderoso, el Sabio. **2.** Te he revelado el Libro [¡Oh, Mujámmad!] con la Verdad; adora solo a Dios rindiéndole culto sincero. **3.** ¿Acaso no se le debe rendir culto sincero a Dios? Aquellos que toman a otros como protectores [y objeto de adoración] fuera de Él, dicen: "Solo los adoramos para que nos acerquen a Dios [e intercedan por nosotros]"[1]. Dios juzgará entre ellos [y los creyentes] acerca de lo que discrepan[2]. Dios no guía a quien es mentiroso y niega la verdad.

El poder creador de Dios

4. Si Dios hubiera querido tomar a alguien como hijo, hubiera elegido a quien quisiera de entre Su creación[3]. ¡Glorificado sea![4] Él es Dios, el Único, el Victorioso. **5.** Creó los cielos y la Tierra con un fin justo y verdadero. Él enrolla [envuelve] la noche en el día, y envuelve el día en la noche[5], y sometió al Sol y a la Luna haciendo

---

1 Este versículo evidencia que, acorde a la teología islámica, quien busca la intercesión de un ser creado, esperando que la intercesión de ese ser lo acerque a Dios y de esa manera sea concedida su súplica, está en realidad "adorando" a ese ser y, por lo tanto ha caído en un acto de idolatría. Es la triste realidad de los cristianos que no piden a Dios sino a través de la intercesión de un santo, una virgen o el mismo Jesucristo. También es la triste realidad de algunos musulmanes que no se dirigen directamente a Dios, sino que piden en sus súplicas en el nombre o la intermediación del santo o Sheij fulano… quiera Dios guiarnos a la pureza del monoteísmo.

2 El debate entre el monoteísmo y la idolatría.

3 Otorgándole el grado de hijo, sin necesidad de compañera alguna para engendrarlo.

4 "¡Glorificado sea!", significa: Dios es inocente de las falsas atribuciones que le hacen.

5 Las palabras utilizadas en el Corán para describir el universo son realmente notables. El término árabe que se traduce aquí como "enrollar" (o "envolver") es *takwir*. En español significa "hacer que una cosa

que cada uno recorra su órbita por un plazo prefijado. ¿Acaso Él no es el Poderoso, el Perdonador? **6.** Él los creó a partir de un solo ser, luego de él creó a su pareja, y los agració con ocho ganados en parejas[6]. Los creó en los vientres de sus madres en períodos sucesivos y en tres tinieblas [el vientre, el útero y la placenta][7]. Él es Dios, su Señor; Él posee el dominio completo. No hay nada ni nadie con derecho a ser adorado salvo Él. ¿Cómo entonces dedican actos de culto a otras deidades?

Creencia e incredulidad

7. Si no creen, sepan que Dios no necesita de ustedes. No Le agrada la incredulidad de Sus siervos, pero si son agradecidos [creyendo en Su unicidad], Lo complacerán. Sepan que nadie cargará con los pecados ajenos; luego comparecerán ante su Señor y Él les informará sobre lo que hayan realizado. Él bien sabe cuanto hay en los corazones.

La ingratitud de los incrédulos

8. Cuando al ser humano le acontece una desgracia, invoca a su Señor y se vuelve a Él [pidiéndole que lo auxilie]; pero luego, cuando Él le concede una gracia, olvida que Lo había invocado antes e iguala a sus ídolos con Dios [dedicándoles actos de adoración y súplicas], descarriando a otros de Su sendero. Dile [a quien se comporte de esta manera]: "Disfruta por poco tiempo de tu incredulidad, pues serás de los moradores del Infierno". **9.** ¿Acaso se puede comparar a [ese incrédulo] con quien se prosterna e inclina [en oración] consagrándose en la noche, está consciente de la otra vida y anhela la misericordia de su Señor? Dile: "¿Acaso son iguales los que tienen conocimiento y los que no tienen conocimiento?" Solo reflexionan los dotados de entendimiento.

Órdenes al Profeta

10. Diles: "¡Oh, siervos creyentes! Tengan temor de su Señor, y sepan que quienes obren bien en este mun-

---

sea envuelta por otra, plegándola como si fuera una tela extendida". La descripción que da el versículo sobre el día y la noche envolviéndose mutuamente implica una información precisa sobre la forma del mundo. Esto solo puede ser verdad si la Tierra es redonda. Lo cual significa que en el Corán, revelado en el siglo VII, la redondez de la Tierra se encontraba ya insinuada.

6 Son los machos y las hembras de cuatro clases de ganado: el bovino, el ovino, el camélido y el caprino. En el uso lingüístico árabe, los caballos no se cuentan como ganado. El porcino obviamente no es mencionado debido a su prohibición.

7 El versículo establece que el ser humano es creado en el útero materno en tres distintas etapas. La biología moderna ha descubierto que el desarrollo embriológico tiene lugar en tres regiones distintas del útero materno. Los textos de embriología que se estudian hoy en las facultades de medicina consideran esto como una información básica en la materia. El hecho de que una información tan detallada y precisa fuera suministrada por el Corán en una época en que la gente tenía muy escasa información sobre temas médicos, es una prueba incontrastable de que el Corán no es un producto humano sino la Palabra de Dios.

do recibirán una bella recompensa, y que la Tierra de Dios es amplia[8]. La recompensa para quienes sean pacientes y perseverantes no tendrá límite". **11.** Diles: "Me ha sido ordenado adorar solamente a Dios, y rendirle culto sincero, **12.** y me ha sido ordenado que sea el primero en someterse a Él". **13.** Diles: "Pero yo temo, si desobedezco [las órdenes de] mi Señor, el castigo en un día difícil [el Día del Juicio]". **14.** Diles: "Yo adoro solamente a Dios, y Le rindo culto sincero. **15.** Adoren lo que quieran en lugar de Él. Los desdichados serán los que se descarríen a sí mismos y a su gente el Día de la Resurrección [ingresando al Infierno]. ¿Acaso no es esta la mayor ruina?" **16.** Serán cubiertos por encima y por debajo por nubes de fuego. Así atemoriza Dios a Sus siervos. ¡Oh, siervos Míos! Tengan temor de Mí [y crean].

Los creyentes y los incrédulos

17. Quienes se aparten de los ídolos negándose a adorarlos y se vuelvan a Dios, serán los bienaventurados. Albricia [¡Oh, Mujámmad!] a Mis siervos **18.** que escuchan todo lo que se dice, pero siguen lo mejor [la palabra de Dios y Su Mensajero]. Ellos son los guiados por Dios, son los dotados de entendimiento. **19.** ¿Acaso tú podrás salvar [guiando] a quien [en virtud de su libre albedrío] Dios ha decretado que sea de los moradores del Infierno? ¿O es que puedes rescatar a quien ha sido condenado al Fuego? **20.** Pero quienes hayan tenido temor de su Señor, morarán en la otra vida en habitaciones elevadas, y sobre ellos habrá otras habitaciones [donde estarán quienes hayan alcanzado grados más elevados], todas construidas de oro y plata, [en jardines] donde correrán ríos. Ésta es la promesa de Dios, y Dios no falta a Su promesa.

Parábola de esta vida fugaz

21. ¿Acaso no ves que Dios hace descender el agua del cielo, y luego hace que surja como manantiales en la tierra, y hace brotar con ella cultivos de diversos colores que se secan y puedes ver que se tornan amarillentos y finalmente se convierten en heno? En eso hay un motivo de reflexión para los dotados de entendimiento. **22.** ¿Acaso se puede comparar a aquel a quien Dios abrió su corazón al Islam y está colmado por la luz de su Señor [con quien se niega a creer]? ¡Cuán desdichados son quienes tienen el corazón endurecido al Mensaje de Dios! Ellos están en un desvío evidente.

Los creyentes y los incrédulos

23. Dios ha revelado el mejor de los Mensajes, que es un Libro armonioso [sin contradicciones] que reitera [las enseñanzas]. Su recitación hace erizar la piel de quienes tienen temor de su Señor. [Los creyentes] cuando recuerdan a Dios, su piel y sus corazones se

8 Este versículo establece que si al musulmán le impiden adorar a Dios y practicar su religión, debe emigrar buscando la libertad y la dignidad, y no aferrarse a un lugar simplemente por lazos emocionales.

apaciguan. Ésta es la guía de Dios, con la que Él encamina a quien quiere; pero sepan que para quien Dios decreta el desvío, no habrá nadie que lo pueda guiar. **24.** ¿Acaso aquel que se resguarda del terrible castigo del Día de la Resurrección [se equipara con quien se siente seguro contra él]? A los que cometieron injusticias se les dirá [el Día del Juicio]: "Sufran [el castigo por] lo que obraron".

El rechazo conduce al castigo

25. Otras personas en la antigüedad desmintieron [a los Mensajeros], pero fueron sorprendidos por el castigo desde donde menos lo esperaban. **26.** Dios los hizo sufrir la humillación en la vida mundanal, y el castigo de la otra vida será mayor; si lo supieran.

La excelencia del Corán

27. He expuesto en el Corán toda clase de ejemplos para que reflexionen. **28.** Este Corán ha sido revelado en idioma árabe y está libre de contradicciones, para que tengan temor de Dios.

Parábola de un politeísta y un monoteísta

29. Dios da un ejemplo sobre [la idolatría:] ¿Acaso son iguales un hombre que tiene muchos amos asociados que discrepan entre sí, y un hombre al servicio de un solo amo? ¡Alabado sea Dios! [No se equiparan] Pero la mayoría de los seres humanos lo ignoran.

Todos morirán finalmente

30. Tú [¡Oh, Mujámmad!] has de morir y ellos también han de morir [pues ningún ser creado es inmortal]. **31.** Luego, el Día de la Resurrección ante su Señor discutirán [intentando excusarse].

La recompensa de los creyentes y de los incrédulos

32. ¿Acaso existe alguien más injusto que quien inventa mentiras sobre Dios y desmiente la Verdad cuando se le presenta? El Infierno será la morada de los que rechazan la verdad. **33.** Quien les ha traído la Verdad [el Profeta Mujámmad] y aquellos que creyeron en él y lo siguieron, son los piadosos. **34.** Ellos tendrán cuanto deseen junto a su Señor. Esa será la recompensa de los que hacen el bien. **35.** Dios les perdonará las peores faltas que hubieran cometido, y los recompensará por las mejores buenas obras que hayan realizado.

Dios protege a Su Mensajero

36. ¿Acaso Dios no es suficiente [como Protector] para Su siervo? Pero ellos [los idólatras] intentan atemorizarte con sus ídolos [a los cuales adoran] en lugar de Él. Y a quien Dios permite que se desvíe nadie lo podrá guiar. **37.** A quien Dios decretó que siguiera la guía, no habrá nadie que lo pueda desviar. ¿Acaso no es Dios Poderoso y el dueño de la retribución [que merecen]?

Dios Todopoderoso o dioses impotentes

38. Si les preguntas [a los idólatras:] "¿Quién creó los cielos y la Tierra?" Te responderán: "¡Dios!" Diles: "¿Acaso no han pensado qué es aquello que invocan en vez de Dios? ¿Si Dios quisiera azotarme con algún daño, acaso sus ídolos me podrían librar de él? ¿O si deseara Dios cubrirme con Su misericordia, podrían ellos impedirlo?" Diles: "Me es suficiente con Dios. Quienes confíen verdaderamente en Dios, que se encomienden a Él".

Advertencia a los paganos

39. Diles: "¡Oh, pueblo mío! Obren como quieran, que yo obraré [acorde a lo que me ha sido revelado]. Ya sabrán **40.** a quién le corresponde el castigo humillante, y quién recibirá un castigo eterno [en la otra vida]".

El libre albedrío

41. [¡Oh, Mujámmad!] Te he revelado el Libro con la Verdad para [que se lo transmitas a] la gente. Quien siga la guía lo hará en beneficio propio, pero quien se desvíe lo hará en detrimento propio. Sabe que tú no eres responsable de lo que ellos hagan.

El sueño: Hermano gemelo de la muerte

42. Dios toma las almas en el momento de la muerte, y durante el sueño las de quienes aún no les ha llegado su hora. Retiene aquellas de quienes decretó su muerte, y devuelve las otras hasta [que se cumpla] el plazo prefijado [para su muerte]. En esto hay signos para quienes reflexionan.

Dios o ídolos

43. Sin embargo [los idólatras] toman [ídolos como] intercesores ante Dios. Diles: "¿Lo hacen a pesar de que ellos no pueden hacer nada, ni tampoco entienden?" **44.** Diles: "Dios es Quien autoriza toda intercesión[9]. A Él pertenece el reino de los cielos y la Tierra; ante Él comparecerán". **45.** Cuando se menciona a Dios como única divinidad, los corazones de los que se niegan a creer en el más allá sienten rechazo, pero cuando se mencionan a otros [ídolos] en lugar de Él, entonces se alegran.

Dios es el Juez

46. Di: "Oh, Dios [te imploro a Ti porque Tú eres] el Creador de los cielos y de la Tierra, el conocedor de lo oculto y lo manifiesto; Tú juzgarás entre Tus siervos sobre lo que solían discutir [sobre sus creencias]". **47.** Si los que cometen injusticias [idolatrías] poseyeran todo cuanto hay en la Tierra y otra cantidad semejante, querrían entregarlo como rescate para salvarse del castigo el Día de la Resurrección; pero Dios ya les mostrará lo que no se imaginan. **48.** Se les mostrarán las obras malas que cometieron, y el castigo del que se burlaban los rodeará.

---

9 "Dios es Quien autoriza toda intercesión", quiere decir que todas las intercesiones son de Su propiedad, y no de aquellos a los que son solicitadas. Por ello, la intercesión debe ser solicitada de su dueño, porque la súplica y la invocación es una forma de adoración, y los actos de adoración solo se deben a Dios. Para definitivamente desautorizar la toma de intercesores dijo Dios: "A Él pertenece el dominio de los cielos y de la Tierra", y al ser el Rey soberano de todas las cosas, también lo es de la intercesión. Por ende, es impropio solicitarla de otro que no sea Él, ya que no la posee. Ver Corán 2:255 y 21:28.

La ingratitud humana

49. Cuando al ser humano le sucede una desgracia Me invoca; y luego, cuando le concedo una gracia, dice: "La gracia que se me ha concedido es porque me lo merecía debido a mi capacidad". Esto es una prueba [de Dios], pero la mayoría lo ignora. **50.** Así dijeron sus ancestros, y [cuando los sorprendió el castigo] no los beneficiaron en absoluto las riquezas que habían obtenido. **51.** Los azotó el castigo por lo que cometieron; los opresores serán castigados por sus malas obras, y no lo podrán evitar. **52.** ¿Acaso no saben que Dios concede un sustento abundante a quien Él quiere y se lo restringe a quien quiere? En esto hay signos para los que creen.

Dios perdona todos los pecados

53. Di: "¡Oh, siervos míos que están sumidos en el pecado [perjudicándose a sí mismos]! No desesperen de la misericordia de Dios. Dios tiene poder para perdonar todos los pecados. Él es el Perdonador, el Misericordioso"[10]. **54.** Arrepiéntanse ante su Señor y sométanse a Él como musulmanes, antes de que los sorprenda el castigo, y entonces no sean socorridos. **55.** Sigan los preceptos que les han sido revelados [en el Corán] por su Señor, antes de que repentinamente les llegue el castigo, sin que se den cuenta, **56.** [y entonces] digan: "¡Qué pena! Ahora estoy perdido por haber desobedecido las órdenes de Dios, y realmente me contaba entre quienes se burlaban [del castigo]". **57.** O digan: "¡Cómo desearía que Dios me hubiera guiado para contarme entre los piadosos!" **58.** O digan, cuando vean el castigo: "Si pudiera tener otra oportunidad [en la vida mundanal], entonces me contaría entre los que hacen el bien". **59.** [Pero Dios dirá:] "Ya se les presentaron Mis signos evidentes [en el Corán] y los desmintieron, fueron arrogantes y los rechazaron".

El Día del Juicio

60. El Día de la Resurrección verás que los rostros de quienes desmintieron a Dios estarán ensombrecidos. ¿Acaso no es el Infierno la morada para los soberbios? **61.** Dios salvará a los piadosos y les concederá el triunfo [ingresándolos al Paraíso], y no los alcanzará el castigo ni la tristeza. **62.** Dios es el Creador de todas las cosas, y Él es su Custodio. **63.** A Él pertenecen las llaves de los cielos y de la Tierra. Quienes no crean en los signos de Dios serán los perdedores.

Un Dios Único

64. Diles [¡Oh, Mujámmad! a los idólatras]: "¿Cómo pretenden que adore a sus ídolos en vez de Dios, ¡oh, ignorantes!?" **65.** Se te ha revelado [¡Oh, Mujámmad!], y también a los [Profetas] que te precedieron,

10 Los musulmanes que hayan cometido pecados mayores se encuentran bajo la decisión de Dios: Si quiere, los perdona por Su enorme misericordia; y si quiere, los castiga con justicia debido a sus pecados, para luego sacarlos del Infierno e introducirlos al Paraíso por Su misericordia. Ver Corán 4:48.

que si cometes idolatría, tus obras se perderán y te contarás entre los perdedores. **66.** Adora solo a Dios y sé de los agradecidos.

El comienzo del fin

67. [Los idólatras] no han valorado a Dios en Su verdadera magnitud. El Día de la Resurrección contendrá toda la Tierra en Su puño, y los cielos estarán plegados en Su diestra. ¡Glorificado y enaltecido sea Dios! Él está por encima de lo que Le asocian. **68.** Será soplada la trompeta[11] y todos los que estén en los cielos y en la Tierra perecerán, excepto quien Dios quiera[12]; luego será soplada por segunda vez y [todos resucitarán] poniéndose de pie [para ser juzgados]. Entonces verán.

La justicia divina

69. La Tierra se iluminará con la luz de su Señor, el registro de las obras se expondrá, se hará comparecer a los Profetas[13] y a los testigos[14], y [la gente] será juzgada con justicia y nadie será oprimido. **70.** Será juzgada cada alma acorde a sus obras, y Él es Quien mejor sabe cuanto hicieron.

La recompensa de los malvados

71. Los que se negaron a creer serán arriados en grupos hacia el Infierno, y cuando lleguen a él, serán abiertas sus puertas y sus [ángeles] guardianes les dirán: "¿Acaso no se les presentaron Mensajeros que les transmitieron los signos de su Señor, y les advirtieron sobre la comparecencia de este día?" Responderán: "¡Sí! Pero [debido a que los desmentimos] se cumplirá el designio de Dios de castigar a los incrédulos". **72.** Se les dirá: "Entren por las puertas del Infierno, y morarán allí por toda la eternidad". ¡Qué pésima morada tendrán los soberbios!

La recompensa de los rectos

73. Pero quienes hayan tenido temor de su Señor, serán conducidos al Paraíso en grupos, y cuando lleguen a él, serán abiertas sus puertas y sus [ángeles] guardianes les dirán: "Con ustedes sea la paz, bienvenidos.

---

11 El ángel Israfil hará sonar la trompeta y dará comienzo, por orden de Dios, al fin del mundo, luego será tocada por segunda vez y tendrá comienzo la resurrección y el Día del Juicio Final.

12 Los ángeles mueren tal como los seres humanos y los *yinn*. Los ángeles están incluidos en este versículo, porque ellos están en los cielos. *Ibn Kazir* dijo comentando este versículo: "Éste es el segundo Trompetazo, que causará el desvanecimiento de todas las criaturas, que provocará la muerte de todos los seres vivientes que están en los cielos y en la Tierra, salvo aquéllos que Dios quiera. Entonces Él tomará las almas de aquéllos que quedan, y el último en morir será el ángel de la Muerte. Luego quedará, únicamente, el Viviente, el Subsistente, Aquel que es el Primero, y Quien solamente será el Último, el Eterno. Y Él dirá tres veces: '¿A quién pertenece hoy la Soberanía?' Entonces Él se contestará a Sí mismo: 'Le pertenece a Dios, el Uno, el Victorioso'".

13 Los Profetas serán preguntados acerca de la transmisión del Mensaje y sobre quienes creyeron en ellos y quienes los rechazaron.

14 Los testigos son los ángeles, la Tierra y los cuerpos de las mismas personas que darán testimonio de las obras que realizaron.

Ingresen en él por toda la eternidad”.

74. Exclamarán: “¡Alabado sea Dios!, Quien cumplió Su promesa y nos hizo heredar la tierra del Paraíso, para establecernos donde queramos. ¡Qué excelente la recompensa de los que obraron el bien!”

Glorificando las alabanzas al Señor

75. Verás a los ángeles, alrededor del Trono, glorificando las alabanzas de su Señor. [El Día del Juicio] se juzgará a la creación con total justicia, y se exclamará: “¡Alabado sea Dios, Señor del universo!”

40. El Perdonador

(Ghâfir)

En esencia, este capítulo del Corán que fue revelado en La Meca enfatiza los conceptos centrales subrayados en las capítulos previos y siguientes, a saber, que Dios es infinito en misericordia y severo en el castigo, y que la humanidad agradece o no a su Señor, junto con la retribución en cada caso. Todo esto está encarnado en la historia de Moisés (versículos 23-54), en que el Faraón es el incrédulo desagradecido, y un hombre no identificado de entre el pueblo del Faraón es el creyente agradecido. Se le aconseja repetidamente al Profeta (ﷺ) que sea paciente, y que tenga siempre en cuenta que Dios jamás defrauda a Sus Profetas (versículos 51 y 77).

En el nombre de Dios,
el Compasivo, el Misericordioso

El Corán proviene del Todopoderoso

1. *Ha'. Mim.* **2.** La revelación de este Libro proviene de Dios, el Poderoso, el que todo lo sabe. **3.** El Perdonador de los pecados, el que acepta el arrepentimiento, es severo en el castigo y es generoso al conceder Sus gracias. No hay otra divinidad salvo Él, y ante Él han de comparecer.

Advertencia a los incrédulos

4. No disputan los signos de Dios sino los que se niegan a creer. Que no te deslumbre la aparente prosperidad de sus negocios en la ciudad, ya que **5.** antes que ellos el pueblo de Noé y los aliados también habían desmentido [el Mensaje]. Toda nación se complotó contra su Mensajero. Le discutían con argumentos falsos para destruir la Verdad, y por eso los castigué. ¡Qué terrible fue Mi castigo! **6.** Así fue como se cumplió el designio de tu Señor sobre los que se negaron a creer: que ellos serían los moradores del Fuego.

Los ángeles suplican por los creyentes

7. Los [ángeles] que portan el Trono, y los que están a su alrededor, glorifican con alabanzas a su Señor, creen en Él y piden el perdón para los creyentes diciendo: "¡Señor nuestro! Tú lo abarcas todo con Tu misericordia y sabiduría. Perdona a quienes se arrepienten y siguen Tu camino, y presérvalos del castigo del Fuego. **8.** ¡Señor nuestro! Introdúcelos en los Jardines del Edén que les prometiste, junto a sus padres, esposas y descendientes que fueron piadosos y creyentes. Tú eres el Poderoso, el Sabio. **9.** Presérvalos de cometer pecados. Tú te apiadarás, cuando llegue el Día del Juicio, de aquel que haya sido preservado de cometer pecados. Ese será el triunfo grandioso".

Los reclusos del Infierno

10. Pero a los que se negaron a creer se les dirá: "La aversión de Dios por ustedes es mayor que el odio que sentirán por ustedes mismos [al ser arrojados al Fuego], ya que fueron invitados a la fe pero la rechazaron". **11.** Dirán: "¡Señor nuestro! Nos diste la muerte dos veces[1] y nos diste la vida dos veces[2], reconocemos nuestros pecados; ¿existe alguna forma de salir [del castigo del Infierno]?" **12.** [Se les dirá:] "Este tormento es porque, cuando se los invitó a adorar a un Dios Único, no creyeron; pero cuando se los invitaba a dedicarle actos de adoración a otros [ídolos] junto a Dios, entonces sí creyeron. El juicio corresponde a Dios, el Sublime, el Supremo.

El poder de Dios en ambos mundos

13. Él es Quien les muestra Sus signos y les envía la lluvia del cielo como sustento, pero no reflexiona en ello sino quien retorna [a Dios] arrepentido. **14.** Invoquen a Dios y adórenlo con sinceridad, aunque eso disguste a los que se niegan a creer. **15.** Él posee los atributos más sublimes, Señor del Trono. Concede la revelación con Su Mensaje a quien Él quiere de Sus siervos, para que adviertan sobre el día de la comparecencia. **16.** Ese día saldrán [de las tumbas] y nada estará oculto a Dios. [Él preguntará:] "¿Quién es el soberano hoy?" [Y Él mismo responderá:] "Solo Dios, el Único, el Victorioso". **17.** Hoy cada alma será juzgada por lo que haya realizado. Hoy no se cometerá injusticia alguna. Dios es rápido en ajustar cuentas.

Los horrores del Día del Juicio

18. Adviérteles [¡Oh, Mujámmad!] sobre la inminencia del Día [del Juicio], donde los corazones se les subirán hasta las gargantas por la angustia. Los que cometieron injusticias no tendrán ningún amigo ni intercesor que sea escuchado. **19.** [Dios] conoce las miradas pérfidas y lo que esconden los corazones. **20.** Dios juzga con la verdad, y los que invocan en lugar de Él no pueden juzgar nada. Dios todo lo oye, todo lo ve.

El destino de los negadores

21. ¿Acaso no viajan por el mundo y observan cuál fue el final de sus antecesores? Tenían más poder y dejaron más vestigios sobre la Tierra [que ustedes], pero Dios los castigó [destruyéndolos] por sus pecados, y nadie pudo protegerlos de Dios. **22.** Esto [fue lo que merecieron] porque se les presentaron sus Mensajeros con las pruebas claras, pero los rechazaron y entonces Dios los castigó. Él es Fortísimo y severo al castigar.

Moisés rechazado en Egipto

23. Envié a Moisés con Mis signos y pruebas evidentes. **24.** [Lo envié] ante el Faraón, Hamán y Qarún[3], pero le dijeron: "Eres un hechicero mentiroso". **25.** Pero cuando se les presentó con Mi Verdad, dijeron: "Maten a los hijos de quienes cre-

---

1 La primera es el estado de la inexistencia, y la segunda es la muerte que se experimenta en este mundo al abandonarlo.

2 La primera es al recibir el espíritu, y la segunda al ser resucitados el Día del Juicio Final.

3 El Faraón fue un rey tirano, y Hamán era uno de sus ministros. En cuanto a Qarún, sobrino de Moisés, era un hombre extremadamente rico, y debido a su riqueza se consideraba superior a los demás y trataba a la gente de manera arrogante y despectiva.

yeron en él, y dejen con vida a sus mujeres". Pero los planes de los incrédulos fueron en vano. **26.** Dijo el Faraón [con soberbia]: "Déjenme, yo mataré a Moisés, y que invoque a su Señor [para que me lo impida]; temo que cambie la religión de ustedes o que siembre la corrupción en la Tierra". **27.** Dijo Moisés: "Me amparo en mi Señor y el Señor de ustedes, de todo arrogante que no crea del Día del Juicio".

El consejo del creyente:
1) No perseguir por las creencias

28. Dijo un hombre creyente de la familia del Faraón, que ocultaba su fe: "¿Matarán a un hombre solo porque dice: 'Dios es mi Señor', siendo que les ha presentado milagros de su Señor? Si se trata de un mentiroso, sobre él recaerá su mentira; pero si dice la verdad, los azotará una parte del castigo conque los amenaza. Dios no guía a quien se extralimita y miente. **29.** ¡Oh, pueblo mío! A ustedes les pertenece el reino hoy, y son quienes dominan en la tierra [de Egipto]. ¿Pero quién nos defenderá del castigo de Dios, si Él lo desencadena sobre nosotros?" Dijo el Faraón: "No les propongo sino lo que considero correcto, y no los guío sino por el buen camino".

Consejo 2) Aprender de la historia

30. Pero dijo el hombre que creía [de la familia del Faraón]: "¡Oh, pueblo mío! Temo que les ocurra lo mismo que a los aliados [incrédulos que se complotaron contra sus Mensajeros], **31.** como ocurrió al pueblo de Noé, 'Ad y Zamud, y los que les sucedieron [que fueron aniquilados]. Dios no es injusto con Sus siervos. **32.** ¡Oh, pueblo mío! Temo que [sean castigados] el día de la convocatoria[4]. **33.** Ese día pretenderán huir, pero no tendrán quien los proteja del castigo de Dios. Sepan que a quien Dios abandona en el desvío, no habrá nadie que lo pueda guiar". **34.** Se les presentó [el Profeta] José antes [que Moisés] con milagros evidentes, pero ustedes permanecieron dudando sobre lo que les mostró [y no creyeron], hasta que cuando murió, dijeron: "Dios no enviará ningún Mensajero luego de él". Así extravía Dios a quien excede los límites y duda [de Su Mensaje], **35.** los que discuten los milagros de Dios sin haber recibido un argumento válido, por lo que acrecientan la aversión de Dios y de los creyentes hacia ellos. Así es como Dios sella el corazón de todo arrogante, opresor.

La respuesta del Faraón

36. Dijo el Faraón: "¡Oh, Hamán! Constrúyeme una torre para que pueda ascender. **37.** Ascender a los cielos y ver a quién adora Moisés, aunque creo que [Moisés] miente". Así fue como [el demonio] le hizo ver al Faraón como buenas sus malas acciones, y logró que se extraviara completamente. Los planes del Faraón fracasaron.

---

4 El Día del Juicio Final se denomina así por la gran cantidad de convocatorias que habrá ese día, pues cada hombre será convocado por su nombre para rendir cuentas y ser retribuido.

Consejo 3) Corrige tu camino

38. Dijo el [hombre] creyente [de la familia del Faraón]: "¡Oh, pueblo mío! Síganme, que los guiaré por el camino recto. **39.** ¡Oh, pueblo mío! En esta vida mundanal hay solo placeres temporales, mientras que la otra vida es la morada de la eternidad. **40.** Quien haga una maldad, será castigado acorde a lo cometido, pero quien haga obras buenas y sea creyente, varón o mujer, ingresará al Paraíso y será recompensado sin medida. **41.** ¡Oh, pueblo mío! ¿Qué sucede que los invito a la salvación y ustedes me invitan al Infierno? **42.** Me proponen negar la unicidad de Dios y que dedique actos de adoración a otros [ídolos], pero no tengo conocimiento [que algo merezca ser adorado salvo Él]. Yo los invito a creer en el Poderoso, el Perdonador. **43.** No hay duda de que aquello a lo que me invitan carece de fundamento en esta vida y en la otra; todos compareceremos ante Dios, y quienes exceden los límites serán los moradores del Infierno. **44.** Ya se acordarán de esto que les digo[5], pero [me refugio en Dios y] confío mis asuntos a Él. Dios ve bien lo que hacen Sus siervos".

La respuesta de Dios

45. Dios lo protegió de las maldades que tramaron contra él, mientras que el Faraón y sus seguidores fueron azotados por un castigo terrible[6]. **46.** [En la tumba] el fuego los alcanzará por la mañana y por la tarde[7], pero el día que llegue la Hora [del Juicio, se les ordenará a los ángeles:] "Arreen al Faraón y sus seguidores al castigo más severo".

Disputas entre los prisioneros del Infierno

47. Cuando [los incrédulos] discutan en el Infierno, dirán los más débiles a los soberbios [líderes de la incredulidad]: "Nosotros fuimos sus seguidores, ¿no pueden librarnos de una parte del [castigo del] Infierno?" **48.** Dirán los soberbios: "Todos nosotros estamos [siendo castigados] en él, Dios juzgó entre Sus siervos [y nadie puede aminorar el tormento][8]".

Apelaciones desde el Infierno

49. Quienes están en el tormento dirán a los [ángeles] guardianes del Infierno: "Rueguen a su Señor para que nos alivie el castigo [aunque sea] un solo día". **50.** Dirán [los ángeles]: "¿Acaso no se les presentaron Mensajeros con milagros evidentes?"

---

5 Cuando sea demasiado tarde y sean llevados al tormento del Infierno.

6 Cuando perecieron ahogados.

7 Este versículo es uno de los que evidencia un castigo temporal entre el momento de la muerte y el Día del Juicio Final, el cual es conocido como *Adab al-Qabr* o "el tormento de la tumba".

8 Estos versículos vienen después de mencionarse la tiranía del Faraón, que ordenó degollar a los recién nacidos e intentó matar a Moisés, y después de mencionar el diálogo entre el creyente que enfrentó al Faraón y refutó sus falsedades, y cómo el pueblo siguió ciegamente los deseos del tirano, lanzándose a la persecución de los creyentes. Los seguidores y ayudantes de los tiranos y opresores criminales sabrán en el Día de la Resurrección la gravedad del crimen que cometieron y pedirán a sus líderes que les aminoren el castigo, pero sus líderes no tienen capacidad siquiera de aminorarlo para ellos mismos.

Responderán: "Claro que sí [pero no les creímos]". Les dirán entonces [los ángeles]: "Rueguen ustedes", pero las súplicas de los que se negaron a creer serán en vano.

La ayuda de Dios a los creyentes

51. Les daré Mi socorro a Mis Mensajeros y a los creyentes en esta vida y también en el Día del Juicio, cuando comparezcan los [ángeles] testigos. **52.** En ese día no los beneficiarán las excusas a los que cometieron injusticias, serán maldecidos y tendrán la peor morada.

Tranquilizando al Profeta

53. Concedí a Moisés la guía, e hice que los Hijos de Israel heredaran el Libro [de la Torá], **54.** como guía y motivo de reflexión para los dotados de entendimiento. **55.** Sé paciente y perseverante, porque la promesa de Dios es verdadera; pide el perdón de tus faltas y glorifica con alabanzas a tu Señor por la tarde y al amanecer[9]. **56.** [Los que se niegan a creer] discuten los milagros de Dios sin pruebas válidas, porque sus corazones están colmados de soberbia, y sabe que no lograrán sus propósitos [de vencerte, ¡Oh, Mujámmad!]. Refúgiate en Dios, Él todo lo oye, todo lo ve.

La mayor de las creaciones

57. La creación de los cielos y de la Tierra es más grandiosa que la creación de los seres humanos, pero la mayoría de ellos lo ignoran[10].

Parábola sobre la creencia y la incredulidad

58. No es propio comparar al que puede ver [la verdad] con quien no puede verla, ni comparar al creyente que obra rectamente con el perverso [que obra el mal]. ¡Qué poco reflexionan! **59.** La hora [del Juicio] llegará, no hay duda sobre ello, aunque la mayoría de los seres humanos no crean.

Dios responde las súplicas

60. Su Señor dice: "Invóquenme, que responderé [sus súplicas]". Pero quienes por soberbia se nieguen a adorarme, ingresarán al Infierno humillados.

Dios es misericordioso con Su creación

61. Dios es Quien creó la noche para que descansen en ella, y el día luminoso para que puedan ver [y procurar el sustento]. Dios es el poseedor del favor inmenso que concede a los seres humanos, pero la mayoría no Le agradece. **62.** Aquel [que los agracia] es Dios, su Señor, el Creador de todas

9 Alusión a las oraciones del amanecer (*Fayer*) y la tarde (*'Asr*).

10 Los conceptos de *Jilafah* خلافة (responsabilidad), y *Amana* أمانة (confianza), emergen del principio de monoteísmo. El Corán explica que el ser humano fue nombrado Jalifa, es decir, responsable de cuidar la creación de Dios. Cada individuo tiene esta tarea y privilegio por el que tiene que responder ante Dios. Pero el Corán advierte repetidamente a los creyentes acerca de la arrogancia: no son mejores que las otras criaturas, tal como lo evidencia este versículo. El Profeta enseñó que el universo y todo lo que existe en él –animales, plantas, agua, tierra y otros recursos– no fue creado para que la humanidad lo depredara, sino que el ser humano tiene permitido utilizar los recursos sin sentirse nunca su dueño absoluto.

las cosas, no hay nada ni nadie con derecho a ser adorado salvo Él, ¿cómo es que rehúsan [adorarlo a Él y adoran falsas divinidades]? **63.** Así también fueron apartados [del camino recto] quienes rechazaron los signos de Dios.

Dios provee para todos

64. Dios es Quien hizo de la Tierra un lugar habitable y del cielo un techo[11], los dotó de una bella figura y los sustenta con cosas beneficiosas. Él es Dios, su Señor. Bendito sea Dios, Señor del Universo. **65.** Él es el Viviente, no hay nada ni nadie con derecho a ser adorado salvo Él; invóquenlo solamente a Él. Alabado sea Dios, Señor del universo.

Dios tiene poder sobre la vida y la muerte

66. Diles [¡Oh, Mujámmad!]: "Me ha sido prohibido adorar a aquellos [ídolos] que invocan en lugar de Dios, me han llegado milagros evidentes de mi Señor y se me ordenó someterme al Señor del universo.

El castigo para los negadores

67. Él es Quien los creó del polvo[12], y después[13] de un óvulo fecundado que se transforma en un embrión, luego los hace surgir [al mundo] como niños para que alcancen la madurez, y luego los hace llegar a ancianos, aunque algunos fallecen antes, y así se cumple el plazo de vida que se les había prefijado para que reflexionen. **68.** Él es Quien da la vida y da la muerte, y cuando decreta algo dice: "¡Sé!", y es. **69.** ¿Acaso no observaste [¡Oh, Mujámmad!] a quienes discuten los milagros de Dios, cómo se desvían? **70.** Quienes desmienten el Libro [revelado] y lo que envié junto a Mis Mensajeros[14] ya sabrán [el castigo que les aguarda], **71.** cuando se les coloquen argollas en sus cuellos y sean arriados con cadenas **72.** al agua hirviendo, y luego ardan en el fuego. **73.** Se les dirá entonces: "¿Dónde están aquellos [ídolos] que idolatraban junto **74.** a Dios?" Responderán: "Se desvanecieron. [Reconocemos que] no invocábamos en realidad a nada [que nos pueda beneficiar hoy]". Así es como Dios deja que se desvíen los que se niegan a creer. **75.** [Los ángeles dirán:] "Este [castigo que reciben] es porque ustedes se regocijaban sin razón en la Tierra [siguiendo creencias falsas], y porque eran insolentes. **76.** Ingresen [al castigo] por las puertas del Infierno, donde permanecerán por toda la eternidad". ¡Qué pésima será la morada de los soberbios!

Consejo al Profeta

77. Sé paciente y perseverante [¡Oh, Mujámmad!], pues la promesa de Dios es verdadera. Sea que te muestre algo de lo que tengo preparado o que te haga morir [antes de que sean castigados], ante Mí comparecerán.

---

11 Ver Corán 21:32.

12 Al primer ser humano.

13 Al resto de la creación.

14 Los milagros que los acompañaban.

78. Envié otros Mensajeros antes de ti, de algunos de ellos te he relatado su historia, y de otros no te relaté su historia[15]. Todo Mensajero que se presentó con algún milagro fue con la anuencia de Dios. Pero cuando llegue el designio de Dios, estarán perdidos los que atribuían falsedades [a Dios].

Algunos de los favores de Dios

79. Dios es Quien creó para ustedes los rebaños, para que usaran como montura a algunos y de otros comieran. **80.** Obtienen de ellos otros beneficios, y pueden satisfacer mediante ellos sus necesidades [de viajar a zonas lejanas]. Sobre ellos [en los viajes terrestres] y en los barcos se transportan. **81.** Dios les muestra Sus milagros [que prueban Su unicidad]. ¿Cuál de los milagros de Dios negarán?

Más advertencias a los negadores

82. ¿Acaso no viajan por el mundo y observan cuál fue el final de sus antecesores? Eran más numerosos que ellos, más poderosos, y dejaron más vestigios en la Tierra. Pero de nada les valió lo que poseían. **83.** Cuando se les presentaron sus Mensajeros con los milagros, se mostraron soberbios y orgullosos de [las creencias] que habían heredado [y no les creyeron]; entonces les fue enviado un castigo por haberse burlado. **84.** Pero al ver Mi castigo, dijeron: "Creemos solo en Dios, y renegamos de lo que adorábamos junto a Él". **85.** Pero de nada les sirvió creer cuando vieron Mi castigo. Así es el designio de Dios[16], que alcanzó a quienes los precedieron. Los que se negaron a creer habrán perdido toda posibilidad [de salvación].

---

15 Esto indica que aquellos de quienes conocemos sus nombres son muy pocos, y que resta un número muy importante que desconocemos, pero creemos de manera genérica que existen muchos Profetas que fueron enviados a distintos pueblos.

16 De que ya no beneficiará la fe cuando se desencadene el castigo de Dios.

41. La descripción detallada

(Fuṣṣilat)

Este capítulo del Corán fue revelado en La Meca, y toma su nombre de la descripción que se hace del Corán en el versículo 3, reprende a los paganos por alejarse de la verdad, insultar al Corán y negar a Dios, el único Creador de los cielos y de la Tierra. Se les advierte a los negadores que sus propios cuerpos testificarán en su contra en el Día del Juicio. Se hace referencia a la destrucción de los pueblos arrogantes y desagradecidos de 'Ad y Zamud, ya que los árabes solían pasar cerca de sus ruinas en los viajes que hacían a Siria y Yemen, respectivamente. Se da una descripción profunda de los piadosos en los versículos 30-36. Se subraya la veracidad del Corán al final de este capítulo y al comienzo del siguiente.

En el nombre de Dios,
el Compasivo, el Misericordioso

Los que niegan la verdad

1. *Ha'. Mim.* **2.** Esta es una revelación descendida por el Compasivo, el Misericordioso, **3.** un Libro en que los signos son explicados detalladamente. Expresado en idioma árabe para gente que comprende. **4.** Albricia[1], pero también advierte[2]. La mayoría le da la espalda y no quieren oír. **5.** Dicen[3]: "Nuestros corazones son insensibles a lo que nos invitas, nuestros oídos son sordos, y entre tú y nosotros hay un velo. Haz lo que quieras, que nosotros haremos lo que queramos".

Mensaje a los negadores

6. Diles [¡Oh, Mujámmad!]: "Soy un hombre igual que ustedes, pero me fue revelado que su divinidad es una sola. Sigan el camino recto que Él ha establecido y pidan Su perdón". ¡Ay de los idólatras, **7.** los que no pagan el *zakat* ni creen en la otra vida! **8.** Los que crean y obren rectamente recibirán una recompensa ininterrumpida.

Pregunta para los negadores

9. Diles: "¿Cómo es que no creen en Quien creó la Tierra en dos días e inventan ídolos a los que adoran como si tuvieran poderes igual que Él? Él es el Señor del universo. **10.** Dispuso sobre la Tierra montañas firmes, la bendijo y determinó el sustento[4] en cuatro eras completas[5], para los que preguntan[6]. **11.** Luego se dirigió al cielo, el cual era nebuloso, y le dijo al cielo y a la Tierra: '¿Ven-

---

1 A los creyentes que serán recompensados por su creencia en el monoteísmo y sus buenas obras.

2 A quienes se niegan a creer y obran con injusticias, que serán castigados.

3 Los que se niegan a creer en el Mensaje.

4 Para todos los seres creados.

5 Estas cuatro eras mencionadas en este versículo son parte de las seis eras mencionadas en 7:54, 10:3, 11:7, 25:59, 32:4, 50:38 y 57:4. Es decir, que de las seis eras, se completó en cuatro eras la creación de los asuntos mencionados en este versículo.

drán a mí de buen grado o por la fuerza?' Respondieron: 'Iremos a Ti de buen grado'. **12.** Creó siete cielos en dos días, y le inspiró a cada cielo su función. Embelleció el cielo de este mundo con estrellas luminosas, como protección[7]. Éste es el decreto del Poderoso, el que todo lo sabe".

El destino de Ad y Zamud

13. Pero si se apartan[8], diles: "Les advierto que podrían caer fulminados como 'Ad y Zamud". **14.** Cuando se les presentaron los Mensajeros, uno después de otro [con el mismo argumento] diciéndoles: "No adoren sino a Dios". Respondían: "Si nuestro Señor hubiera querido nos habría enviado un ángel[9]. No creemos en su Mensaje". **15.** En cuanto a 'Ad, actuaron con soberbia y cometieron injusticias en la tierra. Dijeron: "¿Acaso existe alguien más poderoso que nosotros?" ¿Acaso no sabían que Dios es Quien los creó y que Él es más poderoso que ellos? Pero rechazaron Mis signos. **16.** Les envié un fortísimo viento gélido en días terribles, para hacerles sufrir el castigo humillante en esta vida; pero el castigo de la otra vida será más humillante aún, y no tendrán quién los socorra. **17.** Y en cuanto a Zamud, les aclaré cuál era la verdadera senda, pero prefirieron la ceguera a la guía. Entonces los azotó un castigo fulminante por lo que habían cometido. **18.** Pero salvé a quienes habían creído y tenían temor de Dios.

El testimonio de los órganos

19. El día que sean congregados los enemigos de Dios y conducidos al Infierno, **20.** y estén a punto de ser arrojados en él, entonces atestiguarán contra ellos sus propios oídos, ojos y pieles todo lo que cometieron[10]. **21.** Dirán a sus pieles: "¿Por qué atestiguan contra nosotros?" Les responderán: "Nos hizo hablar Dios, Quien hace hablar a todas las cosas". Sepan que Él los creó la primera vez[11], y que ante Él volverán[12]. **22.** No pudieron esconderse de los oídos, los ojos y la piel que atestiguarán en su contra. Pensaban que Dios ignoraba gran parte de lo que hacían. **23.** Eso que pensaban de su Señor es lo que los ha llevado a la ruina, y ahora son de los perdedores. **24.** Y aunque tengan paciencia, el Infierno será su morada; y aunque supliquen ser excusados, no serán excusados.

Lo que causó ese destino

25. Y les asigné compañeros[13], que les embellecieron lo que habían cometido y lo que iban a cometer.

---

6 Acerca de cómo fue la creación.

7 Ver Corán 67:5.

8 Los que se niegan a creer.

9 Como Mensajero, y no un hombre como ellos mismos

10 Porque ellos intentarán negar sus pecados.

11 Cuando no eran nada.

12 A presentarse tras la resurrección.

13 Demonios que los incitaban al mal.

Entonces merecieron el castigo al igual que otras naciones anteriores de seres humanos y de *yinn* que fueron destruidas. Ellos fueron los verdaderos perdedores. **26.** Dicen los que se negaron a creer: "No presten atención al Corán cuando es recitado, y eleven la voz parloteando, así se saldrán con la suya". **27.** Les haremos sufrir un castigo severo a los que se negaron a creer, retribuyéndolos por todo el mal que hicieron. **28.** Este es el tormento que merecen los enemigos de Dios: el Infierno, donde morarán por toda la eternidad como castigo por haber negado Mis signos. **29.** Dirán los que se negaron a creer: "¡Señor nuestro! Déjanos ver a los *yinn* y a los seres humanos que nos extraviaron para que los pongamos bajo nuestros pies, y así sean ellos de los que estén más abajo[14]".

La recompensa del devoto

30. Quienes digan: "Nuestro Señor es Dios" y obren correctamente, los ángeles descenderán sobre ellos [y les dirán:] "No teman ni estén tristes. Bienaventurados sean porque tendrán el Paraíso que les fue prometido. **31.** Nosotros somos sus protectores en la vida mundanal y en la otra, tendrán allí todo cuanto deseen y se les concederá todo lo que pidan **32.** como reconocimiento del Absolvedor, Misericordioso".

Características de los verdaderos creyentes

33. Quién puede expresar mejores palabras que aquel que invita a la gente a creer en Dios, obra rectamente y dice: "¡Yo soy de los musulmanes[15]!" **34.** No es lo mismo obrar el bien que obrar el mal. Responde con una buena actitud[16], y verás que aquel con quien tenías enemistad se convierte en un amigo ferviente. **35.** Esto no lo logran sino los que tienen paciencia; no lo logran sino los que son muy afortunados. **36.** Si el demonio te susurra para hacer el mal, busca refugio en Dios, porque Él todo lo oye, todo lo sabe.

Adorar al Creador, maravillado con la creación

37. Entre Sus signos están la noche y el día, el Sol y la Luna. Si realmente es a Él a Quien adoran, entonces no se prosternen ante el Sol ni ante la Luna[17], sino que prostérnense ante Dios, ya que Él es Quien los ha creado. **38.** Pero si se muestran soberbios[18], sepan que los que están próximos a tu Señor[19] Lo glorifican

14 Sufriendo un castigo peor, porque en los niveles del Infierno, cuanto más bajos, más terrible es el castigo.

15 Que se someten a la voluntad de Dios.

16 Si eres maltratado.

17 Este versículo contradice los alegatos de aquellos que, apelando a la ignorancia de sus fieles, intentan decir que la palabra que se utiliza en el Corán para nombrar a Dios, "Al-lah", es en realidad el dios Luna y que, por lo tanto, los musulmanes son idólatras porque adoran a la Luna. El Corán mismo ordena no prosternarse ante la Luna, ya que es un objeto creado.

18 Y rechazan adorar a Dios.

19 Los ángeles.

durante la noche y durante el día, y no se cansan de hacerlo. **39.** Entre Sus signos está que puedes ver una tierra árida, sin vegetación, pero cuando Dios hace descender el agua sobre ella, vibra y reverdece. Aquel que le da vida[20] es Quien resucitará a los muertos. Él es sobre toda cosa Poderoso.

Advertencia a los que niegan el Corán

40. Quienes niegan Mis signos no pueden ocultarse de Mí. ¿Acaso quienes sean arrojados al Infierno serán mejores el Día de la Resurrección que quienes sean salvos[21]? Hagan lo que quieran, pero sepan que Él ve todo lo que hacen. **41.** Quienes se negaron a creer en el Mensaje cuando les llegó, sepan que este es un Libro sublime. **42.** No puede ser adulterado agregando algo o suprimiendo [parte de él], porque es una revelación proveniente de un Sabio, Loable. **43.** No dicen de ti [¡Oh, Mujámmad!] sino lo que ya había sido dicho sobre los Mensajeros que te precedieron. Tu Señor es el poseedor del perdón y el poseedor de un castigo doloroso.

Respuesta a quienes exigen un Corán que no sea árabe

44. Si hubiera revelado el Corán en otro idioma[22] habrían dicho. [los incrédulos de entre tu pueblo]: "¿Por qué no fue explicado detalladamente en forma clara?" ¡Qué! ¿Una revelación no árabe para un Profeta árabe? Diles: "Este Libro es guía y salud para los creyentes; pero de los que se niegan a creer sus oídos son sordos y no comprenden. [Se comportan] como si se los llamara de un lugar muy lejano[23].

Moisés también fue rechazado

45. Le revelé el Libro[24] a Moisés, pero discreparon sobre él. Si no hubiera sido porque tu Señor lo había decretado[25], se les habría adelantado el castigo. Ellos tienen sobre el Corán una seria duda.

El que obra el bien y el que obra el mal

46. Quien obre rectamente lo hará en beneficio propio, y quien obre el mal se perjudicará a sí mismo. Tu Señor no es injusto con Sus siervos.

El conocimiento infinito de Dios

47. Solo Él sabe cuándo llegará la Hora[26]. No surge ningún fruto de su cáliz, ni concibe ninguna mujer o da a luz sin que Él tenga total conocimiento de ello. El día que los llame [y pregunte a los idólatras]: "¿Dónde están los socios [en la divinidad] que Me atribuían?" Responderán: "Anunciamos que ninguno de nosotros

---

20 A la tierra árida y desértica.

21 Del castigo.

22 Diferente al árabe.

23 Y al no escuchar, no comprendieran lo que se les dice.

24 La Torá.

25 El momento del castigo.

26 Del fin del mundo y el Día de Juicio Final.

sigue atestiguando eso"[27]. **48.** Los abandonará aquello que solían invocar[28], y sabrán que no tienen escapatoria.

La ingratitud de los negadores

49. El hombre no se cansa de pedir más y más bienestar, pero si le sucede alguna desgracia se desanima y se desespera. **50.** Si lo agracio con Mi misericordia después de que sufriera una desgracia, dice: "Esto es lo que me merecía, y no creo que la Hora del Juicio llegue jamás; pero si compareciera ante mi Señor, seguro que Él me concedería lo más bello que existe[29]". Pero ya les informaré a los que se negaron a creer todo lo que hicieron, y los haré sufrir un castigo terrible. **51.** Cuando agracio a la persona se aparta[30] y se vuelve soberbio. Pero si lo azota un mal, entonces no deja de suplicar.

Negar la revelación de Dios

52. Diles: "¿Acaso han considerado qué les pasaría si este es un Libro que proviene de Dios y ustedes se niegan a creer en él?". No existe nadie más desviado que quien persiste obstinado en el error.

La creación atestigua la verdad

53. Los haré ver Mis signos en los horizontes y en ellos mismos, hasta que se les haga evidente la Verdad. ¿Acaso no es suficiente tu Señor como Testigo de todo? **54.** ¿Aún siguen dudando de la comparecencia ante su Señor? ¿No abarca Él todas las cosas?[31]

---

27 En ese momento todos atestiguarán que nada ni nadie comparte la divinidad con Dios, y se retractarán de sus afirmaciones politeístas hechas durante su vida mundanal.

28 En lugar de Dios.

29 El Paraíso.

30 De su Señor.

31 Con Su conocimiento y poder.

42. La consulta

(Ash-Shûra)

Este capítulo del Corán fue revelado en La Meca, y toma su nombre del versículo 38, que habla sobre realizar una consulta antes de decidir los asuntos, y que esa es una de las cualidades de los verdaderos creyentes. El capítulo destaca que Dios les ha enviado a los musulmanes la misma religión ordenada a todos los Profetas anteriores. Se les ordena a los creyentes recurrir al juicio de Dios si surge algún desacuerdo. Se recalcan la unicidad, el poder y la sabiduría de Dios, al tiempo que se condena la fe de los paganos en ídolos impotentes. Tanto el final de este capítulo como el inicio del siguiente subrayan el hecho de que el Corán ha sido revelado por Dios.

En el nombre de Dios,
el Compasivo, el Misericordioso

Dios Todopoderoso

1. *Ha'. Mim.* **2.** *'Ain. Sin. Qaf.* **3.** [¡Oh, Mujámmad!] Dios te ha descendido la revelación, así como también a los [Mensajeros] que te precedieron. Dios es el Poderoso, el Sabio. **4.** A Él pertenece cuanto hay en los cielos y en la Tierra. Él es el Sublime, el Grandioso. **5.** Los cielos están casi por hendirse desde arriba [por la grandiosidad de Dios] y los ángeles glorifican con alabanzas a su Señor y piden perdón por quienes están en la Tierra. ¿Acaso no es Dios el Absolvedor, el Misericordioso?

Dios es el Protector

6. Quienes tomaron a otros [como divinidades y objeto de adoración] en lugar de Dios, deben saber que Dios tiene registradas todas sus obras; pero tú [¡Oh, Mujámmad!] no eres responsable de lo que ellos hagan. **7.** Te he revelado el Corán en idioma árabe para que amonestes a la madre de las ciudades[1] y a todos los que habitan en sus alrededores[2]. Para que adviertas acerca del día de la reunión [para el Juicio Final], sobre el cual no existe duda alguna. [Luego del Juicio,] un grupo irá al Paraíso y otro al Infierno. **8.** Si Dios quisiera habría decretado que todos formaran una sola nación [con un credo único][3], pero agracia a quien quiere con Su misericordia, mientras que los opresores no tendrán protector alguno ni socorredor. **9.** ¿Acaso toman a los ídolos como protectores en lugar de Dios? Dios es el Protector, Él resucitará a los muertos, porque tiene poder sobre todas las cosas [y por

---

1 La Meca, ciudad natal del Profeta, que la paz y las bendiciones de Dios sean con él

2 A todas las personas del mundo. Este versículo, entre otros, evidencia que el Islam es un mensaje universal, dirigido a todos los pueblos del mundo. Ver Corán 16:125 y 21:107.

3 Dios no obliga a las personas a tener una creencia, sino que concedió al ser humano el libre albedrío, para que elija por sí mismo el camino de la fe o el camino de la negación y el rechazo a las enseñanzas de los Profetas y Mensajeros.

eso es que solo Él es Quien merece ser adorado].

Consejo a los creyentes

10. En aquello en que disputen, su juicio debe remitirse a Dios[4]. Dios es mi Señor, a Él me encomiendo y a Él me vuelvo arrepentido.

Dios es el Creador y el Proveedor

11. Es el Originador de los cielos y de la Tierra. Creó cónyuges de entre ustedes mismos [para que encuentren sosiego], y a los rebaños también los creó en parejas, y así es como se multiplican. No hay nada ni nadie semejante a Dios, y Él todo lo oye, todo lo ve. **12.** Suyas son las llaves de los cielos y de la Tierra, concede Su sustento a quien Él quiere con abundancia o se lo restringe a quien quiere. Él lo sabe todo.

Un mensaje, leyes distintas

13. Les he legislado la misma religión [monoteísta] que le había encomendado a Noé, y que te he revelado a ti [en el Corán] y que le encomendé a Abraham, a Moisés y a Jesús, para que sean firmes en la práctica de la religión, y no creen divisiones. Pero a los idólatras les parece difícil aquello a lo que tú los invitas. Dios elige [para que acepte la fe] a quien quiere, y guía hacia Él a quien se arrepiente. **14.** No se dividieron[5] sino después de haberles llegado el conocimiento, por codicia entre ellos [acerca del liderazgo]. Si no fuese por una palabra previa de tu Señor que decidió un plazo prefijado [para el fin del mundo], todo habría sido decidido entre ellos. Quienes heredaron el Libro[6] tienen dudas.

Llamado a la Gente del Libro

15. Por esto [¡Oh, Mujámmad!], invita [a aceptar el Islam] y obra rectamente como te fue ordenado, no sigas sus deseos[7] y diles: "Creo en los Libros que Dios reveló [en su forma original], y me fue ordenado establecer justicia entre ustedes. Dios es nuestro Señor y también el suyo, nosotros seremos juzgados por nuestras obras y ustedes por las suyas. No hay necesidad de disputas entre nosotros y ustedes[8]. Dios nos reunirá a todos cuando regresemos a Él para ser juzgados". **16.** Aquellos que argumentan sobre Dios, luego de que la gente creyó [en el Islam], sepan que sus argumentos carecen de validez ante su Señor. Sobre ellos recaerá la ira [de Dios] y recibirán un castigo severo.

Recordatorio de la Hora

17. Dios es Quien reveló el Libro[9] con la verdad y la justicia. ¿Y quién

---

4 El Juicio de Dios se encuentra en los veredictos mencionados en el Libro de Dios, el Sagrado Corán, y en las enseñanzas del Profeta Mujámmad, conocidas como Sunnah, ya que esas enseñanzas le fueron inspiradas por Dios.

5 La Gente del Libro.

6 La Torá y el Evangelio.

7 De que abandones la divulgación del Mensaje.

8 Pues ya se les ha evidenciado la Verdad.

9 El Sagrado Corán.

sabe? Quizá la Hora esté cercana. **18.** Quienes no creen en ella exigen que se adelante. Pero, en cambio, los creyentes sienten temor de ella y saben que es una verdad. ¿No es evidente que quienes discuten sobre cuándo será la Hora [del Juicio] están en un error profundo?

La Gracia de Dios

19. Dios es Bondadoso con Sus siervos, sustenta a quien quiere. Él es el Fuerte, el Poderoso.

Ganancias mundanas y recompensas celestiales

20. A aquel que busque obtener la recompensa de la otra vida [a través de obras buenas], se la multiplicaré. Pero a quien solo pretenda obtener bienes materiales en este mundo[10], se los concederé[11], pero no obtendrá recompensa alguna en la otra vida.

La recompensa de los creyentes y de los politeístas

21. ¿Acaso [los idólatras] tienen divinidades que les han establecido preceptos religiosos que Dios no ha prescrito? Si no fuese porque Dios ha decretado cuándo será el Día del Juicio, ya se los habría juzgado. Los injustos opresores sufrirán un castigo doloroso. **22.** Verás [el Día del Juicio a los opresores] aterrorizados [de ser juzgados] por lo que cometieron, pero no podrán evitarlo. En cambio, quienes creyeron y obraron rectamente estarán en jardines del Paraíso junto a su Señor, donde se les concederá lo que deseen; este es el favor inmenso. **23.** Esta [es la recompensa] con la que Dios albricia a Sus siervos que creen y obran rectamente. Diles [¡Oh, Mujámmad!]: "No les pido ninguna remuneración[12], solo que me amen por el parentezco que nos une[13]". A quien realice una buena obra le aumentaré con un bien mayor. Dios es Absolvedor, Agradecido.

¿El Corán es inventado?

24. Algunos dicen: "[Mujámmad] ha inventado mentiras acerca de Dios", pero si fuera así Dios habría sellado su corazón. Dios hace que se desvanezca lo falso y que prevalezca la Verdad por Su palabra. Él conoce cuanto encierran los pechos.

La gracia y el poder de Dios

25. Él es Quien acepta el arrepentimiento de Sus siervos, perdona sus pecados y está bien enterado de cuanto hacen. **26.** Él responde [las súplicas] a quienes creen y obran rectamente, y les aumenta su favor.

10 Sin preocuparse por el Día del Juicio Final.

11 Los bienes materiales.

12 Por transmitirles el Mensaje de Dios.

13 Literalmente: "Amor por los que están cerca". Algunas personas interpretan que hace referencia a algunos miembros de la familia del Profeta Mujámmad, que la paz y las bendiciones de Dios sean con él, pero esa es una interpretación forzada, ya que no existe ningún pronombre posesivo que indique que se refiera a una familia en particular. El Profeta estaba emparentado con todas las familias de Quraish y la exhortación aquí es para ellos, para que respeten esos lazos de familiaridad y afecto, y se abstengan de agredirlo.

En cambio, los que se niegan a creer tendrán un castigo severo.

La misericordia de Dios: Las provisiones y la lluvia

27. Si Dios les hubiera dado a Sus siervos un sustento sin límites, se habrían extralimitado en la Tierra; pero les concede [el sustento] en la justa medida [para cada uno][14]. Él lo sabe todo y lo ve todo. **28.** Él es Quien hizo descender la lluvia beneficiosa cuando habían caído en la desesperación[15], esparciendo Su misericordia. Él es el Protector, el Digno de alabanza.

La misericordia de Dios: El universo

29. Entre Sus signos está la creación de los cielos, de la Tierra y de todas las criaturas que diseminó en ella. Él tiene poder para congregarlos a todos cuando quiera. **30.** Si los aflige una desgracia, es consecuencia de [los pecados] que sus propias manos han cometido, a pesar de que Dios les perdona muchas faltas [por Su gracia]. **31.** No hay lugar en la Tierra al que puedan escapar de Dios. No tienen protector ni socorredor fuera de Dios.

La misericordia de Dios: Los barcos

32. Entre los signos [de Su misericordia] están los barcos que navegan en el mar, grandes como montañas. **33.** Pero cuando quiere, calma el viento y permanecen inmóviles en la superficie. En esto hay signos para todo perseverante, agradecido [con Dios]. **34.** O podría hacerlos naufragar a causa de sus pecados, pero Dios perdona muchas de las faltas. **35.** Ya sabrán quienes disputan sobre Mis signos que no tendrán escapatoria[16].

Características del devoto

36. Lo que se les ha concedido [de bienes materiales] es parte de los placeres transitorios de esta vida mundanal. Pero la recompensa que Dios tiene reservada [en el Paraíso] será mejor y más duradera, para quienes crean y se encomienden a su Señor, **37.** para quienes evitan los pecados graves y las obscenidades, y cuando se enojan saben perdonar; **38.** para quienes responden a su Señor, cumplen con la oración prescrita, se consultan para resolver sus asuntos y con lo que les he concedido hacen caridades, **39.** y cuando son víctimas de una injusticia son solidarios unos con otros [para restablecer la justicia]. **40.** La ofensa debe ser retribuida por una pena equivalente[17], pero quienes sepan perdonar y acepten conciliar serán recompensados por Dios. Él no ama a los injustos. **41.** Quien se defiende cuando es oprimido, no debe ser reprochado. **42.** Los que deben ser reprochados son quienes oprimen a la gente y se comportan con soberbia en la Tierra sin derecho alguno. Esos sufrirán un castigo doloroso. **43.**

---

14 Ya que Dios conoce la naturaleza de cada persona, sabe lo que es bueno para cada quien.

15 Por la sequía

16 Del Juicio y el castigo.

17 Se puede también aceptar una indemnización en compensación por el daño sufrido.

Pero tener paciencia [ante las injusticias] y perdonar, es algo que requiere de gran determinación.

Los malvados en el Día del Juicio

44. Para quien Dios haya decretado el desvío, no tendrá protector alguno fuera de Él. Cuando los opresores contemplen el castigo los verás decir: "¿Hay alguna forma de volver [a la vida mundanal y corregir nuestras elecciones]?" **45.** Podrás verlos expuestos al castigo, sumisos y humillados, mirando con temor [al Infierno]; entonces dirán los creyentes: "Los perdedores serán quienes se malogren a sí mismos y a sus familias el Día de la Resurrección". ¿Acaso los opresores no recibirán un castigo eterno? **46.** Tampoco tendrán protectores fuera de Dios que los defiendan. Para quien Dios haya decretado el extravío, no podrá encaminarse jamás.

Advertencia a los incrédulos

47. Obedezcan a su Señor antes de que llegue el día en que no puedan evitar [recibir el castigo] de Dios, porque ese día no tendrán refugio alguno ni podrán negar lo que hicieron. **48.** Si se niegan a obedecer, sabe [¡Oh, Mujámmad!] que no te envié para hacerte responsable de sus obras. Tú solo debes divulgar [el Mensaje]. Cuando agracio a una persona con Mi misericordia, esta se alegra, pero si le alcanza una desgracia como consecuencia de lo que hizo con sus propias manos, entonces la persona se muestra desagradecida.

Los hijos son un regalo de Dios

49. A Dios pertenece el reino de los cielos y de la Tierra, Él crea lo que quiere, agracia a quien quiere con hijas mujeres y a quien quiere con hijos varones, **50.** o les concede hijos varones y mujeres, o los hace estériles. Él lo sabe todo, es sobre toda cosa Poderoso.

Formas de comunicación divina

51. Dios no habla a las personas excepto por inspiración o tras un velo o enviando un Mensajero [el ángel Gabriel] para transmitirle por Su voluntad lo que Él quiera de la revelación. Él es Sublime, Sabio.

La luz del Corán

52. Te he revelado [¡Oh, Mujámmad!] una inspiración Mía [el Corán]. Tú no conocías el Libro [revelado anteriormente] ni la fe [en sus detalles]. Entonces hice que fuera una luz[18] con la que guío a quienes quiero, y tú [¡Oh, Mujámmad!] guías al sendero recto, **53.** el sendero de Dios, a Quien pertenece cuanto hay en los cielos y en la Tierra. ¿Acaso no retornan a Dios todos los asuntos?

---

18 El Sagrado Corán.

43. Los adornos

(Az-Zujruf)

Este capítulo del Corán fue revelado en La Meca, y toma su nombre de los adornos mencionados en el versículo 35. Los paganos son criticados por seguir a ciegas a sus antepasados, describiendo a los ángeles como hijas de Dios, afirmando que Mujámmad (ﷺ) no es digno de recibir revelaciones porque no es rico, y asociándole ídolos a Dios en la adoración, aún cuando admiten que Él es el único Creador de los cielos y de la Tierra. Al igual que en el capítulo siguiente, se les advierte a los paganos de un castigo horrible en el Infierno, y a los creyentes se les promete una gran recompensa en el Paraíso.

En el nombre de Dios,
el Compasivo, el Misericordioso

La excelencia del Corán

1. *Ha'. Mim.* **2.** [Juro] por el Libro que clarifica[1], **3.** que he revelado el Corán en idioma árabe[2] para que lo puedan comprender, **4.** el cual está registrado en la Escritura Matriz junto a Mí, y es [el Corán un Libro] sublime y sabio.

Advertencia a los que niegan

5. ¿Acaso [creen que] los iba a privar del Mensaje porque son un pueblo de transgresores? **6.** ¿Cuántos Profetas he enviado a los pueblos de la antigüedad? **7.** Pero siempre que se les presentaba un Profeta se burlaban de él. **8.** Destruí pueblos más fuertes que ellos. El ejemplo de lo que sucedió a otros pueblos en la antigüedad es parte del pasado [y aún pueden encontrarse sus vestigios].

Dios es el Creador

9. Si les preguntas [a los que se niegan a creer y adoran ídolos] quién creó los cielos y la Tierra, te responderán sin duda: "Los creó el Poderoso, el Sabio"[3]. **10.** Él ha hecho de la Tierra una cuna, y puso en ella caminos para que pudieran encontrar la guía.**11.** Él hace descender agua del cielo en la medida[4] justa, y así vuelve a dar vida a un territorio

---

1 El Sagrado Corán es claro y evidente en sí mismo, y clarifica grandes verdades de manera sencilla.

2 Si bien el Profeta, que la paz y las bendiciones de Dios sean con él, era árabe y originalmente el Mensaje fue presentado a los árabes, el Islam tiene un carácter universal. Este versículo llama a reflexión a los árabes sobre el hecho de que pueden comprender perfectamente los significados de la revelación, y que el Corán no es un código incomprensible.

3 Pero a pesar de reconocer que Dios es el Creador, irónicamente le dedican actos de adoración y devoción a ídolos falsos que no los han creado ni los sustentan, y no pueden beneficiarlos ni perjudicarlos.

4 Esa "medida" en la cantidad de lluvia ha sido descubierta por la investigación científica moderna. Se estima que en un segundo se evaporan de la superficie terrestre unos 16 millones de toneladas de agua, lo que representa unos 513 billones de toneladas por año. Una cantidad similar es la que desciende en el mismo tiempo. Esto significa que la evaporación y la precipitación se cumplen de acuerdo a

árido; de la misma manera[5] serán resucitados. **12.** Él creó las especies [en parejas], a todas, y puso a su servicio los barcos y los animales que montan, **13.** para que se transporten en ellos y agradezcan las mercedes de su Señor. Pero una vez sentados digan: "Glorificado sea Quien nos lo ha facilitado, ya que nosotros no habríamos sido capaces [por nuestro mero esfuerzo], **14.** y ante nuestro Señor hemos de regresar".

¿Las hijas de Dios?

15. Pero [los idólatras] atribuyen una parte [de la divinidad] a algunos de Sus siervos. El ser humano es claramente un ingrato.**16.** ¿Acaso Dios tomaría para Sí hijas de entre Sus criaturas, y a ustedes les dejaría los hijos varones? **17.** [A los que niegan el Mensaje,] cuando se le anuncia a alguno de ellos que ha tenido lo que él atribuye al Misericordioso [una hija mujer], su semblante se ensombrece y mastica su ira. **18.** ¿Acaso una niña pequeña criada entre adornos e incapaz de argumentar con coherencia [podría ser parte de la divinidad]?[6] **19.** Y dicen que los ángeles, que están junto al Misericordioso, son hembras. ¿Acaso fueron testigos de su creación? Registraré lo que dicen, y serán interrogados [por ello el Día del Juicio].

Seguir a ciegas

20. Dicen: "Si el Misericordioso no hubiera querido, no los adoraríamos [a los ángeles y los ídolos]". Ellos carecen de conocimiento [sobre la voluntad divina], y no hacen sino conjeturar. **21.** ¿Acaso les envié un libro [anterior al Corán] en el que se basan? **22.** [En realidad carecen de fundamento] y dicen: "Nosotros vimos a nuestros padres practicar una religión [en la que adoraban a los ídolos], y seguimos sus pasos imitándolos". **23.** Cada vez que envié a un amonestador a un pueblo, los más ricos y poderosos decían: "Nosotros vimos a nuestros padres que practicaban una religión [politeísta], y seguimos sus pasos imitándolos". **24.** [Decían los Mensajeros]: "¿Y si les propongo algo mejor que lo que practicaban sus padres?" Respondían: "No creemos en tu Mensaje". **25.** Los castigué [como merecían].

---

una "medida". La vida sobre la Tierra depende de ese ciclo, que los seres humanos nunca podríamos reproducir de manera artificial.

Una desviación mínima en esa "medida" o equilibrio crearía un desastre ecológico capaz de exterminar la vida sobre la Tierra. Sin embargo, bajo condiciones regulares, se mantiene ese ciclo como ha revelado el Corán.

5 De la misma manera que la tierra árida y muerta revive con la lluvia, los seres humanos también serán traídos de la muerte a la vida. Todo es fácil y posible para Dios.

6 Dios critica dos argumentos falsos: primero, que algo que los politeístas desprecian, como las hijas mujeres, se las atribuyan a Dios; y segundo, que si los hijos son de la misma naturaleza de sus progenitores, entonces, ¿cómo es considerable siquiera que Dios tenga hijas que en lugar de ser divinas sean ángeles?

Reflexionen sobre cuál fue el final trágico de los que desmintieron [a los Profetas].

El caso del pueblo de Abraham

26. [Recuerda, ¡Oh, Mujámmad!,] cuando Abraham le dijo a su padre y a su pueblo: "Yo soy inocente de lo que adoran. **27.** Yo solo adoro a Quien me creó. Él me guiará". **28.** [Dios] hizo que esta [fe monoteísta] perdurara en su descendencia para que siempre pudiera retornar[7].

El caso de los paganos de La Meca

29. [A quienes se desviaron] los dejé disfrutar transitoriamente, y también a sus padres, hasta que les llegó la Verdad transmitida por un Mensajero elocuente, **30.** Pero cuando se les presentó con la Verdad dijeron [los idólatras]: "Esto es hechicería, nosotros no creemos en él". **31.** Y dijeron también [desdeñando al Profeta]: "¿Por qué no le fue revelado este Corán [en lugar de a ti] a un hombre distinguido de alguna de las dos ciudades[8]?" **32.** ¿Acaso son ellos los encargados de repartir la misericordia de su Señor[9]? Soy Yo Quien concedo el sustento en la vida mundanal y elevo en grados a algunas personas sobre otras, para que así se sirvan y beneficien unos a otros. Sepan que la misericordia de su Señor es mejor que lo que pudieran acaparar [de bienes materiales en esta vida].

Lo fútil de la riqueza material

33. Si no fuera porque los seres humanos terminarían siendo una sola nación [de descarriados materialistas], habría concedido a quienes no creen en el Misericordioso, residencias con techos de plata y escaleras por las que ascendiesen [a sus habitaciones]. **34.** Sus casas tendrían puertas y lechos [de plata] para recostarse. **35.** Todo estaría adornado con oro. Sin embargo [no lo hago porque] todo eso es solo parte de los placeres transitorios de la vida mundanal, mientras que la otra vida junto a tu Señor [es superior y] está reservada para los piadosos.

El compañero demonio

36. A quien deje de recordar al Misericordioso le asignaré un demonio que será su compañero inseparable[10]. **37.** Ellos [los demonios] apartan del camino, pero [los incrédulos] creen que están bien encaminados. **38.** Y cuando comparezcan ante Mí, dirán [a sus demonios]: "Ojalá entre nosotros[11] hubiese una distancia como entre el oriente y el occidente. ¡Qué pésimo compañero [fuiste]!" **39.** [Se

---

7 A la fe en Dios, toda vez que se apartaran.

8 La Meca o Tá'if.

9 La profecía es mencionada como una misericordia de Dios y, por lo tanto, Dios los recrimina preguntándoles retóricamente si acaso son ellos lo que designan Profetas a la gente o es Dios Quien lo hace.

10 Y estará expuesto al susurro y al desvío.

11 Entre el demonio y el incrédulo.

les dirá:] "De nada les servirá hoy [lamentarse] porque fueron injustos; ahora compartirán el castigo".

Consejo al Profeta

40. ¿Acaso puedes hacer tú [¡Oh, Mujámmad!] oír a [quienes se comportan como] los sordos, o guiar a los ciegos [de corazón] y a aquel que está en un claro extravío? **41.** Aun cuando te haga morir [y no veas el tormento que les tengo reservado], debes saber que los castigaré como se merecen. **42.** Y también, si te muestro [el castigo] que les he prometido, tengo el poder para hacer con ellos lo que quiera. **43.** Aférrate a lo que te fue revelado[12], tú estás en el sendero recto. **44.** [El Corán] es un recuerdo para ti y para tu pueblo. Serán preguntados [si creyeron en él y lo pusieron en práctica o no]. **45.** Y pregunta [a los pueblos que] les envié Mensajeros antes de ti: "¿Acaso les autoricé que adorasen a otro fuera del Misericordioso?"

El caso del pueblo del Faraón

46. Envié a Moisés con Mis signos ante el Faraón y su nobleza, y les dijo: "Soy un Mensajero del Señor del universo". **47.** Cuando les presentó Mis signos[13] [los negaron y] se burlaron de ellos. **48.** Siempre que les mostraba un Signo, era mayor [y más evidente] que el anterior, [pero como siempre los desmentían] los azoté con el castigo [de las plagas] para que se arrepintieran. **49.** Entonces le dijeron [a Moisés]: "¡Hechicero! Invoca a tu Señor por lo que te ha prometido, [para que nos libere de este tormento y] así seguiremos la guía". **50.** Pero cuando aparté de ellos el tormento, no cumplieron su promesa.

La arrogancia del Faraón

51. El Faraón convocó a su pueblo[14] diciendo: "¡Oh, pueblo mío! ¿Acaso no me pertenece el reino de Egipto, con estos ríos que corren bajo mi palacio? ¿Acaso no ven [mi poderío]? **52.** Yo soy mejor que ese[15], que es una persona indigna y apenas puede expresarse[16]. **53.** ¿Por qué [si es veraz como pretende] no le fueron concedidos brazaletes de oro, o se presentaron ángeles que lo acompañen [y confirmen sus palabras]?" **54.** Así engañó a su pueblo, y lo siguieron porque eran un pueblo de perversos. **55.** Pero cuando finalmente [rebasaron todos los límites,] me hicieron enojar, y los castigué [como se merecían] ahogándolos a todos. **56.** Hice de ellos un ejemplo para que reflexionen en la posteridad.

---

12 El Sagrado Corán y el Mensaje del Islam.

13 Los milagros.

14 Porque tenía temor de que creyeran en Moisés.

15 Moisés.

16 Existen dos posibilidades sobre esta expresión. La primera es que Moisés sufría algún grado de tartamudez crónica, y la segunda es que, como era muy tímido y sufría pánico al hablar en público, esto le causaba tartamudez solo en esas ocasiones. Ver Corán 20:27.

¿Todos los objetos de adoración en el Infierno?

57. Cuando se mencionó el ejemplo del hijo de María [Jesús], tu pueblo clamó indignado[17]. **58.** Dicen: "¿Acaso él es mejor que nuestros ídolos?" Solo te hacen esa comparación para discutir, porque son un pueblo contencioso. **59.** Jesús es solo un siervo a quien agracié [con la profecía], y lo envié como ejemplo a los Hijos de Israel. **60.** Si quisiera, hubiera puesto en lugar de ustedes a ángeles que se sucedieran unos a otros[18]. **61.** [Diles, ¡Oh, Mujámmad!:] "[El descenso a la Tierra de] Jesús es una prueba de la [proximidad de la] Hora [del Fin del Mundo]. Así que no duden y síganme, que este es el sendero recto. **62.** Tengan cuidado de que no los desvíe el demonio, porque él es su enemigo declarado".

La verdad sobre Jesús

63. Cuando Jesús se presentó con las evidencias, dijo [a los Hijos de Israel]: "He venido con la sabiduría[19] para aclararles sobre lo que discrepaban[20]. Tengan temor de Dios y obedézcanme. **64.** Dios es mi Señor y el de ustedes, adórenlo, entonces. Éste es el sendero recto". **65.** Pero los grupos discreparon entre ellos. ¡Ay de los injustos! Porque han de recibir, cierto Día, un castigo doloroso. **66.** ¿Acaso esperan que la Hora [del Juicio] les llegue por sorpresa, sin que se den cuenta?

La recompensa de los rectos

67. Ese día los amigos[21] serán enemigos unos de otros, excepto los que hayan tenido temor de Dios. **68.** [A ellos se les dirá el Día del Juicio:] "¡Oh, siervos Míos! Hoy no habrán de sentir temor ni tristeza, **69.** pues creyeron en Mis signos y fueron musulmanes. **70.** Entren al Paraíso, ustedes y sus cónyuges, donde disfrutarán de las delicias. **71.** Circularán entre ellos bandejas y copas de oro. Allí tendrán todo lo que deseen y deleite sus ojos. En él estarán por toda la eternidad. **72.** Ese es el Paraíso que han heredado en recompensa por las obras que solían hacer. **73.** Tendréis muchos frutos para comer.

La recompensa de los malvados

74. Mientras que los transgresores estarán en el Infierno por toda la eternidad. **75.** No se les aliviará [el castigo] ni tendrán esperanza [de salir algún día]. **76.** No seré injusto con ellos, sino que ellos fueron injustos consigo mismos. **77.** Y clamarán: "¡Oh, Málik[22]! Que tu Señor acabe con nosotros [y así dejemos de sufrir]". Pero él les responderá: "Han de permanecer allí por toda la eternidad".

---

17 Argumentando que Jesús era adorado, igual que sus ídolos.

18 Y en ese caso, sí habría enviado ángeles como Profetas.

19 La revelación de Dios.

20 Respecto a las leyes de la Torá.

21 Los cómplices en la incredulidad y la desobediencia a Dios

22 Nombre del ángel que custodia el Infierno.

78. [¡Oh, incrédulos!] Les presenté la Verdad [a través del Mensajero], pero la mayoría rechazaba la Verdad.

Advertencia a los politeístas

79. ¿Acaso planeaban algo? Soy Yo Quien determina las cosas[23]. **80.** ¿Acaso piensan que no escucho sus secretos y murmuraciones? Claro que sí, y Mis [ángeles] enviados registraban sus acciones. **81.** Diles [¡Oh, Mujámmad!]: "Si el Misericordioso tuviera un hijo, yo sería el primero en adorarlo. **82.** ¡Glorificado sea el Señor de los cielos y de la Tierra, Señor del Trono! Él está por encima de lo que Le atribuyen". **83.** Déjalos que hablen en vano y jueguen hasta que les llegue el día con que se los había advertido[24].

El Único Dios merecedor de adoración

84. Solo Él tiene derecho a ser adorado en el cielo y en la Tierra. Es el Sabio, el Conocedor. **85.** Bendito sea a Quien pertenece el reino de los cielos y de la Tierra y todo cuanto hay entre ambos. Él posee el conocimiento de la Hora [del Juicio], y ante Él regresarán.

Llamado a los adoradores de falsos dioses

86. Aquellos que son invocados en lugar de Dios no poseen la facultad de interceder por nadie. Solo pueden interceder quienes atestiguan la Verdad[25] y tienen conocimiento. **87.** Si les preguntas [a los que se niegan a creer] quién los ha creado, te responderán: "¡Dios!" ¿Cómo entonces se descarrían?[26] **88.** [Dios sabe cuando Lo invocas] diciendo: "¡Oh, Señor! Este es un pueblo que no cree". **89.** Apártate de ellos y [no respondas a sus ofensas, sino que] di: "¡Paz!", ya habrán de saber [cuál será su destino].

---

23 Los incrédulos se complotaron para asesinar al Profeta, pero Dios no lo permitió.

24 El Día del Juicio, en el que tendrán que responder por sus acciones y elecciones.

25 Atestiguan que nada ni nadie tiene derecho a ser adorado salvo Dios.

26 Es decir, cómo es que adoran a quien no los ha creado.

44. El humo

(Ad-Dujân)

Este capítulo del Corán fue revelado en La Meca, y toma su nombre del versículo 10. Al igual que en el capítulo anterior, los paganos de La Meca son equiparados al pueblo del Faraón, por romper su promesa de sumisión total a Dios una vez la peste les es retirada. Se dice que el Corán fue revelado en una noche bendita para guía de la humanidad. Aquellos que abracen su guía serán honrados en el Paraíso y los que la rechacen serán degradados en el Infierno. Este destino es el tema subyacente en el capítulo siguiente.

En el nombre de Dios,
el Compasivo, el Misericordioso

El Corán como misericordia

1. *Ha'. Mim.* **2.** [Juro] por el Libro clarificador[1], **3.** que he revelado en una noche bendita[2]: ¡Les he advertido![3] **4.** En ella[4] se decreta sabiamente cada asunto. **5.** Todo sucede por Mi designio. He enviado [Profetas y libros sagrados] **6.** como una misericordia de tu Señor. Él todo lo oye, todo lo sabe. **7.** Señor de los cielos y de la Tierra, y de lo que existe entre ambos. ¿Acaso no tienen certeza de eso? **8.** No hay nada ni nadie con derecho a ser adorado salvo Dios; Él da la vida y da la muerte. Él es su Señor y el de sus ancestros.

Advertencia de hambruna

9. Pero ellos[5] juegan con las dudas. **10.** Aguarda el día en que el cielo traiga un humo visible **11.** que cubrirá a la gente. Ese será un castigo doloroso[6]. **12.** [Dirán los que se negaron a creer:] "¡Señor nuestro! Aparta de nosotros el castigo, somos creyentes". **13.** De qué les servirá recapacitar entonces, si cuando se les presentó un Mensajero con pruebas evidentes **14.** lo rechazaron y dijeron: "Fue aleccionado o es un loco". **15.** Los libraré del castigo por un tiempo, pero reincidirán. **16.** El día que acometa con el máximo rigor, les infligiré un castigo doloroso[7].

---

1 El Sagrado Corán.

2 La Noche del Decreto, en el mes de Ramadán.

3 Sobre el castigo que espera a quienes rechacen el monoteísmo y las enseñanzas de los Profetas.

4 En esa noche.

5 Los que se niegan a creer y rechazan el Mensaje.

6 Se trata de una de las señales mayores del advenimiento del Día del Juicio Final. El Mensajero de Dios, que la paz y las bendiciones de Dios sean con él, dijo: "Su Señor les advierte acerca de tres cosas: el humo que hará que el creyente simplemente estornude, mientras que causará que el incrédulo se hinche. La segunda es la Bestia, y la tercera es el Anticristo". Narrado por *Ibn Yarir At-Tabari.*

7 Por haber rechazado el monoteísmo y cometido serias injusticias contra los creyentes.

Moisés y el pueblo del Faraón

17. Antes de ellos probé al pueblo del Faraón, cuando se les presentó un Mensajero noble[8], **18.** [que les dijo:] "Dejen en libertad a los siervos de Dios para que puedan marcharse conmigo. Yo he sido enviado para ustedes como un Mensajero leal. **19.** No sean soberbios con Dios. Les he presentado pruebas evidentes[9]. **20.** Me refugio en mi Señor y el suyo para que no me injurien. **21.** Si no creen en mí, déjenme en paz". **22.** Pero[10] invocó a su Señor diciendo: "Éste es un pueblo de criminales".

Los tiranos destruidos

23. [Entonces Dios le respondió:] "Marcha con Mis siervos por la noche, pero [debes saber que ellos][11] van a perseguirlos. **24.** Deja el mar [luego de que se haya abierto para ti] tal como está, que el ejército será ahogado. **25.** Cuántos huertos y manantiales abandonaron[12], **26.** cultivos y hermosas residencias, **27.** y una comodidad de la que disfrutaban. **28.** Así fue[13]. Pero se lo di en herencia a otro pueblo. **29.** No lloraron por ellos ni el cielo ni la Tierra[14]. Tampoco fueron perdonados. **30.** Salvé a los Hijos de Israel de un tormento humillante **31.** que les infligía el Faraón. Él era soberbio y transgresor. **32.** [Al pueblo de Israel,] basado en un conocimiento, lo elegí entre sus contemporáneos, **33.** y les concedí signos que representaban una prueba clara en su fe.

Advertencia a quienes niegan la Resurrección

34. Pero ellos[15] dicen: **35.** "Solo moriremos una vez, y no seremos resucitados. **36.** Resucita a nuestros padres, si es que eres veraz". **37.** ¿Acaso ellos son mejores que los pueblos que he destruido, como el pueblo de Tubba'[16] y los que los precedieron? Todos ellos fueron criminales. **38.** No he creado a los cielos, la Tierra y todo lo que hay entre ellos como un simple juego. **39.** Los creé con un fin justo y verdadero, pero la mayoría de la gente lo ignora. **40.** El Día del Juicio es una cita establecida para todos. **41.** Ese día no podrán los familiares ayudarse entre sí, nadie recibirá socorro, **42.** excepto aquel de quien Dios tenga misericordia. Él es el Poderoso, el Misericordioso.

---

8 Moisés.

9 Que corroboran que soy un Profeta.

10 Como no dejaron de perseguirlo a él y a su pueblo, invocó a Dios contra ellos.

11 El Faraón y su ejército.

12 El Faraón y su ejército.

13 Que se ahogaron y perdieron todas esas gracias.

14 Nadie lamentó su muerte, porque no eran gente que hiciera el bien.

15 Los que se niegan a aceptar el Mensaje de los Profetas y desmienten la resurrección y el Juicio Final.

16 Rey del Yemen.

El árbol del Infierno

43. El árbol de Zaqqum[17] **44.** será la comida del pecador. **45.** Similar al metal fundido, hierve en las entrañas, **46.** como si fuera agua hirviente. **47.** [Se les dirá a los ángeles:] "Tomen [a este transgresor] y arrójenlo al centro del Infierno. **48.** Luego viertan sobre su cabeza el castigo hirviente". **49.** ¡Súfrelo! [Porque en la vida mundanal pensabas que] eras "el poderoso" y "el noble"[18]. **50.** Esto es sobre lo que dudabas.

Los placeres del Paraíso

51. Pero los piadosos estarán en una situación segura, **52.** en jardines y manantiales. **53.** Vestirán fina seda y brocado, y se sentarán unos frente a otros. **54.** Los desposaremos con huríes de grandes ojos. **55.** Allí podrán pedir toda clase de frutas. Estarán en total seguridad. **56.** No experimentarán otra vez la muerte, salvo la que ya conocieron[19]. Él los preservará del castigo infernal. **57.** Ese es el favor de tu Señor. ¡Ese es el gran éxito!

El Corán es fácil

58. Para facilitar su comprensión lo he revelado [al Corán] en tu lengua, para que reflexionen. **59.** Así que espera pacientemente, de la misma manera que ellos están esperando[20].

---

17 Ver Corán 37:62.

18 Por lo que Dios no te castigaría y te salvarías, ya que creías estar por encima del bien y del mal.

19 En la vida mundanal.

20 Que se haga evidente quién está en la verdad.

45. La arrodillada

(Al-Yâziiah)

Este capítulo del Corán fue revelado en La Meca, y toma su nombre de cómo toda comunidad de fe estará arrodillada en el Día del Juicio, lo que se menciona en el versículo 28. Se critica a todos aquellos que se alejan de las revelaciones de Dios, niegan la Resurrección, ridiculizan la verdad y no aprecian los innumerables favores de Dios y las maravillas de Su creación. El terrible juicio de estos incrédulos se presenta en la última parte del capítulo. Todos estos temas son enfatizados en el capítulo siguiente.

En el nombre de Dios,
el Compasivo, el Misericordioso

Las señales de Dios

1. *Ha'. Mim.* **2.** Este Libro[1] es una revelación que proviene de Dios, el Poderoso, el Sabio. **3.** En los cielos y en la Tierra hay signos para los creyentes. **4.** También en la creación de ustedes y en la diseminación de los animales [en la faz de la Tierra] hay signos para quienes tienen certeza. **5.** En la sucesión de la noche y el día, en las lluvias que Dios envía del cielo como sustento, con las cuales revive la tierra árida, y en los cambios de los vientos hay, sin duda, signos para gente que reflexiona. **6.** Éstos son versículos de Dios que te recito con la Verdad. ¿En qué otro Mensaje creerán si no creen en Dios y en Sus signos?

Advertencia a los negadores

7. ¡Ay de todo mentiroso, pecador! **8.** Que escucha los versículos de Dios cuando se le recitan, pero persiste en su soberbia como si no los hubiera oído. Anúnciales un castigo severo. **9.** Cuando escuchan algunos de Mis versículos los toman a burla. Ellos tendrán un castigo humillante[2], **10.** los estará aguardando el Infierno[3] y de nada les servirán los bienes materiales que ganaron, ni tampoco los ídolos protectores que tomaron en lugar de Dios. Recibirán un castigo terrible. **11.** Esta[4] es la Guía, pero quienes se nieguen a creer en los versículos de su Señor tendrán un castigo doloroso.

Los favores de Dios para con la humanidad

12. Dios es Quien hizo que el mar estuviera a su servicio, para que los barcos navegaran sobre él por Su designio y así pudieran procurar el sustento. Sean agradecidos con Dios. **13.** También puso a su servicio cuanto hay en los cielos y en la Tierra como una gracia proveniente de Él. En esto hay signos para gente que reflexiona.

---

1 El Sagrado Corán.

2 En esta vida.

3 En la vida del más allá.

4 La revelación del Corán.

Consejo a los creyentes

14. Diles [¡Oh, Mujámmad!] a los creyentes que [tengan paciencia ante las agresiones y] perdonen a quienes no creen en los días de Dios[5], en que la gente será juzgada acorde a lo que merece. **15.** Quien obre el bien lo hará en beneficio propio, pero quien obre el mal lo hará en detrimento propio. Sepan que ante su Señor será el retorno.

Diferencias entre los israelitas

16. Le di a los Hijos de Israel el Libro[6], la sabiduría, la profecía y un sustento generoso, y los distinguí entre sus contemporáneos. **17.** Les concedí pruebas claras[7], pero discreparon a pesar de haberles llegado la revelación, por simples envidias entre ellos. Tu Señor juzgará entre ellos el Día de la Resurrección sobre lo que discrepaban.

Consejo al Profeta

18. A ti [¡Oh, Mujámmad!] te he revelado una legislación para que la apliques y no sigas las pasiones de quienes no saben, **19.** porque ellos no te beneficiarán en nada ante Dios. Los opresores se alían unos con otros, pero Dios es el Protector de los piadosos. **20.** Ésta revelación es luz para la gente. Una guía y una misericordia para quienes tienen certeza.

El bien y el mal no son iguales

21. ¿Acaso quienes obran mal piensan que los igualaré, tanto en esta vida como en la otra, con quienes creen y obran rectamente? ¡Qué mal juzgan! **22.** Dios creó los cielos y la Tierra con un fin justo y verdadero. Toda alma será juzgada acorde a sus obras, y nadie será oprimido.

Los que son dominados por los deseos

23. ¿Acaso no reparas en aquel que sigue sus pasiones como si estas fueran una divinidad? Dios decretó por Su conocimiento divino que se extraviaría, y por ello selló sus oídos y su corazón, y puso un velo sobre sus ojos[8]. ¿Quién lo puede guiar fuera de Dios? ¿Acaso no recapacitan?

Los argumentos de los que niegan la Resurrección

24. Dicen[9]: “Solo existe esta vida. Viviremos y moriremos una sola vez. El tiempo es quien acaba con nosotros”. Pero no poseen un conocimiento certero sobre lo que dicen y no hacen más que conjeturar. **25.** Cuando se les recitan Mis claros versículos, su único argumento[10]es: “Resuciten a nuestros ancestros, si son veraces”. **26.** Diles: “Dios es Quien les da la vida y les da la muerte, y luego los resucitará para un día del que no hay dudas”[11]. Pero la mayoría de la gente lo ignora.

---

5 La comparecencia ante Dios el Día de la Resurrección y el Juicio Final.

6 La Torá y el Evangelio.

7 De la verdad.

8 Porque se negaban a oír, ver y comprender la revelación de Dios.

9 Quienes no creen en la Resurrección.

10 Para permanecer en la incredulidad.

11 El Día del Juicio Final.

El Juicio

27. A Dios pertenece la soberanía de los cielos y de la Tierra. El día que llegue la Hora, ese día perderán los seguidores de la falsedad. **28.** Y verás ese día a todas las naciones arrodilladas. Cada una de ellas será convocada para rendir cuentas según su libro[12]. [Se les dirá:] "Hoy serán juzgados de acuerdo a sus obras". **29.** He aquí Mi Libro[13], que habla sobre ustedes con la verdad. Yo había ordenado registrar todo lo que hacían.

La recompensa de los creyentes

30. A quienes creyeron y obraron rectamente, su Señor los introducirá en Su misericordia. Ese es el éxito verdadero.

El castigo de los incrédulos

31. En cambio, a los que se negaron a creer [se les dirá:] "¿Acaso no se les recitaron Mis versículos?" Pero respondieron con soberbia y fueron gente criminal. **32.** Cuando se les dijo: "La promesa de Dios es verdadera y no hay duda sobre la Hora"[14]. Respondieron [irónicamente]: "No comprendemos qué es la Hora, nos parece una mera fantasía y no nos convence"[15]. **33.** Pero se verá el resultado de sus malas obras[16], y merecerán el castigo del que se burlaban. **34.** Se dirá: "Hoy los desconoceré tal como ustedes se desentendieron de la comparecencia de este día. Su morada será el Infierno y no habrá quién los socorra. **35.** Este es el resultado de haber ridiculizado los versículos de Dios y haberse dejado seducir por los placeres [prohibidos] de la vida mundanal. Hoy no serán sacados del tormento, y no se les tendrá consideración"[17]

Alabanzas al Todopoderoso

36. Solo Dios merece ser alabado. Es el Señor de los cielos, el Señor de la Tierra y el Señor de los universos. **37.** Suya es la majestuosidad en los cielos y en la Tierra, y Él es el Poderoso, el Sabio.

---

12 Para ser juzgados acorde a la legislación de la revelación que recibieron de manos del Profeta que les fue enviado.

13 Donde están registradas todas las acciones de las personas.

14 Que el Día del Juicio llegará.

15 De que vayamos a ser resucitados y preguntados por nuestras acciones.

16 El Día del Juicio.

17 Ya que en ese momento no serán aceptadas las disculpas ni el arrepentimiento.

46. Las dunas

(Al-Aḥqâf)

Este capítulo del Corán fue revelado en La Meca, y toma su nombre de las dunas mencionadas en el versículo 21, en la historia del pueblo de Hud (ﷺ), que fue destruido debido a su incredulidad, a pesar de que eran muy superiores a los paganos árabes (versículos 21-28). De nuevo, se contrasta el poder infinito de Dios con la impotencia de los ídolos. Los argumentos paganos en contra del Corán y de la Resurrección son refutados, y se hace referencia a un grupo de yinn que abrazaron la verdad en cuanto escucharon la recitación del Corán hecha por el Profeta. Al final de este capítulo y al inicio del siguiente se insta al Profeta (ﷺ) a ser paciente, y se le recuerda el destino que les espera a quienes desafían la verdad.

En el nombre de Dios,
el Compasivo, el Misericordioso

Mensaje a los idólatras

1. *Ha'. Mim.* **2.** Este Libro[1] es una revelación que proviene de Dios, el Poderoso, el Sabio. **3.** No creé los cielos y la Tierra y lo que hay entre ambos sino con la verdad y por un plazo determinado. Pero los que se niegan a creer rechazan las advertencias. **4.** Diles [¡Oh, Mujámmad!]: "Aquellos [dioses y divinidades] que ustedes invocan en lugar de Dios, ¿acaso crearon algo en la Tierra o fueron partícipes [en la creación] de los cielos? Presenten ante Mí algún Libro revelado antes de este[2] o algún vestigio de un [antiguo] conocimiento [que avale la idolatría] si es que dicen la verdad. **5.** ¿Existe alguien más extraviado que aquellos que invocan en lugar de Dios a quienes jamás les responderán sus súplicas porque no son conscientes de ellas? **6.** Cuando la gente sea congregada [el Día del Juicio, los ídolos] serán sus enemigos y rechazarán la adoración de la que fueron objeto.

La negación del Corán

7. Cuando se les recitan Mis versículos esclarecedores de la verdad, los que se niegan a creer dicen acerca de la Verdad que les ha llegado: "Esto es hechicería". **8.** O dicen: "Él [Mujámmad] lo inventó". Diles [¡Oh, Mujámmad!]: "Si lo hubiese inventado, ustedes no podrían defenderme del castigo de Dios. Él bien sabe lo que dicen [sobre el Corán]. Dios basta como testigo entre nosotros. Él es el Absolvedor, el Misericordioso". **9.** Diles: "Yo no soy el primero de los Mensajeros [de Dios][3], y tampoco sé qué será de mí o de

---

1 El Sagrado Corán.

2 El Sagrado Corán.

3 Y transmito el mismo Mensaje que ellos; así que, ¿de qué se sorprenden?

ustedes[4]. Yo solo sigo lo que me es revelado, y no soy sino un amonestador que habla claro".

La arrogancia hacia Dios

10. Diles: "¿Por qué no creen [en el Corán] que Dios reveló, siendo que un sabio de los Hijos de Israel[5] atestiguó su veracidad y creyó en él? Pero ustedes actuaron con soberbia. Sepan que Dios no guía a un pueblo de injustos.

Menospreciar el Corán

11. Dicen los que se niegan a creer acerca de los creyentes: "Si [el Mensaje] fuera un bien, no se nos habrían anticipado [en seguirlo]". Y como no siguen la guía [del Corán] exclaman: "Esto es una mentira muy antigua". **12.** Antes [del Corán] fue revelado el Libro de Moisés[6] como guía y misericordia. Este[7] es un Libro revelado en lengua árabe que corrobora [las revelaciones anteriores[8]], y en él se advierte a los injustos y se albricia a los que hacen el bien.

La recompensa de los devotos

13. Quienes digan: "¡Nuestro Señor es Dios!, y luego obren correctamente, no tienen de qué sentir temor ni estar tristes [en el Día del Juicio Final] **14.** porque serán los compañeros del Paraíso, en el que vivirán por toda la eternidad como recompensa por sus obras.

La postura de los creyente

15. Le he ordenado al ser humano hacer el bien a sus padres. Su madre lo ha llevado [en el vientre] con esfuerzo, y con dolor lo dio a luz. El período del embarazo y la lactancia dura treinta meses. Cuando alcance la madurez, al llegar a los cuarenta años, debe decir [en súplica]: "¡Señor mío! Haz que sepa agradecerte los favores que nos has concedido, tanto a mí como a mis padres, y que pueda realizar obras buenas que Te complazcan. Concédeme una descendencia piadosa. Me arrepiento a Ti [de mis pecados] y soy de los musulmanes". **16.** A ellos les aceptaré las mejores obras que hayan realizado, y les perdonaré sus faltas. Ellos serán la gente del Paraíso, [en cumplimiento a] una promesa verdadera que se les había hecho.

La postura de los negadores

17. Diferente es la situación de aquel que dice a sus padres [creyentes]: "¡Ufa, déjenme en paz! Me dicen que seré resucitado, cuando ya han pasado muchas generaciones [y ninguna ha sido resucitada]". Y mientras estos, implorando a Dios [que lo guíe], dicen: "¡Ay de ti! Ten fe, pues la prome-

---

4 Como Profeta, desconozco lo oculto que solo Dios conoce.

5 Referencia a cuando el Gran Rabino de Medina, llamado *'Abdullah Ibn Salam*, se convirtió al Islam al reconocer en Mujámmad los signos del último Profeta de Dios que estaban mencionados en la Torá.

6 La Torá.

7 El Sagrado Corán.

8 En su forma original e inalterada.

sa de Dios es verdadera"; él les responde: "Estas no son más que fábulas de nuestros ancestros". **18.** Esos merecerán [el castigo de Dios], al igual que las naciones [que no creyeron] de *yinn* y de seres humanos en la antigüedad. Ellos serán los perdedores.

La recompensa de los creyentes y de los negadores

19. Cada uno tendrá un grado diferente acorde a sus obras, y se lo retribuirá acorde a ellas. Pero nadie será oprimido. **20.** El día que los que se negaron a creer sean expuestos al Infierno se les dirá: "Consumieron las gracias que se les concedió en la vida mundanal dedicándose solo a los placeres. Hoy recibirán un castigo humillante por haber sido soberbios en la Tierra sin derecho alguno, y por haber sido desobedientes [a Dios]".

El Profeta Hud

21. Y recuerda [¡Oh, Mujámmad!] al hermano de la tribu de 'Ad, [el Profeta Hud] cuando advirtió a su pueblo en las dunas [donde habitaban]. Todos los Mensajeros que fueron enviados, antes y después de él[9], decían a sus pueblos: "No adoren sino a Dios, temo que los azote el castigo de un día terrible[10]". **22.** Dijeron: "¿Has venido a nosotros para convencernos de que nos alejemos de nuestros dioses? Haz que se desencadene sobre nosotros aquello con que nos amenazas, si es que dices la verdad". **23.** Dijo [el Profeta Hud]: "Solo Dios sabe cuándo llegará [ese día], yo solo les transmito el Mensaje con el que fui enviado, pero veo que son un pueblo que se comporta como los ignorantes". **24.** Y cuando vieron algo como una nube que se acercaba a sus valles, dijeron: "Esta es una nube que nos trae lluvia". [Pero su Mensajero les dijo:] "No, es el castigo que reclamaban: un viento que encierra un castigo doloroso **25.** y destruye todo por orden de su Señor". Cuando amaneció, solo podían verse sus moradas [vacías]; así castigo a los transgresores.

Advertencia a los paganos de La Meca

26. Les había concedido mayor fortaleza que a ustedes, y los había dotado de oído, vista y entendimiento. Pero de nada les sirvieron sus oídos, sus ojos y su inteligencia, pues negaron los signos de Dios y merecieron el castigo del que se burlaban. **27.** Destruí en el pasado pueblos que había a su alrededor, después de haberles enviado todo tipo de signos para que recapacitaran. **28.** Pero aquellos ídolos que adoraban como divinidades en lugar de Dios se desvanecieron y no los auxiliaron, pues solo eran una falsedad que ellos habían inventado.

Los yinn escuchan el Corán

29. Y cuando envié [¡Oh, Mujámmad!] a un grupo de *yinn* para que escucharan la recitación [del Corán]. Cuando llegaron dijeron [a sus com-

---

9 Del Profeta Hud.

10 El Día del Juicio Final, en el que sean ingresados al Fuego del Infierno.

pañeros]: "¡Guarden silencio [para que podamos escuchar]!" Y luego que culminaste [con la recitación], retornaron a su pueblo para advertirles[11]. **30.** Dijeron: "¡Oh, pueblo nuestro! Hemos oído un Libro revelado después de Moisés, que corrobora los Mensajes anteriores y guía hacia la Verdad y el camino recto. **31.** ¡Oh, pueblo nuestro! Si obedecen al Mensajero de Dios y creen en él, su Señor les perdonará sus faltas y los salvará de un castigo doloroso. **32.** Pero sepan que quien no obedezca al Mensajero de Dios no podrá escapar [del castigo de Dios], ni tendrá fuera de Él protector alguno. Esos están en un error evidente".

Advertencia a los negadores de la Resurrección

33. ¿Acaso no ven que Dios, Quien creó los cielos y la Tierra sin agotarse[12], también tiene poder para resucitar a los muertos? Él es sobre toda cosa Poderoso. **34.** El día que los que se negaron a creer sean arrojados al Infierno se les dirá: "¿Acaso no es esto real?" Responderán: "¡Sí! ¡Señor nuestro!" Dirá [Dios]: "Sufran entonces el castigo que negaban".

Consejo al Profeta

35. Ten paciencia [¡Oh, Mujámmad!] como la tuvieron los Mensajeros con más determinación, y no te impacientes con ellos. El día que [los que se negaron a creer] vean aquello con lo que se les había amenazado, pensarán que estuvieron en la tumba solo un instante del día. Esta es una notificación. ¿A quién le alcanza el castigo sino a la gente perversa?

---

11 Y exhortarlos a creer en el Mensaje Universal que habían escuchado en el Sagrado Corán.

12 Porque el cansancio y la necesidad de descansar es una cualidad de imperfección y, por lo tanto, es imposible que sea encontrada en Dios.

47. Mujámmad

(Mujámmad)

Este capítulo del Corán fue revelado en Medina, y toma su título del nombre del Profeta mencionado en el versículo 2, describe la etiqueta del combate en el campo de batalla. Se les prometen a los fieles creyentes diversos tipos de delicias en el Paraíso, mientras que a los incrédulos y a los hipócritas se les advierte sobre un mal destino. Para preservar la recompensa de sus buenas obras, los creyentes son instados a esforzarse en el camino de Dios y a donar por Su causa, culminando en el triunfo claro en el próximo capítulo.

En el nombre de Dios,
el Compasivo, el Misericordioso

La recompensa de los creyentes y de los incrédulos

1. Dios invalidará las obras de quienes no crean y alejen a la gente del sendero de Dios. **2.** En cambio, a quienes tengan fe, obren rectamente y crean en lo que fue revelado a Mujámmad, que es la Verdad proveniente de su Señor, Él les perdonará sus pecados e infundirá paz en sus corazones. **3.** Esto es así porque quienes se negaron a creer siguen lo falso, mientras que los creyentes siguen la Verdad de su Señor. Así es como Dios expone ejemplos a la gente.

Las normas del enfrentamiento

4. Cuando tengan que enfrentarse en combate a los que se negaron a creer, golpéenlos en el cuello; y cuando estén fuera de combate aprésenlos. Luego, libérenlos con benevolencia o pidan un rescate[1], [esa debe ser la actitud] hasta que cese la guerra. [Sepan que] si Dios hubiera querido, Él mismo los hubiera derrotado, pero quiso ponerlos a prueba [y que se enfrentaran] unos contra otros. Quien caiga en combate por la causa de Dios, sus obras no habrán sido en vano. **5.** [Dios] los guiará, infundirá paz en sus corazones **6.** y los introducirá en el Paraíso que ya les había dado a conocer.

Advertencia a los negadores

7. ¡Oh, creyentes! Si auxilian a Dios[2], Él los auxiliará y afirmará sus pasos. 8. En cambio, a los que se niegan a creer les aguarda la desgracia y sus obras habrán sido en vano, **9.** porque repudiaron lo que Dios descendió en la revelación, y como consecuencia sus obras se perderán. **10.** ¿Por qué no viajan por el mundo y observan cómo terminaron sus antecesores[3]? Dios los destruyó; y sepan que todos los que se niegan a creer tienen un destino similar. **11.** Eso es porque

---

1 O exijan un intercambio de prisioneros.

2 Auxiliar a Dios es auxiliar al Islam y a la divulgación de su mensaje.

3 Los que en el pasado rechazaron a los Profetas y sus mensajes.

Dios solo es protector de los creyentes, mientras que los que se niegan a creer no tienen protector alguno.

El destino final

12. Dios introducirá a los creyentes que obran rectamente en jardines por donde corren ríos. En cambio, los que se niegan a creer gozarán transitoriamente[4] y comerán como lo hacen los rebaños, pero tendrán el Infierno por morada.

El mal destino

13. Muchas ciudades fueron más poderosas que la que te expulsó [¡Oh, Mujámmad!], e igualmente las destruí y no tuvieron quién los auxiliara. **14.** ¿Acaso quien se aferra a una evidencia clara de su Señor puede compararse con quien [seducido por el demonio] ve sus obras malas como buenas y sigue sus pasiones?

Las delicias del Paraíso

15. Así es la descripción del Paraíso que le fue prometido a los piadosos: hay ríos de agua que no se contaminan, ríos de leche que siempre tendrá buen sabor, ríos de vino[5] que será un deleite para quienes lo beban, y ríos de miel pura. Tendrán en él todas las frutas que deseen. Su Señor los perdonará. ¿Acaso quien disfrutará de estas gracias puede compararse con quien morará eternamente en el Infierno y beberá agua hirviendo que carcomerá sus intestinos?

Características de los hipócritas

1) La burla

16. Algunos[6] te escuchan [¡Oh, Mujámmad!], pero cuando se retiran les dicen [burlándose] a los que fueron agraciados con el conocimiento[7]: "¿Qué es lo que acaba de decir?" Estos son a quienes Dios ha sellado sus corazones [con la incredulidad], y solo siguen sus pasiones. **17.** Pero a quienes siguen la guía, Él les incrementará su fe y su piedad. **18.** ¿Acaso los que se niegan a creer esperan que los sorprenda la Hora[8]? Ya se evidenciaron algunas señales que indican su proximidad, y de nada les servirá creer cuando esta llegue.

Consejo al Profeta

19. Debes saber que no hay nada ni nadie con derecho a ser adorado salvo Dios, e implórale el perdón de tus faltas y las de los creyentes y las creyentes. Dios conoce bien lo que hacen dentro y fuera de sus hogares.

Características de los hipócritas

2) La cobardía

20. Algunos creyentes dicen: "¿Por qué no desciende un capítulo [del Corán donde se prescriba combatir]?" Pero cuando es revelado un capítulo [del Corán] con preceptos

---

4 En esta vida.

5 El vino del Paraíso no embriaga. Ver Corán 37:45-47.

6 Los hipócritas.

7 De entre los Compañeros del Profeta.

8 El fin del mundo.

obligatorios, y se menciona en él la guerra, ves a aquellos cuyos corazones están enfermos[9] mirarte como si estuvieran en la agonía de la muerte. Sería mejor para ellos **21.** cumplir con los preceptos y no pedir que se prescribiera la guerra. Porque cuando llegue el momento de combatir, lo mejor será que obedezcan a Dios con sinceridad. **22.** ¿Si les fuera dada autoridad, acaso no sembrarían la corrupción en la Tierra y cortarían los lazos familiares? **23.** A ellos Dios los ha maldecido haciendo que se comporten como sordos y ciegos. **24.** ¿Acaso no meditan en el Corán, o es que sus corazones están cerrados con cerrojos[10]?

Advertencia a los hipócritas

25. Aquellos que reniegan de su fe después de habérseles evidenciado la guía, es porque el demonio los seduce y les da falsas esperanzas. **26.** Este descarrío es porque [los hipócritas] dijeron a quienes odian lo que Dios reveló [a Mujámmad][11]: "Les obedeceremos en algunos asuntos"[12]. Pero Dios conoce sus secretos. **27.** ¡Qué terrible será cuando los ángeles tomen sus almas y los golpeen en el rostro y la espalda![13] **28.** Eso será su merecido por haber seguido lo que Dios detesta y haberse apartado de lo que Le complace. Sus obras habrán sido en vano.

Otra advertencia a los hipócritas

29. ¿Acaso piensan aquellos cuyos corazones están enfermos[14] que Dios no sacará a la luz su resentimiento? **30.** Si hubiera querido te los habría identificado y los hubieras reconocido por sus signos, pero aun así los reconocerás por el tono de sus palabras. Dios conoce sus obras [y los juzgará acorde a ellas].

La sabiduría detrás de la prueba

31. Los probaremos para distinguir quiénes de ustedes son los que verdaderamente luchan por la causa de Dios y se mantienen pacientes [en la fe]. Sepan que sacaremos a la luz lo que esconden en sus corazones.

La recompensa de los incrédulos

32. Los que se niegan a creer, extravían [a la gente] del sendero de Dios y se oponen al Mensajero después de habérseles evidenciado la guía, no podrán perjudicar a Dios en nada y sus obras serán en vano.

Consejo a los creyentes

33. ¡Oh, creyentes! Obedezcan a Dios y obedezcan al Mensajero. No hagan vanas sus obras. **34.** A los que se nieguen a creer, se opongan al camino de Dios y mueran en la incre-

---

9 Con la hipocresía.

10 Y eso no les permite comprenderlo.

11 Los judíos de Medina.

12 Aliándonos con ustedes contra el Profeta, que la paz y las bendiciones de Dios sean con él.

13 En el momento en que esté decretado que sea su muerte, y sean los ángeles los que tomen sus almas.

14 De hipocresía.

dulidad, Dios no ha de perdonarlos. **35**. No cedan [ante el enemigo] invitándolo a un acuerdo [por cobardía]. Ustedes [cuando tienen fe y defienden una causa justa] obtendrán la victoria. Dios está con ustedes. Él no dejará de premiar sus obras.

La prueba de fe

36. La vida mundanal es juego y diversión. Pero si creen y son piadosos obtendrán su recompensa. Dios no les exige todos sus bienes. **37.** Si se los exigiera, se mostrarían avaros y se manifestaría su rechazo. **38**. Se los invita a contribuir por la causa de Dios, pero entre ustedes hay quienes se muestran avaros. El avaro solo se perjudica a sí mismo. Porque Dios es el Rico[13] y ustedes son los pobres[14]. Si no creen, Dios los cambiará por otro pueblo que no será como ustedes.

15 Dios prescinde de toda Su creación, no necesita de los seres creados.

16 Que necesitan de Él.

48. La victoria

(Al-Fatḥ)

Este capítulo del Corán fue revelado en Medina, y toma su nombre de la victoria clara (a saber, el Tratado de Hudaibiiah) en el versículo 1. El Profeta (ﷺ) y 1.400 de sus compañeros viajaron a La Meca para realizar la peregrinación menor (úmrah) en el año 6 d. H./628 e. c. El profeta (ﷺ) envió a Uzmán ibn Affán para que los mecanos supieran que los musulmanes venían en paz y solo a visitar la Casa Sagrada. Cuando los mecanos retrasaron a Uzmán, el Profeta (ﷺ) creyó que habían asesinado a su enviado. Entonces llamó a los creyentes a jurarle lealtad debajo de un árbol en Hudaibiiah a las afueras de La Meca. Poco después, regresó Uzmán a salvo, y se firmó un acuerdo de paz entre los musulmanes y los paganos de La Meca, declarando en parte que los musulmanes debían regresar a Medina y volver al año siguiente para realizar la úmrah. El Tratado de Hudaibiiah es descrito aquí como una victoria clara, ya que estableció la paz, diluyó temporalmente la tensión entre musulmanes y paganos mecanos, y les dio a los musulmanes tiempo suficiente para divulgar la conciencia y el entendimiento de su fe. Miles de personas de diversas tribus aceptaron el Islam durante la vigencia de dicho tratado. El capítulo elogia a los creyentes por ser fieles a Dios y a Su Mensajero, critica a los hipócritas por no marchar con el Profeta (ﷺ), y condena a los paganos por negarles a los creyentes el acceso a la Casa Sagrada. La descripción de los creyentes verdaderos tanto en la Torá como en el Evangelio se da al final del capítulo, seguida por instrucciones sobre la conducta apropiada con el Profeta (ﷺ) y con los demás creyentes en el siguiente capítulo.

En el nombre de Dios,
el Compasivo, el Misericordioso

El tratado de Hudaibiah

1. Te he concedido [¡Oh, Mujámmad!] una victoria evidente[1]. **2.** Dios te perdonará [¡Oh, Mujámmad!] las faltas que cometiste y las que pudieses cometer, completará Su gracia sobre ti, te afianzará en el sendero recto, **3.** y te dará un auxilio grandioso. **4.** Él es Quien hizo descender el sosiego en los corazones de los creyentes para aumentarles fe a la fe que ya tenían. A Dios pertenecen los ejércitos de los cielos y de la Tierra[2]; y Dios lo sabe todo, es Sabio. **5.** [Dios] introducirá por toda la eternidad a los creyentes y a las creyentes en jardines por donde corren ríos, y les perdonará sus pecados. Este es un éxito grandioso ante Dios. **6.** En cambio, a

---

1 Referencia al pacto con los idólatras en el año seis de la Hégira, llamado Hudaibiiah, que garantizaba 10 años de no agresión.

2 Es decir, que todas las fuerzas del cosmos, visibles e invisibles, forman parte del plan de Dios, algo tan insignificante como una bacteria o tan gigantesco como una colisión de asteroides.

los hipócritas y las hipócritas, y a los idólatras y las idólatras que pensaban mal de Dios[3], los castigará; la ira de Dios recaerá sobre ellos y los maldecirá, y les tiene reservado el castigo del Infierno. ¡Qué horrible destino! **7.** A Dios pertenecen los ejércitos de los cielos y de la Tierra. Dios es Poderoso, Sabio.

El deber del Profeta

8. Te he enviado [¡Oh, Mujámmad!] como testigo [de la unicidad divina], albriciador y amonestador, **9.** para que crean en Dios y en Su Mensajero, asistan y honren [al Profeta], y glorifiquen [a Dios] por la mañana y por la tarde.

El juramento bajo el árbol

10. Quienes te juran fidelidad en realidad están jurando fidelidad a Dios, pues la mano de Dios está sobre sus manos. Quien no cumpla con el juramento solo se perjudicará a sí mismo; en cambio, quien respete lo pactado con Dios recibirá una recompensa grandiosa.

Excusas falsas para no viajar a La Meca

11. [¡Oh, Mujámmad!] Los beduinos que no participaron [del viaje a La Meca y del pacto de Hudaibiiah] dirán: "Nos mantuvieron ocupados nuestros bienes materiales y nuestras familias, pídele a Dios que nos perdone"[4]. Pero solo dicen con sus lenguas lo que no sienten sus corazones[5]. Diles: "Si Dios quisiera perjudicarlos o beneficiarlos, nadie podría impedirlo. Dios sabe lo que hacen". **12.** Creyeron que el Mensajero y los creyentes jamás regresarían a sus familias. Eso es lo que el demonio infundió en sus corazones, y por eso pensaron mal. Son gente que se ha arruinado a sí misma. **13.** Quien no crea en Dios y en Su Mensajero sepa que el castigo del Infierno está reservado para los incrédulos. **14.** A Dios pertenece el reino de los cielos y de la Tierra, perdona a quien Él quiere y castiga a quien Él quiere. Dios es Absolvedor, Misericordioso.

Distribución de los botines de guerra

15. Cuando salgan en busca del botín[6], quienes no participaron [de la expedición a La Meca] dirán: "Déjennos participar de la expedición". Pretenden cambiar el designio de Dios[7]. Diles [¡Oh, Mujámmad!]: "No participarán de ella, pues así lo decretó Dios". Entonces responderán: "En realidad nos tienen envidia", pero es poco lo que comprenden.

Una segunda oportunidad

16. Diles a los beduinos que no participaron [en la expedición a La Meca]: "Se los convocará para lu-

---

3 Pensaban que Dios no daría ayuda a los creyentes y abandonaría sin apoyo a Su religión.

4 Por no haber participado de la expedición.

5 Ellos pensaban que los idólatras vencerían a los creyentes, y por eso se negaron a participar de la batalla.

6 De la batalla de Jaibar.

7 De que el botín de Jaibar solo sería para quienes participaron del pacto de Hudaibiiah.

char contra un pueblo militarmente poderoso, puede que combatan o que ellos se rindan. Si obedecen, Dios les concederá una bella recompensa. Pero si desertan, como lo hicieron anteriormente, les dará un castigo doloroso [en el Más Allá]".

Los exentos de combatir

17. No hay nada que reprochar al ciego, al lisiado y al enfermo [que no participan en las expediciones militares]. Quien obedezca a Dios y a Su Mensajero, Él lo introducirá en jardines por donde corren ríos. Pero a quien deserte, Dios le dará un castigo doloroso.

El juramento de los creyentes

18. Dios quedó complacido con los creyentes cuando te juraron fidelidad bajo el árbol[8]. [Él] sabía [la fe] que había en sus corazones e hizo descender el sosiego sobre ellos y los recompensó con una victoria cercana[9], **19.** donde obtuvieron un botín cuantioso. Dios es Poderoso, Sabio. **20.** Dios les ha prometido que obtendrán muchos botines, y por eso les adelantó este [en Jaibar]. [Él] los ha protegido de las manos [opresoras] de alguna gente para que sean ustedes un signo para los creyentes[10], y los guiará por el sendero recto. **21.** Y [también les ha prometido] otras victorias que no tienen capacidad de conseguir, pero que Dios les tiene reservadas. Dios tiene poder sobre todas las cosas.

Los creyentes prevalecerán

22. Sepan que aun cuando los que se negaron a creer los hubieran combatido [en Hudaibiiah], habrían huido vencidos, pues no hubieran encontrado quién los protegiera ni los defendiera. **23.** Ese es el proceder de Dios que ha regido siempre en el pasado [de socorrer a los creyentes]. No encontrarás que el proceder de Dios cambie.

La sabiduría detrás de la tregua

24. Él es Quien los protegió de las manos de sus enemigos y los protegió a ellos de las manos de ustedes en el valle de La Meca, después de haberles dado la victoria sobre ellos. Dios vio lo que hicieron. **25.** Ellos son los que se negaron a creer y no los dejaron llegar a la Mezquita Sagrada, impidiendo que los animales [que llevaban para sacrificarlos como ofrenda en La Meca] llegaran a su destino. De no haber sido porque podrían haber cometido un grave pecado si atacaban La Meca, matando o hiriendo sin darse cuenta a algunos hombres y mujeres creyentes que no conocían y que habitaban en ella, Dios se los habría permitido. Dios alcanza con Su misericordia a quien

8 La complacencia de Dios, al igual que el resto de Sus nombres y atributos, tiene un carácter eterno, acorde a Su divinidad, y por eso este versículo es una prueba del aprecio y complacencia que Dios tiene por los compañeros del Profeta que formaron parte de este juramento.

9 La liberación de Jaibar.

10 Un signo de la veracidad de Su promesa.

Él quiere. Si les hubiera sido posible diferenciarlos[11] unos de otros, les habríamos hecho infligir un castigo doloroso a los que se negaron a creer.

La arrogancia de los mecanos

26. Cuando los que se negaron a creer cerraron sus corazones con una arrogancia[12] similar a la de la época de la ignorancia [previa al Islam], Dios hizo descender el sosiego sobre Su Mensajero y sobre los creyentes, y los hizo mantenerse leales al compromiso[13], pues eran los más merecedores y los más dignos de él. Dios lo sabe todo.

La visión del Profeta

27. Dios hará realidad la visión que tuvo Su Mensajero [en sueños] y ustedes entrarán en la Mezquita Sagrada, si Dios quiere, algunos con las cabezas rasuradas y otros con el cabello recortado[14], sin temer absolutamente nada. Dios sabe lo que ustedes ignoran[15]. Él les concederá, además, una victoria cercana[16]. **28.** Él es Quien les envió a Su Mensajero con la guía y la práctica de adoración verdadera, para que prevalezca sobre todas las demás. Dios es suficiente como testigo.

La descripción de los creyentes en la Torá y en el Evangelio

29. Mujámmad es el Mensajero de Dios. [Los creyentes] que están con él son severos con los que se niegan a creer, pero misericordiosos entre ellos. Los verás [rezando] inclinados y prosternados, anhelando alcanzar la misericordia de Dios y Su complacencia. En sus rostros se encuentran las huellas de la prosternación. Así fueron descritos en la Torá; mientras que en el Evangelio se los compara con una semilla que germina, brota, se fortalece, cobra grosor y se afirma en su tallo, causando alegría a los sembradores. Para que se indignen los que se niegan a creer. A los que crean y obren rectamente, Dios les ha prometido el perdón y una recompensa grandiosa.

---

11 A los incrédulos de los creyentes.

12 Impidiéndoles a los creyentes ingresar a La Meca.

13 Referencia al compromiso de fe, rectitud y justicia que encierra el testimonio de fe "La ilaha ila Al-lah".

14 Rasurar la cabeza o recortar el cabello es parte del rito de la peregrinación mayor y menor. Esto implica la promesa por parte de Dios de que en un futuro cercano podrían cumplir con la peregrinación menor sin temer la persecución de los idólatras.

15 Los beneficios a largo plazo del pacto de Hudaibiiah.

16 En Jaibar.

49. Las moradas

(Al-Ḥuyurât)

Este capítulo del Corán fue revelado en Medina, y toma su nombre de la referencia que se hace a los cuartos privados del Profeta en el versículo 4, instruye a los creyentes sobre la conducta apropiada a seguir con el Profeta (versículos 1-5) y a la etiqueta social de tratar con otros creyentes (versículos 6-12) y con el resto de la humanidad (versículo 13). Al final del capítulo, se les enseña a los árabes beduinos que la fe verdadera se prueba con los actos y no solo con las palabras.

En el nombre de Dios,
el Compasivo, el Misericordioso

Modales con el Profeta
1) Respetar su autoridad

1. ¡Oh, creyentes! No se pongan a ustedes mismos por encima de Dios y Su Mensajero, y tengan temor de Dios; Dios todo lo oye, todo lo sabe.

Modales con el Profeta 2) Cuidar la voz

2. ¡Oh, creyentes! No levanten sus voces sobre la voz del Profeta, y no hablen con él del mismo modo que hablan entre ustedes, pues sus obras se podrían malograr sin que se dieran cuenta. **3.** Quienes bajan sus voces cuando están en presencia del Mensajero de Dios son aquellos a los que Dios purificó sus corazones, infundiendo en ellos el temor devocional. Ellos recibirán perdón y una recompensa magnífica.

Modales con el Profeta
3) Respetar su privacidad

4. La mayoría de los que te llaman con insistencia [¡Oh, Mujámmad!] desde afuera de tu morada, no razonan. **5.** Mejor sería que esperaran pacientemente hasta que tú salgas; pero [sepan que] Dios es Absolvedor, Misericordioso.

Etiqueta social 1) Verificar las noticias

6. ¡Oh, creyentes! Si una persona que transgrede[1] se les presenta con alguna noticia, corroboren su veracidad, no sea que perjudiquen a alguien por ignorancia y luego[2] se arrepientan de lo que hayan hecho. **7.** Sepan que entre ustedes está el Mensajero de Dios, y que si los obedeciera en la mayoría de los asuntos habrían caído en la perdición. Dios les ha infundido el amor por la fe, embelleciéndola en sus corazones, y los hizo aborrecer la incredulidad, la corrupción y la desobediencia. ¡Esos son los bien guiados! **8.** Ese es el favor y la gracia que Dios les ha concedido. Dios todo lo sabe, es Sabio.

Etiqueta social
2) El sentido de hermandad

9. Si dos grupos de creyentes combaten entre sí, intenten reconciliarlos. Si uno de los dos actúa abusivamen-

---

1 Las normas islámicas.

2 De haber comprobado que era una noticia falsa.

te contra el otro, combatan al grupo opresor hasta que respete las leyes de Dios, pero si lo hace, entonces reconcilien a ambos grupos con equidad. Sean justos, que Dios ama a quienes establecen justicia. **10.** Los creyentes son hermanos entre sí; reconcilien a sus hermanos y tengan temor de Dios para que Él les tenga misericordia.

Etiqueta social 3) Respetarlos a todos

11. ¡Oh, creyentes! No se burlen unos de otros, porque pudiera ser que los que son blancos de las burlas sean mejores que los que se están burlando. Que las mujeres no se burlen de otras mujeres, porque es posible que las que son el blanco de las burlas sean mejores que las que se burlan. No difamen ni pongan apodos ofensivos. ¡Qué malo es comportarse como un corrupto[3] luego de haber sido agraciado con la fe! Quienes no se arrepientan… esos son los injustos. **12.** ¡Oh, creyentes! Eviten sospechar demasiado [de la actitud de los demás] pues algunas sospechas son un pecado. Y no se espíen, ni hablen mal del ausente, porque es tan repulsivo como comer la carne muerta de su hermano. ¿Acaso alguien desearía hacerlo? Por supuesto que les repugnaría. Tengan temor de Dios, porque Dios es Indulgente, Misericordioso.

Etiqueta social 4) Igualdad

13. ¡Oh, seres humanos! Los he creado a partir de un hombre y de una mujer, y los congregué en pueblos y tribus para que se reconozcan los unos a los otros. El mejor de ustedes ante Dios es el de más piedad[4]. Dios todo lo sabe y está bien informado de lo que hacen.

Los actos dicen más que las palabras

14. Los beduinos dicen: "Somos creyentes". Diles [¡Oh, Mujámmad!]: "Todavía no son verdaderos creyentes. Mejor digan que han aceptado el Islam, pues la fe no ha ingresado completamente en sus corazones. Sepan que si obedecen a Dios y a Su Mensajero, sus obras no habrán sido en vano [y serán recompensados por ellas]; Dios es Absolvedor, Misericordioso". **15.** Los verdaderos creyentes son quienes creen en Dios y en Su Mensajero, y luego no vacilan; quienes luchan por la causa de Dios con sus bienes materiales y sus personas. Esos son los sinceros[5]. **16.** Diles [¡Oh, Mujámmad!]: "¿Acaso pretenden decirle a Dios en qué creen? Dios conoce cuanto hay en los cielos y en la Tierra. Dios lo sabe todo. **17.** Piensan que te han hecho un favor al abrazar el Islam. Diles [¡Oh, Mujámmad!]: "No me mencionen su conversión al Islam como si fuera un favor hacia mí. Porque si fueron sinceros[6], fue Dios Quien les hizo el favor de guiarlos a la fe". **18.** Dios conoce lo oculto de los cielos y de la Tierra. Dios ve todo lo que hacen.

---

3 Difamando y poniendo apodos ofensivos.

4 La piedad se encuentra en el corazón, por lo tanto el único que puede juzgar cuán piadoso es alguien, es solamente Dios.

5 En la fe.

<?> Al momento de pronunciar su testimonio de fe.

50. Qaf

(Qãf)

Dado que el capítulo anterior se dirige principalmente a los creyentes, este capítulo les habla principalmente a los incrédulos, en particular a los que niegan la Resurrección. Se hace referencia a los incrédulos anteriores que fueron destruidos, y al poder infinito de Dios para demostrar Su capacidad de crear y resucitar. Se les dice a los negadores de la Resurrección qué han de esperar después de la muerte y el juicio. Se insta al Profeta (ﷺ) a ser firme. La certeza del Más Allá es subrayada tanto al final de este capítulo como al inicio de la que le sigue.

En el nombre de Dios,
el Compasivo, el Misericordioso

Los que niegan la Resurrección

1. *Qaf.* [Juro] por el glorioso Corán, **2.** pero los que se niegan a creer se asombran que haya surgido un amonestador de entre ellos mismos, y dicen: "¡Esto es algo asombroso! **3.** ¿Acaso cuando hayamos muerto y nos hayamos convertido en polvo [seremos resucitados]? ¡Eso es imposible!" **4.** Yo sé lo que la tierra consumirá de ellos. Todo lo tengo registrado en un libro protegido. **5.** Desmintieron la verdad cuando les llegó y se encuentran en un estado de confusión.

El poder de Dios para crear

6. ¿Acaso no observan el cielo por encima de ellos, cómo lo he erigido y embellecido, y que no tiene ninguna imperfección? **7.** ¿Y a la tierra, cómo la he extendido, fijado en ella montañas firmes, y he hecho brotar en ella vegetales de toda especie?, **8.** como evidencia y recuerdo para todo siervo arrepentido. **9.** Hago descender del cielo agua bendita, con la que hago brotar jardines y el grano de la cosecha, **10.** y palmeras esbeltas cubiertas de racimos [de dátiles], **11.** como sustento para los siervos. Así como doy vida con la lluvia a la tierra árida, así los resucitaré.

Los negadores previos a los árabes

12. Antes que ellos ya lo habían hecho[1] el pueblo de Noé, los habitantes de Rass y Zamud, **13.** y los habitantes de 'Ad, el pueblo del Faraón y los hermanos[2] de Lot, **14.** y los habitantes de los valles boscosos[3] y el pueblo de Tubba'[4]. Todos desmintieron a sus Mensajeros, y entonces se cumplió Mi advertencia.

El poder de Dios para resucitar y saberlo todo

15. ¿Acaso fallé al crearlos por primera vez? Pero a pesar de eso dudan

---

1 Negarse a creer en el Mensaje de los Profetas.

2 Referencia al pueblo de Lot, no a sus hermanos biológicos.

3 El pueblo de Jetró.

4 Rey del Yemen.

de una nueva creación[5]. **16.** Creé al ser humano y sé cuáles son sus debilidades. Estoy más cerca de él que su propia vena yugular. **17.** [Sabe que] dos ángeles escriben todas sus obras, sentados uno a su derecha y el otro a su izquierda, **18.** no pronuncia palabra alguna sin que a su lado esté presente un ángel observador que la registre.

Malas noticias para los negadores

19. Le llegará la agonía de la muerte con la verdad. ¡De ella era que huía! **20.** La trompeta será inevitablemente soplada. Ese es un día prometido. **21.** Toda alma [del ser humano] se presentará acompañada por un ángel que la conduzca y otro que será testigo de sus obras. **22.** [Se le dirá:] "Fuiste indiferente a este [día]. Hoy te quito el velo que cubría tu vista y ahora puedes ver". **23.** El[6] que lo acompañó durante su vida dirá: "Esto es lo que he registrado". **24.** [Dios dirá a los ángeles:] "Arrojen al Infierno a todo aquel que se haya negado obstinadamente a creer, **25.** a aquel que se negó a hacer el bien, violó la ley, sembró la duda **26.** y asoció divinidades a Dios [en la adoración]. ¡Arrójenlo al castigo severo!"

Los corruptores y los corrompidos

27. Dirá el[7] que le susurró toda su vida: "¡Señor nuestro! Yo no lo desvié, sino que él estaba en un profundo extravío". **28.** Dirá[8]: "No discutan ante Mí, ya les había advertido sobre esto[9]. **29.** Mi designio es irrevocable, pero Yo no soy injusto con Mis siervos. **30.** Ese día le diré al Infierno: "¿Ya te has llenado[10]?" Y exclamará: "No. ¿Aún hay más?"

Albricias para los rectos

31. Y el Paraíso será presentado a los piadosos, y no estará distante. **32.** [Será dicho:] "Esto es lo que se había prometido para todos los que vuelven a Dios[11], son cumplidores[12], **33.** tienen temor del Compasivo en privado, y se presentan con un corazón obediente[13]. **34.** Ingresen al Paraíso en paz, este día comienza la eternidad. **35.** Tendrán en él cuanto anhelen, y les tengo reservada una recompensa aun mayor"[14].

Advertencia a los paganos de La Meca

36. ¿A cuántas generaciones más poderosas que ellos[15] he destruido en la antigüedad? Recorrieron tierras bus-

---

5 La resurrección.
6 El ángel que registró sus obras.
7 El demonio que lo acompañó toda su vida susurrándole.
8 Dios.
9 Sobre el Día del Juicio Final.
10 De gente que merezca estar allí.
11 Volver a Dios arrepentido luego de haber cometido un pecado.
12 De los preceptos de Dios.
13 A Dios.
14 La contemplación de Dios mismo.
15 Los que se niegan a aceptar el Mensaje que transmite el Profeta Mujámmad, que la paz y las bendiciones de Dios sean con él.

cando escapar, pero, ¿acaso se puede escapar?[16] **37**. En esto hay un motivo de reflexión para quienes tienen uso de razón y prestan oído con una mente consciente.

¿Dios se cansó?

38. Creé los cielos y la Tierra y todo cuanto existe entre ambos en seis eras, sin sufrir cansancio[17]. **39.** Ten paciencia [¡Oh, Mujámmad!] ante sus palabras ofensivas, y glorifica con alabanzas a tu Señor antes de la salida del Sol y antes del ocaso, **40.** y glorifícalo por la noche, y después de cada prosternación[18].

Tranquilizando al Profeta

41. Mantente siempre alerta del día que convoque el pregonero[19] desde un lugar cercano; **42.** ese día todos escucharán el soplido que anuncia la verdad. Ese será el Día de la Resurrección. **43.** Yo doy la vida y la muerte, y a Mí será el retorno. **44.** Ese día la tierra se abrirá, y saldrán [de las tumbas] presurosos[20]. Eso es fácil para Mí. **45.** Sé muy bien lo que dicen de ti [¡Oh, Mujámmad!]. Pero tú no puedes forzarlos a creer, solo exhórtalos con el Corán, que quien tema Mi amenaza recapacitará.

---

16 De Dios.

17 El cansancio es una cualidad de los seres imperfectos, no de Dios.

18 Alusión a las cinco oraciones obligatorias diarias.

19 El ángel encargado de soplar la trompeta para dar inicio al Día de la Resurrección.

20 Hacia el lugar donde se desarrolla el Juicio Final.

51. Los vientos

(Adh-Dhâriât)

Al igual que el capítulo anterior, este capítulo del Corán que fue revelado en La Meca, justifica la Resurrección, citando algunas de las señales naturales de Dios en el universo para probar Su capacidad de traer a los muertos de nuevo a la vida. Se dan muchos ejemplos de negadores del juicio que fueron destruidos, lo que es contrastado con la recompensa de los creyentes. Se insta al Profeta (ﷺ) a transmitir este recordatorio. Tanto al final de este capítulo como al inicio del siguiente se advierte sobre la realidad del Día del Juicio.

En el nombre de Dios,
el Compasivo, el Misericordioso

El juicio es inevitable

1. [Juro] por los vientos que soplan, **2.** por las nubes cargadas de lluvias, **3.** por los barcos que navegan con facilidad, **4.** por los ángeles que trasmiten las órdenes [de Dios], **5.** que lo que se les ha anunciado [el Día de la Resurrección] es una verdad, **6.** y que el juicio es inevitable.

Advertencia a los negadores

7. Y [juro] por el cosmos surcado de [planetas en] órbitas[1] **8.** que ustedes [¡Oh, idólatras!] tienen creencias contradictorias [con la verdad] **9.** de la que solo se distancian quienes están desviados en su pensamiento. **10.** ¡Pobres aquellos que solo conjeturan sobre lo que no pueden comprobar![2] **11.** Los que están sumidos en la ignorancia[3], **12.** y preguntan[4]: "¿Cuándo será el Día del Juicio?" **13.** Ese día serán atormentados con el Fuego. **14.** [Les será dicho:] "Sufran su tormento, esto es lo que pedían que les llegara con rapidez."

Albricias para los devotos

15. Los piadosos, en cambio, morarán en jardines con manantiales. **16.** Disfrutarán lo que Su Señor les conceda, porque en la vida mundanal hacían el bien, **17.** dormían poco por las noches[5], **18.** pedían perdón a Dios antes del despuntar del alba, **19.** y daban de su dinero lo que era derecho para el mendigo y el indigente.

Las señales de Dios en la creación

20. En la Tierra hay signos[6] para quienes tienen certeza interior. **21.** También[7] en ustedes mismos. ¿Es

1 Ver Corán 21:33, 35:13, 36:40.

2 Excepto a través de la revelación.

3 Y no piensan sobre la gravedad de la vida en el más allá.

4 Burlándose de ti.

5 Porque se dedicaban a adorar a Dios en oración y en la lectura del Corán.

6 Sobre la existencia y unicidad de Dios.

7 Hay signos.

que no ven? **22.** En el cielo se encuentra [la fuente de] su sustento y lo que les fue prometido[8]. **23.** [Juro] por el Señor del cielo y de la Tierra que [lo que se les ha prometido] es tan cierto como que pueden hablar.

Abraham es visitado por ángeles

24. Te relataremos la historia de los huéspedes honorables[9] de Abraham: **25.** Cuando se presentaron ante él dijeron: "¡Paz!" Y [Abraham] respondió: "¡Paz!, gente desconocida". **26.** Y rápidamente se fue a preparar con su familia el mejor de sus terneros, **27.** y se los ofreció [asado]. Pero [al ver que no comían] les dijo: "¿Acaso no van a comer?", **28.** y sintió temor de ellos. Pero le dijeron: "No temas", y le albriciaron que tendría un hijo dotado de sabiduría[10]. **29.** Entonces, su mujer dio un grito de sorpresa y, abofeteándose el rostro, dijo: "¡Pero si ya soy una anciana estéril!" **30.** Le dijeron: "Así lo ha decretado tu Señor, y Él es el Sabio, el que lo sabe todo".

La destrucción del pueblo de Lot

31. Dijo [Abraham]: "¡Oh, emisarios! ¿Cuál es su misión?" **32.** Dijeron: "Fuimos enviados a un pueblo de criminales[11] **33.** para castigarlos con piedras de arcilla cocida, **34.** marcadas por orden de tu Señor para los trasgresores. **35.** Pero debemos sacar de allí a los creyentes". **36.** Solo había un hogar de creyentes[12]. **37.** Allí dejé un signo para que reflexionen quienes tienen temor del castigo doloroso.

La destrucción del pueblo del Faraón

38. También en la historia de Moisés[13]. Porque lo envié ante el Faraón con una autoridad clara. **39.** Pero él y sus partidarios lo rechazaron y le dijeron: "Eres un hechicero o un loco". **40.** Entonces, lo castigué a él y a sus partidarios ahogándolos en el mar; él fue el culpable[14].

La destrucción del pueblo de Hud

41. Y también en el pueblo de 'Ad[15]. Envié contra ellos un viento devastador, **42.** que todo lo que alcanzaba lo transformaba en polvo.

La destrucción del pueblo de Sálih

43. También en el pueblo de Zamud. Se les dijo: "Disfruten transitoriamente". **44.** Pero cuando desobedecieron las órdenes de su Señor fueron fulminados por un rayo mientras lo veían venir, **45.** y ni siquiera pudieron ponerse de pie ni defenderse.

La destrucción del pueblo de Noé

46. El pueblo de Noé [también fue castigado] porque era gente perversa.

---

8 Es decir, Quien les concede el sustento en este mundo y Quien los recompensará por sus buenas obras.

9 Eran tres ángeles con forma humana que lo visitaron.

10 Isaac.

11 El pueblo de Lot.

12 La familia de Lot y sus dos hijas, excepto su esposa.

13 Hay signos para quienes reflexionan.

14 De su propio final.

15 Hay signos para quienes reflexionan en la historia.

El poder de creación de Dios

47. Yo soy Quien construí el universo con [Mi] poder [creador]; y soy Yo quien lo expande continuamente[16]. **48.** Extendí la Tierra [haciéndola propicia para habitar], y con qué excelencia lo he hecho. **49.** Y todo lo he creado en parejas, para que reflexionen.

Llamado de atención a los negadores

50. [Diles ¡Oh, Mujámmad!:] "Corran hacia Dios, [y sepan que] yo soy un amonestador que habla claro. **51.** No dediquen actos de adoración a otros que Dios, Yo soy para ustedes un amonestador que habla claro".

Los negadores de la antigüedad

52. En la antigüedad, cada vez que llegaba un Mensajero lo acusaban de hechicero o loco. **53.** Pareciera que se hubieran transmitido esas palabras unos a otros. Pero en realidad son gente transgresora. **54.** Aléjate de ellos [¡Oh, Mujámmad!], y sabe que no serás reprochado. **55.** Y hazles recordar, porque el recuerdo beneficia a los creyentes.

El propósito de la vida

56. No he creado a los *yinn* ni a los seres humanos sino para que Me adoren[17]. **57.** No pretendo de ellos ningún sustento ni quiero que Me alimenten, **58.** ya que Dios es el Sustentador, el Fuerte, el Firme.

Advertencia a los negadores

59. Los injustos recibirán su castigo al igual que sus antepasados, así que no Me apresuren. **60.** ¡Cuán desdichados serán los que negaron la verdad el día que se les ha prometido![18]

---

16 En el Corán, revelado hace catorce siglos, en una época en que la ciencia astronómica era todavía muy primitiva, la expansión del universo está descrita de esta forma: La palabra "*samaa* سماء ", como figura en el versículo, es utilizada en varios lugares del Corán con el significado de cielo, espacio y universo. Aquí se utiliza con este último sentido y estableciendo que el universo se "expande" como lo describe la palabra "*lamusi'un* لموسعون ". Y esta es precisamente la conclusión a la cual ha llegado la ciencia actualmente. A comienzos del siglo XX, el físico ruso Alexander Friedmann y el cosmólogo belga Georges Lemaitre, calcularon teóricamente que el universo está en movimiento continuo y que se está expandiendo. Este hecho fue probado también mediante observaciones directas en 1929. Observando el cielo con un telescopio, Edwin Hubble, astrónomo estadounidense, descubrió que las estrellas y galaxias están separándose constantemente unas de otras. Un universo en donde todo está separándose implica un cosmos en expansión. Las observaciones realizadas en los años siguientes corroboran que el universo está expandiéndose constantemente. Este hecho fue explicado en el Corán cuando todavía era desconocido para todos, porque el Corán es la Palabra de Dios, el Creador y Soberano del universo.

17 Este versículo evidencia el objetivo de la creación del ser humano y de los *yinn* –las dos criaturas con libre albedrío–, que es adorar y servir a Dios.

18 El Día del Juicio Final, cuando tengan que responder por sus obras y su negativa a seguir el Mensaje.

52. El monte

(Aṭ-Ṭûr)

Este capítulo del Corán fue revelado en La Meca, y toma su nombre del versículo 1, donde Dios jura por el monte Sinaí, entre otras cosas, que el Día del Juicio es inevitable. Se describe el castigo de quienes son escépticos al Juicio, seguido por una descripción de la recompensa de los creyentes junto con su descendencia (versículos17-28). También se rechaza el ateísmo (versículos 25-36). Se tranquiliza al Profeta (ﷺ) con el apoyo de Dios, mientras que las creencias y argumentos paganos se refutan tanto en este capítulo como en el siguiente.

En el nombre de Dios,
el Compasivo, el Misericordioso

El juicio es la verdad

1. [Juro] por el monte[1], **2.** por el Libro escrito **3.** en un pergamino desplegado[2], **4.** por la casa frecuentada[3], **5.** por la bóveda elevada, **6.** por el mar que se desborda, **7.** que el castigo de tu Señor es inevitable **8.** y no hay quién lo pueda impedir. **9.** El día que el cielo se agite intensamente **10.** y las montañas se muevan,

Los horrores que esperan a los negadores

11. ¡Cuán desdichados serán ese día los que rechazaron la verdad!, **12.** aquellos que en su ignorancia se burlaban. **13.** El día que sean empujados al fuego del Infierno, **14.** [se les dirá:] "Este es el Fuego que desmentían. **15.** ¿Acaso les parece esto una hechicería, o es que no ven? **16.** Entren en él, lo soporten o no, será igual. Solo se los castiga por lo que obraron".

Los placeres que esperan a los creyentes

17. En cambio, los piadosos morarán en jardines y deleite. **18.** Disfrutando lo que su Señor les conceda. Su Señor los salvó del castigo del Infierno. **19.** "Coman y beban para satisfacerse, como recompensa por sus obras". **20.** Estarán recostados sobre sofás distribuidos en líneas, y los desposaremos con huríes de grandes ojos. **21.** Los creyentes y sus descendientes que los hayan seguido en la fe serán reunidos, sin que se pierda ninguna de sus obras. Toda persona es responsable de sus propias acciones. **22.** Los agraciaremos con tanta fruta y carne como la que deseen. **23.** Se pasarán unos a otros una copa que no incitará a frivolidades ni pecados. **24.** Serán rodeados por sirvientes, bellos como perlas guardadas.

---

1 El Monte Sinaí, donde Moisés recibió la revelación.

2 El Libro puede ser la Torá, originalmente revelada a Moisés o, según algunos exégetas, es la Tabla Preservada.

3 Es una casa creada para la adoración de Dios en el Cielo, que es exactamente igual a la Ka'bah y es frecuentada por ángeles.

25. Y [los bienaventurados] se preguntarán unos a otros[4].

Recordando vidas pasadas en el Paraíso

26. Dirán: "Cuando estábamos viviendo junto a nuestra familia, teníamos temor[5], **27.** pero Dios nos agració y nos preservó del tormento del Fuego. **28.** A Él le suplicábamos, pues Él es el Bondadoso, el Misericordioso".

¿Por qué los mecanos niegan la verdad?

29. Llama al Mensaje [¡Oh, Mujámmad!], tú no eres, por la gracia de tu Señor, un adivino ni un loco[6]. 30. O te acusan diciendo: "Es un poeta, esperemos a que le llegue la muerte"[7]. **31.** Diles: "Sigan esperando, que yo esperaré junto a ustedes". **32.** ¿Son sus mentes las que los llevan a decir esto o son gente que transgrede los límites? **33.** También dicen: "Él lo ha inventado"[8]. Pero la verdad es que no creen. **34.** ¡Que presenten ellos un libro semejante, si es verdad lo que dicen! **35.** ¿Acaso surgieron de la nada[9] o son ellos sus propios creadores? **36.** ¿O crearon los cielos y la Tierra? No tienen certeza de nada. **37.** ¿Acaso poseen los tesoros de tu Señor o tienen autoridad absoluta? **38.** ¿O tienen una escalera para escuchar los designios de Dios? Quien de ellos logre escuchar, que traiga una prueba clara. **39.** ¿Acaso a Dios Le pertenecen las hijas mujeres[10] y a ellos los hijos varones? **40.** ¿O acaso tú [¡Oh, Mujámmad!] les pides una retribución[11] que hace que se vean abrumados por las deudas[12]? **41.** ¿O tienen el conocimiento de lo oculto y lo han registrado? **42.** ¿O es que quieren tenderte una trampa? Los que se niegan a creer son quienes han caído en una trampa. **43.** ¿O acaso tienen otra divinidad además de Dios? ¡Glorificado sea Dios de cuanto Le asocian!

Reconfortando al Profeta

44. Si vieran caer parte del cielo dirían: "Son solo nubes acumuladas". **45.** Déjalos, que ya les llegará el día en que quedarán paralizados de terror. **46.** Ese día no los beneficiarán en nada sus argucias y nadie los auxiliará. **47.** Los injustos sufrirán, además de este, otros castigos, pero la mayoría no lo sabe. **48.** Ten paciencia con los designios de tu Señor, y sabe que te encuentras bajo Mis ojos. Glorifica con alabanzas a tu Señor cuando te levantes [a orar], **49.** por la noche y al ocultarse las estrellas.

4 Se preguntarán qué les hizo merecer el Paraíso.

5 De caer en lo que desagrada a Dios.

6 Dios defiende al Profeta de dos acusaciones que le hacían los incrédulos.

7 Y así nos libraremos de él.

8 Al Corán.

9 Sin Creador que los creara.

10 Ver Corán 16:57.

11 Por trasmitirles el Mensaje.

12 Y por eso se nieguen a creer.

53. La estrella

(An-Naym)

Este capítulo del Corán fue revelado en La Meca, y toma su nombre de la referencia al ocultamiento de la estrella (al igual que en el último versículo del capítulo anterior). Se enfatiza la fuente divina del mensaje del Profeta, y se continúa con una referencia a su ascenso a los cielos durante el Viaje Nocturno (véase la introducción al capítulo 17). Se condena a los paganos por asociarle ídolos a Dios en la adoración y por afirmar que los ángeles son las hijas de Dios. Se citan manifestaciones del poder infinito de Dios para probar Su capacidad de resucitar a los muertos. Tanto el final de este capítulo como al inicio del siguiente enfatizan la inminencia de la Hora.

En el nombre de Dios,
el Compasivo, el Misericordioso

El encuentro del Profeta con Gabriel

1. [Juro] por la estrella cuando desaparece **2.** que su compañero[1] no se ha extraviado ni está en un error, **3.** ni habla de acuerdo a sus pasiones. **4.** Él solo trasmite lo que le ha sido revelado. **5.** Aquello que le enseñó el dotado de poder **6.** y fortaleza[2], cuando se le presentó en su forma verdadera **7.** en lo más elevado del horizonte, **8.** y luego descendió y se acercó a él, **9.** hasta una distancia de dos arcos o menos aún. **10.** Entonces [Dios] le inspiró a Su siervo la revelación. **11.** El corazón[3] no desmintió lo que había visto. **12.** ¿Le van a discutir sobre lo que vio? **13.** Sepan que ya lo había visto[4] en otro descenso, **14.** junto al azufaifo que demarca el límite, **15.** donde se encuentra el jardín de la residencia eterna. **16.** Cuando al azufaifo lo cubrió lo que lo cubrió, **17.** y su mirada no se desvió ni se propasó. **18.** Porque contempló algunos de los signos más sublimes de su Señor.

Llamado de atención a los paganos

19. ¿Cómo es que adoran a [los ídolos] Lat, a 'Uzza **20.** y a Manat[5], la tercera? **21.** Para ustedes los hijos varones y para Dios las hijas mujeres. **22.** Esa es una división injusta. **23.** [Esos tres ídolos] son solo nombres que ustedes y sus padres han inventado, porque Dios no les dio autoridad alguna para ello. [Los idólatras] solo siguen suposiciones impulsados por sus propias pasiones, a pesar de haberles llegado la guía de su Señor. **24.** ¿Acaso cree el ser humano que obtendrá todo cuanto ambiciona? **25.** A Dios le pertenecen esta vida y la

---

1 El Profeta Mujámmad, que la paz y las bendiciones de Dios sean con él.

2 El ángel Gabriel.

3 Del Profeta Mujámmad, que la paz y las bendiciones de Dios sean con él.

4 Estos eran los nombres de tres ídolos femeninos de los árabes paganos.

5 Al ángel Gabriel.

otra[6]. **26.** ¿Cuántos ángeles hay en los cielos cuya intercesión[7] no servirá de nada, salvo que Dios lo permita en favor de quien Él quiera y de quien esté complacido?

¿Los ángeles son las hijas de Dios?

27. Quienes no creen en la otra vida, le dan a los ángeles nombres femeninos **28.** sin tener ningún conocimiento sobre ello. Solo siguen conjeturas, pero las conjeturas carecen de valor frente a la Verdad. **29.** Apártate de quienes rechazan Mi Mensaje y no desean sino [el materialismo de] la vida mundanal. **30.** Ese es el único conocimiento que les interesa alcanzar[8]. Tu Señor bien sabe quién se extravía de Su camino y quién se encamina.

Dios sabe quién es recto

31. A Dios pertenece cuanto hay en los cielos y en la Tierra, y Él castigará a quienes obren el mal y retribuirá con una hermosa recompensa a los que hagan el bien, **32.** aquellos que evitan los pecados graves y las obscenidades, y no cometen más que faltas leves. Tu Señor es inmensamente indulgente. Él los conoce bien, ya que los creó de la tierra y luego hizo que fueran embriones en el vientre de sus madres. No se elogien a sí mismos, Él bien sabe quién es realmente piadoso.

Aquel que regresa a la incredulidad

33. ¿Has visto que quien rechaza [el Islam], **34.** da poco en caridad y es tacaño? **35.** ¿Acaso tiene conocimiento de lo oculto y puede ver [lo que sucederá en el Más Allá]?[9] **36.** ¿No le han informado de lo que contienen las páginas reveladas a Moisés **37.** y a Abraham, el fiel cumplidor? **38.** Que nadie cargará con pecados ajenos, **39.** que el ser humano no obtendrá sino el fruto de sus esfuerzos, **40.** que sus esfuerzos se verán, **41.** que será retribuido con una recompensa total, **42.** y que ante tu Señor se ha de comparecer finalmente.

Todo está en manos de Dios

43. Él es Quien hace reír y hace llorar, **44.** Él es Quien causa la muerte y la vida, **45.** Él ha creado la pareja: el macho y la hembra[10], **46.** de una gota de esperma eyaculada. **47.** Él es Quien los creará por segunda vez. **48.** Él es Quien concede la riqueza y la pobreza, **49.** Él es el Señor de Sirio[11],

---

6 Dios le concede lo que quiere a quien Le place en este mundo y el otro.

7 La intercesión de los ángeles por las personas tiene lugar el Día del Juicio Final; y acorde a las reglas del monoteísmo teológico, debe ser solicitado a Dios que los ángeles intercedan por nosotros, y no se debe pedir a los ángeles directamente su intercesión.

8 El de cómo progresar en la vida mundanal para obtener más y más dinero.

9 Los últimos tres versículos relatan la historia de una persona que concierta con un pagano, a cambio de una cantidad de dinero, que este asuma sus pecados en el Más Allá; pero Dios lo recrimina porque, conociendo el Islam, lo abandona por una falsa promesa de que alguien cargaría con sus pecados, lo cual contradice la revelación.

10 Dios evidencia que esta es la naturaleza original de la creación, un hombre y una mujer, y que toda otra "elección" de pareja distinta a esta, es por lo que fue castigado el pueblo de Lot.

11 Una estrella que era adorada por algunos árabes.

50. Él destruyó al antiguo pueblo de 'Ad **51.** y al pueblo de Zamud, de los que no quedó nadie. **52.** También lo hizo antes con el pueblo de Noé, pues ellos eran más injustos y transgresores. **53.** Y a la ciudad que cayó al revés[12], **54.** y la cubrió lo que la cubrió. **55.** ¿Cuál de las bendiciones de tu Señor pondrás en duda [oh, ser humano]?

Advertencia a los árabes paganos

56. Él es un Profeta[13] como los que lo precedieron. **57.** La llegada[14] es inminente, **58.** pero nadie, salvo Dios, tiene conocimiento de cuándo ocurrirá. **59.** ¿De este mensaje se sorprenden? **60.** ¿Ríen en vez de llorar? **61.** ¿Permanecen distraídos? **62.** ¡Prostérnense ante Dios y adórenlo solo a Él!

---

12 El pueblo de Lot sufrió un castigo ejemplar, en el que las casas fueron elevadas y luego dejadas caer al revés, con sus cimientos hacia arriba.

13 Mujámmad, que la paz y las bendiciones de Dios sean con él.

14 Del Día del Juicio.

54. La Luna

(Al-Qamar)

Este capítulo del Corán fue revelado en La Meca, y toma su nombre de la división de la Luna mencionada en el versículo 1. Este capítulo critica a los incrédulos por rechazar las advertencias de la Hora que se acerca rápidamente. Los paganos son advertidos de un destino terrible, similar al de los incrédulos anteriores, que fueron mencionados de manera pasajera en el capítulo anterior (53:50-54). El capítulo concluye anunciando que los piadosos serán honrados en la presencia del Todopoderoso, que es lo más destacado del siguiente capítulo.

En el nombre de Dios,
el Compasivo, el Misericordioso

Advertencia a los negadores de La Meca

1. El Día del Juicio está próximo, y la Luna se parte en dos[1]. **2.** Pero cuando contemplaron el signo, se rehusaron a creer y dijeron: "Esto es un hechizo persistente". **3.** Desmintieron[2] y siguieron sus inclinaciones. Pero todo tiene un desenlace definitivo[3]. **4.** Ya han recibido suficiente información[4] disuasiva. **5.** Una sabiduría sublime [de Dios], pero las advertencias han sido en vano, **6.** así que apártate de ellos. El día que un pregonero les convoque para algo terrible, **7.** saldrán de las tumbas con la mirada baja, como si fueran langostas desorientadas, **8.** acudiendo presurosos a la llamada del pregonero. Los que se negaron a creer exclamarán: "¡Hoy será un día difícil!"

El pueblo de Noé

9. Pero antes que ellos ya se había negado a creer el pueblo de Noé. Desmintieron a Mi siervo y dijeron: "Es un demente", y lo amenazaron. **10.** Entonces [Noé] invocó a su Señor: "¡Me han vencido, Te pido ayuda!" **11.** Entonces abrí las puertas del cielo con un agua torrencial, **12.** también hice brotar agua de la tierra y se encontraron las aguas[5], por un mandato que había sido decretado. **13.** Pero a él lo transporté en una embarcación construida con tablas y clavos, **14.** que navegó bajo la protección de Mis ojos. Así recompensé a quien había sido rechazado[6]. **15.** Hice que la embarcación se preser-

---

1 Cuando los incrédulos de La Meca le pidieron al Profeta Mujámmad ese milagro, Dios hizo que ellos, y otros testigos en el mundo, lo vieran.

2 El milagro.

3 El Día del Juicio Final.

4 Acerca de los milagros de Dios y lo que les ocurrió a los pueblos de la antigüedad que desmintieron a los Profetas.

5 Las que caían del cielo y las que brotaban de la tierra.

6 El Profeta Noé y su pueblo.

vara para que fuera un signo. Pero, ¿habrá alguien que reflexione? **16.** ¡Qué severos fueron Mi castigo y Mi advertencia! **17.** He hecho el Corán fácil de comprender y memorizar. Pero, ¿habrá alguien que reflexione?

El pueblo de Hud

18. [En la antigüedad] el pueblo de 'Ad se negó a creer, ¡y qué severos fueron Mi castigo y Mi advertencia! **19.** Envié sobre ellos un viento glacial y tempestuoso en un día interminable, **20.** que levantaba a la gente como si fueran troncos de palmeras arrancados de raíz. **21.** ¡Qué severos fueron Mi castigo y Mi advertencia! **22.** He hecho el Corán fácil de entender y memorizar. Pero, ¿habrá alguien que lo reflexione?

El pueblo de Sálih

23. El pueblo de Zamud desmintió las advertencias[7]. **24.** Dijeron: "¿Acaso vamos a seguir a un ser humano igual a nosotros? Si lo hiciéramos, estaríamos extraviados y delirantes. **25.** ¿Por qué le habría sido concedido el Mensaje solo a él de entre todos nosotros? Es un mentiroso arrogante". **26.** ¡Pero ya sabrán mañana quién es el verdadero mentiroso arrogante! **27.** Les envié la camella[8] como una prueba: "Obsérvalos y ten paciencia[9], **28.** e infórmales que el agua debe compartirse[10], y que deberán respetar su turno". **29.** Pero ellos llamaron a uno de sus compañeros, quien la mató. **30.** ¡Y qué severos fueron Mi castigo y Mi advertencia! **31.** Les envié una sola explosión [desde el cielo] y quedaron como hierba pisoteada por el ganado. **32.** He hecho el Corán fácil de entender y memorizar. Pero, ¿habrá alguien que lo reflexione?

El pueblo de Lot

33. El pueblo de Lot desmintió la advertencia[11]. **34.** Les envié una tormenta de piedras, salvo a la familia de Lot, a quienes salvé al amanecer **35.** como una gracia de Mi parte, porque así retribuyo a quienes son agradecidos. **36.** [Lot] les había advertido de Mi rigor, pero dudaron de las advertencias **37.** y le demandaron [a Lot] que les entregara a sus huéspedes[12], y entonces cegué sus ojos. ¡Sufran Mi castigo y Mi advertencia! **38.** Y por la mañana los sorprendió un castigo decretado. **39.** ¡Sufran Mi castigo y Mi advertencia! **40.** He hecho el Corán fácil de entender y

---

7 Que les hizo su Profeta.

8 Ver Corán 7:73.

9 Esta fue la orden de Dios a su Profeta Sálih, enviado a ese pueblo.

10 Un día ellos y otro la camella.

11 Hecha por su Profeta.

12 Dios había enviado a la casa de Lot a tres ángeles en forma de jóvenes para anunciarle el castigo de su pueblo. Y los perversos, al saber de la presencia de estos jóvenes, instigaron a Lot para que se los entregara a fin de mantener relaciones homosexuales [no consentidas] con ellos. Por eso, Dios los castigó cegándolos primero y luego descendiendo un castigo sobre toda la ciudad.

memorizar. Pero, ¿habrá alguien que reflexione?

El pueblo de Faraón

41. Mi advertencia le llegó al Faraón [y su pueblo], **42.** pero desmintieron todos Mis signos, y los castigué con un castigo severo, como solo puede hacer el Todopoderoso, el Omnipotente.

Advertencia a los negadores paganos

43. ¿Acaso los que se niegan a creer entre ustedes son mejores que estos[13]? ¿O tienen alguna Escritura que les proporcione inmunidad? **44.** ¿Es por ello que dicen: "Somos un grupo invencible"? **45.** Pero todos ellos serán vencidos y huirán. **46.** Mas la Hora será su cita[14], y ese día será más terrible y amargo aún. **47.** Los que hacen el mal están en un estado de extravío y locura. **48.** El día que sean arrojados de cara al fuego [se les dirá:] "¡Sufran el tormento del Infierno!" **49.** He creado todas las cosas en su justa medida[15]. **50.** Y Mi orden es dada solo una vez, y ejecutada en un abrir y cerrar de ojos. **51.** Ya destruí en el pasado a quienes desmintieron como ustedes. Pero, ¿habrá alguien que reflexione? **52.** Todo cuanto obraron se encuentra registrado en el libro de sus obras. **53.** Y todo cuanto ocurre, importante o insignificante, está escrito.

La recompensa de los rectos

54. Los piadosos estarán entre jardines y ríos, **55.** en un lugar honorable, junto al Soberano Todopoderoso.

---

13 Que estos pueblos que anteriormente fueron destruidos por rechazar a los Profetas.

14 En la cual deberán comparecer a rendir cuentas por sus obras.

15 La palabra árabe "*qadar* قَدَر " traducida como "justa medida" también implica el concepto de "predestinación", y su lectura podría ser: "He creado todas las cosas con una predestinación" o "con un destino", y Dios sabe más.

55. El Compasivo

(Ar-Raḥmân)

Este capítulo del Corán fue revelado en La Meca, y es un llamado a los seres humanos y a los yinn para que reconozcan las bendiciones infinitas de Dios, de ahí la pregunta recurrente: "¿Acaso pueden negar alguna de las gracias que les ha concedido su Señor?", que es repetida 31 veces a lo largo del capítulo. La vida en la Tierra llegará a su fin, marcando el comienzo del Día del Juicio, donde las personas serán clasificadas en tres grupos con base en sus obras y las recompensas consecuentes: los incrédulos (versículos 31-45), los mejores de entre los creyentes (versículos 46-61), y los creyentes promedio (versículos 62-78).

En el nombre de Dios,
el Compasivo, el Misericordioso

Los favores de Dios: 1) El habla

1. El Compasivo **2.** enseñó el Corán, **3.** creó al ser humano **4.** y le enseñó a hablar con elocuencia.

Favor 2) El universo

5. El Sol y la Luna siguen una órbita precisa, **6.** y las hierbas y los árboles se prosternan [ante Dios]. **7.** Elevó el cielo, y estableció la balanza de la justicia **8.** para que no transgredan el equilibrio [de la equidad]. **9.** Pesen con equidad y no cometan fraude en la balanza.

Favor 3) Las provisiones

10. Preparó la Tierra para Sus criaturas. **11.** En ella hay árboles frutales, palmeras con racimos [de dátiles], **12.** semillas y plantas aromáticas. **13.** ¿Acaso pueden negar alguna de las gracias que les ha concedido su Señor?

Favor 4) Los seres humanos y los yinn

14. Creó al ser humano de arcilla como la cerámica, **15.** y creó a los *yinn* de fuego puro. **16.** ¿Acaso pueden negar alguna de las gracias que les ha concedido su Señor?

Favor 5) Las maravillas naturales

17. El Señor de los dos nacientes y los dos ponientes[1]. **18.** ¿Acaso pueden negar alguna de las gracias que les ha concedido su Señor? **19.** Hizo que las dos grandes masas de agua se encuentren, **20.** pero dispuso entre ambas una barrera que no transgreden. **21.** ¿Acaso pueden negar alguna de las gracias que les ha concedido su Señor? **22.** De ambas se extraen perlas y corales. **23.** ¿Acaso pueden negar alguna de las gracias que les ha concedido su Señor? **24.** Suyas son las embarcaciones que sobresalen en el mar como montañas. **25.** ¿Acaso pueden negar alguna de las gracias que les ha concedido su Señor?

---

1 Los solsticios de verano y de invierno, y los equinoccios de primavera y de otoño.

Solo Dios es eterno

26. Todo cuanto existe en la Tierra perecerá, **27.** y solo el rostro de tu Señor perdurará por siempre, el Majestuoso y el Noble. **28.** ¿Acaso pueden negar alguna de las gracias que les ha concedido su Señor?

Todos necesitan de Dios

29. Lo invocan suplicando todos los que habitan en los cielos y en la Tierra. Todos los días se encuentra atendiendo los asuntos [de Su creación]. **30.** ¿Acaso pueden negar alguna de las gracias que les ha concedido su Señor?

El castigo de los compañeros de la izquierda

31. Me encargaré de los que cargan con el libre albedrío[2]. **32.** ¿Acaso pueden negar alguna de las gracias que les ha concedido su Señor? **33.** ¡Oh, comunidad del *yinn* y de seres humanos! Si pueden traspasar los confines del cielo y de la Tierra[3], háganlo. Pero sepan que solo podrán traspasarlos con autorización [de Dios]. **34.** ¿Acaso pueden negar alguna de las gracias que les ha concedido su Señor? **35.** [Si lo intentaran,] llamaradas de fuego y cobre fundido les serían lanzadas y no podrían defenderse. **36.** ¿Acaso pueden negar alguna de las gracias que les ha concedido su Señor? **37.** El cielo se hendirá y se pondrá al rojo vivo como la lava[4]. **38.** ¿Acaso pueden negar alguna de las gracias que les ha concedido su Señor? **39.** Ese día no será necesario preguntarles por sus pecados a los seres humanos ni a los *yinn*.[5] **40.** ¿Acaso pueden negar alguna de las gracias que les ha concedido su Señor? **41.** Los pecadores serán reconocidos por su aspecto, y se les tomará por la frente y por los pies[6]. **42.** ¿Acaso pueden negar alguna de las gracias que les ha concedido su Señor? **43.** Este es el Infierno que desmentían los criminales. **44.** No dejarán de ir y venir entre el fuego y un agua hirviente. **45.** ¿Acaso pueden negar alguna de las gracias que les ha concedido su Señor?

La recompensa de los mejores creyentes

46. Para quien haya tenido temor de comparecer ante su Señor habrá dos jardines. **47.** ¿Acaso pueden negar alguna de las gracias que les ha concedido su Señor? **48.** [Jardines] frondosos. **49.** ¿Acaso pueden negar alguna de las gracias que les ha concedido su Señor? **50.** En cada uno habrá dos manantiales. **51.** ¿Acaso pueden negar alguna de las gracias que les ha concedido su Señor? **52.** En cada uno habrá dos especies de cada fruta. **53.** ¿Acaso pueden negar alguna de las gracias que les ha concedido su Señor? **54.** Estarán reclinados en sofás

---

2 Las dos creaciones que responden por sus obras son los *yinn* y los seres humanos.

3 Para huir de Dios.

4 El Día del Juicio Final.

5 Para ser arrojados al Infierno.

6 Ya que serán reconocidos por su aspecto.

tapizados de brocado, y la fruta de ambos jardines estará al alcance de la mano. **55.** ¿Acaso pueden negar alguna de las gracias que les ha concedido su Señor? **56.** Habrá en ellos mujeres de mirar recatado, que no fueron tocadas antes por ningún ser humano ni tampoco un *yinn*. **57.** ¿Acaso pueden negar alguna de las gracias que les ha concedido su Señor? **58.** Ellas serán de una belleza semejante al rubí y al coral. **59.** ¿Acaso pueden negar alguna de las gracias que les ha concedido su Señor? **60.** ¿Acaso la recompensa del bien no es el bien mismo? **61.** ¿Acaso pueden negar alguna de las gracias que les ha concedido su Señor?

La recompensa de los compañeros de la derecha

62. Además de esos dos, habrá otros dos jardines. **63.** ¿Acaso pueden negar alguna de las gracias que les ha concedido su Señor? **64.** De profundo verdor. **65.** ¿Acaso pueden negar alguna de las gracias que les ha concedido su Señor? **66.** En ambos habrá dos manantiales brotando. **67.** ¿Acaso pueden negar alguna de las gracias que les ha concedido su Señor? **68.** Habrá frutas, datileras y granadas. **69.** ¿Acaso pueden negar alguna de las gracias que les ha concedido su Señor? **70.** Y también habrá buenas y hermosas [mujeres]. **71.** ¿Acaso pueden negar alguna de las gracias que les ha concedido su Señor? **72.** Huríes, retiradas en bellas moradas. **73.** ¿Acaso pueden negar alguna de las gracias que les ha concedido su Señor? **74.** Que no fueron tocadas antes por ningún ser humano ni tampoco un *yinn*. **75.** ¿Acaso pueden negar alguna de las gracias que les ha concedido su Señor? **76.** [Los bienaventurados] estarán reclinad os sobre cojines verdes y hermosas alfombras. **77.** ¿Acaso pueden negar alguna de las gracias que les ha concedido su Señor? **78.** ¡Bendito sea el nombre de tu Señor, el poseedor de la majestuosidad y la generosidad!

56. El suceso

(Al-Wâqi'ah)

Este capítulo del Corán fue revelado en La Meca, y es idéntico al anterior al clasificar a la gente en tres grupos en el Día del Juicio y describe cómo la gente da por sentadas las bendiciones de Dios. Dichas bendiciones deben ser vistas como una prueba de Su capacidad de resucitar a los muertos para juzgarlos. Además, se hacen referencias a la creación de la humanidad, la naturaleza divina del Corán, y los horrores del final de los tiempos. Dios es glorificado en el último versículo de este capítulo y en el primer versículo del capítulo subsecuente.

En el nombre de Dios,
el Compasivo, el Misericordioso

Los tres grupos en el Día del Juicio

1. Cuando sobrevenga el suceso[1] **2.** no habrá quién pueda evitarlo. **3.** Algunos serán humillados[2] y otros serán honrados[3]. **4.** Cuando la Tierra se sacuda violentamente **5.** y las montañas caigan desmoronadas **6.** convirtiéndose en polvo disperso, **7.** serán divididos en tres grupos: **8.** Los compañeros de la derecha[4]. ¡Qué afortunados serán los compañeros de la derecha! **9.** Los compañeros de la izquierda[5]. ¡Qué desafortunados serán los compañeros de la izquierda! **10.** Y los adelantados[6]. ¡Estos serán los primeros[7]!

1) Los allegados

11. Serán los allegados [a Dios], **12.** estarán en los Jardines de las Delicias. **13.** Muchos de ellos serán de las primeras generaciones **14.** y muy pocos de las últimas. **15.** Tendrán lechos incrustados con oro y piedras preciosas, **16.** y se recostarán en ellos, unos enfrente de otros. **17.** Circularán entre ellos sirvientes eternamente jóvenes, **18.** con vasos, jarros y una copa llenados en un manantial puro, **19.** que no provocará jaqueca ni embriaguez. **20.** Tendrán las frutas que elijan, **21.** y la carne de ave que les apetezca. **22.** Habrá huríes de ojos hermosos, **23.** como si fueran perlas ocultas. **24.** En recompensa por las obras buenas que so-

---

1 El Día del Juicio Final.

2 Con el Infierno.

3 Con el Paraíso.

4 Serán quienes reciban el registro de sus obras con la mano derecha en señal de aprobación

5 Serán quienes reciban el registro de sus obras con la mano izquierda en señal de condena.

6 Serán quienes en la vida mundanal se apresuraron a creer en el monoteísmo y a realizar obras de bien.

7 En entrar al Paraíso.

lían hacer. **25.** No oirán frivolidades ni incitación al pecado, **26.** tan solo la palabra: "¡Paz!, ¡paz!"

2) Los compañeros de la derecha

27. Los compañeros de la derecha. ¡Qué afortunados serán los compañeros de la derecha! **28.** Estarán entre azufaifos sin espinas, **29.** y árboles cargados de frutos, **30.** de sombra extensa. **31.** Habrá agua de continuo fluir **32.** y frutos abundantes, **33.** que no se agotarán y siempre estarán al alcance de sus manos. **34.** [Reposarán] en camas elevadas. **35.** Las creé [a las mujeres del Paraíso] de manera especial, **36.** vírgenes, **37.** amorosas y siempre con la misma edad. **38.** Esto es para los compañeros de la derecha. **39.** Muchos de ellos serán de las primeras generaciones, **40.** y muchos serán de las últimas generaciones.

3) Los compañeros de la izquierda

41. ¡Pero qué desafortunados serán los compañeros de la izquierda! **42.** Atormentados por un viento abrasador y un líquido hirviente, **43.** a la sombra de un humo negro, **44.** que no será fresca ni agradable. **45.** Porque se entregaron a los lujos superfluos[8], **46.** se aferraron al más terrible pecado[9] **47.** y preguntaban burlándose: "¿Acaso cuando muramos y ya seamos tierra y huesos, vamos a ser resucitados? **48.** ¿Y nuestros ancestros también[10]?" **49.** Respóndeles: "Los primeros y los últimos **50.** serán congregados en un día ya establecido. **51.** Luego, ¡oh, extraviados y desmentidores!, **52.** han de comer del árbol del Zaqqum[11] **53.** con el que llenarán sus vientres, **54.** y luego beberán un líquido hirviente **55.** como beben los camellos sedientos que no pueden saciar su sed". **56.** Esa será su morada el Día del Juicio.

El poder de Dios:

1) Crear a los seres humanos

57. Yo los creé, ¿por qué no aceptan la verdad? **58.** ¿Por qué no reflexionan en lo que eyaculan? **59.** ¿Lo han creado ustedes o soy Yo el creador? **60.** Yo he decretado cuándo morirá cada uno de ustedes y nadie podría impedirme **61.** aniquilarlos y sustituirlos [por otra generación], y resucitarlos [el Día del Juicio] conforme a un proceso que desconocen. **62.** Si reconocen que fueron creados por primera vez, ¿por qué no reflexionan?

2) Hacer que las plantas crezcan

63. ¿No han observado sus cultivos? **64.** ¿Ustedes los hacen germinar, o soy Yo Quien los hace germinar? **65.** Si quisiera los convertiría en pasto seco y entonces se lamentarían, 66. [y dirían:] "Hemos sido castigados, **67.** y quedamos en la ruina".

---

8 En la vida mundanal.

9 Atribuir divinidad a otros seres.

10 ¿Serán resucitados?

11 Un árbol del Infierno. Ver Corán 37:62

3) Hacer que la lluvia caiga

68. ¿No han observado el agua que beben? **69.** ¿Ustedes la hacen descender de las nubes o soy Yo Quien la hago descender? **70.** Si quisiera la habría hecho salobre, ¿por qué no son agradecidos?[12]

4) Producir fuego de los árboles

71. ¿No han observado el fuego que encienden? **72.** ¿Ustedes han creado el árbol con el que lo encienden o soy Yo el creador? **73.** He creado el fuego para que reflexionen[13], y para beneficio de los viajeros. **74.** Glorifica el nombre de tu Señor, el Grandioso.

El mensaje del Corán a los negadores

75. ¡Juro por las estrellas cuando desaparecen! **76.** Lo cual, si supieran, es un juramento grandioso. **77.** Que este es un Corán Noble, **78.** preservado en un libro custodiado[14], **79.** que solo pueden tocar los purificados. **80.** Es una revelación descendida por el Señor del universo. **81.** ¿A este Mensaje son indiferentes? **82.** ¿Y agradecen lo que reciben de Dios negando la Verdad?

Desafío a los que niegan el Más Allá

83. Entonces, cuando [el alma] llegue hasta la garganta, **84.** y ustedes estén mirándolo[15], **85.** pero Yo estoy más cerca que ustedes de él, aunque no lo vean; **86.** si es verdad como dicen que no serán juzgados, **87.** devuélvanle el alma, si es que son sinceros.

¿Cuál de los tres serás?

88. Si [el agonizante] es uno de los adelantados **89.** tendrá descanso, plenitud y el Jardín de las Delicias. **90.** Y si es de los compañeros de la derecha: **91.** "La paz sea contigo, pues eres de los compañeros de la derecha". **92.** Pero si es de los que negaron la Verdad, de los extraviados[16], **93.** será atormentado con un líquido hirviente **94.** y luego será arrojado al fuego del Infierno. **95.** esta es la Verdad sobre la que no hay duda. **96.** ¡Glorifica el nombre de tu Señor, el Grandioso!

12 Con Dios.

13 Acerca del Infierno.

14 La Tabla Protegida o *Al-Lauh Al-Mahfudh.*

15 Al moribundo, pero no puedan hacer nada para salvarlo.

16 De los compañeros de la izquierda.

57. Hierro

(Al-Ḥadîd)

Este capítulo del Corán fue revelado en Medina, y toma su nombre de la referencia al hierro en el versículo 25, es una invitación a esforzarse en la causa de Dios y a gastar en Su camino. Al igual que en el capítulo que le sigue, se enfatiza mucho el conocimiento y el poder de Dios. Se deja claro que Dios es capaz de revivir la fe en los corazones de los creyentes, así como es capaz de revivir la tierra después de su muerte. Se les aconseja a los creyentes sobre el destino y la vida en este mundo, mientras que se les advierte a los hipócritas sobre el destino fatal que les espera. Algunos Profetas son mencionados de manera pasajera antes de hacerle una invitación final a la Gente del Libro para que crean en Dios y en Su Profeta (ﷺ).

En el nombre de Dios,
el Compasivo, el Misericordioso

El conocimiento y el poder de Dios

1. Todo cuanto hay en los cielos y en la Tierra glorifica a Dios. Él es el Poderoso, el Sabio. **2.** Suyo es el reino de los cielos y de la Tierra. Él da la vida y la muerte. Es sobre toda cosa Poderoso. **3.** Él es el Primero y el Último, el Manifiesto y el Oculto. Él conoce todas las cosas. **4.** Él es Quien creó los cielos y la Tierra en seis eras. Luego, se estableció sobre el Trono. Sabe lo que ingresa en la tierra y cuanto sale de ella, lo que desciende del cielo y lo que asciende a él. Está con ustedes dondequiera que estén. Dios bien ve cuanto hacen. **5** Suyo es el reino de los cielos y de la Tierra. Y a Dios retornan todos los asuntos. **6** Hace que la noche suceda al día y que el día suceda a la noche. Él conoce todo lo que encierran los corazones.

Creer y apoyar la causa de Dios

7. Crean en Dios y en Su Mensajero. Hagan caridad de los bienes de los que Él los ha hecho responsables. Quienes hayan creído y hecho caridades recibirán una gran recompensa.

¿Por qué no creen?

8. ¿Qué les sucede que no creen en Dios, siendo que el Mensajero los invita a creer en su Señor y ya tenía un pacto[1] con ustedes? Si es que son creyentes. **9.** Él es Quien desciende a Su siervo signos evidentes para extraerlos de las tinieblas a la luz. Dios es con ustedes Compasivo, Misericordioso.

¿Por qué no donan?

10. ¿Qué les sucede que no aportan a la causa de Dios, siendo que los cielos y la Tierra Le pertenecen a Él? No son iguales quienes hayan aportado y combatido antes de la liberación[2]. Ellos tendrán un rango mayor que quienes hayan aportado y com-

1 Ver Corán 7:172.

2 De La Meca.

batido después de la liberación. Pero a todos les ha prometido Dios una hermosa recompensa. Dios está bien informado de cuanto hacen.

Recompensa generosa para los generosos

11. ¿Quién le dará a Dios un préstamo generoso, para que Él se lo multiplique y lo recompense ampliamente? **12.** Ese día[3] verás la luz de los creyentes y de las creyentes irradiar delante de ellos y a su derecha. [Les será dicho]: "¡Hoy son bienaventurados, tendrán jardines por donde corren ríos, en donde vivirán por toda la eternidad! ¡Ese es el triunfo grandioso!"

Los hipócritas atrincherados en la oscuridad

13. El día que los hipócritas y las hipócritas digan a los creyentes: "¡Aguarden, para que nos podamos iluminar con su luz!" Se les dirá: "¡Apártense y busquen otra luz!" Entonces se levantará un muro entre ellos que tendrá una puerta. Detrás estará la misericordia de Dios y ante ellos Su castigo. **14.** Los llamarán[4]: "¿Acaso no estábamos con ustedes?" Responderán[5]: "¡Sí! Pero sucumbieron a la tentación, estaban vacilantes y dudaron[6]. Se dejaron seducir por las falsas esperanzas hasta que les llegó la orden de Dios[7]. Finalmente el Seductor los engañó acerca de Dios. **15.** Hoy no será aceptado ningún rescate[8] por ustedes[9]ni por los que se negaron a creer. Su morada será el Infierno, porque es lo que merecen. ¡Qué pésimo destino!

Corazones endurecidos

16. ¿Acaso no es hora de que los creyentes subyuguen sus corazones al recuerdo de Dios y a la Verdad que ha sido revelada, y que no sean como quienes recibieron el Libro anteriormente[10]? A estos, a medida que transcurría el tiempo, se les endurecía el corazón. Muchos de ellos eran corruptos. **17.** Sepan que Dios da vida a la tierra árida. Les explico estos signos para que reflexionen.

La recompensa de los creyentes

18. A los [hombres] que dan caridad y a las [mujeres] que dan caridad, que aportaron con sus bienes a la causa de Dios, les será multiplicado[11] y serán recompensados generosamente. **19.** Quienes creen en Dios y en Sus Mensajeros son los veraces para Dios, los que mueren dando testimonio [de su fe]. Ellos recibirán su recompensa y su luz. Pero los que se

---

3 El Día del Juicio Final.

4 Los hipócritas a los creyentes.

5 Los creyentes.

6 Del Mensaje.

7 El momento establecido para la muerte.

8 No será aceptado ningún rescate para que pudieran salvarse del castigo del Infierno.

9 Los hipócritas.

10 Judíos y cristianos, entre otros pueblos.

11 Recibirán más de lo que dieron.

negaron a creer y desmintieron Mis signos, morarán en el fuego del Infierno.

Vida fugaz vs. vida eterna

20. Sepan que la vida mundanal es juego, diversión, encanto, ostentación y rivalidad en riqueza e hijos. Es como la lluvia que genera plantas que alegran a los sembradores con su verdor, pero luego las ven amarillearse hasta convertirse en heno. En la otra vida, ustedes recibirán un castigo severo o el perdón de Dios y Su complacencia. La vida mundanal no es más que un disfrute ilusorio. **21.** ¡Apresúrense a alcanzar el perdón de su Señor y así obtener un Paraíso tan vasto como el cielo y la Tierra, el cual está reservado para quienes creen en Dios y en Sus Mensajeros! Esa es la bendición de Dios, y Él se la concede a quien quiere. Dios es poseedor de una bendición grandiosa.

Todo está destinado

22. No sucede ninguna desgracia en la Tierra, ni a ustedes los azota adversidad alguna sin que esté registrada en un libro[12] antes de que suceda. Eso es fácil para Dios. **23.** No se depriman por lo que pierdan y no se regocijen con arrogancia por lo que se les ha concedido. Dios no ama a los arrogantes, jactanciosos, **24.** que son mezquinos e incitan a la gente a ser avara. Quien rechace[13] sepa que Dios prescinde de todas las criaturas, y Él es el Opulento, el Loable.

Los profetas y la justicia

25. Envié a Mis Mensajeros con las pruebas evidentes e hice descender con ellos el Libro y la balanza de la justicia para que la gente establezca la equidad. Hice descender el hierro[14], en el que hay gran poder y beneficio para la gente. Para que Dios distinga a quienes se esfuercen sinceramente por Su causa y la de Sus Mensajeros. Dios es Fortísimo, Poderoso.

Noé y Abraham

26. Envié a Noé y a Abraham, y agracié a la descendencia de ambos con la profecía y el Libro. Entre sus descendientes hubo quienes siguieron la guía, aunque muchos de ellos fueron corruptos.

Jesús y sus seguidores

27. Después de ellos envié a Mis Mensajeros: a Jesús, hijo de María, le revelé el Evangelio, e infundí en

---

12 La Tabla Protegida o *Al-Lauh Al-Mahfudh*.

13 Obedecer a Dios.

14 A la palabra "*anzalna* أنزلنا, " traducida como "hice descender" y utilizada en referencia al hierro en este versículo, podría atribuírsele un significando metafórico para explicar que el hierro ha sido concedido por Dios para beneficiar a las personas. Sin embargo, cuando tomamos en consideración el significado literal de dicha palabra, es decir, que fue enviado físicamente desde el cielo –ya que esta palabra es utilizada en el Corán únicamente en sentido literal, como cuando Dios se refiere al descender de la lluvia o de la revelación–, comprendemos que este versículo implica un milagro científico muy importante, ya que los modernos hallazgos de la astronomía demuestran que el hierro encontrado en nuestro planeta proviene de una estrella gigante del espacio exterior.

los corazones de quienes lo siguieron la compasión y la misericordia. Ellos establecieron el monacato sin que se los hubiera prescrito, solo por deseo de satisfacer a Dios, pero aun así no lo observaron como debían. A quienes de ellos hayan creído los recompensaré, pero muchos fueron corruptos.

Llamado a judíos y cristianos

28. ¡Oh, creyentes! ¡Tengan temor de Dios y crean en Su Mensajero! Les multiplicará Su misericordia, les dará una luz para el camino y los perdonará. Dios es Absolvedor, Misericordioso. **29.** Que la Gente del Libro sepan que carecen de privilegios ante Dios[15]. Los favores están en manos de Dios, y Él los concede a quien quiere. Dios es el poseedor del favor inmenso.

15 Referencia a los que se autodenominan ser los elegidos de Dios, ya sea por pertenecer a un supuesto pueblo elegido o por creer que por el simple hecho de aceptar a "Jesucristo" como su señor y salvador serán salvos, sin importar cuáles hayan sido sus obras.

58. La que reclama

(Al-Muyâdilah)

Una compañera del Profeta llamada Jáwlah bint Zalábah tuvo un desacuerdo con su esposo, Aws ibn As-Sámit, quien le dijo entonces que ella era tan ilícita para él como la espalda de su madre. Esta afirmación era considerada en Arabia como una forma de divorcio, conocida como Dihar. Jáwlah acudió al Profeta (ﷺ) para preguntarle su opinión. Él le dijo que no había recibido revelación alguna en ese sentido y que, con base en la tradición, ella estaba divorciada. Ella argumentó que tenía hijos con su esposo, quienes sufrirían si sus padres se separaban. Luego comenzó a rogarle a Dios, dado que el Profeta (ﷺ) volvió a darle la misma respuesta. Finalmente, fue revelado este capítulo del Corán en Medina en respuesta a sus súplicas, aboliendo esa antigua práctica. El capítulo hace énfasis en el conocimiento infinito de Dios y en Su poder absoluto, y deja en claro que aquellos que se alíen con Dios y cumplan con Sus mandatos, de seguro prevalecerán, mientras que quienes Lo desafíen y se alíen con Sus enemigos, serán finalmente vencidos. Este concepto se desarrolla en el capítulo subsecuente (versículos 59:1-4 y 11-17).

En el nombre de Dios,
el Compasivo, el Misericordioso

El caso de Jáwlah

1. Dios oyó las palabras de quien reclamaba ante ti [¡Oh, Mujámmad!] acerca de su esposo y se quejaba por su aflicción ante Dios, y Dios escuchaba su diálogo porque Dios todo lo oye, todo lo ve.

Las normas sobre el Dihar

2. Quienes digan a sus mujeres: "¡Eres para mí tan ilícita como mi madre!" Sepan que ellas no son sus madres. Sus madres son solo quienes los han dado a luz. Lo que dicen es reprobable y falso, pero Dios es Remisorio, Absolvedor. **3.** Quienes repudien a su mujer diciéndole: "¡Eres para mí tan ilícita como mi madre!", y luego se retracten, deberán liberar a un esclavo[1] antes de poder cohabitar. Así es como se los escarmienta. Sepan que Dios está bien informado de cuanto hacen. **4.** Pero quien no pueda hacerlo[2], deberá ayunar dos meses consecutivos antes de poder cohabitar. Quien no pueda[3], deberá alimentar a sesenta pobres. Esto es para que crean [con sinceridad] en Dios y en Su Mensajero[4]. Estos son los preceptos de Dios. Pero los que

---

1 Como expiación.

2 Quien no pueda liberar de la esclavitud o el cautiverio a un ser humano, porque no existan en su época o porque no tenga el dinero suficiente.

3 Ayunar, por una deficiencia física o edad avanzada.

4 Y aprendan a respetar a la mujer.

se nieguen a creer[5] recibirán un castigo doloroso.

El destino de los desafiantes

5. Los que combatan a Dios y a Su Mensajero serán derrotados como quienes los precedieron. He revelado signos evidentes, y por eso quienes se nieguen a creer recibirán un castigo humillante. **6.** El día que Dios los resucite a todos, les informará cuanto hicieron. Dios registró sus obras, mientras que ellos las olvidaron. Dios es testigo de todo.

El conocimiento infinito de Dios

7. ¿Acaso no ves que Dios conoce cuanto hay en los cielos y en la Tierra? No hay confidencia entre tres sin que Él sea el cuarto, ni entre cinco sin que Él sea el sexto. Siempre, sean menos o más, Él estará presente dondequiera que se encuentren. El Día de la Resurrección les informará sobre lo que hicieron. Dios tiene conocimiento de todas las cosas.

Charlas malvadas, secretas

8. ¿Acaso no ves a aquellos a los que se les habían prohibido los conciliábulos, pero igualmente persisten en hacerlo en secreto? Se confabulan para la maldad, la enemistad y la desobediencia al Mensajero. Cuando se presentan ante ti [¡Oh, Mujámmad!] no te saludan como Dios ha ordenado que lo hagan[6], y se dicen ente ellos [en tono burlón]: "¿Por qué será que Dios no nos castiga por lo que decimos?" Será suficiente el Infierno al que serán arrojados. ¡Qué pésimo destino!

Pautas para las conversaciones secretas

9. ¡Oh, creyentes! Cuando hablen en secreto no lo hagan para cometer una maldad, crear una enemistad o desobedecer al Mensajero, sino que hablen en secreto para acordar actos de benevolencia y piedad. Tengan temor de Dios, que ante Él comparecerán. **10** Las confabulaciones son obras del demonio para entristecer a los creyentes. Pero, en realidad, no podrán hacerles ningún daño, salvo que Dios lo permita. Que a Dios se encomienden los creyentes.

La etiqueta de las reuniones

11. ¡Oh, creyentes! Cuando se les dice: "Hagan un lugar en las reuniones[7], háganlo, para que Dios les haga a ustedes un lugar[8]". Y si se les dice: "¡Levántense[9]!" Levántense. Sepan que Dios elevará en grados a los creyentes y a quienes agracie con el conocimiento. Dios sabe cuanto hacen.

Dar caridad antes de consultar al Profeta

12. ¡Oh, creyentes! Cuando quieran consultar en privado al Mensajero, antes de presentarse hagan una caridad. Esto es mejor para ustedes

---

5 Quienes se nieguen a seguir esta reglamentación.

6 Sino que te insultan usando sonidos similares.

7 Para dar lugar a otra persona.

8 Haciendo lugar en su corazón para la fe, y dándoles un lugar en el Paraíso.

9 Para hacer una buena acción o para ceder el lugar a alguien piadoso y sabio que aporte un beneficio a dicha reunión.

porque los purifica. Pero si no pueden, sepan que Dios es Absolvedor, Misericordioso. **13** ¿Acaso temen no poder ofrecer una caridad antes de consultarlo[10] en privado? Si no pueden hacerlo Dios los absolverá, pero hagan la oración prescrita, paguen el zakat y obedezcan a Dios y a Su Mensajero. Dios está bien informado de cuanto hacen.

Los partidarios de Satanás

14. ¿No has reparado en aquellos[11] que tomaron como aliados a un pueblo que cayó en la ira de Dios[12]? No están con unos ni con otros, y juran con mentiras a sabiendas. **15.** Dios les ha preparado un castigo severo por el mal que cometieron. **16.** Se escudan en sus falsos juramentos para engañar a la gente, apartándola del sendero de Dios, y por eso recibirán un castigo humillante. **17.** Ni sus riquezas ni sus hijos les serán de beneficio alguno ante Dios. Ellos serán los moradores del Infierno, donde sufrirán por toda la eternidad. **18.** El día que Dios los resucite a todos, Le jurarán como les juraban a ustedes, creyendo que les servirá de algo. ¿Acaso no son ellos los que mienten? **19.** El demonio los sedujo y los hizo olvidar que recordaran a Dios. Esos son los partidarios del demonio. ¿Acaso no son secuaces del demonio los perdedores?

Los partidarios de Dios

20. Quienes se enfrenten a Dios y a Su Mensajero serán los más viles. **21.** Dios ha decretado: "Mis Mensajeros y Yo venceremos". Dios es Fortísimo, Poderoso. **22.** No encontrarás ningún pueblo que crea en Dios y en el Día del Juicio que sienta afecto por quienes combaten a Dios y a Su Mensajero, aunque estos sean sus padres, sus hijos, sus hermanos o sus parientes. A ellos [Dios] les ha grabado la fe en sus corazones, los ha fortalecido con Su luz y los ingresará en jardines por donde corren ríos por toda la eternidad. Dios se complace de ellos y ellos de Él. Estos son los aliados de Dios. ¿Acaso no son los aliados de Dios los triunfadores?

---

10 Al Profeta, que la paz y las bendiciones de Dios sean con él.

11 Los hipócritas.

12 Los judíos.

59. El encuentro

(Al-Ḥashr)

Este capítulo del Corán fue revelado en Medina, y toma su nombre del versículo 2, que se refiere al exilio de la tribu judía de Banu An-Nadir de Medina por conspirar con los paganos mecanos para violar los acuerdos de paz con los musulmanes. Los hipócritas son condenados por su alianza secreta con Banu An-Nadir. Se dan algunas instrucciones con respecto a la distribución de los botines de guerra. Este capítulo concluye haciendo hincapié en la obediencia inquebrantable a Dios Todopoderoso, lo que es subrayado aún más al inicio del próximo capítulo.

En el nombre de Dios,
el Compasivo, el Misericordioso

El destierro de Banu An-Nadir

1. Todo lo que hay en los cielos y en la Tierra glorifica a Dios. Él es el Poderoso, el Sabio. **2.** Él es Quien hizo que los que se negaron a creer de la Gente del Libro[1] abandonaran sus hogares en el primer destierro. Ustedes no creían que ellos saldrían, y ellos pensaban que sus fortalezas los protegerían de Dios. Pero Dios los sorprendió de donde menos lo esperaban. Infundió terror en sus corazones, y comenzaron a destruir sus casas con sus propias manos y con las manos de los creyentes. Reflexionen sobre ello, ¡oh, gente que razona! **3.** Si Dios no hubiera decretado su destierro, los habría castigado en la vida mundanal. En la otra vida, no obstante, sufrirán el castigo del Infierno **4.** por haberse enfrentado a Dios y a Su Mensajero. Quien se enfrente a Dios debe saber que Dios es severo en el castigo.

Las normas sobre las palmeras y los botines

5. [Oh, musulmanes, no sientan pesar,] porque tanto si talaban una palmera o la dejaban en pie, era con el permiso de Dios, con el fin de doblegar a los corruptos. **6.** Ustedes no tuvieron la necesidad de emplear caballos ni camellos para contribuir a lo que Dios concedió a Su Mensajero como botín, porque Dios concede a Sus Mensajeros predominio sobre quien quiere. Dios tiene poder sobre todas las cosas. La distribución de futuros botines **7.** Lo que Dios concedió de la gente de las aldeas a Su Mensajero[2] pertenece a Dios, al Mensajero, a sus parientes, a los huérfanos, a los pobres y al viajero insolvente, para que la riqueza no sea un privilegio

1 La tribu judía Banu Nadír fue expulsada de Medina en el año cuatro de la Hégira, debido a que había roto el pacto de no agresión ni colaboración con el enemigo, tras comprobarse que durante la batalla de Uhud, en la que los musulmanes fueron atacados en su ciudad, esta tribu colaboró con el enemigo con intrigas e información.

2 Como botín, sin necesidad de combatir.

solo de los ricos. Lo que les ha transmitido el Mensajero tómenlo, y cuanto les haya prohibido déjenlo. Tengan temor de Dios, porque Dios es severo en el castigo. **8.** [También le corresponde una parte de dicho botín] a los emigrados pobres que fueron expulsados de sus hogares y despojados de sus bienes cuando buscaban la gracia de Dios y Su complacencia, y apoyaron a Dios y a Su Mensajero. Ellos son los sinceros.

La excelencia del pueblo de Medina

9. Quienes estaban establecidos[3] y aceptaron la fe antes de su llegada, aman a los que emigraron, no sienten envidia alguna en sus corazones por lo que se les ha dado y los prefieren a sí mismos aunque estén en extrema necesidad. Quienes hayan sido preservados de la avaricia serán los triunfadores.

Los creyentes posteriores

10. Quienes vienen después de ellos imploran: "¡Oh Señor nuestro! Perdónanos, a nosotros y a nuestros hermanos que nos han precedido en la fe. No infundas en nuestros corazones rencor hacia los creyentes ¡Señor nuestro!, Tú eres Compasivo, Misericordioso".

Los hipócritas y Banu An-Nadir

11. ¿Acaso no observas cuando los hipócritas dicen a sus hermanos de la Gente del Libro que se negaron a creer: "Si son expulsados, saldremos con ustedes, y jamás obedeceremos a nadie que los quiera dañar. Y si los combaten, los socorreremos"? Dios es testigo de que mienten. **12.** Si son expulsados, no se irán con ellos. Si son combatidos, no los socorrerán. Y aun si los socorrieran huirían del combate, y de nada les serviría su ayuda.

La cobardía de ambos grupos

13. Ellos les temen más a ustedes en su corazón que a Dios, porque son un pueblo que no comprende [la grandeza de Dios]. **14.** No combatirán unidos contra ustedes, salvo en aldeas fortificadas o detrás de murallas. Entre ellos hay una fuerte hostilidad. Ustedes piensan que ellos son unidos, pero sus corazones están divididos. Es porque que son gente que no razona. **15.** Son como sus más cercanos precursores[4], que sufrieron las consecuencias de su conducta y por ello recibirán un castigo doloroso.

Los hipócritas que atraen a los incrédulos

16. Como el demonio cuando le dice al hombre: "¡Niega la verdad!" Pero cuando este le obedece, dice: "Yo no soy responsable de ti, yo temo a Dios, Señor del universo". **17.** El final de ambos será el Infierno donde sufrirán eternamente. Este es el final de los injustos.

Júzguense a sí mismos antes de que llegue el Día del Juicio

18. ¡Oh, creyentes! Tengan temor de Dios, y que cada alma considere

---

3 En la ciudad de Medina.

4 Los incrédulos de La Meca el día de la batalla de Báder.

cuánto ha obrado para el mañana[5]. Tengan temor de Dios, porque Dios está bien informado de cuanto hacen. **19.** No sean como quienes se olvidaron de Dios, y Dios hizo que se olvidaran de sí mismos[6]. Esos son los perversos. **20.** No se equiparan los compañeros del Infierno con los compañeros del Paraíso. Los compañeros del Paraíso son los que triunfan.

El impacto del Corán

21. Si hubiera hecho descender este Corán sobre una montaña, la habrías visto temblar y derrumbarse por temor a Dios. Así exponemos a la gente los ejemplos para que reflexionen.

Los sublimes nombres de Dios

22. Él es Al-lah, no hay otra divinidad salvo Él, el Conocedor de lo oculto y de lo manifiesto. Él es el Compasivo, el Misericordioso. **23.** Él es Al-lah, no hay otra divinidad salvo Él, el Soberano Supremo, el Santísimo, el Salvador, el Dispensador de seguridad, el Custodio [de la fe], el Todopoderoso, el Dominador y el Soberbio. ¡Glorificado sea Dios! Está por encima de las divinidades que Le asocian. **24.** Él es Al-lah, el Creador, el Iniciador y el Formador. Suyos son los nombres más sublimes. Todo cuanto existe en los cielos y en la Tierra Lo glorifica. Él es el Poderoso, el Sabio.

---

5 El Día del Juicio Final.

6 Al alejarse de Dios, Él hizo que se olvidaran de aquello que realmente es bueno para ellos en este mundo y el Más Allá.

60. La comprobación

(Al-Mumtaḥanah)

Este capítulo del Corán fue revelado en Medina antes de la conquista de La Meca por parte del Profeta tras la violación del tratado de paz por parte de los paganos, que ellos habían firmado con los musulmanes en Hudaibiiah. A pesar de las órdenes del Profeta de mantener este plan en secreto, un compañero de nombre Jatib ibn Abi Baltah les envió a los mecanos una carta de advertencia, con la esperanza de que ellos protegieran a su familia que seguía en La Meca, en caso de que los musulmanes no consiguieran entrar en la ciudad. El Profeta (ﷺ) recibió la revelación evidenciando lo que Jatib había hecho. La carta fue interceptada y Jatib fue más tarde perdonado. La Meca se rindió a los musulmanes pacíficamente y sus residentes fueron perdonados por el Profeta (ﷺ). Se les instruye a los musulmanes que sean leales a Dios y a sus compañeros creyentes, siguiendo el ejemplo del Profeta Abraham (ﷺ) (versículos 4-6). No se les prohíbe a los creyentes ser corteses con los no musulmanes siempre que estos no persigan a los musulmanes (versículos 8-9). Este capítulo toma su nombre de la prueba de fe hecha a las mujeres que huían de La Meca, preguntándoles, por ejemplo, si habían emigrado por el Islam o solo se habían separado de sus esposos paganos (versículo 10). Se dan otras instrucciones a los creyentes al final del capítulo y al inicio del siguiente.

En el nombre de Dios,
el Compasivo, el Misericordioso

Aliarse con el enemigo

1. ¡Creyentes! Si el abandono de sus hogares [en La Meca] fue sincero por Mi causa y para obtener Mi complacencia, no tomen por confidentes a quienes demuestran ser Mis enemigos, y enemigos suyos, revelándoles secretos [de Estado] como muestra de afecto hacia ellos; porque ellos han negado abiertamente la verdad revelada, han expulsado al Mensajero y los han expulsado a ustedes [de La Meca y de sus hogares], simplemente por haber creído en Dios, su Señor. ¿Cómo pueden confiarles secretos por afecto? Yo bien sé lo que ocultan y lo que manifiestan. Quien obre así se habrá extraviado del camino correcto. **2.** Si ellos tuvieran dominio sobre ustedes, les mostrarían su verdadera enemistad maltratándolos física y verbalmente. Ellos querrían que ustedes dejaran de creer [en el Islam]. **3.** En nada los beneficiarán sus lazos familiares ni sus hijos, el Día de la Resurrección Dios juzgará entre ustedes. Dios sabe cuanto hacen.

El ejemplo de Abraham y sus seguidores

4. Tienen un buen ejemplo en Abraham y sus seguidores, cuando dijeron a su pueblo: "Nosotros somos inocentes de ustedes y de cuanto adoran en lugar de Dios. Negamos que haya verdad en lo que ustedes creen, y comenzará la animadversión y el desacuerdo [en temas de creencia] hasta que no acepten que solamente Dios merece ser adorado". Pero no hagan como Abraham, cuando le dijo a su padre: "Pediré perdón por ti, pero no puedo hacer nada por ti ante Dios"[1]. [Abraham oraba diciendo:] "¡Señor nuestro! A Ti nos encomendamos, a Ti pedimos perdón y a Ti volveremos. **5.** ¡Señor nuestro! No permitas que los que se han negado a creer nos persigan, ni hagas de nosotros una causa por la cual se alejen [del Islam]. Perdónanos, ¡Señor nuestro! Tú eres el Poderoso, el Sabio". **6.** En ellos[2] tienen un bello ejemplo quienes anhelan el encuentro con Dios y la recompensa el Día del Juicio. Pero quien se aparte, sepa que Él es el Opulento, el Loable.

Enemigos ayer, amigos mañana

7. Es posible que Dios haga surgir afecto mutuo entre ustedes y los que ahora son sus enemigos[3]. Dios tiene poder para hacerlo, porque es Perdonador, Misericordioso.

Amabilidad con los no musulmanes

8. Dios no les prohíbe hacer el bien y tratar con justicia a quienes no los han combatido por causa de la religión ni los han expulsado de sus hogares, porque Dios ama a los que actúan con justicia. **9.** Dios solo les prohíbe que tomen por aliados a quienes los combaten a causa de la religión y los han expulsado de sus hogares o han contribuido a su expulsión. Sepan que quienes los tomen como aliados estarán cometiendo una injusticia.

El matrimonio de las emigrantes

10. ¡Oh, creyentes! Cuando mujeres creyentes lleguen como emigrantes, comprueben su fe[4]. Dios conoce su fe. Si corroboran que son creyentes, entonces no las devuelvan a los que se negaron a creer[5]. Ellas no son lícitas para ellos ni ellos lo son para ellas. Devuelvan a sus exmaridos la dote que ellos les hayan dado, y sepan que no hay nada reprochable en que los creyentes se casen con ellas, siempre que les concedan la dote correspondiente. No deben ustedes, por su parte, retener a las mujeres que se niegan a creer[6], pero pueden exi-

---

1 Abraham pidió perdón por su padre porque se lo había prometido, pero cuando se le evidenció que era un enemigo de Dios, se declaró inocente de él y de su adoración y servicio a los ídolos.

2 En el Profeta Abraham y los creyentes que lo siguieron.

3 Dios nos asegura aquí que no existen rencores ni enemistades eternas, sino que a través de la justicia y el reconocimiento, la reconciliación y el perdón de las personas es posible.

4 Para constatar que han emigrado sinceramente por la causa de Dios y Su Mensajero.

5 Si la mujer emigra a tierras musulmanas porque su esposo o familia no le permiten vivir libremente su religión, los musulmanes deben obligatoriamente ofrecerle asilo y no permitir que vuelva a sufrir maltrato ni persecución a causa de sus creencias.

6 Si un hombre acepta el Islam y su esposa no quiere ingresar en la fe, y desea irse donde su familia o romper el matrimonio, el hombre musulmán no tiene derecho alguno a retenerla, pero puede solicitar que le devuelvan, en compensación, lo que invirtió en la dote.

gir que se les devuelva lo que hayan dado como dote, como ellos[7] también tienen derecho a exigirla. Esa es la ley de Dios que prescribió para ustedes. Dios es Sapiente, Sabio.

Cuando la dote no se les reembolsa a los musulmanes

11. A aquellos cuyas esposas se hayan ido con los que se negaron a creer y los perjudiquen[8], denles una compensación[9] acorde a lo que gastaron. Tengan temor de Dios, en Quien ustedes creen.

Las mujeres hacen juramento de lealtad

12. ¡Oh, Profeta! Cuando las mujeres creyentes se presenten ante ti para prestarte juramento de fidelidad, comprometiéndose a no cometer idolatría, no robar, no cometer fornicación ni adulterio, no matar a sus hijos, no decir ninguna calumnia y a no desobedecerte, tómales el juramento de fidelidad y pide perdón a Dios por ellas. Dios es Absolvedor, Misericordioso. No se alíen con el enemigo **13.** ¡Creyentes! No tomen por aliados a quienes han caído en la ira de Dios, pues habrán perdido toda esperanza en la recompensa de la otra vida, como ocurre también con los que niegan la resurrección de los muertos.

---

7 Los no musulmanes.

8 Y estos hayan rehusado devolverles la dote que habían entregado.

9 Tomándola de los bienes comunitarios o reteniendo una devolución de dote que le tocaba entregar a otro musulmán.

61. Las filas

(Aṣ-Ṣaff)

Se les instruye a los creyentes que luchen por la causa de Dios en formaciones sólidas de batalla (versículo 4), de ahí el nombre de este capítulo del Corán que fue revelado en Medina. Los discípulos de Jesús, que defendieron a Dios, son citados como ejemplo a ser emulado por los creyentes. Los creyentes tienen la seguridad de que la verdad prevalecerá a pesar de las conspiraciones implacables de los incrédulos contra ella. Aquellos que defiendan a Dios tienen prometidas grandes recompensas en ambos mundos. El siguiente capítulo proporciona aún más instrucciones a los creyentes.

En el nombre de Dios,
el Compasivo, el Misericordioso

Dios es glorificado por todos

1. Todo cuanto existe en los cielos y en la Tierra glorifica a Dios. Él es el Poderoso, el Sabio.

Practica lo que predicas

2. ¡Creyentes! ¿Por qué dicen una cosa pero hacen otra? **3.** Es aborrecible ante Dios que sus actos no sean coherentes con sus palabras. **4.** Dios ama a quienes luchan por Su causa en filas ordenadas, como si fueran una edificación sólida.

Moisés y su pueblo

5. [Recuerden] cuando Moisés dijo a su pueblo: "¡Pueblo mío! ¿Por qué me maltratan a pesar de saber que soy el Mensajero que Dios les ha enviado?" Cuando [su pueblo] se alejó [del Mensaje], Dios desvió sus corazones [alejándolos de la guía]. Dios no guía a los perversos.

Jesús y los israelitas

6. Y cuando Jesús, hijo de María, dijo: "¡Oh, hijos de Israel! Yo soy el Mensajero que Dios les ha enviado para corroborar la Torá y anunciar a un Mensajero que vendrá después de mí llamado Ajmad"[1]. Pero cuando les mostró los milagros, dijeron [con incredulidad manifiesta]: "¡Esto es pura hechicería!"

---

1 *Ajmad*, "el que más alaba", uno de los nombres del Profeta Mujámmad, es la traducción casi exacta del griego períklytos. La profecía aquí pronunciada está confirmada en el Evangelio de Juan donde figura el término parákletos ("consolador" o "defensor"), que habría de venir después de Jesús. Se considera que parákletos es una deformación de períklytos, que es la forma griega del nombre arameo Mauhamana. El arameo era la lengua que hablaba Jesús, y en la que fueron redactados los textos originales —hoy perdidos— de los Evangelios. Dada la proximidad fonética entre períklytos y parákletos, no es de extrañar que el traductor —o un escribano posterior— confundiera ambos términos. Tanto el término arameo Mauhamana como el griego períklytos significan lo mismo que los dos nombres del último Profeta, Mujámmad y Ajmad, derivados ambos del verbo hamida ("alabar") y del sustantivo hamd ("alabanza"). Pero incluso en el supuesto de que el texto original hablara efectivamente del parákletos, el pasaje es igualmente aplicable al Profeta Mujámmad, que es "una misericordia para todos los seres" (21:107) y "amable y misericordioso con los creyentes" (9:128).

Rechazar el Islam

7. ¿Existe alguien más injusto que quien inventa mentiras acerca de Dios cuando es invitado al Islam? Dios no guía a los injustos. **8.** Pretenden extinguir la luz [del Mensaje] de Dios con las mentiras que pronuncian sus bocas, pero Dios hará que Su luz resplandezca, aunque esto desagrade a los que rechazan el Mensaje. **9.** Él es Quien ha enviado a Su Mensajero con la Guía y la religión verdadera para que prevalezca sobre todas las religiones, aunque ello disguste a los idólatras.

Un negocio rentable

10. ¡Creyentes! ¿Quieren que les enseñe un negocio que los salvará del castigo doloroso? **11.** [Este buen negocio es que] crean en Dios y en Su Mensajero, contribuyan por la causa de Dios con sus bienes y sus seres, pues ello es lo mejor para ustedes. ¡Si supieran! **12.** [Si hacen esto, Dios] perdonará sus pecados y los ingresará en jardines por donde corren ríos, donde habitarán en hermosas moradas en los jardines del Edén. ¡Ese es, sin duda, el éxito grandioso! **13.** También les dará algo que aman: "Su auxilio y una pronta victoria". Albricia a los creyentes [con la recompensa que recibirán en esta vida y en la otra].

Jesús y los discípulos

14. ¡Creyentes! Socorran [la religión de] Dios como lo hicieron los discípulos de Jesús, el hijo de María, cuando les dijo: "¿Quiénes me socorrerán en la causa de Dios?" Los discípulos respondieron: "Seremos los socorredores de [la religión de] Dios". Pero un grupo de los Hijos de Israel creyó [en la profecía de Jesús] y otro grupo rechazó su Mensaje. Entonces di Mi apoyo a los creyentes y así vencieron a sus enemigos.

62. El viernes

(Al-Yumu'ah)

Este capítulo y el anterior tienen mucho en común. Ambos comienzan alabando a Dios. Aquellos entre los judíos que perjudicaron a Moisés (عليه السلام), según el capítulo previoa (61:5), son criticados aquí por no respetar la Torá (versículo 5). Así como los discípulos de Jesús (عليه السلام) son elogiados en el capítulo anterior (61:14), los compañeros de Mujámmad (ﷺ) son honrados en este capítulo (versículos 2-4). La venida del Profeta (ﷺ) es profetizada por Jesús (عليه السلام) en el capítulo previo (61:6) y ello es presentado en este capítulo como un favor de Dios hacia los creyentes. Del mismo modo que en el capítulo anterior, se les dan algunas instrucciones a los creyentes, esta vez en relación a la congregación del viernes (versículo 9), lo que le da su nombre a este capítulo del Corán que fue revelado en Medina.

En el nombre de Dios,
el Compasivo, el Misericordioso

El favor de Dios para con los creyentes

1. Todo cuanto existe en los cielos y en la Tierra glorifica a Dios, el Soberano Supremo, el Santísimo, el Poderoso, el Sabio. **2.** Es Él Quien eligió de entre los que no sabían leer ni escribir[1] un Mensajero para que les recite Sus preceptos, los purifique y les enseñe el Libro y la sabiduría; antes de ello se encontraban en un extravío evidente. **3.** Y [para que Su Mensaje se extienda] a otros que todavía no han llegado[2]. Dios es el Poderoso, el Sabio. **4.** Este es un favor que Dios concede a quien quiere, porque Dios es el poseedor del favor inmenso. Conocimiento no utilizado **5.** Aquellos a quienes les fue confiada la Torá, pero no practicaron [sus principios], se asemejan al asno que lleva una carga de libros[3]. ¡Qué pésimo es el ejemplo de aquellos que desmienten las enseñanzas de Dios! Dios no guía a los injustos.

Desafío a los israelitas

6. Diles: "¡judíos! Si realmente son los elegidos de Dios y las otras personas no lo son, como pretenden, entonces deseen la muerte, si es que son sinceros". **7.** Pero nunca la desearán, por los pecados que cometieron sus manos. Y Dios conoce bien quiénes son injustos. **8.** Diles: "La muerte de la que huyen los alcanzará de igual forma. Luego tendrán que comparecer ante el Conocedor de lo oculto y de lo manifiesto, y Él les informará lo que hacían".

---

1 Los árabes.

2 Es decir, para las generaciones futuras que llegarán y también se beneficiarán del Mensaje transmitido por el Profeta Mujámmad, que la paz y las bendiciones de Dios sean con él.

3 Pero no se beneficia de su sabiduría.

Asistir a la congregación del viernes

9. ¡Creyentes! Cuando sea realizado el llamado a la oración del día viernes, acudan al recuerdo de Dios y abandonen el comercio, es lo mejor para ustedes. ¡Si supieran! **10.** Cuando haya terminado la oración dispérsense por la tierra procurando el sustento de Dios, y recuerden mucho a Dios, que así alcanzarán el éxito.

Abandonar el sermón

11. Pero a aquellos que si ven un negocio o una diversión corren hacia ello y te dejan [solo] de pie[4], diles: "La recompensa que Dios tiene reservada [para los piadosos] es mejor que cualquier diversión o negocio, y [sepan que] Dios es el mejor de los sustentadores".

4 Pronunciando el sermón.

63. Los hipócritas

(Al-Munâfiqûn)

De modo similar a los dos capítulos anteriores, este capítulo del Corán fue revelado en Medina ofreciéndoles más consejos a los creyentes. Se reprende a los hipócritas por obstaculizar el camino de Dios y por desanimar a las personas a donar en Su causa. Por el contrario, se les aconseja a los creyentes donar antes de que sean alcanzados por la muerte, una realidad que puede ocurrir en cualquier momento.

En el nombre de Dios,
el Compasivo, el Misericordioso

Los hipócritas no tienen fe

1. Cuando los hipócritas se presentan ante ti [¡Oh, Mujámmad!], dicen: "Atestiguamos que eres el Mensajero de Dios". Dios bien sabe que eres el Mensajero, pero Él mismo atestigua que los hipócritas son mentirosos. **2.** [Los hipócritas] se escudan en sus juramentos para apartar [a algunas personas] del sendero de Dios. ¡Qué pésimo es lo que hacen! **3.** Ello[1] es porque creyeron y luego renegaron, entonces sus corazones fueron sellados y ya no pueden discernir.

No todo lo que brilla es oro

4. Cuando los observas te agrada su aspecto, y cuando hablan prestas atención a sus palabras, pues parecen maderos bien afirmados; pero cada vez que se alza la voz se sobresaltan, porque creen que es contra ellos. Ellos son el enemigo, sé precavido con ellos. Dios los destruirá por haberse desviado tanto.

La falta de voluntad de los hipócritas para arrepentirse

5. Cuando se les dice: "Vengan, que el Mensajero de Dios pedirá perdón por ustedes", mueven su cabeza [en señal de burla] y los ves evadirte con soberbia. **6.** [Oh, Mujámmad!] Lo mismo da que pidas perdón por ellos o que no lo hagas, Dios no los perdonará. Dios no guía a la gente corrupta.

El desprecio de los hipócritas hacia los creyentes

7. Ellos dicen: "No ayuden a los que están con el Mensajero de Dios hasta que lo abandonen". Es a Dios a quien pertenecen los tesoros de los cielos y de la Tierra, pero los hipócritas no lo comprenden. **8.** Dicen: "Si regresamos a la ciudad [de Medina], los más poderosos expulsaremos de ella a los más débiles[2]". Pero el verdadero poder pertenece a Dios, a Su Mensajero y a los creyentes, aunque los hipócritas no lo saben.

---

1 Su hipocresía.

2 Es decir, al Mensajero de Dios y a los creyentes.

Sé firme y da caridad

9 ¡Creyentes! Que las posesiones materiales y los hijos no los distraigan del recuerdo de Dios. Pues quienes se alejen del recuerdo de Dios serán los perdedores. **10** Den en caridad parte de lo que les he provisto, antes de que la muerte les sobrevenga y [recién] entonces digan: "¡Señor mío! Concédeme un poco más de tiempo para poder hacer caridades y ser de los piadosos". **11** Pues Dios no retrasará el momento fijado para cada alma cuando este llegue, y [sepan que] Dios está bien informado de cuanto hacen.

64. El día del desengaño

(At-Taghâbun)

Este capítulo del Corán fue revelado en Medina, y toma su nombre de la referencia al Día del Juicio en el versículo 9, donde las personas son divididas en ganadores y perdedores. Dado que el capítulo previo culmina instando a los creyentes a donar antes de que la muerte los alcance, este capítulo inicia haciendo hincapié en el Poder de Dios de crear y Su capacidad de traer de nuevo a los muertos a la vida para juzgarlos. El capítulo finaliza pidiéndoles a los creyentes que gasten en la causa de Dios, y que no se desanimen por las preocupaciones por sus cónyuges e hijos.

En el nombre de Dios,
el Compasivo, el Misericordioso

El poder y el conocimiento infinitos de Dios

1. Todo cuanto existe en los cielos y en la Tierra glorifica a Dios. Suyo es el reino y Suyas son las alabanzas. Él tiene poder sobre todas las cosas. **2.** Él es Quien los ha creado. Entre ustedes hay quienes rechazan el Mensaje y quienes creen en él. Dios sabe bien cuanto hacen. **3.** Dios creó los cielos y la Tierra con un fin justo y verdadero, y les dio una conformación armoniosa. Ante Él comparecerán para responder por sus obras. **4.** Dios conoce cuanto existe en los cielos y en la Tierra, conoce lo que ocultan y lo que manifiestan. Dios sabe bien lo que esconden los corazones.

Los negadores de la antigüedad

5. ¿Acaso no les fue relatada la historia de los pueblos de la antigüedad que rechazaron el Mensaje? Sufrieron las consecuencias de su conducta y les espera un castigo doloroso. **6.** Los Mensajeros se presentaban ante ellos con las evidencias, pero decían: "¿Acaso un mortal [igual que nosotros] nos ha de guiar?" Y así se negaron a creer, y se apartaron [de la Verdad]. Pero Dios no necesita de ellos, Él es Autosuficiente, Loable.

Mensaje a los negadores actuales

7. Los que rechazan el Mensaje alegan que no serán resucitados. Diles: "¡[Juro] por mi Señor que sí! Serán resucitados, y luego se les informará de cuanto hicieron. Sepan que eso es fácil para Dios". **8.** Crean en Dios, en Su Mensajero y en la Luz que ha revelado [el Corán]. Dios está bien informado de cuanto hacen. **9.** Cuando sean congregados para el día de la reunión, ese será el día del desengaño [para los incrédulos]. A quien crea en Dios y haya obrado correctamente, Él le perdonará sus faltas y lo introducirá en jardines por donde corren ríos, donde vivirá eternamente. ¡Ese es el triunfo grandioso! **10.** En cambio, los que rechazaron el Mensaje y desmintieron Mis signos sufrirán en el fuego del Infierno por toda la eternidad. ¡Qué pésimo destino!

Reconfortando a los creyentes

11. Todas las desgracias acontecen con el permiso de Dios. Quien crea en Dios, Él guiará su corazón [y comprenderá que todo es parte del gran designio de Dios]. Dios tiene conocimiento de todas las cosas. **12.** Obedezcan a Dios y obedezcan al Mensajero. Pero si se rehúsan, sepan que Mi Mensajero solo tiene la obligación de transmitir el Mensaje con claridad. **13.** ¡Al-lah! No existe divinidad excepto Él. Que los creyentes depositen su confianza en Dios.

La prueba de la familia y la riqueza

14. ¡Creyentes! Sus cónyuges o sus hijos pueden convertirse en sus enemigos[1]. Tengan precaución. Pero si pasan por alto [sus faltas], son tolerantes con ellos y los perdonan, sepan que Dios es Perdonador, Misericordioso. **15.** Sus bienes materiales y sus hijos son una tentación, pero Dios tiene junto a Sí una recompensa grandiosa. **16.** Tengan temor de Dios tanto como puedan. Escuchen y obedezcan [la revelación], y hagan caridad, porque es lo mejor para ustedes mismos. Sepan que quienes luchen contra su propia avaricia serán los triunfadores. **17.** Si hacen a Dios un préstamo generoso[2], Él lo devolverá multiplicado y perdonará sus faltas. Dios es Agradecido, Tolerante, **18.** conoce lo oculto y lo manifiesto, Él es el Poderoso, el Sabio.

---

1 Si en lugar de ser sus compañeros en el camino de la fe, se convierten en tentaciones que invitan o requieren que se violen leyes morales del Islam para obtener gustos mundanos.

2 Ver Corán 2:245.

65. El divorcio

(Aṭ-Ṭalâq)

Este capítulo del Corán fue revelado en Medina, y describe la forma del divorcio y el alojamiento de la mujer divorciada y de sus hijos pequeños (versículos 1-7). A aquellos que cumplen con los mandamientos de Dios se les promete una gran recompensa, mientras que a aquellos que Lo desafían se les advierte del destino de aquellos que ya fueron destruidos en la antigüedad. El cumplimiento de los mandatos de Dios es detallado en el capítulo siguiente.

En el nombre de Dios,
el Compasivo, el Misericordioso

El divorcio correcto

1. ¡Oh, Profeta!, [haz saber a los musulmanes que] cuando divorcien a las mujeres, deben hacerlo durante el tiempo señalado[1]. Calculen con atención los días de ese período, y tengan temor de Dios, su Señor. No las expulsen de sus hogares y que ellas tampoco lo abandonen, a menos que hayan cometido una indecencia evidente. Estas son las leyes de Dios. Quien quebrante las leyes de Dios habrá sido injusto consigo mismo. Tú no sabes si Dios, después de esa [primera ruptura], haga surgir una reconciliación.

La mujer divorciada después del período de espera

2. Cuando estén por finalizar su período de espera, pueden reconciliarse de forma justa o divorciarse definitivamente en términos justos. Háganlo ante dos testigos neutrales de entre ustedes, y cumplan con su testimonio por Dios. Al cumplimiento de estas leyes es que se exhorta a quien cree en Dios y en el Día del Juicio. Sepan que a quien tenga temor de Dios, Él le dará una solución, **3.** y le dará sustento de donde no lo esperaba. Quien deposite su confianza en Dios, sepa que Él le será suficiente. Dios hará que el designio se cumpla, y ha establecido para cada cosa un término y una medida.

Períodos de espera para la mujer divorciada

4. El período de espera para aquellas mujeres que hayan llegado a la menopausia, si tienen dudas [sobre el término del periodo], o aquellas que no menstrúan, es de tres meses. En cambio, el de las embarazadas finalizará cuando den a luz. Sepan que a quien tenga temor de Dios, Él le facilitará sus asuntos. **5.** Estas son las leyes que Dios ha prescrito. A quien tenga temor de Dios, Él le perdonará sus malas obras y le aumentará su recompensa.

---

1 La fórmula de divorcio solo puede pronunciarse fuera del ciclo menstrual en el que no se hayan mantenido relaciones sexuales.

La vivienda para la mujer divorciada

6. Denle a la mujer durante ese periodo el mismo nivel de vida que ustedes tienen conforme a sus posibilidades. No la perjudiquen con ánimo de molestarla. Si ella está embarazada, deben mantenerla hasta que dé a luz, y si ambos acuerdan que ella amamante a su hijo, deben mantenerla [hasta que termine la lactancia]. Tengan buen trato y lleguen a un acuerdo de buena manera. Pero si discrepan [sobre la lactancia del hijo], entonces que otra mujer lo amamante [por cuenta del padre]. **7** Que el adinerado mantenga de acuerdo a su abundancia[2], pero aquel cuyo sustento es escaso que lo haga acorde a lo que Dios le ha provisto. Dios no exige a nadie por encima de sus posibilidades. Dios hará que luego de toda estrechez venga la prosperidad.

Invitación a la fe verdadera

8. ¡A cuántos pueblos que desobedecieron a su Señor y a Sus Mensajeros los hice rendir cuentas en forma severa y los azoté con un castigo nunca visto! **9.** Ellos sufrieron las consecuencias de sus obras. Su final fue la perdición. **10.** [A ellos] Dios les ha preparado un castigo severo. Tengan temor de Dios, ustedes que reflexionan y son creyentes, ya que Dios ha descendido para ustedes el Corán [para que lo tomen como código de vida], **11.** y les ha enviado un Mensajero que les recita el claro Mensaje de Dios, para sacar de las tinieblas hacia la luz a quienes crean y obren correctamente. A quien crea en Dios y obre piadosamente, Él lo introducirá en jardines por donde corren ríos, en los que vivirán eternamente. ¡Qué hermoso sustento!

El poder y conocimiento infinitos de Dios

12. Dios creó siete cielos y la Tierra de manera similar[3]. A través de ellos desciende Su designio para que sepan que Dios tiene poder sobre todas las cosas y que todo lo abarca en Su conocimiento.

---

2 A su hijo y a su exesposa mientras lo amamante.

3 Este versículo Coránico admite una variedad amplia de interpretaciones, y Dios sabe más si lo correcto es una de ellas o si más de una es posible. La interpretación clásica afirmada por Ibn Kazir sugiere que esto significa que son siete tierras, ya que fueron mencionadas por el Profeta, que la paz y las bendiciones de Dios sean con él, en el hadiz: “Todo aquel que usurpe una parcela de tierra injustamente, se hundirá en las siete tierras el Día de la Resurrección” Registrado por Al-Bujari. Basados en esta interpretación, algunos sugieren que las siete tierras son siete capas internas geológicas, que eran desconocidas hasta su reciente descubrimiento por parte de la ciencia moderna, lo cual indicaría un milagro científico confirmado por el Corán y el Hadiz, y que desde el núcleo a la superficie son: (1) El núcleo sólido interior, (2) el núcleo líquido exterior, (3) la capa “D”, (4) el manto inferior, (5) el manto medio, (6) el manto superior, y (7) la litosfera –terrestre y oceánica–. Otras interpretaciones modernas sugieren que podría referirse a otros planetas con características similares al planeta Tierra, que podrían estar o no habitados.

66. La prohibición

(At-Taḥrîm)

Este capítulo del Corán fue revelado en Medina, y trata sobre un incidente que ocurrió en la casa del Profeta. El Profeta (ﷺ) solía visitar a todas sus esposas en la noche. Cierta vez se quedó más tiempo de lo usual en casa de Zainab bint Yahsh, quien le ofreció miel (algo que a él le gustaba mucho). Celosas, otras dos de sus esposas, Jafsah y Áishah, se pusieron de acuerdo para decirle al Profeta (ﷺ), cuando las visitara a cada una de ellas, que tenía mal aliento, a sabiendas de que a él no le gustaban los malos olores. Finalmente, el Profeta juró no volver a comer miel nunca más, y le dijo a Jafsah que no le dijera nada al respecto a nadie. Pero ella le contó a Áishah que su plan funcionó. A ambas esposas se les aconseja sutilmente que aprendan del ejemplo de las dos mujeres creyentes mencionadas al final del capítulo (María y Asíyah, la esposa del Faraón), y que tomen lección del destino de las esposas de Noé y de Lot, que tuvieron un mal final a pesar de ser esposas de profetas. Se insta a los creyentes en este capítulo a enmendar sus caminos y a arrepentirse sinceramente ante Dios a fin de obtener Su recompensa eterna, mientras que a los incrédulos se les advierte de un horrible destino. El destino de los incrédulos se detalla en el capítulo que sigue.

En el nombre de Dios,
el Compasivo, el Misericordioso

Lección para las esposas del Profeta

1. ¡Oh, Profeta! ¿Por qué te prohíbes a ti mismo lo que Dios te ha hecho lícito, pretendiendo con ello complacer a tus esposas? [Sabe que a pesar de ello] Dios es Absolvedor, Misericordioso[1]. **2.** Dios les ha prescrito cómo anular y expiar los juramentos [que no van a cumplir]. Dios es su Protector y Él todo lo sabe, es Sabio. **3.** Cuando el Profeta confió un secreto a una de sus esposas [Hafsah] y ella lo contó [a Aishah], Dios le reveló [al Profeta] lo ocurrido, y él le refirió [a Hafsah] una parte de lo que ella había hecho. Entonces, esta le preguntó: "¿Quién te lo ha dicho?" Y Él respondió: "Me lo ha revelado el que todo lo sabe, Él está bien informado de cuanto hacen Sus siervos". **4.** Ambas deben arrepentirse, pues sus corazones se han apartado [del respeto debido al Profeta]. Pero si siguen confabuladas [por celos] contra él, sepan que Dios es su Protector, y que lo socorrerán el ángel Gabriel y los creyentes virtuosos, y todos los demás ángeles acudirán en su ayuda. **5** Sepan que si él las divorcia, su Señor le concederá esposas mejores que ustedes, que sean creyentes, que

---

1 El propósito de la alusión a este incidente es ofrecer una lección moral: la inadmisibilidad de considerar prohibido *(haram)* algo que Dios ha hecho lícito *(halal)*, aunque sea por un deseo de complacer a otras personas.

se sometan y obedezcan a Dios, se arrepientan, sean devotas [a Dios] y ayunen, algunas ya antes casadas o vírgenes.

Advertencia del Día del Juicio

6. ¡Oh, creyentes! Protéjanse a sí mismos y a sus familias del Fuego [del Infierno], cuyo combustible serán los seres humanos y las piedras[2], y en el que habrá ángeles rigurosos y severos que no desobedecen a Dios en lo que Él les ordena, sino que ejecutan Sus órdenes. **7.** [El Día del Juicio se les dirá:] ¡Los que rechazaron el Mensaje! Hoy no pretendan excusarse, simplemente recibirán el merecido por lo que hayan hecho.

La recompensa del arrepentimiento sincero

8. ¡Creyentes! Arrepiéntanse sinceramente ante Dios, puede que así su Señor borre sus faltas y los introduzca en jardines del Paraíso por donde corren ríos. Ese día Dios no avergonzará al Profeta ni a los que creyeron junto a él. Una luz se extenderá delante de ellos y a su derecha, y ellos dirán: "¡Señor nuestro! Auméntanos nuestra luz y perdónanos. Tú eres sobre toda cosa poderoso".

Respuesta a los que rechazan el mensaje

9. ¡Profeta! Haz frente[3] a los que rechazaron el Mensaje y a los hipócritas, y sé riguroso con ellos. [Si no se arrepienten ante Dios] tendrán el Infierno por morada. ¡Qué pésimo destino!

Dos ejemplos para los incrédulos

10. Para los que rechazaron el Mensaje, Dios les plantea como ejemplos los casos de la mujer de Noé y la de Lot: ambas estaban casadas con dos de Mis siervos justos pero no creyeron[4] y [Noé y Lot] no pudieron hacer nada por ellas ante Dios. Y [el Día del Juicio] se les dirá: "Entren ambas en el Fuego junto con los demás condenados"[5].

---

2 De las que están hechos los ídolos.

3 Literalmente *yaahid* جاهد , esta palabra implica una amplia gama de significados, que van desde esforzarse intelectual y físicamente por una causa, a combatir por medio de las armas. Mi elección en este caso de la traducción "haz frente", se basa en que el contexto habla de dos clases de personas: los hipócritas y los no musulmanes que convivían con los musulmanes en Medina, y son dos clases de personas que el Profeta Mujámmad, que la paz y las bendiciones de Dios sean con él, jamás combatió por las armas, sino que los enfrentó con argumentos y razonamientos. Existe una palabra específica en el Corán para el combate armado, y esta es *qaatil* (قاتل), que puede encontrarse en: "Y combatan por la causa de Dios a quienes los agredan, pero no se excedan, porque Dios no ama a los agresores" (2:190), lo que circunscribe el combate a la defensa ante fuerzas agresoras. Esto evidencia que la idea tan promocionada de que el Islam se expandió por la espada o que los musulmanes tenemos por mandato religioso combatir a través de las armas a todos los que no sean musulmanes hasta convertirlos, no es más que un mito.

4 En el mensaje que transmitieron sus esposos.

5 Del ejemplo (*mazal*) de estas dos mujeres, se deduce que ni siquiera la relación más íntima con una persona virtuosa —aunque sea un Profeta— puede librar a un pecador de las consecuencias de sus actos.

Dos ejemplos para los creyentes

11. Y para los creyentes como ejemplo plantea el caso de la mujer del Faraón [que era una verdadera creyente] cuando dijo: "¡Señor mío! Constrúyeme, junto a Ti, una morada en el Paraíso, y sálvame del Faraón y de sus obras abominables. Sálvame de este pueblo opresor".

12. Y también el ejemplo de María, hija de 'Imrán[6], quien preservó su castidad; infundí en ella un espíritu Mío. Ella creyó en la veracidad de las Palabras de su Señor y en Sus Libros, y fue realmente una mujer devota.

6 Madre de Jesús, que la paz de Dios sea con ambos.

67. El reino

(Al-Mulk)

Este capítulo del Corán fue revelado en La Meca, y enfatiza que el poder infinito de Dios se manifiesta a través de Su creación. Aquellos que no creen en Dios y niegan la Resurrección se arrepentirán en el Infierno, mientras que los que temen a su Señor serán ampliamente recompensados en el Paraíso. La autoridad absoluta de Dios se contrasta con la total impotencia de los falsos dioses. El hecho de que no hay protección contra el castigo de Dios se subraya en este capítulo (versículos 20, 21 y 30) y en el siguiente (68:17-33).

En el nombre de Dios,
el Compasivo, el Misericordioso

La vida es una prueba

1. Bendito sea Aquel en Cuyas manos está el reino y tiene el poder sobre todas las cosas. **2** Él es Quien creó la muerte y la vida para probarlos y distinguir quién obra mejor. Él es el Poderoso, el Perdonador.

La creación perfecta de Dios

3. Él es Quien creó siete cielos superpuestos. No verás ninguna imperfección en la creación del Misericordioso. Vuelve la vista y observa, ¿acaso ves alguna falla? **4** Luego vuelve la vista por segunda vez [buscando fallas en la creación] y tu mirada volverá a ti cansada y derrotada. **5** Embellecí el cielo de este mundo con astros luminosos, dispuestos para castigar a los demonios[1], y tengo preparado para ellos un fuego abrasador.

La recompensa de los incrédulos

6. Para quienes no creen en su Señor les tengo preparado el castigo del Infierno. ¡Qué pésimo destino! **7.** Cuando sean arrojados en el Infierno, oirán su fragor mientras hierve, **8.** a punto de estallar de furia. Cada vez que un grupo sea arrojado en él, sus guardianes les preguntarán: "¿Acaso no se les presentó un amonestador?" **9.** Dirán: "Sí, se nos presentó un amonestador, pero lo desmentimos diciendo: Dios no ha revelado nada y estás en un gran error". **10.** Y agregarán: "Si hubiéramos oído o reflexionado, no estaríamos ahora con los condenados al Fuego". **11.** Entonces reconocerán sus pecados, pero qué lejos están los condenados al fuego de la misericordia de Dios".

La recompensa de los creyentes

12. [En cambio] quienes fueron temerosos de su Señor en privado [cuando solo Él los observaba] serán perdonados y recibirán una gran recompensa.

Pregunta 1) ¿Dios no conoce Su creación?

13. Es lo mismo que oculten sus pensamientos o que los divulguen, Él

---

1 Que pretendan escuchar las órdenes que revelo a los ángeles. Ver Corán 41:12.

conoce bien lo que hay dentro de los corazones. **14.** ¿Acaso no lo va a saber Quien todo lo creó? Él es el Sutil, el que está bien informado. **15.** Él es Quien les ha facilitado la vida sobre la Tierra. Recorran sus caminos y coman del sustento de Dios, que ante Él comparecerán.

Pregunta 2) ¿Estás fuera del alcance de Dios?

16. ¿Acaso tienen garantías de que Quien está en el cielo no hará que la tierra los trague durante un terremoto? **17.** ¿O se sienten seguros de que Quien está en el cielo no los azote con un viento fuerte? ¿Solo así tomarán en serio Mi advertencia? **18.** Otros [pueblos] en la antigüedad también desmintieron [a los Mensajeros], y qué terrible fue Mi castigo [en respuesta].

Pregunta 3) ¿No ves el poder de Dios?

19. ¿Acaso no contemplan a las aves en las alturas, desplegando y replegando sus alas? Solo el Misericordioso las sostiene, Él ve todas las cosas. **20.** ¿Qué ejército los podría defender además del Misericordioso? Los que desmienten el Mensaje son presa de una ilusión. **21.** ¿Quién los sustentará si Él retiene su sustento? Sin embargo, persisten en su insolencia y su arrogante rechazo.

Pregunta 4) ¿Los creyentes y los incrédulos son iguales?

22. ¿Quién está mejor encaminado: el que camina cabizbajo y tropezando[2] o el que camina erguido por el sendero recto?

Pregunta 5) ¿Quién te creó?

23. Diles: "Él es Quien los creó y Quien los agració con el oído, la vista y el intelecto. Sin embargo, qué poco agradecen". **24.** Diles: "Él es Quien hizo que se multiplicaran en la Tierra y ante Él comparecerán".

Pregunta 6) ¿Aún niegas la Hora?

25. [Los que desmienten el Mensaje] dicen desafiantes: "¿Cuándo se cumplirá esta amenaza [sobre el Día del Juicio], si es que dicen la verdad?" **26** Diles: "Solo Dios lo sabe, yo no soy sino un amonestador". **27.** Pero cuando los que desmentían el Mensaje vean que comienza [el Día del Juicio], sus rostros estarán sombríos y se les dirá: "Aquí tienen lo que pedían".

Pregunta 7) ¿Quién más puede ayudarte?

28. Diles: "Si Dios me hiciera morir a mí y a los que me siguen, o si se apiadara de nosotros, [eso no es lo que debería preocuparlos, sino que lo que deberían preguntarse es:] ¿quién librará a los que niegan el Mensaje del castigo doloroso que les espera?" **29.** Diles: "Él es el Misericordioso, creemos en Él y en Él depositamos nuestra confianza. Ya verán [el Día del juicio] quién es el que está en un error evidente". **30.** Pregúntales: "¿Si el agua que tienen dejara de surgir, quién [fuera de Dios] les podría proveer de agua pura?"

---

2 Metáfora que muestra la negación espiritual que impide a una persona ocuparse de algo excepto de sus intereses mundanos más inmediatos.

68. La pluma

(Al-Qalam)

Este capítulo del Corán fue revelado en La Meca, apunta a tranquilizar el corazón del Profeta y a elogiar su carácter. Se le aconseja que sea firme y no ceda ante los paganos que rechazan su mensaje y lo acusan de ser loco. Se les advierte a los paganos sobre un mal destino en este mundo y en el Más Allá.

En el nombre de Dios,
el Compasivo, el Misericordioso

La excelencia del Profeta

1. *Nun*[1]. Juro por la pluma[2] y por [los conocimientos que con ella] se escriben, **2.** que tú [¡Oh, Mujámmad!], por la gracia de tu Señor, no eres un loco, **3.** y tendrás una recompensa ilimitada. **4.** Eres de una naturaleza y moral grandiosas. **5.** Pronto verás, y ellos también lo verán, **6.** quién es realmente el insensato. **7.** Tu Señor sabe mejor que nadie quiénes se extravían de Su camino, así como sabe quiénes son los que siguen la guía. **8.** No obedezcas a los que desmienten el Mensaje.

Advertencia al Profeta acerca de los negadores

9. [Los idólatras] desearían que fueras condescendiente con ellos [en sus creencias idolátricas], y así ellos también serían condescendientes contigo[3]. **10.** No obedezcas al ser despreciable que jura constantemente [por Dios], **11.** al difamador que siembra la discordia, **12** a quien se niega a hacer el bien, al transgresor, al pecador, **13.** al arrogante y además falso simulador, **14.** quien solo porque tiene riqueza e hijos **15** rechaza Mis versículos cuando se le recitan, diciendo: "Son fábulas de los ancestros". **16.** [Como castigo] le marcaré su nariz[4].

La prueba de los dueños del huerto

17. [A los que te desmienten] los he puesto a prueba [con la prosperidad], como probé a los dueños del huerto, cuando juraron recoger sus frutos por la mañana **18.** y no dejar nada a los pobres. **19.** Pero un castigo enviado por tu Señor azotó el huerto mientras dormían, **20.** dejándolo devastado. **21.** Por la mañana, se despertaron unos a otros. **22.** Dijeron: "Vayamos

---

1 Ver Corán 2:1.

2 Literalmente *qalam* قَلم o cálamo, pero como el objetivo de esta traducción es transmitir los significados más allá de los literalismos, he optado por usar la palabra pluma, ya que en nuestro idioma "la pluma", en el campo de la literatura, simboliza la escritura y el conocimiento recogido por medio de la escritura.

3 Aminorando su oposición al Mensaje del Islam.

4 La "nariz elevada" es el símbolo de la arrogancia, y por eso Dios dice que ha de marcarle la nariz como símbolo de humillación a causa de su arrogancia.

temprano a nuestro campo si queremos recoger la cosecha"[5]. **23.** Y se pusieron en camino diciéndose unos a otros en voz baja: **24.** "Hoy no dejaremos entrar a ningún pobre". **25** Madrugaron convencidos de que podrían privar a los pobres de su derecho. **26.** Pero cuando vieron [el huerto devastado] dijeron: "Seguramente nos hemos equivocado de camino". **27.** [Pero al darse cuenta de que sí era su huerto, dijeron:] "Estamos arruinados". **28.** Entonces, el más sensato de ellos dijo: "¿No les había dicho que recordaran?"[6] **29.** Dijeron: "Glorificado sea nuestro Señor, fuimos injustos". **30** Y comenzaron a recriminarse unos a otros. **31.** Dijeron: "¡Ay de nosotros! Nos comportamos con mucha arrogancia. **32.** Puede que nuestro Señor nos conceda algo mejor, regresemos a nuestro Señor con esperanza". **33.** Ese fue su castigo, pero el castigo de la otra vida será aún mayor. ¡Si lo supieran!

Preguntas a los paganos

34. El Señor agraciará a los piadosos con los Jardines de las Delicias. **35.** ¿Acaso iba a tratar por igual a quienes se someten a Dios y a los pecadores? **36.** ¿Qué les pasa? ¿Cómo juzgan así? **37.** ¿Acaso tienen un libro [revelado] al que consultan, **38** en el que eligen lo que les conviene? **39.** ¿O creen tener Conmigo un pacto hasta el Día de la Resurrección que Me obligue a concederles lo que quieran? **40.** Pregúntales: "¿Quién es el garante de ese pacto?" **41.** ¿Acaso tienen ídolos [que se lo garantizan]? ¡Traigan a sus ídolos, si es verdad lo que dicen!

Advertencia del Día del Juicio

42. El día que se descubra la pierna [divina[7], manifestándose la gravedad de la situación] y sean invitados a prosternarse, pero no podrán, **43.** tendrán la mirada abatida, porque fueron invitados a prosternarse cuando podían [pero no lo hicieron]. **44.** Yo me encargaré de quienes desmienten el Mensaje. Los castigaré sin prisa cuando menos lo esperen. **45.** Los toleraré por un tiempo, pero luego Mi castigo será severo. **46.** ¿Acaso les reclamas una retribución [a cambio de transmitirles el Mensaje], que se sienten agobiados? **47.** ¿Acaso conocen lo oculto [de la predestinación] y lo escriben?

Lección para el Profeta

48. Ten paciencia ante el designio de tu Señor y no seas como el que fue tragado por la ballena[8], que Me im-

---

5 Para que los pobres no se den cuenta y no les reclamen caridad.

6 El derecho que Dios estableció para los pobres en el momento de la cosecha.

7 En los libros de exégesis puede encontrarse el siguiente relato: Narró Abu Said Al Judri que el Profeta, que la paz y las bendiciones de Dios sean con él, dijo: "Nuestro Señor ese día mostrará su pierna (*saaqihi*) y todo creyente, hombre o mujer, se prosternará ante Él. Pero todos aquellos que en este mundo se prosternaban por apariencia, para hacerse ver, su espalda estará firme como una tabla y no podrán prosternarse". Registrado por Al-Bujari

8 Referencia al Profeta Jonás que, cansado de la incredulidad de su pueblo, los abandonó, incumpliendo con su misión de transmitir el Mensaje más allá de los resultados aparentes.

ploró angustiado. **49.** Si no hubiera sido por la gracia de su Señor, habría sido arrojado a la playa desierta cargando su culpa. **50.** Pero su Señor lo había escogido para que fuera uno de los piadosos. **51.** [Oh, Mujámmad:] Poco faltó para que los que rechazaron el Mensaje te derribaran con sus miradas [de odio] cuando oyeron la recitación del Corán. Y aunque digan: "Es un loco", **52.** [lo que recitas] es un Mensaje para que siga toda la humanidad.

69. La exposición de la verdad

(Al-Ḥâqqah)

Este capítulo del Corán fue revelado en La Meca, y menciona la destrucción de los pueblos de 'Ad, de Zamud, del Faraón y de Lot (ﷺ) por negar el Más Allá. Se hace referencia al final de los tiempos, seguido de una descripción conmovedora a la recompensa de los creyentes y el castigo de los incrédulos (versículos 18-37). Los argumentos de los paganos en contra del Profeta (ﷺ) y del Corán son refutados por completo (versículos 38-52).

En el nombre de Dios,
el Compasivo, el Misericordioso

La Hora Final

1. La exposición de la verdad[1]. **2.** ¿Qué es la exposición de la verdad?

Ejemplos de pueblos destruidos

3. ¿Qué te hará comprender lo que es la exposición de la verdad? **4.** [Los pueblos de] Zamud y 'Ad desmintieron el evento repentino[2]. **5.** Zamud fue destruido por una catástrofe. **6.** Y 'Ad fue aniquilado por un viento gélido **7.** que los azotó durante siete noches y ocho días ininterrumpidamente. La gente quedó tendida, sin vida, como troncos huecos de palmeras derribadas. **8.** ¿Acaso ves ahora algún rastro de ellos? **9.** El Faraón, otros pueblos de la antigüedad y los que fueron elevados con sus casas y arrojados al revés[3], cometieron los pecados más graves, **10.** desobedecieron al Mensajero que les había enviado su Señor, y por eso Dios los sorprendió con un castigo severo. **11.** Cuando las aguas lo inundaron todo, les salvé en el arca[4], **12.** para que sea un motivo de reflexión y para que todo oído atento escuche su historia.

Los horrores del Día del Juicio

13. Cuando la trompeta sea soplada una primera vez **14.** y la tierra y las montañas sean elevadas y choquen unas contra otras, **15.** entonces ocurrirá el suceso. **16.** Ese día el cielo se quebrantará en su fragilidad. **17.** Los ángeles estarán en sus confines, y ocho serán los que portarán el Trono de tu Señor ese día. **18.** Ese día ustedes comparecerán [ante Dios], y ni la más secreta de sus obras quedará oculta.

Los ganadores

19. Quien reciba el libro de sus obras con la mano derecha dirá [a los de-

---

1 Uno de los nombres del Día del Juicio Final, cuando todas las verdades sean expuestas, y la realidad de los asuntos mostrados ante la gente.

2 Otro de los nombres del Día del Juicio Final, porque llegará repentinamente cuando nadie lo espere.

3 Los pueblos de Sodoma y Gomorra, a los que fuera enviado el Profeta Lot.

4 A Noé y a quienes creyeron en él.

más con felicidad]: "Miren y vean mi libro, **20.** yo sabía que iba a ser juzgado [algún día]". **21.** Tendrá una vida placentera **22.** en un jardín elevado, **23.** cuyos frutos estarán al alcance de la mano. **24.** [Se les dirá:] "Coman y beban con alegría en recompensa por lo que obraron en los días pasados".

Los perdedores

25. En cambio, quien reciba el registro de sus obras en la mano izquierda, se dirá a sí mismo: "Ojalá no se me hubiera entregado mi libro **26.** ni se me hubiese juzgado. **27.** Ojalá mi muerte hubiera sido definitiva [y no me hubieran resucitado]. **28.** De nada me sirve ahora el dinero que tuve. **29.** Mi influencia ha desaparecido". **30.** [Dios dirá a los ángeles:] "Aprésenlo y encadénenlo. **31.** Introdúzcanlo en el fuego del Infierno, **32.** sujétenlo con una cadena de setenta codos, **33.** porque no creía en Dios, el Grandioso, **34.** ni alentaba a alimentar al pobre. **35.** Hoy no tiene aquí amigo que pueda interceder por él. **36.** No tendrá más comida que pus, **37.** que solo comerán los pecadores".

El Corán es la palabra de Dios

38. Juro por lo que ven **39.** y por lo que no puede verse, **40.** que el Corán es la palabra recitada por un Mensajero noble. **41.** No es la palabra de un poeta. ¡Qué poco creen! **42.** Ni tampoco la palabra de un adivino. ¡Qué poco reflexionan! **43.** Es una revelación que dimana del Señor del universo.

El Corán no es una invención

44. Si [el Profeta] hubiera atribuido algo falsamente a Mi Mensaje, **45.** lo habría apresado severamente, **46.** luego le habría cortado la arteria vital, **47.** y nadie habría podido impedirlo.

El Corán es la verdad absoluta

48. El Corán es un motivo de reflexión para los que tienen temor de Dios, **49.** y bien sé que hay entre ustedes quienes desmienten, **50.** pero eso será motivo de pesar para los que rechazan el Mensaje. **51.** El Corán es la verdad indubitable. **52.** ¡Glorifica el nombre de tu Señor, el Grandioso!

70. Las vías de ascensión

(Al-Ma'ârich)

Este capítulo del Corán fue revelado en La Meca, y toma su nombre del versículo 3, condena a los paganos por ridiculizar el Día del Juicio (versículos 1-2) y al Profeta (versículos 36-37). La verdad de la Hora del Juicio Final es reafirmada. Se describen las características de la gente del Infierno y de la gente del Paraíso (versículos 16-35). El Profeta (ﷺ) es consolado, mientras que se les advierte a los paganos: ambos temas están embebidos en la historia de Noé (ﷺ) en el capítulo subsecuente.

En el nombre de Dios,
el Compasivo, el Misericordioso

Burlándose pide que comience el Día del Juicio

1. Alguien pide que se desencadene el castigo prometido[1] **2.** para que caiga sobre los que niegan el Mensaje. Cuando ocurra, nadie podrá impedirlo, **3.** pues procede de Dios, Señor de las vías de ascensión, **4.** por las que ascienden hacia Él los ángeles y las almas; un día que durará cincuenta mil años. **5.** Persevera con profunda paciencia, **6.** porque ellos[2] lo ven lejano [al Día del Juicio], **7.** pero Yo sé que está cercano. **8.** El día que el cielo parezca masas de minerales fundidos

Los horrores del Día del Juicio

9. y las montañas copos de lana, **10.** y nadie pregunte por sus seres amados **11.** a pesar de reconocerlos. El pecador querrá salvarse del castigo de ese día ofreciendo como rescate incluso a sus propios hijos, **12.** a su esposa, a su hermano, **13.** a sus parientes en quienes se apoyaba, **14.** y a todos los habitantes de la Tierra con tal de salvarse. **15.** Pero no le servirá, su castigo será el fuego del Infierno **16.** que le arrancará sus extremidades, **17.** y convocará a quien le dio la espalda y se apartó del Mensaje, **18.** y acumuló bienes materiales con avaricia.

La excelencia de los creyentes

19. El hombre fue creado impaciente: **20.** se desespera cuando sufre un mal **21.** y se torna mezquino cuando la fortuna lo favorece, **22.** salvo los orantes devotos **23.** que son perseverantes en la oración, **24.** que de su dinero destinan un derecho establecido[3] **25.** para el que pide ayuda y para el indigente honesto; **26.** que creen en el Día del Juicio Final, **27.** que tienen temor del castigo de su Señor, **28.** siendo que nadie está a salvo del castigo de su Señor. **29.** Los que pre-

---

1 Alusión a *An-Nadr Ibn Al Háriz*, quien, de forma desafiante y soberbia, solicitó eso como prueba de que Mujámmad decía la verdad.

2 Los que desmienten y rechazan el Mensaje.

3 Alusión al *zakat* o contribución social obligatoria.

servan su sexualidad[4] **30.** al ámbito conyugal o lo que posee la diestra, ya que eso no es censurable. **31.** Quien traspase este límite, sepa que es un trasgresor. **32.** Y los que devuelven los depósitos que se les confían y respetan los acuerdos que celebran, **33.** que son veraces en sus testimonios **34.** y que cumplen con las oraciones prescritas, **35.** estos serán honrados con jardines del Paraíso.

Advertencia a los que se burlan

36. ¿Qué les sucede a los que rechazan el Mensaje, que se dirigen hacia ti presurosos **37.** en grupos, por la derecha y por la izquierda?[5] **38.** ¿Acaso anhelan ser introducidos en los Jardines de las Delicias? **39.** No lo conseguirán. Los he creado de lo que saben[6]. **40.** ¡Pues no! Juro por el Señor de los diferentes levantes y ponientes del Sol que tengo poder **41.** para sustituirlos por otros seres mejores que ellos, sin que nadie pueda impedírmelo. **42.** Déjalos que discutan y jueguen hasta que les llegue el día con que se les ha advertido. **43.** El día que salgan de las tumbas, presurosos como si corrieran hacia una meta, **44.** con su mirada abatida, cubiertos de humillación. Ese es el día que se les ha advertido.

---

4 De cometer aquello que es ilícito, como la fornicación o el adulterio.

5 Quienes buscan por todos los medios negar a Dios, no pueden mantenerse consecuentes al no tener fundamentos sólidos para dar coherencia a su forma de vida, con su visión del mundo y con sus normas éticas, las que suelen transgredir y transformar a voluntad. Su ideología, su filosofía de vida y su política cotidiana suelen ser volubles y estar desfasadas una de otra. Por ello, se agitan ("corren de un lado a otro") en confusión espiritual, cuando se enfrentan a la fortaleza moral de quien declara su fe en Dios. Buscan paliar esta confusión y justificar lo endeble de su cosmogonía y de su estilo de vida, intentando destruir las premisas de la fe del creyente con argumentos de gran elaboración intelectual, pero que resultan contradictorios. Su afán de "demostrar" que el creyente está errado los lleva a "dirigirse presurosos" a atacarlo, pero deben hacerlo en grupos, en tropel, pues solo pueden basarse en opiniones mayoritarias para tratar de desacreditar argumentos mucho más profundos y verdaderamente sólidos. No pueden destruir los argumentos del creyente por la vía de la lógica sencilla y la evidencia natural, así que buscan hacerlo a partir del señalamiento, la descalificación, y recurriendo a inflamar los temores y a acrecentar la ignorancia; y puesto que toda su fuerza proviene de su conformidad con opiniones superficiales pero mayoritarias, solo pueden hacer esto "en grupos".

6 Todas las personas saben que han sido creadas y concebidas de una materia despreciable –en el sentido de que si cae sobre la ropa de alguien, se apresura a limpiarlo–, y por lo tanto no tienen motivo alguno para mostrarse arrogantes y soberbios rechazando el Mensaje de su Creador.

71. Noé

(Nûḥ)

Este capítulo del Corán fue revelado en La Meca, y describe cómo Noé (عليه السلام) se esforzó por entregarle el mensaje a su pueblo durante 950 años (que corresponde al número total de letras árabes que contiene este capítulo). Convocó a su pueblo a la verdad en privado y de forma pública también, utilizando argumentos lógicos para probar la misericordia y la unicidad de Dios. Pero su gente persistió en la negación, solo para perecer en el Diluvio. La terquedad de los árabes paganos en el capítulo previo y el rechazo de pueblo de Noé en este capítulo contrastan con la forma en que algunos yinn creyeron rápidamente cuando escucharon la verdad en el capítulo siguiente.

En el nombre de Dios,
el Compasivo, el Misericordioso

El mensaje de Noé a su pueblo

1. Envié a Noé a su pueblo [diciéndole]: "Advierte a tu pueblo antes de que le llegue un castigo doloroso". **2.** Dijo [Noé]: "¡Pueblo mío! Soy un amonestador que Dios les ha enviado para que les hable con claridad, **3.** así que adoren y tengan temor de Dios, y obedezcan lo que les indique, **4.** porque si lo hacen Dios perdonará sus pecados y les concederá vivir hasta el plazo prefijado. Pero sepan que cuando el plazo fijado por Dios los alcance, no podrá ser retrasado. ¡Si tan solo supieran!"

950 años de prédica

5. Dijo Noé: "¡Señor mío! He exhortado a mi pueblo noche y día, **6.** pero mi exhortación solo ha servido para que se aparten aún más [de Ti]. **7.** Cada vez que les invité a la guía recta para que Tú los perdonaras, se pusieron los dedos en los oídos, se cubrieron [los ojos] con la ropa, se obstinaron y actuaron con soberbia. **8.** Además, los llamé abiertamente **9.** y les hablé en público y en privado. **10.** Y les dije: 'Pidan perdón a su Señor, porque Él es Indulgente, **11.** así les enviará del cielo bendiciones[1] en abundancia, **12.** y les concederá numerosas propiedades y muchos hijos, como también les concederá jardines y ríos. **13.** ¿Qué les sucede que no temen la grandeza de Dios? **14.** Siendo que Él los creó en etapas sucesivas. **15.** ¿Acaso no han visto cómo Dios ha creado siete cielos superpuestos? **16.** Puso en ellos la Luna para que refleje la luz y el Sol [para que la irradie] como lámpara. **17.** Dios los ha creado de la misma tierra que a las plantas, y como a las plantas los ha hecho brotar de ella. **18.** Después los hará volver a ella [al morir], y de ella nuevamente los hará resurgir [el Día del Juicio Final]. **19.** Dios les ha

---

1 Literalmente "lluvia".

extendido la Tierra **20.** para que la recorran por sus extensos caminos'".

El Diluvio

21. Dijo Noé: "¡Señor mío! Ellos me han desobedecido y han seguido a aquellos a los que tener bienes materiales e hijos los ha [vuelto soberbios y] llevado a la perdición, **22.** [sus líderes] conspiraron contra mí un terrible ardid. **23.** Y les dijeron: "No abandonen a nuestros ídolos. No abandonen ni a Uadd, ni a Suá', ni a Iagúz, ni a Ia'úq ni a Nasr". **24.** ¡Señor mío! Estos [líderes] han extraviado a muchos. ¡Haz que los opresores e injustos se extravíen cada vez más lejos!'". **25.** A causa de sus pecados murieron ahogados[2] [por el diluvio] y luego [el Día del Juicio] irán al Fuego, ya que encontrarán [que sus ídolos y poderosos] no podrán defenderlos de Dios.

La oración de Noé antes del Diluvio

26. Dijo Noé: "¡Señor mío! No dejes subsistir sobre esta tierra a quienes niegan la verdad. **27.** Porque si los dejas, intentarán por todos los medios extraviar a Tus siervos y no enseñarán a sus hijos sino el pecado y la negación de la verdad. **28.** ¡Señor mío! Perdóname y perdona a mis padres, a todo aquel que ingrese a mi casa como creyente, y a todos los hombres y mujeres que crean en Ti. Pero a los injustos opresores, acreciéntales su perdición".

---

2 El concepto más acertado es que el diluvio no fue universal, sino local, ya que Dios dice en 7:59-65 que envió a Noé a la gente de su pueblo, y cuando estos lo desmintieron, fue sobre ellos mismos que descendió el castigo.

72. Los yinn[1]

(Al-Yinn)

Este capítulo del Corán fue revelado en La Meca, y da cuenta de un grupo de yinn que creyeron en un Único Dios Verdadero tan pronto escucharon la recitación del Profeta del Corán. En comparación, los árabes paganos son criticados por sus creencias politeístas. Se les dice a los paganos que la labor del Profeta es solo entregar el mensaje. Adelantar el castigo, como lo exigían los paganos, está solo dentro del poder de Dios. El capítulo que sigue les proporciona más advertencias a los paganos y consuelo al Profeta (ﷺ).

En el nombre de Dios,
el Compasivo, el Misericordioso

Algunos yinn abrazaron el Islam

1. [¡Oh, Mujámmad!] Di: "Me ha sido revelado que un grupo de *yinn* dijeron al escuchar [la recitación del Corán]: 'Hemos oído una recitación maravillosa **2.** que guía al sendero recto. Creemos en la recitación y no caeremos en la idolatría adorando a otro que Dios. **3.** Él, exaltada sea Su grandeza, no ha tomado compañera ni hijo. **4.** No obstante, un malvado entre nosotros decía falsedades acerca de Dios. **5.** Nosotros creíamos que ni los seres humanos ni los *yinn* dirían mentiras acerca de Dios, **6.** pero había seres humanos que solicitaban protección a los *yinn*, siendo que ellos solo acrecentaban su desvío. **7.** Ellos pensaban, como piensan ustedes, que Dios no iba a resucitar a nadie [de su tumba].

No más espías en el cielo

8. Quisimos acceder al cosmos pero lo encontramos lleno de guardianes severos y meteoritos[2] **9.** a pesar que buscábamos posiciones apropiadas del cosmos para escuchar [la revelación], pero todo aquel que intenta ahora escuchar encuentra un meteoro que le acecha. **10.** Y [ahora sabemos que los seres creados] no podemos saber si se ha destinado algún mal para quienes están en la Tierra o si su Señor quiere guiarlos.

Yinn rectos y desviados

11. Entre nosotros hay quienes son virtuosos [creyentes] y quienes no lo son. Seguimos caminos diferentes. **12.** Sabemos que no podremos escapar de Dios en la Tierra ni huir de Él. **13.** Pero cuando oímos la guía creímos, pues quien cree en su Señor no tendrá que temer que le mermen sus méritos ni que lo inculpen injusta-

---

1 Los *yinn* (singular *yinni* جِنّ) son seres creados de fuego, dotados como el ser humano de libre albedrío y que pueden obedecer a Dios o bien a Iblís, el demonio, quien era originalmente un yinn. Ver Corán 15:26-27 y 18:50. Los yinn son la tercera clase de seres creada por Dios, junto a los seres humanos y los ángeles, compartiendo con los seres humanos el libre albedrío, y con los ángeles el mundo inmaterial o invisible.

2 Para castigar a los *yinn* que quisieran robar las revelaciones que Dios hace a los ángeles.

mente. **14.** Entre nosotros [los *yinn*] hay quienes aceptaron el Islam, pero también hay quienes se apartaron del sendero recto. Los que aceptaron el Islam son los que siguen la guía verdadera. **15.** Los que rechazaron el sendero recto, en cambio, serán combustible para el Infierno'".

Mensaje a los negadores

16. Pero si hubieran seguido el sendero recto les habría dado de beber de la abundancia, **17.** para probarlos con ella. Porque quien se aparte del recuerdo de su Señor recibirá un castigo penoso.

Adorar solo a Dios

18. Los lugares de culto son para adorar solo a Dios, por lo que no deben invocar a nada ni a nadie junto con Dios[3]. **19.** Cuando el siervo de Dios [el Profeta Mujámmad] se levantó para invocarlo, [los *yinn*] se agolparon a su alrededor [para oír la recitación]. **20.** Diles [¡Oh, Mujámmad!]: "Solo invoco a mi Señor y no adoro a otro que Dios". **21.** Diles: "No tengo poder personal para desviarlos ni para guiarlos por el camino recto". **22.** Diles: "Nadie puede protegerme de Dios y no tengo refugio fuera de Él, **23.** solo debo difundir el Mensaje que me ha encargado transmitir". Quien rechace a Dios y a Su Mensajero, sepa que le espera el fuego del Infierno, en el que permanecerá por toda la eternidad.

Advertencia a los negadores paganos

24. Y cuando vean lo que se les había prometido sabrán quiénes están realmente desamparados y quiénes son los insignificantes. **25.** Diles: "No sé si está cerca aquello con que se los ha advertido, o si mi Señor le ha fijado un plazo distante. **26.** Él es Quien conoce lo oculto y no permite que nadie acceda a él. **27.** Salvo aquel con quien Él se complace como Mensajero [y le revela asuntos de lo oculto]. Entonces, hace que lo escolten [ángeles] por delante y por detrás **28.** para cerciorarse que ha transmitido los Mensajes de su Señor. Él tiene completo conocimiento de todo cuanto les sucede y lleva la cuenta exacta de todo".

---

3 El monoteísmo implica invocar solo a Dios en todos los pedidos y deseos. Siendo idolatría invocar a cualquier otro junto al Dios Creador, ya sea un santo, una virgen, o distintas "manifestaciones" de Dios, como el padre, el hijo o el espíritu santo.

73. El arropado

(Al-Muzzammil)

Este capítulo del Corán fue revelado en La Meca, durante la época temprana, y prepara al Profeta (ﷺ) para los mandamientos que aún no habían sido revelados, y para los desafíos por delante. Se le aconseja al Profeta (ﷺ) tanto en este capítulo como en el que le sigue, que busque consuelo en la paciencia y en la oración, mientras que se les advierte a los incrédulos arrogantes sobre un terrible castigo en el Infierno.

En el nombre de Dios,
el Compasivo, el Misericordioso

Empoderando al Profeta a través de la oración

1. ¡Oh, tú [Mujámmad] que estás arropado! **2.** Levántate a orar en la noche, salvo una pequeña parte de ella, **3.** la mitad, o un poco menos, **4.** o un poco más, y recita el Corán claramente y meditando en su significado. **5.** Porque he de transmitirte una revelación de gran peso. **6.** Si te levantas a orar en el seno de la noche encontrarás mayor quietud y podrás concentrarte mejor, **7.** pues durante el día tienes muchas ocupaciones. **8.** Celebra el nombre de tu Señor y conságrate a Él con total devoción. **9.** Él es el Señor del oriente y del occidente. No hay nada ni nadie con derecho a ser adorado salvo Él. Tómalo como tu protector.

Reconfortando al Profeta

10. Ten paciencia con lo que dicen [insultándote], pero apártate de ellos discretamente. **11.** Deja que Yo me ocupe de los que niegan la verdad, los que ahora tienen opulencia. Tenles paciencia brevemente. **12.** [Porque] dispongo de cadenas y del fuego del Infierno [para castigarlos], **13.** de una comida que [por su repugnancia] se atraganta, un castigo doloroso. **14.** El día que la tierra y las montañas convulsionen, y las montañas se conviertan en arena dispersa.

Advertencia a los politeístas

15. [¡Oh, gente!] Les he enviado un Mensajero para que dé testimonio de la verdad ante ustedes, tal como antes había enviado un Mensajero al Faraón. **16.** [Pero] el Faraón desmintió al Mensajero y por eso lo castigué duramente. **17.** Si no creen, no podrán librarse del castigo del día terrible [del Juicio], que hará encanecer hasta a los niños. **18.** El cosmos se romperá y Su promesa se cumplirá. **19.** Esto es una advertencia real; en consecuencia, quien quiera que emprenda un camino hacia su Señor.

Las oraciones nocturnas facilitadas

20. Tu Señor bien sabe que te levantas a orar casi dos tercios de la noche, otras la mitad o un tercio de ella, así como lo hacen algunos de los creyentes que te siguen. Dios es Quien determina cuánto dura la noche y el día, sabe que no pueden hacerlo siempre, por lo que los perdona aligerando su obligación. Así que reciten durante la oración lo que sepan del Corán. Dios sabe que habrá entre ustedes alguien enfermo [al que se le dificulte la oración], otros que estén de viaje recorriendo la tierra en busca del sustento de Dios, y otros combatiendo por Su causa. Así que reciten durante la oración de lo que sepan del Corán. Cumplan con la oración obligatoria y paguen el zakat. Presten a la causa de Dios generosamente, porque toda obra de bien que hagan será en favor de ustedes, y Dios los recompensará grandemente. Pidan a Dios el perdón [de sus faltas y omisiones] porque Él es Absolvedor, Misericordioso.

74. El envuelto en un manto

(Al-Muddazzir)

Después de su primer encuentro con el ángel Gabriel en una cueva a las afueras de La Meca, el Profeta (ﷺ) corrió hasta su casa en estado de conmoción total, y le pidió a su esposa que lo envolviera en su manto. Después, fue revelado este capítulo del Corán en La Meca, instándolo (ﷺ) a asumir la responsabilidad de transmitir el mensaje. Dios le promete ocuparse de los tiranos paganos que se oponen a la verdad, difaman al Corán y ridiculizan las advertencias del Infierno.

En el nombre de Dios,
el Compasivo, el Misericordioso

Mensaje al Profeta

1. ¡Oh, tú [Mujámmad] que te envuelves en un manto! **2.** Ponte de pie y advierte. **3.** Proclama la grandeza de tu Señor, **4.** purifica tus vestimentas, **5.** apártate de la idolatría, **6.** y no des esperando recibir más a cambio. **7.** Sé paciente [con las dificultades que enfrentarás al divulgar el Mensaje] de tu Señor. **8.** [Pero ten en cuenta que] cuando se sople la trompeta [y comience el Día del Juicio], **9.** ese será un día difícil. **10.** Nada fácil para los que hoy desmienten la verdad.

El destino del negador

11. [¡Oh, Mujámmad!] Deja que Yo me encargaré de aquel que he creado, y vino al mundo solo[1], **12.** a quien concedí abundantes riquezas **13.** y numerosos hijos atentos. **14.** Y le facilité medios con holgura, **15.** pero aun así anhela más. **16.** ¡No! Porque rechazó Mis signos. **17.** Haré que sus dificultades vayan en aumento. **18.** Porque él pensó y decidió [a sabiendas, desmentir el Mensaje]. **19.** Fue maldecido por la decisión que tomó. **20.** ¡Sí!, fue maldecido por la decisión que tomó. **21.** Luego meditó [cómo desacreditar la revelación], **22.** pero [al no poder encontrar ningún argumento] frunció el ceño y ofuscó el semblante. **23.** Luego le dio la espalda [al Mensaje] y se comportó con soberbia, **24.** diciendo: "Esto solo es hechicería que impresiona. **25.** Es la palabra de un mortal". **26.** En consecuencia, lo llevaré al fuego del Infierno. **27.** ¿Y qué te hará comprender lo que es el fuego del Infierno? **28.** [Es un fuego que] no deja nada sin quemar ni cesa jamás. **29.** Abrasa la piel. **30.** Hay diecinueve [ángeles] que lo custodian.

---

1 Estos versículos son revelados a causa de Al Walíd Ibn Al Mughira, que fuera un enemigo de la religión de Dios y del Profeta Mujámmad, que la paz y las bendiciones de Dios sean con él. Pero en todas las épocas y lugares del mundo hay un Walíd que es incapaz de entender la revelación e intenta interpretar erróneamente su admirable influencia sobre la vida de las personas, recurriendo a conceptos tales como "la hechicería".

Los diecinueve guardianes del Infierno

31. Decreté que los guardianes del Infierno fueran ángeles, y dispuse ese número para probar a los que rechazan la verdad, también para que la Gente del Libro se convenzan y crean, y para que los creyentes fortifiquen su fe y no les queden dudas a ellos ni a la Gente del Libro. También para que aquellos cuyos corazones están enfermos [de duda e hipocresía] y los que niegan la fe se pregunten: "¿Qué es lo que quiere demostrar Dios con este ejemplo?" Así es como Dios extravía a quien quiere [extraviarse] y guía a quien quiere [guiarse]. Solo Él conoce a todos los que sirven Su causa. Todo esto es motivo de reflexión para la humanidad.

Advertencia

32. [No es como pretenden los que rechazan la revelación, lo] juro por la Luna, **33.** por la noche cuando desaparece, **34.** por la mañana cuando resplandece, **35.** que [el Infierno] es uno de los mayores [avisos], **36.** una advertencia para los seres humanos. **37.** Para que cada uno elija [libremente] obrar bien u obrar mal.

Lo que lleva al malvado al Infierno

38. Toda alma será rehén de lo que haya hecho, **39.** salvo los [bienaventurados] de la derecha. **40.** [Ellos estarán] en jardines y se preguntarán unos a otros **41.** acerca de [la situación] de los criminales. **42.** Y les preguntarán: "¿Qué fue lo que los llevó al fuego del Infierno?" **43.** Ellos responderán: "Fue que no cumplíamos con la oración, **44.** no dábamos de comer al pobre, **45.** nos entreteníamos difamando [la revelación] junto a quienes retuercen la lógica para negar la verdad, **46.** y desmentíamos la existencia del Día del Juicio **47.** hasta que nos alcanzó la muerte [y con ella la certeza]". **48.** A estos no les beneficiará intercesión alguna.

Advertencia a los negadores paganos

49. ¿Qué les pasa que se apartan de la amonestación [del Corán] **50.** como si fueran cebras espantadas **51.** huyendo de un león? **52.** Ellos quisieran que descendieran [del cielo] páginas con un mensaje especial [que les confirmase que Mujámmad es un Mensajero de Dios]. **53.** Pero no se lo concederemos, porque no tienen temor devocional a la vida del más allá. **54.** [El Corán] es una exhortación **55.** para que reflexione quien quiera. **56.** Pero solo lo harán aquellos para quienes Dios quiera la guía. Solo Él es digno de ser adorado, y solo Él es la fuente del perdón.

75. La resurrección

(Al-Qiyamah)

Este capítulo del Corán fue revelado en La Meca, y refuta la negación pagana de la Resurrección y el Día del Juicio. El capítulo deja en claro que la muerte y el juicio son ineludibles. El hecho de que Dios creó a los seres humanos a partir de fluidos humildes y es capaz de juzgarlos a todos , se detalla en el próximo capítulo.

En el nombre de Dios,
el Compasivo, el Misericordioso

Advertencia a los que niegan la Resurrección

1. Juro por el Día de la Resurrección, **2.** y juro por el alma que se reprocha a sí misma [cuando comete una falta]. **3.** ¿Acaso cree el ser humano que no volveré a reunir sus huesos? **4.** ¡Claro que sí! Soy capaz incluso de recomponer sus huellas digitales. **5.** Pero el ser humano [reniega del Día de la Resurrección y] quiere obrar como un libertino lo que le queda de vida. **6.** Y pregunta [burlonamente]: "¿Cuándo será el día de la Resurrección?" **7.** Pero cuando [llegue ese día y] la vista quede aturdida, **8.** se eclipse la Luna, **9.** y se junten el Sol y la Luna, **10.** el hombre dirá entonces: "¿A dónde puedo huir?" **11.** ¡Pues no! No habrá refugio [a donde escapar]. **12.** Ese día, todos comparecerán ante tu Señor. **13.** Ese día se le informará al ser humano todo cuanto hizo y dejó de hacer. **14.** El ser humano dará testimonio contra sí mismo. **15.** Y aunque intente justificarse [no podrá hacerlo].

El afán del Profeta por memorizar el Corán

16. [¡Oh, Mujámmad!] No muevas tu lengua deprisa repitiendo [la revelación][1], **17.** porque a Mí me corresponde conservarla [en tu corazón libre de toda tergiversación] para que la recites. **18.** Y cuando te la transmita sigue atentamente la recitación. **19.** Luego te explicaré claramente su significado.

Advertencia a los negadores

20. Pero [los seres humanos] aman la vida pasajera **21.** y descuidan la vida del más allá. **22.** Ese día, habrá rostros resplandecientes [de felicidad] **23.** contemplando a su Señor. **24.** Pero otros rostros estarán ensombrecidos, **25.** al conocer la calamidad que caerá sobre ellos.

La muerte de un negador

26. Cuando el alma llegue a la garganta [en la agonía de la muerte], **27.** y digan [quienes están junto al agonizante]: "¿Hay alguien que pue-

---

1 El Profeta, que la paz y las bendiciones de Dios sean con él, en su afán por memorizar lo que le estaba siendo revelado, movía rápidamente los labios, pero Dios le indica que se tranquilice, que Él lo grabaría en su corazón y lo preservaría de todo intento de tergiversación.

da curarlo?" **28.** El agonizante sabrá que llega el momento de partir [de este mundo], **29.** y que sus piernas rígidas ya no podrán levantarlo de la agonía de la muerte. **30.** Ese día será conducido hacia su Señor. **31.** Quien no haya aceptado el Mensaje ni haya cumplido con las oraciones, **32.** sino que desmentía [la verdad] y le daba la espalda **33.** y luego iba a los suyos arrogante, **34.** ¡ay de él! Ya verá. **35.** ¡Sí! ¡Ay de él! Ya verá.

La capacidad de Dios de crear y resucitar

36. ¿Acaso cree el ser humano que no será responsable de sus actos? **37.** ¿Acaso no fue un óvulo fecundado por una gota de esperma eyaculada? **38.** ¿Y luego un embrión? Dios lo creó y le dio forma armoniosa. **39.** Y creó de allí la pareja: el hombre y la mujer. **40.** Quien ha hecho todo esto, ¿acaso no va a ser capaz de resucitar a los muertos?

76. El ser humano

(Al-Insân)

Este capítulo del Corán fue revelado en La Meca, y les recuerda a los seres humanos cómo Dios los creó, los equipó con diversas facultades, les mostró el camino, y les dio libre albedrío. La recompensa de quienes eligen creer se menciona en extenso en este capítulo, y de manera pasajera en el siguiente (77:41-44), mientras que la recompensa de los que eligen no creer se menciona de forma pasajera en este capítulo (versículo 4) y en gran detalle en el que sigue. Se le aconseja al Profeta (ﷺ) que sea firme y que no ceda ante los negadores del Día del Juicio.

En el nombre de Dios,
el Compasivo, el Misericordioso

El libre albedrío

1. ¿Acaso no hubo un lapso enorme de tiempo en el cual el ser humano no existía y ni siquiera era mencionado? **2.** Creé al ser humano de un óvulo fecundado para ponerlo a prueba. Lo agracié con el oído y la vista. **3.** Y le mostré el camino [para que libremente elija] ser de los agradecidos o de los ingratos.

La recompensa de los ingratos

4. A los que rechacen el Mensaje les he preparado cadenas, argollas y un fuego abrasador.

La recompensa de los agradecidos

5. Los creyentes sinceros tomarán bebidas dulces en copas aromatizadas, **6.** que brotarán de un manantial siempre accesible del que solo beberán los servidores de Dios. **7.** [Son realmente creyentes] los que cumplen sus promesas y temen el Día del Juicio, cuyo alcance será extensivo. **8.** Y, a pesar del amor que tienen por sus bienes materiales, alimentan al pobre, al huérfano y al prisionero. **9.** Dicen: "Les damos de comer simplemente porque anhelamos el rostro de Dios. En realidad no esperamos de ustedes retribución ni agradecimiento. **10.** Tenemos temor de que nuestro Señor nos castigue el día [del Juicio que será] terrible y penoso". **11.** Pero Dios los preservará del mal de ese día y los llenará de esplendor y alegría. **12.** Los retribuirá por su paciencia con el Paraíso y vestimentas de seda.

Los placeres en el Paraíso

13. [En el Paraíso] estarán reclinados sobre sofás, a salvo del calor ardiente del Sol y la severidad del frío. **14.** Estarán cubiertos por una sombra cercana y fresca de árboles, cuyos frutos serán fáciles de alcanzar. **15.** Serán servidos con vasijas de plata y copas diáfanas **16.** de cristal plateado hechas a su gusto. **17.** Les servirán en copas aromatizadas una bebida con jengibre **18.** extraída de una fuente del Paraíso, dulce y siempre accesible[1]. **19.** Rondarán entre los creyentes, sirvientes de juventud eterna. Si los vieras creerías que son perlas esparcidas. **20.** Y al mirar solo encontrarás felicidad y un reino vasto. **21.** [Quienes lo habiten] vestirán de verde satén y de brocado, y llevarán brazaletes de plata. Su Señor les dará de beber una bebida pura. **22.** [Y se les dirá:] "Esta es la recompensa. Su esfuerzo ha sido aceptado [por Dios]".

Tranquilizando al Profeta

23. [¡Oh, Mujámmad!] Te he revelado el Corán gradualmente [en respuesta a distintas situaciones]. **24.** Espera pacientemente el juicio de tu Señor y no obedezcas al pecador desagradecido. **25.** Y celebra el nombre de tu Señor por la mañana y por la tarde. **26.** Y por la noche prostérnate ante Él. Usa gran parte de la noche para glorificarlo.

Mensaje a los negadores

27. Los que rechazan el Mensaje aman la vida efímera y dan la espalda a un día cargado de aflicción [en el que serán juzgados]. **28.** [No reconocen que] Yo los he creado y les he dado una constitución física fuerte, pero si quisiera podría sustituirlos por otros iguales. **29.** Esta revelación es para reflexionar. Quien quiera, que tome un camino hacia su Señor. **30.** Pero no querrán a menos que quiera Dios, porque Dios todo lo sabe, es Sabio. **31.** Él acoge en Su misericordia a quien quiere, pero a los opresores les ha preparado un castigo doloroso.

---

1 Este versículo presenta dos opciones interpretativas respecto a la palabra árabe "*salsabil* سلسبيل"; la primera es la que se eligió en esta traducción: que se trata de una característica de la fuente; y la segunda es que la fuente tendría por nombre "*Salsabil*". Y Dios sabe más.

77. Los que son enviados

(Al-Mursalât)

Al igual que los dos capítulos previos y los dos subsecuentes, este capítulo que fue revelado en La Meca deja en claro que el poder de Dios para crear debe tomarse como prueba de Su capacidad de resucitar a los muertos para el día del Juicio Final. Los horrores de la Hora y el castigo de los incrédulos son expresados en términos fuertes.

En el nombre de Dios,
el Compasivo, el Misericordioso

El Día del Juicio es inevitable

1. Juro por los [ángeles] enviados uno tras de otro, **2.** por los [ángeles] encargados de los vientos que soplan violentamente, **3.** por los [ángeles] que conducen y extienden las nubes, **4.** por los [ángeles] que distinguen claramente, **5.** por los [Profetas] que transmiten Mensajes **6.** como aclaración o advertencia [para el Día del Juicio]. **7.** Tengan certeza de que aquello con que se les advierte se cumplirá

Los horrores del Día del Juicio

8. cuando las estrellas pierdan su luz, **9.** cuando el cielo se resquebraje, **10.** cuando las montañas sean convertidas en polvo **11.** y los Mensajeros sean convocados. **12.** ¿Para qué día se los convocará? **13.** Para el Día del Juicio. **14.** ¿Y qué te hará comprender qué es el Día del Juicio? **15.** ¡Cuán desdichados serán ese día los que negaron la verdad!

El poder infinito de Dios

16. ¿Acaso no destruí otros pueblos antiguos [que rechazaron el Mensaje]? **17.** Luego les siguieron otros pueblos [de desmentidores]. **18.** Eso es lo que sucede a los pecadores. **19.** ¡Cuán desdichados serán ese día los que negaron la verdad! **20.** ¿No los he creado de un líquido insignificante **21.** que deposité en un lugar seguro [el útero] **22.** por un tiempo determinado? **23.** Así lo he decretado, y Mi decreto es perfecto. **24.** ¡Cuán desdichados serán ese día los que negaron la verdad! **25.** ¿Acaso no he hecho de la tierra una morada **26.** para los vivos y los muertos, **27.** y he puesto en ella montañas elevadas y firmes? ¿Acaso no les he dado de beber agua dulce? **28.** ¡Cuán desdichados serán ese día los que negaron la verdad!

Malas noticias para los que niegan el Infierno

29. [Se les dirá:] Diríjanse a lo que desmentían [el Infierno]. **30.** Diríjanse a la sombra [infernal] ramificada en tres, **31.** que no protege ni salva de las llamas, **32.** pues arroja chispas grandes como palacios. **33.** Chispas que semejan camellos pardos[1]. **34.** ¡Cuán desdichados serán ese día los que negaron la verdad! **35.** Ese

---

1 Se asemejan en su color oscuro y gran tamaño.

día no hablarán **36.** ni se les permitirá excusarse. **37.** ¡Cuán desdichados serán ese día los que negaron la verdad! **38.** Este es el día de la sentencia. Los he reunido a los primeros y a los últimos. **39.** Si creen tener alguna treta [para huir], úsenla ahora. **40.** ¡Cuán desdichados serán ese día los que negaron la verdad!

Albricias para los creyentes

41. Pero los que hayan tenido temor de Dios, estarán bajo sombras frescas entre manantiales. **42.** Tendrán las frutas que deseen. **43.** [Se les dirá:] "Coman y beban cuanto quieran como recompensa por lo que obraron". **44.** Así recompensaré a los que hagan el bien. **45.** ¡Cuán desdichados serán ese día los que negaron la verdad!

Advertencia para los negadores

46. [¡Aquellos que niegan el Mensaje!] Coman y disfruten temporalmente, porque están hundidos en el pecado. **47.** ¡Cuán desdichados serán ese día los que negaron la verdad! **48.** Cuando se les dice: "Hagan la oración", no la hacen. **49.** ¡Cuán desdichados serán ese día los que negaron la verdad! **50.** ¿En qué otro Mensaje fuera de este han de creer?

78. La noticia

(An-Naba')

Este capítulo del Corán fue revelado en La Meca, y refuta por completo los argumentos de quienes niegan el Más Allá, citando algunas de las maravillas de la creación de Dios como prueba de Su capacidad de resucitar a los muertos y de dar a cada quien lo que merece según sus obras.

En el nombre de Dios,
el Compasivo, el Misericordioso

Los paganos se burlan de la verdad

1. ¿Sobre qué se preguntan unos a otros? **2.** Sobre la gran noticia [el Mensaje del Islam] **3.** acerca de la cual discrepan. **4.** Pero no es lo que piensan, ya verán [por desmentirla]. **5.** Indudablemente no es lo que piensan; ya verán.

El milagro de la creación de Dios

6. ¿Acaso no hice de la tierra un lecho, **7.** de las montañas estacas, **8.** los cree en parejas [hombre y mujer], **9.** hice que el sueño sea descanso, **10.** que la noche lo cubra, **11.** que el día sea para procurar el sustento, **12.** construí sobre ustedes siete cielos firmes[1], **13.** puse una lámpara resplandeciente [el Sol], **14.** e hice descender de las nubes agua abundante **15.** para que broten semillas y plantas **16.** y florezcan jardines frondosos?

Los horrores del Día del Juicio

17. El Día del Juicio Final ya está determinado. **18.** Ese día, se soplará la trompeta y ustedes se presentarán en grupos. **19.** El cielo será abierto, transformándose en un portal. **20.** Las montañas desaparecerán como si hubieran sido un espejismo.

El castigo de los incrédulos

21. El Infierno estará al acecho, **22.** será la morada de los transgresores **23.** que permanecerán en él eternamente. **24.** Allí no podrán sentir frescor ni saciar su sed. **25.** Solo beberán un líquido hirviente y nauseabundo, **26.** como castigo justo por lo que hicieron [en la vida mundanal]. **27.** Ellos no esperaban tener que rendir cuentas, **28.** y por eso desmintieron abiertamente Mi Mensaje, **29.** pero Yo lo registré todo en un libro. **30.** [Se les dirá a los desmentidores:] "Sufran las consecuencias, no haré sino aumentarles el castigo".

La recompensa de los creyentes

31. En cambio, los piadosos obtendrán la bienaventuranza[2] **32.** donde habrá huertos y vides, **33.** compañeras de eterna juventud, **34.** y copas desbordantes. **35.** Allí no oirán banalidades ni falsedades. **36.** Esta es

---

1 Ver Corán 23:86 y su comentario.

2 El Paraíso.

la recompensa de tu Señor, que concederá generosamente. **37.** El Señor de los cielos, de la Tierra y de lo que hay entre ellos, el Compasivo. Nadie puede hablar ante Él excepto con Su permiso. **38.** El día en que el Espíritu[3] junto con los demás ángeles se pongan en fila, nadie hablará, salvo aquel a quien el Compasivo se lo permita, y solo podrá decir la verdad. **39.** Ese es el día en que se establecerá total justicia. Quien quiera, entonces, que busque refugio en Su Señor.

Llamado de atención a la humanidad

40. Les he advertido de este castigo inminente. Ese día cada ser humano ha de contemplar sus obras, y entonces dirá quien haya desmentido el Mensaje: "¡Ojalá fuera polvo [para no ser juzgado]!"

---

3 El ángel Gabriel.

79. Los ángeles arrancadores

(An-Nâzi'ât)

Este capítulo del Corán fue revelado en La Meca, y hace hincapié en que el Día del Juicio es inevitable y su tiempo solo Dios lo conoce. La destrucción del Faraón es citada como elemento disuasorio para los incrédulos.

En el nombre de Dios,
el Compasivo, el Misericordioso

El Más Allá es inevitable

1. Juro por los [ángeles] que arrancan las almas [de los que desmienten el Mensaje], **2.** por los [ángeles] que toman suavemente las almas [de los creyentes], **3.** por los [ángeles] que viajan por el cosmos, **4.** por los [ángeles] que se apresuran [a cumplir su función] **5.** y por los [ángeles] que cumplen su mandato. **6.** Que el día que sea tocada la trompeta por primera vez [y comience el fin del mundo] **7.** y luego sea tocada por segunda vez [y comience la resurrección], **8.** los corazones ese día se estremecerán **9.** y las miradas estarán abatidas. **10.** Pero a pesar de esto [los que desmienten el Mensaje] dicen: "¿Acaso seremos resucitados de las tumbas **11.** a pesar de habernos convertido en polvo?" **12.** Dicen: "Si sucediera, estaríamos arruinados". **13.** Pero bastará que la trompeta sea tocada una vez **14.** para que todos salgan de sus tumbas.

El Faraón destruido por su negación

15. ¿Acaso has escuchado la historia de Moisés? **16.** Cuando su Señor lo llamó en el valle sagrado de Tuwa[1] **17.** [y le dijo:] "Ve ante el Faraón, pues se ha excedido, **18.** y dile: '¿No deseas purificar tu comportamiento? **19.** Yo te enseñaré el sendero de tu Señor para que seas piadoso'". **20.** Y [Moisés] le mostró [al Faraón] uno de sus grandes milagros[2]. **21.** Pero el Faraón lo desmintió y rechazó seguirlo. **22.** Luego le dio la espalda y desobedeció [el Mensaje]. **23.** Y convocó [a su pueblo] y les dijo: **24.** "Yo soy su Señor supremo". **25.** Por eso Dios lo castigará en la otra vida, pero también en esta. **26.** En esta historia hay motivo de reflexión para quien tiene temor de Dios.

La Resurrección es más fácil que la creación

27. ¿Acaso piensan que ustedes fueron más difíciles de crear que el cielo que Él edificó? **28.** Él lo elevó y perfeccionó su construcción. **29.** Dios hizo que la noche fuese oscura y que

---

1 Ver Corán 20:112.

2 Referencia a cuando Moisés arrojó su vara y esta se convirtió en serpiente, y cuando introdujo su mano cerca de su corazón y esta salió blanca, resplandeciente.

le sucediera la claridad de la mañana. **30.** Luego extendió la tierra. **31.** Hizo surgir de ella agua y pasturas. **32.** Fijó las montañas. **33.** Todo para beneficio de ustedes y de sus rebaños.

Los horrores del Día del Juicio

34. El día que suceda la gran calamidad [el fin del mundo] **35.** el ser humano recordará todo lo que haya hecho, **36.** y será expuesto el fuego del Infierno para que lo vean. **37.** Quien se haya extralimitado **38.** y preferido la vida mundanal, **39.** su morada será el Infierno. **40.** En cambio, quien haya tenido conciencia de que comparecerá ante su Señor y haya preservado su alma de seguir sus pasiones, **41.** su morada será el Paraíso.

La pregunta burlona de los negadores

42. Te preguntan cuándo será la hora del Juicio Final. **43.** Pero tú [¡Oh, Mujámmad!] no tienes conocimiento de cuándo será. **44.** Solo tu Señor lo sabe. **45.** Tú solamente eres un advertidor para quienes tienen temor [al Juicio]. **46.** El día que lo vean suceder, les parecerá haber permanecido en la vida mundanal solo el tiempo equivalente a una tarde o una mañana[3].

---

3 Como en muchos otros lugares del Corán (2:259, 17:52, 18:19, 20:103-104, 23:112-113, 30:55, etc.), esto es una indicación sutil de la naturaleza terrenal e ilusoria del concepto humano de “tiempo”, un concepto que perderá todo significado en el contexto de la realidad última comprendida en el término “más allá” (*Al Ájira*).

80. El Ceño

('Abasa)

En un hadiz compilado por At-Tirmidhi, un hombre ciego de nombre Abdul-lah ibn Umm Maktum, uno de los primeros musulmanes, acudió al Profeta (ﷺ) buscando aprender algo de la fe, mientras el Profeta (ﷺ) se encontraba en medio de una discusión con un pagano de la élite de La Meca, tratando de convencerlo de abandonar a sus ídolos y creer en el Único Dios Verdadero. Abdul-lah estaba tan impaciente que interrumpió varias veces la discusión. El Profeta (ﷺ) frunció el ceño y centró toda su atención en el hombre con el que estaba hablando. Este capítulo del Corán fue revelado en La Meca, diciéndole al Profeta (ﷺ) que debía haber atendido al hombre creyente que estaba ansioso por aprender. Después de que este capítulo fue revelado, el Profeta (ﷺ) honró a Abdul-lah, llamándolo 'el hombre por quien mi Señor me reprendió'. En varias ocasiones cuando el Profeta (ﷺ) viajaba lo nombraba su suplente en Medina. El capítulo llama a los incrédulos ingratos a reflexionar sobre cómo Dios produce plantas que salen de la Tierra, para que se den cuenta de cómo Él puede sacar a los muertos de sus tumbas.

En el nombre de Dios,
el Compasivo, el Misericordioso

Lección al Profeta

1. [¡Oh, Mujámmad!] Frunciste el ceño y le diste la espalda **2.** al ciego cuando se presentó ante ti[1]. **3.** ¿Cómo sabes que no quería purificarse [aprendiendo de ti el conocimiento], **4.** o beneficiarse con tus enseñanzas? **5.** En cambio, al soberbio **6.** le dedicaste toda tu atención. **7.** Pero tú no eres responsable si él rechaza purificarse [de la idolatría, ya que tu obligación solo es transmitir el Mensaje]. **8.** En cambio, aquel que se presentó ante ti con deseos [de aprender], **9.** teniendo temor de Dios, **10.** te apartaste de él. **11.** No lo vuelvas a hacer, porque este Mensaje es para toda la humanidad. **12.** Quien quiera, que reflexione y obre acorde a él. **13.** Pues el Mensaje está registrado en páginas honorables, **14.** distinguidas y purificadas, **15.** en manos de [ángeles] encargados de ejecutar las órdenes de Dios, **16.** nobles y obedientes.

Recordatorio a los que niegan la Resurrección

17. El ser humano se destruye a sí mismo con su ingratitud. **18.** ¿Acaso no sabe de qué ha sido creado? **19.** De un óvulo fecundado, que crece en etapas según lo [que Él ha] establecido. **20.** Luego le facilita el camino. **21.** Luego lo hace morir y ser

1 Referencia a cuando '*Abdullah Ibn Umm Maktum*, que era ciego, interrumpió al Profeta, que la paz y las bendiciones de Dios sean con él, que estaba predicando el Islam a los nobles de la tribu de *Quraish*.

enterrado. **22.** Finalmente lo resucita cuando Él quiere. **23.** Pero a pesar de esto no cumple con los preceptos que se le ordenan. **24.** El ser humano debería reflexionar sobre su alimento: **25.** Hice descender el agua en abundancia, **26.** luego hice que la tierra brotara. **27.** Hice surgir de ella granos, **28.** vides, hierbas, **29.** olivos, palmeras, **30.** huertos frondosos, **31.** frutos y forraje **32.** para beneficio de ustedes y de sus rebaños.

El Día Abrumador

33. El día que llegue el estruendo terrible [comenzando el fin del mundo], **34.** el ser humano huirá de su hermano, **35.** de su madre y de su padre, **36.** de su esposa y de sus hijos. **37.** Ese día cada uno estará preocupado por sí mismo. **38.** Ese día habrá rostros radiantes, **39.** risueños y felices [por haber alcanzado la salvación]. **40.** Pero habrá otros rostros ensombrecidos, **41.** apesadumbrados [por haber merecido la condena al Infierno]. **42.** Esos serán los que rechazaron el Mensaje y los transgresores [de la ley].

81. El arrollamiento

(At-Takwîr)

Este capítulo del Corán fue revelado en La Meca, y describe algunos de los eventos del fin de los tiempos que conducirán hacia el Día del Juicio, donde todos enfrentarán las consecuencias de sus actos. El capítulo cierra subrayando que el Corán es la Palabra revelada de Dios y que el Profeta (ﷺ) no está loco, como afirmaban los paganos.

En el nombre de Dios,
el Compasivo, el Misericordioso

Los horrores del final de los tiempos

1. Cuando el Sol se contraiga [y oscurezca], **2.** cuando las estrellas pierdan su luz, **3.** cuando las montañas sean pulverizadas, **4.** cuando las camellas preñadas[1] sean dejadas de lado, **5.** cuando las bestias salvajes sean acorraladas, **6.** cuando los mares hiervan y se desborden, **7.** cuando las almas vuelvan a emparejarse [con sus cuerpos], **8.** cuando se le pregunte a las niñas que fueron enterradas vivas **9.** por qué pecado las mataron[2], **10.** cuando los registros [de las obras] sean repartidos, **11.** cuando la bóveda celeste desaparezca, **12.** cuando el fuego del Infierno sea avivado, **13.** y cuando el Paraíso sea acercado. **14.** En ese momento sabrá cada alma el resultado de sus obras.

Mensaje a los negadores

15. Juro por los astros **16.** que recorren sus órbitas, **17.** y [juro] por la noche cuando extiende su oscuridad, **18.** y [juro] por la mañana cuando extiende su luminosidad, **19.** que [el Corán] es la palabra [de Dios transmitida] por un emisario noble[3], **20.** dotado de poder y distinción ante el Señor del Trono. **21.** El obedecido [por otros ángeles] y el digno confidente [de la revelación]. **22.** [Sepan que] su compañero [el Profeta Mujámmad] no es un loco, **23.** lo vio [al ángel Gabriel] en el horizonte claro, **24.** no oculta nada de lo que le fue revelado. **25.** [El Corán] no es la palabra de un demonio maldito. **26.** ¿A dónde irán [con ese argumento]? **27.** [El Corán] es un Mensaje para toda la humanidad, **28.** para que se encamine quien quiera. **29.** Pero sepan que solo se encaminará quien quiera Dios, Señor del universo.

---

1 Imagen que representa la gravedad de la situación, ya que por su preocupación las personas abandonan aquellas cosas que les son muy preciadas.

2 Los árabes en la época preislámica enterraban a sus hijas vivas por temor a la pobreza o a que estas pudieran caer en manos de los enemigos y eso trajera deshonra a su familia.

3 El ángel Gabriel.

82. La ruptura

(Al-Infiṭâr)

Al igual que el capítulo previo, este capítulo del Corán que fue revelado en La Meca describe algunos de los horrores del Día del Juicio. Se critica a los incrédulos por ser desagradecidos con su Creador. Todos rendirán cuentas de sus actos, que son registradas a perfección por ángeles vigilantes.

En el nombre de Dios,
el Compasivo, el Misericordioso

Los horrores de la Hora Final

1. Cuando el cielo se rompa, **2.** cuando los planetas salgan de sus órbitas, **3.** cuando los mares se desborden **4.** y cuando las tumbas se abran. **5.** En ese momento sabrá cada alma lo que hizo de bien y de mal.

La ingratitud humana

6. ¡Oh, seres humanos! ¿Qué fue lo que los engañó para que se apartaran de su Señor Generoso? **7.** Quien los creó, les dio forma y una conformación armoniosa, **8.** y les dio la más hermosa figura que quiso para ustedes. **9.** Pero aun así desmienten el Día del Juicio. **10.** Hay ángeles que registran sus obras, **11.** nobles escribas **12.** que saben lo que ustedes hacen.

Advertencia del Día del Juicio

13. Los piadosos disfrutarán delicias [en esta vida y en el Paraíso], **14.** mientras que los pecadores, en cambio, sufrirán tormento [en esta vida y en la otra], **15.** y arderán en el Infierno desde el Día del Juicio, **16.** del que no podrán salir. **17.** ¿Qué te hará comprender todo lo que sucederá el Día de la Retribución? **18.** [¡Reflexiona!] ¿Qué te hará comprender todo lo que sucederá el Día de la Retribución? **19.** Ese día nadie podrá hacer nada por nadie, porque será Dios Quien decida.

83. Los tramposos

(Al-Muṭaffifîn)

Este capítulo del Corán fue revelado en La Meca, y comienza con una advertencia sobre el terrible día que se les avecina a aquellos que manipulan las balanzas, el día en que los malvados serán castigados con severidad y los virtuosos serán recompensados con generosidad. El capítulo termina declarando que los incrédulos recibirán su merecido por burlarse de los creyentes.

En el nombre de Dios,
el Compasivo, el Misericordioso

Advertencia a quienes engañan al prójimo

1. ¡Ay de los tramposos! **2.** Que cuando compran exigen el peso exacto, **3.** pero cuando venden hacen trampa [dando menos] en el peso y la medida. **4.** ¿Acaso no saben que serán resucitados? **5.** En un día terrible, **6.** un día en el que comparecerán los seres humanos ante el Señor del universo.

El destino de los malvados

7. No quedarán impunes como piensan, porque el registro de los pecadores está en un libro ineludible. **8.** ¿Y qué te hará saber lo que es un libro ineludible? **9.** Es un libro donde se registran las obras de los pecadores. **10.** ¡Cuán desdichados serán ese día los que negaron la verdad! **11.** Los que desmintieron el Día del Juicio, **12.** pues solo lo desmienten los transgresores y los pecadores. **13.** Quienes, cuando les es recitada Mi palabra, dicen: "Son fábulas de los pueblos antiguos". **14.** Pero no es así, sino que sus corazones están duros, llenos de herrumbre, debido a los pecados que cometieron. **15.** No es así, sino que ese día[1] no podrán ver a su Señor. **16.** Luego serán llevados al Infierno, **17.** donde se les dirá: "Esto es lo que desmentían y rechazaban".

El destino de los virtuosos

18. En cambio, el registro de los bienaventurados será un libro noble. **19.** ¿Y qué te hará saber lo que es un libro noble? **20.** Es el libro donde se registran las obras de los que hacen el bien, **21.** que puede ser visto por los [ángeles] cercanos [a Dios]. **22.** Los bienaventurados gozarán las delicias del Paraíso, **23.** recostados en sofás, contemplando. **24.** Reconocerás en sus rostros el resplandor de la dicha. **25.** Se les dará de beber un néctar sellado, **26.** cuyo último sorbo deja un sabor a almizcle. ¡Que se esfuercen por alcanzarla los aspirantes! **27.** [El néctar] estará mezclado con agua de *Tasnim*, **28.** un manantial del que solo beberán los más cercanos a Dios.

---

1 El Día del Juicio Final.

Quien rie último

29. Los que se abandonan al pecado se ríen [en esta vida] de los creyentes. **30.** Cuando pasan junto a ellos se hacen gestos [despectivos], **31.** y cuando regresan a sus hogares se jactan [de ello]. **32.** Cuando ven a los suyos dicen: "Ellos son unos desviados", **33.** aunque no les fue encargado velar por ellos[2]. **34.** Pero este día los creyentes serán quienes se rían de los que rechazaron la verdad. **35.** [Los creyentes] estarán reclinados sobre sofás, contemplando [el Rostro de Dios]. **36.** ¿Acaso los que rechazaron la verdad no han recibido una retribución justa por sus propias obras?

---

2 Por los creyentes.

84. El resquebrajamiento

(Al-Inshiqâq)

Como continuación de los capítulos previos, este capítulo del Corán que fue revelado en La Meca profundiza sobre qué se debe esperar en el Día del Juicio. Los creyentes recibirán sus registros de obras en su mano derecha y se regocijarán luego de un juicio fácil, mientras que los incrédulos recibirán los registros de sus obras en su mano izquierda y suplicarán una destrucción instantánea. Se critica a los incrédulos por no someterse a Dios, en contraste con el sometimiento total del cielo y de la Tierra en los versículos 1 a 5.

En el nombre de Dios,
el Compasivo, el Misericordioso

Los horrores del Día del Juicio

1. Cuando el cielo se resquebraje **2.** en cumplimiento de la orden de su Señor, como es debido. **3.** Cuando la tierra sea aplanada, **4.** y expulse lo que hay en su seno y quede vacía, **5.** en cumplimiento de la orden de su Señor, como es debido.

El destino de los creyentes y de los malvados

6. ¡Oh, ser humano! Haz de comparecer ante tu Señor y ver el resultado de tus obras. **7.** Quien reciba el registro de sus obras en su mano derecha **8.** tendrá un juicio fácil, **9.** y [una vez terminado] se reunirá jubiloso con su gente [en el Paraíso]. **10.** Mientras que quien reciba el registro de sus obras por detrás de su espalda, **11.** suplicará ser destruido definitivamente. **12.** Pero será arrastrado al castigo del Infierno. **13.** Él vivía alegre con su familia [despreocupado del más allá] **14.** pensando que jamás comparecería [ante Dios]. **15.** Pero sí, su Señor estaba bien informado de lo que hacía.

Invitación a creer

16. Juro por el crepúsculo, **17.** por la noche y por las criaturas que habitan en ella, **18.** y por la Luna cuando alcanza el plenilunio, **19.** que [los seres humanos] pasan de un estado a otro. **20.** ¿Qué es lo que les impide creer? **21.** ¿Qué les impide prosternarse cuando se les recita el Corán? **22.** Los que rechazan la verdad se empeñan en desmentir [el Mensaje]. **23.** Pero Dios conoce bien lo que ocultan [sus corazones]. **24.** Anúnciales un castigo doloroso, **25.** salvo a quienes crean y obren rectamente, porque ellos recibirán una recompensa inagotable.

85. Las grandes constelaciones

(Al-Burûch)

El comienzo de este capítulo que fue revelado en La Meca condena la persecución de los cristianos de Nayrán (una ciudad de Arabia Saudita en la frontera con Yemen) a manos de los paganos alrededor del año 524 e. c. Se les advierte a los tiranos con el tormento del Fuego, mientras que a los creyentes se les promete una recompensa enorme en el Paraíso. Tanto este capítulo como el subsecuente juran por el cielo imponente, enfatizan el poder infinito de Dios, hace una advertencia a los malhechores, y enfatizan la divinidad del Corán.

En el nombre de Dios,
el Compasivo, el Misericordioso

El pueblo del pozo de fuego

1. Juro por el cosmos y sus constelaciones, **2.** por el día prometido [el Día del Juicio Final], **3.** y por el testigo y lo atestiguado, **4.** que los que arrojaron a los creyentes al foso del fuego fueron maldecidos[1]. **5.** En el foso encendieron un fuego ardiente, **6.** y se sentaron en sus bordes **7.** para presenciar lo que cometían contra los creyentes, **8.** cuya única culpa para merecer ese castigo era creer en Dios, el Poderoso, el Loable, **9.** a Quien pertenece el reino de los cielos y de la tierra. Dios es testigo de todo. **10.** Quienes persigan a los creyentes y a las creyentes y no se arrepientan [antes de morir], sufrirán en el Infierno un castigo abrasador. **11.** En cambio, quienes hayan creído y obrado correctamente serán recompensados con jardines por donde corren los ríos. Ese es el triunfo grandioso.

Advertencia a los paganos árabes

12. ¡Pero el castigo de tu Señor es severo! **13.** Él da origen y reproduce. **14.** Él es el Absolvedor, el Afectuoso. **15.** Señor del Trono, el Majestuoso. **16.** Hacedor de Su voluntad. **17.** ¿Has escuchado la historia de los ejércitos [criminales] **18.** del Faraón y del pueblo de Zamud [que desmintieron a los Mensajeros y los destruí]? **19.** Sin embargo, los que niegan la verdad continúan desmintiendo. **20.** Pero Dios los domina sin que lo sepan. **21.** Este es un Corán glorioso **22.** \que está registrado en la Tabla Protegida.

---

1 Referencia a la historia de un rey incrédulo que hizo cavar un foso donde arrojó a los creyentes que no querían renegar de su fe y tomarlo a él como Dios.

86. El astro nocturno

(Aṭ-Ṭâriq)

En este capítulo del Corán que fue revelado en La Meca, Dios jura que cualquier cosa que haga una persona es registrada por ángeles vigilantes, y de que la Resurrección es tan fácil para Dios como la primera creación. Se hace también un juramento de que el Corán es un mensaje decisivo, y se da una advertencia a quienes conspiran en contra de Dios.

En el nombre de Dios,
el Compasivo, el Misericordioso

El poder de Dios para crear y resucitar

1. Juro por el cosmos y el astro nocturno. **2.** ¿Y qué puede hacerte comprender lo que es el astro nocturno? **3.** Es una estrella fulgurante. **4.** Todo ser humano tiene designado un ángel protector que registra sus obras. **5.** Que medite el hombre de qué fue creado: **6.** Fue creado de un líquido seminal **7.** que proviene de entre las entrañas [del hombre] y el arco pélvico [de la mujer]. **8.** [Así como lo ha creado la primera vez] Él tiene el poder para resucitarlo. **9.** El día que sean revelados todos los secretos, **10.** y [el ser humano] no tenga fuerzas [para defenderse] a sí mismo ni auxiliador alguno.

Advertencia a los árabes paganos

11. Juro por el cielo que devuelve [el agua que sube en forma de lluvias], **12.** y por la tierra que se abre para que broten los cultivos, **13.** que el Corán es la Verdad que discrimina [la verdad de la falsedad], **14.** y no es algo trivial. **15.** [Los que niegan la verdad] traman [cizañas], **16.** pero Yo desbarato sus planes. **17.** Sé tolerante con los que niegan la verdad, y dales un tiempo.

87. El Altísimo

(Al-A'la)

A diferencia de los malvados que conspiran en contra de Dios (según el final del capítulo anterior), se le ordena al Profeta (ﷺ) al comienzo de este capítulo revelado en La Meca que glorifique a su Señor. Este mundo fugaz es comparado con la corta vida de las plantas (versículos 4 a 5). Se consuela al Profeta (ﷺ) con el apoyo de Dios, y se les advierte a los tiranos que se quemarán en el Infierno. Esta advertencia es subrayada en el capítulo siguiente.

En el nombre de Dios,
el Compasivo, el Misericordioso

El Creador

1. Glorifica el nombre de tu Señor, el Altísimo, **2.** Quien creó todas las cosas a la perfección **3.** y decretó para cada ser su función; **4.** Quien hace brotar la hierba, **5.** y luego la convierte en heno seco.

El Corán y el camino de la facilidad

6. [¡Oh, Mujámmad!] Haré que recites [el Corán] y no lo olvides. **7.** Salvo que Dios quiera, pues Él conoce lo manifiesto y lo oculto. **8.** Te dirigiré por el camino de la facilidad. **9.** Exhorta [con el Corán], porque el recuerdo es beneficioso. **10.** Quien tenga temor de Dios recapacitará [con tu exhortación], **11.** pero el negador de la verdad la rechazará **12.** y por eso será abrazado por un gran fuego, **13.** donde no podrá morir [para descansar del sufrimiento] ni vivir [sin dolor].

El camino al éxito

14. ¡Será de los bienaventurados quien se purifique [de la idolatría y los pecados], **15.** recuerde el nombre de su Señor y cumpla con sus oraciones! **16.** Pero [muchos] prefieren la vida mundanal, **17.** aunque deben saber que la vida del más allá es superior y eterna. **18.** Este Mensaje se encuentra mencionado en las primeras revelaciones, **19.** en las revelaciones recibidas por Abraham y Moisés.

88. El día que todo lo alcanza

(Al-Ghâshiah)

Este capítulo del Corán fue revelado en La Meca, y compara el destino en el Más Allá de los que hacen el bien y los que hacen el mal. Aquellos que descreen del poder de Dios son criticados por no reflexionar sobre las maravillas de Su creación, y se les advierte sobre el destino de algunos incrédulos que fueron destruidos mencionados al comienzo del capítulo siguiente.

En el nombre de Dios,
el Compasivo, el Misericordioso

La gente del Infierno

1. ¿Te ha llegado la historia sobre el día que todo lo alcanza? **2.** Ese día los rostros [de los condenados al Fuego] se verán humillados, **3.** abatidos y asfixiados. **4.** Serán llevados a un fuego intenso **5.** donde les será dado a beber de una fuente de agua hirviente. **6.** No tendrán otra comida más que espinas **7.** que no alimentan ni sacian.

La gente del Paraíso

8. Pero ese día los rostros [de los bienaventurados] estarán radiantes de felicidad. **9.** Estarán complacidos de sus obras. **10.** Morarán en un jardín sublime, **11.** en el que no oirán palabras vanas. **12.** En él habrá manantiales, **13.** lechos elevados, **14.** copas al alcance de su mano, **15.** cojines alineados **16.** y alfombras extendidas.

Mensaje a los que niegan

17. ¿Acaso no reflexionan [los que niegan la verdad] en la maravillosa creación del camello? **18.** En el cielo, cómo ha sido elevado. **19.** En las montañas, cómo han sido afirmadas. **20.** Y en la Tierra, cómo ha sido extendida. **21.** Exhorta a la gente porque esa es tu misión. **22.** No puedes obligarlos a creer. **23.** A quien dé la espalda y rechace la verdad **24.** Dios lo someterá al peor de los castigos. **25.** Porque todos comparecerán ante Mí, **26.** y seré Yo Quien los juzgue.

89. La aurora

(Al-Fayr)

Se le asegura al Profeta (ﷺ) en este capítulo que fue revelado en La Meca que los árabes paganos no son inmunes a castigos como los que sufrieron los pueblos de Ad y Zamud y el Faraón. Se hace referencia a los malvados que no son agradecidos en la prosperidad ni pacientes en la adversidad. Los malhechores se lamentarán en el Día del Juicio, mientras que los justos serán honrados. Aquellos que retienen las recompensas de Dios son criticados en este capítulo (versículos 17-20) y en el que le sigue (90:11-16).

En el nombre de Dios,
el Compasivo, el Misericordioso

El destino de los negadores

1. Juro por la Aurora, **2.** por las diez noches[1], **3.** por [las oraciones] pares e impares, **4.** y por la noche cuando transcurre[2]. **5.** ¿Acaso no son estos juramentos [argumentos suficientes sobre el poder de Dios] para los dotados de intelecto? **6.** ¿No has visto cómo tu Señor castigó al pueblo de 'Ád[3] **7.** en Iram?, el de las [construcciones con grandes] columnas, **8.** que no tenía similar entre los otros pueblos [en su opulencia]. **9.** Y al pueblo de Zamud, que esculpieron sus casas en las montañas rocosas del valle. **10.** Y al Faraón, el de las estacas[4]. **11.** Todos ellos fueron tiranos con los pueblos, **12.** sembrando la corrupción. **13.** Pero como consecuencia de eso tu Señor los azotó con un castigo, **14.** tu Señor está atento [a las acciones de la gente].

Malas noticias para los que niegan

15. El ser humano, cuando su Señor lo agracia, dice: "Mi Señor me ha honrado [porque lo merezco]". **16.** En cambio cuando lo pone a prueba restringiendo su sustento, dice: "Mi Señor me ha despreciado [y no ha tenido en cuenta mis méritos]". **17.** ¡Pero no! No han comprendido el verdadero significado de las pruebas [de la riqueza y la pobreza] y por eso no son generosos con el huérfano **18.** ni exhortan unos a otros a alimentar al pobre. **19.** [En lugar de eso] se apropian codiciosamente de los bienes del prójimo, **20.** y son insaciables en su amor [y codicia] por el dinero. **21.** ¡Basta! [Piensen en

---

1 Las últimas noches de Ramadán o las primeras noches de *Dhul-Jíyyah*.

2 Dios jura por creaciones que demuestran Su grandeza y poder infinito.

3 Pueblo de Yemen.

4 Las estacas pueden tener más de una interpretación. La más evidente es que se trata de grandes estacas de madera en las que empalaba a sus enemigos, a los que torturaba hasta matarlos; una segunda opción, más lejana, es que alude a las pirámides características del Faraón de Egipto.

cuál será su destino] cuando la Tierra sea golpeada una y otra vez, **22.** y llegue su Señor y se presenten los ángeles en fila tras fila, **23.** y sea traído el Infierno. Ese día el hombre recordará sus obras, pero de nada le servirá. **24.** Y dirá lamentándose: "¡Ojalá hubiera realizado buenas obras para mi vida [del más allá]!" **25.** Sepan que nadie ha castigado como Él castigará ese día, **26.** y nadie ha encadenado como Él encadenará [ese día].

Albricias para los piadosos

27. [Le será dicho al creyente:] "¡Oh, alma que estás en paz con tu Señor! **28.** Vuelve a la vera de tu Señor complacida, porque Dios está complacido contigo, **29.** y únete a Mis siervos piadosos **30.** entrando a Mi Paraíso".

90. La ciudad

(Al-Balad)

El tema subyacente de este capítulo del Corán que fue revelado en La Meca es que los seres humanos tienen las facultades necesarias para elegir entre el bien y el mal. Se les promete el Paraíso a los que hacen el bien y el Infierno a los que se corrompen. Este tema es subrayado aún más en el capítulo siguiente.

En el nombre de Dios,
el Compasivo, el Misericordioso

Incrédulos ingratos

1. Juro por esta ciudad [La Meca], **2.** en la que tú resides [¡Oh, Mujámmad!], **3.** y juro por el progenitor y su descendencia[1], **4.** que creé al ser humano para una vida de continuas dificultades. **5.** ¿Acaso piensa que nadie tiene poder sobre él? **6.** Presume diciendo: "He derrochado una gran fortuna". **7.** ¿Acaso cree que nadie lo ve? **8.** ¿Acaso no le he dado dos ojos, **9.** una lengua y dos labios, **10.** y le he mostrado los dos senderos [el del bien y el del mal]?

El camino desafiante del bien

11. Pero no está dispuesto a tomar el camino del esfuerzo. **12.** ¿Y qué te hará comprender lo que es el camino del esfuerzo? **13.** Es liberar [al esclavo] de la esclavitud **14.** y dar alimentos en días de hambre **15.** al pariente huérfano, **16.** o al pobre hundido en la miseria. **17.** Y ser, además, de los creyentes que se aconsejan mutuamente ser perseverantes [en el camino del esfuerzo y de la fe] y ser misericordiosos [con el prójimo]. 18. Estos son los bienaventurados de la derecha[2]. 19. Mientras que quienes rechacen Mi revelación serán los desventurados de la izquierda[3] **20.** y el fuego se cercará sobre ellos.

---

1 Algunos exégetas consideran que por el contexto de la historia de la ciudad de La Meca, el progenitor es el Profeta Abraham, y la descendencia es el Profeta Ismael, ya que padre e hijo construyeron las bases del primer templo para la adoración de Dios en La Meca.

2 Los que recibirán el libro de sus acciones en la mano derecha en el Día del Juicio Final.

3 Los que recibirán el libro de sus acciones en la mano izquierda en el Día del Juicio Final.

91. El Sol

(Ash-Shams)

Este capítulo del Corán fue revelado en La Meca, y afirma que la gente tiene la libre elección de purificar o corromper sus almas. Aquellos que elijan purificarla tendrán éxito, pero quienes elijan abandonarla a que se corrompa serán destruidos como la gente de Zamud. El concepto del libre albedrío es lo más destacado de este y siguiente del capítulo.

En el nombre de Dios,
el Compasivo, el Misericordioso

Purificando o corrompiendo el alma

1. Juro por el Sol cuando resplandece, **2.** por la Luna cuando lo refleja, **3.** por el día cuando fulgura, **4.** por la noche cuando cubre con su oscuridad, **5.** por el cosmos y la creación maravillosa que hay en él, **6.** por la Tierra y su vasta extensión, **7.** por el alma y su armonía, **8.** [Dios] le enseñó [al ser humano] a distinguir entre el pecado y la conciencia de Dios. **9.** ¡Será bienaventurado quien purifique su alma [apartándola de los pecados], **10.** pero será un desventurado quien la abandone a sus pasiones! **11.** El pueblo de Zamud rechazó el Mensaje por soberbia.

La destrucción del pueblo de Sálih

12. Cuando el más opresor de ellos se prestó para matar a la camella. **13.** El Mensajero de Dios [Sálih] los previno: "No maten a la camella de Dios [enviada como milagro] y déjenla abrevar libremente". **14.** Pero desmintieron al Mensajero y mataron a la camella. Entonces, su Señor los destruyó a todos, por lo que cometieron, con un castigo arrasador, **15.** sin temor por la magnitud de Su castigo.

92. La noche

(Al-Lail)

Este capítulo del Corán fue revelado en La Meca, y hace énfasis en el poder de Dios para crear y mostrar el Camino, la capacidad de la gente de elegir entre el bien y el mal, y las consecuencias de cada ruta. El hecho de que los creyentes serán recompensados a su satisfacción es subrayado en este capítulo (versículo 21) y en la próxima (93:5).

En el nombre de Dios,
el Compasivo, el Misericordioso

Los piadosos y los corruptos

1. Juro por la noche cuando cubre con la oscuridad, **2.** por el día cuando resplandece, **3.** por Quien creó al hombre y a la mujer, **4.** que las obras [de las personas] son diversas. **5.** A quien dé caridades, tenga temor [de Dios] **6.** y crea en los valores más sublimes, **7.** le facilitaré el camino del bien. **8.** Pero a quien sea avaro, crea que puede prescindir [de Dios] **9.** y desmienta los valores más sublimes, **10.** no le impediré transitar por el camino de la adversidad. **11.** ¿De qué le servirán sus bienes materiales cuando muera?

La recompensa de los rectos
y los malvados

12. Evidencio la guía, **13.** y a Mí me pertenecen esta vida y la otra. **14.** Les he advertido sobre un fuego abrasador, **15.** en el que solo ingresarán los desventurados **16.** que desmientan y se aparten [del Mensaje]. **17.** Pero el piadoso estará a salvo [de ese fuego], **18.** aquel que da parte de su riqueza para purificarse [de la avaricia], **19.** no anhelando una retribución ni favor [de otra persona], **20.** sino anhelando el Rostro de su Señor, el Altísimo, **21.** y por eso quedará complacido.

93. El resplandor matinal

(Aḍ-Ḍuḥa)

Se reportó que la revelación se detuvo durante un tiempo después de los capítulos iniciales del Corán, por lo que algunos paganos de La Meca comenzaron a burlarse del Profeta (ﷺ), diciendo que Dios se había vuelto negligente y rencoroso para con él (ﷺ). En consecuencia, fue revelado este capítulo que refuta sus acusaciones y le recuerda al Profeta (ﷺ) algunos de los favores de Dios para con él.

En el nombre de Dios,
el Compasivo, el Misericordioso

Tranquilizando al Profeta

1. Juro por el resplandor matinal, **2.** por la noche cuando se serena, **3.** que tu Señor no te ha abandonado ni aborrecido [¡Oh, Mujámmad!]. **4.** La vida del más allá será mejor para ti que esta. **5.** Tu Señor te agraciará y te complacerás. **6.** ¿Acaso no te encontró huérfano y te dio amparo, **7.** y te encontró perdido y te guió, **8.** y te encontró pobre y te enriqueció? **9.** No maltrates al huérfano **10.** ni rechaces al mendigo. **11.** Y divulga las bendiciones de tu Señor.

94. El sosiego

(Ash-Sharḥ)

Al igual que el capítulo anterior, este capítulo le recuerda al Profeta (ﷺ) más bendiciones para tranquilizarlo sobre el apoyo continuo que le brinda Dios en la ciudad de La Meca, que es mencionada en el capítulo siguiente.

En el nombre de Dios,
el Compasivo, el Misericordioso

Tranquilidad para el Profeta

1. ¿Acaso no he dado sosiego a tu corazón [¡Oh, Mujámmad!], **2.** te he liberado de la carga **3.** que agobiaba tu espalda[1], **4.** y he elevado tu renombre? **5.** Con toda dificultad viene una facilidad. **6.** Realmente, con toda dificultad viene una facilidad. **7.** Cuando cumplas con tus obligaciones dedícate a la adoración, **8.** y a tu Señor anhela con devoción.

1 Referencia a los pecados anteriores a recibir la revelación.

95. La higuera

(At-Tîn)

Este capítulo del Corán fue revelado en La Meca, y enfatiza que Dios honra a los seres humanos, pero muchos de ellos se degradan al negar su reunión con Él en el Más Allá. Abu Yahl, uno de los incrédulos más acerrimos, es mencionado en el capítulo siguiente.

En el nombre de Dios,
el Compasivo, el Misericordioso

La recompensa de los negadores ingratos

1. Juro por la higuera y el olivo, **2.** por el monte Sinaí, **3.** y por esta ciudad segura [La Meca]. **4.** Que he creado al ser humano con la mejor conformación. **5.** Sin embargo, [a quien rechace el Mensaje] lo degradaré al rango más bajo. **6.** En cambio, a los creyentes que obran rectamente les tengo reservada una recompensa inagotable. **7.** ¿Cómo puedes desmentir el Día del Juicio? **8.** ¿Acaso no es Dios el más Justo de los jueces?

96. La célula embrionaria

(Al-'Alaq)

Se sabe que los versículos a 5 fueron los primeroas en ser revelados de todo el Corán. El Profeta (ﷺ) se había retirado a una cueva a las afueras de La Meca cuando el ángel Gabriel se le apareció, apretándolo con fuerza y ordenándole leer. Dado que el Profeta (ﷺ) era iletrado, le respondió: "No sé leer". Finalmente, Gabriel le enseñó: "¡Lee! En el nombre de tu Señor…" Algunos eruditos creen que este encuentro es el cumplimiento de Isaías 29:12, que dice: "Y si se diere el libro al que no sabe leer, diciéndole: Lee ahora esto; él dirá: No sé leer". El resto del capítulo fue revelado más tarde para disuadir a Abu Yahl, un líder de la élite pagana de La Meca, para que dejara de maltratar al Profeta (ﷺ).

En el nombre de Dios,
el Compasivo, el Misericordioso

La primera Revelación

1. ¡Lee[1]! [¡Oh, Mujámmad!] En el nombre de tu Señor, Quien creó todas las cosas. **2.** Creó al hombre de una célula embrionaria. **3.** ¡Lee! Que tu Señor es el más Generoso. **4.** En-

1 El significado del verbo *Iqra* en árabe es profundo, no solo significa leer, sino también, recitar y repetir, que son de las formas de aprendizaje más antiguas y universales que conoce el ser humano. Por eso se entiende que esta orden implica la búsqueda de conocimiento, y no se limita a quienes están alfabetizados: repetir para memorizar, recitar para que otros aprendan, y también leer. El Profeta, que la paz y bendiciones de Dios sean con él, era iletrado, pero recibió la orden de memorizar y recitar el Corán, que era la forma de lectura que podía practicar.

señó la escritura con la pluma[2] **5.** y le enseñó al hombre lo que este no sabía.

El hombre que agredió al Profeta

6. No obstante, el ser humano se excede **7.** cuando se cree autosuficiente. **8.** Pero todos habrán de comparecer ante tu Señor. **9.** ¿Qué piensas de quien impide **10.** a un siervo de Dios realizar sus oraciones? **11.** ¿Acaso ha recapacitado que trae la guía **12.** y exhorta a la piedad? **13.** ¿Acaso no ves cómo desmiente y rechaza? **14.** ¿Acaso no sabe que Dios lo ve? **15.** Si no pone fin [a sus agresiones contra los creyentes] lo arrastraré por su frente, **16.** esa frente mentirosa y perversa[3]. **17.** Que pida auxilio a sus secuaces, **18.** que llamaré a los ángeles guardianes del Infierno. **19.** ¡No! No lo obedezcas, sino que prostérnate [ante Dios] y busca Su proximidad.

97. La predestinación

(Al-Qadr)

Dado que el capítulo anterior conmemora la primera revelación, este capítulo del Corán que fue revelado en La Meca celebra la noche gloriosa en que el Corán fue revelado, que se cree fue la noche del 27 del mes de Ramadán de 610 e. c. La razón por la que el Profeta (ﷺ) fue enviado con el Corán se explica en el capítulo que sigue.

En el nombre de Dios,
el Compasivo, el Misericordioso

La noche en que fue revelado el Corán

1. Comencé la revelación [del Corán] en la noche de la predestinación. **2.** ¿Y qué te hará comprender la importancia de la noche de la predestinación? **3.** [Adorar a Dios] la noche de la predestinación es superior en recompensa a hacerlo durante mil meses. **4.** Esta noche descienden los ángeles y el espíritu [el ángel Gabriel] con órdenes de su Señor para todos los asuntos. **5.** Es una noche de paz y seguridad hasta el comienzo del alba.

---

2 Ver Corán 68:1.

3 Investigaciones realizadas en las últimas décadas revelaron que el área del cerebro responsable de la planificación, la motivación y el inicio del comportamiento, reside en la parte frontal del cráneo. Este hecho, que los científicos han descubierto en los últimos años, fue expresado por Dios en el Corán hace catorce siglos.

98. La evidencia clara

(Al-Baiinah)

Según este capítulo del Corán que fue revelado en Medina, el Profeta (ﷺ) fue enviado para que los incrédulos pudieran cambiar su camino y adorar únicamente a Dios. A aquellos que creen se les promete una gran recompensa, mientras que a aquellos que persisten en la incredulidad se les advierte sobre un terrible castigo. El juicio de los creyentes y de los incrédulos se subraya en el próximo capítulo.

En el nombre de Dios,
el Compasivo, el Misericordioso

El Profeta es la evidencia clara

1. No es concebible que los incrédulos, de la Gente del Libro o los idólatras, sean condenados hasta que les haya llegado una evidencia clara, **2.** que sea un Mensajero de Dios, que les recite una revelación purificada [de toda falsedad y contradicción], **3.** que contiene preceptos de rectitud y justicia. **4.** Pero quienes recibieron el Libro con anterioridad [judíos, cristianos y otros] rompieron su unidad [en la fe] cuando les llegó la evidencia clara [a pesar de provenir de la misma fuente divina], **5.** en la que únicamente se les ordenaba que fueran monoteístas adorando solo a Dios con sinceridad, que realizaran la oración y pagaran el *zakat*, pues esa es la verdadera religión.

El destino de los negadores

6. Quienes se negaron a seguir la verdad, sean Gente del Libro o idólatras, serán castigados eternamente en el fuego del Infierno. Ellos son lo peor entre todos los seres creados.

El destino de los creyentes

7. En cambio, los que creen y obran rectamente son lo mejor entre todos los seres creados. **8.** Ellos recibirán como recompensa de su Señor Jardines del Edén por donde corren ríos, en los que estarán eternamente. Dios estará complacido con ellos y ellos lo estarán con Él. Esto es lo que aguarda a quienes hayan tenido temor de Dios.

99. El terremoto

(Az-Zalzalah)

Este capítulo del Corán fue revelado en Medina, y afirma que todas las obras y actos serán revelados en el Día del Juicio y todos rendiremos cuentas por ellos, lo que también se enfatiza en el capítulo siguiente.

En el nombre de Dios,
el Compasivo, el Misericordioso

Los horrores del Día del Juicio

1. Cuando la Tierra sea sacudida por el gran terremoto, **2.** y expulse su carga [haciendo surgir a los muertos de sus tumbas], **3.** y el hombre diga: "¿Qué le sucede a la Tierra?" **4.** Ese día, la Tierra dará testimonio de todo cuanto sucedió sobre ella, **5.** por orden de su Señor. **6.** Entonces, los seres humanos acudirán al Día del Juicio en grupos para conocer el resultado de sus obras. **7.** Quien haya realizado una obra de bien, tan pequeña como un átomo, la encontrará registrada. **8.** Y quien haya realizado una mala obra, tan pequeña como un átomo, la encontrará registrada.

100. Los corceles

(Al-'Âdiyât)

Este capítulo del Corán fue revelado en La Meca, y subraya el hecho de que la gente rendirá cuentas en el Día del Juicio por su ingratitud con su Señor. La escena de las personas emergiendo de sus tumbas (versículo 9) se desarrolla en el próximo capítulo.

En el nombre de Dios,
el Compasivo, el Misericordioso

La ingratitud humana

1. Juro por los corceles que se lanzan relinchando **2.** y arrancan chispas con sus cascos **3.** y sorprenden al amanecer **4.** levantando una nube de polvo, **5.** e irrumpiendo en las filas del enemigo, **6.** que el ser humano es ingrato con su Señor. **7.** Y él mismo es testigo de ello, **8.** porque tiene una codicia apasionada por los bienes materiales. **9.** ¿Acaso no sabe que cuando se haga surgir a quienes están en las sepulturas **10.** y se evidencie lo que hay en los corazones, **11.** ese día su Señor estará bien informado de lo que hicieron?

101. El evento repentino

(Al-Qâri'ah)

Este capítulo del Corán fue revelado en La Meca, y describe la Resurrección y el pesaje de las obras en el Más Allá, seguido por el destino final ya sea en el Paraíso o en el Infierno. La razón por la cual mucha gente terminará en el Fuego se menciona en el capítulo siguiente.

En el nombre de Dios,
el Compasivo, el Misericordioso

El destino de los rectos y de los malvados

1. El evento repentino. **2.** ¿Qué es el evento repentino? **3.** ¿Y qué te hará comprender la magnitud del evento repentino? **4.** Ese día la gente parecerá mariposas dispersas, **5.** y las montañas copos de lana cardada. **6.** Aquel cuyas obras buenas sean más pesadas en la balanza **7.** gozará de una vida placentera. **8.** En cambio, aquel cuyas obras buenas sean más livianas en la balanza, **9.** su morada estará en el abismo. **10.** ¿Y qué te hará comprender qué es el abismo? **11.** Es un fuego abrasador.

102. El afán de tener más y más

(At-Takâzur)

En este capítulo del Corán que fue revelado en La Meca y en el subsecuente, se critica a los incrédulos por desperdiciar sus vidas haciendo cosas que no significan nada en el Más Allá, como atesorando riquezas.

En el nombre de Dios,
el Compasivo, el Misericordioso

Vidas desperdiciadas

1. El afán de tener más y más los domina **2.** hasta que la muerte los sorprenda y entren en la tumba. **3.** ¡No deberían comportarse así! Ya se van a enterar [que obrar para la otra vida es superior]. **4.** Una vez más: ¡No deberían comportarse así! Ya se van a enterar [que obrar para la otra vida es superior]. **5.** Si hubieran sabido con certeza [el castigo de quienes consumen su vida en el afán de tener más y más, habrían cambiado el rumbo de sus vidas]. **6.** Habrán de ver el fuego del Infierno, **7.** y lo verán con los ojos de la certeza. **8.** Luego, ese día [del Juicio] se les preguntará por cada bendición que recibieron [durante la vida mundanal].

103. El tiempo

(Al-'Aṣr)

Este capítulo del Corán que fue revelado en La Meca hace énfasis en que, a diferencia de los corruptos mencionados en el capítulo siguiente, solo aquellos que aprovechan esta vida fugaz para hacer el bien tendrán éxito en la vida eterna.

En el nombre de Dios,
el Compasivo, el Misericordioso

Llamado de atención a la humanidad

1. Juro por el tiempo[1] **2.** que los seres humanos están en la perdición, **3.** excepto aquellos que crean, obren rectamente, y se aconsejen mutuamente con la verdad y con la paciencia [ante las adversidades].

104. El difamador

(Al-Humazah)

Este capítulo del Corán que fue revelado en La Meca critica a quienes calumnian a otros y retienen las bondades de Dios. Deja en claro que su castigo en el Infierno es tan fácil para Dios como la destrucción del malvado ejercito mencionado en el capítulo que sigue.

En el nombre de Dios,
el Compasivo, el Misericordioso

Advertencia a los difamadores

1. ¡Ay del castigo que les aguarda al difamador y al calumniador, **2.** al que acumula bienes materiales y los cuenta una y otra vez, **3.** creyendo que su riqueza lo hará vivir eternamente! **4.** Por el contrario, serán arrojados en un fuego demoledor. **5.** ¿Y qué te hará comprender lo que es un fuego demoledor? **6.** Es un fuego encendido por Dios **7.** cuyo dolor alcanza los corazones. **8.** El Infierno se cerrará en torno a ellos **9.** con columnas inmensas.

---

1 Algunos exégetas sugieren que no es simplemente el tiempo o el transcurso del tiempo, sino que se trataría específicamente del momento de la tarde (*'asr* عصر), ya que en otros versículos del Corán también se mencionan estos tiempos de las oraciones, como por ejemplo el amanecer (*fayr* فجر).

105. El elefante

(Al-Fîl)

Este capítulo del Corán fue revelado en La Meca, y relata la historia de Abraha Al-Habashi (literalmente, el abisinio), quien dirigió a un gran ejército de hombres y elefantes hacia La Meca para demoler la Kabah en el año 570 e. c., a fin de que los peregrinos visitaran la catedral que él había construido en Yemen. Sin embargo, el ejército fue destruido antes de llegar a La Meca. Históricamente se menciona que el Profeta (ﷺ) nació en ese mismo año.

En el nombre de Dios,
el Compasivo, el Misericordioso

Dios protege la Kaba

1. ¿No has observado lo que hizo tu Señor con el ejército del elefante? **2.** ¿No has visto cómo desbarató sus planes [de destruir la Ka'bah]? **3.** Y envió sobre ellos bandadas de aves **4.** que les arrojaron piedras de arcilla dura, **5.** y los dejó como heno carcomido.

106. La tribu de Quraish

(Quraish)

Este capítulo del Corán que fue revelado en La Meca es visto como la continuación del anterior. La idea general es que los paganos de La Meca deben ser agradecidos y devotos únicamente a Dios por haber salvado la Kabah del ejército del elefante. Aquellos que rechazan a Dios y desentendidos de los desamparados, son criticados en el capítulo que sigue.

En el nombre de Dios,
el Compasivo, el Misericordioso

El mayor favor de Dios para con los mecanos

1. Le proporcioné seguridad a [la tribu de] Quraish, **2.** e hice que sus caravanas en invierno [al Yemen] y en verano [a Siria] fueran respetadas. **3.** Que adoren y agradezcan, en consecuencia, al Señor de esta Casa [la Ka'bah], **4.** Quien les concedió el sustento para que no sufrieran hambre y les dio seguridad para protegerlos del peligro.

107. La ayuda mínima

(Al-Mâ'ûn)

Este capítulo del Corán que fue revelado en La Meca, toma su nombre del versículo 7, condena a quienes niegan el Más Allá por su falta de devoción a Dios y la falta de compasión hacia los necesitados. En el capítulo siguiente, se le ordena al Profeta (ﷺ) que sea devoto solo a Dios y comparta la carne de sus animales sacrificados con los necesitados.

En el nombre de Dios,
el Compasivo, el Misericordioso

Características de quienes niegan el Juicio

1. ¿Acaso has observado a quien desmiente el Día del Juicio? **2.** Es quien rechaza al huérfano **3.** y no exhorta a alimentar al pobre. **4.** ¡Ay de los orantes **5.** que son negligentes en sus oraciones [realizándolas fuera de su horario], **6.** y solo las realizan para hacerse ver, **7.** y se niegan a prestar hasta la mínima ayuda!

108. La abundancia

(Al-Kawzar)

Este capítulo del Corán fue revelado en La Meca para tranquilizar al Profeta (ﷺ). Dado que los hijos del Profeta murieron en su infancia, Al As ibn Wail, un pagano de La Meca, solía decir que Mujámmad (ﷺ) sería olvidado porque no tenía un hijo que llevara su nombre. Hoy en día, 'Mujámmad' es el nombre más común en el mundo, mientras que el nombre de Al As apenas si se menciona. Se le ordena al Profeta (ﷺ) que sea devoto solo a Dios, lo que es el tema subyacente del próximo capítulo.

En el nombre de Dios,
el Compasivo, el Misericordioso

Albricias para el Profeta

1. [¡Oh, Mujámmad!] te he agraciado con la abundancia[1]. **2.** Reza a tu Señor y sacrifica [los animales en Su nombre]. **3.** Porque a quien te desdeñe y odie le privaré de todo bien.

---

1 La abundancia, *Al Kauzar* الكوثر, es también el nombre de un río en el Paraíso que le fue concedido al Profeta Mujámmad, que la paz y las bendiciones de Dios sean con él.

109. Los incrédulos

(Al-Kâfirûn)

Está registrado que los paganos ofrecieron adorar solo a Dios durante un año, siempre que el Profeta (ﷺ) adorara a sus múltiples dioses durante un año. Entonces fue revelado este capítulo en La Meca, diciéndoles que el Profeta (ﷺ) se dedicaría únicamente a la adoración de Dios hasta el último aliento de su vida, lo que se enfatiza en el capítulo siguiente.

En el nombre de Dios,
el Compasivo, el Misericordioso

Sin compromiso de adorar a Dios

1. Di: "¡Oh, incrédulos! **2.** No adoro lo que adoran. **3.** Ni adoran ustedes a Quien yo adoro. **4.** Y jamás adoraré lo que adoran. **5.** Ni adorarán ustedes a Quien yo adoro. **6.** Ustedes tienen su religión y yo la mía".

110. El socorro

(An-Naṣr)

Este capítulo del Corán fue revelado en Medina cerca del final de la vida del Profeta, indicándole que, una vez su misión fuera completada y su mensaje fuera abrazado por muchos, él debería estar listo para encontrarse con su Creador.

En el nombre de Dios,
el Compasivo, el Misericordioso

Cerca del final del viaje

1. [¡Oh, Mujámmad!] Cuando llegue el socorro de Dios y la victoria[1], **2.** y veas a la gente ingresar en masa a la religión de Dios, **3.** glorifica alabando a tu Señor y pide Su perdón; Él es Indulgente.

1 La reconquista de la ciudad de La Meca.

111. Las fibras de palmera

(Al-Masad)

Este capítulo del Corán fue revelado en La Meca, y es una advertencia para Abu Lahab (literalmente, el Padre de las Llamas), que era tío del Profeta (ﷺ). Tanto Abu Lahab como su esposa Umm Yamil solían hostigar al Profeta (ﷺ) y rechazaban adorar al Único Dios Verdadero, Quien es descrito en el capítulo que sigue.

En el nombre de Dios,
el Compasivo, el Misericordioso

El destino de una pareja malvada

1. ¡Maldito sea Abu Lahab[1] y que perezca! **2.** No le servirán de nada su poder ni sus bienes materiales. **3.** Será arrojado en el fuego llameante **4.** junto con su mujer, la que acarreaba espinas[2], **5.** que llevará en su cuello una cuerda de fibras de palmera.

112. El monoteísmo puro

(Al-Ijlâṣ)

Este capítulo del Corán fue revelado en La Meca, y refuta la Trinidad, la idolatría, el ateísmo y el politeísmo, y llama hacia la devoción total al Único Dios Verdadero, Quien es digno de ser adorado y Cuya protección debe ser buscada, de acuerdo a los dos capítulos que siguen.

En el nombre de Dios,
el Compasivo, el Misericordioso

La unidad y unicidad absolutas de Dios

1. Di: "Él es Al-lah[3], Uno. **2.** Al-lah es el Absoluto[4]. **3.** No engendró ni fue engendrado. **4.** Y no hay nada ni nadie que sea semejante a Él".

---

1 Tío del Profeta Mujámmad y acérrimo enemigo del Islam.

2 Porque minaba el camino del Profeta, que la paz y las bendiciones de Dios sean con él, con espinas.

3 Ver Corán 1:1 para la aclaración sobre el nombre de Dios.

4 De Quien todos necesitan, mientras que Él no necesita de nadie.

113. El amanecer

(Al-Falaq)

Este capítulo del Corán fue revelado en Medina, y se recita como súplica al Todopoderoso contra todo tipo de maldad.

En el nombre de Dios,
el Compasivo, el Misericordioso

Buscando protección contra todo mal

1. Di: "Me refugio en el Señor del amanecer, **2.** de todo el mal que existe en lo que Él creó, **3.** del mal de la oscuridad de la noche cuando se extiende, **4.** del mal de las [hechiceras] sopladoras de nudos[1], **5.** y del mal del envidioso cuando envidia".

114. Los seres humanos

(An-Nâs)

Como el capítulo previo, este capítulo del Corán que fue revelado en Medina es una súplica contra la maldad de los humanos y de los yinn. Este último capítulo subraya el hecho de que Dios es el Señor de todo y de todos, y que Él es el Único al que se debe invocar en busca de ayuda, lo que cierra el círculo con el tema central del primer capítulo del Corán.

En el nombre de Dios,
el Compasivo, el Misericordioso

Buscando protección contra los susurros malvados

1. Di: "Me refugio en el Señor de los seres humanos, **2.** en el Rey Soberano de los seres humanos, **3.** en el [único] Dios de los seres humanos, **4.** de la maldad del [demonio] susurrador que huye [cuando el nombre de Dios es mencionado], **5.** que susurra en los corazones de los seres humanos, **6.** y existe entre los *yinn* y entre los seres humanos".

---

1 Una de las formas en que las brujas y hechiceras realizan sus artilugios es haciendo unos nudos y soplando sobre ellos a la vez que pronuncian encantos.

ÍNDICE TEMÁTICO